I0874448

Der Fall Eichmann transnational

Der Fall Eichmann transnational

Gesellschaftliche und kulturelle Wirkungen in Deutschland, Israel und Südamerika

Herausgegeben von
Christian Ernst und Patrick Eser

DE GRUYTER

Die Publikation wurde ermöglicht mit finanzieller Unterstützung der Deutschen Botschaft Buenos Aires.

Botschaft
der Bundesrepublik Deutschland
Buenos Aires

ISBN 978-3-11-107727-7
e-ISBN (PDF) 978-3-11-107734-5
e-ISBN (EPUB) 978-3-11-107741-3
DOI https://doi.org/10.1515/9783111077345

(cc) BY-NC-ND

Dieses Werk ist lizenziert unter der Creative Commons Namensnennung - Nicht-kommerziell - Keine Bearbeitungen 4.0 International Lizenz. Weitere Informationen finden Sie unter https://creativecommons.org/licenses/by-nc-nd/4.0/.

Die Bedingungen der Creative-Commons-Lizenz für die Weiterverwendung gelten nicht für Inhalte, die nicht Teil der Open-Access-Publikation sind (z. B. Grafiken, Abbildungen, Fotos, Auszüge usw.). Diese erfordern ggf. die Einholung einer weiteren Genehmigung des Rechteinhabers. Die Verpflichtung zur Recherche und Klärung liegt allein bei der Partei, die das Material weiterverwendet.

Library of Congress Control Number: 2024943041

Bibliografische Information der Deutschen Nationalbibliothek
Die Deutsche Nationalbibliothek verzeichnet diese Publikation in der Deutschen Nationalbibliografie; detaillierte bibliografische Daten sind im Internet über http://dnb.dnb.de abrufbar.

© 2024 bei den Autorinnen und Autoren, Zusammenstellung © 2024 Christian Ernst und Patrick Eser, publiziert von Walter de Gruyter GmbH, Berlin/Boston
Dieses Buch ist als Open-Access-Publikation verfügbar über www.degruyter.com.

Einbandabbildung: © picture-alliance/dpa
Satz: Integra Software Services Pvt. Ltd.

www.degruyter.com
Fragen zur allgemeinen Produktsicherheit:
productsafety@degruyterbrill.com

Inhalt

IV Literarisierung und Fiktionalisierung von Täterschaft

V Eichmann und NS-Täter in ›argentinischen Fiktionen‹

VI Figurationen der Erinnerung an (Un-)Recht und Gerechtigkeit

Christian Ernst, Patrick Eser

Gesellschaftliche und kulturelle Wirkungen des Eichmann-Prozesses: transnationale und interdisziplinäre Perspektiven

Zur Verortung des Bandes in der Forschung

Der Eichmann-Prozess war ein einschneidendes Ereignis für die strafrechtliche Verfolgung der nationalsozialistischen Verbrechen mit Auswirkungen auf die (Menschen-)Rechtsgeschichte, wie auch für die gesellschaftliche und erinnerungskulturelle Auseinandersetzung mit den Menschheitsverbrechen des Nationalsozialismus. Die Vorgeschichte des Prozesses verbindet Deutschland, Argentinien und Israel und hatte internationale Verwicklungen. Der Prozess gegen Eichmann in Jerusalem wurde zu einem weltweit beachteten Medienereignis und wirkte nachhaltig auf die Erinnerung der Shoah. Ihm wird eine Schlüsselrolle für eine veränderte Rolle der überlebenden Opfer der Shoah zugeschrieben, indem er einen aufgewerteten Status von Zeugenschaft bewirkte und einen neuartigen Zeugentyp hervorbrachte, der die Holocaust-Erinnerung langfristig geprägt hat (vgl. Wievorka 1998, Yablonka 2012). Der Prozess veränderte aber auch Konzepte und kulturelle Repräsentationen von Täterschaft. Die Zusammenhänge, die durch den Prozess sichtbar wurden, und das Bild, das Eichmann während des Prozesses abgab, beförderte die Semantisierung des Konzepts des ›Schreibtischtäters‹ (siehe hierzu den Band von Laak und Rose 2018). Damit verbundene internationale Diskurse zu Themen wie Verantwortung, Gerechtigkeit und Formen von Täterschaft wurden auch auf andere Gewalt- und Genozidkontexte überertragen. Der Prozess gegen Eichmann wurde zum Analogie- und Metaphernspender. An »Eichmann in Jerusalem« machte Hannah Arendt ihre These der ›Banalität des Bösen‹ fest, die eine umfangreiche Kontroverse auslöste und bis heute diskutiert wird (vgl. Renz 2021; Smith 2000).

Arendts These, aber auch die Herausstellung der Rolle Eichmanns als ›Organisator der Endlösung‹ wurde insbesondere durch David Cesaranis Eichmann-Bibliografie (2002) herausgefordert, der ihn einerseits als antisemitischen Karrieristen im Kontext der sich radikalisierenden NS-Vernichtungspolitik beschreibt, andererseits die Grenzen seiner Entscheidungsmacht aufzeigt. Seine Arbeit ist ein Beispiel, wie vier Jahrzehnte nach dem Prozess die Auswertung und Edition zuvor unzugänglicher Quellen, wie die Aufzeichnungen Eichmanns während seiner Haftzeit (vgl. Wojak 2001, Nescher 2016) oder die sogenannten Sassen-Interviews im voll-

Open Access. © 2024 bei den Autorinnen und Autoren, publiziert von De Gruyter. (cc) BY-NC-ND Dieses Werk ist lizenziert unter der Creative Commons Namensnennung - Nicht-kommerziell - Keine Bearbeitungen 4.0 International Lizenz.
https://doi.org/10.1515/9783111077345-001

ständigen Wortlaut, das Bild des Falls verändern. Auch die Vorgeschichte des Prozesses wurde auf breiter Quellenbasis neu ausgeleuchtet, dies auch in Bettina Stangneths umfassender Untersuchung *Eichmann vor Jerusalem* (2011), die dem ›unbehelligten Leben eines Massenmörders‹ im Argentinien der 1950er-Jahre nachgeht. Sie zeichnet das Mikromilieu des Kameradennetzwerks von Altnazis in Argentinien nach, in dem Eichmann, konkret im Hause des ehemaligen SS-Manns und Journalisten Willem Sassen, seine Bühne fand, um reuelos von seinem Mitwirken an der Umsetzung der ›Endlösung‹ zu sprechen. Die Philosophin Stangneth hat so der kriminologischen und psychologischen Ausleuchtung des Charakters des systematischen Lügners Eichmanns weitere Impulse gegeben. Den historischen Forschungsstand zu Eichmann vor und in Jerusalem fasst der 2023 von Frank Bajohr und Sybille Steinbacher herausgegebene Sammelband *Eichmann und der Holocaust – ein Überblick* zusammen.

Der Fall Eichmann lenkt die Aufmerksamkeit auf die in Argentinien untergetauchten NS-Täter. In Argentinien konnte das Alt- und Neonazi-Milieu straffrei aktiv und publizistisch weiterhin tätig sein sowie durch die Zeitschrift *Der Weg* und den Dürer-Verlag rechtsextremen Autor:innen ein global vertriebenes Publikationsforum anbieten (vgl. Meding 1992, 1997). Das Kapitel der in Argentinien und in anderen Ländern Südamerikas untergetauchten NS-Täter hat zahlreiche Untersuchungen hervorgebracht, unter denen sich ebenso offensichtlich fantasiegetriebene Imaginationen und Übertreibungen (im Stile »Hitler starb in Argentinien«; vgl. hierzu: Klich und Buchrucker 2011) wie auch solide Studien zu Einzelaspekten finden. Hier ist die Arbeit der von der argentinischen Regierung eingesetzten Untersuchungskommission zur Aufklärung von NS-Aktivitäten in Argentinien CEANA (*Comisión para el Esclarecimiento de las Actividades del Nazismo en la Argentina*) zu nennen, die gegen Ende der 1990er-Jahre aktiv war (vgl. Klich 2002). Die Studie von Uki Goñi, *The Real Odessa. Smuggling the Nazis to Perón's Argentina* (2002; dt. *Odessa: die wahre Geschichte. Fluchthilfe für NS-Kriegsverbrecher*, 2006) hat das als ›Rattenlinie‹ berühmt wie berüchtigt gewordene Fluchthilfenetzwerk für NS-Täter publikumswirksam untersucht und Folgestudien motiviert (vgl. Bahrmann 2021, Steinacher 2010). Adolf Eichmann ist in all diesen Diskursverzweigungen ein wichtiger Referenzpunkt.

Studien zur Rezeption des Prozesses in der deutschen Presse (Krause 2002), im politischen und juristischen Feld Deutschlands (Große 1995) und seiner Wirkung in Israel (Yablonka 2004) sind 2016 durch den von Sylvie Lindeperg und Anette Wieviorka herausgegebenen Band *Le moment Eichmann* zur zeitgenössischen medialen Wirkung des Prozesses ergänzt worden. Der Band beleuchtet die Radio- und Fernsehberichterstattung zum Prozess sowie Dokumentarfilme, berücksichtigt dabei die internationale Dimension dieser Phänomene und bezieht neben Deutschland, Israel und den USA auch die UdSSR mitein. Die Rezeption des Eichmann-Prozesses im Ostblock wird auch in einigen Fallstudien im von Katharina Rauschenberger, Sybille

Steinbacher und Joachim von Puttkamer 2023 herausgegebenen *Band Investigating, Punishing, Agitating: Nazi Perpetrator Trials* diskutiert. Im von Ruth Leiserowitz, Gintarė Malinauskaitė und Hektoras Vitkus besorgten Band *Making Justice Visible: War Crimes Trials, Media and Memory after World War II* findet sich ein Beitrag zur Presserezeption in der Türkei (Tuncor 2023). Der von Rebecca Wittmann herausgegebene Band *The Eichmann Trial Reconsidered* verhandelt wiederum nicht nur die vom Eichmann-Prozess ausgehenden Kontroversen zur Tätermotivation, sondern betrachtet auch, welche transnationalen Debatten und Diskurse der Eichmann-Prozess motiviert hat. Hierbei wird die Wahrnehmung des Eichmann-Prozesses u. a. in den arabischen Ländern und sein Einfluss auf die transatlantische Studentenbewegung beleuchtet. Die drei letztgenannten Bände zeigen, wie wichtig internationale und interdisziplinäre Perspektiven für die Rezeptions- und Wirkungsgeschichte des Eichmann-Prozesses sind.

Der vorliegende Band reichert in diesem Sinne die Forschung durch Perspektiven auf und aus Südamerika (mit deutlichem Fokus auf Argentinien) sowie aus den Kultur- und Literaturwissenschaften weiter an. Zum einen ist die gesellschaftliche Rezeption und Wirkung des Eichmann-Prozesses in Südamerika und insbesondere Argentinien in den deutschsprachigen Debatten bisher kaum betrachtet worden. Zum anderen sind der Prozess und seine Protagonisten nicht nur zeitgenössisch medial, publizistisch und auch literarisch breit rezipiert worden, sondern sie sind bis heute Gegenstand kultureller Repräsentation und Fiktionalisierung, etwa im Theater, im Spiel- und Dokumentarfilm sowie in der Literatur.

Insbesondere in Argentinien hat sich der Nationalsozialismus wie auch die NS-Präsenz im Land zu einem bedeutenden Gegenstand des literarischen wie auch des filmischen Feldes (vgl. Schlickers 2021) entwickelt. Mit der 1946 veröffentlichten Kurzgeschichte *Deutsches Requiem* von Jorge Luis Borges wurde zugleich eine der ersten NS-Täterfiktionen in der Erzählperspektive der ersten Person veröffentlicht, es folgten weitere zahlreiche literarische Explorationen zum Themenkomplex Nationalsozialismus, NS-Täter und der Shoah (vgl. Senkman und Sosnowski 2009), wobei für die zeitgenössischen spanischsprachigen aber auch globalen Literaturen der Einfluss des literarischen Werks des chilenischen Autors Roberto Bolaño besonders herauszustreichen ist.

Auch Beiträge zur erinnerungskulturellen Rezeption und Repräsentation des Falls Eichmann sind bisher nur vereinzelt erschienen (vgl. Cesarani 2004). In den stark von der US-amerikanischen Forschungslandschaft und den dortigen Debatten geprägte *Holocaust Studies* wurden bedeutende Studien zu kulturwissenschaftlichen und erinnerungskulturellen Fragestellungen wie den medialen Darstellungen oder der Frage der generationellen Weitergabe von Traumata vorgelegt (vgl. Hayes und Roth 2010, Rittner und Roth 2021). Ebenso liegen mittlerweile aus der kultur- und literaturwissenschaftlichen Erzählforschung zahlreiche Werke mit Blick auf die globalen und globalisierten Holocaust-Narrative vor (vgl. Young 1988), die auch die zuletzt vermehrt auftretenden Täterdarstellungen in Film und Literatur in den Blick rücken (vgl. Adams und Vice 2013) oder die globalisierte Erinnerungskultur in peripheren Literaturen thematisieren (vgl. Bosshard und Patrut 2020). Die spezifischen südamerikanischen Erinnerungskontexte, die sich mit dem Nationalsozialismus auseinandersetzen, sind in den letzten Jahren zum Gegenstand von Forschungsarbeiten wie auch zu einem relevanten Faktor in der politischen Bildung geworden (vgl. Tarica 2022).

In den Regionen, die dieser Band beleuchtet, ist der Eichmann-Prozess als Gegenstand der erinnerungs- und geschichtskulturellen Auseinandersetzung mit der Verbrechensgeschichte des Nationalsozialismus von anhaltender Relevanz. Vor allem in Deutschland spielt der Umgang mit dem Fall Eichmann nicht nur in der Publizistik eine Rolle, sondern auch in vergangenheitspolitischen Debatten. Der 2010 von der Historikerkommission präsentierte Abschlussbericht zur Rolle des Auswärtigen Amts (Conze u. a. 2010) hat weitere kontroverse öffentliche Debatten über die Rolle von Bundesinstitutionen und deren NS-Vergangenheit ausgelöst. Öffentliche Debatten im Parlament haben die historische Behördenforschung begleitet, etwa als der Bundestagsabgeordnete Jan Korte (Die Linke) im Januar 2011 im Bundestag eine Debatte über die Information anregte, dass die Vorgängerorganisation des BND, die damalige »Organisation Gehlen«, schon 1952 Wissen vom Aufenthaltsort Eichmanns in Argentinien hatte. Der Forderung nach einer konsequenten Offenlegung der Akten wurde im Bundestag von verschiedenen Parteien widersprochen (vgl. Bundestagsarchiv 2011). Im gleichen Jahr wurde die Ausstellung *Der Prozess – Adolf Eichmann vor Gericht* von der Stiftung Denkmal für die ermordeten Juden Europas anlässlich des 50. Jahrestages der Eröffnung des Eichmann-Prozesses im Dokumentationszentrum Topographie des Terrors (Berlin) eröffnet.

In aktuellen Kinofilmen wird die geschichtskulturelle Relevanz dieser Themen bis heute deutlich. Die Frage nach der rechtlichen Aufarbeitung ist in gegenwärtigen audiovisuellen Produktionen (*Die Ermittlung*, 2024) ebenso virulent wie das Thema der narrativ-fiktionalen Ausleuchtung von NS-Täterschaft (*The Zone of Interest*, 2023) oder die erinnerungskulturellen Nachwirkungen der Shoah und des Nationalsozialismus sowie die transgenerationale Weitergabe traumatischer Erfahrung (*Der Schatten des Kommandanten*, 2024).

Die gesellschaftlichen und kulturellen Prozesse, denen im vorliegenden Band in verschiedenen disziplinären Perspektiven nachgespürt wird, leuchten das vergangenheitspolitische und erinnerungskulturelle Wissensfeld in seinen dynamischen Facetten aus. Hier werden Erinnerungskämpfe ausgetragen, die stets auch mit Neuakzentierungen in historischen Debatten einhergehen (Stichwort »Historikerstreit 2.0«; vgl. Zimmerer 2023).

Eine Kombination verschiedener disziplinärer Zugänge zum Phänomen des NS-Tätertypus Eichmann, zum Prozess in Israel und den von ihm ausgegangenen Nachwirkungen steht bisher noch aus. Die Verschränkung von rechts- und kulturwissenschaftlichen Forschungsperspektiven, narratologische Analysen von Täterfiguren, die Auslotung von Recht und Unrecht in fiktionalen Medien, international komparativ-kontrastierend vorgehende Untersuchungen zu den durch die verschiedenen nationalen Kontexte geprägten erinnerungskulturellen Dynamiken; all dies sind Aspekte, zu deren integrativer Analyse der vorliegende Band Anregungen verspricht.

Unser Band möchte der aktuellen Forschung entsprechende Impulse geben, indem er nach den gesellschaftlichen und vor allem auch kulturellen Wirkungen des Prozesses in Deutschland, Israel und erstmals auch Südamerika fragt und die in den verschiedenen Regionen durchaus eigenen Regeln und Dynamiken folgenden Debatten, kulturellen Repräsentationen und Narrative aus der Perspektive unterschiedlicher Fachrichtungen und Fachkulturen in den Blick nimmt.

Zur Entstehung des Bandes

Der Band und seine Beiträge gehen auf das Projekt »Der Eichmann-Prozess: Kulturen der Erinnerung zwischen Deutschland, Israel und Lateinamerika« zurück, das die DAAD-Lektorate an der Universidade de São Paulo (USP) und der Universidad de Buenos Aires (UBA) sowie die Cátedra libre Walter Benjamin an der UBA gemeinsam 2021 und 2022 organisiert haben. Das vom Lektorenprogramm des DAAD, der Hans-Böckler-Stiftung und dem deutsch-kolumbianischen Friedensinstitut CAPAZ geförderte Projekt hatte zum Ziel, eine transnationale und intermediale Betrachtung der Rezeption des Prozesses zu befördern, um auszuloten, auf welche Weise politisch-historische, rechtlich-normative, philosophisch-anthropologische und kulturell-ästhetische Diskurse ineinandergreifen. Es bestand aus einer digitalen Vorlesungsreihe und einem internationalen Kolloquium.

Die digitale Vorlesungsreihe fand im Herbst 2021 statt und beleuchtete durch Vorträge von Peter Krause (Freiburg), Axel Fischer (Nürnberg), Claudia Hilb (Buenos Aires), Hanna Yablonka (Jerusalem), Luis Krausz (São Paulo), Emmanuel Kahan (La Plata), Monica Grin (Rio de Janeiro) und Maria Luiza Tucci Carneiro (São Paulo) den Widerhall des Prozesses im geteilten Deutschland, in Israel, Argentinien und Brasilien sowie anhand der Vorträge von Ulrich Winter (Marburg), Leonardo Senkman (Jerusalem), Oliver Lubrich (Bern) und Helmut Galle (São Paulo) die Literarisierung und kulturelle Repräsentation von Täterschaft. Die Vorträge sind auf der Website des Projekts (www.eichmanntribunal60.org) dokumentiert. Ergänzend wurde eine digitale Lesung und Diskussion mit Ariel Magnus zu dessen damals frisch auf Deutsch erschienenen Roman *Das zweite Leben des Adolf Eichmann* (2020 im Original unter dem Titel *El desafortunado* publiziert) in Zusammenarbeit mit dem Goethe-Institut Buenos Aires organisiert. Mit diesem Roman beschäftigen sich verschiedene Beiträge dieses Bandes.

Das Kolloquium »Der Eichmann-Prozess in transmedialer Perspektive: Figuren der Erinnerung, des Rechts und der Gerechtigkeit in Literatur und Film« fand vom 4. bis 6. April 2022 an der Universidad de Buenos Aires (UBA) statt und wurde als hybride und zweisprachige Veranstaltung mit Simultanübersetzung durchgeführt, was die Teilnahme von 75 Wissenschaftler:innen, Studierenden und Interessierten aus Südamerika, Europa, Israel und sogar Japan sowie Neuseeland ermöglichte. Es beinhaltete Keynotes und Panels zu den Themen »Rezeptions- und Erinnerungsgeschichte im deutsch-deutschen Kontext«, »Rezeption und Erinnerung in Argentinien, Brasilien und Israel«, »Täterdarstellungen in der deutschsprachigen Literatur« und »Täter- und Eichmann-Repräsentationen in lateinamerikanischen Erinnerungskulturen«. Teil des Programms war auch eine Lesung und Diskussion zum Roman *Querido Eichmann* von Marcos Rosenzvaig sowie die Vorführung der Dokufiktion *El vecino alemán* mit anschließendem Gespräch mit den Regisseuren Rosario Cervio und Martin Liji. Diese Werke werden ebenfalls in Beiträgen dieses Bandes thematisiert. Die Tagung schloss mit einer Round-Table-Diskussion zu »Eichmann- und Tätererinnerung zwischen Archiv, Museum und Gesellschaft«, unter anderen mit dem Leiter des *Museo del Holocausto* Buenos Aires, Jonathan Karszenbaum. Ein ausführlicher Tagungsbericht ist auf H-Soz-Kult erschienen (Belz, Duchovny, Salaverría und Schirmeister 2022). Beitragende waren neben renommierten Wissenschaftler:innen auch Post-Docs, Doktoranden sowie Nachwuchswissenschaftler:innen aus Argentinien, Brasilien, Deutschland, Israel und Japan. Die Beitragenden haben ihre Beiträge im Dialog mit den Herausgebern weiterentwickelt; die auf Spanisch und Portugiesisch eingereichten Texte sind von uns übersetzt worden, um diese Perspektiven auch für den deutschsprachigen wissenschaftlichen Diskurs zugänglich zu machen.

Zu den Kapiteln und einzelnen Beiträgen

Der Band gliedert sich in zwei Teile. In den ersten drei Kapiteln wird die zeitgenössische Reaktion auf die Entführung Eichmanns aus Argentinien sowie die Rezeption und Wirkung des Prozesses in unterschiedlichen Kontexten, Medien und Diskursen in den deutschsprachigen Ländern, Israel, Argentinien und Brasilien fokussiert. Im zweiten Teil stehen die kulturellen Wirkungen des Prozesses im

Vordergrund, wobei literarische und filmische Repräsentationsweisen von Täterschaft sowie die erinnerungskulturellen Darstellungsweisen und Deutungen des Prozesses in den Blick genommen werden. Die Untersuchung der auffällig häufigen argentinischen Eichmann-Fiktionen der letzten zwei Jahrzehnte ist in einem gesonderten Abschnitt gebündelt.

I Politische Reaktion und mediale Rezeption in der Bundesrepublik, DDR und Israel

Der Prozess gegen Adolf Eichmann war nicht zuletzt im Kontext des Kalten Krieges von politischer Brisanz. Die Beiträge von Holger M. Meding und Katharina Rauschenberger zeigen dies in der Perspektive beider deutscher Staaten und veranschaulichen, wie die Vergangenheit des Staatssekretärs im Bonner Kanzleramt Hans Globke einen wichtigen Fixpunkt für die politischen Interessen beider Seiten bildet.

Der Lateinamerika-Historiker Holger M. Meding beleuchtet das Agieren des Bundesnachrichtendienstes vor und nach der Entführung Eichmanns und während des Jerusalemer Prozesses. Meding weist nach, dass eine engagierte nachrichtendienstliche Zusammenarbeit schon 1952 zu einer Auffindung Eichmanns hätte führen können. Stattdessen wurde der BND im Mai 1960 von der israelischen Operation völlig überrascht, obwohl mit dem Mossad bereits seit 1958 Partnerschaftsbeziehungen bestanden. Man erhielt dann aber regelmäßig Informationen und Material aus dem Umfeld des Untersuchungsverfahrens. Auch mit Unterstützung der CIA gelang es, eine Schädigung der Interessen der Bundesregierung insbesondere in Bezug auf Hans Globke zu verhindern. Der Bundesnachrichtendienst beobachtete den Strafprozess gegen Eichmann in Jerusalem akribisch. Meding kritisiert, dass der BND zahlreiche Akten hierzu weiter unter Geheimhaltung stellt, was Mythenbildung und Verschwörungstheorien befördert.

Die Historikerin Katharina Rauschenberger vom Fritz Bauer Institut analysiert die Entstehungsgeschichte des Buchs *Der Fall Eichmann* von Friedrich Karl Kaul, der die Interessen der DDR-Führung in Israel während des Eichmann-Prozesses als privater Rechtsanwalt repräsentierte. Kaul nahm schon während des Prozesses Einfluss auf die internationale Öffentlichkeit und stellte einen Zusammenhang der Verbrechen Adolf Eichmanns mit der Vergangenheit bundesrepublikanischen Regierungspersonals, insbesondere Hans Globkes, her. Im April 1961 erhielt Kaul seitens des SED-eigenen Dietz-Verlags den Auftrag, ein Buch über den Eichmann-Prozess zu schreiben. Das Manuskript wurde aber abgelehnt, das Buch erschien schließlich 1963 im Verlag Das neue Berlin. Rauschenberger untersucht die Grundidee des ursprünglichen Manuskripts, die Beanstandungen durch die Partei sowie

Kauls Interpretation des Eichmann-Prozesses in der gedruckten Version und veranschaulicht so eine Debatte innerhalb der SED darüber, was in den Prozessen gegen NS-Verbrecher wie dem Eichmann-Verfahren verhandelt werden sollte.

Die Medienwissenschaftlerin Judith Keilbach nimmt in ihrem Beitrag eine vergleichende Perspektive ein und zeigt auf, wie im Fernsehen der Bundesrepublik, der DDR und in Österreich in ganz unterschiedlicher Weise über den Eichmann-Prozess berichtet wurde. Während das westdeutsche Fernsehen den Holocaustüberlebenden, die im Prozess aussagten, signifikanten Raum gab, die politische Integration ehemaliger NS-Täter problematisierte und die internationale Wahrnehmung der Bundesrepublik auslotete, spielte der Prozess im österreichischen Fernsehen nur eine marginale Rolle; das DDR-Fernsehen wiederum verengte die Berichterstattung auf die Person Globke. Die Unterschiede erklärt Keilbach einerseits mit dem jeweiligen politischen und gesellschaftlichen Umgang mit der nationalsozialistischen Vergangenheit, andererseits mit der unterschiedlichen Fernsehinfrastruktur der drei Länder. Die kritische Berichterstattung über den Eichmann-Prozess in Sendungen wie *Eine Epoche vor Gericht* belegt für Keilbach, dass sich der öffentlich-rechtliche Rundfunk in der Bundesrepublik tatsächlich als staatsfernes und unabhängiges Medium durchsetzen konnte und damit bereits Anfang der 1960er-Jahre die gesellschaftliche Auseinandersetzung mit den nationalsozialistischen Verbrechen positiv beeinflusste.

In seiner gesellschaftlichen Wirkung in Israel wird der Eichmann-Prozess als Ereignis mit einschneidender und tiefgreifender Wirkung dargestellt. Der brasilianische Spezialist für hebräische Literatur und Judaist Luís S. Krausz macht dies am Beispiel der Rezeption des Schriftstellers Aharon Appelfelds auch am literarischen Feld fest. Krausz beschreibt, wie der Holocaust-Überlebende Appelfeld in seiner Literatur eine Erinnerung an die verschollene jüdische Kultur und Lebenswelt Mitteleuropas konstituiert, was im Israel der 1950er-Jahre bei Verlegern und in der Kritik keine Resonanz findet. Krausz wertet Appelfelds erste literarische Erfolge 1962 als Indikator dafür, dass in Folge des Eichmann-Prozesses nicht nur ein Interesse für die Zeugnisse der Opfer der Shoah, sondern auch für die Geschichte und das kulturelle Erbe des europäischen Judentums einsetzte. Dies beförderte Krausz zufolge eine neue Tendenz in der israelischen Literatur, in der Subjektivität und Erinnerung dem Bruch mit der jüdisch-europäischen Vergangenheit durch den Zionismus entgegengestellt werden.

II Gesellschaftliche und politische Wirkungen in Südamerika

Dieses Kapitel versammelt Beiträge von südamerikanischen Historiker:innen, die unterschiedliche Zugriffe auf die Auswirkungen der Entführung und des Prozesses entwickeln und dabei zugleich Sichtweisen in ihren Ländern herausfordern.

Die argentinische Historikerin Marcia Ras setzt sich in ihrem Beitrag mit dem Fall argentinischer Holocaust-Opfer auseinander, ein nahezu unerforschtes Thema, das Ras ausgehend von Archivmaterial aus dem Auswärtigen Amt und dem israelischen Nationalarchiv untersucht. Ras konzentriert sich auf zwei Fälle der Deportation von Juden mit (vermeintlich) argentinischer Staatsangehörigkeit, bei denen Eichmanns direkte Beteiligung belegt ist und die im Jerusalemer Prozess zu Sprache kamen. Die Ergebnisse der Fallstudien zu Gershon Willner und Hans-Peter Mayerhoff legen nahe, dass argentinische Botschaftsangehörige entgegen einer in Argentinien verbreiteten Sichtweise durchaus an der Rettung von Jüdinnen und Juden beteiligt waren.

Der argentinische Historiker Emmanuel Kahan nimmt die so genannte ›Hakenkreuz-Epidemie‹ zum Anlass, die gesellschaftlichen Auswirkungen der Eichmann-Entführung in Argentinien zu untersuchen. Ausgehend von umfassendem Archivmaterial zeichnet er die Vielstimmigkeit der gesellschaftlichen Debatte nach, die zu Beginn der 1960er Jahre in Argentinien vorherrschte, und betrachtet diese hinsichtlich der Rezeption des Eichmann-Prozesses und dem zeitgenössischen Antisemitismus im Lande. Sein Aufsatz thematisiert abschließend auch narrative Texte, die einen Einblick in die Debatten geben: den Prozessbericht *El gran proceso* (1961) von Silvano Santander sowie den Roman *La mitad de nada* von Samuel Tarnopolsky (1969).

Ignacio Klich, der als Historiker Ende der 1990er-Jahre die argentinische Untersuchungskommission zur Aufklärung von NS-Aktivitäten in Argentinien (CEANA) wissenschaftlich koordinierte, thematisiert die internationalen Verwicklungen, die der Eichmann-Prozess in den Beziehungen zwischen dem argentinischen und israelischen Staat provoziert hat. Klich rekonstruiert anhand einer ausgiebigen Analyse von Stellungnahmen von Politikern und unter Einbezug journalistischer wie akademischer Quellen die diplomatischen Verhältnisse zwischen beiden Ländern, ihre Erschütterung und schließlich die Normalisierung im Verlauf der 1960er-Jahre.

Die brasilianische Historikerin Monica Grin zeichnet in ihrem Beitrag die Wirkung des Eichmann-Prozesses in Brasilien nach. Sie legt den Schwerpunkt auf die spezifische Wahrnehmung Eichmanns vor dem Hintergrund der in der brasilianischen Gesellschaft virulenten, aber verschleierten rassistischen Gewalt und des Mythos der ›Rassendemokratie‹. Auf Grundlage einer Analyse der Presseberichterstattung der 1960er-Jahre, die Brasilien als »Paraíso racial« darstellt und die von Eichmann begangenen Verbrechen exterritorialisiert, geht sie der Frage nach, inwiefern sich im *movimento negro* vermittelt über den Eichmann-Prozess Muster multidirektionaler Erinnerung artikuliert haben. Sie eröffnet mit ihrem Beitrag somit eine innovative Forschungsperspektive.

III Eichmann zwischen ›Banalität‹ und ›Monstrosität‹

Das dritte Kapitel gruppiert Beiträge, die mit Hannah Arendts These der ›Banalität des Bösen‹ in Dialog treten und ihr Buch mit anderen Darstellungen vergleichen.

Der Germanist und ehemalige Leiter des Archivs des Fritz Bauer Instituts Werner Renz vergleicht in seinem Aufsatz die Prozessberichte Hannah Arendts und des niederländischen Schriftstellers Harry Mulisch, die beide gegen die Dämonisierung Eichmanns und gegen die Überhöhung seiner Rolle im Holocaust argumentieren. Renz stellt die unterschiedlichen Perspektiven der Texte auf Israel und auf das Gerichtsverfahren heraus. Als Kritikerin des Ben-Gurion-Staats und der zionistischen Ideologie legte Arendt rechtsstaatliche Maßstäbe an und interessierte sich für grundsätzliche rechtliche und philosophische Fragen. Mulisch ging es Renz zufolge dagegen darum, seiner Leserschaft aufklärerische Einblicke in die Vergangenheit zu ermöglichen und von Eichmann ausgehend auf das Weltgeschehen und seine Akteure zu blicken. Eichmann bewegte ihn dabei zu einem pessimistischen Blick auf die Welt.

Die beiden nächsten Texte setzen sich einschlägig mit Arendts *Eichmann in Jerusalem* auseinander. Die argentinische Arendt-Expertin Claudia Hilb, die bis 2024 Politische Theorie an der UBA lehrte, konzentriert sich in ihrem Beitrag auf den Epilog von Arendts Buch und rekonstruiert in einem *Close Reading* Arendts Position gegenüber dem ›offiziellen‹ Todesurteil gegen Eichmann. Hilb zeigt hierbei auch die Vielstimmigkeit und Komplexität von Arendts Text auf, der nicht vorschnell festgelegt werden kann. Einen kritischen und polemischen Blick auf die Rolle der Sprachen in Arendts Prozessbericht wirft dagegen die Psychoanalytikerin und promovierte Sozialwissenschaftlerin Perla Sneh. Sie problematisiert den Ausschluss des Jiddischen, Arendts Verachtung für das Hebräische, die vermeintliche Neutralität des Englischen und Arendts Überhöhung des Deutschen, der ›Tätersprache‹.

Der Literaturwissenschaftler Hans-Christian Riechers zeigt anhand des für den Eichmann-Prozess ›blind‹ angefertigten psychologischen Gutachtens des jüdischen Psychiaters und Holocaust-Überlebenden Leopold Szondi, dass in den 1960er-Jahren nicht nur Deutungen der ›Banalität‹ Eichmanns diskutiert wurden. Die Veröffentlichung des Gutachtens forderte Arendts These dadurch heraus, dass Szondi aufgrund der von ihm durchgeführten ›Schicksalsanalyse‹ Eichmann als »Verbrecher mit einer unstillbar tötenden Gesinnung« charakterisierte. Riechers diskutiert in seinem Beitrag Szondis Verfahren und sein auf dieser Methode beruhendes Gutachten, rekonstruiert dessen – indirekt auch bei Arendt belegten – publizistischen Widerhall und geht auf spätere Überlegungen Szondis zu Eichmann in *Kain. Gestalten des Bösen* (1969) und *Moses: Antwort auf Kain* (1973) ein, in denen dieser eine psychologisch grundierte Theorie des Menschen entwickelt. Szondis Schicksalsanalyse sieht Riechers in diesem Zusammenhang auch als intellektuelle Bewältigungsform der nationalsozialistischen Verbrechen.

Ricardo Andrade, Promovend im Bereich der Technikphilosophie, wiederum stellt dar, wie der Philosoph Günther Anders am Tätertyp Eichmann eine Philosophie des Monströsen entwickelt. In seinem unter dem Titel *Wir Eichmannsöhne* veröffentlichten, an Klaus Eichmann adressierten offenen Brief entwickelte Anders Thesen zur Technik und Entmenschlichung in der modernen Gesellschaft, die Andrade einer Lektüre unterzieht, die sich an Perspektiven der kritischen Theorie orientiert und schließlich eigene Thesen zur Notwendigkeit einer Erinnerung nicht nur der Verbrechen und ihrer Opfer, sondern auch einer entpersonalisierten Form von Täterschaft entwickelt.

IV Literarisierung und Fiktionalisierung von Täterschaft

Die publizistischen und philosophischen Debatten, die von Eichmann in Jerusalem ausgehen, schlagen sich auch in der Literatur nieder. Dies zeigt Yuuki Kazaokas Beitrag, der an die Bekanntschaft von Ingeborg Bachmann mit Hannah Arendt, die Bachmann als Übersetzerin für ihr Buch vorschlug, erinnert und in Bachmanns literarischer Bearbeitung des ›Bösen‹ in Gedichtfragmenten sowie in den Romanfragmenten *Das Buch Franza* und *Das Buch Goldmann* mögliche Bezüge zu Arendts Ideen und zum Eichmann-Prozess aufzeigt.

Eichmann wird im Gegensatz zu Josef Mengele erst später zu einer expliziten Figur in Romanen, Filmen und Erzählungen. Die Beiträge dieses Kapitels beschäftigen sich daher über den konkreten Fall Eichmanns hinaus mit der Literarisierung und Fiktionalisierung von Täterschaft. Hierbei wird zunächst Josef Mengele ausgeleuchtet, den Oliver Lubrich als Gegenfigur zu Eichmann beschreibt. Mengele stehe für eine Charismatisierung, Erotisierung und Überhöhung des ›Bösen‹ und damit ganz entschieden für dessen ›Entbanalisierung‹. Lubrichs literaturwissenschaftlicher Beitrag fragt danach, warum und wie Josef Mengele fiktionalisiert wird. Dabei bettet er die Figur des ›bösen Arztes‹ zunächst kulturgeschichtlich ein und gibt einen Überblick über das breite Spektrum der Mengele-Fiktionen, bevor er mit Friedrich Dürrenmatts Kriminalgeschichte *Der Verdacht* (1951/52), Rolf Hochhuths Drama *Der Stellvertreter* (1963), Alexander Kluges Kurzprosatext *Ein Liebesversuch* (1962) und Peter Schneiders Novelle *Vati* (1987) Beispiele für Mengele-Fiktionen in der deutschen Literatur analysiert, die unterschiedlich mit der Faszination umgehen, die von der Figur Mengele ausgeht. Dem Beitrag ist ein Verzeichnis von Filmen und literarischen Texten beigefügt, das weitere Forschung anregen soll.

Die von Lubrich diskutierten Mengele-Fiktionen kontrastieren mit dem banalen Bild von Josef Mengeles Alltag in seinem letzten Lebensjahr, das der Germanist Helmut Galle anhand von dessen Tagebuch des Jahres 1978 rekonstruiert. Auch Galle vergleicht Eichmann und Mengele als Täterfiguren, bevor er einen Überblick über Mengeles Selbstzeugnisse gibt und diese dann thematisch auswertet. Bemerkenswert ist hierbei insbesondere Mengeles Kommentierung der US-Fernsehserie *Holocaust*, die verdeutlicht, dass Mengele bis an sein Lebensende an der verbrecherischen Ideologie des Nationalsozialismus festhielt und sich keiner Schuld bewusst war.

Mengele erscheint im Gegensatz zu Eichmann als Figur in der brasilianischen Gegenwartsliteratur. Joanna Moszczynska gibt einen Überblick über deren Täterbild und widmet sich dabei den Narrativen der zweiten und der dritten Generation und somit Post-Memory-Texten. Sie diskutiert an verschiedenen Beispielen Kitsch und Anti-Kitsch als literarische Verfahren der Repräsentation von NS-Tätern, die im Einsatz von Humor bzw. Ironie, Groteske sowie Figuration bestehen.

V Eichmann und NS-Täter in ›argentinischen Fiktionen‹

Die Beiträge dieses Teils setzen sich jeweils zentral mit Eichmann-Fiktionen der argentinischen Gegenwartsliteratur auseinander, insbesondere der Romane *El desafortunado* bzw. *Das zweite Leben des Adolf Eichmann* von Ariel Magnus und *Querido Eichmann* von Marcos Rosenzvaig, in denen Eichmann erstmals als Protagonist auftritt.

Die Romanistin Ingrid Simson, gibt einen Überblick über böse Protagonisten in der Literaturgeschichte und interessiert sich dabei dafür, wie Eichmann als solcher gezeichnet und hierdurch Geschichte im Roman repräsentiert wird. Während für sie Magnus ein glaubwürdiges Portrait eines Mannes zeichnet, der fanatisch einer totalitären Gedankenwelt verhaftet bleibt und darüber seine Menschlichkeit verliert, aber dennoch wie ein alltäglicher Mensch agiert, figuriere Rosenzvaigs Eichmann als das personifizierte Böse, womit er ein traditionelles Erklärungsmuster des Nationalsozialismus bediene, das keine kausalen Zusammenhänge aufzeige und somit die Lesenden dem Phänomen ohnmächtig begegnen lasse.

In Sabine Schlickers' Beitrag werden diese Texte auch besprochen und hinsichtlich ihrer Erzählweise analysiert und mit weiteren medialen Figurationen Eichmanns verglichen, die sich verschiedener Genres und Darstellungsmodi bedienen. In der uruguayischen Komödie *Señor Kaplan* (2014) von Álvaro Brechner motiviert die Entführung Eichmanns einen alten jüdischen Mann dazu, einen Deutschen zu jagen, den er für einen Nazi hält, und in der Graphic Novel *Camino a Auschwitz* (2015) von Julián Gorodischer spielt die Entführung eine zentrale Rolle. Schlickers vergleicht verschiedene Eichmann-Bilder und zeigt auf, dass der fiktionalisierte Eichmann eine vielschichtige Figur ist, die jeder implizite Autor anders imaginiert und ausgestaltet.

Leonardo Senkman analysiert das Theaterstück *Herr Klement (La captura de Eichmann en Argentina)* von Patricia Suárez und Lionel Giacometto, das den Abschluss einer Trilogie über den Nationalsozialismus bildet, sowie den Roman von Ariel Magnus vor der Folie lateinamerikanischer Entwicklungen der Täterdarstellung und Holocaust-Erinnerung. Senkman hebt das besondere Potenzial der Texte der Generation der Enkelkinder der Holocaust-Opfer und Überlebenden hervor, die ihm zufolge eingeschliffene Muster kanonisierter Holocausterinnerung aufbrechen, indem sie menschliche Aspekte imaginieren und damit die Auseinandersetzung mit der Geschichte beleben.

Dem Romanisten Patrick Eser wiederum geht es um das fiktionale (Nach-)Leben des Rechts und die Inszenierung der Instanzen des Urteilens in argentinischen Erzählungen des Falls Eichmann. Ausgehend von Überlegungen über die Stimmen des Normativen und Rechtlichen in der Literatur wird die Kleinstgattung des *Exemplum* herangezogen, um den modellhaften Fall des Tätertyps Eichmann sowie seiner rechtlichen Verurteilung auszuleuchten. Die ethische Fragestellung nach den Instanzen des Urteilens in der Fiktion wird auf jüngste Eichmann- und Täterfiktionen aus Argentinien angewandt, so auf die beiden Romane *El desafortunado* von Ariel Magnus und *Querido Eichmann* von Marcos Rosenzvaig sowie den dokufiktionalen Film *El vecino alemán* (2016) von Rosario Cervio und Martin Liji. Resümierend werden diese drei Erzählungen mit Blick auf ihre erinnerungskulturelle und -ethische Dimension in vergleichender Perspektive diskutiert.

VI Figurationen der Erinnerung an (Un-)Recht und Gerechtigkeit

Im letzten Kapitel sind Beiträge gruppiert, die Literatur und Film als erinnerungskulturelle Medien betrachten und ihre Beiträge zu den Prozessen ›kollektiver Gedächtnisbildung‹ beleuchten.

Der romanistische Literatur- und Kulturwissenschaftler Ulrich Winter arbeitet die Wechselwirkung zwischen kulturell-ästhetischen und Rechtsdiskursen grundsätzlich heraus und unterstreicht, wie ästhetische Medien Raum für ambivalente, affektive und nicht-positivistische Bedeutungsprozesse erzeugen, gerade wo die Grenzen des Erzählens und Verstehens erreicht scheinen. Dazu arbeitet er die strukturellen Analogien von kulturellen und juridischen Erzählungen heraus und zeigt den Paradigmenwechsel auf, den der Fall Eichmann direkt oder indirekt ausgelöst hat. Die Frage, wie diese Verschiebungen den Blick auf die Figur Eichmann mitbestimmt haben, wird schließlich anhand des semi-fiktionalen Dokumentarfilms *El vecino alemán* (2016) erörtert. Winter macht so nachvollziehbar, wie der Eichmann-Prozess und seine Folgen das öffentliche Bild der Vergangenheit mitgeprägt haben.

Im Beitrag der argentinischen Filmwissenschaftlerin Maria Eugenia Druetta wird untersucht, wie das US-amerikanische Kino Bilder und Diskurse rund um den Fall Eichmann aufnahm und somit das ›mediale Gedächtnis‹ transformierte. Druetta sieht den Jerusalemer Prozess als Wendepunkt in der Darstellung von NS-Tätern im Hollywood-Kino. Während die in den Jahren vor 1961 produzierten Filme auf narrativen Strukturen basierten, in denen die nationalsozialistischen Aggressoren Merkmale aufwiesen, die eher dem preußischen Stereotyp entsprächen, nähmen die danach produzierten Filme durch den Prozess angestoßene Diskurse auf und zeigten sich stark von Arendts These beeinflusst, während europäische Produktionen weiterhin zu nicht-banalen Täterbildern tendierten, die nichts mit dem normalen Bürger zu tun hätten.

Der Germanist Christian Ernst untersucht, wie Spielfilme der 2010er-Jahre Bezug auf den Fall Eichmann nehmen, hierbei Fritz Bauer als ›deutsch-jüdische‹ Gegenfigur zu Eichmann konfigurieren und damit in Wechselwirkung zu Erinnerungsdiskursen treten. In *Eichmanns Ende – Liebe, Verrat, Tod* arbeitet er eine vordergründige Abgrenzung von der NS-Verbrechensgeschichte bei hintergründiger Verwischung von Opferkategorien, Reproduktion antisemitischer Stereotype sowie Projektion von Schuld auf eine fanatische Nazi-Elite und von Ressentiments auf jüdische Überlebende heraus; *Im Labyrinth des Schweigens* reproduziere ein Narrativ einer läuternden Wandlung der bundesrepublikanischen Gesellschaft, das weitgehend den von Aleida Assmann behaupteten Phasen und Modi der ›Erinnerungskultur‹ entspreche. In *Der Staat gegen Fritz Bauer* und *Die Akte General* werde Fritz Bauer als Heldenfigur konstruiert, die das offizielle Selbstbild des heutigen Deutschlands bestätige. Die Filme schreiben sich Ernst zufolge bei der Erinnerung der NS-Verbrechen in einen nationalen Identitätsdiskurs seit 1990 ein, dem auch die akademische Forschung im Zeichen der ›Erinnerungskultur‹ verhaftet scheint.

Die Literaturwissenschaftlerin Lena Seauve zeigt, wie Stephan Lohses 2020 erschienener Roman *Johanns Bruder* das Untertauchen Adolf Eichmanns im niedersächsischen Altensalzkoth mit der Gegenwart der fiktionalen Romanhandlung verbindet. Die von Gewalt und Verlust geprägte Familiengeschichte der Protagonisten wird nach und nach enthüllt, während Erinnerungen an Eichmann, an die Verbrechen der Nationalsozialisten und den Jerusalemer Prozess latent unter der Textoberfläche liegen, was nicht nur auf unterdrückte und überdeckte Erinnerungsdiskurse über die historische Figur Adolf Eichmann, sondern auch auf den Umgang mit den Tätern im Nachkriegsdeutschland verweise. Im Hinblick auf die Erinnerung und Bewertung von Schuld spiele Lohses Roman dabei unterschiedliche Aufzeichnungs- und Archivierungspraktiken durch. Lohses Erzählverfahren bietet Seauve zufolge durch die Aktualisierung, Aneignung und Individualisierung der Vergangenheit eine Alternative zu eingespielten Darstellungskonventionen bezüglich der deutschen Geschichte.

Die in diesem Band versammelten Beiträge ergeben in der Gesamtschau kein abgeschlossenes und einheitliches Bild der gesellschaftlichen und kulturellen Wirkung der Figur Adolf Eichmann, sondern zeigen, dass Geschichte je nach Kontext unterschiedlich erzählt, interpretiert und funktionalisiert wird. Gerade auch durch Verweise auf noch nicht analysierte Darstellungen zeigt der Band die Notwendigkeit weiterer Forschung an, zu der er anregen möchte.

Wir danken allen Autorinnen und Autoren für die intensive und konstruktive Zusammenarbeit, Cornelius Kibelka für die Übernahme des Korrektorats und dem De Gruyter-Verlag und insbesondere Maxim Karagodin und Gabrielle Cornefert für die umsichtige Betreuung der Publikation. Ein besonderer Dank geht außerdem an den Deutschen Akademischen Austauschdienst (DAAD) und die Hans-Böckler-Stiftung für die finanzielle Förderung des Projekts, das in der Publikation dieses Bandes mündet. Für die fachwissenschaftliche Beratung bei der Entstehung des Bandes danken wir Ulrich Winter (Marburg) und Peter Seibert (Bonn), Leonardo Senkman (Jerusalem) für die Empfehlung von Spezialist:innen aus Argentinien.

Literaturverzeichnis

Adams, Jenni und Sue Vice (Hg.): *Representing Perpetrators in Holocaust Literature and Film.* London, Portland, Or.: Vallentine Mitchell, 2013.

Bahrmann, Hannes. *Rattennest: Argentinien und die Nazis.* Berlin: C. H. Links, 2021.

Bajohr, Frank und Sybille Steinbacher (Hg.). *Eichmann und der Holocaust – ein Überblick.* Berlin: Metropol, 2023.

Beltz, Alexander, Malena Duchovny, Eleonor Salaverría und Clara Schirmeister. »Tagungsbericht: Der Eichmann-Prozess in transmedialer Perspektive: Figuren der Erinnerung, des Rechts und der Gerechtigkeit in Film und Literatur«. *H-Soz-Kult*, 01.11.2022. https://www.hsozkult.de/conference report/id/fdkn-130513 (16.06.2024).

Bosshard, Marco Thomas und Iulia-Karin Patrut. *Globalisierte Erinnerungskultur: Darstellungen von Nationalsozialismus, Holocaust und Exil in peripheren Literaturen.* Bielefeld: transcript Verlag, 2020.

Cesarani, David: After Eichmann: Collective Memory and the Holocaust Since 1961. New York: Taylor & Francis, 2004.

Cesarani, David. *Becoming Eichmann : Rethinking the Life, Crimes, and Trial of a »Desk Murderer«.* Cambridge, MA: Da Capo Press, 2002.

Conze, Eckart, Norbert Frei, Peter Hayes und Moshe Zimmermann. *Das Amt und die Vergangenheit: Deutsche Diplomaten im Dritten Reich und in der Bundesrepublik.* München: Karl Blessing, 2010. Deutscher Bundestag (Webarchiv). »Eichmann, der BND und die Organisation Gehlen«, https://www.bundestag.de/webarchiv/textarchiv/2011/33117142_kw03_ak_eichmann-204386 (16.06.2024).

Goñi, Uki. *The Real Odessa: Smuggling the Nazis to Perón's Argentina*. New York: Granta, 2002.

Große, Christina. *Der Eichmann-Prozess zwischen Recht und Politik.* Frankfurt a. M.: P. Lang, 1995.

Hayes, Peter und John K. Roth. *The Oxford Handbook of Holocaust Studies*. New York, London: Oxford University Press, 2010.

Klich, Ignacio (Hg.). *Sobre nazis y nazismo en la cultura argentina.* College Park: Hispamérica, 2002.

Klich, Ignacio und Cristian Buchrucker. »Nazis y charlatanes en Argentina. Acerca de mitos e historia tergiversada«. *Estudios Sociales* 41.1 (2011): 159–200.

Krause, Peter. *Der Eichmann-Prozess in Der Deutschen Presse*. Frankfurt: Campus Verlag, 2002.

Lindeperg, Sylvie und Anette Wieviorka (Hg.). *Le moment Eichmann.* Paris: Albin Michel, 2016.

Nescher, Raphael Ben (Hg.). *Götzen. Die Autobiografie von Adolf Eichmann*. Berlin: Metropol, 2016.

Meding, Holger. *»Der Weg«. Eine deutsche Emigrantenzeitschrift in Buenos Aires, 1947–1957*, Berlin: Wiss. Verlag, 1997.

Meding, Holger. *Flucht vor Nürnberg? Deutsche und österreichische Einwanderung in Argentinien, 1945–1955*. Köln: Böhlau, 1992.

Rauschenberger, Katharina, Sybille Steinbacher und Joachim von Puttkamer (Hg.). *Investigating, Punishing, Agitating Nazi Perpetrator in the Eastern Bloc*. Göttingen: Wallstein, 2023.

Renz, Werner. *Ad Hannah Arendt – Eichmann in Jerusalem Die Kontroverse um den Bericht »von der Banalität des Bösen«.* Hamburg: Europäische Verlagsanstalt, 2021.

Rittner, Carol und John K. Roth: *Advancing Holocaust Studies.* London, New York: Routledge/ Taylor & Francis, 2021.

Schlickers, Sabine. *De Auschwitz a Argentina. Representaciones del nazismo en literatura y cine 2000–2020*. Buenos Aires: Biblos, 2021.

Senkman, Leonardo und Saul Sosnowski. *Fascismo y Nazismo en las letras argentinas*. Buenos Aires: Lumiere, 2009.

Smith, Gary. *Hannah Arendt revisited: »Eichmann in Jerusalem« und die Folgen*. Frankfurt a. M.: Suhrkamp, 2000.

Stangneth, Bettina. *Eichmann vor Jerusalem. Das unbehelligte Leben eines Massenmörders*. Zürich: Arche, 2011.

Steinacher, Gerald. *Nazis auf der Flucht: wie Kriegsverbrecher über Italien nach Übersee entkamen.* Frankfurt a. M.: Fischer, 2010.

Tarica, Estelle. *Holocaust Consciousness and Cold War Violence in Latin America*. New York: State University of New York Press, 2022.

Tuncor, Hülya. »Creating a cosmopolitan memory? The reception of the Eichmann trial in the Turkish print media in the 1960s«. *Making Justice Visible: War Crimes Trials, Media and Memory after World War II*. Hg. Ruth Leiserowitz, Gintarė Malinauskaitė und Hektoras Vitkus. Osnabrück: fibre, 2023. 279–292.

Wieviorka, Annette. *L'ère Du Témoin*. Paris: Plon, 1998.

Wittmann, Rebecca (Hg.). *The Eichmann Trial Reconsidered.* Toronto: University of Toronto Press, 2022.

Wojak, Irmtrud. *Eichmanns Memoiren Ein Kritischer Essay*. Frankfurt a. M.: Campus-Verlag, 2001.
Young, James E. *Writing and Rewriting the Holocaust. Narrative and the Consequences of Interpretation.* Bloomington et al.: Indiana University Press, 1988.
Yablonka, Hanna. *The State of Israel Vs. Adolf Eichmann.* New York: Schocken Books, 2004.
Yablonka, Hanna. »Die Bedeutung der Zeugenaussagen im Prozess gegen Adolf Eichmann«. *Die Geburt des Zeitzeugen nach 1945.* Hg. Martin Sabrow und Norbert Frei. Göttingen: Wallstein, 2012.
Zimmerer, Jürgen (Hg.). *Erinnerungskämpfe: Neues deutsches Geschichtsbewusstsein.* Stuttgart: Reclam, 2023.

I Politische Reaktion und mediale Rezeption in der Bundesrepublik, DDR und Israel

Holger M. Meding

Der Bundesnachrichtendienst und der Fall Eichmann

Die Festnahme Adolf Eichmanns und seine Verbringung nach Israel elektrisierten im Mai 1960 die Weltöffentlichkeit. Premierminister David Ben-Gurion hatte der überraschten Knesset mitgeteilt, dass der ehemaligen SS-Obersturmbannführer und Organisator der Massendeportationen in die NS-Konzentrationslager ausfindig gemacht worden sei, sich in israelischem Gewahrsam befinde und nun im Land vor Gericht gestellt werde (»Prime Minister's statement on the arrest of Eichmann, 23.5.1960«, Lorch 1993, 1141).

Auf diese Erklärung, welche die Hintergründe der Festnahme im Dunkeln ließ, folgte eine erratische Informationspolitik, die viel Raum für Mutmaßungen ließ. Am 24. Mai, einen Tag nach der Mitteilung Ben Gurions, sickerte aus Kreisen der israelischen Sicherheitsbehörden durch, dass es ihre Agenten waren, die Eichmann gefangen genommen hätten. Eine offizielle Bestätigung erfolgte allerdings nicht. Auch blieb der Ort des Zugriffs mehrere Tage ungenannt, selbst auf direkte Nachfrage. Als in der Presse dann aber verlautete, dass Eichmann in Argentinien überwältigt und in einer verdeckten Operation außer Landes gebracht worden war, folgte ein diplomatischer Eklat, der mit Auseinandersetzungen im Sicherheitsrat der Vereinten Nationen und mit der Ausweisung des israelischen Botschafters aus Buenos Aires zwischenzeitliche Höhepunkte erreichte.

1 Hastige Recherchen

In hohem Maße aufgeschreckt war das politische Bonn. Erste Hinweise ließen vermuten, dass der angekündigte Prozess vor einem Gericht in Israel erhebliches Störpotenzial für Adenauers Annäherung an Israel bergen könnte. Umgehend verlangte die Bundesregierung Aufklärung. Das Kanzleramt forderte die zuständigen Ministerien und Bundesbehörden auf, ihren jeweiligen Kenntnisstand zu Adolf Eichmann zusammenzustellen.

Besondere Erwartungen hatte man an die Geheimdienste. Aber deren Rückmeldungen, besonders diejenigen des Inlandsgeheimdienstes, waren nicht sehr ergiebig. Auch wenn das Bundesamt für den Verfassungsschutz (BfV) durchaus

Open Access. © 2024 bei den Autorinnen und Autoren, publiziert von De Gruyter. (cc) BY-NC-ND Dieses Werk ist lizenziert unter der Creative Commons Namensnennung - Nicht-kommerziell - Keine Bearbeitungen 4.0 International Lizenz.
https://doi.org/10.1515/9783111077345-002

mehrfach Eichmanns Spuren nachgegangen war,[1] kann von konsequenten Ermittlungen keine Rede sein. Zumindest hatte man aber einige Nachforschungen betrieben. Dabei war es weniger um die strafrechtliche Verfolgung von NS-Tätern gegangen, sondern vielmehr um die Überprüfung, ob abgetauchte Mitglieder des Sicherheitsapparates des Dritten Reiches eine Gefahr für den demokratischen Staat der Bundesrepublik Deutschland darstellen könnten. Veteranengruppierungen, politisch motivierte Zusammenschlüsse mit NS-Hintergrund, einschlägige Kontakte ehemaliger Funktionsträger standen daher unter Beobachtung. Der Verfassungsschutz observierte auch – aus der Ferne – entsprechende Umtriebe in Lateinamerika.

Einige Erkenntnisse zu Adolf Eichmann waren somit im Laufe der Zeit in der Kölner Zentrale angefallen. Aber hier zeigte sich schnell, dass sie nur begrenzt brauchbar waren und viele Spekulationen enthielten, die sich als unwahr herausstellen sollten, z. B., dass sich Eichmann in den frühen 1950er Jahren nach Kuwait abgesetzt habe.[2]

Die abgefragten Landesämter für Verfassungsschutz (LfV) ihrerseits meldeten divergente Ergebnisse. In Rheinland-Pfalz und in Hessen waren gar keine Erkenntnisse angefallen. Das LfV Berlin konnte zumindest mit Ermittlungsakten aus dem Jahr 1959 aufwarten. Diese aber waren fehlerhaft und kenntnisarm. Nicht einmal der Geburtsort Eichmanns war eindeutig bekannt und als Aufenthaltsort hieß es vage »abwechselnd Kairo und Südamerika«. Mit der Beschreibung des Gesichtstyps der Zielperson als »jüdisch«[3] griff man zudem in diskreditierender Absicht auf die Rassenphysiognomik des Dritten Reiches zurück.

Genauere Angaben lieferte das Landesamt Niedersachen, aber sie betrafen nur Etappen des Nachkriegsaufenthaltes – unter dem Tarnnamen Otto Heninger – von Eichmann.[4] Angesichts des Mangels an verlässlichen Daten nahm man die auffindbaren Familienmitglieder Eichmanns ins Visier und stellte fest, dass eine Luise Eichmann, nach eigenen Angaben Schwägerin von Adolf Eichmann, zeitweilig Funktionärin der Deutschen Reichs-Partei (DRP) gewesen war und noch 1960 am Parteitag teilgenommen hatte.[5] Mochte man mit diesen Ergebnissen auch ideologische Kontinuitäten im Familienumfeld der Eichmanns identifizieren, halfen sie jedoch nicht in der Einschätzung der akuten Gesamtlage und des anstehenden Gerichtsprozesses.

1 Siehe »Zusammenstellung der beim Bundesamt für Verfassungsschutz angefallenen Erkenntnisse über Adolf Eichmann«, 24.8.1960, in: Bundesarchiv (BArch), B 443/912, f. 104–112. Erste Ergebnisse waren bereits einige Wochen zuvor dem Auswärtigen Amt mitgeteilt worden (BfV, 9.6.1960, in: Politisches Archiv des Auswärtigen Amtes, B 83/54).

2 BfV, »Betr.: Öffentlichkeitsarbeit, hier: Fall Eichmann«, 16.7.1960 (Entwurf), in: BArch B 443/912, f. 10.

3 LfV Berlin an BfV, 25.7.1960, in: BArch B 443/912, f. 32.

4 LfV Niedersachen, Ermittlungsbericht, 4.7.1960, in: BArch B 443/912, f. 42.

5 BfV an Bundeskanzleramt, 24.8.1960, VS-vertraulich, in: BArch B 136/ 50274.

Besorgniserregend für die Bonner Regierung war jedenfalls die Mitteilung aus Geheimdienstkreisen, dass die DDR den Fall Eichmann zum Anlass nehme, eine Kampagne gegen westdeutsche Politiker und Diplomaten zu entfachen, um sie in Zusammenhang mit den Untaten des Dritten Reiches zu bringen.[6]

Entsprechende Presseattacken waren bereits lanciert worden. Die SED-Propaganda sprach von Informationen, »daß das Bonner Auswärtige Amt und die staatliche westdeutsche Spionageorganisation ›Bundesnachrichtendienst‹ unter Hitler-General Gehlen die Aufgaben übernommen haben, ›mit allen Mitteln‹ zu verhindern, daß ein öffentlicher Prozeß gegen Eichmann stattfindet. Gegebenenfalls muss Eichmann vor Prozeßbeginn im Gefängnis sterben, wenn möglich in Form eines vorgetäuschten Selbstmordes.« (»Eichmann – der Mann Bonns«. *Neues Deutschland*, 28.5.1960)

2 Investigativer Journalismus

In Buenos Aires hingegen war man über die Ereignisse in hohem Maße erbost. Während für die Bonner Regierung die Person Eichmanns und der anstehende Gerichtsprozess im Mittelpunkt des Interesses standen, war es für Argentinien unerträglich, dass die Souveränität des Landes flagrant missachtet worden war. Es hatte keine Zusammenarbeit zwischen den Justizbehörden Israels und Argentiniens gegeben; stattdessen lag – wiewohl anfänglich von Tel Aviv bestritten – offenkundig eine Entführung vor, die vom Geheimdienst Israels auf nationalem argentinischen Territorium durchgeführt worden war.[7] In den bilateralen Beziehungen wurde der Ton eisig.

Schockiert war auch die deutschsprachige Gemeinschaft in Argentinien. Es gab nicht wenige, die Eichmann kannten und wussten, dass sich hinter dem biederen Ricardo Klement einer der meistgesuchten NS-Täter verbarg. Sein plötzliches Verschwinden hatte Unruhe ausgelöst. Doch in den ersten Tagen nach seinem Ausbleiben am 11. Mai 1960 konnte dessen Familie und sein Umfeld lediglich spekulieren: Es könnte einen Verkehrsunfall gegeben haben. Auch ein krimineller Akt – Raubmord, Entführung zwecks Lösegelderpressung – war nicht ausgeschlossen (vgl. »Der Fall Eichmann«. *Freie Presse* (Buenos Aires), 3.6.1960), doch beunruhigendere Szenarien schienen wahrscheinlicher zu sein.

---

6 BfV, »Betr.: Öffentlichkeitsarbeit, hier: Fall Eichmann«, 16.7.1960 (Entwurf), in: BArch B 443/912, f. 5–11.

7 Zu den Belastungen der argentinisch-israelischen Beziehungen siehe Rein 2001 sowie den Beitrag von Ignacio Klich in diesem Band.

Mehrfach war Familienmitgliedern in den Monaten zuvor aufgefallen, dass das Haus unter Beobachtung stand.[8] Die Beschatter erwiesen sich als recht unbeholfen. Adolf Eichmann wurde daher von seinem Sohn darin bestärkt, zukünftig eine Waffe bei sich zu führen (vgl. Stangneth 2011, 443). Doch dieser entschied sich, nicht erneut abzutauchen oder verstärkte Sicherheitsmaßnahmen zu ergreifen. Er selbst verbarg sich zwar unter einem Tarnnamen, doch war bereits bei der CAPRI (Compañía Argentina para Proyectos y Realizaciones Industriales), für die er zwischen 1951 und 1953 im Nordwesten Argentiniens gearbeitet hatte, sein wirklicher Name vielen der dortigen Mitarbeiter geläufig gewesen.[9] Und diese Informationen sickerten dann auch durch und erreichten 1959 den Frankfurter Generalstaatsanwalt Fritz Bauer, der mit den Ermittlungen gegen Eichmann betraut war. Dieser leitete sie an die Israelis weiter.[10]

Was aber im fernen Tucumán und Catamarca bereits leichtsinnig war, wurde im kosmopolitischen Großraum von Buenos Aires zu einer veritablen Gefahr. Die Kinder führten offen den Namen Eichmann und gingen auf eine deutsche Schule, so dass bald Angehörige der deutschsprachigen jüdischen Gemeinschaft darauf aufmerksam wurden und ihre Informationen und Mutmaßungen Fritz Bauer mitteilten (vgl. Renz 2019, 1034–1038).

Noch verhängnisvoller waren die regelmäßigen Treffen im ›Kameradenumfeld‹, bei denen Eichmann seine Erinnerungen auf Tonband aufzeichnen und im Nachhinein verschriftlichen ließ. Diese Gespräche besaßen zudem einen wechselnden Zuhörerkreis und die Gruppe der Mitwisser wuchs in kaum kontrollierter Weise. Die Enttarnung Eichmanns konnte daher nur eine Frage der Zeit sein. Eichmanns tagtägliche Nutzung öffentlicher Verkehrsmittel und die periphere Lage seines Hauses waren ein zusätzliches Sicherheitsrisiko. Insgesamt zeigt sich hier eine bemerkenswerte Sorglosigkeit, die man von einem Referatsleiter des

---

8 Adolf Eichmann. »Meine Flucht« (Manuskript, 1961, kaum entzifferbare Kopie, The National Security Archive: https://nsarchive2.gwu.edu/NSAEBB/NSAEBB150/index.htm (24.05.2024), unpaginiert), ab f. 27.

9 Carlos Werner Eduardo Schulz, Gespräch mit dem Verfasser, Olivos (Argentinien), 31.1.1990. Schulz hatte in der unmittelbaren Nachkriegszeit in einer riskanten Europamission die Übersiedlung von Ausreisewilligen nach Argentinien organisiert. Für zwei Jahre war er danach Adjutant des Gouverneurs der Provinz Buenos Aires, Domingo Mercante. Im Rahmen der CAPRI agierte er als Verwalter der Geländearbeit in Tucumán. Auf seinen Namen lief auch das CAPRI-Postfach CC 17, über welches Adolf Eichmann seinen Ausweis auf den Namen Ricardo Klement erhielt.

10 Die Identität dieses damaligen Informanten, des Geologen Gerhard Klammer, wurde erst kürzlich von Bettina Stangneth und Willi Winkler enthüllt (»Der Mann, der Adolf Eichmann enttarnte«. *Süddeutsche Zeitung*, 21./22. August 2021, 11–13). Recht konkrete Vermutungen zu dieser ominösen »zweiten Quelle« Bauers finden sich bereits bei Renz 2019, 1038. Auch der Journalist des Nachrichtenmagazins *Der Spiegel*, Klaus Wiegrefe, sondierte in diese Richtung.

Reichssicherheitshauptamtes nicht unbedingt erwarten sollte, zumal seit 1956 ein Haftbefehl gegen ihn erlassen worden war. Andere Untergetauchte waren wesentlich vorsichtiger.

Bis zum Zeitpunkt der Erklärung des israelischen Premierministers vor der Knesset herrschte zwischen dem 11. und 23. Mai 1960 Ungewissheit zu den Hintergründen des Verschwindens von Eichmann. Die deutschsprachigen Zeitungen in Buenos Aires vermeldeten den Vorfall nicht. Die Familie hatte zuerst in den verschiedenen Krankenhäusern nachgefragt und sich erst dann, drei Tage nach dem Verschwinden, an die Polizei gewandt (»vgl. Der Fall Eichmann«. *Freie Presse*, 3.6.1960, 2).

Die *Freie Presse*, die auflagenstärkste deutschsprachige Tageszeitung in Argentinien, gab sich ahnungslos und folgte den Meldungen der internationalen Agenturen, als Israel die Inhaftierung des Gesuchten publik machte. Man berichtete knapp und sachlich (vgl. »Eichmann verhaftet«. *Freie Presse*, 24.5.1960, 2; »Der Fall Eichmann«. *Freie Presse*, 25.5. 1960, 11). Noch am 26. Mai kolportierte das Blatt die Vermutung, dass die Festnahme Eichmanns in Syrien oder im Libanon erfolgt sein dürfte (vgl. »Der Fall Eichmann«. *Freie Presse*, 26.5.1960, 2). Auch das liberale *Argentinische Tageblatt*, die zweite deutschsprachige Tageszeitung in Buenos Aires, konnte nur die Spekulationen der Medien wiedergeben (vgl. »Beginn des Verfahrens gegen Eichmann«. *Argentinisches Tageblatt* (Buenos Aires), 25.5.1960, 4).

Demgegenüber besaß die Redaktion der *Freien Presse* aber bereits genauere Kenntnis, ohne diese der Öffentlichkeit weiterzugeben. Die Zeitung war schließlich mit dem NS-Umfeld in Buenos Aires in Gestalt des einschlägigen Dürer-Verlags, der sich durch das Verschwinden Eichmanns in Alarmstimmung befand, eng verbandelt: Chefredakteur der *Freien Presse* war seinerzeit Wilfred von Oven, ehemaliger Pressereferent von Reichspropagandaminister Joseph Goebbels. Er war 1951 nach Argentinien gekommen und hatte schnell in der lokalen Medienlandschaft Fuß gefasst. Noch vor seiner Ankunft hatte er sein zweibändiges Erinnerungsbuch *Mit Goebbels bis zum Ende* im Dürer-Verlag in Buenos Aires publiziert. Neben Büchern gab dieser Verlag vor allem die NS-nahe Emigrantenzeitschrift *Der Weg* heraus, die in Lateinamerika und Europa vertrieben wurde und ein breites Lesepublikum besaß (vgl. Meding 1997). Von Oven hielt zwar in der Folgezeit Abstand zum Dürer-Kreis, aber mehrere seine Mitarbeiter schrieben sowohl für die *Freie Presse* als auch für den *Weg*, z. B. Robert Keßler und Carlos von Merck. Mit letzterem, einem ehemaligen Korrespondenten des *Völkischen Beobachters*, der ebenfalls für die *Abwehr*, den militärischen Geheimdienst der Wehrmacht, gearbeitet hatte, war von Oven sogar eng befreundet.[11] Auch Willem

11 Siehe das Kapitel »Rettungsring ›Freie Presse‹ Buenos Aires – Mein Freund Carlitos«, in von Oven 1993, 111–115.

Sassen, der seit Jahren engste Kontakte zu Eichmann unterhielt und wenig später im Mittelpunkt der Vermarktung von dessen Aufzeichnungen stehen sollte, hatte für beide Printmedien gearbeitet. Im *Weg*, dessen Publikation 1958 eingestellt worden war, hatte er sogar eine tragende Rolle gespielt.

Auch wenn es interne Animositäten zwischen einigen der Journalisten gab, bestanden dennoch gemeinsame Informationskanäle. Die *Freie Presse* hielt sich öffentlich jedoch bedeckt und gab ihre Zurückhaltung erst auf, nachdem die *Wiener Kronen-Zeitung* gemeldet hatte, dass Eichmann nicht im Nahen Osten, sondern in Argentinien aufgegriffen worden war (vgl. »Gerüchte um Eichmann«. *Freie Presse*, 27.5.1960).[12] Jetzt rückte das Thema allenthalben auf die Titelseiten.

Die Journalisten befragten in den Folgetagen die Nachbarn, Gaststättenbetreiber und Ladenbesitzer nach ihren Kontakten zu den Familienmitgliedern. Ergiebig war dies nicht, oft eher skurril, z. B. wenn es hieß: »Während der fünf Monate, die sie in San Fernando lebten, genossen die Eichmanns einen guten Ruf. Sie waren sehr katholisch und gingen zeitig zu Bett.« (»Familie Eichmann verschwunden«. *Freie Presse*, 4.6.1960, 4)

Auf eigene Recherche der *Freie Presse* ging die Mitteilung zurück, dass die Familie Eichmann schließlich abtauchte und dazu Helfershelfer besaß. Ein LKW sei beladen worden. »Dann entschwand der Lastwagen in der Dunkelheit, gefolgt von mehreren Personenwagen, deren Insassen deutsch sprachen (...) Niemand vermag zu sagen, wohin.« (»Auch Eichmanns Sohn verschwunden«. *Freie Presse*, 5.6.1960, 4) Auch hier fingierte die Redaktion einen defizitären Kenntnisstand.

Deutlich besser informiert zeigte sich der in Buenos Aires akkreditierte Korrespondent der *Frankfurter Allgemeinen Zeitung* (FAZ). Fritz Otto Ehlert besaß Verbindungen zum Umfeld Eichmanns, konnte sich auf »Aussagen glaubwürdiger Zeugen« berufen und verstand es, in Windeseile konkrete Fakten zusammentragen. Der Bericht, den die *FAZ* am 2. Juni 1960 veröffentlichte, legte die Hintergründe des Aufenthaltes von Eichmann in Argentinien offen. (FOE. »Beweise für Eichmanns Aufenthalt in Argentinien«. *Frankfurter Allgemeine Zeitung*, 2.6.1960, 1.) Ehlert hatte Gespräche mit den Söhnen Eichmanns, Klaus und Horst, geführt und Kontakt zu einigen seiner Arbeitgeber hergestellt. Damit offenbarte er die z. T. prekären Lebensverhältnisse Eichmanns und erfuhr von Horst Carlos Fuldner, bei dessen Firma CAPRI Eichmann über mehrere Jahre angestellt war, weitere biografische Details. Ehlert konsultierte auch den aktuellen Arbeitgeber Eichmanns, Direktor William A. Mosetti von Mercedes Benz. Dieser gab bereitwillig Auskunft, versuchte aber, im Gegenzug sein Unternehmen aus den Pressemeldungen herauszuhalten.

12 Die Umstände blieben vorerst im Dunkeln, gleichwohl griff man die wabernden Spekulationen auf, z. B. über ein israelisches U-Boot, mit welchem Eichmann transportiert worden sein soll.

Als sehr auskunftsfreudig erwies sich zudem die Ehefrau des in Argentinien untergetauchten ehemaligen SS-Brigadeführers Hans Fischböck, der als Generalkommissar für Finanz und Wirtschaft in den besetzten Niederlanden verantwortlich für die Rekrutierung von Zwangsarbeitern gewesen war (vgl. Fuchshuber und Schrabauer 2024). Fischböck, stand auf österreichischen und niederländischen Fahndungslisten, hatte ebenfalls bei der CAPRI gearbeitet und kannte Eichmann seit Jahren. Seine Frau hatte kurz vor der Entführung noch mit diesem gesprochen und gab ihr Wissen freimütig dem *FAZ*-Korrespondenten weiter.

Ehlert wusste, dass er in einem Wespennest stocherte. Zu seiner eigenen Absicherung informierte er die deutsche Botschaft über die Ergebnisse seiner Recherchen und die *FAZ*-Chefredaktion sandte den brisanten Enthüllungsartikel einen Tag vor der Veröffentlichung an das Auswärtige Amt, so dass Bundesaußenminister Heinrich von Brentano vorzeitig im Bilde war. Nun wurden Eichmanns Fluchtwege, die Einreisedaten, seine wenig erfolgreichen beruflichen Versuche und einige seiner Verbindungen publik.

Der Korrespondent geriet aufgrund der Fülle seiner Informationen in den Verdacht, sich in zweifelhaften Kreisen bewegt zu haben. Sogar strafrechtliche Konsequenzen gegen ihn waren nicht ganz ausgeschlossen (vgl. Kutzner 2021). Die Israelis, die bis dahin die Informationshoheit besaßen, gerieten allerdings nun unter Druck. Der argentinische Außenminister Diógenes Taboada berief sich direkt auf die *FAZ*-Recherchen und forderte von Israel rückhaltlose Aufklärung.

Israel antwortete ausweichend und offenbar auch mit Falschangaben. Diplomatische Konflikte waren die Folge. Die undurchsichtige Gemengelage rief dann die Geheimdienste auf den Plan.

3 Aufklärungsarbeit des Bundesnachrichtendienstes

Die Festnahme und Entführung Eichmanns traf die Geheimdienste der Vereinigten Staaten und Westdeutschlands völlig unvorbereitet.[13] Die CIA forderte am 24. Mai 1960, kurz nachdem Israel die Verhaftung verkündet hatte, die Zusam-

13 Deklassifizierte CIA-Dokumente enthüllen die Ahnungslosigkeit des US-Geheimdienstes im Mai 1960, so z. B.: »Memorandum for the record«, 26.5.1960, secret, online: https://nsarchive2.gwu.edu/NSAEBB/NSAEBB150/box14_do_file_vol1/doc49.pdf (24.05.2024).

menstellung der zu Eichmann erreichbaren Informationen, »if data available«.[14] Die Anweisungen der BND-Spitze klangen ähnlich:

> Alle Einzelheiten, die mit diesem Vorgang in Zusammenhang stehen, sind von vordringlichem Interesse. Es wird daher gebeten, wesentliche Presseveröffentlichungen hierzu aus der lateinamerikanischen, vor allem aus der argentinischen Presse schnellmöglichst [sic] in deutscher Übersetzung vorzulegen. Ferner wird gebeten, über alle entsprechend postierten V-Leute, [Sonderverbindungen] usw. sofortige Feststellung von Einzelheiten, die zur Klärung beitragen können, zu versuchen.[15]

Angesichts der Dringlichkeit des Anliegens traf es sich gut, dass der BND in Buenos Aires seinen lateinamerikanischen Schwerpunkt besaß. Die Argentinien-Aktivitäten waren in den Jahren zuvor systematisch aufgebaut worden.[16]

Der BND war aus einer vom militärischen Geheimdienst der USA seit 1946 aufgebauten deutschen Spionageeinheit hervorgegangen, an deren Spitze Reinhard Gehlen stand. Dieser hatte im Zweiten Weltkrieg die Abteilung *Fremde Heere Ost* geleitet, die Militärspionage in der Sowjetunion. In der Nachkriegszeit diente er sich den Amerikanern an und wurde von diesen mit der geheimdienstlichen Aufklärung im sowjetisch kontrollierten Teil Europas betraut. Organisation und Kontrolle dieser deutschen Spionageeinheit verblieb bei den Amerikanern. Am 6. Dezember 1947 zog diese Einheit, die intern »Organisation Gehlen« oder kurz »Org« hieß, in eine Siedlung in Pullach, einem Vorort von München. Bis 1949 unterstand sie der amerikanischen Armee und operierte bis 1955 als selbständiger Teil der CIA.

Die Bundesregierung rief zum 1. April 1956 den Bundesnachrichtendienst (BND) ins Leben und gliederte diesen dem Kanzleramt an. Die provisorische Vorgängerorganisation »Organisation Gehlen« wurde in den BND überführt. Dessen zentrale Aufgabe blieb weiterhin die militärische Aufklärung Ost- und Ostmitteleuropas.

Aber der BND weitete seinen Wirkungskreis schon früh aus. Bereits 1951 hatte Adenauer gegenüber der »Organisation Gehlen« die Forderung erhoben, einen stra-

---

14 Director to CIA Berlin, secret, mit dem Zusatz: »Immediate Handling«, online: https://nsarchive2.gwu.edu/NSAEBB/NSAEBB150/box14_do_file_vol1/doc48.pdf (24.05.2024). Offenkundig waren die unmittelbar eruierbaren CIA-Daten zu Eichmann derart dürftig, dass man das Berlin Document Center konsultierte.

15 [Weiß] an 540, Nr. 4633/60, 30.5.1960, VS-vertraulich, in: 42018, Kopie, Bl. 74.

16 Dieses und die folgenden Kapitel basieren auf den Recherchen zu den Aktivitäten des westdeutschen Auslandsgeheimdienstes in Lateinamerika von den Anfängen bis in die frühen 1970er Jahre, die der Verfasser im Rahmen der Unabhängigen Historikerkommission zur Erforschung der Geschichte des Bundesnachrichtendienstes (UHK) im Archiv des Bundesnachrichtendienstes durchführte (Meding 2021).

tegischen Dienst aufzubauen, der als Ergänzung zur bestehenden Ostaufklärung auch ein politisches Lagebild aus dem Westbereich liefern sollte.

Im September 1954 wurde das Auswertungsreferat Lateinamerika geschaffen. Damit war Lateinamerika als Aufklärungsziel institutionalisiert. Man baute Strukturen auf und knüpfte Kontakte. Am besten gelang dies in Argentinien. Argentinien hatte sich als Eingangspforte für Lateinamerika nahezu angeboten. Der La-Plata-Staat unter der Präsidentschaft von Juan Domingo Perón (1946–1955) zeigte sich ausgesprochen deutschfreundlich, förderte die deutsche Einwanderung, warb deutsche Techniker und Wissenschaftler offensiv an und bot selbst Personen, die von den Alliierten gesucht wurden, ein Refugium. In diesem Habitat fanden sich verschiedene Anknüpfungspunkte, die sich nachrichtendienstlich nutzen ließen.

Und tatsächlich konnte man bald unter Beweis stellen, dass es möglich war, relevante Informationen zu beschaffen, die selbst der Regierung des Landes nicht vorlagen. Wiederholt gelangte man an hochsensible militärische Interna. So brachte ein eingeschleuster Gewährsmann geheime Angriffspläne auf Uruguay seitens der argentinischen Marinestreitkräfte in Erfahrung und leitete sie weiter.[17]

Die Dimensionen der bundesdeutschen Geheimdienstarbeit waren ansehnlich: Mitte der 1960er Jahre zählte die »Zweigstelle Lateinamerika« acht Personen im Leitungsbereich, eine Sonderverbindung, einen Agentenführer in Buenos Aires, welcher allein 51 Unterquellen führte, und 53 weitere Quellen und Mitarbeiter. Kontakte zum argentinischen Geheimdienst SIDE (Secretaría de Inteligencia del Estado) waren bereits im März 1959 durch Vermittlung des Auswärtigen Amtes hergestellt worden. In den Folgejahren wurden sie vertieft.

Der Bundesnachrichtendienst war also zum Zeitpunkt der Entführung Adolf Eichmanns in Argentinien gut aufgestellt. Auf Verlangen der Bundesregierung wurden in Eilaktivität Hintergründe ermittelt und belegbare Fakten zusammengetragen. Erste Meldungen gingen in Pullach sehr schnell ein, bedurften aber noch der Überprüfung. Bis Mitte Juni 1960 lagen dann die zentralen Daten zu Eichmanns Aufenthalt in Argentinien vor. Sie »stützen sich auf Informationen zuverlässiger Quellen in verschiedenen Bereichen«[18] und wurden, wiewohl noch fehlerbehaftet, umgehend der Bundesregierung zugeleitet. Diesen Erkenntnissen zufolge war Adolf Eichmann 1950 in Argentinien eingetroffen und in der deutsch-argentinischen Tiefbaufirma CAPRI, die unter der Leitung von Horst Carlos Fuldner stand und wasserbautechnische Studien verfertigte, angestellt worden. Eichmann habe einen in Tucumán ausgestellten Personalausweis auf den Namen »Ricardo Clement« genutzt. Nach dem

17 »Kurzbericht ueber den Besuch des Dr. Bawig bei Salazar in Montevideo«, 7.6.1964, BND-Archiv 20440, Unterakte Zwischenfall V-43000.

18 181 an 364/V, Nr. 4777/60, VS-vertraulich, 20.6.1960, BND-Archiv, 42018, Kopie, Bl. 78–79.

Zusammenbruch von CAPRI »eröffnete er ein Geschäft für Elektro- und Konstruktionsmaterial in der Calle Callao, Bs. As., anschließend 1957 eine Gesellschaft mit dem ehemaligen Chef der Leibwache von Ante Pavelic, Oberst Vlado Secen.« Als diese Neugründungen erfolglos blieben, sei Eichmann bei Mercedes Benz Argentina eingetreten. Im März 1959 wurde er »Leiter für Normenkontrolle« im Betrieb Buenos Aires. Ende 1950 habe Eichmann seine Familie nach Argentinien geholt und bis Anfang 1960 eine Wohnung im bonaerenser Vorort Olivos bewohnt, bevor er im Februar 1960 ein selbstgebautes einfaches Häuschen am Nordwestrand von Buenos Aires in Bancalari bezogen habe. »Spätestens Anfang 1960, wahrscheinlich jedoch schon früher, gelang es Informanten des israelischen Geheimdienstes, R. Clement-Eichmann zu identifizieren. Die ersten Hinweise müssen aus dem sehr kleinen Kreis der wenigen Vertrauten E.'s gegeben worden sein.«[19]

Ein Informant des BND hatte zudem in Erfahrung gebracht, dass Eichmann nach seiner Entführung für mehrere Tage in der Privatresidenz des israelischen Militärattachés »inhaftiert« worden sei und dass die Familie Eichmanns aktuell durch die argentinischen Behörden vor jedem Zugriff geschützt werde.[20] Einer anders lautenden Mitteilung zufolge, die auch in der argentinischen Presse kursierte, war die Familie Eichmann von einer Gruppe ehemaliger SS-Angehöriger unter Leitung von Horst Carlos Fuldner ins Landesinnere verbracht worden. Der Bericht spricht von »einer zahlenmässig kleinen Gruppe«.[21]

Diese frühen Informationen stammten zum großen Teil von Wilfred von Oven, der nicht nur Chefredakteur der Tageszeitung *Freie Presse* war, sondern auch einer der wichtigsten freien Agenten des BND in Argentinien. Von Oven hatte schon zuvor in Westdeutschland für die »Organisation Gehlen« gearbeitet und war dann als Korrespondent des Nachrichtenmagazins *Der Spiegel* mit einem von dessen Herausgeber Rudolf Augstein persönlich unterschriebenen Presseausweis nach Argentinien gegangen. In den fünfziger Jahren blieb er dem BND lose verbunden und übersandte seine Berichte – 632 an der Zahl – an einen Verbindungsmann. Anfang der 1960er Jahre wurde eine direkte Verbindung zum BND formalisiert. Seine frühere Tätigkeit an der Seite von Propagandaminister Goebbels stellte kein Anstellungshindernis dar.[22]

Bei der Aufklärung des Eichmann-Komplexes halfen von Oven seine guten Kontakte in nationalsozialistische Kreise in Buenos Aires. FAZ-Korrespondent Eh-

19 [BND, Erkenntnisse zum Fall Eichmann], undatiert [Eingangsstempel Bundeskanzleramt 23.6.1960], BArch B 136/50274, Az. 19006/19, Bd. 1.

20 [Aktennotiz] 540, 30.6.1960, in: BND-Archiv 42018, Kopie, Bl. 84.

21 181/IV b an 363/V, 1.7.1960, Nr. 50 713/60, VS-vertraulich: BND-Archiv 121099, jpg 1738. Paraphe Winterstein [Kurt Weiß].

22 Zu von Oven siehe Finkenberger 2024.

lert und BND-Agent von Oven tauschten zudem ihre jeweiligen Erkenntnisse aus. Auch spielten sie sich ihre Gesprächspartner zu. Teilweise unterliefen ihnen dabei dieselben Fehler, so z. B. bei Eichmanns Tarnnamen, den sie beide mit »Clement« statt »Klement« benannten.

Der BND erhielt über seine nachrichtendienstlichen Verbindungen nunmehr Kenntnis zur verdeckten Nachkriegseinwanderung belasteter Personen nach Argentinien. Unter den Zehntausenden deutscher Auswanderer, die seit 1945 an den Río de la Plata gelangt waren, besaßen nicht wenige eine nationalsozialistische Biografie. Wie Wilfred von Oven wollten sie sich nicht in die Nachkriegsordnung der Siegermächte einfügen. Zuweilen ließen sich einige von diesen nachrichtendienstlich einspannen.

Argentinien war aber auch ein Refugium für diejenigen, die vor den Kriegsverbrechertribunalen beziehungsweise den nationalen Strafverfolgungsbehörden geflüchtet waren und sich auf Dauer verbergen mussten, in der Regel mit falschen Namen und erfundenen Lebensläufen. Über unterschiedliche verschlungene Wege waren sie nach Buenos Aires gelangt. Der Verfolgungsdruck war dort gering und die deutsche Gemeinschaft bot vielfältige Möglichkeiten des Unterschlupfs und des wirtschaftlichen Neuanfangs.[23]

Ins Blickfeld geriet dabei Rodolfo Freude, der ehemalige Privatsekretär Peróns und Leiter von dessen präsidialem Geheimdienst. Dieser, so heißt es, »war an der Anwerbung europäischer Spezialisten für die argentinischen Behörden und Staatsbetriebe interessiert.« In dessen Auftrag sei dann in Europa Fuldner tätig gewesen, der dem Sicherheitsdienst (SD) des Dritten Reiches zugerechnet wird und, nach seinem Übertritt in argentinische Dienste, mit Eichmanns Ausreise aus Italien in Verbindung gebracht wird. Fuldner habe auch die Firma CAPRI »als Auffangstelle für die von ihm in Europa angeworbenen Spezialisten, die er entweder selber beschäftigte, wie Adolf Eichmann, oder an argentinischen Behörden und Betriebe vermittelte«, gegründet.[24]

Obwohl sich hier ein dichtes Netzwerk offenbarte, gab es zu diesen Meldungen wenig oder gar keine Nachfragen. An vergangenen Abläufen zeigte man sich in Pullach nicht besonders interessiert. Wilfred von Oven aber hatte dem Geheimdienst bewiesen, dass er in der Lage war, angeforderte Daten kurzfristig zusammentragen zu können. Seine Reputation wuchs, sodass er streckenweise sogar als leitender Agentenführer vor Ort, d. h. als Resident, im Gespräch war.

---

23 Zur deutschen Argentinienmigration in der Ära Perón siehe Meding 1992; Goñi 2003; Schneppen 2007; Steinacher 2008; Stahl 2013.

24 502, Einige Hinweise zum Fall Eichmann, Meldedienstliche Verschlusssache (Kopie), 20.7.1960, BND-Archiv, 42018, Bl. 110–115.

Von Oven nutzte seine verfestigten BND-Beziehungen weidlich aus und verwendete die Agentenbezüge zur Gründung einer eigenen Zeitschrift. Er verließ die *Freie Presse* – offenbar im Streit um einen Artikel zum Eichmann-Prozess – und gab nun die *Deutschen Kommentare am Río de la Plata* heraus, womit er die ideologische Lücke, die das nationalsozialistisch inspirierte Monatsblatt *Der Weg*, das 1958 sein Erscheinen eingestellt hatte, zu füllen trachtete (vgl. Meding 1995). Die Redaktion der neuen Zeitschrift betrieb er in Bürogemeinschaft mit dem Korrespondenten der FAZ in Buenos Aires, Fritz Otto Ehlert. Die Büromiete zahlte der BND.

Vor seiner Trennung von der *Freien Presse* hatte er die Zeitung an den BND herangespielt und beide Seiten griffen diese Option dankbar auf. Für den Herausgeber der *Freien Presse* war es eine Chance, einem drohenden Bankrott zu entgehen und für den Nachrichtendienst handelte es sich um eine vorteilhafte Investition: Als deutschsprachige Zeitung in Argentinien versprach die *Freie Presse* nicht nur mediale Einflussmöglichkeiten, sondern auch Zugang zu Entscheidungsträgern weit über die Landesgrenzen hinaus, sowie sichere Legenden für eigene Agenten. Die *Freie Presse* wurde in der Folgezeit vom Auswärtigen Amt gemeinsam mit dem BND über das Bundespresseamt finanziell unterstützt, den Angaben zufolge mit mindestens 200.000 DM.[25] Während die *Deutschen Kommentare* und der *La Plata Ruf*, beide von Wilfred von Oven herausgegeben, ihre nationalsozialistische Herkunft nicht verleugnen konnten, richtete sich die *Freie Presse* konservativ aus und verschrieb sich den Interessen der Bundesregierung. Die Zeitung existierte noch bis 1977.

4 Ignorierte Hinweise und Falschmeldungen

Die im Verlaufe von etwa zwei Monaten von den Agenten des BND zusammengetragenen Informationen offenbarten, wenngleich mit Fehlern in den Details, solide Kenntnisse zum Umfeld Eichmanns in Argentinien.

Unerwähnt bzw. unbemerkt blieb jedoch die Tatsache, dass der Geheimdienst bereits acht Jahre zuvor vom Aufenthaltsort Eichmanns erfahren hatte. Doch diese Erkenntnisse schliefen als passives Wissen im Archiv. Für das Jahr 1951 ist die erste Auskunft belegt: »Beim Mufti sitzt SS-Eichmann.«[26] Dieser Hinweis, demzufolge sich Adolf Eichmann bei Mohammed Amin al-Husseini, dem Großmufti

25 Siehe hierzu das Unterkapitel »Pressefinanzierung durch den BND« in Meding 2021.
26 Dienststelle 35, Gespräch mit [Sonderverbindung] S-1915,3 am 29.11.1951, in: BND-Archiv, VASi V-1721, Jackets, Bl. 321.

von Jerusalem, aufhalte, war allerdings zweifellos eine Falschinformation, wie sie seinerzeit vielfach in den Medien zu finden waren.[27]

Ein halbes Jahr später wurden die Angaben besser: »Der Standartenführer Eichmann befindet sich nicht in Ägypten, sondern hält sich unter dem Decknamen Clemens in Argentinien auf. Die Adresse von Eichmann ist beim Chefredakteur der deutschen Zeitung in Argentinien ›Der Weg‹ bekannt.«[28] Abgesehen davon, dass Eichmanns Tarnname und auch sein SS-Rang inkorrekt angegeben waren, stimmten die übrigen Aussagen diesmal und bezeugten einen Informationsstrang in den bislang recht abgeschirmten deutsch-argentinischen Dürer-Kreis, der sich in Buenos Aires um den Dürer-Verlag und dessen Leitmedium *Der Weg* gruppierte.

Woher der ehemalige SS-Brigadeführer (Generalmajor) Franz Müller-Darß diese Informationen, die er der Dienststelle 35 der Organisation Gehlen weiterleitete, erhalten hatte, ist nicht ersichtlich. Da allerdings mehrere seiner weiteren Meldungen groteske Irrtümer enthielten, wurden die Angaben offenbar lediglich zu den Akten genommen, aber nicht weiter auf ihren Wahrheitsgehalt geprüft. Der Zugriff auf diese Daten war zudem beschränkt. Das Schotten-Prinzip, das den Informationsfluss zwischen den verschiedenen Geheimdienst-Abteilungen aus Gründen der Spionageabwehr begrenzte, behinderte eine personenbezogene Akkumulation von Fakten. Eichmann war da kein Einzelfall.

Die wenigen BND-Angaben wurden ungeprüft an die CIA weitergereicht und fanden, angereichert mit Fehlrecherchen und Verwechslungen, Eingang in US-Dokumente.[29] Folgeuntersuchungen wurden nicht eingeleitet. Die Geheimdienste beiderseits des Atlantiks erkannten keine Zuständigkeit, sahen die Strafverfol-

27 So wähnte 1948 das Magazin *Der Aufbau* Eichmann in Ägypten und vermutete ihn als Hintermann eines Pogroms in Kairo. Das FBI leitete diese Mitteilung direkt an die CIA weiter (FBI-Direktor J. Edgar Hoover an CIA-Direktor, 15.9.1948, confidential, in: National Security Archives: Uncovering the Architect of the Holocaust. The CIA Names File on Adolf Eichmann (2005), Dokument 19: https://nsarchive2.gwu.edu/NSAEBB/NSAEBB150/box14_do_file_vol1/doc19.pdf (22.04.2024)).

28 Dienststelle 35, Aktennotiz über die Besprechung zwischen S-1915,3, L 35 und 35 b am 16.6. 1952, in: BND-Archiv, VASi V-1721, Jackets, Bl. 326.

29 »Adolf Eichmann [...] was born in Israel and became an SS-Obersturmbannfuehrer. He is reported to have lived in Argentina under the alias Clemens since 1952. One rumor has it that despite the fact that he was responsible for mass extermination of Jews, he now lives in Jerusalem.« (CIA Names File, Dokument 42, »secret«: https://nsarchive2.gwu.edu/NSAEBB/NSAEBB150/box14_do_file_vol1/doc42.pdf (22.05.2024)). Siehe hierzu Wolfe o. J.: https://www.archives.gov/iwg/research-papers/eichmann.html (22.05.2024). Der Autor weist in diesem Zusammenhang auf eine Fülle von Gerüchten (»uncertain rumors«) hin, welche die CIA zum Aufenthaltsort Eichmanns erreicht hatten.

gung bei den Justizbehörden angesiedelt und nahmen allenfalls anfallende Meldungen zu den Akten.

Auch der israelische Mossad hatte zu diesem Zeitpunkt seine Recherchen in Argentinien ausgesetzt. Die Hinweise auf Eichmanns Aufenthalt in Argentinien, denen man 1958 vor Ort nachgegangen war, hatten sich nicht verifizieren lassen. Ein effektiver Informationsaustausch der Geheimdienste hätte die fehlenden Daten frühzeitig zusammenführen können, fand aber nicht statt.

Auch die Nazi-Jäger besaßen nur lückenhafte, vor allem aber widersprüchliche Informationen. Der israelische Aktivist Tuviah Friedman verkündete noch 1959 medienwirksam, dass sich Eichmann in Kuwait aufhalte. Jüdische ›Rächerkommandos‹ wollten ihn gar erschossen haben (Stahl 2013, 115).[30] Simon Wiesenthal gab der Presse verwirrende Hinweise auf Eichmann in Ägypten, verfolgte aber parallel eine starke Spur, die nach Argentinien führte. Der in Linz ansässige Heinrich Baron von Mast hatte ihm 1953 einen Brief gezeigt, den er angeblich von einem deutschen Offizier aus Argentinien bekommen hatte, der mit Eichmann in Buenos Aires zusammengetroffen war.

Als der BND davon erfuhr, leitete man eine Untersuchung ein, da Mast hauptamtlicher Mitarbeiter der »Organisation Gehlen« gewesen war. Im März 1952 hatte man ihn jedoch bereits »abgeschaltet«, nachdem das Vertrauen in ihn fundamental erschüttert worden war. »Verkauft Falschmeldungen an verschiedene [Nachrichtendienst-]Stellen in Österreich«, notierte man über ihn.[31] Auch eine Unterschlagung mochte eine Rolle gespielt haben.

Der BND blieb daher skeptisch, vor allem weil Mast inzwischen für das dubiose Netzwerk des ehemaligen RSHA-Angehörigen Wilhelm Höttl arbeitete, zu dem der BND ostentativ Distanz wahrte. Während Mast dem BND als ›Nachrichtenfabrikant‹ galt, leitete Wiesenthal die auf Argentinien deutende Fährte an den Präsidenten des Jüdischen Weltkongresses Nahum Goldmann weiter,[32] der aber nicht aktiv wurde, da er Eichmann in Syrien wähnte.

In Argentinien schließlich wurde der blinde jüdischer Einwanderer Lothar Hermann, der vor dem Nationalsozialismus geflohen war, auf Eichmanns Sohn Klaus aufmerksam, hakte nach und meldete seinen Verdacht, dessen Vater Adolf Eichmann aufgespürt zu haben, an verschiedene argentinische Institutionen und auch an Ermittler in Israel und Westdeutschland, darunter den hessischen General-

30 Zu diesen Mutmaßungen und ihren Zusammenhängen vgl. auch Stangneth 2011, Kap. »Zwischenspiel. Falsche Spuren in den Nahen Osten« sowie zur Ermordung einer fälschlicherweise als Eichmann identifizierten Person siehe Bergman 2018, Kap. 1, Fn. 35.

31 25.40, 15.7.1952, Z-2389: BND-Archiv, VASi 5300, Jackets, Bl. 3.

32 Wiesenthal an Goldmann, 30.3.1954, in: CIA Names File on Eichmann, Dokument 37: https://nsarchive2.gwu.edu/NSAEBB/NSAEBB150/box14_do_file_vol1/doc37.pdf (24.05.2024).

staatsanwalt Fritz Bauer. Über diesen Umweg erreichten die Informationen schließlich die Entscheidungsebene des israelischen Auslandsgeheimdienstes Mossad, der sich nach längerem Zögern entschloss, den sich verdichtenden Spuren nachzugehen. Doch die daraufhin eingeleiteten israelischen Erkundungen in Argentinien führten nicht zu einer Erhärtung der Verdachtsmomente, zumal Hermanns Aussagen nicht immer faktensicher waren. Erst als Bauer insistierte und weitere Belege vorlegte, startete der Mossad einen neuen Vorstoß. Am 11. Mai 1960 griff man schließlich zu.

Die Entführung Adolf Eichmanns ist umfänglich und auch aus der Perspektive vieler Beteiligter beschrieben worden, nicht selten mit Selbstgefälligkeit.[33] Es handelte sich um eine großangelegte verdeckte Geheimdienstoperation, die logistisch unter Einbezug von diplomatischen Stellen vorbereitet und durchgeführt wurde und über ihren Verlauf mehrere Ersatzteams für verschiedene Eventualitäten in Argentinien in Bereitschaft hielt. Es war der größte bisherige Coup des israelischen Auslandsgeheimdienstes, der bis zu diesem Zeitpunkt vielfach mit Pannen aufgefallen war, nun aber einen sensationellen Erfolg vorweisen konnte, auf den sich – bis heute – die Imagebildung gründen konnte. Das Ansehen des Mossad stieg deutlich. Die zahlreichen Missgeschicke im Verlauf des operativen Vorstoßes, an denen das Unternehmen durchaus hätte scheitern können, wurden in den frühen Erfolgsdarstellungen ausgeblendet und kamen erst Jahre später im Zuge mehrerer Publikationen zutage.

Da der Mossad zum Fall Eichmann seine Archive aber bis heute nicht vollständig freigibt, sondern nur selektiv informiert, sind Zweifel an der Wahrhaftigkeit mancher Abläufe durchaus angebracht. Die Darstellungen der Beteiligten an der Operation weichen schließlich auch in mehreren Punkten voneinander ab. Im grundsätzlichen Hergang und in den Rahmendaten stimmen sie allerdings weitgehend überein.

Die Lateinamerika-Journalistin Gaby Weber hingegen beargwöhnt seit geraumer Zeit alle Berichte der Beteiligten und auch Eichmanns eigene Niederschriften und geht stattdessen von einer global orchestrierten abgefeimten Geheimdienstverschwörung aus. In ihrem Buch *Eichmann wurde noch gebraucht* (2012) bringt sie die Aussage von Ben-Gurion zur Festnahme Eichmanns und ein wenige Stunden zuvor erfolgtes verheerendes Erdbeben in Chile in einen regelrecht kausalen Zusammenhang. Die Argumentation mutet bizarr an: Atomwaffenversuche im Bundesstaat Nevada hätten zum Tod von über 20.000 Zivilisten geführt (Weber 2012, 136). Nachdem

33 Neben vielen Presseartikeln vor allem Harel 1975; Aharoni und Dietl 1996; Malkin und Stein 2018; Eitan 2022; Eichmann 2016, 438 (hier insgesamt nur wenige Zeilen, zudem noch Ausstreichungen). Auch die ›Nazi-Jäger‹ haben ihren jeweiligen Anteil hervorgehoben: Wiesenthal 1961; Friedman 1961. Zurückhaltend war Fritz Bauer, vgl. Renz 2019.

es in den Vereinigten Staaten zu gesetzlichen Testbeschränkungen gekommen war, habe man nach Alternativen gesucht und sei auf Argentinien gekommen. US-amerikanische Militärs hätten daraufhin im Süden Patagoniens geheime Atombombendetonationen ausgelöst. Als dann aber am 21./22. Mai 1960 im benachbarten Chile mehrere Erdbeben stattfanden, sei angeblich die US-Regierung erschreckt davon ausgegangen, dass die internationale Öffentlichkeit eine Verbindung mit den klandestinen Nukleartests herstellen könne (151) und die USA dadurch in ein negatives Licht gerückt würden. Aus diesem Grunde sei in aller Eile eine Geheimoperation inszeniert worden und man habe Eichmann, den man schon vorsorglich in die eigene Gewalt gebracht hatte, »Israel praktisch aufgedrängt« (124). Damit sei ein alternatives Spitzenthema in die internationalen Medien lanciert worden, welches alle kritischen Nachfragen zum Erdbeben in Chile und seine potenzielle Verursachung durch geheim gezündete US-Atombomben übertüncht hätte: ein »perfektes Ablenkungsmanöver« (151).

Die Israelis ihrerseits seien auf den Deal eingegangen und hätten in der Folgezeit nicht nur Atomtechnologie, sondern auch 630 Millionen DM von Bonn erhalten »im Gegenzug für das Schweigen Eichmanns über die Nazis in der Adenauer-Regierung vor dem Tribunal in Jerusalem.« (86) Dass Eichmann allerdings schon anderthalb Wochen vor dem Erdbeben verschwunden war, irritiert die Autorin nur wenig. Er habe eben zu viel gewusst und sei als ein potenziell gefährlicher Zeuge aus dem Spiel genommen worden (125). Die Regierungen der USA und Israels sowie deren Geheimdienste – auch der BND wird in Komplizenschaft gesehen – bilden dieser Darstellung zufolge seit sechs Jahrzehnten ein eisernes Schweigekartell, das immer wieder in konstruierten Memoiren, irreführenden Pressemitteilungen, Zeitzeugenberichten und Interviews die wahren Hintergründe vertuscht.

Weber hat sich in diese Hypothese regelrecht verbissen und mehrere Prozesse auf Freigabe von gesperrten Akten geführt. Damit hat sie der Eichmann-Forschung tatsächlich einen bedeutenden Dienst erwiesen. Es ist ihr zu verdanken, dass relevante Materialien aus dem Archiv des BND nunmehr – wenn auch z. T. mit Schwärzungen – zugänglich sind.

Trotz dieser Erfolge aber blieb die Ausbeute für die zentrale These der Journalistin wenig ergiebig. Für die Behauptung, die USA hätten 1960 in Patagonien geheime unterirdische Atomsprengungen durchgeführt, fehlen belastbare Belege. Stichhaltige und verifizierbare Aussagen von Zeitzeugen liegen ebenso wenig vor. Das alternative Eichmann-Entführungsnarrativ bleibt ohne substanzielle Erhärtung. Die angebliche Verschleierung des Erdbebens durch die Eichmann-Überstellung nach Israel verlässt trotz einer Gesamtzahl von 627 Fußnoten nie das Feld ungesicherter Mutmaßungen.

Weber begeht zudem sachliche Fehler, ignoriert die zentrale wissenschaftliche Literatur und erklärt die ihrer These widersprechenden Aussagen für manipuliert oder verfälscht. Ihre Darstellung bedient sich zudem einer erschreckend aggressiven Sprache, die einen ratlos zurücklässt. Überzeugende Argumentation sieht anders aus.

Aber zweifellos hat die Journalistin recht, wenn sie die andauernde manifeste Geheimniskrämerei der Nachrichtendienste beklagt.[34] Die immer noch bestehende Weigerung des Bundesnachrichtendienstes, alle archivierten Eichmann-Akten offenzulegen,[35] bleibt ein Nährboden für Spekulationen und sinistre Theorien.

5 Die Eichmann-Manuskripte

Wilfred von Oven, der in Buenos Aires Ende Mai 1960 auf den Fall Eichmann angesetzt worden war, konnte dem BND bald eine hochbrisante Information übermitteln, nämlich dass der Herausgeber der (mittlerweile eingestellten) Monatszeitschrift *Der Weg*, Eberhard Fritsch, sein ehemaliger Chefredakteur Willem Sassen und Adolf Eichmann übereingekommen waren, intensive zeitgeschichtliche Interviews zu führen und Eichmanns Aussagen schließlich in Buchform zu bringen. Damit wurde eine Auskunft bestätigt, die inzwischen auch von einem BND-Informanten aus Österreich an Pullach gegeben worden war.

Hierzu gebe es, so von Oven weiter, einen formellen Vertrag zwischen diesen drei Personen. Umgehend forschte der Geheimdienst nach und konnte eine Kopie der Vereinbarung, in der Eichmann als Urheber eine gestaffelte Vorauszahlung

34 Auch der Verfasser dieses Artikels war in der Veröffentlichung seiner Forschungsergebnisse zu den Lateinamerikaaktivitäten des BND (Meding 2021) massiven Einschränkungen unterworfen. Der Zugang zu den Archivalien des BND war der Unabhängigen Historikerkommission (UHK) für den vereinbarten Beobachtungszeitraum unbeschränkt zugestanden worden. Dieses beispiellose Privileg besaß aber seine Kehrseite in einer zuweilen restriktiven Freigabepraxis, die zu zahlreichen Streichungen, Schwärzungen und Umformulierungen führte. Als Verweigerungsgründe wurden Informantenschutz, Methodenschutz, Schutz von Persönlichkeitsrechen, Schutz von Partnerdiensten sowie das Staatswohl angeführt.

35 Insbesondere die BND-Aktivitäten im Umfeld des Eichmann-Prozesses bleiben weiterhin ein Buch mit sieben Siegeln. Klaus-Dietmar Henke, der im Rahmen der Recherchen der Unabhängigen Historikerkommission zur Erforschung der Geschichte des Bundesnachrichtendienstes (UHK) dieses Kapitel aufarbeitete, musste zahlreiche, teilweise seitenlange, Schwärzungen seines Manuskripts hinnehmen (vgl. Kapitel »Eichmann in Pullach« und »Eichmann in Jerusalem« in Henke 2022).

von 3480 US-Dollar und eine Verkaufsbeteiligung eingeräumt wurde, in seinen Besitz bringen.[36]

Bereits Anfang Juni 1960 trat der BND verdeckt an den mittlerweile in Österreich ansässigen Eberhard Fritsch heran, um Auskünfte zu den argentinischen Aufzeichnungen Eichmanns zu erhalten. Fritsch war für den BND kein Unbekannter. Bereits 1951 war er als Chefredakteur der Monatszeitschrift *Der Weg* in Buenos Aires karteimäßig erfasst worden.[37] Fritsch berichtete über den Umfang der Eichmann-Manuskripte, hielt sich aber ansonsten zurück, »da er sich berechtigterweise für sehr gefährdet hält, wenn sich das Material in seinen Händen befindet.«[38]

Weitere Detailinformation folgten wiederum aus Buenos Aires. Auf Basis der aufgezeichneten Tonbänder habe Sassen ein Manuskript von 500 Seiten in zwei Ausfertigungen erstellt. Sassen habe das Exemplar mit Eichmanns Korrekturanmerkungen behalten und das zweite an den US-Medienkonzern *Time* gegeben. Von »SS-Kameraden« seien, da diese Sassen nicht trauten, Kopien von Tonbändern und Manuskript angefertigt worden. Eichmann selbst habe sich bei Beendigung der Interviews im April/Mai 1960 beobachtet gefühlt und wollte Argentinien vorübergehend verlassen, doch Sassen habe ihn beruhigt.[39]

Diese Version, an welcher von Oven zeitlebens festhielt,[40] macht – abgesehen von Irrtümern in der Chronologie – Sassen indirekt zum Verantwortlichen für den Entführungsfall, da dieser das Manuskript zum Verkauf angeboten habe und damit die Aufmerksamkeit der Medien und, in der Konsequenz, auch der Geheimdienste auf den Aufenthaltsort Eichmanns gelenkt habe.

Doch die BND-Führung war am Entstehungsverlauf der Aufzeichnungen nicht sonderlich interessiert, sondern an deren Auswirkungen. Man befürchtete – nicht zu Unrecht –, dass dort Personen genannt würden, die in der Bundesrepublik Deutschland mittlerweile höhere politische Positionen innehatten und nun öffentlich mit ihren Missetaten während des Zweiten Weltkriegs konfrontiert würden. Insbesondere ging es dabei um Adenauers Kanzleramtschef Hans Globke, der während des Dritten Reiches u. a. als Kommentator der Nürnberger Rassengesetze die NS-Regierungspolitik vertreten hatte. Die DDR-Publizistik hatte sich bereits seit ge-

---

36 »Vertrag zwischen den Herren Adolf Eichmann, hinfort Urheber-Partner genannt, Willem Sassen, hinfort Bearbeiter-Partner genannt und Eberhard Fritsch, hinfort Verleger-Partner genannt«, Abschrift o. D., in: BND-Archiv 121099 jpg 1839–1842.

37 BND-Archiv, 121099, jpg 1786.

38 522 an 181/IV, Nr. 3101/60, 13.6.1960, in: BND-Archiv, 43140, Bl. 1732–1733.

39 Zitat aus Brief von V-17350 [= von Oven], in: 519/I/W Nr. 08871/60 an 181 IV b, VS-vertraulich, 23.11.1960: BND-Archiv 121099, jpg 1852–1853.

40 So auch von Oven in Gesprächen mit dem Verfasser, Bella Vista (Argentinien), 1989/90.

raumer Zeit auf ihn eingeschossen und sah im anstehenden Eichmann-Prozess eine passende Gelegenheit, die Bundesregierung zu attackieren.[41] Nicht zuletzt musste der BND auch davon ausgehen, dass eigene Mitarbeiter in den argentinischen Aufzeichnungen Eichmanns auftauchen. Die Leitung des Geheimdienstes war entsprechend nervös.

Wenig später boten Fritsch und Sassen das Eichmann-Manuskript für DM 100.000 an. Angesichts dieser hohen Summe und der bestehenden Unklarheiten zu Kopien und parallelen Vermarktung, gerieten die Gespräche ins Stocken. Der BND pochte auf vorherige Einsichtnahme, um das Material einer Analyse unterziehen zu können. Die Zielanweisung war eindeutig: »Die Dienststelle [gemeint ist die Dienststelle Außenpolitische Aufklärung] wird sich bemühen die Möglichkeit zu erhalten, das Material nach Eingang zu fotokopieren bzw. die Tonbänder zu überspielen.«[42] Während dieses Verhandlungspokers wurde BND-Abteilungsleiter Kurt Weiß allerdings zunehmend nervöser: »[W]o bleibt das Rohmaterial?« schrieb er als Marginalie in einen der Zwischenberichte.[43]

Zugriffiger war das US-amerikanische Wochenmagazin *Life*, das vom Medienunternehmen *Time Inc.* verlegt wurde. Sassen hatte mehrere Jahre journalistisch für *Life* gearbeitet und die Möglichkeit der Vermarktung der Eichmann-Niederschriften sondiert. Nun hoffte er, die Story selbst verfassen zu können und damit die Deutungshoheit in der Hand zu halten. *Life* war hochinteressiert und hatte für das Manuskript 15.000 Dollar (80.000 DM) geboten. Spätestens im September 1960 wurde dem BND klar, dass sich *Life* einen Exklusiv-Vertrag gesichert hatte und das erhaltene (Teil-)Manuskript für eine Publikation vorbereitete.[44]

Der BND wusste inzwischen auch, dass die Gesamtdokumentation sehr viel umfangreicher war. Fritsch blieb daher auch weiterhin im Fokus. Im Oktober 1960 traten drei BND-Agenten erneut an ihn heran und erkundigen sich nach dem Eichmann-Material. Sie äußerten das Interesse, das zur Verfügung stehende Material erwerben zu wollen.[45] Insgesamt ging es in den Verhandlungen um die kommentierte Endfassung von ca. 800 Seiten und ggf. die Gesamtmanuskriptfassung, die auf 3000 Seiten veranschlagt wurde. Doch man wurde nicht handelseinig.

---

41 Siehe hierzu die Feststellung des BND, dass die DDR weitergehende propagandistische Aktionen gegen Globke eingeleitet habe (BND an Bundeskanzleramt, 30.6.1960, VS-vertraulich, versehen mit dem Stempel »Dem Herrn Bundeskanzler vorzulegen«, in: BArch B 136/ 50274).

42 522 an 181/IV, 13.6.1960, BND-Archiv, 121099, jpg 1709.

43 522 an 181/IV, Nr. 3101/60, 29.6.1960, in: BND-Archiv, 43140, Bl. 1734.

44 Eintrag vom 16.9.1960, BND-Archiv Tagebücher Kurt Weiß, Bd. 17: N 10/3, Teil 17.

45 Betr.: Eichmann-Material, Aktenvermerk, 14.10.1960 über ein Gespräch am 11.10.1960, in: BND-Archiv 121099, jpg 1790 ff.

In Abstimmung mit dem BND griff nun die CIA in den Veröffentlichungsverlauf ein. CIA-Chef Allen Dulles suchte *Time-Life*-Chefredakteur Henry Luce auf, mit dem er befreundet war, und wirkte auf ihn ein, um der anstehenden Veröffentlichung einige Schärfen zu nehmen. Ein Hinweis auf Bundeskanzleramtschef Hans Globke, den das *Life*-Manuskript angeblich enthielt, wurde auch prompt gestrichen.[46] Erleichtert notierte BND-Abteilungsleiter Weiß in sein Tagebuch, dass das Manuskript keine nachteiligen Informationen gegen Mitglieder der Bundesregierung enthalte.[47]

Sassen erfuhr – wohl von Luce selbst – von der CIA-Intervention und es dürfte den Dürer-Kreis mit einer Mischung aus Stolz und Besorgnis erfüllt haben, dass sich der Chef des US-Auslandsgeheimdienstes persönlich in den Fall eingeschaltet hatte. Wenig später publizierte *Life* die Versatzstücke des Eichmann-Manuskripts in sensationalistischer Weise.[48] Sassen und Fritsch hatten die erhoffte Deutungshoheit verloren.

6 Im Vorfeld des Prozesses

Parallel war der BND im Versuch der Organisation der Finanzierung der Verteidigung Eichmanns involviert. Hierzu existierten verschiedene Initiativen, u. a. von BND-Mann Hans Rechenberg, der aber ohne Anweisung des Dienstes agierte. Die BND-Spitze wusste, dass Rechenberg, ehemaliger Pressereferent des NS-Reichswirtschaftsministers Walther Funk, seine Fühler ausstreckte, war indigniert, untersagte diese Sondierungen aber auch nicht explizit. Rechenberg kontaktierte in Köln den Rechtsanwalt Robert Servatius, der Eichmann in Jerusalem verteidigen sollte, er verhandelte in Salzburg

46 »One obscure mention of Globke which Life omitting at our request« ([Dulles] an Munich Base, 20.9.1960, secret, zur Weitergabe an Gehlen, in: Naftali 2006: https://sgp.fas.org/eprint/naftali.pdf (24.05.2024), Anhang. Mit Streichungen auch in: CIA Names File on Eichmann, Dokument 88, secret: https://nsarchive2.gwu.edu/NSAEBB/NSAEBB150/box14_do_file_vol2/doc88.pdf (24.05.2024). Entsprechend Wolfe o. J. – mit dem Hinweis, die CIA habe die Globke-Erwähnung auf Bitten des US-Außenministeriums entfernen lassen. Über Dulles) Pressemanagement und seinen »Public-Relations- und Propaganda-Apparat« siehe: Weiner 2008, 118–119. Bettina Stangneth hingegen bezweifelt, dass Globke im *Life*-Text überhaupt Erwähnung gefunden habe, da dieser in den gesamten Eichmann-Manuskriptseiten nie genannt wurde (Stangneth 2011, 483).

47 »Keine nacht. Inform. über Mitgl. d. BuReg« (Eintrag vom 16.9.1960, BND-Archiv, Tagebücher Kurt Weiß, Bd. 17: N 10/3, Teil 17). Weiß fügte noch die Handlungsanweisung hinzu: »Versuch, das 2. Exemplar zu kaufen«.

48 »Eichmann tells his own damning story«. *Life*, 28.11.1960, 19–25 und Life, 5.12.1960, 146–160, sowie als Reprint: »I transported them to the butcher«. *Life International*, 9.1.1961, 9–19 und »To sum it all up, I regret nothing«. *Life International*, 13.2.1961, 76–82.

mit Fritsch und den Familienangehörigen Eichmanns. Die Verkaufserlöse der Eichmann-Interviews sollten die Finanzgrundlage für den Unterhalt der Familie und die anstehenden juristischen Schritte bilden.[49]

Der umtriebige Rechenberg, der Ende der 1940er Jahre auch für den *Weg* geschrieben hatte, nutzte überdies seine Kontakte zu dem in Argentinien ansässigen Kriegsveteranen und Unternehmer Jochen Kienitz, der zum Ärger von Fritsch und Sassen einen Teil der Eichmann-Unterlagen in seinen Besitz gebracht hatte.[50]

Unter den Augen des BND vermarktete Rechenberg die ihm zur Verfügung stehenden Dokumente und Kontakte und zeigte sich dabei ziemlich geschäftstüchtig. Seine Aktivitäten koordinierte er mit dem dubiosen Schweizer Bankier und Memoirenhändler François Genoud. Während Rechenberg in Genf einem Vertreter der ägyptischen Regierung das Eichmann-Manuskript für 100.000 Schweizer Franken anbot,[51] versuchte Genoud ebenfalls die Prozessfinanzierung über ägyptische Regierungskreise zu sichern. Utopische Planspiele gehörten dazu. So wurde gar erwogen, unter der Führung des Großmuftis von Jerusalem Mohammed Amin al-Husseini einen Versuch zur Befreiung Eichmanns durchzuführen. Al-Husseini war dem Dürer-Kreis verbunden und hatte auch im *Weg* eine Grußbotschaft veröffentlicht. Wie Genoud nach Gesprächen mit dem Großmufti mitteilte, war dieser durchaus zu einer derartigen Aktion bereit.[52] Das Projekt wurde jedoch nicht weiterverfolgt.

Der Eichmann-Fall stoppte noch ein anderes Projekt, das ein großer Problemfall für den BND hätte werden können. Ende der 1950er Jahre prüfte der Geheimdienst, ob Dr. Erich Rajakowitsch ein geeigneter Kandidat für eine geheimdienstliche Zusammenarbeit sein könnte. Rajakowitsch war während des Zweiten Weltkriegs ein enger Mitarbeiter Adolf Eichmanns im Reichssicherheitshauptamt gewesen und war mit Deportationsangelegenheiten und sogenannten Arisierungen befasst. Nach dem Krieg wurde nach ihm gefahndet; dem Vollzug eines Haftbefehls entzog sich der ehemalige SS-Obersturmführer jedoch 1951 durch Flucht nach Argentinien, wo er in Buenos Aires mit seinem ehemaligen Vorgesetzten Eichmann zusammentraf (Stangneth 2011, 148). Rajakowitsch erreichte, dass das gegen ihn laufende Verfahren eingestellt wurde, und baute schließlich eine Im- und Exportfirma auf, die auch Verbindungen nach Argentinien unterhielt. Aufgrund seiner internationalen Geschäftskontakte soll-

---

49 521/A Nr. 4-2191/60 an 181, geheim, 28.11.1960: BND-Archiv 1221099 jpg 1859 ff., geheim

50 Jochen Kienitz, Gespräch mit dem Verfasser, Olivos (Argentinien), 10.3.1990.

51 »Eichmann-Niederschriften werden der ägyptischen Regierung angeboten« (522 an 181, Nr. 5/61, VS-vertraulich, 9.1.1961: BND-Archiv 121099, jpg 1886–1887).

52 521/A an 181, Nr. 4-2166/60 geheim, 21.7.1960: BND-Archiv 121099, ab jpg 1757. Zu den Aktivitäten von Rechenberg und Genoud siehe Henke 2022, Kapitel »Eichmann in Pullach«; auch: Winkler 2011, Kap. 9.

ten sich auch bald die Nachrichtendienste für ihn interessieren, neben dem BND auch die CIA.[53]

1959 erkannte man nach einer Personalüberprüfung »keine Bedenken« für eine Verbindungsaufnahme; 1960 wurde Rajakowitsch dann als BND-Mitarbeiter sogar »empfohlen«.[54] Lediglich die Verhaftung Eichmanns führte schließlich dazu, dass man die Kontaktaufnahme zurückstellte, »da Möglichkeit besteht, dass im Zusammenhang mit dem Fall Eichmann auch Dr. R., wenn vielleicht auch nur am Rande, in den Blickpunkt der Öffentlichkeit gerückt werden könnte«.[55] Das späte Zurückzucken war nur allzu berechtigt. Tatsächlich wurde Eichmann in Israel nach Rajakowitsch befragt, jedoch verweigerte er die Auskunft.[56] 1965 wurde Rajakowitsch für seine Beteiligung an Deportationen schließlich zu zweieinhalb Jahren Zuchthaus (»verschärfter Kerker«) verurteilt (»Moment, Herr Richter«. *Der Spiegel* 11.1965).

Eine fatale Auswirkung für den BND hätte auch eine andere Personalie annehmen können, falls sie bekannt geworden wäre. So setzte sich Gudrun Himmler, die Tochter des ehemaligen Reichsführers SS, für den zur Fahndung ausgeschriebenen Alois Schintlholzer ein. Dieser war Teil des Fluchtnetzwerkes gewesen, das Adolf Eichmann schließlich bis nach Argentinien geleitet hatte. Ex-SS-Sturmbannführer Schintlholzer hatte Eichmann 1950 in seinem eigenen Wagen vom niedersächsischen Celle bis an die österreichische Grenze gebracht.

Dieser Vorgang wirft ein Schlaglicht auf die hochproblematische Rekrutierungspraxis, die der frühe BND in vielen Fällen an den Tag gelegt hatte (vgl. Meding 2024). Gudrun Himmler (V-54026) war hauptamtliche Mitarbeiterin des BND und nutzte ihre Position, um Schintlholzer, der untergetaucht war und mit gefälschten Dokumenten in der Bundesrepublik lebte, zu helfen.[57] Sie unterhielt zudem freundschaftliche Verbindungen zu einem größeren Kreis ehemaliger SS- und SD-Führer und sympathisierte politisch mit diesen. Mehrfach wurde sie von ihren Vorgesetzten zur Zurückhaltung ermahnt[58] – offenbar erfolglos. 1963 trennte sich der Bundesnachrichtendienst von ihr.

Je näher der Strafprozess in Jerusalem rückte, desto weniger wichtig wurden die Argentinien-Manuskripte Eichmanns für den BND. Der Dienst verschaffte sich direkte Zugänge. Im Rahmen seiner »Operation Gleisdreieck« erhielt der BND aus

53 Hierzu: BND-Archiv 120610, ab jpg 406.

54 BND-Archiv 120610, jpg 422.

55 BND-Archiv 120610, jpg 426.

56 https://www.cia.gov/readingroom/docs/RAJAKOWITSCH%2C%20ERICH_0031.pdf (24.05.2024).

57 [Gudrun Himmler], »Betr.: Luis Schintlholzer«, in: 521 an 181 (nur persönlich), Nr. 1-1780/60, 11.8.1960, VS-vertraulich, in: 121099, f. 1784.

58 521 an 181 (nur persönlich), Nr. 1-1780/60, 11.8.1960, VS-vertraulich, BND-Archiv 121099, f. 1783.

Israel nahezu sämtliche Informationen, die im Zusammenhang mit dem Prozess standen: Briefe und Aufzeichnungen Eichmanns, Informationen zu seiner Lektüre, Abschriften von Randbemerkungen, die dieser z. B. zu einer Biografie über Globke gemacht hatte. Der BND revanchierte sich auf seine Weise und ließ Dokumente, die dem DDR-Prozessbeobachter Friedrich Karl Kaul aus dessen Hotelzimmer in Jerusalem entwendet worden waren, »unseren Freunden«, gemeint waren die Israelis, zukommen.[59]

Im März 1961 lag dem BND eine Kopie der 3564 Seiten umfassenden Niederschrift der Vernehmungen Eichmanns durch israelische Behörden vor sowie 145 Seiten der Aufzeichnungen Eichmanns. Dieses Material wurde danach durchgesehen, ob es kompromittierendes Material gegen bundesdeutsche Politiker beinhalte. Insgesamt erwähnte Eichmann 460 Personen mit Namen, darunter zwar einige BND-Mitarbeiter, aber – wie erleichtert zur Kenntnis genommen wurde – keine Persönlichkeit des öffentlichen Lebens der Bundesrepublik.

7 Fazit

Die Entführung Eichmanns aus Argentinien und das eigenmächtige, völkerrechtsmissachtende Handeln Israels irritierte und erschreckte Regierungen, Geheimdienste, Medienvertreter und Öffentlichkeiten in unterschiedlicher Ausprägung und Intensität. Allenthalben herrschte das Bestreben, die Hintergründe und den Verlauf dieses Coups zu erfahren, auch um die Folgewirkungen einschätzen zu können. Hastige Recherchen folgten.

Die Informationen, welche die Geheimdienste zum NS-Umfeld in Argentinien und zu Adolf Eichmann im Besonderen besaßen, waren defizitär. Weder BND noch CIA waren in den 1950er Jahren den verschiedenen Spuren, über die sie verfügten, konsequent nachgegangen. Auch im israelischen Geheimdienst besaß die Fahndung nach NS-Tätern keine Priorität. Erst Hinweise aus dem Umfeld Eichmanns und vor allem ein mangelndes Sicherheitsbewusstsein des per Haftbefehl Gesuchten führten zu einer Verdichtung der argentinischen Spur und im Mai 1960 zum Zugriff des Mossad.

Zielführende Informationen zum Aufenthaltsort Eichmanns und zu seinen Kontakten lagen allerdings bereits 1952 vor. Eine engagierte nachrichtendienstliche Zusammenarbeit hätte daher bereits zu diesem Zeitpunkt zu einer Auffindung Eichmanns führen können. Aber niedrige Priorisierung, mangelndes Vertrauen und Geheimhaltungsvorbehalte verhinderten ein konzertiertes Vorgehen.

59 180 an 415/E persönlich, 21.7.1961, BND-Archiv 121099, jpg 2194. Zu Kaul vgl. auch den Beitrag von Katharina Rauschenberger in dem vorliegenden Band.

Der BND erkannte im Mai 1960 sofort die Brisanz des Falles, war allerdings von der israelischen Operation völlig überrascht. Die Beziehungen zum Mossad befanden sich noch in der Aufbauphase. Parallel zum Annäherungsprozess zwischen der Bundesrepublik Deutschland und Israel auf der politischen Ebene sondierten auch die jeweiligen Geheimdienste Überschneidungsbereiche. Seit 1958 unterhielten BND und Mossad Partnerdienstbeziehungen. Anfang der 1960er Jahre fanden regelmäßige Treffen statt. Man tauschte Material aus und verglich Bedrohungsanalysen. Aber der Fall Eichmann wurde nicht thematisiert. Es gab weder Anfragen noch Hinweise. Das Verhältnis der beiden Geheimdienste kühlte daher nach dem Entführungsfall ab. Aber die israelische Seite wollte auf jeden Fall einen Bruch vermeiden und bemühte sich um Schadenbegrenzung. In der Folgezeit erhielt der BND regelmäßig Informationen und Material aus dem Umfeld des Untersuchungsverfahrens und erfuhr auch Einzelheiten aus den Verhören. Die CIA-Spitze unterdessen zeigte Bereitschaft, sofern möglich, eine Schädigung der Interessen der Bundesregierung zu verhindern. Dem BND gelang es seinerseits, Einfluss auf die Verteidigung Eichmanns zu nehmen und unliebsame Wendungen zu verhindern.

Insgesamt stellte der Entführungsfall für den BND ein schockierendes Ereignis dar, das belegte, wie sehr man die Existenz und Tätigkeit deutscher NS-Exilanten zugunsten der politischen Auslandsaufklärung ausgeblendet hatte. Allerdings erwies sich der BND in der Lage, recht schnell – aus Westdeutschland, der DDR, Österreich und Argentinien – relevante Informationen einzuholen und zu stimmigen Einschätzungen zu gelangen. Bezüglich der als gefährlich eingeschätzten Aufzeichnungen Eichmanns betrieb der BND Gefahrenabwehr. Verdeckt setzte man sich in Kontakt mit den Rechteinhabern, stieg in Kaufverhandlungen ein und erlangte Kenntnisse zum Inhalt der Dokumente, so dass deren potenzielle Sprengkraft entschärft werden konnte.

Der Bundesnachrichtendienst war an der Beobachtung des Strafprozesses gegen Eichmann in Jerusalem beteiligt und blieb umfänglich informiert. Die näheren Umstände dieser Beobachtung und die nachrichtendienstliche Ausforschung der Verteidigung Eichmanns stehen u. a. »aus Gründen des Staatswohls« teilweise bis heute unter Geheimhaltung.

Quellen- und Literaturverzeichnis

Archive

Bundesarchiv (BArch)
Bundesnachrichtendienst-Archiv (BND-Archiv)
Ibero-Amerikanisches Institut Preußischer Kulturbesitz – Zeitungsarchiv

National Security Archives: Uncovering the Architect of the Holocaust. The CIA Names File on Adolf Eichmann (online)
Politisches Archiv des Auswärtigen Amtes (PA AA)

Literatur

Aharoni, Zvi und Wilhelm Dietl. *Der Jäger. Operation Eichmann. Was wirklich geschah*. Stuttgart: D.V.A., 1996.

Bergman, Ronen. *Der Schattenkrieg. Israel und die geheimen Tötungskommandos des Mossad*. München: Penguin, 2018,

Eichmann, Adolf. *Götzen. Die Autobiografie von Adolf Eichmann*. Hg. Raphael Ben Nescher. Berlin: Metropol, 2016.

Eitan, Rafi. *Capturing Eichmann.The memoir of a Mossad spymaster*. London: Greenhill, 2022.

Finkenberger, Martin. »National Socialist propagandists on the Río de la Plata: Wilfred von Oven and Johann von Leers as members of right-wing extremism networks after 1945«. *Nazis and Nazi sympathizers in Latin America after 1945, Boston*. Hg. Linda Erker und Raanan Rein. Boston, Leiden: Brill, 2024. 157–178.

Friedman, Tuviah. *The hunter*. New York: Doubleday & Co, 1961.

Fuchshuber, Jutta und Andreas Schrabauer. »Hans Fischböck: the late escape of a Nazi war criminal to Argentina«. *Nazis and Nazi sympathizers in Latin America after 1945, Boston*. Hg. Linda Erker und Raanan Rein. Boston, Leiden: Brill, 2024. 179–205.

Goñi, Uki. *The real Odessa. How Perón brought the Nazi war criminals to Argentina*, London u. a.: Granta, 2003.

Harel, Isser. *The house on Garibaldi street. The first full account of the capture of Adolf Eichmann, told by the former head of Israel's secret service*. New York: The Viking Press, 1975.

Henke, Klaus-Dietmar. *Geheime Dienste. Die politische Inlandsspionage des BND in der Ära Adenauer*. Bd. 2. Berlin: Ch. Links, 2022

Kutzner, Maximilian. »Viele wussten, wo Eichmann war«. *Frankfurter Allgemeine Zeitung*, 31 5.2021, 6.

Lorch, Netanel (Hg.). *Major Knesset Debates, 1948 – 1981*. Bd. 4, Lanham: University Press of America, 1993.

Malkin, Peter Z. und Harry Stein. *Eichmann in my hands. A first-person account by the Israeli agent who captured Hitler's chief executioner*. New York: Warner, 2018.

Meding, Holger M. *Flucht vor Nürnberg? Deutsche und österreichische Einwanderung in Argentinien, 1945–1955*. Köln u.a.: Böhlau, 1992.

Meding, Holger M. »Nationalsozialismus im Exil. Die deutsche Rechtspresse am Río de la Plata, 1945 – 1977«. *Nationalsozialismus und Argentinien. Beziehungen, Einflüsse und Nachwirkungen*. Hg. Holger M. Meding. Frankfurt a. M. u. a.: Peter Lang, 1995. 185–202.

Meding, Holger M. *›Der Weg‹. Eine deutsche Emigrantenzeitschrift in Buenos Aires, 1947 – 1957*. Berlin: Wiss. Verlag Berlin, 1997.

Meding, Holger M. »Organisation Gehlen und Bundesnachrichtendienst in Lateinamerika«. *Die Auslandsaufklärung des BND. Operationen, Analysen, Netzwerke*. Hg. Wolfgang Krieger in Verbindung mit Andreas Hilger und Holger M. Meding. Berlin: Ch. Links, 2021. 538–813.

Meding, Holger M. »A menacing past. Spies with a National Socialist background on mission for West Germany in Latin America«. *Nazis and Nazi sympathizers in Latin America after 1945, Boston*. Hg. Linda Erker und Raanan Rein. Boston, Leiden: Brill, 2024. 112–133.

Naftali, Timothy. »New information on Cold War CIA Stay-Behind operations in Germany and on the Adolf Eichmann case«. *Federation of American Scientists*, 06.06.2006: https://sgp.fas.org/eprint/naftali.pdf (22.05.2024).

Oven, Wilfred von: *Ein ›Nazi‹ in Argentinien*. Gladbeck: Werner Symanek, 1993.

Rein, Raanan. »The Eichmann kidnapping, its effects on Argentine-Israeli relations and the local Jewish community«. *Jewish Social Studies, New Series*, 7.3 (2001): 01–130.

Renz, Werner. »Anmerkungen zur Entführung Adolf Eichmanns«. *Zeitschrift für Geschichtswissenschaft*, 67.12 (2019): 1031–1043.

Schneppen, Heinz. *Odessa und das Vierte Reich. Mythen der Zeitgeschichte*. Berlin: Metropol, 2007.

Stahl, Daniel. *Nazi-Jagd. Südamerikas Diktaturen und die Ahndung von NS-Verbrechen*. Göttingen: Wallstein, 2013.

Stangneth, Bettina. *Eichmann vor Jerusalem. Das unbehelligte Leben eines Massenmörders*. Zürich, Hamburg: Arche, 2011.

Stangneth, Bettina und Willi Winkler. »Der Mann, der Adolf Eichmann enttarnte«. *Süddeutsche Zeitung*. Nr. 192., 21./22. August 2021: 11–13.

Steinacher, Gerald. *Nazis auf der Flucht. Wie Kriegsverbrecher über Italien nach Übersee entkamen*. Innsbruck: Studien-Verlag, 2008.

Weber, Gaby. *Eichmann wurde noch gebraucht. Der Massenmörder und der Kalte Krieg*. Berlin: Das Neue Berlin, 2012.

Weiner, Tim. *CIA. Die ganze Geschichte*. Frankfurt a. M.: S. Fischer, 2008.

Wiesenthal, Simon. *Ich jagte Eichmann*. Gütersloh: Bertelsmann, 1961.

Winkler, Willi. *Der Schattenmann. Von Goebbels bis Carlos. Das mysteriöse Leben des François Genoud*. Berlin: Rowohlt, 2011.

Wolfe, Robert. *The CIA and Adolf Eichmann. Worldwide media bit on an erroneous sound bite*, Online: https://www.archives.gov/iwg/research-papers/eichmann.html (22.05.2024).

Judith Keilbach

Eichmann in der Primetime

Die Prozessberichterstattung im deutschsprachigen Fernsehen

Als David Ben-Gurion am 23. Mai 1960 das israelische Parlament über die Ergreifung von Adolf Eichmann informierte, löste seine Mitteilung ein globales Nachrichtenereignis aus: Weltweit berichteten Zeitungen vom Coup der israelischen Sicherheitsbehörden, die den SS-Obersturmbannführer und Leiter des ›Judenreferats‹ im Reichssicherheitshauptamt, der für die Organisation der ›Endlösung‹ zuständig war, aufgespürt und nach Israel gebracht hatten (vgl. Israel Ministry of Foreign Affairs 1960). Nach der ersten Nachricht über Eichmanns Verhaftung lieferten das Bekanntwerden seiner Entführung aus Argentinien sowie der bevorstehende Prozess in den folgenden Monaten Stoff für weitere Artikel in der internationalen Presse. Die Verletzung der staatlichen Souveränität von Argentinien, die Eichmanns Entführung durch den israelischen Geheimdienst darstellte, wurde beispielsweise nicht nur im Sicherheitsrat der Vereinten Nationen gerügt, sondern auch in der Presse kommentiert, und die Mitteilung, dass ihm in Jerusalem der Prozess gemacht werde, löste in den Medien juridische Diskussionen über die Zuständigkeit des israelischen Gerichts aus (vgl. Krause 2002). Darüber hinaus wurde die Gerichtsverhandlung journalistisch mit Artikeln vorbereitet, die Hintergrundinformationen über Eichmann lieferten, beispielsweise in zwei Ausgaben des Wochenmagazins *Life* (28. November und 5. Dezember 1960) oder in einer 4-teiligen Serie im *Stern* (beginnend ab 25. Juni 1960).[1] Angesichts dieses Medieninteresses verwundert es nicht, dass die Presse auch ausführlich über den Verlauf des Prozesses berichtete, der am 11. April 1961 begann.[2]

Die Beschäftigung mit Eichmann fand jedoch nicht nur in den Printmedien statt. Unter den rund 500 Journalist*innen, die zur Prozesseröffnung nach Jerusalem gereist waren, befanden sich auch zahlreiche Hörfunk- und Fernsehkorrespondent*-innen. An den Fernsehbildern aus dem Gerichtssaal bestand vor allem in den USA und Westdeutschland großes Interesse: So zeigte der US-amerikanische Fernsehsender ABC im Senderaum New York täglich eine halbstündige Zusammenfassung des vorangegangenen Verhandlungstages (vgl. Shandler 2000, 94), und das westdeutsche Fernsehen berichtete während der gesamten Dauer des Prozesses zweimal pro

1 Diese Artikel basieren auf den Interviews, die Willem Sassen mit Eichmann geführt und nach dessen Ergreifung zum Verkauf angeboten hat. Siehe hierzu Sangneth (2011, 473 ff).

2 Eine detaillierte Auswertung der bundesdeutschen Presseberichterstattung über den Eichmann-Prozess liefert Krause (2002).

Open Access. © 2024 bei den AutorInnen und Autoren, publiziert von De Gruyter. (cc) BY-NC-ND Dieses Werk ist lizenziert unter der Creative Commons Namensnennung - Nicht-kommerziell - Keine Bearbeitungen 4.0 International Lizenz.
https://doi.org/10.1515/9783111077345-003

Woche in 20- bis 30-minütigen Sondersendungen, die direkt nach den Nachrichten ausgestrahlt wurden, von den Ereignissen in Jerusalem (vgl. Keilbach 2019).

Die Fernsehbilder aus dem Gerichtssaal wurden von *Capital Cities* produziert, einer US-amerikanischen Firma, die von der israelischen Regierung die Exklusivrechte erhalten hatte, den Prozess zu dokumentieren und die Aufnahmen weltweit zu verbreiten. Für die Dokumentation der neunzehn Wochen dauernden Hauptverhandlung setzte Capital Cities die damals noch relativ neue Videotechnologie ein.[3] Hierfür wurden im Gerichtsaal vier Kameras aufgestellt, die hinter Wänden verborgen waren, und in einem Nachbargebäude ein Regieraum eingerichtet, wo Regisseur Leo Hurwitz entschied, welches der vier Kamerasignale auf Magnetband aufgezeichnet wurde.[4] In ihrer Prozessberichterstattung machten knapp 40 Länder von diesen Aufnahmen Gebrauch, die allen Fernsehstationen, Wochenschauanbietern und Filmvertrieben zur Verfügung gestellt wurden. Obwohl alle Fernsehsender dasselbe Videomaterial verwendeten, unterschieden sich ihre Beiträge über den Eichmann-Prozess jedoch erheblich hinsichtlich Länge, Häufigkeit und inhaltlicher Ausrichtung, wie ein Vergleich der westdeutschen, österreichischen und ostdeutschen Fernsehberichterstattung im Folgenden zeigen wird.

Die Differenzen resultieren nicht zuletzt aus dem je spezifischen Umgang mit der nationalsozialistischen Vergangenheit, von der Politik und Gesellschaft der beiden deutschen Staaten und Österreich geprägt waren. Während Ende der 1950er Jahre die Beschäftigung mit dem Nationalsozialismus in Westdeutschland deutlich zunahm, herrschte in Österreich das Selbstverständnis vor, Hitlers erstes Opfer gewesen zu sein. Die DDR positionierte sich hingegen als antifaschistischer Staat und warnte vor einer Re-Nazifizierung der BRD. Diese sehr unterschiedlichen Haltungen bezüglich des Nationalsozialismus schlugen sich auch in der Berichterstattung über den Eichmann-Prozess nieder.

1 Westdeutschland

Das große Interesse, das der Prozess gegen Adolf Eichmann in Westdeutschland hervorrief, hatte vielfältige Gründe. Nachdem Eichmann erstmals im Nürnberger Prozess erwähnt worden war, tauchte sein Name immer wieder in Presseberich-

3 Im Unterschied zu fotografischen Filmaufnahmen werden Bilder hier auf Magnetband aufgezeichnet. Zu den Vorteilen dieser Technologie und der Entscheidung, den Prozess auf Video aufzunehmen, siehe Keilbach (2023).

4 Die Bilder wurden außerdem live in einen Saal im einige hundert Meter entfernten Kloster Ratisbonne übertragen.

ten auf, in denen unter anderem über seinen Aufenthaltsort spekuliert wurde (vgl. Stangneth 2011, 96, 136–140). Nach seiner Ergreifung waren es die eingangs erwähnten Berichte und Artikel mit Hintergrundinformationen über Eichmanns Leben, seine Flucht und seinen Unterschlupf in Argentinien, die Aufmerksamkeit für den bevorstehenden Prozess schufen.

Doch auch die zunehmende Beschäftigung mit dem Nationalsozialismus, die Ende der 1950er-Jahre in Westdeutschland einsetzte, trug zum Interesse am Eichmann-Prozess bei. Die Aufdeckung von NS-Tätern, die jahrelang unbehelligt in Westdeutschland gelebt hatten, die Einrichtung einer zentralen Stelle zur Aufklärung nationalsozialistischer Verbrechen, Hakenkreuzschmierereien an jüdischen Einrichtungen und eine Bundestagsdebatte über die Verjährung von Gewaltverbrechen hatten in der westdeutschen Öffentlichkeit eine kritische Auseinandersetzung mit der nationalsozialistischen Vergangenheit in Gang gesetzt (vgl. Vollnhals 1992).

Darüber hinaus stellte der Eichmann-Prozess eine Gelegenheit dar, den jungen Staat Israel und seine Bürger*innen kennenzulernen. Israel und die Bundesrepublik Deutschland unterhielten keinerlei diplomatische Beziehungen, obwohl zwischen ihnen ein Wiedergutmachungsabkommen bestand. Dieses 1952 geschlossene Abkommen war für die Bundesrepublik eine Vorbedingung, um 1954 die staatliche Souveränität zu erhalten, und garantierte Israel umfangreiche finanzielle Leistungen, die erheblich zum Aufbau des Staates beitrugen (vgl. Segev 2000, 227–235). Der Prozess ermöglichte es den Deutschen, einen Einblick in das Leben der israelischen Bevölkerung zu erhalten und dabei auch etwas über ihrer Haltung gegenüber den Deutschen in Erfahrung zu bringen.

Das westdeutsche Fernsehen, das im *Arbeitskreis der Rundfunkanstalten Deutschlands* (ARD) föderal organisiert war und dessen Gemeinschaftsprogramm sich aus Sendungen der verschiedenen Landesrundfunkanstalten zusammensetzte, hatte den Norddeutschen Rundfunk (NDR) mit der Berichterstattung vom Eichmann-Prozess betraut. Der NDR, der auch die täglich ausgestrahlte Nachrichtensendung *Tagesschau* produzierte und somit mit der Herstellung tagesaktueller Reportagen vertraut war,[5] hatte wiederum entschieden, zwei Korrespondenten und ein Kamerateam nach Jerusalem zu schicken, um den Zuschauer*innen zusätzlich zu den von *Capital Cities* produzierten Videoaufnahmen auch selbst gedrehtes Bildmaterial zu zeigen. In den Sondersendungen, die während der gesamten Prozessdauer jeweils dienstags und donnerstags zur besten Sendezeit ausgestrahlt wurden, unterhielten sich die beiden Korrespondenten Joachim Besser und Peter Schier-Gribowsky vor Ort mit Studierenden der Jerusalemer Universität oder den

5 Aufgrund fehlender Quellen ist unklar, ob bzw. wie die Tagesschau über den Eichmann-Prozess berichtet hat.

Bewohner*innen eines Kibbuz, luden Journalist*innen und Prozessbeobachter*-innen zum Gespräch in ihr provisorisches Fernsehstudio im Keller des King Hotel ein oder wandten sich mit direktem Blick in die Kamera an die Fernsehzuschauer*-innen, um ihre Eindrücke von und Erlebnisse in Israel zu schildern. *Eine Epoche vor Gericht*, so der Titel der Sondersendungen, zeigte somit nicht nur die Aufnahmen aus dem Gerichtssaal, sondern ergänzte diese durch eigene Beiträge über Land und Leute oder durch Kommentare zum Prozessverlauf.

Zu Prozessbeginn stimmte das westdeutsche Fernsehen seine Zuschauer*innen zudem mit der Sendung *Auf den Spuren des Henkers* (11. April 1961) auf das bevorstehende Ereignis ein. In der rund einstündigen Dokumentation reisten Peter Schier-Gribowsky und Kameramann Carsten Diercks durch Westdeutschland, Österreich, Polen und die damalige Tschechoslowakei, um Tatorte aufzusuchen und mit Menschen zu sprechen, die Eichmann kannten. So kommen in der Sendung beispielsweise zwei Schwägerinnen zu Wort, die Eichmann als sehr lustig und freundlich erinnern, und ein ehemaliger Kamerad aus der Frontkämpfervereinigung, der ihn als vorsichtig, ängstlich und »keine Kämpfernatur« beschreibt.

Im Gegensatz zu diesem Interesse an der Person Eichmann, über die *Auf den Spuren des Henkers* mit ihrer akribischen Recherche versuchte mehr in Erfahrung zu bringen, schenkte *Eine Epoche vor Gericht* dem Angeklagten wenig Aufmerksamkeit. Im Mittelpunkt der Sendereihe standen zunächst vielmehr die Zeug*innen, die Generalstaatsanwalt Gideon Hausner in den Zeugenstand rief, um Land für Land den Terror in den vom NS-Regime beherrschten Gebieten zu beschreiben (vgl. Wieviorka 2005, 85). Zudem galt das Interesse von *Eine Epoche vor Gericht* dem Ansehen der Deutschen bzw. der Wahrnehmung, die Israelis von Deutschland hatten.

1.1 Zeug*innen

Von den 111 Zeug*innen, die während des Prozesses in den Zeugenstand traten, zeigte *Eine Epoche vor Gericht* Ausschnitte aus 51 Zeugenaussagen. Die Länge der eingespielten Fragmente variierte dabei zwischen zwei und acht Minuten. Mit Ausnahme einiger Experten, die im Gerichtssaal ihr Fachwissen präsentierten, erinnerte sich ein Großteil der aufgerufenen Zeug*innen an Schikanen und Grausamkeiten, denen sie ausgesetzt waren. Sie schilderten Hinrichtungen, die sie mit ansehen mussten, oder beschrieben die Bedingungen in den Arbeits- und Vernichtungslagern, in denen sie interniert waren.

Die Auswahl der Ausschnitte aus den Aussagen der Zeug*innen war nicht zuletzt an der Eindrücklichkeit der geschilderten Erlebnisse orientiert. So konnten die deutschen Fernsehzuschauer*innen beispielsweise sehen, wie Yehiel De-Nur (alias Ka-Tzetnik) im Zeugenstand zusammenbrach und aus dem Gerichtssaal getragen werden musste (13. Juni 1961). Oder sie konnten die erschütternde Schilderung von Rivka Yosselevska verfolgen, die detailliert und mit ruhiger Stimme beschrieb, wie ihre gesamte Familie vor ihren Augen erschossen wurde, bevor sie selbst mit einem Kopfschuss in das Massengrab fiel, aus dem sie sich nach Abzug der Deutschen schwerverletzt befreien konnte (12. Mai 1961). Oder sie konnten die Kinderschuhe betrachten, die Adolf Berman, ehemaliger Leiter der Kinderfürsorge im Warschauer Ghetto, einige Wochen nach Kriegsende auf einer riesigen, mit Menschenschädeln, Knochen und Schuhen übersäten Fläche in Treblinka gefunden und zur Erinnerung eingesteckt hatte und die er nun im Gerichtssaal präsentierte (9. Mai 1961).

Da die Zeug*innen vor Gericht nur in Ausnahmefällen Deutsch sprachen, wurden ihre Aussagen in der Sendung übersetzt. *Eine Epoche vor Gericht* machte hierfür allerdings nicht von der Simultanübersetzung aus dem Gerichtssaal Gebrauch, die mit den Videobildern aufgezeichnet wurde und somit auf Magnetband zur Verfügung stand. Vielmehr setzte der NDR einen professionellen Sprecher ein, der die Übersetzung der Zeugenaussagen in sprachlich geglätteter Form, d. h. ohne Pausen, Korrekturen oder grammatikalische Fehler, wie sie in der Simultanübersetzung entstehen, einsprach. Dies führte einerseits dazu, dass den Schilderungen der Zeug*innen einfacher zu folgen war, da keine Irritationen durch den Übersetzungsprozess entstanden. Andererseits stellten sich die geschilderten Ereignisse durch die professionelle, immergleiche Sprecherstimme nicht zwingend als konkrete Erfahrung der Person im Zeugenstand dar und die professionelle Stimme reduzierte die emotionale Affizierung der Zuschauer*innen.

Nicht zuletzt angesichts des Produktionsmehraufwands, der fremdsprachige Zeugenaussagen mit sich brachte, ist es verständlich, dass *Eine Epoche vor Gericht* den Zeug*innen, die vor Gericht Deutsch sprachen, eine prominente Rolle einräumten. Ihre Schilderungen wirkten im Fernsehen darüber hinaus sehr viel eindrücklicher, da sie mit ihrer eigenen Stimme über ihre Erfahrungen sprachen. So war Joël Brand die Verzweiflung darüber anzumerken, dass es ihm 1944 nicht gelungen war, mit den Alliierten über die Rettung von einer Million ungarischer Jüdinnen und Juden zu verhandeln, die Eichmann ihm im Tausch gegen 10.000 Lastkraftwagen angeboten hatte. Seine erregte Zeugenaussage verdeutlicht seine Empörung über die Haltung der Alliierten, denen man seit Jahren Berichte über die Vorgänge in Polen geschickt habe. »Es ist eine Lüge, dass man nichts gewusst hat«, ruft er in der Sendung vom 6. Juni 1961 mit erhobener Stimme: »Und nie hat man uns glauben wollen! Und die Menschen sind zugrunde gegangen!«. In einer Übersetzung seiner Aussage wäre die starke Emotionalität von Joël Brand verloren gegangen. Auch die gewählte Ausdrucksweise und sorgfältige Wortwahl von Alfred Oppenheimer, der sein Leben durch einen Sprung in die Latrine retten konnte, als die abrückende SS die Häftlingsbaracken in Brand setze (13. Juni 1961), hätte eine Übersetzung nicht einfangen können. Um einen Eindruck von seiner zurückhaltenden Art zu bekommen, die viel Empathie hervorrief, war seine Aussage im Originalton notwendig.

1.2 Eichmann

Auch wenn Eichmann in der ersten Prozesshälfte durch die Erlebnisse der Zeug*-innen in den Hintergrund rückte, war er nicht nur im Gerichtssaal, sondern auch im westdeutschen Fernsehen fortwährend präsent. Die Ausschnitte aus den Zeugenaussagen, die in *Eine Epoche vor Gericht* zu sehen waren, enthielten zahlreiche Aufnahmen von Eichmann, dessen (fehlende) Reaktionen auf die schwerwiegende Anklage und die erschütternden Schilderungen in nahen Einstellungen eingefangen wurden (vgl. Lindeperg und Wieviorka 2013, 75–77). Doch erst mit Beginn seiner Vernehmung begann sich auch das Fernsehen wieder für ihn zu interessieren. Nach »zehn Wochen des Schweigens« habe Eichmann »zum ersten Mal [...] selbst gesprochen«, eröffnete Joachim Besser die Sendung vom 23. Juni 1961 und lieferte sogleich eine kritische Analyse von dessen Sprachgebrauch und Verteidigungsstrategie. Eine Woche später (30. Juni 1961) konstatierte Schier-Gribowsky, es sei »unerträglich«, Eichmann zuhören zu müssen, wobei er sich sowohl auf dessen administrative Sprache bezog, mit der sich auch zahlreiche andere Prozessbeobachter auseinandergesetzt haben (vgl. Gouri 2004, 147–152), als auch auf die »Unverfrorenheit« seiner Aussagen.

Eichmanns Verteidigungsstrategie bestand im Aktenstudium, um anhand einzelner Dokumente zu belegen, dass nicht er, sondern andere verantwortlich waren. Für ihre kritische Kommentierung von Eichmanns Aussagen wählten Besser und Schier-Gribowsky oft einen analytischen Zugang, indem sie in ihren Anmoderationen Auffälligkeiten hervorhoben, die dann anhand der eingespielten Ausschnitte belegt wurden. So wies Schier-Gribowsky beispielsweise in der Sendung vom 27. Juni 1961 darauf hin, dass Eichmann sich in seiner Befragung als »Handlanger« darstelle, woraufhin drei kurze Szenen zu sehen sind, in denen er jeweils angibt, für bestimmte Aktionen nicht zuständig gewesen zu sein. Er habe »seine Rettung im sogenannten Geschäftsverteilungsplan und in den phantastisch verschlungenen Befehlswegen des Dritten Reichs« gesucht, fasste Schier-Gribowsky Eichmanns Verteidigungsstrategie in der Sendung vom 11. Juli 1961 rückblickend zusammen.

Trotz der Empörung über seine Ausflüchte nutzte *Eine Epoche vor Gericht* Eichmanns Hinweise auf andere Personen, um zu thematisieren, »dass es viel mehr einflussreiche Mitwisser am Judenmord in Deutschland gab, als wir uns oft eingestehen« (23. Juni 1961). Ab und zu präsentierte die Sendereihe (historische)

Fotos von Personen, die Eichmann in seiner Aussage erwähnte, oder gab gar aktuelle Informationen preis, wo sich die entsprechenden Personen zum Zeitpunkt der Sendung befanden bzw. welche Funktionen sie in der Bundesrepublik begleiteten. Mit dieser Problematisierung der gesellschaftlichen Integration ehemaliger NS-Täter bezog die Sendereihe eindeutig eine politische Position, die der NDR beispielsweise auch in seiner Magazinsendung *Panorama* formulierte,[6] und auf die im Zusammenhang mit der ostdeutschen Fernsehberichterstattung nochmals zurückzukommen sein wird.

Vor allem die Befragung durch die Richter brachte Eichmann zu interessanten Aussagen. Diese hatten bereits in das Kreuzverhör durch Generalstaatsanwalt Hausner eingegriffen und Eichmann, der sich um Antworten drückte, mit seinen eigenen Worten ermahnt, das »Kind beim Namen« zu nennen (18. Juli 1961). Daraufhin bezeichnete Eichmann die Vernichtung der Juden als »kapitalstes Verbrechen innerhalb der Menschheitsgeschichte« und beteuerte, dass er »diese gewaltsame Lösung schon damals als nicht zurecht bestehend betrachtet« habe. »Gebunden durch Fahneneid« sei er jedoch dazu gezwungen gewesen, »die transporttechnischen Angelegenheiten mit[zu]bearbeiten«. Auf eine Nachfrage von Richter Halevi gab Eichmann zu Protokoll, dass er sich nicht verantwortlich gefühlt habe und froh gewesen sei, nichts mit der physischen Vernichtung zu tun zu haben. Einige Tage später begann dann die Vernehmung des Angeklagten durch die Richter, die sich auf Deutsch mit ihm unterhielten, ihm gestatteten sich zu setzen, und ihn mit sanfter Stimme ansprachen. So führte Richter Raveh in freundlichem Ton mit Eichmann ein Gespräch über die Frage, ob seine Tätigkeit mit dem Kant'schen Imperativ zu vereinbaren war (25. Juli 1961). Richter Halevi entlockte ihm das Eingeständnis, dass es ihm an Zivilcourage gefehlt habe (28. Juli 1961).

1.3 Die Deutschen

Neben Eichmann und den Zeug*innen, die vor Gericht aussagten, beschäftigte sich *Eine Epoche vor Gericht* auch mit dem Verhalten und der Wahrnehmung ›der Deutschen‹. Nicht nur wurde in einigen der ausgewählten Zeugenaussagen über ›einfache Deutschen‹ gesprochen, die Sendereihe hob darüber hinaus auch

6 Das vom NDR produzierte politische Magazin *Panorama* wurde ab 4. Juni 1961 wöchentlich ausgestrahlt, wobei der Umgang mit der NS-Vergangenheit ein wiederkehrendes Thema war. In der Sendung vom 2. Juli 1961 – also während des Eichmann-Prozesses – wurde beispielsweise über die Wanderausstellung *Ungesühnte Nazijustiz* berichtet, die anhand von Gerichtsakten aus der NS-Zeit deren verbrecherisches Rechtssystem vor Augen führte und zugleich darauf hinwies, dass viele Richter von damals weiterhin in Amt und Würden seien.

einzelne ›gute Deutschen‹ hervor, wie den Diplomaten Georg Friedrich Duckwitz (16. Mai 1961), der zur Rettung dänischer Jüd*innen beigetragen, oder Probst Grüber (18. und 23. Mai 1961), der sich für jüdische Mitbürger*innen eingesetzt hat (vgl. Keilbach 2019, 274–276). Darüber hinaus wurde das Verhalten der deutschen Bevölkerung auch in den Gesprächen thematisiert, die die beiden Korrespondenten in Israel führten. In den Einspielfilmen, Studiointerviews und ihren Anmoderationen zeichnete sich dabei vor allem ihr Interesse an der aktuellen Einstellung der Israelis gegenüber ›Deutschland‹ bzw. ›den Deutschen‹ ab.

So fragte Joachim Besser beispielsweise die Holocaustüberlebende Vera Alexander, die er in der Sendung vom 9. Juni 1961 in ihrer Töpferwerkstatt besuchte, ob ihr während der Zeit, die sie in verschiedenen Konzentrationslagern war, niemals jemand begegnet sei, den man »als Menschen bezeichnen« könne, und schob nach ihrer negativen Reaktion die Frage nach, ob sich dieses Bild bei ihrem letzten Besuch in Deutschland geändert habe – worauf sie ausweichend antwortete. In der Sendung vom 20. April 1961 erwähnte Schier-Gribowsky die skeptische Haltung eines in Mainz geborenen Mannes, der ihn gefragt habe, ob es als Jude heutzutage wieder möglich sei, in Deutschland zu leben. Und in der Sendung vom 9. Mai 1961 konstatieren drei in einem Kibbuz lebende Herren, die Deutschland noch rechtzeitig verlassen konnten, dass der schnelle Gesinnungswandel und die fehlende Zivilcourage der Deutschen einen bleibenden Eindruck hinterlassen haben, der ihre Einstellung gegenüber der deutschen Bevölkerung immer mit beeinflussen werde.

Die Frage nach dem Deutschlandbild, die die beiden Korrespondenten wiederholt an ihre Gesprächspartner richteten, lässt sich als Ausdruck einer außenpolitischen Verunsicherung verstehen. Denn trotz erster diplomatischer Annäherungen – Ben-Gurion und Adenauer hatten sich ein Jahr zuvor, am 14. März 1960, im New Yorker Waldorf-Astoria Hotel erstmals persönlich getroffen – gab es Befürchtungen, dass der Eichmann-Prozess dem mühsam erworbenen internationalen Ansehen der Bundesrepublik schaden könnte (vgl. Krause 2002, 206). Adenauer selbst fürchtete »a new wave of anti-German sentiment in the world« (vgl. Segev 2000, 340). Ob der Prozess das »deutsche und israelische Volk auf unabsehbarer Zeit auseinanderbringen kann, während man eigentlich doch hoffen möchte, dass er heilende Wirkung ausübt«, wollten die beiden Korrespondenten dementsprechend gleich in der zweiten Folge von *Eine Epoche vor Gericht* (20. April 1961) in einem Studiogespräch von israelischen Journalist*innen wissen. Während die Kolleg*innen zuversichtlich reagierten, vor allem aber die inner-israelische Bedeutung des Prozesses ansprachen, zeigten sich israelische Studierende in der Sendung vom 23. Mai 1961 deutlich zurückhaltender. Auf die Frage von Joachim Besser, was junge Deutsche tun könnten, um die Schuld zu überwinden und einen Neuanfang zu machen, antwortet eine Studentin in Englisch »I really don't know« und lässt keinen Zweifel daran, dass die

Deutschen keine Hilfe von jungen Israelis erwarten können: »That's a problem that the Germans brought upon themselves and they have to work it out on their own«.

2 Österreich

Im österreichischen Fernsehen beschränkte sich die Berichterstattung über den Eichmann-Prozess auf kurze Beiträge in den Nachrichten. Anders als im westdeutschen Fernsehen gab es keine Sondersendungen und waren auch keine Korrespondent*innen nach Jerusalem gereist, um vor Ort Eindrücke zu sammeln und mit den Zuschauer*innen zu teilen. Dies lässt sich einerseits damit erklären, dass sich das österreichische Fernsehen damals noch in seinen Anfangsjahren befand und die Infrastruktur für eigene Reportagen aus dem Ausland, zu der unter anderem die technischen Möglichkeiten, institutionelle Kooperationen und das notwendige Personal zählen, noch nicht vorhanden war.[7] Andererseits steht die geringe Beachtung des Prozesses auch mit der österreichischen Vergangenheitspolitik in Zusammenhang (vgl. Winter 2014). Aufgrund des Einmarschs von deutschen Truppen im Jahr 1938, der den ›Anschluss‹ Österreichs an das Deutsche Reich zur Folge hatte, verstand sich die österreichische Gesellschaft als erstes Opfer von Hitler. Dieser Mythos trug dazu bei, dass eine Auseinandersetzung mit der eigenen Mitverantwortung an den Verbrechen unterblieb, Entschädigungszahlungen verweigert wurden und das Interesse an einer Beschäftigung mit der nationalsozialistischen Vernichtungspolitik gering war (vgl. Uhl 2005, 59).[8]

Dieses geringe Interesse zeigte sich auch in den österreichischen Fernsehberichten über den Eichmann-Prozess. So strahlten die tägliche Nachrichtensendung *Zeit im Bild* und der Wochenrückblick *Im Scheinwerfer* während der gesamten 19 Wochen, die der Prozess dauerte, insgesamt acht Beiträge aus. Im Vorfeld ging *Zeit im Bild* hingegen elf Mal auf das bevorstehende Ereignis ein. So berichtete die Sendung beispielsweise über die verschiedenen Pressekonferenzen, die vor Prozessbeginn in Israel abgehalten wurden und in denen die Arbeit der Ermittlungsbehörde vorgestellt (8. Juni 1960), Eichmanns Verteidiger Robert Servatius präsentiert (8. Oktober 1960), ein Blick in den Gerichtssaal gewährt (31. Januar 1961) oder eine Runde durch das extra für internationale Journalist*innen eingerichtete Pressezentrum gedreht wurde (29. Januar 1961). Zudem nutzte *Zeit im Bild* den Israel-Besuch von

7 Zum österreichischen Fernsehen Anfang der 1960er Jahre siehe Bernold (2007, 105 f.).

8 Sanwald (2017, 248) argumentiert, dass die österreichische Regierung mit der Entsendung von zwei Prozessbeobachter demonstrieren wollte, dass ihr dennoch an einer juristischen Aufarbeitung von NS-Verbrechen gelegen war.

Simon Wiesenthal, der dort in einer Pressekonferenz über seine Suche nach Eichmann berichtete, um den bevorstehenden Prozess anzukündigen (30. Oktober 1960).

An diesen Nachrichtenbeiträgen fällt zum einen die Unsicherheit über die Definition des Ereignisses auf und zum anderen die Auslassung jeglicher Hinweise auf Österreich. In der Nachricht über die Ergreifung von Eichmann (28. Mai 1960) wurde dieser als Mann vorgestellt, »der die Ermordung von 6 Millionen Juden mit unermüdlichem Eifer und organisatorischem Geschick betrieben hat« und der als »Leiter des Judenamtes in Berlin« an der Wannsee-Konferenz teilgenommen hat. Darüber hinaus wurde »der Budapester Judenretter Joël Brand« eingeführt, über den Eichmann »mit den Engländern ein gutes Geschäft machen wollte«, indem er »eine Million Juden für 10.000 Lastkraftwagen« bot. Der Bericht überging damit Eichmanns Tätigkeit als Leiter der »Zentralstelle für jüdische Auswanderung« in Wien, die die Ausplünderung von ausreisewilligen Jüd*innen bürokratisch organisiert und nach Kriegsbeginn auch Deportationen abgewickelt hat. Während der lokale Bezug zu Eichmann einerseits durch diese Auslassung ausgeblendet wurde, hob der Bericht andererseits den Zusammenhang mit einem regionalen ›Helden‹ hervor, knüpfte die Erwähnung des »Budapester Judenretters« Joël Brand doch implizit an eine gemeinsame habsburgische Vergangenheit an. In der Nachrichtensendung vom 8. Juni 1960 wurde Brand sogar als »Hauptzeuge« und somit als Gegenspieler von Eichmann vorgestellt. Erstaunlicherweise kehrte der derart aufgebaute Protagonist in späteren Sendungen nicht mehr zurück und auch seine verzweifelte Aussage vor Gericht fand im österreichischen Fernsehen keine Erwähnung.

Im Beitrag über Simon Wiesenthals Besuch in Israel fehlten ebenso nationale bzw. lokale Bezüge. *Zeit im Bild* berichtete am 30. Oktober 1960, dass Wiesenthal »vor israelischen Journalisten Einzelheiten [von der] jahrelangen Suchaktion« nach Eichmann bekanntgegeben hat. Der Nachrichtenwert dieser Meldung speiste sich für das österreichische Fernsehen aus Wiesenthals Bekanntheit in Österreich, doch der Beitrag ging nicht explizit auf dessen Staatsangehörigkeit bzw. Aktivitäten ein. Indem *Zeit im Bild* die erwähnte Suchaktion überdies nicht weiter erläuterte, sondern nur allgemein formulierte, dass Wiesenthal »seit 1945 die Spur des untergetauchten ›Endlösers der Judenfrage‹ verfolgt« habe, enthielt die Sendung ihren Zuschauern lokale Anknüpfungspunkte vor – wie beispielsweise die gescheiterte Razzia im österreichischen Bad Aussee, wo sich Eichmann im Dezember 1949 vermutlich aufgehalten hat. Dieses Ereignis schilderte Wiesenthal in seinem Buch *Ich jagte Eichmann* (1961), das noch vor Prozessbeginn in Deutsch und Hebräisch veröffentlicht wurde (vgl. Segev 2010, 24). Es ist zu vermuten, dass Wiesenthal nicht nur in Israel eine Pressekonferenz abgehalten hat, sondern auch in Österreich auf die bevorstehende Publikation seines Buches aufmerksam gemacht und über die Aufenthaltsorte von Eichmann und seiner Familie gesprochen hat. Dass dies in *Zeit im*

Bild nicht erwähnt wurden, lässt sich mit der Bemühung erklären, jegliche Hinweise auf Eichmanns österreichische Vergangenheit zu vermeiden.

Am Vorabend des Prozesses (10. April 1961) strahlte das österreichische Fernsehen dann einen längeren Bericht über Eichmanns Leben aus. Aufgrund fehlender Unterlagen lässt sich nicht rekonstruieren, inwiefern die Sendung einen lokalen Bezug hergestellt hat und beispielsweise darauf eingegangen ist, dass Eichmann in Linz aufgewachsen ist, bis zum Verbot der NSDAP im Jahr 1933 in Österreich gelebt hat und nach dem ›Anschluss‹ wieder zurückkam, um in Wien die Zentralstelle für jüdische Auswanderung aufzubauen.

Bereitete das österreichische Fernsehen die Zuschauer*innen mit seiner Vorberichterstattung auf ein aufsehenerregendes Ereignis vor, so wurden die Beiträge aus dem Gerichtssaal den Erwartungen nicht gerecht. Zwar akzentuierte *Zeit im Bild* die Ereignishaftigkeit des Moments, als sich Eichmann erstmals vor Gericht äußerte, die Mehrzahl der Beiträge, die während des Prozesses zu sehen waren, blickte jedoch auf abgeschlossene Verhandlungsphasen (z. B. die Beweisaufnahmen oder die Befragung Eichmanns) zurück. Ähnelten die Beiträge, die *vor* Prozessbeginn ausgestrahlt wurden, Vorberichten zu bevorstehenden Medienereignissen (vgl. Keilbach 2018), so erinnern die Beiträge, die *während* der Verhandlung im österreichischen Fernsehen zu sehen waren, an entsprechende *Rückblicke*, da sie in der Regel die Höhepunkte von abgeschlossenen Verhandlungsphasen rekapitulierten. Das Ereignis selbst blieb dabei in seltsamer Weise ausgespart.

Das Interesse des österreichischen Fernsehens war vollkommen auf Eichmann gerichtet – und unterschied sich damit maßgeblich von der westdeutschen Berichterstattung. *Zeit im Bild* zeigte insgesamt drei Beiträge über die Hauptverhandlung, wobei die ersten Bilder aus dem Gerichtssaal, die schon einen Tag nach Prozessbeginn zu sehen waren (12. April 1961), festhielten, wie Eichmann die Feststellung seiner Personalien mit »Jawohl« bestätigte. Der nächste Beitrag, der zehn Tage später ausgestrahlt wurde, enthielt Ausschnitte aus der Tonbandaufnahme von Eichmanns Vernehmung, die im Gerichtssaal vorgespielt wurde. Interessanterweise hielt *Zeit im Bild* es nicht für nötig, die Fernsehzuschauer*innen über die Anklagepunkte zu informieren, die an den vorangegangenen Verhandlungstagen verlesen worden waren. Als Eichmann sich schließlich im Gerichtssaal selbst äußerte, sendete *Zeit im Bild* den dritten und letzten Beitrag (21. Juni 1961). Eingespielt wurde hier Eichmanns Erklärung, dass zum Zeitpunkt seines Eintritts in die NSDAP das »Programm der Judenbekämpfung in ein Stadium der sekundären Linien abgerutscht« (d. h. die antisemitische Ausrichtung der Partei für ihn nicht erkennbar) war und dass später sein »Dienstgrad zu klein« und seine »Dienststellung zu gering« war, um das Ausmaß der »Maßnahmen« vorauszuahnen. *Zeit im Bild* war während des Prozesses also ausschließlich an der Person Eichmann interessiert und ging weder auf die Anklageverlesung noch auf die Zeug*innen ein.

Auch die sonntagnachmittags ausgestrahlte Magazinsendung *Im Scheinwerfer*, in der auf die Woche zurückgeblickt wurde, beschäftigte sich mit Eichmann, wobei hier seine Argumentation und Verteidigungsstrategie analytisch beschrieben und mit Filmfragmenten belegt wurden. Die Sendung vom 23. Juli 1961 hob beispielsweise hervor, dass Eichmann »feine Unterschiede zwischen der Ermordung von Ost-Juden und der von deutschen Juden« gemacht habe. Nach der sarkastischen Bemerkung, dass »er sich immer wieder auf Befehle seiner bösen Vorgesetzten« herausgeredet habe und darum bemüht schien, »die Sympathie des Gerichtshofes [...] zu gewinnen«, indem er sich als »kleiner Mann, sozusagen der Reiseleiter des Todes« darstellte, wurden entsprechende Aufnahmen aus dem Gerichtssaal eingespielt. Das Bildmaterial belegte, wie Eichmann zwischen »Juden aus dem Reich« und anderen differenzierte, sein Handeln dabei mit dem Befehlsnotstand verteidigte und die Befehlskette anführte, um die Verantwortung seinen Vorgesetzten zuzuschieben.

Im Scheinwerfer war nicht nur an Eichmann interessiert, sondern thematisierte auch den Umgang mit der nationalsozialistischen Vergangenheit, wobei in den insgesamt fünf Beiträgen über den Eichmann-Prozess teilweise gegensätzliche Positionen formuliert wurden. So wies die Sendung vom 30. Juli 1961 beispielsweise auf die Mitschuld der Wehrmacht hin – und damit implizit auch von österreichischen Soldaten, die in der deutschen Wehrmacht Kriegsdienst geleistet hatten und um deren Ehrenrettung man in Österreich seit den 1950er Jahren bemüht war (vgl. Uhl 2005, 60–64). Im Rückblick auf die Urteilsbegründung (17. Dezember 1961) sprach die Sendung hingegen unspezifisch von »unbeschreibliche[n] Verbrechen von einer Mörderbande«. Diese inhaltlich widersprüchlichen Formulierungen deuten auf gesellschaftliche Spannungen hin, die sich aus der tabuisierten Mitverantwortlichkeit an den NS-Verbrechen ergeben.

An der österreichischen Fernsehberichterstattung über den Eichmann-Prozess fällt insbesondere das Desinteresse an den Zeug*innen auf, die mit ihren eindrücklichen Schilderungen den Prozess nachhaltig geprägt haben. Obwohl die Anzahl der Zeug*innen mehrfach erwähnt wurde, erweckten die österreichischen Beiträgen den Anschein, als sei der Prozess (beinahe) ohne Zeug*innen ausgekommen. Lediglich in zwei kurzen Einspielfilmen waren Männer im Zeugenstand zu sehen, die jedoch nicht vorgestellt wurden und deren Aussagen nicht hörbar bzw. nachvollziehbar waren. Selbst Joël Brand, dessen Name vor Prozessbeginn mehrfach prominent erwähnt wurde (und dessen Verzweiflung vor Gericht und im westdeutschen Fernsehen so greifbar war), fiel im österreichischen Fernsehen der Vergessenheit anheim. Das Selbstverständnis als ›erstes Opfer des Nationalsozialismus‹, machte in Österreich nicht nur eine Thematisierung der eigenen Beteiligung am

Holocaust unmöglich, sondern auch eine Wahrnehmung und Auseinandersetzung mit dem Leid der Überlebenden.

3 DDR

In der DDR stand die Berichterstattung über den Eichmann-Prozess im Zeichen des deutsch-deutschen Konflikts, der sich unter anderem durch den Alleinvertretungsanspruch der Bundesrepublik (Hallstein-Doktrin) und die Wiederbewaffnung der beiden deutschen Staaten zuspitzte und 1961 schließlich zum Bau der Berliner Mauer führte. Im Rahmen des Kalten Krieges bemühte sich die DDR, die Bundesrepublik mit politischen Kampagnen zu destabilisieren und diese international zu isolieren. So warnte sie mit dem Hinweis auf ehemalige Nationalsozialisten, die gut situiert in Westdeutschland lebten und wichtige politische oder militärische Funktionen innehatten, vor den Gefahren, die durch diese ›Re-Nazifizierung‹ für den Weltfrieden ausgingen. Indem sie der Bundesrepublik eine fehlende Aufarbeitung der NS-Vergangenheit vorwarf, markierte die DDR nicht nur ihre eigene antifaschistische Ausrichtung, sondern hoffte auch, sich »indirekt einen Pfad zur völkerrechtlichen Anerkennung zu bahnen« (Lemke 1993, 160).

Bereits seit Ende der 1950er Jahre führte die DDR Kampagnen gegen einzelnen Personen bzw. Berufsgruppen, wie beispielsweise bundesdeutsche Richter und Staatsanwälte, die sich während des ›Dritten Reichs‹ im Justizdienst befanden und Todesurteile gefällt hatten. Mit der Veröffentlichung der Namen von hunderten dieser »Blutrichter« klagte die DDR die personelle Kontinuität im westdeutschen Justizapparat an und trug in der Bundesrepublik letztendlich zu einer gesellschaftlichen Auseinandersetzung über den Umgang mit solchen Kontinuitäten bei. Im Juli 1960, also kurz nach Eichmanns Ergreifung, startete die DDR eine offensive Kampagne gegen Hans Maria Globke, der zu diesem Zeitpunkt Staatssekretär in Adenauers Kanzleramt war. In der Zeit des Nationalsozialismus hatte Globke als Ministerialrat des Reichsinnenministeriums unter anderem einen Gesetzeskommentar zu den rassistischen Nürnberger Gesetzen geschrieben sowie am Reichsbürgergesetz mitgearbeitet, das alle Juden, die keinen ›typisch jüdischen‹ Vornamen trugen, dazu verpflichtet hatte, den Vornamen Israel oder Sara anzunehmen. Er war somit ein Paradebeispiel für den nationalsozialistischen Funktionsträger, der in der Bundesrepublik wieder zu Amt und Würden gekommen war. Globke sei, so die Argumentation aus der DDR, der »Vordenker und Befehlsgeber des Massenmordes an den Juden, der neben Eichmann auf der Anklagebank sitzen müsste« (Leo 2010, 22).

Auch in der ostdeutschen Fernsehberichterstattung über den Eichmann-Prozess stand Globke im Zentrum. Bereits kurz nach Eichmanns Ergreifung spekulierte die Nachrichtensendung *Aktuelle Kamera,* dass dieser vor Gericht seine »Hintermänner« nennen und in diesem Zusammenhang auch Globkes Name fallen könne (28. Mai 1960). Sie unterstellte der Bundesregierung, dies mit aller Macht verhindern zu wollen, und behauptete beispielsweise in der Sendung vom 7. April 1961, Eichmanns Verteidiger Servatius werde dafür bezahlt, um dafür zu sorgen, dass Globke bzw. andere Hintermänner nicht genannt werden. Auch während des Prozesses nutzte die *Aktuelle Kamera* jede Gelegenheit, auf Globke zu verweisen. So stellte sie am 21. April 1961 beispielsweise fest, dass Servatius und Globke befreundet seien, meldete am 27. April 1961 den Fund eines Dokuments, das die persönliche Bekanntschaft von Globke und Eichmann beweist, oder warf den »israelischen Justizbehörden« am 28. April 1961 vor, »alles dafür zu tun, um Globke zu decken«. Damit bezog sich die Nachrichtensendung auf die Entscheidung des Gerichts, Zeugen der Verteidigung kein freies Geleit zu gewähren, und behaupte, damit solle verhindert werden, dass diese Eichmann entlasten und hochrangige Persönlichkeiten in der Bundesrepublik »in Schwierigkeiten bringen«.

Um die Anschuldigungen gegen Globke zu untermauern, wurde in der DDR eine Dokumentation publiziert, deren Autor Rudolf Hirsch am Tag nach der Prozesseröffnung (12. April 1961) in der Fernsehsendung *Treffpunkt Berlin* zu Wort kam. Darüber hinaus drehte Walter Heynowski für das ostdeutsche Fernsehen den Dokumentarfilm *Aktion J.*, in dem Globkes Werdegang zusammengefasst und seine Funktion in der westdeutschen Regierung als Beleg für den Fortbestand von Nazismus und Militarismus in der Bundesrepublik präsentiert wurde, die eine Bedrohung für den Weltfrieden darstellten.[9] Der fast zweistündige Film lief nicht nur im ostdeutschen Fernsehen (20. April 1961), sondern wurde auch den internationalen Pressevertreter*innen in Jerusalem vorgeführt. Der Ost-Berliner Rechtsanwalt Friedrich Karl Kaul, der nach Israel gereist war, um der Staatsanwaltschaft Dokumente über Globke anzubieten, organisierte dort eine Pressekonferenz, in deren Anschluss *Aktion J.* gezeigt wurde.

Die *Aktuelle Kamera* berichtete mehrfach über Kauls Israel-Besuch.[10] Nachdem dieser seine Reise am 12. April 1961 in *Treffpunkt Berlin* angekündigt und bei dieser Gelegenheit auch seine Enttäuschung darüber geäußert hatte, dass er nicht als Vertreter der Nebenkläger zum Prozess zugelassen worden war, zitierte ihn die *Aktuelle Kamera* am 2. Mai 1961 mit seiner Kritik an der »Selbstbeschränkung« der Prozessführung, die eine Nennung von Globke systematische umgehe. Einen Tag später

9 Für eine detaillierte Analyse des Films siehe Tobias Ebbrecht-Hartmann (2014).

10 Vgl. hierzu auch den Beitrag von Rauschenberger in diesem Band.

wies die Nachrichtensendung auf Kauls Pressekonferenz hin und am 4. Mai 1961 berichtete sie ausführlich und anhand von Filmmaterial wie die internationalen Journalist*innen auf Kauls Enthüllungen über die »Verbrechen Eichmanns, seiner Komplizen und Auftraggeber« reagierten. »Und wenn auch viele westdeutsche Zeitungen heute, offensichtlich auf Anweisung Bonns, die Bedeutung dieser Pressekonferenz herabzumindern suchen, die Kenntnis über die finstre Vergangenheit der Eichmänner in der Bundesrepublik, der Globke, Förtsch und Konsorten, ist nicht zu unterdrücken«, konstatiert die Sendung, und zitiert westdeutsche Zeitungen, die sich von den Beweisen in *Aktion J.* beeindruckt zeigten.[11]

Auch als ab Mitte Juni der Angeklagte befragt wurde, richtete sich das Interesse des ostdeutschen Fernsehens vornehmlich auf die Frage, ob Eichmann die Namen seiner Hintermänner preisgibt. »Noch nannte er Globkes Namen nicht, doch Eichmanns Hintermann zittert«, behauptete die *Aktuelle Kamera* am 21. Juni 1961, und triumphierte einen Tag später, als im Gerichtssaal der Name Globke fiel, dass dies als »politische Sensation ersten Ranges« zu werten sei. Eichmanns Aussage, deren Inhalt und Jargon in anderen Ländern für Empörung sorgte, wurde in der DDR lediglich im Hinblick auf die Informationen rezipiert, die sie über in Westdeutschland lebende Personen enthielt. Die Beiträge nutzten in der Regel Aufnahmen aus dem Gerichtssaal, allerdings ohne deren Ton zu übernehmen. Vielmehr wurde ein eigener Kommentar eingesprochen, der von den Ereignissen vor der Kamera oft völlig losgelöst war.

Die Zeug*innen kamen in der ostdeutsche Prozessberichterstattung ebenfalls nicht zu Wort, auch wenn sie in einigen Beiträgen zu sehen waren und ihre Aussagen am Rande erwähnt wurden. In der Regel verwies der Nachrichtensprecher lediglich auf die Zeugenvernehmung, um dann mit einer Anklage Globkes fortzufahren. Nur in wenigen Fällen nahmen die Beiträge konkret auf eine Aussage Bezug und fasste diese knapp zusammen. So erwähnte der Kommentar beispielsweise, dass ein im Bild zu sehender Zeuge über die »sogenannte Reichskristallnacht« ausgesagt habe (27. April 1961), dass im Gerichtssaal »grauenhafte Szenen« beschrieben wurden (28. April 1961) oder dass der polnische Schriftsteller Yehiel De-Nur nach seiner Aussage hinter dem Zeugenstand zusammengebrochen war und bewusstlos aus dem Saal getragen wurde (13. Juni 1961).

---

11 Simon Wiesenthal, der an der Pressekonferenz teilgenommen hatte, warf Kaul angesichts der seelischen Belastung, die der Prozess für alle Juden in Israel darstelle, hingegen Instinktlosigkeit vor, als er in der westdeutschen Sendung *Eine Epoche vor Gericht* vom 4. Mai 1961 zu seinem Eindruck befragt wurde. Zugleich kritisierte er die Bundesrepublik dafür, dass ein so großes Land wie Westdeutschland »nicht auf einige hundert Leute [...] verzichten kann, die immer eine Angriffsfläche bieten«.

Auch der *Schwarze Kanal*, eine Magazinsendung, in der Moderator Karl-Eduard von Schnitzler Ausschnitte aus dem westdeutschen Fernsehen polemisch kommentierte, um damit die ›Lügen des Westens‹ offenzulegen, widmete sich dem Eichmann-Prozess. Anhand eines Ausschnitts aus *Eine Epoche vor Gericht* warf die Sendung vom 15. Mai 1961 dem westdeutschen Fernsehen beispielsweise vor, dass es in seiner Prozessberichterstattung Globke nicht erwähne. Darüber hinaus nahm Schnitzler die Kritik, die in Westdeutschland an der politischen Instrumentalisierung des Eichmann-Prozesses geübt wurde, zum Anlass, um klarzustellen, dass es der DDR in der Tat nicht »um Schicksale von Einzelpersonen« gehe. Diese sei vielmehr an der »Entlarvung Bonns als Eichmann-Staat« interessiert. In diesem Zusammenhang stellte er die These auf, dass Globke noch schlimmer war als Eichmann, und warf zudem dem israelischen Gericht vor, sich erpressen zu lassen und die »Mitschuld der Bonner Faschisten« aus dem Prozess auszuklammern.[12]

Für die DDR stellte der Eichmann-Prozess eine Gelegenheit dar, die gesellschaftliche und politische Integration ehemaliger Nationalsozialisten in der Bundesrepublik zu kritisieren. Das Fernsehen brachte weder Eichmann noch den Zeug*innen viel Interesse entgegen, vielmehr schoss es sich auf den hochrangigen westdeutschen Politiker Hans Globke ein und kritisierte das israelische Gericht dafür, dass dessen Verantwortlichkeit für die systematische Verfolgung und Ermordung der Europäischen Jüd*innen nicht auch Gegenstand der Untersuchung war. Die Berichterstattung im Fernsehen der DDR stand damit ganz im Zeichen des eskalierenden Kalten Kriegs, der sich mit dem Bau der Berlin Mauer am 13. August 1961 – als in Jerusalem die Schlussplädoyers gehalten wurden – weiter zuspitzte.

4 Schluss

Dass in der Bundesrepublik, der DDR und in Österreich in ganz unterschiedlicher Weise über den Eichmann-Prozess berichtet wurde, hat verschieden Gründe. Ähnlich wie in den USA und in Israel (vgl. Segev 2000, Novick 2001, Levy und Sznaider 2001) prägte der jeweilige politische und gesellschaftliche Umgang mit der nationalsozialistischen Vergangenheit auch die Berichterstattung in diesen drei Ländern. Angesichts der beginnenden juristischen und journalistischen Aufarbeitung des Nationalsozialismus verwundert es nicht, dass sich das westdeutsche Fernsehen intensiv mit den Erfahrungen der Holocaustüberlebenden beschäftigte, die politische Integration ehemaliger NS-Täter problematisierte und die internationale Wahrneh-

12 Für eine ausführlichere Analyse der DDR-Fernsehberichterstattung siehe Keilbach 2016.

mung der Bundesrepublik auslotete. Auch die marginale Rolle, die dem Prozess im österreichischen Fernsehen zukam, sowie die Fokussierung auf Globke im Fernsehen der DDR, steht im Zusammenhang mit dem jeweiligen Selbstverständnis als erstes Opfer bzw. antifaschistischer Staat.

Aus medienwissenschaftlicher Perspektive ist darüber hinaus auch die jeweils spezifische Infrastruktur als Möglichkeitsbedingung der Berichterstattung in den Blick zu nehmen, sowie die Funktion des Fernsehens im Mediensystem der drei Länder. So befand sich das österreichische Fernsehen zur Zeit des Eichmann-Prozesses beispielsweise noch in seinen Anfangsjahren. Die technische Versorgung war noch nicht im ganzen Land garantiert (vgl. Bernold 2007, 27–35) und es ist zu vermuten, dass auch die redaktionelle Ausrichtung des Fernsehens noch einen Aushandlungsprozess durchlief.[13]

Das Fernsehen der DDR stand hingegen unter staatlicher Kontrolle, wobei die Einhaltung der Parteilinie unter anderem durch die Installierung von politischen Funktionären als Redaktionsleiter garantiert wurde. Demgegenüber war das westdeutsche Fernsehen staatsfern und unabhängig.[14] Rundfunkanstalten wie der NDR (und insbesondere seine Abteilung ›Zeitgeschehen‹, die unter anderem *Eine Epoche vor Gericht* und *Panorama* produzierte) nahmen ihren öffentlich-rechtlichen Programmauftrag ernst und agierten mit ihren kritischen Beiträgen nicht selten als ›Vierte Gewalt‹, indem sie auf Probleme und Missstände in Politik und Gesellschaft hinwiesen. Auch der Umgang mit der nationalsozialistischen Vergangenheit wurde dabei ins Visier genommen. Neben dessen Problematisierung in politischen Magazinen, Dokumentarsendungen und Fernsehspielen ist auch die Berichterstattung über den Eichmann-Prozess ein eindrückliches Beispiel für die Kritik, die im Fernsehen geäußert werden konnte. In *Eine Epoche vor Gericht* fordert beispielsweise Probst Grüber Politiker auf, öffentlich zuzugeben, dass sie 1933 das Ermächtigungsgesetz gebilligt haben (18. Mai 1961), äußert Simon Wiesenthal in einem Studioge-

---

13 Fernsehhistorische Forschung zum Aufbau der österreichischen Fernsehredaktionen ist bisher ein Desiderat. Allgemein wird dem Fernsehen allerdings zugeschrieben, das »Schweigegebot«, das im öffentlichen Diskurs über Österreichs nationalsozialistische Vergangenheit herrschte, gebrochen und zu haben. Hierfür wird die Ausstrahlung von *Der Herr Karl* angeführt (Uhl 2005, 65). Über die redaktionelle Entscheidung, dieses Ein-Personen-Stück von Helmut Qualtinger, in dem ein Mitläufer seine Lebensgeschichte erzählt, im November 1961 zu programmieren, ist bisher nichts bekannt.

14 Das von den Alliierten nach Kriegsende in Westdeutschland eingeführte Rundfunksystem sollte durch seinen demokratischen Aufbau verhindern, dass Massenmedien – wie zuvor im ›Dritten Reich‹ – propagandistisch genutzt werden konnten. Die Verpflichtung zur Staatsferne und Pluralität ist daher in den Rundfunkordnungen festgehalten und wurde 1961 durch das Bundesverfassungsgericht bestätigt, als Bundeskanzler Adenauer einen durch die Bundesregierung kontrollierte Sender als Alternative zum öffentlich-rechtlichen Fernsehen einrichten wollte.

spräch mit Schier-Gribowsky sein Unverständnis darüber, dass Adenauer trotz seines Wissens um Globkes Vergangenheit an diesem festhalte (4. Mai 1961), und wird in einem Einspielfilm skandalisiert, dass Kurt A. Becher, der als ehemaliger SS-Standartenführer mit Eichmann zusammenarbeitete, unbehelligt und als wohlhabender Geschäftsmann in Bremen lebte (7. Juli 1961). Es ist nicht zuletzt auf die öffentlich-rechtliche Organisationsform des Fernsehens zurückzuführen, dass derart kritische Positionen zu hören waren.

Literaturverzeichnis

Bernold, Monika. *Das Private Sehen: Fernsehfamilie Leitner, mediale Konsumkultur und nationale Identitätskonstruktion in Österreich nach 1955*. Münster: LIT, 2007.

Ebbrecht-Hartmann, Tobias. »Anklage und Archiv. Archivmaterial und seine Anordnung in Walter Heynowskis ›Aktion J. – Ein Film der Beweise‹ (1961).« *Reflexionen des beschädigten Lebens?: Nachkriegskino in Deutschland zwischen 1945 und 1960*. Hg. Bastian Blachut, Imme Klages und Sebastian Kuhn. München: edition text + kritik, 2014. 137–157.

Gouri, Haim. *Facing the Glass Booth. The Jerusalem Trial of Adolf Eichmann*, Detroit: Wayne State University Press, 2004.

Israel Ministry for Foreing Affairs. *Eichmann in the World Press*. Jerusalem: Government Printer, 1960.

Keilbach, Judith. »Campaigning Against West Germany: East German Television Coverage of the Eichmann Trial.« *Television Beyond and Across the Iron Curtain*. Hg. Kirsten Bönker, Julia Obertreis und Sven Grampp. Cambridge: Cambridge Scholars: 2016. 25–54.

Keilbach, Judith. »Der Eichmann-Prozess im österreichischen Fernsehen: Ein Medienereignis mit geringer Resonanz.« *S: I.M.O.N. Shoah: Intervention. Methods. Documentation*. 5.1 (2018): 4–20.

Keilbach, Judith. »Eine Epoche vor Gericht. Der Eichmann-Prozess und das bundesdeutsche Fernsehen.« *Völkermord zur Prime-Time. Der Holocaust im Fernsehen*. Hg. Judith Keilbach, Béla Rásky und Jana Starek. Wien: new academic press, 2019. 265–283.

Keilbach, Judith. »Zur Instantaneität der Magnetbandaufzeichnung. Die Medienkonstellation der Fernsehberichterstattung vom Eichmann-Prozess.« *Medien | Zeiten. Interdependenzen*. Hg. Sven Grampp, Peter Podrez und Nicole Wiedenmann. Wiesbaden: Springer, 2023. 363–375.

Krause, Peter. *Der Eichmann-Prozess in Der Deutschen Presse*. Frankfurt: Campus Verlag, 2002.

Lemke, Michael. »Kampagnen gegen Bonn. Die Systemkrise der DDR und die West-Propaganda der SED 1960–1963«. *Vierteljahrshefte für Zeitgeschichte* 41.2 (1993): 153–174.

Leo, Annette. »Eichmann, Globke und die DDR.« *»Das hat es bei uns nicht gegeben!« Antisemitismus in der DDR*. (Buch zur Ausstellung) Hg. Amadeu-Antonio-Stiftung. Berlin, Amadeu-Antonio-Stiftung: 2010. 20–30.

Levy, Daniel und Natan Sznaider. *Erinnerung im globalen Zeitalter: Der Holocaust*. Frankfurt: Suhrkamp: 2001.

Lindeperg, Sylvie und Annette Wieviorka. »The Two Stages of the Eichmann Trial.« *Concentratinary Memories. Totalitarian Resistance and Cultural Memories*. Hg. Griselda Pollock und Max Silvermann. New York: Tauris, 2013. 59–81.

Novick, Peter. *Nach dem Holocaust. Der Umgang mit dem Massenmord*. München: Deutsche Verlags-Anstalt, 2001.

Sanwald, Siegfried. »Adolf Eichmann und die österreichische Justiz. Neue Aspekte auf der Grundlage des Akts des Bundesministeriums für Justiz der Republik Österreich (›Ministeriumsakt‹)«. *Zeithistoriker – Archivar – Aufklärer. Festschrift für Winfried R. Garscha.* Hg. Claudia Kuretsidis-Haider und Christine Schindler. Wien: Dokumentationsarchiv d. österr. Widerstandes, 2017: 243–256.

Segev, Tom. *The Seventh Million. The Israelis and the Holocaust.* New York: Owl, 2000.

Segev, Tom. *Simon Wiesenthal. The Life and Legends.* London: Jonathan Cape, 2010.

Shandler, Jeffrey. *While America Watches: Televising the Holocaust.* New York: Oxford University Press, 2000.

Stangneth, Bettina. *Eichmann vor Jerusalem. Das unbehelligte Leben eines Massenmörders.* Zürich: Arche, 2011.

Uhl, Heidemarie. »Vom Opfermythos zur Mitverantwortungsthese. NS-Herrschaft, Krieg und Holocaust im »österreichischen Gedächtnis«. *Transformationen gesellschaftlicher Erinnerung. Studien zur »Gedächtnisgeschichte« der Zweiten Republik.* Hg. Christian Gerbel, Manfred Lechner, Dagmar C.G. Lorenz, Oliver Marchart, Vrääth Öhner, Ines Steiner, Andrea Strutz und Heidemarie Uhl. Wien: Turia + Kant: 2005, 50–85.

Vollnhals, Clemens. »Zwischen Verdrängung und Aufklärung. Die Auseinandersetzung mit dem Holocaust in der frühen Bundesrepublik« *Die Deutschen und die Judenverfolgung im Dritten Reich.* Hg. Ursula Büttner. Hamburg: Fischer, 1992. 357–392.

Wiesenthal, Simon. *Ich jagte Eichmann. Tatsachenbericht.* Gütersloh: Mohn: 1961.

Wieviorka, Annette. *The Era of the Witness.* Ithaka/London: Cornell University Press, 2006.

Winter, Renée. *Geschichtspolitiken und Fernsehen. Repräsentationen des Nationalsozialismus im frühen österreichischen TV (1955–1970).* Bielefeld: Transcript, 2014.

Katharina Rauschenberger

Antifaschismus, Judenmord und Zionismus

Auf der Suche nach dem richtigen Klassenstandpunkt in Friedrich Karl Kauls *Der Fall Eichmann*

1 Die Vorgeschichte

Am 11. April 1961, am Tag des Beginns der Hauptverhandlung im Eichmann-Prozess, fasste das Politbüro der SED den Beschluss, den Rechtsanwalt Friedrich Karl Kaul nach Jerusalem zu entsenden, damit er den Prozess beobachten oder, besser noch, als Rechtsvertreter von Nebenklägern direkt in ihn eingreifen könne. Das war reichlich spät.[1] Das Politbüro hatte diese Entscheidung lange hinausgezögert. Kaul hatte bereits unmittelbar nach Bekanntwerden von Eichmanns Ergreifung im Mai 1960 darauf hingewiesen, dass dieser Prozess für die DDR eine ideale Plattform sei, um ihren antifaschistischen Kurs vor der Weltöffentlichkeit zu präsentieren, und – vielleicht wichtiger noch – den Weg der Bundesrepublik Deutschland in einen neuen Faschismus zu demonstrieren.[2] Von Kaul stammte auch die Idee, über Nebenklagen direkt am Prozess beteiligt zu werden.[3] Dafür müsse man jüdische Bürger der DDR finden, deren direkte Angehörige in den Vernichtungslagern der Nationalsozialisten zu Tode gekommen waren. Albert Norden vom Ausschuss für Deutsche Einheit, wie Kaul jüdischer Herkunft und während der NS-Zeit im westlichen Exil, unterstützte Kaul in diesem Ansinnen. Als auch nach einem halben Jahr noch nichts in dieser Sache geschehen war, argumentierte Norden gegenüber dem ersten Sekretär des Zentralkomitees der SED und Staatsratsvorsitzenden Walter Ulbricht, wie groß die Wirkung sein müsse, wenn die ehemaligen Opfer Eichmanns von einem Vertreter aus der DDR rechtlich vertreten würden, während Eichmann selbst einen Rechtsanwalt aus der Bundesrepublik als Verteidiger engagiert hatte, der nicht nur im Internationalen Militärtribunal in Nürnberg, sondern in gleich mehreren Nachfolgeprozessen der amerikanischen Militärregierung sowie in einem »Euthanasie«-Prozess als Verteidiger aufgetreten war. Dieser Anwalt war Robert Servatius.

1 Zu den internationalen Abstimmungen der DDR im Vorfeld des Eichmann-Prozesses vgl. de Vita, 2023.

2 Vgl. Friedrich Karl Kaul, Bericht über […] 5. Gedanken zur Agitation betrfd. Festnahme Eichmann vom 27.05.1960, Bundesarchiv Berlin (fortan: BArch) SAPMO DY 30/68894, Bl. 28–30.

3 Friedrich Karl Kaul an das Zentralkomitee der SED, Abt. Propaganda, z.Hd. des Genossen Stadler am 30. Mai 1960, BArch SAPMO DY 30/68894, Bl. 32.

Open Access. © 2024 bei den Autorinnen und Autoren, publiziert von De Gruyter. BY-NC-ND Dieses Werk ist lizenziert unter der Creative Commons Namensnennung - Nicht-kommerziell - Keine Bearbeitungen 4.0 International Lizenz.
https://doi.org/10.1515/9783111077345-004

Die zögerliche Haltung des Politbüros war darin begründet, dass man fürchtete, durch offizielle Anträge auf Prozessbeteiligung oder die Gewährung von Rechtshilfe durch die DDR in die Position zu geraten, den Staat Israel faktisch anzuerkennen. Das hätte die arabischen Staaten brüskiert, die gerade dabei waren, wirtschaftliche und kulturelle Beziehungen zur DDR aufzunehmen und damit der internationalen Isolierung der DDR ein Ende zu bereiten. Das wollte man nicht riskieren.[4] So schien die Möglichkeit, einen Privatmann, der kein hoher Funktionär in der SED war, als Rechtsvertreter in Israel vor Ort zu haben, angesichts dieser Situation eine gute Lösung zu sein.

Kaul hatte sich zuvor für die Partei als nützlich erwiesen, weil er als einer von zwei Ostberliner Anwälten auch in Westdeutschland zugelassen war und somit auch vor westdeutschen Gerichten auftreten konnte. So hatte er viele westdeutsche Kommunisten in Staatsschutzsachen vertreten und war einer der Anwälte gewesen, die im KPD-Verbotsprozess vor dem Bundesverfassungsgericht die Interessen der KPD vertreten hatten. 1961 wurde ihm der Auftritt in Staatsschutzfällen vor westdeutschen Gerichten jedoch verboten, weil – so die Argumentation des Bundesgerichtshofs – er nicht unabhängig agiere,[5] sondern Instruktionen durch die Partei erhalte. In der Ergreifung Adolf Eichmanns in Argentinien und dem Prozess in Jerusalem sah Kaul für sich die Chance, eine neue Aufgabe als Vertreter der DDR wahrzunehmen. Dies schlug er dem Politbüro vor.

Im November 1960 also beantragte »Ostberlins Star-Anwalt«[6] die Zulassung zur Vertretung von sieben Nebenklägern aus der DDR und nahm Kontakt zum israelischen Justizminister Pinchas Rosen auf. Dennoch erhielt er erst im Februar 1961 die Genehmigung der SED, nach Israel zu reisen und die Nebenklagevertretung entsprechend vorzubereiten. In der Zwischenzeit hatte das israelische Parlament im Januar 1961 ein Gesetz verabschiedet, das Nebenklagen von Ausländern in einem Prozess, in dem mit der Todesstrafe zu rechnen sei, nicht zuließ. Das als »Lex Kaul« bezeichnete Gesetz machte ein offizielles Auftreten Kauls im Prozess unmöglich (vgl. Renz 2021, 32–33). Als er schließlich am 16. Februar über Zürich nach Tel Aviv flog, war seine Verhandlungsposition denkbar schwach. So konnte er auch mit allen Argumenten und öffentlichem Druck nicht erreichen, als Nebenklagevertreter im Eichmann-Prozess zugelassen zu werden. Jedoch erhielt er die Genehmigung, als Beobachter teilzunehmen.

4 Norden an Ulbricht am 15. Oktober 1960, BArch SAPMO DY 30/68894, Bl. 85. Siehe auch de Vita 2020, S. 111.

5 3 StR 52/60, Beschluss des 3. Strafsenats des BGH vom 2.3.1961, in: BArch SAPMO DY 30/68894, Bl. 137–141.

6 [o. A.] KPD-Prozess. Der Zweck und die Mittel, in: Der Spiegel, 1.12.1954, S. 5.

Bei seiner Rückkehr nach Ostberlin schien die Israel-Kampagne Kauls für das Politbüro keine Priorität mehr zu haben. Bis zum 11. April bekam er keinen Einblick in die Planungen, er hörte nichts aus den obersten Parteigremien. Pünktlich zum ersten Tag der Hauptverhandlung am 11. April erhielt er jedoch grünes Licht aus der Partei. Was genau den Umschwung in Ostberlin erwirkte, ist nicht bekannt.

Zeitgleich mit der Entscheidung des Politbüros und pünktlich zum Prozessauftakt forderte der SED-eigene Dietz Verlag Kaul auf, zum Eichmann-Prozess einen »einschätzenden politischen Prozeßbericht«[7] zu verfassen, wie der Leiter des Verlags Fritz Schälike es formulierte. Dieser sollte nach Möglichkeit zur Urteilsverkündung vorliegen. Kaul sagte das unmittelbar nach der Anfrage zu, wollte sich jedoch nicht auf ein Broschüreformat reduzieren lassen, sondern eine tiefer gehende Analyse bieten und dafür zunächst den Ausgang des Verfahrens abwarten. Am 21. August reichte er das gewünschte Exposé für das Buch beim Verlag ein. Darin verfolgte er die Absicht, eine historisch-soziologische Untersuchung zu erstellen, die die Rahmenbedingungen für den Prozess mit einer Betrachtung des Zionismus seit dem ausgehenden neunzehnten Jahrhundert und der Darstellung des Antisemitismus in verschiedenen Epochen bis zur zionistischen Politik David Ben-Gurions als Grundlagenforschung für spätere Generationen schildern solle.[8] Kaul verfasste das Buch in nächtlichen Schreibsitzungen, »buchstäblich über Nacht«[9], und reichte es kapitelweise beim Verlag ein. Dabei nahm er bereits Kürzungs- und Änderungsvorschläge des Verlags auf – schon das Exposé trug zahlreiche handschriftliche Korrekturvorschläge, vermutlich aus der Feder des Redaktionsleiters Egon Winkelmann.[10]

2 Kauls Manuskript »Mordkomplott ohne Komplicen? Der Eichmann-Prozeß«

Am 18. Dezember 1961 lag Arne Rehahn vom Ausschuss für Deutsche Einheit der erste Teil des Manuskripts vor, das die historisch-soziologische Abhandlung enthielt. Im Januar 1962 gingen auch die letzten Kapitel beim Verlag ein; das Gesamtwerk sollte den Titel *Mordkomplott ohne Komplicen? Der Eichmann-Prozeß* tragen. Das Urteil des Verlags fiel sehr kritisch aus, auch Rehahn gefiel insbesondere der erste theoretische Teil nicht. Die Hauptaufgabe des Buches müsse darin bestehen,

7 Dietz Verlag (Fritz Schälike) an Kaul am 11.04.1961, BArch SAPMO DY 30/19261.
8 Exposé »Der Eichmann-Prozeß in Jerusalem« vom 21.8.1961, BArch SAPMO DY 30/19261.
9 Kaul an Egon Winkelmann am 23.10.1961, BArch SAPMO DY 30/19261.
10 Exposé »Der Eichmann-Prozeß in Jerusalem« vom 21.8.1961, BArch SAPMO DY 30/19261.

die Ursachen des Antisemitismus im Imperialismus und Monopolkapitalismus darzustellen und die verheerende Wirkung der Nürnberger Gesetze auf dem Weg zur ›Endlösung‹ zu schildern. Der Name Hans Globke falle zu spät, monierte Rehahn weiter. Der gesamte »Zusammenhang Bonn-Globke-Servatius« komme zu kurz.[11] Bis April gingen beide Seiten jedoch davon aus, dass das Buch in überarbeiteter Form mit einer Auflage von 15.000 Exemplaren im Dietz Verlag erscheinen werde. Im Mai 1962 jedoch gab es ein weiteres vernichtendes Urteil über das Manuskript von Heinz Stadler, der es seitens des Zentralkomitees der SED begutachten sollte. Er stieß sich an der Darstellung der jüdischen Geschichte und wollte die Schilderung des Staates Israel durch außenpolitische Experten der DDR überprüfen lassen. Zudem beanstandete er, dass der Standpunkt der DDR zu kurz komme und Kaul sich in den Mittelpunkt des Geschehens stelle. Stattdessen hätte es darum gehen sollen, die Kontinuität von Nationalsozialisten in den Führungspositionen der Bundesrepublik zu betonen, was sich in der Person des Verteidigers Robert Servatius zeige.[12] Im Juli 1962 bekam der Verlagsleiter Fritz Schälike kalte Füße wegen der generellen Stoßrichtung des Manuskripts und gab Kaul bekannt, dass ein Buch über den Eichmann-Prozess nach den Gutachten der Parteistellen völlig anders aufgebaut sein müsse und weniger den Verlauf des Prozesses und die theoriebasierten Überlegungen Kauls zum Antisemitismus und Zionismus beinhalten solle, als vielmehr »die eindeutige Entlarvung der politischen Gegenwart Westdeutschlands und den zunehmenden Faschisierungsprozess« nachzuzeichnen habe.[13] Schälike betonte, dass der Dietz Verlag als Parteiverlag hier eine besondere Verantwortung trage. Inzwischen schien Kaul der Verhandlungen mit dem Dietz Verlag seinerseits müde geworden zu sein und erwirkte eine Auflösung des Vertrags.[14]

Im November 1962 schloss Kaul einen neuen Vertrag mit dem Verlag *Das Neue Berlin* für das Buch, das nun den Titel *Der Fall Eichmann* bekam. Dies geschah im Einvernehmen mit dem Dietz Verlag, alle Vorarbeiten konnten übernommen werden. Die Verlagsgutachterin gab eine Zusammenfassung, worauf man sich mit Kaul geeinigt hatte: Im Fokus solle die Charakterisierung »des Hitler-Reiches und des Adenauer-Regimes«[15] stehen, die Abhandlung zum Zionismus werde auf das Notwendige beschränkt und der Klassenstandpunkt der jüdischen

11 Arne Rehahn: Erste Bemerkungen zu dem Buch »Mordkomplott ohne Komplicen?«, 30.1.1962, BArch SAPMO DY 30/19261. Winkelmann und Lange: Arbeitsbericht zu F. K. Kauls: Mordkomplott ohne Komplicen. Der Eichmann-Prozeß, 20.2.1962, BArch SAPMO DY 30/24822.

12 Heinz Stadler am 07.05.1962 an Winkelmann, BArch SAPMO DY 30/19261.

13 Schälike an Kurt Tiedke und an Peter Florin jeweils am 5.7.1962, BArch SAPMO DY 30/19261.

14 Schälike an Kaul am 19.7.1962, BArch SAPMO DY 30/19261.

15 Verlagsgutachten [Marianne Kaufhold] zum Titel Kaul *Der Eichmann-Prozeß* vom 15.11.1962, BArch DR 1/5011, Verlag Neues Berlin, Bl. 261–264, hier: Bl. 263.

Werktätigen werde ergänzt. Im Zusammenhang mit der Schilderung des Staates Israel müsse auf die Ablenkungsfunktion des Zionismus von den eigentlichen Klasseninteressen hingewiesen werden, jede weitere Polemik gegen den Zionismus sei jedoch zu unterlassen. Am Ende des Buches müsse ein abschließender Kommentar Kauls das Ergebnis des Prozesses erläutern.[16] Von Verlagsseite lobte die Lektorin Marianne Kaufhold, dass das Buch nicht noch einmal die unvorstellbaren Abscheulichkeiten, die der Faschismus und seine Helfershelfer über die Menschheit gebracht hätten, beschreibe, sondern die Leser zwinge, »aus der Vergangenheit Schlußfolgerungen zu ziehen«.[17] Die Druckgenehmigung wurde erteilt, und das Buch erschien im April 1963 in einer Auflage von 10.000 Exemplaren zu einem Ladenpreis von 6,90 DM.

Wie war das Buch aufgebaut, das solchen Widerspruch bei den offiziellen Instanzen provozierte? Ein Vergleich der gedruckten Fassung mit dem Manuskript soll zeigen, wie sich die Ansichten von Autor und Verlag unterschieden und was jeweils wichtig erschien.

3 Kauls Arbeitsweise

Kauls Manuskript stellt eine Kompilation aus verschiedenen Texten dar. Kaul, der selbst nur zwei Phasen des Prozesses Ende April/Anfang Mai und Ende Juni/Anfang Juli aus eigener Anschauung miterlebt hatte, behalf sich in erster Linie mit den Protokollen aus der Vernehmung Eichmanns im Vorfeld des Verfahrens, mit Protokollen aus der Hauptverhandlung, mit Protokollen von Zeugenvernehmungen im Ausland, mit der Anklageschrift, dem Urteil und Revisionsurteil sowie mit historischen Abhandlungen und Zeitungsberichten aus der internationalen Presse.[18] Seine eigenen Prozessbeobachtungen konnten sich nur auf Zeugenaussagen zur Judenpolitik in Polen, zum ›Ungarn-Komplex‹ und auf das abschließende Kreuzverhör Eichmanns beziehen. Die verschiedenen Quellen werden im Text jedoch nicht kenntlich gemacht. So lesen sich seine atmosphärischen Eindrücke vom ersten Verhandlungstag wie die Schilderung eines Augenzeugen:

16 Ebd., Bl. 264.

17 Ebd.

18 Fußnoten zu F. K. Kaul: Mordkomplott ohne Komplicen? Der Eichmann-Prozeß, BArch SAPMO, DY 30/24227. Die Literaturangaben im Buch sind nicht zuverlässig, da Kaul selbst keine Quellennachweise liefert, sondern der Verlag mithilfe der von Kaul leihweise überlassenen Literatur die Belege zusammensuchen musste. Die Aufgabe erwies sich als nicht zu bewältigen, wie der Lektor des Dietz Verlags schrieb: Arbeitsbericht zu F. K. Kauls: Mordkomplott ohne Komplicen? Der Eichmann Prozeß vom 20.2.1962, S. 1, in: BArch SAPMO DY 30/19261.

> Greise mit dem breitrandig-steifen mittelalterlichen Hut, unter dem die grauen Schläfenlocken das zerfurchte Gesicht rahmen; Frauen in elegant geschnittenen hellen Sommerkleidern; junge Burschen, die Ärmel des weißen Sporthemdes hochgekrempelt; Männer, das schwarze Gebetkäppchen auf dem Hinterkopf, und immer wieder das Khaki der Uniformen ... das alles – Mittelalter und Neuzeit, Vergangenheit und Gegenwart – flutet vor der Drahtverzaunung des zur Gerichtsstätte gewordenen Kulturhauses hin und her, sucht Einlaß zu finden und wird immer wieder von Polizisten zu Fuß und zu Pferde abgedrängt. (Kaul 1963, 161)

Auch die Charakterisierung Eichmanns als »domestikenhaft devot«, »weinerlich« und »selbstmitleidig« klingt, als hätte Kaul ihn selbst so bei einer Vernehmung erlebt (vgl. Kaul 1963, 99). Das war jedoch nicht der Fall, sein Eindruck geht auf die Tonbandaufzeichnungen der polizeilichen Vernehmung durch Avner Werner Less zurück (vgl. Less 2012). Das Buch stellt daher eine Mischung aus Erfahrungsbericht und Kompilation von Auszügen aus anderen Quellen juristischer, journalistischer und wissenschaftlicher Natur dar. Textpassagen, die einem Kriminalroman entstammen könnten, seitenlange Wiedergabe von Dialogen, historische Darstellung und Interpretationen des Beobachters wechseln einander ab.

Das 366 Seiten umfassende Werk ist in 22 Kapitel unterteilt, die im Großen und Ganzen einer Chronologie folgen. Drei Themenkomplexe bilden die Hauptpunkte der Kritik an dem Buch. Es handelt sich erstens um seine Darstellung der jüdischen Geschichte und der Geschichte der Judenfeindschaft, welche schließlich zum Judenmord geführt habe, zweitens geht es um Kauls Aussagen zum Zionismus, zur Entstehung des Staates Israel und zur Kollaboration von Zionisten mit den Nationalsozialisten. Und drittens waren es seine Einschätzung der Verbrechen Eichmanns und Kauls mangelnde Ausführungen zum Konzept des Antifaschismus, die kritisiert wurden.

4 Jüdische Geschichte und Geschichte der Judenfeindschaft

Auf den ersten knapp einhundert Seiten unternimmt der Autor den Versuch, die jüdischen Strömungen historisch zu erfassen sowie ihre Reaktionen auf die feindliche Umwelt und die Maßnahmen der nationalsozialistischen Politik gegen die Juden zu schildern. Dabei stützt er sich zum einen auf Täterquellen, die schon im Internationalen Militärtribunal in Nürnberg als Beweismaterial gedient hatten und die in Léon Poliakovs und Joseph Wulfs Veröffentlichung *Das Dritte Reich und seine Diener* seit 1955 publiziert vorlagen. Neben Poliakov und Wulf werden andere westliche jüdische Autoren herangezogen, wie Hermann Sinsheimer, den Kaul für die Darlegung der historischen Judenfeindschaft zitiert, und Robert

M. W. Kempner, dessen Buch *Eichmann und Komplizen* von 1961 Kaul in Teilen paraphrasiert. Hinzu kommt mit Karl Saller ein nichtjüdischer Anthropologe, der zwar ursprünglich den Nationalsozialismus unterstützt hatte, wegen seiner nicht genehmen Rassentheorien jedoch ein Rede- und Lehrverbot erhalten hatte. Außerdem bezieht sich Kaul auf den Dokumentarbericht *Eichmanns gab es viele* von Albert Wucher (München/Zürich 1961), einem Journalisten der *Süddeutschen Zeitung*, der zahlreiche Quellen aus dem Archiv des Instituts für Zeitgeschichte zusammengetragen und ausgewertet hatte. Im Literaturverzeichnis finden sich auch Referenzen auf Wilhelm Piecks *Reden und Aufsätze*, die jedoch nachträglich im Redaktionsprozess in Kauls ursprüngliches Manuskript eingefügt wurden.

Die Perspektive der vielen jüdischen Autoren auf den Judenmord prägen Kauls Darstellung. Zunächst überrascht, dass er der jüdischen Geschichte und der Geschichte des Antisemitismus seit dem neunzehnten Jahrhundert in seinem Manuskript überhaupt einen so breiten Raum gibt. Aus Sinsheimers Buch übernimmt Kaul die Darstellung der ökonomischen Bedingungen für Juden in Europa seit der Antike. Sinsheimer konzipierte sein 1936/37 verfasstes Buch *Shylock*, wie er im Vorwort schrieb, »vom jüdischen Standpunkt aus« (Sinsheimer 1960, 10)[19]. Kaul übernimmt daraus die Einschätzung, dass sich unter den Juden ein »erzwungenes oder mindestens protegiertes jüdisches Kapitalistentum« entwickelt habe, das »auf eine schon brüchig gewordene Naturalwirtschaft gepfropft [wurde]. Verachtung und Haß waren die Folgen.« (Kaul 1963, 29) Der quasi erzwungene wirtschaftliche Erfolg der Juden habe sie dem ungebremsten Hass der aufkommenden völkischen Bewegung ausgeliefert. Der Erfolg habe die deutschen Juden jedoch zugleich von ihrem universalistischen emanzipatorischen Anliegen entfremdet, da sie in der Beseitigung von Klassengegensätzen im Marxismus ihre eigentliche historische Rolle hätten erkennen müssen. Das Kapitel endet mit einer Skizze der verschiedenen Fraktionen im Judentum nach dem Ersten Weltkrieg. Klassenmäßig gespalten, wie die übrige Bevölkerung, habe es nicht wirkungsvoll gegen den Antisemitismus agieren können. Kaul unterscheidet Assimilanten, die sich von der Mehrheitsbevölkerung nicht abhoben, Orthodoxe, die dem traditionell religiösen Leben verbunden blieben, die klassenbewussten jüdischen Proletarier, die als Marxisten die Überwindung aller gesellschaftlicher Ungleichheiten vor Augen hatten, und die Zionisten, die sich zum eigenen Volkstum hingewendet hätten.

Verständlich werden diese Abhandlungen in einem Prozessbericht über die Verbrechen Adolf Eichmanns erst, wenn man sie als Ausdruck der Standortbestimmung des bürgerlich-jüdischen SED-Mitglieds Friedrich Karl Kaul liest, die dieser während seiner ersten Begegnung mit israelischen Interessen im Eichmann-Prozess in Israel

---

19 Das Buch fand erst nach dem Krieg beim Ner-Tamid-Verlag einen Publikationsort.

vornimmt. Kaul versucht sich in seinem Einführungskapitel an einer historischen Einbettung des Judenhasses, die eher selbst als suchend erscheint, anstatt ideologisch Orientierung zu geben. Das veranlasste den Verlag zu Textkorrekturen. Schon angesichts des Exposés Kauls kam Irritation über die Weitschweifigkeit zu diesem Thema auf. Der Verlag kürzte kurzerhand ein Kapitel zu den Judenverfolgungen vor Hitler und verband es mit der Schilderung der Ausgangslage im Jahr 1933.[20] Das Politbüro sah weiterhin in der historischen Herleitung, die Kaul in diesem Kapitel unternimmt, eine Art Rechtfertigung für den Antisemitismus. Arne Rehahn merkte an, Konzerne wie Krupp seien nicht zum Antisemitismus gezwungen worden.[21] Man sah hier die ideologische Linie nicht stringent aufgenommen. Auch stieß sich die Partei daran, dass von Kaul bevorzugt Westliteratur herangezogen worden sei. Der Verlag strich einen Absatz, der eine Referenz auf Léon Poliakov und Joseph Wulf erfordert hätte. Er hatte sich auf die Ermordung von Kranken in Heilanstalten durch Giftgas bezogen, die Kaul mit Poliakov und Wulf als Testphase für den Massenmord an den Juden interpretierte.[22]

5 Zionismus unter Kollaborationsverdacht

Im Kapitel *Juda verrecke, Deutschland erwache!* geht Kaul den Stationen der antijüdischen Politik im Nationalsozialismus nach. Hierbei hatte er eine seitenlange Abhandlung über Eichmanns Verhältnis zu den Juden vorgesehen, die jedoch aus dem Manuskript entfernt wurde. Diese Textstelle schildert Eichmanns Verbindung mit dem Zionismus. Eichmann habe sich, so entnahm es Kaul dem Vernehmungsprotokoll mit Avner Werner Less, als neuer Dezernent für die Judenangelegenheiten eingehend mit dem Zionismus beschäftigt. Er habe Herzls *Judenstaat* gelesen und festgestellt, dass

> der Zionismus ja den eigenen Wünschen insofern entgegenkam, weil der Zionismus ja eine Lösung suchte und wollte, eine politische Lösung also anstrebte, er wollte Grund und Boden haben, wo er sein Volk endlich in Ruhe hinsetzen und sich niederlassen konnte. Insofern

20 Kaul an Winkelmann am 23.10.1961, BArch SAPMO DY 30/19261.

21 Arne Rehahn: Erste Bemerkungen zu dem Buch »Mordkomplott ohne Komplicen?«, 30.1.1962, BArch SAPMO DY 30/19261. Winkelmann und Lange: Arbeitsbericht zu F. K. Kauls: Mordkomplott ohne Komplicen. Der Eichmann-Prozeß, 20.2.1962, BArch SAPMO DY 30/24822.

22 Kaul 1963, 70 und 49, im Vergleich zum Manuskript F. K. Kaul: Mordkomplott ohne Komplicen? Der Eichmann-Prozeß, BArch SAPMO, DY 30/24227, S. 65.

> gab es da garnicht viel zu ändern im Hinblick, sagen wir mal, nationalsozialistisches Wollen [sic!] ...[23]

Kaul las aus diesen Äußerungen eine Interessensidentität zwischen den Nationalsozialisten und den Zionisten heraus, ein Topos, den er auch später immer wieder aufnahm. Er schrieb:

> Dem politischen Zionismus konnte schon auf Grund seiner Entstehung, die die Annahme eines ›nationalen Volkstums‹ der Juden schlechthin zur Voraussetzung hatte, die von den Nazis vorgenommene Rassendifferenzierung zwischen Deutschen und Juden [...] nicht so fern liegen, wie es auf den ersten Blick scheinen mag. Der Imperialismus war und blieb nun einmal die gemeinsame Wiege beider Ideologien![24]

Das Politbüro kürzte diese Passagen aus dem Text, der dann fortfuhr mit der Rolle Hans Globkes bei der Schaffung antijüdischer rassistischer Gesetze (vgl. Kaul 1963, 42). Das war die Linie, die die Partei aus dem Eichmann-Prozess aufzuzeigen bestrebt war: Es sollte der aktuelle Bezug zu den Funktionsträgern in der Bundesrepublik nachgewiesen und die Bundesrepublik als ein Staat entlarvt werden, der sich auf dem Weg in einen neuen Faschismus befinde. Die Beziehung zwischen Zionismus und Nationalsozialismus zum tragenden Argument des Buches zu machen, hielt der Verlag nicht für opportun und folgte damit der Linie, die zu Beginn des Eichmann-Prozesses vom Ministerium für Auswärtige Angelegenheiten ausgegeben worden war: Kritik am Zionismus sollte nicht im Vordergrund der Kampagne stehen (vgl. Timm 1997, 149). Die Haltung der DDR zu Israel war zu Beginn des Eichmann-Prozesses noch nicht festgelegt. Dafür spricht auch, dass Albert Norden sich mit Walter Ulbricht noch im Oktober 1960 einig war, Rechtshilfeersuchen der israelischen Behörden positiv zu beantworten, wenn sie auf höchster Ebene erfolgten (vgl. Timm 1997, 151). Dessen ungeachtet stützte Kaul sich auch auf die sowjetische Publikation von Konstantin Iwanow und Sinovii Scheinis, die unter dem Titel *Der Staat Israel. Situation und Politik* 1960 im Dietz Verlag erschienen war. Es handelt sich dabei um eine Kampfschrift gegen die israelische Politik, die die offizielle sowjetische Haltung nach dem Sinai-Konflikt 1956 wiedergab.[25] Das Buch wurde ins Deutsche übersetzt, die Gutachter im Dietz Verlag lobten noch die scharfe Auseinandersetzung mit dem Staat Israel und die

---

23 Manuskript F. K. Kaul: Mordkomplott ohne Komplicen? Der Eichmann-Prozeß, BArch SAPMO, DY 30/24227, S. 53–54.

24 Manuskript F. K. Kaul: Mordkomplott ohne Komplicen? Der Eichmann-Prozeß, BArch SAPMO, DY 30/24227, S. 53–54.

25 Fußnoten zu F. K. Kaul: Mordkomplott ohne Komplicen? Der Eichmann-Prozeß, BArch SAPMO, DY 30/24227. Siehe im Vergleich dazu Kaul 1963, 49.

Kennzeichnung des Zionismus als »Handlanger und Instrument des Imperialismus«.[26] Und doch wurde der Vertrieb kurz nach der ersten Auslieferung von 3.000 Exemplaren an die Buchläden 1961 vom Dietz Verlag gestoppt. In der Mitteilung der Finanzverwaltung der SED an den Dietz Verlag wird hierfür keine Begründung gegeben, es gibt lediglich den Hinweis, dass diese Entscheidung auf Norden zurückging.[27] Kaul, der das Buch offenbar bereits besaß, verpflichtete sich hier also einem aggressiv anti-israelischen Ton (vgl. Kaul 1963, 69).

In Kauls Buch und auch in seinen späteren Schriften und Filmen[28] spielte die von ihm diagnostizierte Verbindung von Zionismus und Nationalsozialismus eine zentrale Rolle. In seinem Kapitel zur Entstehung des Staates Israel geht er seitenlang auf eine Verbindung Eichmanns mit einem Vertreter der Haganah, der wichtigsten paramilitärischen jüdischen Organisation in Palästina, ein, den die Nazis zum Agenten hatten machen wollten. Auch diese Passage fiel der Parteizensur zum Opfer.[29]

Kauls Antizionismus zeigt sich besonders in dem Kapitel, in dem er die »Gründe der israelischen Aktion gegen Eichmann« (Kaul 1963, 76–95) offenzulegen beabsichtigt. Darin nämlich entwickelt er eine Parallele zwischen dem Verhältnis des nationalsozialistischen Deutschlands zu den Zionisten und der Beziehung der Bundesrepublik Deutschland zur Regierung Ben-Gurions. Ausgangspunkt dafür ist Eichmanns Bericht aus der polizeilichen Vernehmung über den so genannten Ungarn-Komplex. Eichmann bekundete freimütig, dass er befehlsgemäß die Deportationen der ungarischen Juden organisiert hatte, bis der Vertreter der zionistischen Organisation Rudolf/Rezső Kasztner den Deutschen ein Geschäft anbot: Die Deutschen sollten die Deportationen aussetzen, eine Million Juden verschonen und im Gegenzug dafür von jüdischer Seite 10.000 Lastwagen erhalten, die an der Ostfront eingesetzt werden sollten (vgl. dazu Bauer 1996). Nach Eichmanns Schilderung verhandelten er und Kasztner »als Gleichberechtigte miteinander«, die zwar »politische Gegner« seien, aber an einer Übereinkunft arbeiteten. »Wenn Kastner [sic!] bei mir war, benahm er sich so ungeniert, als

---

26 [o. Vorname] Malkowski: Gutachten zu der Broschüre »Der Staat Israel – seine Lage und seine Politik« von K. Iwanow und S. Scheinis, Moskau Verlag für politische Literatur 1958, Barch SAPMO, DY 30/19236.

27 SED Hausmitteilung [Unterschrift unleserlich] an den Dietz Verlag am 14.4.1961, BArch SAPMO DY 30/19236; Zu Iwanows und Scheinis Publikation, siehe Timm 1997, 158–162, hier insbesondere Anmerkung 59, 421. Timm gibt an, dass die Kommunistische Partei Israels das Erscheinen der deutschen Ausgabe in der DDR verhindert habe. Helmut Eschwege führt den Auslieferungsstopp auf die »zu grobe Hetze in der Sowjetunion« gegen Israel zurück, Eschwege 1991, 194.

28 Siehe z. B. Kauls DEFA-Film *Lebende Ware* aus dem Jahr 1966.

29 Manuskript F. K. Kaul: Mordkomplott ohne Komplicen? Der Eichmann-Prozeß, BArch SAPMO, DY 30/24227, S. 32–39, im Vergleich zu: Kaul 1963, 74–75.

ob er sich in einem Kaffeehaus befand« (Kaul 1963, 84), behauptete Eichmann. Kasztner konnte jedoch die zugesagte Lieferung von LKWs nicht einhalten, unter anderem weil sein Mittelsmann, Joël Brand, in Syrien von der britischen Polizei verhaftet worden war (vgl. dazu Weissberg 1956). Dennoch vermochte er es, in Sonderverhandlungen mit Eichmann 1.368 ungarische Juden von dem Transport nach Auschwitz auszunehmen. Darunter befanden sich zahlreiche Mitglieder seiner eigenen Familie, was Kaul später zu dem Vorwurf der Kollaboration mit den Nazis veranlasste. Kasztner, der die Zeit des Nationalsozialismus überlebte, ging 1947 nach Palästina und schloss sich der Regierungspartei Ben-Gurions an. Er wurde zum Sprecher des israelischen Wirtschaftsministeriums, das auch Kontakte zu westdeutschen Geschäftsleuten unterhielt (vgl. Kaul, S. 86 f).[30] Öffentlich wurde Kasztner in Israel der Kollaboration mit den Nazis bezichtigt und verlor einen Prozess, der ihn gegen solche Behauptungen schützen sollte. Noch vor der Entscheidung des Berufungsgerichts in dieser Sache wurde er vor seiner Wohnung in Tel Aviv am 3. März 1957 niedergeschossen und starb kurz darauf.

Kaul gibt diesem Fall in seinem Buch an mehreren Stellen breiten Raum und zieht die Schlussfolgerung:

> Es dürfte außer Zweifel stehen, daß dieser »Fall Kastner« [sic!], der innenpolitisch das durch den erfolglosen Überfall auf Ägypten wie überhaupt durch die anachronistische Aggressionspolitik ohnedies brüchig gewordene Ansehen Ben-Gurions und seiner Partei aufs schwerste belastete, mit der Anlaß für die Überlegungen war, sich Eichmanns zu bemächtigen, um durch einen die Weltsensation erregenden Prozeß gegen ihn, den »Verhandlungspartner« Kastners [sic!], bestimmte Verbindungen zionistischer Organisationen mit den Nazis zu rechtfertigen und darüber hinaus die Autorität der [Regierungspartei, K.R.] Mapai zu stärken. (Kaul 1963, 84–91, hier 90–91)

Kaul entwickelt hier eine Verschwörungstheorie zwischen der Bonner und der israelischen Regierung, deren Interessensgleichheit er aus der NS-Zeit ableitet. Trotz des scharfen antizionistischen Urteils kürzten die Zensoren im Verlag *Das Neue Berlin* und im Politbüro die Abschnitte zu Kasztner nicht aus dem Text. Sie sollten die Unruhe der Bonner Regierung über den bevorstehenden Eichmann-

30 Gemeint ist hier vor allem der frühere Standartenführer Kurt Becher vom Wirtschaftsstab der Waffen-SS, über den Kaul aus dem Buch Albert Wuchers informiert war. Er wurde nach dem Krieg als »Nichtbelasteter« entnazifiziert und verdiente als Inhaber einer Bremer Getreide-Import- und Export-Gesellschaft Millionen (vgl. Wucher 1961, 230–231 und Anmerkung 65, 285). Wuchers Schilderungen vom sogenannten Ungarn-Komplex lesen sich ganz anders als die Kauls. Darin kommt die Sicht der Hauptbeteiligten von jüdischer Seite zum Tragen. Wuchers Quellen stammten aus dem Institut für Zeitgeschichte, darunter war auch der so genannte Kasztner-Bericht von 1961, auf den er sich wesentlich stützte.

Prozess erklären, gegenüber der die Gelassenheit der DDR angesichts des Prozesses dafür sprach, dass sie ihre Aufgabe ernst nahm und die ›Kriegsverbrecher‹ angemessen aburteilte. Eine redaktionelle Ergänzung hob hier lobend die Arbeit des Ausschusses für Deutsche Einheit hervor.[31]

6 Die Verbrechen Eichmanns und der Antifaschismus

Das Prozessgeschehen beschreibt Kaul nach der Chronologie der Ereignisse im Gerichtssaal. Er zeichnet Eichmann als einen devoten unselbständigen Geist, dessen Taktik darin bestanden habe, seinen Einfluss herunterzuspielen und sich als gehorsamen Befehlsempfänger zu präsentieren, der keine Entscheidungen hatte treffen dürfen. Anders als Hannah Arendt, die Eichmanns Erscheinung und seine Tätigkeit innerhalb der Mordmaschine als »banal« bezeichnet und daraus Rückschlüsse auf das Mordprogramm der Nationalsozialisten selbst gezogen hatte,[32] ergaben sich für Kaul keine analytischen Erkenntnisse aus dieser Beobachtung. Für ihn waren Eichmanns Auftritt und seine Einlassungen vor Gericht feige Versuche, den eigenen Kopf aus der Schlinge zu ziehen.

Es gab im Gericht überhaupt nur zwei Persönlichkeiten, die Kaul Respekt abnötigten. Das war zum einen der beisitzende Richter Benjamin Halevi, der durch ein neues Gesetz als Vorsitzender in diesem Prozess verhindert worden war, sich aus Kauls Perspektive jedoch als Vorsitzender Richter im Verfahren gegen Rudolf/Rezső Kasztner verdient gemacht hatte. Und zum anderen war es Generalstaatsanwalt Gideon Hausner. Seine scharfen Nachfragen und das mit Pathos vorgetragene Eröffnungsplädoyer hebt er in seinem Buch mehrfach hervor. Zwar war Hausner von Beginn an gegen Kauls Auftreten vor Gericht, und er verwahrte sich dagegen, dass der Prozess politisch aufgeladen würde, was Kaul negativ vermerkt. Doch hatte Kaul seinen eigenen Auftrag lange darin gesehen, »als Gehilfe der Staatsanwaltschaft« zu agieren.[33] Hausners Rhetorik konnte sich Kaul nicht entziehen. Kaul,

31 Kaul 1963, 95, im Vergleich zu Manuskript F.K. Kaul: Mordkomplott ohne Komplicen? Der Eichmann-Prozeß, BArch SAPMO, DY 30/24227, Ergänzungen zu S. 101.

32 Im Epilog ihres Berichts schreibt Hannah Arendt, dass »diese Normalität viel erschreckender als all die Greuel zusammengenommen« sei, denn sie impliziere, dass dieser neue Verbrechertyp »unter Bedingungen handele, die es ihm beinahe unmöglich machen, sich seiner Untaten bewusst zu werden« (Arendt 2008, 400–401).

33 Winkelmann und Lange: Arbeitsbericht zu F. K. Kauls: Mordkomplott ohne Komplicen. Der Eichmann-Prozeß, 20.2.1962, BArch SAPMO DY 30/24822.

der das Plädoyer ja nicht selbst im Gerichtssaal miterlebte, sondern nachgelesen hatte, vergleicht Hausners Furor in Jerusalem mit einer anderen Gerichtsszene dreißig Jahre zuvor, der er als junger Rechtsreferendar beigewohnt hatte. 1929 hatte ihn der linkssozialistische Staranwalt Paul Levi in einem Prozess, der die Umstände der Ermordung von Rosa Luxemburg und Karl Liebknecht nochmals aufrollte, in seinen Bann gezogen. Statt über Hausner zu schreiben, berichtet Kaul aus erster Hand vom so genannten Jorns-Prozess. Dem Leser entgleitet so die Unterscheidung zwischen dem direkten Augenzeugenbericht Kauls und dem aus den Akten rekonstruierten Geschehen vor Gericht. Kein Zweifel, dass sich Kaul selbst mit der starken Figur des Verteidigers in dem historischen Fall und der des Anklägers im aktuellen in Jerusalem identifizierte. Kaul sah sich in einer Linie mit den mutigen, jüdischen Juristen gegen den politischen Feind, der schon zu Weimarer Zeiten auf Seiten der bürgerlichen Justiz zu finden war und im Eichmann-Prozess im Adenauer-Staat mit seinem Verbündeten in der israelischen Regierung. Wie sehr er sich selbst als aktiven Part sah, zeigen die schlagfertigen Dialoge, die er mit Justizminister Pinchas Rosen, Generalstaatsanwalt Gideon Hausner und provozierenden Pressevertretern ausgetragen hatte und die er im Buch in wörtlicher Rede wiedergibt. Das unverkennbare Selbstlob ging den Parteifreunden gegen den Strich, die mit Hinweisen im Text auf die Arbeit des Ausschusses für Deutsche Einheit versuchten, dem entgegenzuwirken.[34]

Kaul war fasziniert von der Person Eichmanns, dessen gefühllose, bürokratische, effiziente Verwaltungstätigkeit beim Judenmord er ausführlich behandelt. Die Causa Globke, die nach Ansicht der SED hätte die Schlüsselstellung einnehmen müssen, spielt in seinem Text nur am Rande eine Rolle. In dem *Beweisergänzung außerhalb des Gerichtssaales* übertitelten Kapitel über eine Pressekonferenz am 2. Mai 1961 führt der Hinweis auf Globke zur Stilisierung von Kauls eigener Heldenrolle in Jerusalem: Er habe gegen alle Widerstände den Staatsanwälten wichtige Dokumente zur Verfolgung der norwegischen Juden übergeben und den westlichen Journalisten eingehend Globkes Rolle auf dem Weg zum Massenmord an der jüdischen Bevölkerung Europas erklärt. Kaul inszeniert sich als einsamer Kämpfer in einer Pressekonferenz, die in einem Tumult zu enden drohte (vgl. Kaul 1963, 210–221).

Selbst in seiner ausführlichen Wiedergabe der Zeugenaussagen über die Verfolgungssituation vor Kriegsbeginn, über die Einführung der Nürnberger Gesetze, den Novemberpogromen, die Kennzeichnungspflicht der jüdischen Ausweise, die Zwangsvornamen ›Sara‹ und ›Israel‹, fällt der Namen Globke nicht

---

34 Manuskript F. K. Kaul: Mordkomplott ohne Komplicen? Der Eichmann-Prozeß, BArch SAPMO, DY 30/24227, S. 138 im Vergleich zu Kaul 1963, 137–138: Hier war ein längerer Abschnitt über eine Pressekonferenz vom 3. Mai herausgekürzt worden. Siehe auch Kaul 1963, 95.

(vgl. Kaul 1963, 182–186). Zutreffend schildert Kaul die so genannten Auswandererzentralen in Wien, Prag und Berlin, denen Eichmann vorgestanden hatte, die die Verschleppung der österreichischen und tschechischen Juden nach Nisko, ein Sumpfgebiet in Polen, organisiert hatten und am Madagaskar-Plan tüftelten, bevor sie sich der Organisation des Massenmordes zuwandten. Im Rahmen dieser Schilderungen fällt der Name Eichmann allerdings kaum. Zudem gibt Kaul Zeugenaussagen zum Terror der Nationalsozialisten gegenüber der polnisch-jüdischen Bevölkerung, zu deren Ghettoisierung, zu den Massenerschießungen, zum Raub an den Juden, dem Aufstand im Warschauer Ghetto, zu dessen Niederschlagung und zur Deportation der Juden Polens, der Sowjetunion und des Baltikums in die Vernichtungslager der »Aktion Reinhardt« wider, ohne dabei jedoch den – auch von den Zeugen nicht hergestellten – Bezug zu Eichmann aufzuzeigen (vgl. Kaul 1963, 273–284). Dies tat erst Hausner, der Dokumente einreichte, die Eichmanns Mitwirken am Vernichtungsprogramm mit Gas belegen sollten (vgl. Kaul 1963, 230). Zeugenaussagen zur Deportation der ungarischen Juden 1944 nimmt Kaul abermals zum Anlass, die ungarischen Zionisten der Mitschuld am Judenmord und der Kollaboration zu bezichtigen (vgl. Kaul 1963, 254).

Kauls Buch führt auf fast 200 Seiten die Zeugenaussagen zum Judenmord in dessen verschiedenen Phasen aus und stößt sich nicht an dem zum Teil fehlenden Bezug zum Gegenstand des Prozesses. Damit folgte Kaul der Konzeption Gideon Hausners, die jüdische Katastrophe im Ganzen zu schildern, das bürokratische Zusammenwirken vieler Stellen, an deren einer der Beamte Eichmann tätig war. Es zählte damit zu den ersten DDR-Publikationen, die die Verbrechen Eichmanns und des Nationalsozialismus gegen die Juden explizit behandelten und damit Raum gaben, den Holocaust jenseits marxistischer Geschichtsinterpretationen und des darin betonten ökonomischen Zusammenhangs als ein eigenes Phänomen zu verstehen.[35] Die antifaschistische Grunderzählung, wie sie sich die Partei vorgestellt

35 Bis zum Eichmann-Prozess wurden die Juden als Opfergruppe in der DDR nicht öffentlich wahrgenommen, danach immer öfter als Leumund für den gelungenen Antifaschismus der DDR zu öffentlichen Stellungsnahmen herangezogen. Das spiegelte sich auch in der DDR-Historiographie wider (vgl. Groehler und Keßler 1995; Hartewig 2000, 486). Weil in der DDR keine entsprechenden Publikationen verfügbar waren, ließ die SED anlässlich des Prozesses einen Dokumentenband des ungarischen Journalisten und Historikers Jenő Lévai ins Deutsche übersetzen und veröffentlichte ihn. Der Band wurde während des Prozesses an ausgesuchte Empfänger verteilt (vgl. Zombory 2021). Ein besonders eindrucksvolles Beispiel für die Nichtbehandlung des Holocaust in der DDR ist sicher die Publikationsgeschichte von *Kennzeichen J*, die der Autor Helmut Eschwege in seinen Memoiren als eine Geschichte der Behinderung und Verzögerung schilderte (vgl. Eschwege 1991, 184–211). Angelika Timm macht auf eine Historikerkonferenz 1961 in der DDR aufmerksam, die den Eichmann-Prozess zum Ausgangspunkt nehmen und für eine wissenschaftliche Auseinandersetzung nutzen sollte. Ein Ergebnis dieser Konferenz sei der Artikel von Heinz Heitzer (1961) (vgl. Timm 1997, 166). Zeitgleich

hatte, scheint nur gelegentlich durch. So forderte der Verlag *Das Neue Berlin* ein abschließendes Kapitel mit Ergebnissen, die die Schlussfolgerungen aus dem Prozess aufzuweisen hätten.[36] In diesem Teil erinnert Kaul an diejenigen, die dem Faschismus Widerstand entgegengesetzt hatten. Sie finden in der vorherigen Darstellung vom Judenmord nur am Rande Erwähnung, dieser abschließende Abschnitt wirkt daher nachgeschoben. Ebenso verhält es sich mit seinen Ausführungen über die Erwartungen »der Völker«, die durch den Prozess lernen müssten, dass die Komplizen und Hintermänner Eichmanns noch lebten,

> ja, daß die Bourgeoisie der Bundesrepublik Deutschlands sie wieder in entscheidende Positionen geschoben hat. Durch den bevorstehenden Prozeß, so hofften alle guten Deutschen gemeinsam mit allen friedliebenden Menschen der Welt, würden die Mörder von einst, die heutigen Stützen des westdeutschen Staates und die Vorbereiter eines neuen Krieges, entlarvt und in die Schranken gewiesen werden. Und die schlimmsten von ihnen, so erwartete man, würden ebenfalls vor ein Gericht gestellt werden müssen. (Kaul 1963, 362)

Das nachgeschobene Kapitel bot den Raum, den Erwartungen des Politbüros nach- und auf Globkes Vergangenheit zu sprechen zu kommen und namens aller Mutigen und Entschlossenen in der Bundesrepublik seinen Rücktritt wie seine juristische Aburteilung zu fordern. Ihnen nämlich bleibe nun der Blick auf die DDR, »in der nicht Mörder an der Macht sind, sondern friedliche, arbeitende Menschen, die ein sinnvolles, erfülltes Leben für alle erstreben und die ein neues Massenmorden nie und nimmer zulassen werden« (Kaul 1963, 366).

7 Fazit

Die Entstehungsgeschichte von *Der Fall Eichmann* führt vor Augen, wie unsicher und tastend sich das Politbüro und der parteieigene Dietz Verlag dem Thema des Judenmordes im Nationalsozialismus näherten. Bevorzugt hätten sie eine Publikation, in der der alltägliche Antisemitismus sowie der Holocaust als Ausdruck imperialen Machtstrebens des entfesselten Kapitalismus eingeordnet worden wären. Den Antisemitismus als ein eigenes, für den Nationalsozialismus konstitutives Phänomen zu thematisieren und die Juden als die Opfer hervorzuheben, deren Exis-

erschien auch *Judenmörder Eichmann. Kein Fall der Vergangenheit* von Heinz Kühnrich (1961), der in sehr knapper Form und holzschnittartig die Verbrechen, die Eichmann vorgeworfen wurden, behandelt. Erst ab Mitte der 1960er Jahre erschienen in der DDR wissenschaftliche Publikationen zum Holocaust. Kauls Buch wurde von der historischen Fachwelt jedoch nicht rezipiert.

36 Verlagsgutachten [Marianne Kaufhold] zum Titel Kaul *Der Eichmann-Prozeß* vom 15.11.1962, BArch DR 1/5011, Verlag Neues Berlin, Bl. 261–264, hier: Bl. 264.

tenz systematisch vernichtet wurde, passte nicht in die Vorstellung des alles überlagernden Klassenkonflikts. Kauls Auftraggebern für den politischen Prozessbericht standen Ausführungen zur Personalie Globke und zur Refaschisierung der Bundesrepublik Deutschland vor Augen. Die konkreten Taten Eichmanns interessierten in diesem Zusammenhang ebenso wenig wie die rechtlichen Fragen und die Bedeutung, die der Prozess für die israelische Gesellschaft haben mochte.

Kaul ging den Auftrag als Autodidakt an: Er suchte nach Erklärungsansätzen für die Feindschaft gegen die Juden und die Entstehung des Zionismus, kritisierte zwar die Politik des Jischuv als dem Klassenstandpunkt entfremdet. Seine starke Ablehnung der israelischen Politik im Allgemeinen und der Regierung Ben-Gurion im Speziellen stützte er aber auf den von ihm entwickelten radikalen Standpunkt, nach dem der Zionismus mit den Interessen der Nationalsozialisten in wichtigen Punkten übereinstimmte. Er verschloss sich dennoch nicht den eindrucksvollen Zeugenaussagen im Gerichtssaal und gab der Schilderung des Massenmordes an den europäischen Juden breiten Raum, auch wenn die konkrete Tatbeteiligung Eichmanns daran nicht deutlich wurde. In manchen Abschnitten wird der Mangel an Distanz des deutsch-jüdischen Autors zu seinem Gegenstand deutlich und verrät die Suche nach einem eigenen Standpunkt. So sieht er sich in der Rolle des jüdischen Anwalts als Held, der die Verbrechen, denen er selbst beinahe zum Opfer gefallen wäre, durchleuchtet und in aller Ausführlichkeit publik macht. So entstand ein heterogener Text, der zwischen historischen Analysen, Parteidoktrin und Selbststilisierung oszilliert, ohne dass daraus eine geschlossene Erzählung würde.

Das Interesse der SED am Eichmann-Prozess war sehr beschränkt und deckte sich nicht mit Kauls Bemühen um eine schlüssige Geschichtserzählung. Entsprechend eignete sich das Buch nicht für eine Publikation im Dietz-Verlag. Trotzdem konnte es nach einigen Korrekturen im Verlag *Das Neue Berlin* in der Konzeption Kauls erscheinen. Sein Autor fiel nicht in Ungnade, weil er sich anpassungsfähig zeigte und seine Interpretationen in wichtigen Punkten mit den Deutungen des sozialistischen Lagers übereinstimmten. Das Buch blieb viele Jahre die einzig einschlägige Darstellung zum nationalsozialistischen Judenmord in der DDR.

Literaturverzeichnis

Arendt, Hannah. *Eichmann in Jerusalem. Ein Bericht von der Banalität des Bösen*, 3., erw. Taschenbuchausgabe, München: Piper Verlag, 2008.

Bauer, Yehuda. *Freikauf von Juden? Verhandlungen zwischen dem nationalsozialistischen Deutschland und jüdischen Repräsentanten von 1933 bis 1945*, Frankfurt am Main: Suhrkamp Verlag, 1996.

De Vita, Lorena. »The Eichmann Trial as a Warsaw Pact Concern? The view from East Berlin«, in: *Investigating, Punishing, Agitating. Nazi Perpetrator Trials in the Eastern Bloc*, Katharina

Rauschenberger, Joachim von Puttkamer, Sybille Steinbacher (Hrsg.), Göttingen: Wallstein Verlag, 2023, 91–112.

De Vita, Lorena. *Israelpolitik. German-Israeli Relations, 1949–69*, Manchester: Manchester University Press, 2020.

Eschwege, Helmut. *Fremd unter meinesgleichen. Erinnerungen eines Dresdner Juden*, Berlin: Christian Links Verlag, 1991.

Groehler, Olaf und Mario Keßler (Hrsg.). *Die SED-Politik, der Antifaschismus und die Juden in der SBZ und der frühen DDR*, Berlin: Gesellschaftswissenschaftliches Forum u.a., 1995.

Hartewig, Karin. *Zurückgekehrt. Die Geschichte der jüdischen Kommunisten in der DDR*, Köln u.a. 2000.

Heitzer, Heinz. »Die Barbarei – extremster Ausdruck der Monopolherrschaft in Deutschland«. *ZfG* 9.7 (1961): 1632.

Iwanow, Konstantin und Sinovii Scheinis. *Der Staat Israel. Situation und Politik*, Berlin [Ost]: Dietz Verlag, 1960.

Der Kastner-Bericht über Eichmanns Menschenhandel in Ungarn. Mit einem Vorwort von Professor Dr. Carlo Schmid [Redaktion und Nachwort: Ernest Landau], München: Kindler Verlag, 1961.

Kaul, Friedrich Karl. *Der Fall Eichmann*, Berlin [Ost]: Verlag Das Neue Berlin, 1963.

Kühnrich, Heinz. *Judenmörder Eichmann. Kein Fall der Vergangenheit*, Berlin: Dietz Verlag, 1961.

Less, Avner Werner. *Lüge! Alles Lüge!. Aufzeichnungen des Eichmann-Verhörers. Rekonstruiert von Bettina Stangneth*, Zürich-Hamburg: Arche Verlag, 2012.

Renz, Werner. *ad Hannah Arendt. Eichmann in Jerusalem. Die Kontroverse um den Bericht »von der Banalität des Bösen«*, Hamburg: Europäische Verlagsanstalt, 2021.

Sinsheimer, Hermann. *Shylock. Die Geschichte einer Figur*, München: Ner Tamid Verlag, 1960.

Timm, Angelika. *Hammer, Zirkel, Davidstern. Das gestörte Verhältnis der DDR zu Zionismus und Staat Israel*, Bonn: Bouvier Verlag, 1997.

Weissberg, Alex. *Die Geschichte von Joel Brand*, Köln/Berlin: Kiepenheuer und Witsch, 1956

Zombory, Máté. »Historical Documentation in the Cold War; The History of Jenő Lévai's Book, Eichmann in Hungary (1961)«, in: *Revue d'Histoire de la Shoah* 214.2 (2021): 231–255.

Film

Lebende Ware. Reg. Wolfgang Luderer, DEFA 1966.

Luis S. Krausz

Aharon Appelfeld und die Nachwirkungen des Eichmann-Prozesses in der israelischen Kultur

In diesem Artikel wird der Zusammenhang der ersten literarischen Erfolge Aharon Appelfelds in Israel mit dem Eichmann-Prozess untersucht. Der 1932 in Czernowitz geborene Autor und Überlebende der Shoah befasst sich in seiner Literatur mit der verschollenen jüdischen Kultur und Lebenswelt Mitteleuropas. Dieses Thema galt im Israel der 1950er-Jahre als vollkommen uninteressant, da das kulturelle Establishment des jungen Staates sich für die jüdische nationale Wiedergeburt und für den Aufbau einer neuen, revolutionären und sozialistischen Gesellschaft interessierte und wenig Wert auf Erinnerungen an die jüdisch-europäische Kultur legte. Es war für Appelfeld daher unmöglich, die Aufmerksamkeit der Verleger und der Kritiker auf sich zu ziehen: Sein an der Erinnerungsthematik orientiertes Schreiben galt als unpassend innerhalb eines staatlich unterstützten, zukunftsorientierten Kultursystems, dessen Ziel im Aufbau einer modellhaften Gesellschaft bestand. Eine unerwartete Folge des Eichmann-Prozesses war allerdings, dass sich plötzlich das israelische Publikum für die verschollene Welt der europäischen Juden zu interessieren begann, was mit der großen Aufmerksamkeit, die der Prozess erregte, zu erklären ist. Denn die emotional aufgeladenen Mitteilungen der Zeugen in diesem Prozess wurden im Lande per Radio ausgestrahlt, aufmerksam von der Bevölkerung verfolgt und erzeugten so ein unerwartetes Interesse für ein bis dahin tabuisiertes Thema.

1 Der Zionismus als Zäsur mit der jüdisch-europäischen Kultur

Das Los der Überlebenden der Shoah im Israel der 1950er-Jahre war kein leichtes. Der Staat Israel wurde 1948 gegründet, in Folge der ein halbes Jahrhundert währenden Bemühungen des Zionismus, einer weltweiten politischen Bewegung, deren Ursprung im Rahmen der europäischen Nationalismen im späten 19. Jahrhundert zu verorten ist, und deren Absicht es war, nach den Ideen des Wiener Feuilletonisten Theodor Herzl einen unabhängigen Staat für die Juden zu gründen.

Obwohl der Zionismus ursprünglich in Europa gegründet worden war, und obwohl der Judenstaat, den sich Herzl in seinem 1902 publizierten Roman *Altneu-*

Open Access. © 2024 bei den AutorInnen und Autoren, publiziert von De Gruyter. (cc) BY-NC-ND Dieses Werk ist lizenziert unter der Creative Commons Namensnennung - Nicht-kommerziell - Keine Bearbeitungen 4.0 International Lizenz.
https://doi.org/10.1515/9783111077345-005

land vorgestellt hatte, viele Ähnlichkeiten mit dem Vielvölkerstaat der Habsburger Monarchie aufwies, sah der Staat, der 1948 endlich nach langen Bemühungen im ehemaligen britischen Palästina gegründet worden war, ganz anders aus. Zum einen, weil die friedliche Kooperation und die friedliche Zusammenarbeit mit den Arabern in Palästina, die eine bedeutende Rolle in Herzls Vorstellungen gespielt hatte, mit der Wirklichkeit kaum etwas gemein hatte. Zum anderen, weil der Staat Israel nicht im Sinne einer Kontinuität des europäischen Judentums gegründet worden war, sondern vielmehr einen Bruch mit der 2.000 Jahre alten Geschichte der jüdischen Diaspora, sei es in Europa, sei es in der islamischen Welt, bedeutete.

Die Gründe dieser Zäsur sind sowohl in der Geschichte des Zionismus als auch in der europäischen Geschichte des 20. Jahrhunderts zu suchen. Der Zionismus ist nie eine einheitliche politische Bewegung gewesen, sondern war immer eine Versammlung verschiedener, einander entgegengesetzter Fraktionen, deren wichtigste einerseits der Revisionismus von Zeev Jabotinsky, andererseits der Sozialismus des David Ben-Gurion bildeten (vgl. Jabotinsky 1995; Arendt 1970).

Zeev Jabotinsky gründete 1925 den *Zionistisch-revisionistischen Verein*, dessen Name auf die Annahme der Notwendigkeit einer Revision der zionistischen Politik der britischen Regierung zurückgeht. Denn bis dahin basierte diese Politik auf der Annahme, dass die britische Regierung für die Interessen des Zionismus in Palästina im Sinne der Balfour-Deklaration wirkte, eine Voraussetzung, die Jabotinsky angesichts des sich abzeichnenden Kompromisses der Briten mit den Arabern als falsch bewertete. Jabotinsky propagierte daher im Gegensatz zu Ben-Gurions sozialistischer Politik, die auf einen Kompromiss mit den Briten ausgerichtet war, eine aggressive, kämpferische Politik, um die Interessen des Zionismus zu verteidigen. Seine Bewegung verlangte die sofortige Gründung eines jüdischen Staates auf beiden Jordan-Ufern sowie eine massive jüdische Einwanderung nach Britisch-Palästina, um im neuen Staat eine jüdische Bevölkerungsmehrheit zu schaffen. Jabotinsky und seine Bewegung gingen davon aus, dass Frieden mit den Arabern nur durch militärische Überlegenheit zu schaffen wäre. Bereits in den 1930er-Jahren gewannen die Sozialisten die Oberhand in der internationalen zionistischen Bewegung. Die Ideologie dieser Gruppe war tief vom sowjetischen Sozialismus beeinflusst. Die Spannungen zwischen Revisionisten und Sozialisten verschärften sich in den 1930er-Jahren und führten 1935 zur Gründung einer neuen, unabhängigen zionistischen durch Jabotinsky.

David Ben-Gurion wurde 1886 in Plonsk (Polen) geboren und gehörte zu einer Generation, die die traditionelle, im Mittelalter tief eingewurzelte und vom religiösen Glauben geprägte Welt des *Shtetls* hinter sich gelassen hatte, um sich für eine revolutionäre Erneuerung des jüdischen Lebens zu engagieren. In der sozialistisch-zionistischen Vorstellung sollte sich die israelische Gesellschaft von der Last der europäischen jüdischen Geschichte befreien, die als eine Geschichte des Exils, der Verfolgung und der Ausgrenzung verstanden wurde, und die Juden sollten sich als Israelis neu erfinden (vgl. Hashomer Hazair 1995). In dieser revolutionären Vision spielte das Verlassen des uralten religiösen Glaubens eine zentrale Rolle. Während in der zweitausendjährigen Geschichte des europäischen Judentums die Rückkehr der Juden ins gelobte Land und das Wiederaufbauen Jerusalems immer mit dem Anbruch des messianischen Zeitalters assoziiert worden waren, stellte sich der Zionismus entschieden gegen diese Denkweise, indem er eine Rückkehr vorschlug, die sich auf rein politische und wirtschaftliche Tätigkeit stützte. Sinnbildlich für diese Absicht, mit der eigenen Vergangenheit zu brechen und eine neue Daseinsform zu beginnen, war die unter den Juden im Palästina der ersten Hälfte des 20. Jahrhunderts weitverbreitete Sitte, bei der Einwanderung in den künftigen Staat Israel den eigenen Namen zu ändern, um somit jede Beziehung mit der eigenen Vergangenheit in der Diaspora abzubrechen. Als fortschrittliche, zukunftsorientierte politische Bewegung wies der sozialistische Zionismus Ähnlichkeiten mit dem sowjetischen Sozialismus auf, dessen Ziel es ebenfalls war, eine gerechte Gesellschaft aufzubauen und durch die Revolution mit der russischen Vergangenheit, den archaischen Gesellschaftsstrukturen und somit der Vorgeschichte insgesamt zu brechen.

Ein weiteres Beispiel für den Versuch, eine radikale Zäsur mit der jüdischen Vergangenheit in der Diaspora zu bewirken, ist die Unterdrückung der jiddischen Sprache und anderer Sprachen der Diaspora, die innerhalb der in Britisch-Palästina ansässigen jüdischen Bevölkerung bereits in den 1920er- und 1930er-Jahre stattgefunden hatte. Jiddisch war damals deswegen verpönt, weil es die Sprache der gedemütigten, unterworfenen, verfolgten und hilflosen Juden Osteuropas gewesen war, deren Kultur der Resignation und des bedingungslosen religiösen Glaubens in direktem Gegensatz zu den Idealen des sozialistischen Zionismus stand. In der neuen zionistischen Gesellschaft, die sich in den 1920er und 1930er-Jahren in Britisch-Palästina entwickelte, galt die neue hebräische Kultur als hegemonial. Jiddisch war in diesem Kontext verpönt und nicht einmal als Sprache anerkannt: Es galt als ›Jargon‹, und wurde mit allen negativen Eigenschaften und Sitten des diasporischen Judentums identifiziert. Die Gründung einer neuen nationalen Identität stand im Mittelpunkt der zionistischen Agenda und in dieser neuen Identität spielte das Hebräische eine zentrale Rolle. Die Wiedergeburt des Hebräischen als Sprache des Alltags war Bestandteil des zionistischen Vorhabens, den uralten Traum der Rückkehr der Juden ins Gelobte Land in Erfüllung zu bringen.

Diese Verachtung des Jiddischen und der jüdischen Vergangenheit und Geschichte in der Diaspora wird von Chaim Hazaz in *The Sermon*, eine Erzählung, die 1942 publiziert worden ist, beispielhaft ausgedrückt:

> Jewish history is simply boring. [...] It has no adventures, no conquering heroes, no great rulers or potentates. All it has is a mob of beaten, groaning, weeping, begging Jews. And you'll all agree with me that there's nothing interesting about that ... nothing! I fit were up to me, I wouldn't allow our children to be taught Jewish history at all. Why on earth should we teach them about the shameful life lived by their ancestors? I would simply say to them, »Look boys and girls, we don't have any history. We haven't had one since the day we were driven into exile. Class dismissed. You can go outside now and play« (Hazaz 2005, 231).

Im Mittelpunkt der zionistischen Ideologie stand die Figur des ›neuen Hebräers‹, einer heldenhaften Gestalt, die sich als Landarbeiter und Soldat, als kräftiger, muskulöser junger Mann verkörpern ließ. Der ›neue Hebräer‹ hatte sich von der theozentrischen Vorstellungswelt seiner Vorahnen vollkommen befreit und stand für die Absicht, den Staat Israel als revolutionär-sozialistische Gesellschaft und zugleich einen neuen Typ Mensch aufzubauen, getreu dem frühen zionistischen Motto *livnotulehibanot* (»aufbauen und sich aufbauen«). Die Umrisse dieser Figur sind in der zionistischen Propaganda der 1920er und 1930er-Jahre deutlich zu sehen und spielen auch eine bedeutende Rolle in der in Britisch-Palästina gegründeten hebräisch-israelischen Literatur dieser Zeit. Die Figur diente als Vorbild für das Leben in den *Kibbutzim*, den sozialistischen Landwirtschaftssiedlungen, die überall in Britisch-Palästina in der ersten Hälfte des 20. Jahrhunderts gegründet wurden und gewissermaßen Embryonen des zukünftigen Staates Israel sein sollten.

Die Verachtung des Jiddischen sowie des gesamten Kulturerbes der jüdisch-europäischen Diaspora war dermaßen radikal, dass sich im Britisch-Palästina dieser Zeit freiwillige Schwadronen, genannt *G'dudsafatiwrit* (»Schwadron der hebräischen Sprache«), bildeten, deren Absicht es war, den Sprachgebrauch in den Straßen, Cafés, Märkten und Parks, also im Lebender jüdischen Siedlungen zu kontrollieren und diejenigen, die sich trauten, in der Öffentlichkeit diese Sprache oder irgendeine andere Sprache der Diaspora zu gebrauchen, energisch zu mahnen, dass »Israelis hebräisch sprechen« (vgl. Shavit 2012). Die hebräische Sprache wurde in der Diaspora ausschließlich im Kontext des religiösen oder intellektuellen Lebens verwendet, doch stellte sie für den Zionismus die Grundlage einer neuen nationalen Kultur dar. Der traditionelle religiöse Glaube wurde im jungen Staat Israel als Teil der verachteten Vergangenheit in der Diaspora betrachtet, den es zu vergessen galt, und der in der Zukunft keine Rolle mehr spielen sollte.

Diese paradoxale Beziehung zur hebräischen Sprache, die einerseits die neue israelische Kultur beleben und gestalten, andererseits diese von ihren alten religiösen Inhalten befreien sollte, lässt sich vielleicht am besten durch den Begriff der ›Entweihung‹ erklären. Die Rückkehr des Hebräischen in die profane Welt, aus der sie sich bereits zur Zeit des Nebuchadnezzar und des babylonischen Exils zurückgezogen hatte, um eine rein religiöse Sprache zu werden, sollte auch die Rückkehr der Juden ins Land ihres Ursprungs versinnbildlichen. Eine Sprache, die mehr als 2.000 Jahre lang ein Reservat des synagogalen Lebens und der mystisch-religiösen Spekulation gewesen war, sollte somit in die Straßen, auf die Felder und in die Häuser zurückkehren, genauso wie die Juden ins Land ihrer Vorahnen zurückkehrten. Die Wiedergeburt der hebräischen Sprache und ihre Rückkehr ins tägliche Leben einer Nationalbevölkerung, entsprechen dem Charakter des Zionismus als politisch-säkulärer Bewegung, die durch menschliche Bestrebungen das Ziel erreichen wollte, das nach der jüdischen Tradition nur durch die Ankunft des Messias erreicht werden könnte: die Rückkehr der Israeliten ins Gelobte Land.

Die Absicht des Zionismus war daher nicht nur die Gründung eines Staates für die Juden, sondern auch in einer bestimmten Weise eine Rückkehr in die biblische Vergangenheit, der Wiederaufbau einer *ursprünglichen* israelitischen Welt, einerseits nach biblischen Vorbildern, andererseits nach revolutionär-sozialistischen.

Eine neue, dem jüdischen Glauben der Diaspora sowie der religiösen Erfahrung gegenüber verschlossene jüdische Bewusstseinsform entwickelte sich im Europa des späten 19. Jahrhunderts unter direktem Einfluss marxistischer Ideen und führte sowohl zu einem massiven Engagement der Juden in der russischen Revolution als auch zur Gründung der sozialistischen Tendenz innerhalb des Zionismus, die sich schnell zur dominanten Kraft der Bewegung entwickeln sollte und sich in das nationale Projekt eines Staates Israel, wie es sich in den 1920er- und 1930er-Jahren entwickelt hatte, zutiefst eingeprägte. Diese atheistische, nationalistische, säkulare und gleichzeitig anti-bürgerliche Gesinnung war für den Aufbau der israelischen Identität fundamental, und ihre Wirkung auf den Aufbau und die Entwicklung der israelischen Kultur insbesondere in der Gründungsphase des Staates Israel sehr bedeutend.

Obwohl das Ziel des Zionismus in der Gründung eines Nationalstaates für die ganze jüdische Bevölkerung der Welt bestand, war die Zahl derjenigen, die angesichts der Verfolgungspolitik und des Antisemitismus verschiedener europäischer Staaten, insbesondere im deutschsprachigen Raum in den 1920er- und 1930er-Jahren, nach Britisch-Palästina auswanderten im Vergleich zur Zahl derjenigen, die etwa nach Nord- und Südamerika oder nach Südafrika flüchteten, eher gering. Die gesamte jüdische Bevölkerung in Britisch-Palästina zählte Ende der 1930er-Jahre etwa 450.000 Menschen.

Am Ende des Zweiten Weltkrieges wurden von den Alliierten etwa 250.000 Überlebende der Shoah in den ehemaligen Vernichtungs- und Konzentrationslagern gerettet. Es handelte sich um Menschen, die zum größten Teil noch jung waren, die zum größten Teil Sklavenarbeit verrichtet hatten und nirgendwohin mehr gehörten, da ihre Familien ermordet und ihre Gemeinden zerstört worden waren. Diese Überlebende wurden zum größten Teil von den Vereinigten Nationen in Lagern für sogenannte *displaced persons* (DP), den DP-Lagern untergebracht, die teilweise an den Orten der ehemaligen Konzentrationslager aufgebaut worden waren, wie etwa in Bergen-Belsen. Die *Jewish Agency* in Britisch-Palästina, die wichtigste politische Institution des Zionismus, bemühte sich, diese *displaced persons* zu motivieren, nach Britisch-Palästina zu kommen und sie zugleich für den Aufbau dieses Staates sowie für den Kampf gegen die Kolonialherrschaft Großbritanniens und gegen die Araber zu engagieren. Auch von diesen jungen Menschen wurde erwartet, dass sie nicht nur die Traumata der Verfolgungen in Europa, sondern ihre ganze Vergangenheit der Vorkriegszeit samt Muttersprache und Kindheitserinnerungen vergessen sollten, um sich im Staate Israel neu zu erfinden und der Figur des ›neuen Hebräers‹ als Beispiel folgend selbst wieder aufzurichten.

2 Aharon Appelfeld und die Entwurzelung der europäischen Juden im ›gelobten Land‹

Der im ehemaligen österreichisch-ungarischen Czernowitz geborene israelische Schriftsteller Aharon Appelfeld (1932–2018), der in einer deutschsprachigen Familie aufwuchs, dessen Großeltern aber Jiddisch sprachen, beschreibt in seiner auf Hebräisch geschriebenen Autobiographie *Sippur Chaim* (*Story of a Life*) seine Erfahrungen als *displaced person*. Appelfeld überlebte den Krieg in den Wäldern der Ukraine, wurde nach dem Krieg in einem DP-Lager interniert und gelangte 1946 mit einer Gruppe von jungen Schicksalsgenossen nach Britisch-Palästina: »In den Kibbutzim und in den Jugenddörfern wurde uns die hebräische Sprache aufgezwungen. All diejenigen, die es sich trauten, in ihren Muttersprachen zu sprechen wurden strengstens getadelt«, schreibt Appelfeld (2004, 109; Übersetzung des Autors).

Es ist bemerkenswert, dass Appelfeld, obwohl er sich in seiner Literatur immer mit der verschollenen Welt der deutschsprachigen Juden Mitteleuropas befasst hat, sein gesamtes Werk auf Hebräisch verfasst hat. Die Handlungen seiner Romane spielen sich zum größten Teil im Mitteleuropa der Zwischenkriegszeit ab und die Figuren dieser Romane sprächen daher eigentlich Deutsch oder Jiddisch und nicht Hebräisch. Dass er seine Romane ausschließlich auf Hebräisch verfasste, ist als Paradox zu sehen. Appelfeld gilt daher als Schriftsteller, der das Exil der mitteleuropäischen Juden im gelobten Land allegorisiert. Die Dissonanzen zwischen dem Leben in der Diaspora, das in seinen Büchern geschildert wird, und der Sprache der jüdischen nationalen Renaissance, bestimmen sein Werk, das gleichzeitig immer Aspekte einer Übersetzung aufweist.

Diese Tatsache ist auch dadurch zu erklären, dass er bei seiner Ankunft in Britisch-Palästina eigentlich keine Sprache richtig beherrschte, denn er wurde aus seinem Elternhaus im Alter von acht Jahren verschleppt, sprach seitdem kaum noch Deutsch, überlebte den Krieg in den Wäldern der Ukraine und kannte gar kein Hebräisch. Aus diesem Grunde beschrieb er die hebräische Sprache als »Stiefmuttersprache« (zit. n. Krausz 2013):

> Die Bemühungen, meine Muttersprache in einer Umgebung zu behalten, die mir eine neue Sprache aufzwingen wollte, waren vereitelt. Meine Muttersprache schwand von Woche zu Woche und nach einem Jahr blieben mir von ihr nichts als Aschen übrig. Der Schmerz, den mir diese Tatsache bereitete, war ein doppelter. Meine Mutter wurde zu Beginn des Krieges ermordet. [...] Meine Mutter und ihre Sprache waren für mich eins [...]. Diese Sprache war Deutsch – die Sprache derjenigen, die meine Mutter ermordet hatten. (Appelfeld 2004, 110; Übersetzung des Autors)

Die Sprache und der Übergang von einer Sprache zur anderen spielen daher im Leben und in der Literatur Appelfelds eine zentrale Rolle. Nach seiner Ankunft in Britisch-Palästina versuchte man ihn jedoch zu überzeugen, dass er seine Muttersprache und seine Herkunft vergessen sollte, um im Projekt des nationalen Aufbaus in Israel mitzuwirken. Die staatsoffiziellen Ideologen konnten sich mit dem Pluralismus nicht zurechtfinden. Ihre Welt war zwischen schwarz und weiß geteilt: Diaspora vs. Heimat, Handel vs. Landwirtschaft, kollektives Leben vs. privates Leben. Und überall schwebte der bekannte Slogan: »Vergesst die Diaspora und wurzelt euch in die Gegenwart ein!« (Appelfeld 2004, 114).

Die ideologische Indoktrinierung war Bestandteil des täglichen Lebens der Neuangekommenen. Die Institutionen des Zionismus erwarteten von den Jugendlichen, dass sie ihre Vergangenheit verdrängten. Ihnen wurde eine neue Identität und mit ihr eine neue Sprache und eine neue Lebensweise, aufgezwungen. Die Neuangekommenen wurden von der im Lande bereits ansässigen Bevölkerung stets mit Mistrauen beobachtet, denn man bezweifelte, dass sie im Stande sein könnten, sich tatsächlich aus ehemaligen Diaspora-Juden in ›neue Hebräer‹ zu verwandeln.

3 Der Eichmann-Prozess als Wendepunkt in der Beziehung zur jüdisch-europäischen Vergangenheit

Der Eichmann-Prozess wurde vom jungen Staat Israel als Versuch konzipiert, einen Kriegsverbrecher vor Gericht zu stellen, von dem behauptet wurde, dass er eine zentrale Rolle in der Vernichtung der europäischen Juden gespielt hatte. Während in Europa Millionen aus dem einfachen Grunde ermordet worden waren, dass sie Juden waren, wollte der junge Staat Israel der Welt zeigen, dass man dort sogar einen der schlimmsten Kriegsverbrecher einen gerechten Prozess machte. Gleichzeitig wollte man die internationale Aufmerksamkeit auf den jungen Staat richten, um zu zeigen, wie weit sich dieser innerhalb von 13 Jahren entwickelt hatte. Für viele ging es nicht nur um einen Prozess gegen einen großen Verbrecher, sondern auch um eine »metaphysische Rache« (Weitz 1996, 3).

Tatsächlich kamen Zeitungskorrespondenten aus der ganzen Welt 1961 nach Jerusalem, um über den Verlauf des Prozesses zu berichten, sodass dieser auch zu einem großen internationalen Medienereignis wurde. In diesem Sinne lässt sich der Eichmann-Prozess auch als eine Machtdemonstration eines Staates werten, der zwar noch jung, klein, arm und militärisch schwach war, dessen Macht aber, wie es in der jüdischen Geschichte schon so oft der Fall gewesen war, eine moralische sein sollte. Einen großen Kriegsverbrecher vor den Augen der ganzen Welt vor Gericht zu bringen, sollte die moralische Kraft dieses Staates exemplarisch aufzeigen. Schließlich war es die Absicht des sozialistischen Zionismus, in Israel eine Gesellschaft zu gründen, die für die Welt als Vorbild gelten sollte. Der Prozess galt damals für viele ebenfalls als Verkörperung einer kosmischen Gerechtigkeit. Das gesamte israelische Parlament sah den Prozess als äußerst bedeutend an, kein einziger Abgeordneter erhob den Einwand, dass Eichmann eigentlich widerrechtlich nach Israel entführt worden sei.

Die Entführung und der Prozess waren Initiativen des Ministerpräsidenten David Ben-Gurion. Es wurde daher alles getan, um so viel Aufmerksamkeit wie nur möglich auf den Prozess zu richten. Innerhalb Israels wurden die Verhöre monatelang per Radio ausgestrahlt und mit viel Aufmerksamkeit von einem großen Teil der Bevölkerung verfolgt. Es war ein emotional sehr stark aufgeladenes Ereignis, das großen Eindruck auf die Bevölkerung des jungen Staates machte. Nicht nur die Aussagen der Kläger, des Angeklagten und seines Anwalts, sondern vor allen Dingen die Aussagen der Zeugen der Anklage gelangten dadurch in die breite Öffentlichkeit. Natürlich waren diese Zeugen ohne Ausnahme Überlebende der Shoah, deren Geschichten bis dahin niemanden interessiert hatten, da sich das Land immer bemüht hatte, mit der jüdischen Vergangenheit in Europa zu brechen. Mehr als 100 Überlebende der Shoah sagten im Prozess als Zeugen aus. Eine Folge davon war, dass plötzlich die Shoah, deren Geschichte bis dahin im nationalen Bewusstsein verdrängt worden war, dem israelischen Publikum nahegebracht wurde. Der Prozess war somit auch die erste Gelegenheit für private und öffentliche Trauer für die ermordeten Juden Europas im jungen Staat Israel. Diese Tatsache weckte starke Emotionen, die bis dahin verdrängt worden waren.

Themen, die bis dahin in der israelischen Nationalkultur als Tabu galten, nämlich die Geschichte der Shoah, die Erfahrungen der Überlebenden sowie die Erinnerungen an das jüdische Leben im Europa der Vorkriegszeit gelangten so ins nationale Bewusstsein – Themen, denen bis *dato* die Aufmerksamkeit verweigert worden war. Denn die Überlebenden der Shoah galten in den 1940er und 1950er-Jahren als Überbleibsel einer Welt und einer Kultur, der in Israel kaum Respekt, sondern eher Verachtung entgegengebracht wurde. Man warf den europäischen Juden vor, sich wie Schafe ermorden lassen zu haben, ohne gegen ihre Verfolger gekämpft zu haben. Diese Sicht auf die Überlebenden machte sie angesichts eines Nationalethos, das auf heldenhaftem Benehmen und militärisch-revolutionärer Tapferkeit aufgebaut worden war, verächtlich. In direktem Gegensatz zu dem, was für das Judentum der Diaspora als charakteristisch galt, war das israelische Ethos ein kriegerisches. Der religiöse Glaube an den Schutz eines allmächtigen Gottes, der Gehorsam gegenüber den Geboten belohnte, was für das europäische Judentum von zentraler Bedeutung gewesen war, wurde durch die für den Zionismus typische faustisch-titanische Einstellung ersetzt, sodass die Opfer der Shoah genauso wie die Überlebenden als Feiglinge betrachtet wurden, für die man sich zu schämen hatte. Dieser Gruppe zuzugehören galt daher vor allen Dingen als Schande.

In der Kulturanthropologie wird zwischen Kulturen der Schande und Kulturen der Schuld unterschieden. In seinem Essay *From Shame-Culture to Guilt-Culture* unterscheidet Eric R. Dodds zwischen einer heroischen Ethik des Triumphes der menschlichen Kräfte und einer Moral der Bescheidenheit und der Gerechtigkeit (vgl. Dodds 1951, 28–53). Die heldenhafte israelische Kultur wurde zweifelsohne als Schandkultur gegründet, in deren Mittelpunkt sich die tapfere, mutige Gestalt des ›neuen Hebräers‹ befand, dessen Gestalt tief von der romantischen Figur des nationalen Helden beeinflusst war, während die traditionelle jüdische Kultur ein perfektes Beispiel von Schuldkultur darstellt, in der Gehorsam belohnt, Ungehorsam hingegen bestraft wird.

Durch den Eichmann-Prozess wurden die Stereotype, die sich im kollektiven Imaginären Israels herausgebildet hatten, mit dem menschlichen Antlitz der Überlebenden konfrontiert. Nun wollte man nicht nur hören, was sie zu berichten hatten, sondern wollte auch wissen, aus welcher Welt sie kamen, was sie über ihre Vergangenheit zu erzählen hatten, wie ihre Vorstellungswelt aussah. Eine unerwartete Folge des Eichmann-Prozesses in Israel war somit die Rückkehr der verdrängten Erfahrung der Juden in der Diaspora. Erinnerungen, die 13 Jahre lang nicht sagbar waren, begannen plötzlich breites Interesse im Lande zu erwecken.

Yechiam Weitz schreibt, dass der Eichmann-Prozess in Israel als eine Manifestation der kosmischen Gerechtigkeit gegolten habe: »Eichmann's hanging was understood not only as the embodiment of a just, human and possibly even cosmic account, but as a further proof of Israeli sovereignity.« (Weitz 1996, 7) Die Entwicklung dieser Gerechtigkeit wurde von einem breiten Publikum Tag für Tag aufmerksam verfolgt: »[The process], at its beginning, during its course, and at its end, was filled with emotionally charged moments, that greatly moved the Israeli public as a whole. [...] It brought Israel closer to the Holocaust of European Jewry and to Jewish destiny generally.« (Weitz 1996, 19–20) Daher war die Rückkehr der verdrängten Vergangenheit eine unerwartete Folge des Prozesses:

> The Eichmann Trial was essentially the first time expression was given to the legitimacy of individual and public mourning and pain. [...] More than one hundred victims testified. [...] This situation led to the opening of the emotional stops, allowing people to dare to express publicly what had until then been repressed or even treated as non-existent. (Weitz 1996, 20–21)

4 Literatur, Politik und Nationalbewusstsein

Es ist daher kaum dem Zufall zuzurechnen, dass Aharon Appelfeld, dessen Themen das jüdische Leben im Mitteleuropa der Zwischenkriegszeit und die Vernichtung dieses Lebens waren, und der, obwohl er in den 1950er-Jahren viel geschrieben hatte, bis dahin aber nichts publizieren konnte, zum ersten Mal 1962, ein Jahr nach dem Eichmann-Prozess, mit seiner Kurzgeschichtenanthologie *Aschan* (»Rauch«) einen literarischen Erfolg erzielte. Über die literarische Szene in Israel in der Zeit vor dem Prozess schreibt Appelfeld:

> Whoever came within the gates of literature during those days was asked to do what Yzehar did, what Shamir and Chaim Guri did. It was not only young, but also correct. Perhaps it was not great literature, as would be claimed later on, but there was a marvelous correspondence between it and life [in Israel] as it was then. The very legitimacy of ›there‹ [the Diaspora] was so severely questioned, there was hardly any room for the expression of the souls of the Holocaust survivors. Members of my generation hardly wrote. [...] They wrote chronicles, superficial memoirs, a little historical fiction and a little polemics. But inner writing, writing that involved the untangling of some dilemma, writing that took into account those heritages which were dominant in the years before the Holocaust – such writing you will not find. Anyone who came here locked up his inner world and did everything to be like everyone else: a kibbutznik, or a city dweller, but not a person who had been in hell and came back. (Appelfeld 1955)

Appelfelds Literatur kann als ein Werk des Widerstands und des Überlebens gesehen werden. Indem er sich dem Universum der deutsch- und jiddischsprachigen Juden aus den ehemaligen Ländern der Habsburger Krone zuwendet, zeichnet er die Umrisse einer Kultur und einer Lebensweise, die in Europa ausgelöscht worden waren. Durch den Bezug auf den Völkermord und die jüdische Diaspora stehen seine Texte im Gegensatz zur hegemonialen Ideologie des Staates Israel in den ersten Jahrzehnten seines Bestehens. Die Vergangenheit, die Appelfeld in seinen Romanen und Novellen rekonstruiert, entzieht sich jedoch jeder Idealisierung und nostalgischen Sentimentalität. Das Vorhaben des Autors lässt sich vielmehr als eine Trümmerarchäologie beschreiben, durch die er ein komplexes Universum aus Aporien, Widersprüchen und Ratlosigkeit rekonstruiert, das typisch für die Juden Mitteleuropas in der Zwischenkriegszeit war.

Die von Appelfeld rekonstruierte mitteleuropäische jüdische Welt schwebt zwischen zwei Epochen und zwei Orten, auf halbem Weg zwischen der ›Zivilisation‹ des Westens und ihrem Gegenteil an den Rändern Asiens. Dieses Mitteleuropa ist der untrennbare Ort des Schicksals jener ehemaligen Untertanen oder Kinder ehemaliger Untertanen der 1918 aufgelösten österreichisch-ungarischen Monarchie, die Appelfeld in seinen Werken beschreibt. Sie sind Juden, die sich im Einklang mit den kosmopolitischen Parametern der europäischen Kultur des 19. Jahrhunderts befinden. Sie sehen sich angesichts des Vordringens des Faschismus zwischen ihrer Zugehörigkeit zu einer zunehmend anachronistischen deutschen humanistischen Bildung und den Überresten einer jüdischen Tradition mittelalterlichen Ursprungs hin- und hergerissen.

Die Widersprüche zwischen diesen beiden unvereinbaren und sich gegenseitig ausschließenden Universen, die für die jüdische Geschichte und Kultur im Europa des 19. Jahrhunderts charakteristisch sind, bleiben in der von Appelfeld erzählten Welt ungelöst. Und diese Widersprüche zwischen jüdischer Tradition einerseits und dem Drang zur Assimilation in die deutsch-österreichische Kulturwelt aus der Jahrhundertwende andererseits führen zu lähmenden Zweifeln, die vom Autor indirekt als verantwortlich für die Blindheit der Juden gegenüber der mörderischen Belagerung bezeichnet werden, die sich immer mehr um sie schließt, zunächst durch die virulenten Nationalismen in den nach 1918 in Mitteleuropa entstandenen Staaten, dann durch den Einmarsch deutscher Truppen in diese Region, die schließlich die sogenannte ›Endlösung‹ einleiteten. Denn, wie Appelfeld in seinem Interview betont (vgl. Krausz 2013), dachten die assimilierten Juden Mitteleuropas, dass alles, was die Antisemiten gegen die Juden hatten, sie nichts anging, da sie sich selbst in erster Linie als deutsche oder österreichische Bürger betrachteten, und das Judentum für sie zu einer rein religiösen und privaten Angelegenheit geworden war.

Diese geblendete Bevölkerung, wie Appelfeld sie in seinem Werk eindringlich und immer wieder schildert, verkörpert auf exemplarische Weise jüdisches Schicksal. Und indem er sich ihr zuwendet, beabsichtigt er auch, die Unmöglichkeit des von der Ideologie des Zionismus vorgeschlagenen Bruchs zwischen der jüdischen Vergangenheit in der Diaspora und der israelischen Realität aufzuzeigen. Das unter den Trümmern von Krieg und Völkermord begrabene Universum ans Licht zu bringen, bedeutet auch, die Brücken wieder aufzubauen, die das Volk Israel mit seiner Vergangenheit in Europa verbinden.

In diesem Sinne sind Appelfelds Texte Beispiele für eine Kultur, die von der Verbundenheit mit der Vergangenheit selbst geprägt ist. Als Träger des Widerhalls ausgelöschter Welten kann sein literarisches Werk als Versuch verstanden werden, sich zweifach gegen den unaufhaltsamen Lauf der Geschichte zu stellen. Erstens, weil es die unter der Asche des 20. Jahrhunderts begrabene mitteleuropäische jüdische Umgebung wiederherstellt; zweitens, weil dieses persönliche Projekt einer imaginären Wiederherstellung von Appelfelds Herkunftsort, von dem er im Alter von acht Jahren getrennt wurde, als er zusammen mit seinem Vater in ein Konzentrationslager in Transnistrien deportiert wurde, in krassem Gegensatz zum hegemonialen Kulturprojekt im Israel der 1950er und 1960er-Jahre steht. Appelfeld kann daher als Sammler jener Fragmente angesehen werden, die der zerstörerische Marsch der Geschichte des 20. Jahrhunderts hinterließ; als ein Schriftsteller, dessen Werk als Versuch gelesen werden kann, Scherben wieder zusammenzuführen und neu zu kombinieren.

Der israelische Kritiker Yigal Schwartz fasst dies wie folgt zusammen:

> Appelfeld befasst sich mit den assimilierten Juden Mitteleuropas. Diese Gemeinschaft, in die er hineingeboren wurde, deren Merkmale er jedoch in all ihren Arten und Varianten durch ausgiebiges und beharrliches Studium kennenlernte, wird in seinen Werken dargestellt. Aus historischen Studien und persönlichen Zeugnissen zeigt sich die assimilierte jüdische Gemeinde der Bukowina in der Zwischenkriegszeit als eine Gesellschaft in prekären Verhältnissen. Mit dem Übergang von den Habsburgern zur rumänischen Herrschaft im Jahr 1918 löste sich diese Gemeinschaft von ihren stammesnational-religiösen Wurzeln und wandte sich weiterhin der deutsch-österreichischen Kultur zu, die zu diesem Zeitpunkt eher eine Illusion als eine wahre Kultur war. Der existenzielle Status dieser Gemeinschaft, wie er in historischen Studien und persönlichen Zeugnissen dargestellt wird, stimmt mit dem existenziellen Status von Appelfelds verlorener Kindheitswelt überein, der in seinen Erzählungen zum Vorschein kommt. (zit. n. Krausz 2012, 19, Übersetzung des Autors)

Wie alle germanisierten Juden in der Bukowina, der österreichisch-ungarischen Provinz, deren Hauptstadt Czernowitz war, verehrte die Familie Appelfeld in der Zwischenkriegszeit weiter das, was Schwartz eine »fiktionale Schöpfung« nennt (zit. n. Krausz 2012, 19), nämlich die Zugehörigkeit zur deutschsprachigen Kulturwelt, eine Zugehörigkeit, die allein auf rein abstrakten Werten basierte und mit Begriffen wie Rasse oder Ursprung nicht das Geringste zu tun hatte. Für diese Gruppe trat angesichts der europäischen Nationalismen der 1930er-Jahre die Nostalgie an die Stelle der Zukunftshoffnungen, und es verwundert nicht, dass, wie Appelfeld immer wieder festhält, die Melancholie allmählich zu ihrer dominierenden Stimmung wurde.

Das Überleben, mit dem sich Appelfeld in seinem Werk befasst, ist daher weniger die Konfrontation eines Individuums mit der Maschinerie des Völkermords, denn der Versuch, Ideen, Lebensweisen und Stimmungen weiterzutragen, deren Zeit und Ort ausgestorben sind, die aber mit der Hartnäckigkeit einer Muttersprache, die niemals ganz aufgegeben werden kann, in Orten von aufeinanderfolgenden Exilen weiterbestehen. Obwohl Appelfelds Muttersprache, das sogenannte Bukowina-Deutsch, in Israel nicht weiter bestehen konnte, und obwohl dem Schriftsteller die Sprache der jüdischen nationalen Wiedergeburt aufgezwungen wurde, schafft er es, in seinem hebräischsprachigem Werk die Umrisse, die psychologischen Subtilitäten und die Sinneswelten eines verschollenen jüdischen Mitteleuropas darzustellen. In diesem Sinne erscheint in seinem Werk das Land Israel als Ort des Exils und eben nicht als Ort der endgültigen Auflösung des Exils gemäß den Vorstellungen des Zionismus.

Walter Benjamins Begriffe ›Aura‹ und ›Spur‹ sind für das Verständnis von Appelfelds Werk von fundamentaler Bedeutung. Denn durch Spuren erschafft der Autor die Aura der Welt, in der seine Eltern und Großeltern lebten. Die Wiederherstellung dieses komplexen und widersprüchlichen psychologischen und sozialen Umfelds entspringt einer bewussten literarischen Strategie. In einem Interview mit Nancy Rozenchan erklärt der Autor: »Jedes meiner Bücher ist eine Konstruktion. Ich baue mein eigenes Leben wieder auf. Ich baue meine Kindheit, ich baue mein Haus, meine Umgebung wieder auf. Dann nehme ich, was ich so aufgebaut habe, und übertrage es hierher.« (zit. n. Rozenchan 1999, 129, Übersetzung des Autors). Weiter kommentiert er:

> Ich kam ohne Eltern im Land Israel an und wollte kein unfruchtbares Waisendasein hier führen. Also baute ich meine verlorene Welt, meine Eltern und meine Großeltern für mich wieder auf. Wenn meine Eltern assimilierte Juden waren, wollte ich sie bei mir haben, und wenn meine Großeltern an der Tradition festhielten, wollte ich sie bei mir haben. Ich wollte meine Stadt, meine Umgebung, die Karpaten, um mich haben. Das Schreiben hat mir geholfen, meine Kindheitserfahrungen zu rekonstruieren. (zit. n. Rozenchan 1999, 129, Übersetzung des Autors)

5 Schlussbemerkungen

Der Eichmann-Prozess hatte das israelische Publikum für ein Thema empfindlich gemacht, das bis dahin nicht nur niemanden interessierte, sondern das auch als schändlich empfunden worden war. Der Prozess erzeugte somit eine neue Tendenz innerhalb der israelischen literarischen Szene, in deren Mittelpunkt nicht mehr die Helden der jüdischen nationalen Wiedergeburt stehen, sondern die hilflosen Intellektuellen, die sich mit der eigenen Subjektivität befassen und sich von den kollektiven Werten der revolutionären Gesellschaft distanzieren. Wenn in der israelischen Gesellschaft und im israelischen Kulturleben der 1950er und frühen 1960er-Jahre die Ideologien der Staatsgründung eine sehr bedeutende Rolle spielten, und die Literatur nur selten als von den dringenden Fragen des Alltags unabhängig betrachtet wurde, spielten die individuelle, subjektive und rein private innerliche Welt der Autoren sowie ihre Erinnerungen und Herkünfte nach dem Eichmann-Prozess eine immer wichtiger werdende Rolle.

Die Hauptströmung der israelischen Literatur des 20. Jahrhunderts, beeinflusst von den russischen Schriftstellern des späten 19. Jahrhunderts, war engagiert und zutiefst rhetorisch. Der israelische Literaturkritiker Yigal Schwartz nennt sie »Prosa des Mundes und des Ohrs« (zit. n. Krausz 2012, 134, Übersetzung des Autors). Zu ihr gehören die bekanntesten Namen der israelischen Literatur, die sich in der Tradition der Weisen und der Rabbiner verorten, wie etwa Amos Oz und Abraham B. Yehoschua, deren Werke sich um die großen Fragen der israelischen Nation bewegen. Daneben existierte aber eine andere Tendenz innerhalb des literarischen Feldes, die Schwartz österreichisch-ungarisch oder habsburgisch nennt. Es handelt sich um Schriftsteller, die nur die Realität darstellen wollten – Menschen porträtieren, Emotionen beschreiben, die psychischen Dynamiken darstellen – und die sich *nicht* mit ideologischen Fragen befassen wollten, weil sie den Standpunkt vertraten, dass Literatur und Politik voneinander unabhängig sind und sein sollten. Doch blieben die Vertreter dieser Tendenz immer Außenseiter des israelischen Literaturbetriebs, denn sie hatten nur wenig oder gar nichts mit dem Zionismus zu tun. Schwartz meint, dass, wenn Proust in Israel gelebt hätte, er nie die Bedeutung und Anerkennung hätte erreichen können, die er in Frankreich erhalten hat.

Das Thema der Shoah und das Thema der jüdischen Vergangenheit in Europa begannen nach dem Eichmann-Prozess ins allgemeine nationale Bewusstsein in Israel einzudringen. So begann sich ein Tabu in ein Totem zu verwandeln. Bereits in den 1980er-Jahren begann der Staat Israel für die Jugend Besuche in Auschwitz zu organisieren, was vor dem Eichmann-Prozess vollkommen unvorstellbar gewesen wäre. Heutzutage unternehmen fast alle jungen Israelis eine Reise nach Auschwitz, bevor sie in die Armee eintreten. Dies bedeutet die Einverleibung einer für die Diaspora typischen Denkweise und impliziert zugleich eine Desillusionierung gegenüber den ideologischen Modellen des Zionismus.

Die für den Zionismus zentrale Idee, dass mit der Gründung des Staates Israel ein neues jüdisches Zeitalter beginnen würde, weil es das Ende der Diaspora, der Wanderschaft und der Vernichtungsbedrohung bedeutete, begann mit dem Eichmann-Prozess zu schwinden. Die Geschichten der Wanderschaft und der Diaspora begannen wieder an Bedeutung zu gewinnen. In diesem Sinne schreibt Yigal Schwarz:

> Mir scheint, dass die Shoah zu einem entscheidenden historischen Phänomen für die israelische Identitätsbildung in unserer Zeit geworden ist, eine Art Spiegel, von dem aus die Geschichte des Landes und seiner Menschen verstanden wird – mehr als die arabische Frage,

> mehr als der Zionismus. Heute ist die israelische Identität ebenso wie die jüdisch-diasporische Identität vollständig auf die westliche Welt ausgerichtet, und der Großteil der Bevölkerung identifiziert sich mit Europa, mit den Vereinigten Staaten, nicht mit dem Nahen Osten. (zit. n. Krausz 2012, 138; Übersetzung des Autors)

Die Zäsur, die der Zionismus mit der jüdisch-europäischen Vergangenheit zu bewirken versuchte, und der Aufbau eines sehr eigenen Nationalstaates, der als Ziel des sozialistischen Zionismus galt, sind im heutigen Israel nur noch Erinnerungen eines vergangenen Traumes. Wie es für den globalen Kapitalismus typisch ist, spielen heute in der israelischen Gesellschaft Individualismus, Konsum und Geld die Hauptrollen. Diese ›Normalisierung‹ des israelischen Lebens ist natürlich nicht dem Eichmann-Prozess zuzurechnen, allerdings lassen sich die radikal veränderte Haltung der israelischen Kultur gegenüber der diasporischen Vergangenheit und die Rolle, die die Shoah heutzutage in dieser Kultur spielt, als ganz unerwartete Folgen dieses Prozesses werten.

Literaturverzeichnis

Appelfeld, Aharon. *The Story of a Life*. New York: Schocken, 2004.
Appelfeld, Aharon. »Fifty Years After the Great War« *Yedi'ot Aharonot*, 20. April 1955.
Arendt, Hannah. »Zionism reconsidered«. *Zionism reconsidered: the rejection of Jewish normalcy*. Hg. Michael Selzer. New York: Macmillan, 1970. 213–249.
Benjamin, Walter. *Illuminationen – Ausgewählte Schriften*. Frankfurt a. M.: Suhrkamp, 1977.
Dodds, Eric R. *The Greek and the Irrational*. Berkeley: University of California Press, 1951.
Hazair, Hashomer. »Our World-view (January 17, 1917)«. *The Jew in the Modern World*. Hg. Paul Mendes-Flohr und Jehuda Reinharz. Oxford: Oxford University Press, 1995. 577–579.
Hazaz, Haim. *The Sermon & Other Stories*. London: oby Press, 2005.
Jabotinsky, Wladimir. »What the Zionist-Revisionists want (1926)«. *The Jew in the Modern World*. Hg. Paul Mendes-Flohr und Jehuda Reinharz. Oxford: Oxford University Press, 1995. 594–597.
Krausz, Luis S. »Entrevista com Yigal Schwartz«. *Cadernos de Língua e Literatura Hebraica* 10 (2012): 133–139.
Krausz, Luis S.; Forner, Naama S. »Entrevista com Aharon Appelfeld«. *Cadernos de Língua e Literatura Hebraica* 11 (2013).
Presser, Ellen. »Interview mit Aharon Appelfeld«. *Aufbau. Das jüdische Monatsmagazin* 72.5 (2008): 17–21.
Rozenchan, Nancy. »Entrevista com Aharon Appelfeld«. *Cadernos de Língua e Literatura Hebraica* 2 (1999): 125–139.
Schwartz, Yigal. *Aharon Appelfeld*. Hanover: Brandeis University Press, 2001.
Shavit, Zohar. »Tel-Aviv Language Police«. *Tel-Aviv, the First Century: Visions, Designs, Actualities*, Hg. Maoz Azaryahu und S. Ilan. Troen: Indiana University Press, 2012. 191–211.
Weitz, Yechiam. »The Holocaust on Trial: The impact of the Kasztner and Eichmann Trials on Israeli Society«. *Israel Studies* 1.2 (1996): 1–26.

II Gesellschaftliche und politische Wirkungen in Südamerika

Marcia Ras

Die Fälle Gershon Willner und Hans-Peter Mayerhoff

Zur Bewertung der Rolle der argentinischen Botschaft und Eichmanns bei der Deportation von Juden ›argentinischer Staatsangehörigkeit‹

1 Einleitung

Der Prozess gegen Adolf Eichmann, der von April bis Dezember 1961 in Jerusalem stattfand, war ein vielschichtiges Ereignis. Der israelische Ministerpräsident Ben-Gurion bezeichnete es als »Nürnberg des jüdischen Volkes« (zit. n. Wieviorka 1993, 30), da nun die Opfer einen der Hauptverantwortlichen für den Holocaust auf die Anklagebank brachten. Es war auch ein Ereignis, das sich unauslöschlich in das kollektive Gedächtnis einprägte (Pinchevski et al. 2021, 81), und zwar nicht nur auf israelischer oder jüdischer Seite, sondern weltweit. Was die Berichterstattung anbelangt, so war es ein beispielloses globales Medienereignis, vielleicht das erste seiner Art (Lindeperg und Wieviorka 2021). Eine der nachhaltigsten Auswirkungen ist, dass der Prozess dazu beitrug, dass die öffentliche Meinung nun den Völkermord an den Juden von den zahllosen anderen Verbrechen des Zweiten Weltkriegs unterschied.[1] Der Prozess machte auch das Gesicht Adolf Eichmanns, einem bis dahin unbekannten Beamten des Dritten Reichs, zu einer Ikone des Holocausts.[2] Eichmann präfigurierte das Paradigma des Schreibtischmörders, d. h. desjenigen, der mit seiner Unterschrift oder einem Telefonanruf tötet (Lindeperg und Wieviorka 2021, 34); desjenigen, der Völkermord begeht, ohne Blut an seinen

1 Bei den Nürnberger Prozessen in der unmittelbaren Nachkriegszeit wurde der Holocaust als Verbrechen gegen die Menschlichkeit und nicht als Völkermord eingestuft. Für eine Analyse dieser Tatsache und zum Wissen um die Verbrechen Eichmanns in den späten 1940er Jahren siehe Marrus 1998. Für eine Einführung in die zentralen Aspekte der Holocaust-Erinnerung vor und nach dem Eichmann-Prozess, Wieviorka 2006.

2 Für eine Reflexion darüber, wie der Prozess den Mythos Adolf Eichmann erzeugt hat, siehe Cesarani 2006.

Anmerkung: Dieser Beitrag wurde von Christian Ernst übersetzt.

Open Access. © 2024 bei den Autorinnen und Autoren, publiziert von De Gruyter. (cc) BY-NC-ND Dieses Werk ist lizenziert unter der Creative Commons Namensnennung - Nicht-kommerziell - Keine Bearbeitungen 4.0 International Lizenz.
https://doi.org/10.1515/9783111077345-006

Händen zu haben, weil er seinen Stift oder die Tasten seiner Schreibmaschine als Massenvernichtungswaffe benutzt (Lower 2013, 68).[3]

In diesem Beitrag soll ein spezifischer Aspekt von Eichmanns Handeln während der Endlösung untersucht werden, und zwar anhand von zwei Fällen, in denen seine direkte Beteiligung an der Deportation von Juden mit argentinischer Staatsangehörigkeit nachgewiesen ist. Letztere lag im hier zuerst diskutierten Fall von Gershon Willner tatsächlich vor, im anderen von Hans-Peter Mayerhoff wurde sie fingiert. Es handelt sich keineswegs um die einzigen Fälle, in denen Eichmann an der Deportation von Argentiniern beteiligt war, aber sie wurden hier ausgewählt, weil beide von der Staatsanwaltschaft während des Prozesses in Jerusalem vorgetragen wurden und weil sie in der argentinischen Presse und in Publikationen, die parallel zum Gerichtsprozess entstanden, rezipiert wurden.

Als Hauptquellen für diese Untersuchung wurden die Akten des Eichmann-Prozesses,[4] das Politische Archiv des Auswärtigen Amtes (PA AA)[5] und die Abteilung des Eichmann-Prozesses im israelischen Nationalarchiv Archion HaMedina (AHM) herangezogen, die, was die beiden hier vorgestellten Fälle betrifft, eine Auswahl aus der Dokumentation des PA AA darstellen. Es war nicht möglich, die deutschen Quellen mit den argentinischen zu vergleichen, da das Archiv der argentinischen Botschaft in Berlin als verschollen gilt,[6] auch wenn es als gesichert gilt, dass es die Zerstörung des Hauptquartiers in der Tiergartenstraße 9a durch alliierte Bombenangriffe im November 1943 überlebt hat.[7] Aus den Unterlagen im Historischen Archiv des argentinischen Ministeriums für Auswärtige Angelegenheiten (AMREC) geht hervor, dass die Vertretung nach der Zerstörung des Gebäudes zur griechischen Gesandtschaft in Berlin verlegt wurde, ein Land,

3 Für eine kritische Analyse der Zuverlässigkeit von Eichmanns Aussagen über seine Verantwortung für die Endlösung siehe Browning 2003, 3–36. Für eine biografische Annäherung an Eichmann siehe Stangneth 2014.

4 Die vollständige Niederschrift des Prozesses in Jerusalem ist unter http://www.nizkor.com/hweb/people/e/eichmann-adolf/transcripts (17.06.2024) verfügbar. Die erhaltenen Filmaufnahmen der Sitzungen sind unter https://www.youtube.com/user/EichmannTrialEN (17.06.2024) abrufbar.

5 Ich danke Dr. Keiper vom PA AA, der mir einen Fernzugriff auf die hier zitierten Dokumente von Hans-Peter Mayerhoff ermöglichte.

6 Im Bemühen, diese Quellen ausfindig zu machen, habe ich Anträge auf Informationszugang an die Außenminister Héctor Timerman und Susana Malcorra gerichtet, die jedoch nicht beantwortet wurden. Außenminister Jorge Faurie hingegen ordnete eine umfassende Suche an, die zur Entdeckung des Bestandsverzeichnisses der sieben Pakete im Archiv der Botschaft in Berlin führte, die 1948 von Stockholm nach Buenos Aires geschickt wurden. Das ist der letzte Hinweis auf ihren Verbleib.

7 AMREC, 44AH004016_00007.

dessen Interessen Argentinien vertrat.[8] Von dort wurde das Archiv im Rahmen des diplomatischen Austauschs nach dem Abbruch der Beziehungen zwischen Deutschland und Argentinien nach Stockholm gebracht, um im März 1948 nach Buenos Aires geschickt zu werden.[9] Von da an verliert sich seine Spur. Die ersten in den Unterlagen gefundenen Hinweise auf seine angebliche Zerstörung während des Krieges stammen aus dem Jahr 1947.[10] Ab 1948 wurde sein ›Verschwinden‹ während der Luftangriffe auf Berlin vom Ministerium als Tatsache angenommen,[11] eine Auffassung, die bis heute Bestand hat. Es besteht jedoch immer noch die Hoffnung, dass es doch noch gefunden wird.[12] Was die Berichterstattung über die Fälle in der argentinischen Presse betrifft, so wurde eine private Auswahl argentinischer Zeitungsartikel über den Adolf-Eichmann-Prozess herangezogen.[13]

2 Der Fall Gershon Willner

Der Fall Willner hat in der Literatur zur Endlösung einige Beachtung gefunden: In Argentinien stellte Alejandra Peris (2017 und 2018) den Fall in den Mittelpunkt ihrer Forschung; zuvor hatten sich bereits David Cesarani (2006, 123) und Conze et al. (2010, 293) damit befasst. Diesen Studien zufolge offenbart der Fall Spannungen und Konflikte zwischen der SS und dem Auswärtigen Amt im Zusammenhang mit der Deportation von Juden mit ausländischer Staatsangehörigkeit.

Auch wenn beide Organisationen gemeinsam auf die Endlösung hinarbeiteten, kam es in bestimmten Fällen, in denen die Deportation eines Ausländers zu einem diplomatischen Zwischenfall mit einem akkreditierten Vertreter in Berlin führte, zu Vorbehalten des Auswärtigen Amts bezüglich seiner Aufnahme in den Kreis der zu vernichtenden Juden. Nach Ansicht von Ronald C. Newton ist der Fall Willner das »paradigmatische« (Newton 1995) Beispiel für die Meinungsver-

8 AMREC, DP Varios 11/947.

9 AMREC, Botschaft in Schweden, Kasten AH/0008, Vermerk 83/948 und JDVyDFPE 52.929, Vermerk vom 22. Oktober 1952.

10 AMREC, DP Varios, 11/947

11 AMREC, Ämter des Ministeriums 4/1948, Anhang VI.

12 Vor der Gründung des AMREC wurden die Archive des Ministeriums bei der ZEPITA gelagert, ohne inventarisiert zu werden. Trotz der engagierten professionellen Arbeit der Archivare des AMREC gibt es immer noch nicht klassifizierte Unterlagen. In diesen könnte sich auch das Archiv der Botschaft in Berlin befinden.

13 Für einen Überblick über argentinische journalistische Quellen zu Eichmanns Anwesenheit in Argentinien sowie zu den politischen Folgen seiner Festnahme für die Regierung von Arturo Frondizi, die diplomatischen Beziehungen zu Israel und das argentinische Judentum siehe Klich 2002, 177–251.

schiedenheiten in solchen Fällen. Die Tatsache, dass dieser Fall immer wieder herangezogen wird, mag daran liegen, dass er die Auswirkungen auf die deutsche Außenpolitik am besten deutlich macht. Denn offensichtlich traten Differenzen zwischen Auswärtigem Amt und SS nur in solchen Fällen auf, in denen die Deportation eines Ausländers Proteste aus einem für diese Fragen sensiblen Staat erregte.

Eine alternative Erklärung für den paradigmatischen Charakter des Falls Willner besteht darin, dass es sich um einen Ausnahmefall oder um den ersten Fall seiner Art handelt und somit die Bedenken des Auswärtigen Amtes gegenüber der SS deutlicher zum Ausdruck kommen. Auch wenn der Schwerpunkt dieses Beitrags nicht auf einem Vergleich liegt, zeigt eine Analyse des Beweiskatalogs des Eichmann-Prozesses, dass das Engagement für Gershon Willner möglicherweise die erste derartige Intervention eines beim Dritten Reich akkreditierten ausländischen Vertreters ist. Die einzige andere Intervention im Namen eines deportierten Staatsangehörigen, die für das Jahr 1942 festgestellt wurde, wurde am 10. November von der italienischen Botschaft in Berlin eingeleitet, während die Intervention im Fall Willner im April desselben Jahres erfolgte. Ab 1943 wurden Interventionen dieser Art etwas häufiger und betrafen eine größere (aber stets begrenzte) Anzahl von Ländern.

Aus den vorliegenden Quellen[14] geht hervor, dass Gershon Willner am 12. November 1904 in Jaćmierz geboren wurde, dass er Zahnarzt war und dass er am 1. September 1927 an Bord der *Arlanza* nach Argentinien kam. Nicht einmal Alejandra Peris (2017), die seinen Fall am besten recherchiert und seine Lebensgeschichte am genauesten rekonstruiert hat, konnte bisher Belege für seinen Aufenthalt in Argentinien finden. Nur zwei Dinge können als gesichert gelten: dass er dort mehr als zwei Jahre lebte, da er die argentinische Staatsangehörigkeit erwarb, und dass er vor 1938, dem Jahr seiner Heirat mit Miriam (Mania oder Maria) Silbermann, nach Polen zurückkehrte. Nach der Teilung Polens 1939 blieb das Paar in dem von den Sowjets annektierten Gebiet. Zum Zeitpunkt des deutschen Einmarsches im Juni 1941 hatte Willner eine Zahnarztpraxis in Lemberg. Nach der Aussage seines Schwagers beim Prozess in Jerusalem kehrte er drei Monate später in seine Heimatstadt Jaćmierz zurück, wo die Familie seiner Frau lebte.

---

14 Biografische Informationen zu Gershon Willner stammen aus Peris 2017 und 2018, aus der Zeugenaussage seines Schwagers Aaron Silbermann, Prozess gegen Adolf Eichmann, Sitzung 30 (8. Mai 1961), aus den Zeugenaussagen seiner Schwager Sigmund (VHA 4.787, 1995) und Genia Silbermann (VHA 37.859, 1998) und aus den Zeugenaussage-Beständen in Yad Vashem, 8131070, 996819, 5379074, 10792623, 786382, 12884760 und 11152574.

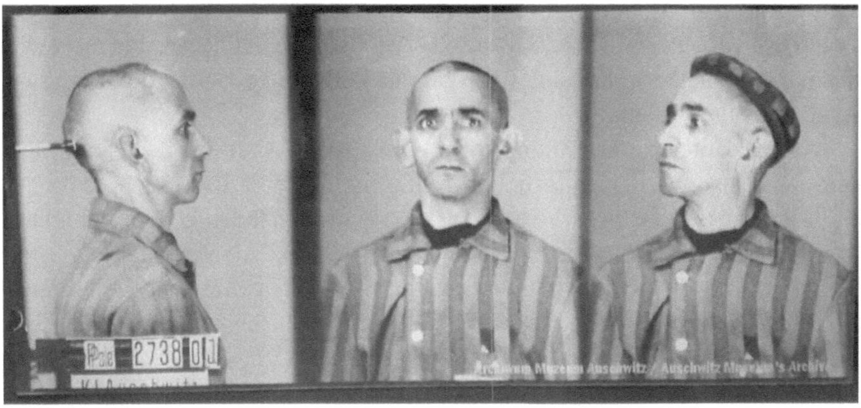

Abbildung 1: Gershon Willner, Archiv des staatlichen Museums Auschwitz-Birkenau.

Der Fall Willner wurde durch eine Intervention der argentinischen Botschaft in Berlin beim Auswärtigen Amt am 17. April 1942 aktenkundig.[15] Die Botschaft beschwerte sich, dass, gemäß einer bei ihr eingegangenen Mitteilung,[16] Gershon Willner in Jaćmierz von den deutschen Behörden festgenommen worden sei, obwohl seine argentinische Staatsangehörigkeit bekannt gewesen sei, da er seinen argentinischen Pass bei sich getragen habe[17] und in den Listen der ausländischen Einwohner des Ortes eingetragen gewesen sei.

Da es sich bei der erhaltenen Notiz um eine interne Niederschrift der deutschen Diplomatie handelt, lässt sich deren Absender nicht feststellen. Die Vermutung liegt nahe, dass es sich um den Ersten Sekretär der Botschaft, Luis H. Irigoyen, handelt, da er derjenige Beamte in Berlin war, der immer wieder Proteste, Bitten

15 PA AA, R 100273, Vermerk vom 17. April 1942 und derselbe Vermerk in AHM, Eichmann-Prozess, A 3091/33.

16 Es lässt sich nicht feststellen, wie die Botschaft von Willners Inhaftierung erfahren hat. Sowohl die Gerichtsaussagen als auch die mündlichen Aussagen seiner Angehörigen bestätigen seine Staatsangehörigkeit, lassen aber nicht erkennen, dass sie sich an die Botschaft gewandt haben, um Schutz zu erbitten. Seine Schwägerin Genia hingegen berichtet, dass sie Hans Frank in Krakau traf, um seine Freilassung zu beantragen, und dass er ihr sagte, er könne ihn nicht freilassen. Nur Eichmann sei dazu befugt gewesen. Derjenige, der die argentinischen Beamten über die Verhaftung Willners informierte, muss sich zwangsläufig mit der Vertretung in Berlin in Verbindung gesetzt haben, denn die Gesandtschaft in Warschau war im September 1939 geschlossen worden, um die polnische Exilregierung nach Paris zu begleiten. Zum Fall der Schließung dieser Vertretung siehe Ras (2021, 199–221). Nach dem Fall Frankreichs zog die argentinische Vertretung in Polen nach London um.

17 Es ist sein Schwager, der behauptet, Willner sei im Besitz eines argentinischen Passes gewesen, Eichmann-Prozess, Sitzung 30 (8. Mai 1961).

und Anfragen an das Auswärtige Amt richtete, die Staatsangehörige betrafen, die sich in den vom Deutschen Reich kontrollierten Gebieten aufhielten, und da er laut seiner Personalakte während des Krieges der Verbindungsmann[18] zwischen Botschaft und Ministerium war.

Aus den internen Ermittlungen des Auswärtigen Amtes ist der Bericht aus dem Generalgouvernement erhalten geblieben, aus dem hervorgeht, dass am 27. Dezember 1941 die Sicherheitspolizei in Krakau »den Juden Willner mit argentinischer Staatsangehörigkeit« im Rahmen der »Pelzaktion« verhaftet hat. Seine Verhaftung wurde damit begründet, dass er »sich trotz polizeilicher Anordnung aus seiner Wohnung entfernt und auf diese Weise die Beschlagnahmung der Pelzsachen erheblich erschwert hat«. Es wird hinzugefügt, dass Willner in Haft sei und nach Auschwitz deportiert werden solle.[19] Zwei seiner Brüder berichten hingegen als Augenzeugen, dass sich während der Pelzaktion die ganze Familie in ihrem Landhaus befunden habe. Uniformierte seien gewaltsam eingedrungen, hätten Pelze und Schmuck konfisziert, sowie Willner und eine Tante verhaftet.[20]

Wissenschaftliches Interesse weckte der Fall aufgrund der ungewöhnlichen Reaktion des Auswärtigen Amtes auf die Intervention der argentinischen Botschaft in Berlin. In einem Schnellbrief, für eine genozidale Bürokratie ungewöhnlich, wendete sich ein Beamter des Amtes direkt an Heinrich Himmler und brachte zum Ausdruck, es sei »aus politischen Gründen dringend erwünscht, dass der erwähnte Jude argentinischer Staatsangehörigkeit Gerson Willner nicht in ein Konzentrationslager verbracht wird«.[21] Er versicherte auch, dass Willner, wenn er nicht deportiert werde, nicht auswandern dürfe. Interessant ist die Art und Weise, in der die Staatsanwaltschaft in Jerusalem den letzten Wortlaut des Auswärtigen Amtes an Himmler zusammenfasst: »In view of the present attitude of Argentina vis-à-vis Germany, it would be inopportune to send this Jew of Argentine nationality to a concentration camp, as this could be used as propaganda against the German Reich«.[22]

Auffallend ist in der Tat die atypische Haltung des deutschen Außenministers Joachim von Ribbentrop, der gewiss nicht dazu neigte, Juden vor ihrem sicheren Tod zu retten. Er wurde 1946 gerade auch deshalb hingerichtet, weil er das gesamte deutsche diplomatische Korps unter seiner Führung darauf ausgerichtet hatte, das historisch beispiellose Ziel der Endlösung zu befördern, und die politischen Führer

---

18 AMREC, Personalakte von Luis H. Irigoyen, 28, Vermerk vom 27. Juli 1945.

19 PA AA, R 100273, Vermerk vom 4. Juni 1942 und derselbe Vermerk in AHM, Eichmann-Prozess, A 3091/33.

20 VHA 4.784 und 37.859.

21 PA AA, R 100273, Vermerk vom 16. Juni 1942 und derselbe Vermerk in AHM, Eichmann-Prozess, A 3091/33.

22 Prozess gegen Adolf Eichmann, Sitzung 81 (17. Juni 1961).

der mit Deutschland verbündeten oder kollaborierenden Länder gedrängt hatte, ihre jüdischen Bürger für die Verwirklichung dieses Ziels auszuliefern. Im Fall von Gershon Willner waren es jedoch Erwägungen der traditionellen Diplomatie, die ihn zu der Entscheidung brachten, dass es im Interesse des Deutschen Reiches liege, diesen einzelnen Juden auf der Grundlage des international anerkannten Kriteriums seiner Staatsangehörigkeit am Leben zu lassen.

Der Staatsanwalt in Jerusalem war von Eichmanns Haltung gegenüber dem ungewöhnlichen Ersuchen des Auswärtigen Amtes überrascht: Um die Intervention der Botschaft ins Leere laufen zu lassen, datierte Eichmann den Tod Willners auf fünf Tage vor der dem Datum des Ersuchens zurück.[23] Was Willners Schicksal betrifft, so steht fest, dass er nach seiner Verhaftung im Dezember 1941 in die Gefängnisse von Sanok, Rzeszów und anschließend Tarnów gebracht[24] und schließlich am 28. März 1942 in das Konzentrationslager Auschwitz I deportiert wurde, wo er unter der Nummer 27380 registriert wurde. Dort starb der »argentinische und jüdische Bürger« Willner angeblich an einem Herzinfarkt.[25]

Bevor wir uns dem nächsten Fall zuwenden, ist es angebracht, auf einige Aspekte hinzuweisen, die in den oben genannten Studien und von der Staatsanwaltschaft in Jerusalem vernachlässigt wurden. Zunächst einmal ist es bemerkenswert, dass es argentinischen Beamten in Berlin gelungen ist, das Auswärtige Amt dazu zu bringen, Willners argentinische Staatsangehörigkeit anzuerkennen, nachdem die SS darüber hinweggegangen war. Dies erklärt, warum sein Fall in dieselbe Akte aufgenommen wurde, in der die Ansprüche der im Deutschen Reich lebenden argentinischen Juden zusammengefasst sind, die während des Pogroms von 1938 zu Opfern wurden und die 1940 von der Regierung entschädigt wurden, nachdem die Botschaft in Berlin dagegen protestiert hatte.[26] Daraus lässt sich das Eingeständnis des Auswärtigen Amtes gegenüber der Botschaft in Berlin ableiten, dass Deutschland für den Tod von Willner verantwortlich ist. Nicht minder außergewöhnlich ist die Tatsache, dass es gelungen ist, das Kriterium der Staatsangehörigkeit für nach argentinischem Recht eingebürgerte Personen durchzusetzen. Schließlich erwähnt

---

23 Hierbei handelt es sich nicht um die von Eichmann zur Verteidigung vorgebrachten und von der Staatsanwaltschaft herausgestellten chronologischen Ungereimtheiten, die in Peris 2017 und 2018 erörtert werden. Das genaue Datum des Todes von Gershon Willner ist ungewiss.

24 Am Tag nach seiner Verhaftung ging Willners Schwiegervater zur polnischen Polizei in Zarszin, um sich nach seiner Situation zu erkundigen. Er wurde ebenfalls verhaftet und teilte danach das gleiche Schicksal wie er. Siehe Eichmann-Prozess, Sitzung 30 (8. Mai 1961).

25 PA AA, R 100273, Vermerk vom 9. Juli 1942 und derselbe Vermerk in AHM, Eichmann-Prozess, A/3091/34.

26 Hierbei handelt es sich um die Akte PA AA, R 100273. Zur Analyse der Fälle anderer argentinischer Staatsangehöriger, die in der gleichen Datei enthalten sind, siehe Ras 2017.

einzig die Staatsanwaltschaft in Jerusalem die Befürchtung der deutschen Diplomatie vor möglichen Repressalien gegenüber deutschen Staatsangehörigen in Argentinien.

3 Der Fall Hans-Peter Mayerhoff

Der Fall Hans-Peter Mayerhoff gehört ebenfalls zu den Beweisen, die von der Staatsanwaltschaft gesammelt wurden, um die Anklage gegen Adolf Eichmann zu stützen. Im Gegensatz zu Willners Fall fand dieser in der wissenschaftlichen Literatur keine Beachtung; er wurde im Gerichtssaal kaum erwähnt, und es wurden keine Zeugen präsentiert, die ihn näher erläutert hätten. Daher ist sein Fall praktisch unbekannt. Die Staatsanwaltschaft wählte den Fall aus mehreren ähnlichen aus, um Eichmanns »akribische Sorgfalt« bei der Selektion der nach Theresienstadt deportierten deutschen Juden zu belegen.[27]

Hans-Peter Mario Mayerhoff (manchmal auch Meyrhoff) wurde am 6. Februar 1923 in Berlin geboren. Er war der Sohn von Jakob (oder Jacobo), einem jüdischen Flüchtling, der am 13. Mai 1938 an Bord der *Massilia* in Argentinien ankam.[28] Wie alle ausländischen Flüchtlinge im Land musste er sich nach den geltenden Vorschriften zwei Jahre lang im Land aufhalten, bevor er die Einbürgerung beantragen konnte. Erst nachdem er die Staatsbürgerschaft erhalten hatte, konnte er den Familiennachzug beantragen und die Genehmigung für die legale Einreise seiner Familie erhalten, die in Europa festsaß.

Auch dieser Fall ist aufgrund einer Intervention der Botschaft in Berlin beim Auswärtigen Amt aktenkundig.[29] Es handelt sich um einen Antrag auf Erlaubnis zur Ausreise aus dem Reich für »Herrn Hans Peter Mayerhoff«, datiert auf den 27. November 1941, ohne Unterschrift auf der erhaltenen Kopie. Darin heißt es, dass es ihm erlaubt sei, nach Argentinien einzureisen, weil er der »jüngste Sohn des argentinischen Staatsbürgers Jacobo Mayerhoff, wohnhaft in Buenos Aires« sei.[30]

Diese Notiz markiert den Beginn einer Reihe nicht wahrheitsgetreuer Behauptungen in offiziellen, von der argentinischen Botschaft ausgestellten Dokumenten, um Mayerhoff eine nicht vorhandene argentinische Staatsangehörigkeit zu bescheinigen. Zunächst einmal besaß sein Vater die angebliche argentinische Staatsbürger-

27 Prozess gegen Adolf Eichmann, Sitzung 43 (17. Mai 1961).
28 AMREC, MCT 1975/945, Vermerk vom 3. Oktober 1945.
29 PA AA, R 50885, Notiz vom 27. November 1941.
30 AMREC, MCT 1975/945, Vermerk vom 3. Oktober 1945.

schaft zu diesem Zeitpunkt nicht; diese erhielt er erst am 20. Februar 1942,[31] also etwa drei Monate nach Übersendung des Vermerks. Daraus folgt, dass es auch keine Einreiseerlaubnis gegeben haben kann. Da die deutsche Reichskanzlei wahrscheinlich nicht über die Mittel verfügte, die Angaben der Botschaft zu überprüfen, wurde die beantragte Ausreisegenehmigung am 7. Februar 1942 erteilt.[32] Mayerhoff machte davon keinen Gebrauch, sondern blieb in Berlin. Möglicherweise lag dies daran, dass ihm die für den Ausreiseantrag geforderten Unterlagen fehlten, die er bei seiner Ausreise den deutschen Behörden hätte vorlegen müssen. Durch die bloße amtliche Feststellung, dass er über eine Einreiseerlaubnis verfügte, geriet Mayerhoff jedoch unter den Schutz der Botschaft.[33]

Die nächste Notiz ist auf den 6. August 1942 datiert. Sie stammt ebenfalls von der Botschaft und knüpft an ein früheres freundliches Treffen zwischen Irigoyen und einem deutschen Beamten an. Darin bittet Irigoyen das Auswärtige Amt um eine »freundliche Vermittlung«, um eine Verlängerung der Ausreisegenehmigung für Hans Peter Mayerhoff zu erwirken, da er die vorherige nicht habe nutzen können, weil sich die Überweisung von Geld aus Argentinien für die Reisekosten verzögert habe.[34] In diesem Fall waren die angegebenen Gründe für Mayerhoffs Aufenthalt im Deutschen Reich falsch, da die Erlaubnis, das Land zu verlassen am 31. Juli desselben Jahres erteilt worden war.[35] Aus internen deutschen Mitteilungen geht hervor, dass die Polizeibehörden keine Einwände gegen die Erteilung der beantragten Genehmigung hatten, »falls es sich bei M[ayerhoff] um keinen Juden handelt«[36]. Gerade aus diesem Grund wurde die beantragte Genehmigung letztlich nie erteilt.

Die nächste Intervention ging wieder von der Botschaft aus, diesmal als Ergebnis eines Telefongesprächs Irigoyens mit Karl Klingenfuss,[37] dem Judenrefe-

---

31 AMREC, MCT 1975/945, Vermerk vom 3. Oktober 1945. Jakob/Jacobo Mayerhoff wurde in Resistencia eingebürgert, es ist also nicht einmal sicher, dass er in Buenos Aires lebte.

32 Das Datum ist bezeichnend, da das Auswanderungsverbot für deutsche Juden im Oktober 1941 erlassen worden war. Daraus folgt, dass die Behörden noch keine Kenntnis von Mayerhoffs Status als Juden hatten.

33 Dieser besondere Schutz für deutsche Juden im Reich mit der Erlaubnis, nach Argentinien auszuwandern, wird in den Berichten von Flüchtlingen in Argentinien häufig erwähnt, z. B. VHA 36693 (Edith Lange, 1997).

34 PA AA, R 50885, Notiz vom 6. August 1942.

35 AMREC, MCT 1975/945, Vermerk vom 3. Oktober 1945. Die Geschwindigkeit, mit der die Informationen von Buenos Aires nach Berlin übermittelt wurden, ist bemerkenswert.

36 PA AA, R 50885, interner Vermerk über ein Telefongespräch, ohne Datum.

37 Karl Otto Klingenfuss, der seit 1933 der NSDAP angehörte, trat 1934 der Auslandsorganisation bei, bis er Anfang 1938 seinen Traum vom Eintritt in das Auswärtige Amt verwirklichen konnte.

renten des Auswärtigen Amts, am Abend des 23. Oktober 1942.[38] Aus der internen Notiz geht hervor, dass Irigoyen sich für den »argentinischen Staatsangehörigen [sic] Mayerhoff« einsetzte, der am nächsten Tag deportiert werden sollte.[39] Klin-

---

Nach einer kurzen Tätigkeit in der Kulturabteilung wurde er an die Botschaft in Buenos Aires versetzt, wo er im Februar 1939 ankam, und bis Mai 1940 blieb, als er nach Montevideo versetzt wurde, um Franz Rademacher zu ersetzen. Letzterer hatte darum gebeten, nach Berlin zurückzukehren, weil seine Frau ihn mit einem Offizier, den sie bei einer Botschaftsveranstaltung kennengelernt hatte, betrogen hatte. Er warnte, dass er sich mit dem betreffenden Offizier duellieren würde, wenn er nicht versetzt würde. Klingenfuss blieb bis zum Bruch der Beziehungen zwischen Uruguay und Deutschland im Januar 1942 in Montevideo. Bei seiner Rückkehr nach Berlin Mitte 1942 gehörte er zu einer Gruppe von Beamten aus den Vertretungen in südamerikanischen Staaten, die gerade ihre Beziehungen zum Deutschen Reich abgebrochen hatten, und die nun wegen Kriegsmobilisierung frei gewordene Stellen im Ministerium besetzten. Da er ihn aus seiner Zeit in Uruguay kannte, bat Rademacher ihn als seinen Assistenten in die Abteilung D III, auch bekannt als Judenreferat der Abteilung Deutschland des Auswärtigen Amtes. Diese Abteilung hatte die Aufgabe, als Verbindungsstelle zwischen dem Ministerium, der NSDAP, der SS und der Polizei in allen Angelegenheiten, die Juden betrafen, zu fungieren. Er diente dort von Juli bis Dezember 1942, beantragte aber nach einigen Monaten seine Versetzung, die Ende desselben Jahres nach Bern und dann nach Paris erfolgte, bevor er im August 1944, nach der Befreiung Frankreichs, ins Reich zurückkehrte. Von den Alliierten in der Nachkriegszeit freiwillig befragt, erhob Staatsanwalt Kempner keine Anklage gegen ihn, da er bei der Deportation der Juden »eine völlig untergeordnete und kurzfristige Rolle« gespielt habe. Der Zeitpunkt seiner Rückkehr nach Argentinien nach dem Krieg ist ungewiss und wurde möglicherweise durch die Tatsache erleichtert, dass er mindestens einen argentinischen Sohn hatte. Ab 1951 fungierte er als Direktor der Deutsch-Argentinischen Handelskammer in Buenos Aires. Bonn beantragte 1952 seine Auslieferung. Die argentinische Regierung lehnte dies im folgenden Jahr ab, woraufhin Klingenfuss anbot, freiwillig nach Deutschland zurückzukehren. Im Jahr 1960 stellte ein deutsches Gericht das Verfahren gegen ihn ein. Seine Aussage, die er in der Botschaft in Buenos Aires machte, spielte eine wichtige Rolle im zweiten Rademacher-Prozess, der 1968 stattfand. Er verstarb 1990 in Buenos Aires. (Vgl. Browning 1978; Schneppen 2009, 183–245).

38 Es ist festzustellen, dass der Geschäftsträger der Botschaft zwei Tage zuvor in Buenos Aires per gewöhnlichem Telegramm um die Erlaubnis ersucht hatte, nach Bern zu reisen, und auf demselben Weg bestätigte, dass er am Morgen desselben Tages, an dem Mayerhoff verhaftet wurde, reisen würde. Dies legt den Verdacht nahe, dass die SS das Datum der Verhaftung mit Blick auf die Abwesenheit Irigoyens in Berlin gewählt hat. MREC, Personalakte von Luis H. Irigoyen, Ordner Genehmigungen und Abwesenheiten, Vermerk 253, vom 23. Oktober 1942. Nach internen deutschen Mitteilungen zu urteilen, hat Irigoyen seine Reise um einen Tag verschoben. PA AA, R 100848, Vermerk vom 24. Oktober 1942.

39 Auch hier ist es in Ermangelung der Archivunterlagen der Botschaft nicht möglich nachzuvollziehen, wie die Botschaft von seiner Situation Kenntnis erlangte. Aus den Unterlagen, die sich auf andere argentinische Einwohner im Deutschen Reich beziehen, geht hervor, dass Irigoyen über ein System von Benachrichtigungen verfügte, mit vereinbarten Tagen, an denen er kontaktiert werden sollte, manchmal jeden zweiten Tag. Dies war möglich, weil argentinische Juden, die im Deutschen Reich lebten, dank der Bemühungen der Botschaft im Gegensatz zu Aaron Sil-

genfuss sagte zu, zu intervenieren. Er wandte sich daraufhin an Eichmann, der ebenfalls »versprach, zu intervenieren«.[40]

Der Deportationsbefehl für Mayerhoff muss tatsächlich aufgehoben worden sein, da er sich am 4. November 1942 noch in Berlin aufhielt und die Botschaft mit einer Aktennotiz eine neue Genehmigung für seine Ausreise nach Argentinien beantragte.[41] Die Staatsanwaltschaft in Jerusalem, daran interessiert, Eichmanns direkte Beteiligung an den Deportationen nach Theresienstadt zu beweisen,[42] hebt hervor, dass er in diesem Fall mit Klingenfuss die Entscheidung »aus grundsätzlichen Erwägungen« traf, die beantragte Ausreisegenehmigung nicht zu erteilen, verbunden mit dem Hinweis, dass er seine Deportation nach Theresienstadt beabsichtigte.[43]

Das Memorandum wirft jedoch noch andere Fragen von Interesse auf. Bei sorgfältiger Lektüre fällt auf, dass Irigoyen, der Mayerhoff einige Tage zuvor am Telefon als »argentinischen Staatsbürger« bezeichnet hatte, nun aber schriftlich von einem »Sohn eines argentinischen Staatsbürgers« spricht und zusichert, dass dieser bald argentinischer Staatsbürger werde. Der Grund für die »Dringlichkeit« seines Ausreiseantrags, so Irigoyen, sei, dass seine Anwesenheit im Land für seine Einbürgerung notwendig sei. Mit anderen Worten, er stellt eine weitere falsche Behauptung auf, indem er behauptet, dass er die Staatsangehörigkeit allein durch seine Einreise erhalten würde, obwohl die geltenden Gesetze einen Mindestaufenthalt von zwei Jahren für den Erwerb der Staatsangehörigkeit vorsehen, was den deutschen Behörden sicherlich nicht unbekannt gewesen sein dürfte. Um keinen Zweifel aufkommen zu lassen, behauptet er, die Botschaft sei »sehr interessiert« an seiner Einreise und bittet darum, ihn sofort innerhalb von zehn bis fünfzehn Tagen ausreisen zu lassen.[44] Der direkte Zusammenhang zwischen

---

bermann, dem polnischen Schwager von Gershon Willner, vom Telefon- und Postverbot ausgenommen waren. Wenn am vereinbarten Tag keine Nachricht eintraf, wandte sich Irigoyen sofort an die deutschen Behörden. In diesem Fall neige ich jedoch zu der Annahme, dass Mayerhoff Irigoyen kontaktierte, sobald er die Aufforderung erhielt, sich am nächsten Tag bei den deutschen Behörden zu melden.

40 PA AA, R 100848, Vermerk vom 24. Oktober 1942.

41 PA AA, R 100848, Notiz vom 4. November 1942, die mit dem Beweisstück T/755 des Eichmann-Prozesses identisch ist.

42 Von allen hier zitierten Dokumenten wählte die Staatsanwaltschaft im Prozess in Jerusalem nur die im November 1942 ausgetauschten Notizen aus.

43 PA AA, R 100848, Vermerk vom 21. November 1942 und derselbe Vermerk in AHM, Eichmann-Prozess, A 3095/68.

44 PA AA, R 100848, Notiz vom 4. November 1942, die mit dem Beweisstück T/755 identisch ist.

der »Dringlichkeit« von Irigoyen und dem Auftauchen von Mayerhoffs Namen auf den Deportationslisten ist daher offensichtlich.

Dieses bemerkenswerte Memorandum deutet also darauf hin, dass Irigoyen sich mit dem Auswärtigen Amt (und damit auch mit der SS und Eichmann) auf ein Kräftemessen um einen gefährdeten Juden einließ, der im Gegensatz zu Willner nicht die argentinische Staatsangehörigkeit besaß und nie argentinischen Boden betreten hatte. Mit anderen Worten: Indem Irigoyen Mayerhoff ›argentinisierte‹, bot er ihnen die Option, diesen einzelnen deutschen Juden nicht zu ermorden, indem er sich verpflichtete, ihn aus dem Gebiet zu entfernen, das die SS und das Auswärtige Amt in ein ›judenreines‹ verwandeln wollten. Irigoyen nannte ihn »Herr Mayerhoff«, während dieser für Eichmann und Klingenfuss der »Jude Hans-Peter Israel Mayerhoff«[45] war, dessen Schicksal in ihre Händen gehörte. Ich habe weitere Beispiele gefunden, die diese Hypothese[46] untermauern, doch geht es mir hier um den Fall Mayerhoff, der sich als Erwachsener im Deutschen Reich nicht auf den Schutz der Staatsangehörigkeit berufen konnte, die sein Vater etwa acht Monate zuvor erworben hatte. Ich vermute, dass Irigoyen mit diesem Vermerk vor dem Auswärtigen Amt gleichzeitig auch den Schutz der Botschaft auf andere deutsche Juden im Reich auszudehnen versuchte, die wie Mayerhoff in irgendeiner Weise hätten ›argentinisiert‹ werden können.

Das nächste in der Sache überlieferte, vier Monate später ausgestellte Dokument gehört nicht zu den von der Jerusalemer Staatsanwaltschaft im Prozess gegen Eichmann gesammelten Beweisen, ist aber ebenfalls aufschlussreich. Es handelt sich um einen Vermerk des Reichsjustizministeriums an das Auswärtige Amt, aus dem hervorgeht, dass Mayerhoff tatsächlich in ernsten Schwierigkeiten steckte.[47] Aus dem Vermerk geht hervor, dass sich Mayerhoff trotz Eichmanns Entscheidung, ihn nach Theresienstadt zu deportieren, noch in Berlin aufhielt. Statt deportiert zu werden, war er im Arbeitserziehungslager Wuhlheide[48] inter-

45 Ab August 1938 schrieb das Dritte Reich den deutschen Juden vor, den Namen »Sara« oder »Israel« zwischen ihren Vor- und Nachnamen zu setzen.

46 Ich beziehe mich dabei auf die Fälle der deutschen Juden Mina Vogel und Aurelia Amerikaner, Ehefrauen von Geflüchteten in Argentinien, auf die ich nicht näher eingehe, weil sie im Eichmann-Prozess nicht erwähnt wurden. Beide überlebten den Holocaust, ohne deportiert zu werden.

47 PA AA, R 46859, Vermerk vom 16. März 1943. Bevor ein Gerichtsverfahren gegen einen Ausländer eingeleitet werden konnte, musste das Justizministerium seine Zustimmung erteilen (vgl. Meyer 2021, 103).

48 Das Arbeitserziehungslager in der Wuhlheide war für die Bestrafung kleinerer Straftaten gedacht, die mit relativ kurzen Haftstrafen zwischen zwei Wochen und drei Monaten geahndet wurden. Vor allem wurden hier Deutsche interniert, die der Arbeitsflucht verdächtigt wurden, oder geschützte Ausländer.

niert worden, aus dem er am 9. Januar 1943 entkam. Außerdem war er wegen Diebstahls von Eisenbahngepäck festgenommen worden, weshalb gegen ihn ein Ermittlungsverfahren lief. Zudem wurde festgestellt, dass er die jüdische Abstammung seiner Mutter verheimlicht hatte, wahrscheinlich um sich als ›Mischling‹ auszugeben und nicht als ›Jude‹[49] eingestuft zu werden. Ebenso bestand der Verdacht, dass er das Verbrechen der ›Rassenschande‹[50] begangen hätte. Darüber hinaus hatte er zugegeben, ein öffentliches Dokument, das ihm von der Botschaft ausgestellt worden war, gefälscht zu haben.

Tatsächlich versuchte Mayerhoff, der für die Deutschen entweder »staatenlos«[51] oder ein »Jude deutscher Staatsangehörigkeit«[52] war, sich bei seiner Verhaftung zu schützen, indem er behauptete, argentinischer Staatsbürger zu sein: Er gab sich als »Juan Pedro« und nicht als »Hans-Peter« aus und legte als einziges Ausweisdokument eine Bescheinigung vor, die von der Botschaft am 11. Januar 1943, also zwei Tage nach seiner Flucht aus dem Lager in der Wuhlheide,[53] ausgestellt worden war. Auf der Bescheinigung war handschriftlich vermerkt: »Da Pass Nr. Arg 11467 abhanden gekommen: gilt als Pass-Ausweis«. Bei seiner Vernehmung belastete sich Mayerhoff unter Druck selbst, indem er zugab, dass der handschriftliche Text auf der Bescheinigung seine eigene Handschrift war.

Weiter heißt es in dem Vermerk, das Reichsjustizministerium habe die von Mayerhoff gefälschte Urkunde vom Auswärtigen Amt prüfen lassen, das festgestellt habe, dass Siegel und Papier der Urkunde Originale der Botschaft seien, weshalb das Auswärtige Amt die argentinische Vertretung um eine Stellungnahme gebeten habe. Der Wortlaut des folgenden Satzes lässt sowohl die Möglichkeit offen, dass Irigoyen – mit dem Mayerhoff angab befreundet zu sein –, an der Erstellung beteiligt gewesen sein könnte, als auch, dass er von ihm in seinem Vertrauen getäuscht worden ist.

Der wahre Hintergrund der Bescheinigung muss dem Auswärtigen Amt klar gewesen sein, denn es wusste, dass Irigoyen bereits erklärt hatte, Mayerhoff sei »argentinischer Staatsbürger«.[54] Es deutet somit alles auf eine Komplizenschaft zwischen Irigoyen und Mayerhoff hin, um ihn zunächst als Juden zu decken und ihn dann gegenüber den deutschen Behörden als argentinischen Staatsbürger

49 Nach der in den Nürnberger Gesetzen vorgeschlagenen Rassenklassifizierung waren die Mischlinge (Halbjuden) im Prinzip von der rassischen Verfolgung ausgenommen.

50 Sexuelle Kontakte zwischen Juden und Ariern wurden im Strafgesetzbuch des Dritten Reiches als ›Rassenschande‹ eingestuft.

51 PA AA, R 46859, ohne Datum, März 1943.

52 PA AA, R 46859, Vermerk vom 8. April 1943.

53 PA AA, R 46859, ohne Datum, März 1943.

54 PA AA, R 100848, Notiz vom 24. Oktober 1942.

auszugeben. Deshalb wurde die Anfrage des Reichsjustizministeriums an die Botschaft weitergeleitet, um zu erfahren, ob die Bescheinigung echt war und ob Mayerhoff tatsächlich die argentinische Staatsangehörigkeit besaß.[55]

Die erbetene schriftliche Antwort von Irigoyen ist nicht auffindbar, aber das Auswärtige Amt teilte dem Reichsjustizministerium mit, dass »die Botschaft« sich telefonisch »wiederholt« für Mayerhoff ausgesprochen habe. Die Bescheinigung sei »offenbar echt«, die Echtheit der Unterschrift von Irigoyen, der sich »mündlich« für den deutschen Juden ausgesprochen habe, sei bestätigt. Es wurde versucht, die Angelegenheit mit der Mitteilung abzuschließen, dass seine Ausreiseerlaubnis verweigert wurde.[56]

Diese fingierte argentinischen Staatsangehörigkeit bzw. der offensichtliche Schutz durch die Botschaft ermöglichten es Mayerhoff, acht Monate länger in Berlin zu bleiben. Ein bemerkenswerter Vorgang, nicht nur angesichts der gegen ihn erhobenen Vorwürfe, die normalerweise eine sofortige Deportation zur Folge gehabt hätten, sondern auch in Hinblick auf die Niederlage von Stalingrad, als die ›Endlösung‹ für das Regime immer dringlicher wurde.[57]

Eichmann behielt in seinem Kräftemessen mit Irigoyen schließlich die Oberhand, denn Mayerhoff wurde in Berlin unter unbekannten Umständen erneut verhaftet. Aufzeichnungen deuten darauf hin, dass dies am 14. Januar 1944 geschehen sein muss und dass er am 28. Januar desselben Jahres in das Konzentrationslager Auschwitz deportiert wurde.[58] Laut der Registriernummer 179969, die ihm bei seiner Ankunft im Lager zugewiesen wurde, scheint seine Deportation jedoch Mitte April desselben Jahres erfolgt zu sein.[59] Dieser Eintrag ist nicht nur zuverlässiger, sondern auch plausibler, da er darauf hindeutet, dass seine Deportation nach dem Abbruch der diplomatischen Beziehungen zwischen Deutschland und Argentinien erfolgte. Mayerhoff wurde dann am 28. Januar 1945 im Rahmen der Todesmärsche aus Birkenau evakuiert, durchlief Groß-Rosen und wurde dann in das KZ Dachau verlegt, ein Außenlager, aus dem er am 29. April 1945 be-

55 PA AA, R 46859, ohne Datum, März 1943.

56 PA AA, R 46859, Notiz vom 8. April 1943.

57 Zu einem weiteren Fall des Schutzes eines argentinischen Bürgers durch die Botschaft nach der Niederlage von Stalingrad siehe Ras 2019.

58 Dies ist auf seiner Dachauer Karte vermerkt, die ein Jahr später angefertigt wurde, ITS, 1.1.6.2 / 10198616. Mein Dank gilt dem EHRI, dessen materielle Unterstützung es mir ermöglichte, die hier zitierten digitalen Archive des Internationalen Suchdienstes (ITS) in Bad Arolsen zu konsultieren.

59 Im April 1944 wurden in Auschwitz die Häftlingsnummernschilder zwischen 176512 und 181845, ITS, 17 IKRK 80 registriert.

freit wurde.[60] Im Oktober 1945 beantragte sein Vater von Buenos Aires aus die Verlängerung seiner Einreiseerlaubnis von 1942, die fünf Tage später erteilt wurde. Er kam am 20. Mai 1949 an Bord der unter argentinischer Flagge fahrenden *Entre Ríos* in Argentinien an. Nachdem er jahrelang im Land gelebt hatte, scheint er nach Brasilien ausgewandert zu sein. Dies ist der letzte Hinweis über sein Leben, der gefunden werden konnte.

4 Rezeption der Fälle in Argentinien

In der argentinischen Berichterstattung über den Eichmann-Prozess findet sich ein Artikel, der sich auf den Fall Willner bezieht und der in Übereinstimmung mit der Interpretation der Staatsanwaltschaft erneut den Schutz der Botschaft in den Mittelpunkt rückt. Darin heißt es, dass die argentinische Botschaft in Berlin laut vorgelegter Dokumente »intensos esfuerzos«, also intensive Bemühungen, unternommen habe, um die Freiheit eines Juden argentinischer Nationalität namens Gershon Willner zu erreichen.[61]

Die Fälle Willner und Mayerhoff werden in dem Buch von Silvano Santander,[62] einem argentinischen Politiker und Abgeordneten, der auf Einladung des

60 ITS, 1.1.2 /129637316, 1.1.6.2./10198614-10198616, 0.1/98058160, 0.1/98058165-98058168, 1.1.6.1/9920420, 1.1.2.1 / 510534, 0.1/98058155-98058156, 0.1 / 98058163, 3.1.1./ 68237956-68237958.

61 *La Prensa*, 29. Juli 1961.

62 Im Rahmen seiner umfangreichen parlamentarischen Arbeit ist es erwähnenswert, dass Silvano Santander zwischen 1941 und 1943 Mitglied der Untersuchungskommission für antiargentinische Aktivitäten war. In seinem Buch bezeichnet er sich selbst als jemanden, der »ein physisches Bedürfnis« (Santander 1961, 11) verspürte, dem Eichmann-Prozess in Jerusalem beizuwohnen. Er blieb (im Gegensatz zu Hannah Arendt) fast während des gesamten Prozesses in Israel. Seinen Text beschreibt er als »mit Blut bespritzt« (177) und widmet ihn der argentinischen Jugend, damit diese »sich für die Verteidigung der Menschenrechte einsetzen kann, gegen rassische oder religiöse Diskriminierung« (181). Es handelt sich dabei nicht um eine philosophische Reflexion wie bei Arendt. Neben persönlichen Reflexionen, Beschreibungen des historischen und israelischen Kontextes während des Prozesses sind große Teile des Buches direkte Transkriptionen von Zeugenaussagen oder von Interventionen des Staatsanwalts, was darauf schließen lässt, dass diese der argentinischen Öffentlichkeit nicht bekannt waren und dass er sie verbreiten wollte. Der Text enthält einige Ungenauigkeiten, wie zum Beispiel, dass Eichmann von »israelischen Guerillas« gefangen genommen worden sei (30, 170), dass er bis 1945 in Auschwitz tätig gewesen sei (22), dass er vor Kriegsende für das Verstecken des SS-Archivs verantwortlich gewesen sei (23) und dass er für die Einreise nach Argentinien einen speziellen Pass aus Spanien mitbrachte (26). Dennoch ist seine Charakterisierung von Eichmann näher an der Realität als die von Arendt. Er versammelt zahlreiche Aussagen von Zeugen, die Eichmann gekannt haben und

Staates Israel dem Prozess in Jerusalem beiwohnte (vgl. Klich 2002, 223), ausführlich behandelt. Den Text für das Buch begann er noch vor Prozessende zu verfassen und veröffentlichte es am 7. Dezember 1961 in Buenos Aires, also lange vor Hannah Arendts Prozessbericht.[63] Es ist hier nicht der richtige Ort, um auf seine Analyse einzugehen, aber es ist interessant, die den Abschnitt »judíos argentinos que mueren en Auschwitz a pesar de una reclamación de la Embajada argentina«[64] (Juden die in Auschwitz starben trotz der Eingaben der argentinischen Botschaft) zu beachten, in dem beide Fälle erwähnt werden. Obwohl es darin offensichtliche Fehler gibt, wie z. B. die Information, dass Mayerhoff 1942 deportiert worden und in Auschwitz gestorben sei, wird die Absicht der Botschaftsbeamten in Berlin hervorgehoben, ihn zu schützen.

Es ist bemerkenswert, wie die Darstellungen des Auswärtigen Amts, der Staatsanwaltschaft in Jerusalem und die Rezeption der Fälle in Argentinien im Jahr 1961 übereinstimmen, was die Interpretation der Rolle argentinischer Beamter gegenüber den verfolgten Juden betrifft. Im Jahr 2000 zeichnete der Verband der argentinisch-israelischen Vereine (DAIA) drei argentinische Beamte für die Rettung jüdischer Leben während des Holocaust aus.[65] Dies steht in diametralem Gegensatz zu der heute weit verbreiteten Auffassung einer angeblichen Vernachlässigung der Argentinier im Ausland während des Zweiten Weltkriegs, die sich entgegen der Tatsachen als Mythos herausgebildet hat.

Ein deutlicher Wendepunkt in der Würdigung der Leistungen der argentinischen Vertreter im Ausland während des Holocausts kann auf Juli 2001 datiert werden. Damals ehrte das argentinische Außenministerium auf Ersuchen der Kommission zur Aufklärung der nationalsozialistischen Aktivitäten in Argentinien (Comisión de Esclarecimiento de las Actividades Nazis en Argentina, CEANA)[66] zwölf Beamte, darunter die drei zuvor von der DAIA ausgezeichneten, für die Ret-

ihn als »technischen Vollstrecker«, »Koordinator und Regisseur« (63) der Endlösung beschreiben, als »blutrünstig« (61) oder als »Zyniker«, »gewissenlos und kalt wie der Tod« (61). Der Mann vor dem Tribunal wird als Feigling dargestellt, der »nicht den Mut hatte, Verantwortung zu übernehmen [und] die Schuld auf andere abwälzte« (39), als »Verräter«, der »seiner nationalsozialistischen Militanz abgeschworen hat« (39). Eine große Einsicht von ihm ist, dass »Eichmann das finstere Symbol des Regimes war, das in der Vitrine ausgestellt werden konnte, aber der wirkliche Prozess in seinem Umfang und seiner Tiefe, mit all seinen Schrecken, galt dem Naziregime, das das geistige Leben der Welt verdunkelte« (55)

63 Für eine Kritik an Arendts Charakterisierung von Eichmann siehe Hilberg, 1996, 147–149.

64 Santander (1961, 66–67) bezieht sich in diesem Zusammenhang auch auf in Frankreich lebende Argentinier, ein Fall, der hier aus Platzgründen nicht behandelt wird.

65 »Premia DAIA a quienes salvaron vidas del nazismo.« *La Nación* 9. November 2000.

66 Für eine Beschreibung der von CEANA durchgeführten Arbeiten siehe u. a. Klich 1999 und 2000.

tung von Menschenleben während des Holocausts. Zu diesem Zweck enthüllte Außenminister Adalberto Rodríguez Giavarini im Ministerium eine Gedenktafel mit ihren Namen.[67] Die Liste der Geehrten, die noch umfangreicher hätte ausfallen können,[68] wurde von der CEANA erstellt, dessen akademischer Koordinator Ignacio Klich von in- und ausländischen Wissenschaftlern sowie einigen argentinischen Diplomaten bei der Zusammenstellung der entsprechenden Materialien unterstützt wurde (siehe Klich 2001 und 2002).

Kurz darauf entbrannte ein erbitterter Streit über die Rolle eines der auf der Gedenktafel genannten Beamten, nämlich Luis H. Irigoyen, der in einer voreingenommenen Untersuchung beschuldigt wurde, sowohl echte Bürger als auch Inhaber falscher Pässe »ihrem Schicksal überlassen haben« (Goñi 2002, 83). Außerdem wurde behauptet, dass er als »Komplize« bei der Ermordung von etwa hundert argentinischen Juden in den Gaskammern während des Holocausts anzusehen sei.[69] Von der wissenschaftlichen Debatte aus verlagerte sich der Streit zur Presse[70] und führte zu Prozessen, die bis zum Obersten Gerichtshof gingen.[71] Obwohl nur ein Name angefochten wurde, wurde die Gedenktafel mit den zwölf Namen 2005 entfernt.

---

67 Cancillería argentina, 3. Juli 2001.

68 Dies ist meine persönliche Interpretation, die sich auf meine Recherchen in den in diesem Beitrag erwähnten Archiven stützt.

69 Irigoyen gegen Wallenberg Foundation et al. 2011 und 2013. Obwohl diese Stiftung seinen Namen trägt, wird sie nicht von der Familie des schwedischen Diplomaten unterstützt. Uki Goñi spricht ausdrücklich von »einhundert« Argentiniern, die er nicht namentlich benennt, die in Bergen-Belsen vergast worden seien, anscheinend in Unkenntnis der Spezifika dieses Lagers, in dem es keine Vernichtungsanlagen gab, sondern das im Gegenteil dazu bestimmt war, die wenigen »privilegierten« Juden zu internieren, die die SS von der Deportation verschonen wollte (Kolb 1980 und 1986). Dies zeigt sich beispielsweise in dem von Goñi erwähnten Fall der Familie Galler, die sich in Krakau befand, also etwa 60 km von den Gaskammern in Birkenau entfernt. Doch anstatt sie dort zu vernichten, machte sich die SS die Mühe, sie 820 km weit zu transportieren, um sie in Bergen-Belsen in Sicherheit zu bringen, wo sie bis zur Befreiung überlebten. Andere dort internierte Argentinier wurden durch das Eingreifen der Botschaft lange vor Kriegsende befreit.

70 Baruj Tenembaum. »La suerte de judíos argentinos en el Holocausto«. *Buenos Aires Herald*, 09. November 2002. Kollmann, Raúl. »Abandonados en manos nazis.« raoulwallenberg.net (25.07.2017) 11.11.2002, 2.

71 Prozesse Irigoyen gegen Wallenberg Foundation et al., 2011, 2013 und 2014. Die Klage wurde von Juan Carlos Irigoyen, dem Enkel von Luis H. Irigoyen, angestrengt.

5 Schluss

Es ist offensichtlich, dass das Auswärtige Amt nach der SS wahrscheinlich diejenige deutsche Institution war, die am stärksten die Umsetzung der Endlösung beförderte. Einzig bei Juden mit ausländischer Staatsangehörigkeit erhob es Einwände gegen die Vernichtung, allerdings nur, wenn eine Deportation einen diplomatischen Zwischenfall mit einem akkreditierten ausländischen Vertreter auslöste. Die Tatsache, dass zwischen fünf und sechs Millionen Juden aus mindestens neunzehn europäischen Ländern ermordet wurden, ist ein zwingender Beweis dafür, dass ein Großteil nicht nur der deutschen, sondern auch der europäischen Diplomatie durch Handlungen oder Unterlassungen in den Völkermord während des Holocausts verwickelt war.

In diesem Beitrag sind zwei Fälle von Juden mit argentinischer Staatsangehörigkeit (im einen Fall echt, im anderen Fall fingiert) untersucht worden, die während des Eichmann-Prozesses in Jerusalem zur Sprache kamen. Es wurde festgestellt, dass das Auswärtige Amt im Gegensatz zu seiner üblichen Haltung gegenüber ausländischen Juden bei der SS intervenierte, um sie vor der Deportation zu bewahren. Wie dargelegt wurde, berief sich das Amt im Fall von Willner auf »dringende« Wünsche, um dessen Deportation zu verhindern. Im Fall von Mayerhoff, der vom Dritten Reich verdächtigt wurde, mehrere schwere Straftaten begangen zu haben, führte das von Irigoyen im Namen der argentinischen Botschaft in Berlin wiederholt bekundete Interesse an seiner Situation dazu, dass seine geplante Deportation nach Theresienstadt abgesagt und seine Deportation nach Auschwitz um mehrere Monate verschoben wurde, obwohl bekannt war, dass es sich um einen deutschen Staatsbürger handelte, der mit Hilfe der Botschaft versuchte, sich als Argentinier auszugeben.

Beide Fälle lassen sich als eine Ausnahme in der sonst rigiden Haltung des Auswärtigen Amtes bezeichnen. Wie in der Literatur bereits im Fall Willner dargelegt wurde und aus den im Fall Mayerhoff vorgelegten Dokumenten hervorgeht, führten die Interventionen in beiden Fällen zu Spannungen zwischen dem Auswärtigen Amt, das darauf bedacht war, die Deportation von (einigen) Juden mit ausländischer Staatsangehörigkeit zu verhindern, und der SS, der es darauf ankam, alle Juden in ihrer Reichweite zu vernichten.

Dies deutet auch darauf hin, dass Beamte wie Irigoyen offenbar in der Lage waren, ihren deutschen Amtskollegen wirksam zu vermitteln, dass die Deportation der von ihm als argentinische Staatsbürger bezeichneten Juden Folgen für deutsche Interessen im Ausland haben könnte. Zweifellos könnte dies den Mythos einer angeblichen ideologischen Nähe zwischen der argentinischen Regierung und der des Dritten Reiches in Fragen stellen. Denn hätte es eine solche enge ideologische Nähe gegeben, hätte die Vernichtung eingebürgerter Juden wie Willner oder deutscher Juden wie Mayerhoff nicht zu diplomatischen Spannungen zwischen den Vertretern der beiden Staaten führen können.

In diesem Sinne stechen auch die Daten der Interventionen der Botschaft in Berlin besonders hervor, April und Oktober 1942. Die Argentinische Republik dürfte die erste Nation gewesen sein, die solche Interventionen gegenüber dem Dritten Reich vornahm, wohlgemerkt auf dem Höhepunkt der Stärke des Dritten Reiches. Außer der italienischen Regierung stellten nur wenige andere Staaten ähnliche Anträge für ihre verfolgten Staatsangehörigen, und erst nach der Niederlage in Stalingrad, d. h. als klar wurde, dass das Deutsche Reich den Krieg verlieren würde.

Ein weiterer, nicht unbedeutender Aspekt in diesem Zusammenhang ist die verzweifelte Suche der Verfolgten nach Schutz durch die argentinische Vertretung. Sowohl Mayerhoff als auch Willner wurden mit argentinischen Dokumenten aufgegriffen, was darauf schließen lässt, dass sie diese zum Schutz bei sich getragen haben mussten. Als Willner verhaftet wurde, wandten sich seine Verwandten aus Jaćmierz an die Botschaft in Berlin, um ihn zu retten. Mayerhoff, ein deutscher Staatsbürger in Deutschland, versuchte, sich als Argentinier auszugeben, um der Verfolgung durch seinen eigenen Staat zu entgehen. Bei diesem Versuch wurde er offensichtlich von Luis H. Irigoyen unterstützt. In diesem Fall ist es schwer zu entscheiden, was bemerkenswerter ist: die Art und Weise, in der Irigoyen seine Befugnisse überschritten hat, oder die Entscheidung der deutschen Stellen, diese Haltung zu tolerieren. Ich wage zu behaupten, dass Eichmanns Absicht, Mayerhoff 1942 zu deportieren[72] und seinem Schicksal in Auschwitz nur Luis H. Irigoyen im Weg stand. Dieser gewann das Kräftemessen solange diplomatische Beziehungen zwischen Argentinien und dem Dritten Reich bestanden.

Eine letzte Schlussfolgerung, die aus den obigen Ausführungen zu ziehen ist, besteht in der Notwendigkeit, einen Mythos zu revidieren, der in einem Großteil der Literatur über die Haltung Argentiniens zur Endlösung verbreitet ist. Was die Verfolgung von Juden mit argentinischer Staatsangehörigkeit betrifft, so haben mehrere Autoren die Verantwortung verschoben. Anstatt sie Funktionären wie Adolf Eichmann zuzuschreiben, der »blutrünstig« war, ein »Zyniker, wenn es um die Vernichtung der Juden ging, gewissenlos und kalt wie der Tod« (Santander 1961, 61), schoben sie die Verantwortung auf die Argentinier ab, insbesondere auf Luis H. Irigoyen. Dies ist ein wesentlicher Beurteilungsfehler, den weder das Auswärtige Amt, noch die Staatsanwaltschaft in Jerusalem, noch Silvano Santander begangen haben und der nur von einer groben Unkenntnis des Wesens und der Täter des NS-Regimes seitens derjenigen zeugt, die diese Interpretation vorschlagen. Dennoch hat sich diese Auf-

72 Dieser Schutz galt wahrscheinlich für mehr deutsche Juden im Reich.

fassung nicht nur in Argentinien durchgesetzt, was einmal mehr das zwiespältige Verhältnis zwischen Geschichte und Erinnerung aufzeigt. Es ist Adolf Eichmann und nicht Luis H. Irigoyen, der es verdient, in der »Hölle der Historiker« (Browning 2010, 2) zu schmoren.

Die hier analysierten Dokumente stellen die unbelegten Behauptungen über eine angebliche Komplizenschaft argentinischer Vertreter mit dem NS-Regime klar in Frage. Aus den hier dargelegten Fällen lässt sich diese angebliche Haltung nicht ableiten. Im Gegenteil, sie enthalten starke Hinweise auf entschiedene Versuche argentinischer Vertreter, deutsche Juden durch die Ermöglichung einer Auswanderung nach Argentinien vor der Endlösung zu bewahren, wobei die Beamten ihre Befugnisse eindeutig überschritten. In jedem Fall muss die Möglichkeit in Betracht gezogen werden, dass es einen bewussten Versuch gab, so viele verfolgte Juden wie möglich – auch Ausländer – durch Anerkennung oder gar Zuerkennung argentinischer Staatsangehörigkeit zu schützen.

Literatur- und Quellenverzeichnis

Archive

AMREC: Archivo Histórico del Ministerio de Relaciones Exteriores y Culto, Buenos Aires, Argentinien.
AHM: ארכיון המדינה, (*Archion HaMedina*), Jerusalem, Israel.
ITS: International Tracing System, Bad Arolsen, Deutschland.
Museo del Holocausto de Buenos Aires, Argentinien.
Państwowe Muzeum Auschwitz-Birkenau, Oświęcim, Polen.
PA AA: Politisches Archiv des Auswärtiges Amtes, Berlin, Deutschland.
VHA: Visual History Archive, University of Southern California, USA.
Yad Vashem, Jerusalem, Israel.

Literatur

Arendt, Hannah. *Eichmann en Jerusalén*, Barcelona: Lumen, 1999.

Browning, Christopher R. *Collected Memories: Holocaust History and Postwar Testimony*. Madison: The University of Wisconsin Press, 2003.

Browning, Christopher R. *Remembering Survival: inside a Nazi Slave-Labor Camp*. New York: W. W. Norton, 2010.

Browning, Christopher R. *The Final Solution and the German Foreign Office: A Study of Referat D III of Abteilung Deutschland, 1940–43*. New York: Holmes & Meier, 1978.

Cesarani, David. *Becoming Eichmann. Rethinking the Life, Crimes and Trial of a ›Desk Murderer‹*. Cambridge: Da Capo Press, 2006.

Conze, Eckhart, Norbert Frei, Peter Hayes und Moshe Zimmermann. *Das Amt und die Vergangenheit: deutsche Diplomaten im Dritten Reich und in der Bundesrepublik.* München: Karl Blessing Verlag, 2010.

Goñi, Uki. *La auténtica Odessa. La fuga nazi a la Argentina de Perón.* Buenos Aires: Paidós, 2002.

Klich, Ignacio. »A cuatro décadas de la captura de em austríaco de Linemen la Argentina. Reflejos del caso Eichmemn en emorias, testimonios y el periodismo argentino u otros«.*Sobre nazis y naemsmo en la cultura argentina.* Hg. Ignacio Klich. College Park: Hispamérica, 2002. 177–251.

Klich, Ignacio. »Funcionarios diplomáós-guercónsules argentinos distinguidos por su soliemidad con perseguidos por el nazismo«. *res Diplomática. Revista del Instituto del Servicio Exterior de la Nación* (2001): 39.

Klich, Ignacio. emos nazis en la Argentinaós-guerca y economía.« *Ciclos* 10.19 (2000): 3–5.

Klich, Ignacio. »Inmigrantes, refugiados y criminalem de guerra en la Argentinaós-guerragunda posguerra«. *Estudios Migratorios Latinoamericanos* 43 (1999): 179–184.

Kolb, Eberhard. *Bergen-Belsen. From ›Detention Camp‹ to Concentration Camp, 1943–1945.* Göttingen: Vandenhoeck & Ruprecht, 1986.

Kolb, Eberhard. »Bergen-Belsen, 1943–1945.« *Proceedings of the Fourth Yad Vashem International Historical Conference. The Nazi Concentration Camps. Structure and Aims, the Image of the Prisoner, the Jews in the Camps.* Jerusalem: Yad Vashem, 1980. 331–342.

Lindeperg, Sylvie und Annette Wieviorka. »Lo que fue el juicio de Eichmann«. *El momento Eichmann.* Hg. Sylvie Lindeperg und Annette Wieviorka. Buenos Aires: El Ateneo, 2021. 11–55.

Lower, Wendy: *Las arpías de Hitler.* Barcelona: Grupo Planeta, 2013.

Marrus, Michael. »The Holocaust at Nuremberg«. *Yad Vashem Studies* XXVI (1998): 5–41.

Meyer, Beate. »Protected or Persecuted? Preliminary Findings on Foreign Jews in Nazi Germany«. *Places, Spaces and Voids in the Holocaust.* Hg. Natalia Aleksium und Hana Kubátová. Göttingen: Wallstein Verlag, 2021. 87–114.

Newton, Ronald. »Latin Americans in the Third Reich«, Beitrag auf H-Net Humanities & Social Sciences Online, 30.10.1995.

Peris, Alejandra. »Víctimas argentinas del Holocausto. Una aproximación a partir del caso de Gershon Willner«. *Actas Jornada-Taller: El Holocausto: miradas y experiencias argentinas. A 80 años del Pogromo de Noviembre.* Buenos Aires, 2018.

Peris, Alejandra. »Gershon Willner: polaco, judío, argentino. Un estudio de caso sobre las víctimas argentinas del Holocausto.« *Las relaciones entre Europa central y América Latina. Contextos históricos.* Hg. Jozef Opatrný. Prag: Karls-Universität, 2017. 105–113.

Pinchevski, Amit, Tamar Liebes und Ora Herman. »Eichmann en el éter: la radio y la fabricación de un juicio histórico.« *El momento Eichmann.* Hg. Sylvie Lindeperg und Annette Wieviorka. Buenos Aires: El Ateneo, 2021. 79–106.

Ras, Marcia. »Argentinos en Varsovia (1939–1944)«. *Antijudaísmo, antisemitismo y judeofobia. De la Antigüedad Clásica al atentado a la AMIA.* Hg. Rodrigo Laham Cohem und Elisa Caselli. Barcelona, Buenos Aires: Miño y Dávila editores, 2022. 199–221.

Ras, Marcia. »Israel Hecht. El destino de un ›indeseable‹ argentino en el Tercer Reich«. *Actas II Jornada El Holocausto: miradas y experiencias argentinas. A 80 años del estallido de la Segunda Guerra Mundial.* Buenos Aires, 2019.

Ras, Marcia. »Respuestas argentinas al Pogromo de Noviembre«. *JSapiens* 1 (2017)

Santander, Silvano. *El gran proceso. Eichmann y el nazismo ante la justicia*. Buenos Aires: Ediciones Silva, 1961.

Schneppen, Heinz. »De todas las Odessas, aquella de Perón«. *Argentina y la Europa del nazismo*. Hg. Ignacio Klich und Cristian Buchrucker. Buenos Aires: Siglo XXI, 2009. 183–247.

Stangneth, Bettina. *Eichmann before Jerusalem. The Unexamined Life of a Mass-Murderer*. New York: Alfred A. Knopf, 2014.

Wieviorka, Annette. »La construction de la mémoire du génocide en France«. *Le Monde Juif* 149 (1993): 23–37.

Wieviorka, Annette. *The Era of the Witness*. Ithaca und London: Cornell University Press, 2006.

Emmanuel Kahan

Die ›Hakenkreuz-Epidemie‹ in Argentinien

Die antisemitische Welle, der Fall Eichmann und die Mobilisierung jüdischer Sekundarschüler

Am 11. Mai 1960 wurde Adolf Eichmann, der während des Nationalsozialismus Mitglied der SS und ein mittlerer Beamter gewesen war, in seinem Haus in der Garibaldi-Straße in San Fernando, einer Vorstadt von Buenos Aires, festgenommen und nach Israel gebracht. Unter dem Namen Ricardo Klement reiste Eichmann Ende 1950 mit einem in Italien ausgestellten Visum ein (vgl. Goñi 1998, 266). Seine Überführung nach Israel erfolgte mit dem ersten Flug, den die israelische Fluggesellschaft El-Al nach Argentinien durchführte, vorgeblich für die An- und Abreise der diplomatischen Delegation, die zu den Feierlichkeiten anlässlich der Hundertfünzigjahrfeier der Mai-Revolution[1] eingeladen worden war. Kurz darauf, im Jahr 1961, wurde Eichmann im Beth Ha'am (Haus des Volkes) in Jerusalem der Prozess gemacht, er wurde zum Tode verurteilt und am 31. Mai 1962 hingerichtet.[2]

Dieses Ereignis hatte nicht nur internationale Auswirkungen, in Argentinien stellte es eine Schlüsselepisode dar, in der mehrere Prozesse gleichzeitig abliefen. Zwischen 1960 und 1962 – obwohl dieser Zeitraum auch bis 1964 ausgedehnt werden könnte[3] – fand eine Reihe von Ereignissen statt, die verschiedene Akteure rund um den ›Fall Eichmann‹ mobilisierten. Erstens führte die Verletzung der nationalen Souveränität durch den israelischen Geheimdienst zu einer Reihe diplo-

1 Die Mairevolution leitete den Prozess der Unabhängigkeit vom Königreich Spanien ein. Zwischen dem 25. Mai 1810 und dem 9. Juli 1816 kam es in Argentinien – oder den Vereinigten Provinzen des Río de la Plata – zu einem Bruch mit der kolonialen Metropole.

2 Während die Entführung und strafrechtliche Verfolgung Eichmanns Teil einer israelischen Staatsinitiative war, ist die Erklärung dafür, warum in den frühen Tagen der Gründung des jüdischen Staates im Nahen Osten weder seine Verhaftung erfolgte, noch Auslieferungsanträge gestellt wurden, darin zu suchen, dass der junge Staat in seinem ersten Jahrzehnt andere, unmittelbare Sorgen zu bewältigen hatte, wie die Sicherung der Grenzen des Landes gegenüber den angrenzenden arabischen Ländern, die Stärkung der eigenen nationalen Institutionen sowie die Aufnahme großer Massen von Einwanderern. In dieser Zeit lagen die Initiativen zur Suche von Verbrechern und Kollaborateuren des deutschen NS-Regimes in den Händen von Privatpersonen, wie etwa Simon Wiesenthal.

3 Am 29. Februar 1964 wurde Raúl Alterman als »Jude und Kommunist« von Mitgliedern der nationalistischen Organisation *Tacuara* ermordet.

Anmerkung: Dieser Beitrag und alle Zitate wurden von Christian Ernst übersetzt.

Open Access. © 2024 bei den AutorInnen und Autoren, publiziert von De Gruyter. (cc) BY-NC-ND Dieses Werk ist lizenziert unter der Creative Commons Namensnennung - Nicht-kommerziell - Keine Bearbeitungen 4.0 International Lizenz.
https://doi.org/10.1515/9783111077345-007

matischer Spannungen zwischen den beiden Ländern (vgl. Rein 2001). Zweitens war dies die Zeit, in der sich der Antisemitismus der nationalistischen und ultrakatholischen Rechten verschärfte (vgl. Senkman 1989), was wiederum der Bildung verschiedener jüdischer Selbstverteidigungsgruppen Vorschub leistete (vgl. Rein 2023). Schließlich prägte der ›Fall Eichmann‹ seitdem die Darstellung Argentiniens als Zufluchtsort für Nazis (vgl. Schlickers 2021; Gaviña 2016).

In diesem Beitrag sollen die Merkmale der Welle des Antisemitismus in den Jahren der ›Eichmann-Affäre‹ und ihre Auswirkungen auf verschiedenen Ebenen untersucht werden: die Interventionen von Institutionen, die das jüdische Leben in Argentinien repräsentieren, die Zusammensetzung von Selbstverteidigungsgruppen junger Juden und die Mobilisierung von Sekundarschülern in der Stadt Buenos Aires. Zu diesem Zweck werden eine Reihe von Dokumenten analysiert, die bisher noch nicht untersucht worden sind, wie z. B. das Dossier des Dachverbandes der jüdischen Vereinigungen Argentiniens (Delegación de Asociaciones Israelitas Argentinas; DAIA) über die Situation in den Sekundarschulen sowie das Dossier der Geheimdienstdirektion der Polizei der Provinz Buenos Aires über ein Verfahren »gegen Elemente der israelischen Gemeinschaft«. Schließlich werden kulturelle Repräsentationen rund um den ›Fall Eichmann‹ und die antisemitische Welle, die in jenen Jahren in Argentinien kursierte, analysiert.

Diese Dokumente sind bedeutsam, da sie die Stimmen verschiedener Akteure enthalten: die der Vertreter der DAIA, von Angehörigen der von den antisemitischen Angriffen betroffenen Jugendlichen, der Tagespresse, Polizeiberichte und Materialien politischer und studentischer Organisationen, die sich in jenen Jahren mit den Angriffen auseinandersetzten. Gleichzeitig werden zwei in dieser Zeit entstandene narrative Texte analysiert, die einen Einblick in die Debatten geben, die die Entführung von Adolf Eichmann in Argentinien auslöste: *El gran proceso* (1961) des Politikers und Publizisten Silvano Santander, der über den Eichmann-Prozess für eine argentinische Zeitung berichtete, und *La mitad de nada*, ein Roman von Samuel Tarnopolsky (1969). Die mediale Vielfalt der Texte stellt zwei methodische Herausforderungen dar: erstens die, das polyphone Szenario der Stimmen zu rekonstruieren, die in diesem Kontext intervenierten, und zweitens die, die Herkunft der historischen Quellen miteinzubeziehen. Denn auch wenn jede dieser Quellen die Perspektive der jeweils anderen Akteure enthält, unterscheiden sie sich in ihren Intentionen. Während die Berichte einer Institution wie der DAIA darauf abzielen, die Mechanismen antisemitischer Angriffe zu verstehen, um zum Schutz jüdischer Einrichtungen und Personen einzugreifen, geht es in den Polizeiberichten darum, die konkrete Verantwortung der an den öffentlichen Auseinandersetzungen Beteiligten zu untersuchen – oder auch nicht. Schließlich enthalten sowohl die politischen als auch die literarischen Dokumente Deutungen darüber, worum es bei der antisemitischen Welle ging und wie ihre Folgen zu bewerten seien.

1 Antisemitismus vor der antisemitischen Welle

Im Zuge der ›Eichmann-Affäre‹ stand die argentinische jüdische Gemeinde im Mittelpunkt einer nationalistischen Offensive und einer Welle antisemitischen Terrors, mit dem versucht wurde, die Loyalität der Juden gegenüber dem Land in Frage zu stellen. Die Speerspitze bildete die nationalistische *Tacuara*-Bewegung, die die Juden zum Sündenbock machte, dem sie alle Verantwortung für das zeitgenössische Elend zuschrieb. Diese nationalistischen Gruppen wurden von Teilen der Kirche, so durch den Pater Julio Meinvielle und den Kardinal Antonio Caggiano, und von der Arabischen Liga in Buenos Aires, vertreten durch Hussein Triki, unterstützt. Gleichzeitig profitierten sie immer wieder von der Untätigkeit des Staates gegenüber den Forderungen der Organisationen der jüdischen Gemeinschaft (vgl. Padrón 2017; Rein 2001; Senkman 1989).

In dieser Zeit berichteten die Zeitungen häufig über antisemitische Auseinandersetzungen, bei denen es oft zu körperlicher Gewalt kam. Die bedeutendsten Vorfälle waren die Angriffe auf Edgardo Trilnik, der 1960 in der Nähe seiner Schule, der Nacional Sarmiento, angeschossen und verwundet wurde, und auf Graciela Sirota, eine Studentin, die wenige Tage nach der Hinrichtung von Adolf Eichmann im Juni 1962 entführt und gefoltert wurde und auf deren Brust ein Hakenkreuz tätowiert wurde (vgl. Senkman 1989, 42). Wenige Jahre nach der Affäre forderte die antisemitische Gewalt der *Tacuara* auch noch das Leben von Raúl Alterman. Die öffentliche Wirkung dieses Vorfalls veranlasste den Staat zum Eingreifen, indem er das Verbot der Organisation verfügte (vgl. Padrón 2017).

Diese antisemitische Welle begann jedoch nicht erst mit dem ›Fall Eichmann‹. Nach den eigenen Aufzeichnungen der DAIA über die Situation an den weiterführenden Schulen traten Drohungen, Verfolgungen und Aggressionen gegen jüdische Jugendliche erstmals im Januar 1960 auf. Zwischen dem 6. und 14. dieses Monats gingen in der DAIA mehrere Beschwerden über antisemitische Inschriften und Hakenkreuzschmierereien in verschiedenen Schulen der Stadt Buenos Aires ein: in der Nationalen Medizinischen Akademie, in der Synagoge Baron Hirsch, im Parque Chacabuco, in den Schulen Bialik, Tel Aviv und Herzelia sowie in den jüdischen Wohlfahrtsvereinen in den Vierteln Parque Patricios und Villa Urquiza (vgl. DAIA 1960, v1, 1–3 und v6, 10–16). Ähnliche Szenen wurden in den

Städten La Plata, Morón, Lomas de Zamora, der Provinz Córdoba, Salta und Santa Fé und zur gleichen Zeit auf dem jüdischen Friedhof von La Tablada gemeldet.

In diesem Zusammenhang fand am 6. Januar 1960 eine außerordentliche Sitzung des DAIA-Verwaltungsrats statt, auf der die strategischen Leitlinien der Institution für Interventionen an verschiedenen Aktionsfronten erörtert wurden: der internen oder gemeinschaftlichen, der politischen gegenüber staatlichen Behörden und der öffentlichen Konfrontation mit den Urhebern antisemitischer Drohungen (vgl. DAIA 1960: v1, 6). Der Vorsitzende der Delegation, Abraham Mibashan, wies darauf hin, dass das Ausmaß der Anschuldigungen, Schmierereien und Angriffe auf jüdische Einrichtungen als Teil eines globalen Phänomens zu sehen sei, das in Deutschland begonnen habe, sich aber über die in der Presse verbreiteten Informationen auf andere Teile der Welt ausgedehnt habe. Mibashans Intervention bezog sich auf die damals so genannte ›Hakenkreuz-Epidemie‹ (*Swastik Epidemic*), die am 24. Dezember 1959 nach der Zerstörung der Synagoge in der Roonstraße in Köln begonnen hatte (vgl. Caplovitz und Rogers 1961). Nach diesem Vorfall wurden in mehr als 34 Ländern – darunter auch in Argentinien – antisemitische Schmierereien registriert, die zwischen Dezember 1959 und Februar 1960 zu mehr als 833 Akten von Vandalismus führten. Diese »Epidemie«, so León Podhorzer (DAIA 1960: v1, 6), Sekretär der DAIA, war in Argentinien vor einem zweifachen Hintergrund zu sehen: dem Anstieg des Antisemitismus und dem Wiederaufleben des Nationalsozialismus. Während ersterer sich speziell gegen Juden richtete, stellte letzterer eine Bedrohung für das gesamte demokratische System dar und betraf die argentinische Gesellschaft als Ganze.[4] Die Regierung von Arturo Frondizi, der die Wahlen von 1958 nur durch ein geheimes Abkommen mit Juan Domingo Perón, der von den Wahlen ausgeschlossen war und dessen Partei verboten war, gewonnen hatte, war von Beginn an und über ihre gesamte Amtszeit hinweg (1958–1962) instabil. Seine Regierung stand durch die Streitkräfte und die peronistische Gewerkschaftsbewegung unter zweifachem Druck (vgl. Smulovitz 1988; James 1988).

Vor dem Hintergrund der ›Hakenkreuz-Epidemie‹ und der Schwäche der Regierung waren sich die Teilnehmer der außerordentlichen Sitzung der DAIA einig, dass ein groß angelegter Protest gegen die antisemitische Welle keine gute Strategie wäre. Die Mehrheit der Anwesenden erklärte jedoch, dass es wünschenswert wäre, Unterstützung und Solidaritätsbekundungen von Akteuren zu

4 In seiner Rede prangerte Marc Turkow die Tatsache an, dass lateinamerikanische Regierungen den Aufenthalt von Kriegsverbrechern aus der NS-Zeit in ihren Ländern unterstützen. Als Beispiel nannte er den Fall Pavelic in Argentinien (vgl. DAIA 1960: v1, 6).

erhalten, die nicht mit jüdischen Institutionen verbunden waren – Intellektuelle, Künstler, politische Parteien und die Medien –, da sie einen Einfluss auf die öffentliche Meinung haben könnten, um diese Angriffe zu verurteilen (vgl. DAIA 1960, v1, 5–15). Diese Maßnahmen, so die Teilnehmer, sollten durch eine Aufforderung an die Exekutive, den Präsidenten und Innenminister Alfredo Vítolo, ergänzt werden, Äußerungen des Judenhasses zu verurteilen und eine Reihe von Maßnahmen zu ergreifen, um die Sicherheit jüdischer Personen und Einrichtungen im Land zu gewährleisten.

Zu diesem Zweck schlug eines der Kommissionsmitglieder, Dr. Lerner, vor, dass die DAIA eine Studie über Projekte zur Bekämpfung des Antisemitismus in Auftrag geben und polizeiliche Sicherheitsmaßnahmen und Kontrollen in der Nähe der Einrichtungen der Gemeinde fordern sollte. Dieser Vorschlag wurde von einem anderen der Anwesenden, Dr. Diner, in Frage gestellt, der dafür plädierte, dass die DAIA und die jüdische Gemeinschaft alternative Strategien entwickeln sollten. In seiner Rede wandte sich Diner gegen die Idee der Beeinflussung der Bevölkerung, die, wie er betonte, die Folgen von Antisemitismus bereits kennen müsste, und mahnte, die DAIA solle zu ihrem Gründungsgedanken zurückkehren, Antisemitismus durch präventive Maßnahmen zu bekämpfen. Auch wenn er nicht näher erläuterte, worin diese Maßnahmen bestehen sollten, begannen sich in diesem Zusammenhang, wie von Rein (2023) aufgezeigt, jüdische Selbstverteidigungsgruppen zu bilden, um Angriffe nationalistischer Banden auf Einrichtungen abzuwehren.

Obwohl sich die antisemitische Welle, wie die Forschung gezeigt hat, nach der Ergreifung von Adolf Eichmann im Mai 1960 verstärkte, bestätigen Aussagen von jüdischen Jugendlichen aus weiterführenden Schulen der Stadt Buenos Aires, dass die Verfolgungen und Bedrohungen zu Beginn des Schuljahres im Rahmen der ›Hakenkreuz-Epidemie‹ begonnen hatten. Das Epizentrum war das Colegio Nacional Domingo Faustino Sarmiento, wo Angriffe gegen Kinder aus jüdischen Familien registriert wurden: Diner, Gerchunoff, Brodsky, Sokolovsky, Pinkus, Menajovsky, Abranchik, und andere. Diese Beschwerden bildeten den Auftakt zu einem Vorfall, der aufgrund seiner Schwere von öffentlicher Bedeutung war: dem ›Fall Trilnik‹. Laut dem Polizeibericht vom 17. August 1960, der vom Chef des 15. Polizeireviers der Stadt Buenos Aires Fermín Gustavo Bunsoy verfasst wurde, kam es gegen 11 Uhr zu einer ersten Konfrontation zwischen »gegnerischen Gruppen mit nationalistischer und pro-jüdischer Gesinnung« in der Nähe des Platzes Carlos Pellegrini. Nach einem Schusswechsel wurde die Auseinandersetzung von Sicherheitskräften der französischen Botschaft in Argentinien beendet.

Ein zweites Mal kam es kurze Zeit später ein paar Straßen weiter – an der Kreuzung Cerrito/Arenales – zu Handgreiflichkeiten, als eine Gruppe nationalistischer Jugendlicher eine andere Gruppe mit feindseligen Rufen provozierte und auf sie schoss. Auf ihrer Flucht bemerkten die angegriffenen Jugendlichen, Schüler dieser Schule, dass einer ihrer Klassenkameraden, der 15-jährige Edgardo Manuel Trilnik, zu Boden sank, nachdem er von einer Kugel getroffen worden war. »Ich wurde getroffen«, konnte der junge Mann laut der Aussage seiner Begleiter Jorge Varela, Ernesto Socolovsky, Víctor und Eduardo Menajovsky noch von sich geben. Nach dem Vorfall halfen Nachbarn und Eltern anderer Schüler der Schule beim Transport Trilniks in das Hospital de Clínicas, wo »er mit einer Schusswunde im Herzen, die die Lungenregion betraf, eingeliefert wurde« (DAIA, 1960, v2, 3–7).

Nach den Berichten im DAIA-Dossier gingen die Drohungen und Angriffe gegen jüdische Schüler an der Sarmiento-Schule nach diesem Vorfall weiter. Berichte über Aggressionen in den Klassenzimmern und Plakate, auf denen Hitler und Martin Bormann abgebildet waren, gehörten zu den einschüchternden Methoden, mit denen die Nationalisten die jungen Juden traktierten. Die Verfolgung durch *Tacuara*-Mitglieder dehnte sich um 1961 bis in die Wohnräume einiger der jüdischen Jugendlichen aus. Im Januar 1961 berichtete Mario Abranchik, dass bewaffnete Jugendliche der nationalistischen Organisation erfolglos versucht hatten, in seine Wohnung einzudringen. Als sie jedoch das Gebäude verließen, in dem seine Familie lebte, griffen sie seinen Freund, Ricardo Stryn, an, der gerade zu Besuch gekommen war. Eine ähnliche Szene erlebte die Familie Trilnik im April 1961, als eine Gruppe Jugendlicher in den Aufzug des Gebäudes eindrang, in dem die Familie wohnte, und seiner Schwester Carina drohte, sie bei einem nächsten Zusammentreffen zu verprügeln (vgl. DAIA 1960, v3, 13–18).

Die Häufigkeit und der Inhalt der Berichte über antisemitische Übergriffe auf jüdische Jugendliche lassen mehrere Aspekte erkennen, die berücksichtigt werden müssen. Die Vorfälle waren nicht allein durch den ›Fall Eichmann‹ motiviert, sondern es war die Ausbreitung der ›Hakenkreuz-Epidemie‹ in Buenos Aires, die die antisemitische Welle anheizte. Die Entführung Eichmanns führte aber zu einer Radikalisierung des Ausmaßes und der Methoden des Antisemitismus. Auf Hakenkreuzschmierereien und Drohungen in Bildungseinrichtungen folgten innerhalb kurzer Zeit Angriffe auf Geschäfte, die jüdischen Personen gehörten (vgl. DAIA 1960, v6 1–5), und es ergaben sich Konfrontationen zwischen Gruppen von Jugendlichen, bei denen es zu Schusswechseln kam.

2 Zwischen Aufklärung und direkter Konfrontation: Reaktionen auf die Eskalation des Antisemitismus

Auf diese Situation reagierte die jüdische Gemeinde mit verschiedenen Initiativen. Sie schickte mehrmals Mitteilungen an den Innenminister Alfredo Vítolo, um über die Drohungen und antisemitischen Handlungen zu informieren, und forderte zum Eingreifen der Bundespolizei zum Schutz jüdischer Einrichtungen und junger Juden sowie zur Verfolgung der nationalistischen und antisemitischen Organisationen auf, die »die Einheit der Nation gefährdeten, zu deren Grundsätzen die Gleichheit aller ihrer Bewohner gehört« (DAIA 1960, v1, 41; v2, 44–45). Das Ausmaß der Ereignisse wird in dem von der DAIA erstellten »Memorandum zur Vorlage beim Nationalkongress« zu den Vorfällen in der Sarmiento-Schule deutlich, in dem alle der DAIA gemeldeten Übergriffe auf jüdische Schüler zusammenfasst sind und eine Eskalation durch dem ›Fall Trilnik‹ festgestellt wird (vgl. DAIA 1960, v2, 48).

Gleichzeitig wurden mehrere Briefe an nationale und internationale Zeitungen – *Correo de la tarde, Democracia, La Razón, Noticias Gráficas, Crítica, La Prensa, La Nación, Clarín, Buenos Aires Herald, Argentinisches Tageblatt* – verschickt, die die DAIA-Informationen über die verschiedenen antisemitischen Übergriffe zwischen Januar und August 1960 enthielten, um der »unabhängigen Presse eine wichtige Aufklärungsarbeit« zu ermöglichen, indem sie über die gewalttätigen und antidemokratischen Aktionen von Organisationen wie der *Tacuara* und der *Unión Cívica Nacionalista* aufklärten (vgl. DAIA 1960, v5, 12–26). Wie diejenigen, die an der außerordentlichen Sitzung des DAIA-Verwaltungsrats teilgenommen hatten, bereits zuvor gewarnt hatten, stellten die Zunahme dieser Angriffe und die Schwere der Gewalt nicht nur ein Problem für die jüdische Gemeinschaft, sondern für die gesamte Gesellschaft dar:

> Wir bitten in diesem Sinne um die Mitarbeit des argentinischen Journalismus, zu dessen unveränderlicher Tradition die Verteidigung der Menschenrechte gehört, zur Verteidigung unserer auf Gleichheit beruhenden Demokratie beizutragen, die keine Ausschlüsse aus rassischen oder religiösen Gründen zulässt.[5] (DAIA 1960, v3, 2)

Diese Initiativen der öffentlichen Intervention oder »Aufklärung«, wie sie die Akteure nannten, wurden durch eine Strategie der direkten Konfrontation mit den

5 Im Original: »Solicitamos en este sentido la colaboración del periodismo argentino en cuya tradición invariable figura la defensa de los derechos humanos, la defensa de nuestra democracia basada en la igualdad que no admite exclusiones por motivos raciales o religiosos.«

nationalistischen Organisationen ergänzt. Es wurden jüdische Selbstverteidigungsgruppen gegründet, in denen Jugendliche begannen, Kampfsportarten und Selbstverteidigungstechniken zu trainieren. Diese wurden von der israelischen Botschaft in Argentinien, dem Mossad und der *Jewish Agency* gefördert, um antisemitischen Provokationen entgegenzuwirken (vgl. Rein 2023, 23). Rein zufolge zeichneten sie sich durch zwei Merkmale aus: Zum einen entstanden sie als Reaktion auf das Misstrauen gegenüber staatlichen Behörden und Polizeikräften, die für die öffentliche Sicherheit zuständig waren, zum anderen waren sie auch ein Mittel, die Identifikation junger Juden mit Israel und dem Zionismus zu stärken (vgl. Rein 2023, 21–22). Wie Adrián Krupnik betont, lassen sich die Auswirkungen sowohl der antisemitischen Bedrohung als auch der Identifikation junger Juden mit Israel in diesen Jahren an der beträchtlichen Zunahme der Zahl der Personen ablesen, die sich bei der Aliyah-Abteilung der *Jewish Agency* und der israelischen Botschaft meldeten, um sich über die Möglichkeit der Auswanderung nach Israel zu informieren (vgl. Krupnik 2023).

Eine der bekanntesten Selbstverteidigungsorganisationen war *Facón*. Laut den Herausgebern der Studentenzeitschrift *Test*, die vom Colegio Mariano Moreno herausgegeben wurde, war sie »die wichtigste Anti-Nazi-Organisation in Argentinien« (DAIA 1960, v3, 32). Laut dem Polizeibericht von Kommissar Timoteo Pereyra, Leiter des 17. Polizeireviers der Stadt Buenos Aires, wurden die Mitglieder dieser Gruppe am 17. August 1960, dem Tag des Angriffs, dem Trilnik zum Opfer fiel, festgenommen, als sie in der Nähe der Sarmiento-Schule »Elogen für das Judentum und Beleidigungen des Nazismus« riefen (DAIA 1960, v4, 23–25). Während dieser Polizeibericht keine weiteren Informationen über die Aktivitäten der Gruppe enthält, verhält es sich im Fall der von der Direktion für Nachrichtendienste der Provinzpolizei von Buenos Aires zusammengestellten Akte über die Gruppe *Anne Frank* anders. Laut dieser Akte kam es am 29. Juni 1962 zu einer Konfrontation zwischen den staatlichen Nachrichtendiensten – dem Staatssekretariat für Nachrichtendienste (Secretaría de Inteligencia del Estado; SIDE) und der Abteilung für antidemokratische Polizeiinformationen (División de Informaciones Policiales Antidemocráticas; DIPA) – und den Mitgliedern dieser jüdischen Gruppe.

Die polizeilichen Ermittlungen ergaben mehr Aufschluss über die Folgen dieser Auseinandersetzung: Der angeschossene und verwundete Beamte Ever Angelici, ein Mitglied der Bundespolizei, starb im Krankenhaus Churruca. Einem Zeitungsbericht zufolge waren die Sicherheitskräfte auf dem Weg zu einem zionistischen Club in der Ortschaft Tres de Febrero, nachdem sie Informationen erhalten hatten, dass sich dort »jüdisch-kommunistische Elemente« versammelten, um »die jüngsten Aggressionen gegen Mitglieder der Gemeinschaft zu kommentieren« (*El Día*, 1.07.1962, 8). Im Polizeibericht heißt es, dass der Polizeikonvoi von den Insassen eines *Kaiser-*

Fahrzeugs angegriffen wurde, dem sie kurz vor dem Schusswechsel gefolgt waren. In Zusammenarbeit mit Polizeikräften der Provinz Buenos Aires gelang es ihnen, eine erste Gruppe Jugendlicher zu stoppen, die sich in einem anderen Fahrzeug befand, um die Insassen des *Kaiser*-Fahrzeugs zu unterstützen, und schließlich das Fahrzeug zu finden, das zwölf Einschusslöcher und zahlreiche Blutflecken im Inneren aufwies (vgl. DIPBA, Akte Nr. 96, 3–4) Bei den Festgenommenen handelte es sich um Luis Faerverguer, Leonardo Lunansky, Samuel Speisky, Jaime Chillik, Saúl Lunansky und Moíses Roitman. Nach der Durchsuchung der Fahrzeuge stellten die Sicherheitskräfte fest, dass die Jugendlichen einen Revolver vom Kaliber 38, zwei Schlagstöcke und Sprengstoff bei sich hatten (DIPBA, Akte Nr. 96, 3–4).

Den Zeugenaussagen der Verhafteten zufolge »scheint die jüdische Gemeinschaft beschlossen zu haben, Gruppen zu organisieren, deren Ziel es ist, jüdische Geschäfte und Einrichtungen vor möglichen Angriffen von Kräften, die mit der *Tacuara*-Bewegung zusammenhängen, zu verteidigen und zu schützen«. Nach den Aussagen im Polizeibericht verfügten diese Organisationen über mehrere dieser Gruppen, deren Aktionen darauf abzielten, Angriffe abzuwehren und nicht, solche zu verursachen. So waren die jungen Männer in der Stadt Caseros in Tres de Febrero unterwegs, um eine Synagoge vor möglichen antisemitischen Angriffen zu schützen (Akte Nr. 96, 4). Obwohl der Richter die Mitglieder der Gruppe *Anne Frank* verhaftete, hob das Bundesberufungsgericht der Stadt La Plata 1965 das belastende Urteil auf und forderte die Freilassung der Angeklagten, da es als mildernden Umstand den Geisteszustand der Täter ansah,

> angesichts der wiederholten Angriffe von Gruppen, die sich gegen die jüdische Gemeinschaft stellten, die einen kollektiven Zustand der Angst, der Reaktion und der Selbstverteidigung hervorriefen, zumal die polizeilichen Maßnahmen zur Abwehr und Klärung dieser Angriffe sehr selten angemessen waren.[6] (*Sol del Plata*, 30. April 1965: 9)

Dieses Vorgehen der Selbstverteidigungsgruppen gegen rechtsnationale und antisemitische Organisationen wurde durch eine systematische Recherchearbeit ergänzt, die darauf abzielte, Informationen über diese Organisationen zu sammeln. Viele der von der DAIA erstellten Berichte zielten darauf ab, genaue Daten über die Mitglieder der Organisationen, die Treffpunkte oder Einrichtungen, in denen sie sich aufhielten – Bars, Buchläden, Internate, Schulen etc. – sowie über Verbindungen zu anderen Organisationen oder einflussreichen Persönlichkeiten zu erhalten. In einem »Internen Bericht [sic] der DAIA, vorgelegt von einem Beamten, der die Fa-

6 Im Original: »ante los repetidos atentados perpetrados por grupos adversos a la colectividad israelita, que creó un estado colectivo de temor, de reacción y de autodefensa, máxime cuando en muy contados momentos fue idónea la actuación policial para repelerlos y esclarecerlos«.

milie Trilnik befragt hat«, vom 5. April 1961 heißt es beispielsweise, dass die antisemitischen Angriffe ihren Ursprung in den Predigten von Professor Popescu hatten, »einem Nazi-Kollaborateur, der in den Jahren der deutschen Besatzung in seinem Heimatland Rumänien aktiv war«. In dem Bericht wurde wiederum festgestellt, dass die *Tacuara* nach Angaben der Familie Trilnik im Colegio del Salvador Waffen aufbewahrte und die Bars *El Olmo* und *Santa Unión* in der Stadt Buenos Aires als Treffpunkte dienten (DAIA 1960, v3, 16). Ebenso finden sich in dem Dossier mehrere Listen von »Elementen, die als antisemitische Provokateure identifiziert wurden«, mit Informationen über Mitglieder der *Tacuara*, der *Unión Cívica Nacionalista* und der *Guardia Restauradora Nacionalista* (DAIA 1960, v2, 14–15 und 28; DAIA 1960, v3, 12–14; DAIA 1960, v4, 7).

Es zeigt sich also, dass beide Formen der Reaktion auf die antisemitische Welle – öffentliche Aufklärung und direkte Aktionen – die gleichen Akteure und Institutionen involvierten, was belegt, dass es sich nicht um getrennte Vorgänge handelt. Als beispielsweise die Selbstverteidigungsgruppe *Anne Frank* verhaftet wurde, bemerkte der mit der Durchsuchung des *Kaiser*-Fahrzeugs beauftragte Polizeispitzel, dass sich dort neun Plakate mit der Aufschrift »Geschlossen zum Protest gegen die Nazi-Aggression in Argentinien« befanden (DIPBA, Legajo Nr. 96: 99). Dies war der Slogan des von der DAIA propagierten öffentlichen Aufrufs zu einem landesweiten Streik der Geschäfte am 28. Juni 1962, nach dem Attentat auf die Medizinstudentin Graciela Sirota eine Woche zuvor (vgl. Senkman 1989, 44). Wie Rein hervorhebt, zeigt sich der Erfolg dieser Maßnahme gegen die antisemitischen Aggressionen in Argentinien an der Vielfalt der Akteure, die sich den Aktionen zur Verteidigung der Demokratie anschlossen, die durch die gewalttätigen Aktionen rechtsnationaler Gruppen bedroht wurden (vgl. Rein 2001, 263).

3 Mobilisierung und Politisierung der Sekundarschüler

Die frühen 1960er-Jahre sind im Hinblick auf die Modernisierung des akademischen Bereichs (vgl. Suasnabar 2004), das politische Engagement der Intellektuellen (vgl. Sarlo 2001; Sigal 1991) und die Politisierung der Studenten, die ihren Ursprung in der staatlichen Anerkennung von Universitätsabschlüssen an privaten und konfessionellen Einrichtungen hatte (vgl. Terán 1993), untersucht worden. Die Debatten um eine ›säkulare‹ oder ›freie‹ Universitätsausbildung führten dazu, dass die Studentenbewegung und die mit ihr verbundenen Intellektuellen und Akademiker zu einem dynamischen und relevanten politischen Akteur dieser Zeit wurden. Man weiss aber wenig genaues darüber, in welcher Form die Mobilisierung der Sekundarschüler in dieser Zeit erfolgte. Wie das Dossier der DAIA andeutet, lässt sich anhand der Ereignisse rund um das Colegio Nacional Sarmiento erkennen, dass sich auch an weiterführenden Schulen Akteure unterschiedlicher Identitäten gegenüberstanden: Nationalisten, Demokraten, Kommunisten, Katholiken und Juden, um nur einige zu nennen. Obwohl die Ereignisse an der Sarmiento-Schule das Epizentrum bildeten, strahlten die Spannungen auf andere Einrichtungen aus, so unter anderem auf die Mariano-Moreno-Schule, die Mitre-Schule sowie die Escuela Normal Nacional de San Justo.

Da es auch an den weiterführenden Schulen zu antisemitischen Drohungen und Angriffen kam, suchte die DAIA den Dialog mit den zuständigen Schulbehörden. Durch Briefe oder Treffen mit den Schulleitern bemühte sich die Organisation darum, dass Disziplinarmaßnahmen gegen die verantwortlichen Schüler ergriffen würden, um eine Wiederholung der Übergriffe zu vermeiden. Das Schreiben der DAIA-Direktion an den Konrektor der Sarmiento-Schule, Ernesto Krebs, vom 11. Juni 1960 wies auf die Besorgnis der Eltern und der DAIA über die Banden hin, die junge Schüler mit diskriminierenden Äußerungen angriffen, und forderte die Schule auf, Maßnahmen zu ergreifen, um die Sicherheit der jüdischen Schüler zu gewährleisten (vgl. DAIA 1960, v1, 34). Ein weiteres Schreiben im gleichen Tenor wurde am 26. August 1960 an María Amalia Castellanos de Vanoli, die Direktorin des Colegio Incorporado Mitre, gesandt, in dem die Beleidigungen und Angriffe gegen jüdische Schüler an der Schule verurteilt wurden und die Schulleitung aufgefordert wurde, disziplinarische Maßnahmen gegen die Täter zu ergreifen (vgl. DAIA 1960, v4, 8). Am 2. Juni 1961 schließlich trafen zwei DAIA-Delegierte den Konrektor des Colegio Nacional, Bartolomé Mitre Jaime Grinberg, der ihnen eine kurze Beschreibung der Situation an den weiterführenden Schulen der Stadt gab. Seiner Ansicht nach sollte die DAIA versuchen, bei jeder Beschwerde zu vermitteln, wie sie es bisher getan hatte, indem sie ein Gespräch mit den Schulbehörden verlangte, aber ohne den Vorfällen zu viel öffentliche Aufmerksamkeit zuteil werden zu lassen, da sonst die Direktoren der Schulen in den Blick des Bildungsministeriums geraten könnten. Laut Grinberg waren es einige Beamte des Ministeriums selbst, die »Störmanöver« förderten, um eine Atmosphäre der Diskreditierung der öffentlichen Schulen zu schaffen und so die privaten Bildungseinrichtungen zu begünstigen (vgl. DAIA 1960, v4, 11).

Die Interventionen bei den Behörden der Bildungseinrichtungen wurden durch Gespräche mit den Eltern der angegriffenen Jugendlichen und Vertretern von Organisationen, die die Studentenbewegung in der Stadt Buenos Aires repräsentierten, ergänzt. Während erstere dazu dienten, die Ereignisse im Detail zu erfassen und eine Liste der ›nationalistischen Elemente‹ zu erstellen, trugen letztere dazu bei, die internen Spannungen in der Studentenbewegung zu verstehen. So schrieben beispielsweise am 23. August 1960, nach dem ›Fall Trilnik‹, zwei Mitglieder der Schülervertretungsorganisation FEMES (Federación Metropolitana de Estudiantes Secundarios), Roberto Aizenberg und Álvaro Castagnino, an die DAIA, um mitzuteilen, dass die Organisation einen Streik und eine Mobilisierung der Sekundarschüler als Reaktion auf den Angriff auf den jungen Schüler Sarmiento organisiere (vgl. DAIA 1960, v2, 25). Als die Spannungen zunahmen, besuchten Mitglieder der FEMES am 31. Mai 1961 erneut die DAIA mit dem Ziel, »die ernste Situation im Umfeld der Oberschüler hinsichtlich der zunehmenden Aktivitäten nazifaschistischer Elemente zur Sprache zu bringen«[7] (DAIA 1960, v4, 16–18). Während des Treffens gaben die Jugendlichen einen Überblick über die Situation in einigen Schulen der Stadt und schilderten die Aktionen von Banden, die jüdische und »demokratische« Schüler angriffen. Die FEMES-Aktivisten forderten die DAIA damals auf, sie bei der Aufklärung und Intervention bei Behörden und Medien zu unterstützen.

In der Tat fand am 24. August 1960 eine Mobilisierung von Sekundarschülern im Zentrum von Buenos Aires statt. Dem Bericht zufolge nahm eine große Anzahl von Schülern an der Demonstration teil, sie hinterließen im öffentlichen Raum Schriftzüge wie »Nieder mit dem Nazismus«, »Tod den Nazis« und »Nazismus = Homosexualität« (vgl. DAIA 1960, v2, 33). In dem von der FEMES verteilten Dokument werden das Attentat auf Edgardo Trilnik verurteilt und die Ministerien für Bildung und Inneres aus unterschiedlichen Gründen angeprangert. Während das Bildungsministerium dafür verantwortlich gemacht wurde, die Einmischung der katholischen Kirche in das Bildungswesen zu fördern und »die Grundprinzipien der säkularen Bildung zu verfälschen«, wurde das Innenministerium, das für die Bundespolizei zuständig war, dafür kritisiert, dass es nichts unternommen habe, um die Mitglieder nationalistischer Gruppen zu verhaften, während es diejenigen unterdrückte, die sich in demokratischen Organisationen engagierten (vgl. DAIA 1960, v2, 48). Der gleiche Ton findet sich in der Pressemitteilung des *Partido Socialista Democrático*, der ebenfalls die von der *Tacuara* begangenen Angriffe verurteilt, da sie die liberale Tradition Argentiniens durch religiöse Diskriminierung beeinträchtigten (vgl. DAIA 1960, v7, 8).

Die sich selbst als demokratisch verstehenden Jugendlichen der FEMES waren jedoch nicht die einzigen, die in diesem Zusammenhang auf die Straße gingen. Die Listen der DAIA dokumentieren öffentliche Veranstaltungen nationalistischer Organisationen wie der *Unión Nacionalista de Estudiantes Secundarios* (Nationalistische Vereinigung der Sekundarschüler), des *Frente de Restauración Nacional* (Nationale Front des Wiederaufbaus) oder der *Unión Cívica Nacionalista* (Nationalistische Bürgerunion). Letztere hielt zum Beispiel zwischen dem 25. Juli und dem 4. August 1960

7 Im Original: »plantear la grave situación en el ámbito estudiantil secundario en cuanto a la creciente actividad de elementos nazi-fascitas«.

zwei öffentliche Veranstaltungen auf der Plaza Once und der Plaza Flores ab, bei denen es zu antisemitischen Äußerungen kam (vgl. DAIA 1960, v4, 7). Ebenso brachte die *Frente de Restauración Nacional* Plakate auf öffentlichen Plätzen an, auf denen die Studenten aufgefordert wurden, »dem Kommunismus und seinen Handlangern von FEMES, FUA [Federación Universitaria Argentina] und FUBA [Federación Universitaria de Buenos Aires] die Stirn zu bieten« (DAIA 1960, v3, 47) Die *Tacuara*-Bewegung ihrerseits prangerte in ihren Flugblättern die Verletzung der nationalen Souveränität im Zusammenhang mit dem ›Fall Eichmann‹ an und forderte den »Abbruch der Beziehungen zu Israel« und die »Ausweisung von Spionen und Provokateuren« (DAIA 1960, v6, 1).

Dieses Klima beschränkte sich jedoch nicht auf die Spannungen zwischen den Schülern der Oberstufe. Wie in dem oben zitierten Fall, in dem die Familie Trilnik den antisemitischen Charakter einiger Lehrer beklagte, erhielt die DAIA eine Beschwerde von David Zylberman über die Vorgänge in der Klasse seiner Tochter an der Escuela Normal Nacional de San Justo, deren Geschichts- und Spanischlehrer Maniglia abschätzig über Juden gesprochen hatte. Laut dem Brief eines Mitschülers der Beschwerdeführerin insinuierte Maniglia, warum die Juden die Inquisition kritisierten, wo sie doch selbst Christus gefoltert hätten: »Ihr verachtetet ihn und glaubtet nicht an ihn, weil er arm war, während ihr zugleich einen mächtigen König erwartet, der für die Juden Reichtümer bringt. Ihr seid die Parasiten der Welt«.[8]

Es wird deutlich, dass die antisemitische Welle, die den ›Fall Eichmann‹ begleitete, zumindest auf die Sekundarschulen der Stadt Buenos Aires erhebliche Auswirkungen hatte. Dies betraf nicht nur nationalistische und jüdische Schüler, sondern auch diejenigen, die sich selbst als demokratisch betrachteten; auch die Schulbehörden wurden durch die Umstände herausgefordert. Aus den Akten geht hervor, dass der Antisemitismus nicht erst im Zuge der Anprangerung der Verletzung der Souveränität des argentinischen Staates im Zusammenhang mit der Entführung von Adolf Eichmann durch den israelischen Geheimdienst diskursiv zu Tage trat. Es wird auch deutlich, dass traditionelle antisemitische Stereotype wiederauflebten. Zugleich machten jedoch auch kritische Stimmen darauf aufmerksam, dass Rassismus als Mittel eingesetzt werde, die liberale und demokratische Gesellschaft in Argentinien zu beschädigen.

---

8 Im Original: »Lo despreciaron y no creyeron en él porque era pobre y Uds. esperaban un Rey poderoso, cargado de riquezas para los judíos. Lo que vale es la plata. ¡Son los parásitos del mundo!« (DAIA 1960: v6, 49)

4 Die literarische Darstellung der ›Hakenkreuz-Epidemie‹

Die Auswirkungen der ›Hakenkreuzwelle‹ und des ›Falles Eichmann‹ in Argentinien lassen sich nicht nur an den Interventionen jüdischer Organisationen, der Schülerbewegung und an der Bildung jüdischer Selbstverteidigungsgruppen ablesen, sondern auch im Bereich der medialen Repräsentationen. So wurde beispielsweise während des Prozesses gegen Adolf Eichmann im Juni 1961 in den Kinos von Buenos Aires der Film *Mein Kampf* (1960) von Erwin Leiser gezeigt, der den Aufstieg und Fall des Nationalsozialismus schildert. Der Dokumentarfilm wurde von einer Off-Stimme kommentiert, die die Ereignisse beschrieb und sich dabei auf wichtiges Archivmaterial über die Verbrechen an den Juden während des Holocausts stützte.

Im Gegensatz zu Leisers Film, der die europäische Dimension des Nationalsozialismus in den Vordergrund stellte, bot die Veröffentlichung von Silvano Santanders *El gran proceso* (1961) eine Einführung in die Beziehungen Argentiniens mit dem NS-Regime und warf die Frage auf, inwiefern der Prozess gegen den NS-Verbrecher für das Land lehrreich sein könnte. Der Autor, von Beruf Journalist, war in früheren Jahren Abgeordneter der *Unión Cívica Radical* (Radikalen Bürgerunion) in der Provinz Entre Ríos zunächst auf Provinzebene (1935–1941) und später auf nationaler Ebene (1941–1943 und 1946–1951) gewesen und hatte unter anderem in der Kommission zur Untersuchung anti-argentinischer Aktivitäten (Comisión Investigadora de Actividades Antiargentinas) mitgearbeitet, die zwischen 1941 und 1943 von der nationalen Abgeordnetenkammer eingesetzt war, um Aktivitäten der Nazi-Propaganda auf argentinischem Gebiet zu dokumentieren (vgl. Friedmann 2009).[9]

Eine der zentralen Intentionen von Santanders Werk bestand darin, anknüpfend an seine Mitarbeit in der Comisión Investigadora und seinen vorherigen Veröffentlichungen (1952; 1957), die Bedingungen offenzulegen, die die Einreise von Nazi-Verbrechern – darunter Adolf Eichmann – nach Argentinien ermöglicht hatten, konkret die Verbindungen zwischen den argentinischen Militärmachthabern, insbesondere Juan Domingo Perón, und Funktionären des deutschen NS-Regimes (Santander 1961, 12–15). Das Buch von 1961 war aber vor allem eine Chronik des Eichmann-Prozesses, den Santander selbst miterlebt hatte: »Ich verspürte ein

---

9 Die Kommission wurde 1941 gegründet und zunächst von Raúl Damonte Taborda und später von Juan Solari geleitet. Ihr Ziel war es, gegen Einzelpersonen und Gruppen zu ermitteln, die im Verdacht standen, politische und wirtschaftliche Verbindungen zu europäischen totalitären Regimen zu unterhalten. Ihre Tätigkeit wurde im Juni 1943 eingestellt, als ein erneuter Militärputsch die parlamentarischen Aktivitäten beendete.

physisches Bedürfnis, dem Eichmann-Prozess beizuwohnen, den man eher als Prozess gegen den Nationalsozialismus in seiner ganzen Tragweite bezeichnen sollte«[10] (Santander 1961, 11). Das Buch enthält Abschriften der Verhöre der Angeklagten, von Zeugenaussagen der Überlebenden und des Plädoyers des Staatsanwalts Gideon Hausner.

Bei der Kommentierung dieser Dokumente des Gerichtsprozesses ging es Santander darum, erstens eine Analogie zwischen den Organisationsformen der NSDAP und der von Perón geführten Bewegung zu ziehen, um den totalitären Charakter beider Regime zu belegen. Zweitens kam es ihm darauf an, am Beispiel des Holocausts auf die Gefahren diskriminierender Narrative aufmerksam zu machen und zu zeigen, dass sie demokratische Gemeinschaften insgesamt schwächen würden, unabhängig davon, wer die Opfer seien (vgl. Santander 1961, 180–181). In seiner Gänze diente der Bericht vom Eichmann-Prozesses dazu, vor dem autoritären Charakter der nationalistischen Bewegungen in Argentinien zu Beginn der 1960er-Jahre zu warnen.

Samuel Tarnopolskys Roman *La mitad de nada* (1969) versucht rückblickend zu rekonstruieren, was in der Stadt Buenos Aires in den Tagen der ›Hakenkreuzwelle‹ geschah. Die Geschichte dreht sich um das Leben, den Werdegang und die Spannungen einer Gruppe von sechs Kindheitsfreunden, die das gleiche Gymnasium, das Nacional Sarmiento, besuchen und rekonstruiert dabei die politischen Spannungen zu Beginn des Jahrzehnts. Alejo Córdoba, der Erzähler, schildert die Geschehnisse innerhalb der Freundeskreises, der aus Braunstein, Michaelson, Saravia, Ocampo und Saguier besteht. Im Großen und Ganzen geht es in dem Roman um zwei Themen, zum einen um den Konflikt unter den Gymnasiasten anlässlich des antisemitischen Aktivismus der Nationalisten, zum anderen um die Identitätskonflikte, die dieses Szenario bei den jüdischen Jugendlichen hervorruft.

Der Freundeskreis vereint eine Reihe von Herkünften, Klassen- und Milieuzugehörigkeiten, die für die damalige Gesellschaft von Buenos Aires repräsentativ waren. Der Roman zeigt davon ausgehend unterschiedliche Werdegänge von Akteuren auf, die in jenen Jahren eine führende Rolle im Konflikt an den Schulen spielten. Während Ocampo der Sohn einer argentinischen Adelsfamilie ist, stammt Michaelson aus einer wohlhabenden jüdischen Familie von Textilindustriellen; Saravia wiederum ist in eine bürgerliche Familie hineingeboren, die nach dem Tod seines Vaters verarmte, während Saguier zur wohlhabenden Mittelschicht gehört, die von den zivilisatorischen Werten der europäischen Kultur geprägt ist. Alejo Córdoba ist der Sohn einer Familie von Facharbeitern aus Buenos Aires und Braunstein

10 Im Original: »Yo sentía una necesidad hasta física de asistir al proceso a Eichmann, que más bien debiera llamarse al nazismo en su dimensión dilatada«

schließlich die Verkörperung des intellektuellen Juden, der aus einer unteren Mittelschicht stammt, die sich nicht für Geld und Massenkultur interessiert, sondern für intellektuelle Debatten und universitäre Bildung (vgl. Tarnopolsky 1988, 30–32).

Diese Differenzen sozialer Herkunft sind für den Roman grundlegend, da sie helfen, die Spannungen innerhalb der Gruppe zu verstehen. Kurz nach Beginn der Handlung im dritten Kapitel befindet sich Saravia gemeinsam mit dem Rest der Gruppe auf dem Nachhauseweg. Das Auto mit Chauffeur, das Ocampo abholt, nimmt schließlich auch Saravia mit. Das ist ein Hinweis auf die neuen Wege, die diese jungen Männer einschlagen, als der Rest der Gruppe Saravia als Verteiler von Flugblättern der nationalistischen *Tacuara*-Bewegung identifiziert hat (vgl. Tarnopolsky 1988, 37–40). Ungeachtet der Vorhaltungen seiner alten Freunde über den Antisemitismus, den seine Flugblätter verbreiten, warnt Saravia, dass, obwohl sie sich alle seit ihrer Kindheit kennen, die Identifizierung des generischen Juden als Feind der argentinischen Nation es nicht erlaube, Ausnahmen zu machen: »Die Juden sind gleichzeitig Imperialisten, Kapitalisten und Kommunisten. Mit dem Imperialismus erobern sie die Welt und erdrücken sie gleichzeitig; mit dem Kommunismus verführen sie die Massen zur von ihnen selbst angeführten Revolution.«[11] (Tarnopolsky 1988, 54)

Obwohl sich die Geschichte auf die Auseinandersetzungen zwischen den jungen Gymnasiasten konzentriert, ist in ihr auch die Erwachsenenwelt repräsentiert: Eltern, Schulbehörden, Staatsbeamte, Polizisten, Journalisten und Leiter jüdischer Einrichtungen sind ebenfalls Teil der Erzählung. Der gemeinsame Nenner ihrer Einlassungen ist die Untätigkeit oder das Desinteresse, sich gegen die Gewalt der diskriminierenden Praktiken der Nationalisten zu stellen. Eine außergewöhnliche Rolle spielt der Geschichtslehrer Leguizamón, der sich weigert, Braunstein eine Prüfung bestehen zu lassen, obwohl er ihn als den besten Schüler der Klasse anerkennt:

> Es ist unmöglich, an der Darstellung der Ereignisse oder der Wiedergabe der Fakten durch ihren Sohn etwas auszusetzen, aber er erkennt nicht das Wesentliche, den Hintergrund, auch wenn er selbst das Gegenteil glaubt. Ein Jude ist von Natur aus unfähig dazu, das wahre Wesen der argentinischen Geschichte zu begreifen.[12] (Tarnopolsky 1988, 123)

11 Im Original: »Los judíos son a la vez imperialistas, capitalistas y comunistas. Con el imperialismo emporcan al mundo, y la vez lo exprimen; con el comunismo convencen a las masas que el mundo está emporcado y lo llevan a la revolución, por ellos mismos dirigida«.

12 Im Original: »A su hijo es imposible encontrarle falla en el relato de acontecimientos o numeración de fechas, pero no percibe las esencias, el trasfondo ... aunque crea lo contrario. *A priori*, un judío es impenetrable a una verdadera historia argentina, esencial.«

Das Profil dieses Lehrers steht stellvertretend für diejenigen, die, ohne aktiver Teil der *Tacuara* zu sein, den Geist dieser Organisation vertreten.

Die Gewalt, die die Gemeinschaft der Jugendlichen durchdringt, erreicht ihren Höhepunkt, als Braunstein nach einem Überfall, an dem auch seine ehemaligen Jugendfreunde Ocampo und Saravia beteiligt sind, angeschossen und verwundet wird (vgl. Tarnopolsky 1988, 131). Die Radikalisierung der Konfrontation führt wiederum zu Verweisen auf die jüdische Selbstverteidigungsgruppe Facón, die beschließt, die *Tacuara* mit deren eigenen Mitteln der Gewalt zu bekämpfen (vgl. Tarnopolsky 1988, 123, 193, 214 und 221). Zu den Mitgliedern dieser Gruppe gehört auch Michaelson.

Nach einer mehrmonatigen Genesungszeit im Hospital de Clínicas trifft sich der genesene Braunstein zu Hause mit den Freunden, die ihn immer begleitet haben: Michaelson, Saguier und Córdoba. Auch Saravia kehrt zurück, nachdem er wegen versuchten Mordes verhaftet worden ist, um sich bei seinem ehemaligen Freund zu entschuldigen und zu gestehen, dass er indoktriniert wurde. Den Schluss des Romans bildet ein Leserbrief, den Saravia aus dem Gefängniskrankenhaus an die uruguayische Zeitschrift *Marcha* schickt, in dem er seine Zeit in der *Tacuara*-Bewegung zusammenfasst und sein Bedauern über das Geschehene zum Ausdruck bringt:

> Zu spät habe ich begriffen: Der Antisemitismus ist ein Haufen Lügen, […] Ich bin sechzehn Jahre alt, aber habe viel Erfahrung; ich habe das Leben eines Terroristen gelebt […] Ein Priester indoktrinierte mich im Namen von Gott, Vaterland und Heimat. Im Namen Gottes bewaffnete er mich gegen einen Freund […] Ich erkannte zu spät: Ich war Opfer und Vollstrecker seiner Pläne. Ich bereue das zutiefst.[13] (Tarnopolsky 1988, 272)

Dieses Bekenntnis Saravias ermöglicht es zwar, die Jugendlichen zu entlasten, zeigt aber gleichzeitig die Rolle der intellektuellen Kader des katholischen und rechten Nationalismus bei der Aufheizung der antisemitischen Stimmung auf. So entgegnet Michaelson seinem Lehrer Leguizamón, als dieser im Unterricht die extreme Gewalt nach dem Anschlag gegen Braunstien rügt: »Wenn es gerecht zugehen würde, würden die moralisch Verantwortlichen nicht in die Schule kommen, um erst das Verbrechen anzuzetteln und dann ihre Hände in Unschuld zu waschen«[14] (Tarnopolsky 1988, 219).

13 Im Original: »Demasiado tarde me he dado cuenta: el antisemitismo es un montón de mentiras, (…) Tengo dieciséis años y poseo una gran experiencia; he vivido intensamente la vida de un terrorista. (…) Un sacerdote me adoctrinó bajo el lema de Dios, Patria y Hogar«. En nombre de Dios armó mi brazo contra un amigo. (…) Me di cuenta demasiado tarde: fui víctima y ejecutor de sus designios. Me arrepiento.«

14 Im Original: »Si se hiciera justicia, los responsables morales no vendrían al colegio a instigar el crimen primero y a lavarse las manos después.«

Dieser gordische Knoten des Romans erinnert an eine andere wichtige Debatte jener Zeit, die sich auf das jüdische Leben in Argentinien bezieht. Der Konflikt zwischen Michaelson und Braunstein greift die unterschiedlichen Überlegungen auf, mit denen sich die jungen Männer in Bezug auf ihre jüdische Identität positionieren (vgl. Kahan 2006). Während ihre unterschiedlichen Sichtweisen im ersten Teil des Romans zunächst nur am Rande erwähnt werden (vgl. Tarnopolsky 1988, 63–65), gewinnt dieses Thema nach dem Angriff und der Genesung Braunsteins an Bedeutung, als sein Freund ihm seine Entscheidung mitteilt, nach Israel auszuwandern, um in einen Kibbuz zu gehen. Während für Michaelson die Auswanderung nach Israel dazu dient, »sich wieder mit seinen Wurzeln zu verbinden«[15] (Tarnopolsky 1988, 217), stellt diese für Braunstein eine Flucht dar: »Die Pflicht ist zu bleiben.«[16] (Tarnopolsky 1988, 217). Michaelson besteht jedoch darauf, seinen Freund zu überzeugen, ihn zu begleiten: »Sie brauchen dort viele wie dich. Du hast mehr Gründe als jeder andere, zu gehen. Die Argumente sind endlos, aber die Fakten überwiegen.«[17] (Tarnopolsky 1988, 235) Dennoch bekräftigt Braunstein seine Entscheidung, indem er seine Identifikation mit dem Judentum zurückstellt:

> Nicht der Jordan bewegt mich, sondern der Río de la Plata. Ich bin Argentinier durch Geburt und Willen: das Land, wo ich geboren wurde. Jude bin ich durch Geburt und Schicksal: das Blut, mit dem ich geboren wurde. Ich bin bereit für die Assimilation und weiß, dass sie unmöglich ist: Ich resigniere und nehme mein doppeltes Schicksal an. Sicherlich kann ich weder die Vergangenheit rückgängig machen, noch das Blut leugnen: Ich werde es verdünnen.[18] (Tarnopolsky 1988, 236)

Diese Diskussion zwischen den beiden Freunden spielt auf eine Debatte an, die in jenen Jahren von großer Bedeutung war. In der Zeitung *Nueva Sion*, dem Sprachrohr des sozialistischen Zionismus in Argentinien, erschien ein Artikel von Iudain – dem Alter Ego von Julio Adin –, der davor warnte, dass die Einbindung junger Juden in die politischen und studentischen Organisationen ihrer Identifikation mit dem Judentum und dem Zionismus schade. In dem Artikel mit dem Titel »Ich bin Jude, aber ich praktiziere meinen Glauben nicht« wird die Frage gestellt, was diese jungen Menschen angesichts der antisemitischen Angriffe fühlten (*Nueva Sion*, 19. Mai 1961, 7). Iudain zufolge seien die Unterschiede in Bezug

15 Im Original: »reencontrarse con sus antiguas fuentes«

16 Im Original: »El deber es quedarse«

17 Im Original: »Allá hacen falta muchos como vos. Tenés más motivos que nadie para irte. Los argumentos son infinitos, pero los hechos los superan.«

18 Im Original: »No me emociona el Jordán: me emociona el Río de la Plata. Argentino por nacimiento y voluntad: la tierra donde nací. Judío por nacimiento y fatalidad: la sangre donde nací. Estoy dispuesto a la asimilación y la sé imposible: me resigno y asumo mi doble personalidad. Ciertamente, no puedo revertir el pasado ni rechazar la sangre: la diluiré.«

auf die Ausübung des Judentums innerhalb der jüdischen Welt klar erkennbar, aber für die Nationalisten, die alle Juden gleichermaßen angriffen, irrelevant. Die Lösung für den Antisemitismus liege daher in der Auswanderung nach Israel, wo Juden nicht diskriminiert würden.

Als Reaktion auf diesen Beitrag wurde in den folgenden Ausgaben ein »Brief eines nicht praktizierenden Juden« veröffentlicht, den der junge Néstor Braunstein verfasst hatte. Dieser fragt, was mit dem argentinischen Zionisten geschehen sei, als dieser die Folgen der strukturellen Ungleichheit in Lateinamerika bemerkt habe: »Betrachtet er sein Schicksal als mit dem aller Lateinamerikaner verbunden oder glaubt er, dass dies nicht seine Verantwortung ist, nur weil er sich entschieden hat, andere Lateinamerikaner nicht zu beachten?« Wie auch die Hauptfigur in Tarnopolskys Roman war Braunstein der Ansicht, dass die gerechte Sache darin besteht, die Emanzipationskämpfe der lateinamerikanischen Völker zu begleiten und nicht nach Israel zu ›fliehen‹ (*Nueva Sion*, 2. Juni 1961, 8–9).

Obwohl Tarnopolskys Roman versucht, die Spannungen in der Stadt Buenos Aires in den Tagen des ›Falles Trilnik‹ zu schildern, zeigt die Wahl von Braunstein als eine der Hauptfiguren einige relevante Dimensionen auf. Erstens, dass die Debatten um jüdische Identität und Zionismus auch mit den Auswirkungen der ›Hakenkreuz-Epidemie‹ in Argentinien zusammenhängen. Tarnopolsky wiederum stellt in Übereinstimmung mit Iudains Position einen Juden in den Mittelpunkt der antisemitischen Angriffe, der sich nicht als solcher zu erkennen gab, aber für die Zwecke des rechtsnationalistischen Diskurses die Materialisierung des generischen Juden darstellte.

Zwei Aspekte des Verhältnisses der fiktiven Erzählung zu diesem historischen Kontext sind von Bedeutung: Erstens bezieht sich die einzige empirische Anspielung auf diese historische Periode auf den ›Fall Trilnik‹, um die Ineffektivität der demokratischen Regierung im Umgang mit dem Problem des Antisemitismus zu hinterfragen.

> Die Regierungen, die in korrekten, nicht gefälschten Wahlen gewählt wurden, die mit den besten und legitimsten Volkstiteln an die Macht kamen, tolerierten den blutigsten, virulentesten und dauerhaftesten Antisemitismus: die tragische Woche mit Yrigoyen, die Erschießung von Trilnik unter Frondizi, die Ermordung von Alterman während der Präsidentschaft Illias. Ein beliebter Politiker, ein beliebter Intellektueller, ein guter Mann. Andererseits wurden solche kriminellen Extreme von aristokratischen, oligarchischen, militärischen, revolutionären oder diktatorischen Regierungen nicht geduldet.[19] (Tarnopolsky 1988, 207)

19 Im Original: »Los gobiernos más votados en elecciones correctas, no fraudulentas; los llegados al poder con mejores y màs legìtimos títulos populares toleraron el antisemtismo más sangriento, más virulento, más duradero: la semana trágica con Yrigoyen, el baleamiento de Trilnik bajo Frondizi, el

Zweitens: Obwohl das Buch auf den Antisemitismus jener Jahre, die ›Hakenkreuz-Epidemie‹, den ›Fall Trilnik‹, den Antisemitismus der *Tacuara* und die jüdischen Selbstverteidigungsgruppen durch die Organisation *Facón* verweist, wird der ›Fall Eichmann‹ mit keinem Wort erwähnt. Das Fehlen jeglicher Erwähnung ist bezeichnend für die damalige Rezeption des Prozesses gegen einen NS-Verbrecher und vor allem für die Bedeutung, die der ›Fall Eichmann‹ in der zeitgenössischen Vorstellungswelt gehabt hat. In den letzten Jahren hat sich allerdings durchaus ein großes Interesse am Fall Eichmann in der Gegenwartskultur herausgebildet.

5 Schlussbetrachtungen

In diesem Beitrag wurde das Ausmaß der antisemitischen Übergriffe nach dem ›Fall Eichmann‹ durch die Analyse bislang unerforschter Quellen untersucht. Es zeigt sich erstens, dass die so genannte ›antisemitische Welle‹ der frühen 1960er-. Jahre nicht mit der Entführung des NS-Kriegsverbrechers in Argentinien begann, sondern sich verschärfte. Wie das DAIA-Dossier über die »Situation in den Sekundarschulen« zeigt, begannen die Berichte über antisemitische Gewalt im Januar 1960 im Zusammenhang mit der weltweiten ›Hakenkreuz-Epidemie‹. Der ›Fall Trilnik‹, der sich nach der Verhaftung Eichmanns ereignete, fand im Zusammenhang mit Angriffen und Drohungen gegen Schüler der Sarmiento-Schule statt, die dem Fall Eichmann vorausgingen.

Vor dem Hintergrund des zunehmenden Antisemitismus reagierten die argentinischen jüdischen Gemeindeeinrichtungen mit verschiedenen Maßnahmen. Diese reichten von Briefen an und Treffen mit nationalen Staatsbeamten und Schulbehörden bis hin zu einer breiten Medien- und Öffentlichkeitsarbeit. Während einige dieser Maßnahmen öffentlicher Natur waren und darauf abzielten, den Konsens zur Verurteilung der Handlungen nationalistischer Organisationen zu erweitern, nahmen andere eine weniger sichtbare Dimension an, deren Ziel die Erstellung von Listen ›nationalistischer Elemente‹ bestand, um eine Bestrafung der Täter von Angriffen in Schulen zu ermöglichen. Gleichzeitig bildeten sich in dieser Zeit jüdische Selbstverteidigungsorganisationen, die eine Strategie der direkten Konfrontation mit nationalistischen Organisationen verfolgten.

Die große Wirkung, die die antisemitische Welle im zeitgenössischen Diskurs hatte, lässt sich auch an den kulturellen Medien ablesen, zum einen an Silvano

---

asesinato de Alterman durante la presidencia de Illia. Un caudillo popular, un intelectual popular, un hombre bueno popular. En cambio, no toleraron tales extremos criminales los gobiernos aristocratizantes, oligàrquicos, militares, revolucionarios o dictatoriales.«

Santanders Bericht zum Eichmann-Prozess, dessen Ziel es war, die Risiken aufzuzeigen, die die totalitäre Einstellung der Antisemiten mit sich brachte. Der Roman Tarnopolskys fiktionalisiert nicht nur die Spannungen innerhalb der Schülerbewegung, sondern problematisiert auch, wie der aufkommende Antisemitismus die Identität junger Juden in Frage stellt. Dabei zeigt sich, wie auch bei den Interventionen der Studentenorganisationen, dass die Positionen nicht eindeutig waren. Während einige junge Juden ihre zionistische Militanz als einen Ausdruck ihres eigenen Judentums ansahen, mobilisierte andere die Konfrontation mit der *Tacuara* für die Verteidigung der Demokratie in Argentinien.

Literatur- und Quellenverzeichnis

Primärquellen

DAIA 1960, »Daia situación colegios secundarios, 1960–1961«, Bände 1–7, Archiv des United States Holocaust Memorial Museum.

DIPBA, Legajo N° 96, Mesa DS, »Antecedentes relacionados con procedimiento realizado por SIDE y DIPA contra elementos de la colectividad israelita«, Archiv der Comisión Provincial por la Memoria.

»Soy judío pero no ejerzo«, *Nueva Sion,* 19.05.1961

»Carta de un Judío que no ejerce«, *Nueva Sion*, 2.06.1961.

Santander, Silvano. *El gran proceso*, Buenos Aires: Silva, 1961.

Tarnopolsky, Saúl. *La mitad de nada*. Buenos Aires: AMIA, 1988 [1969].

Forschungsliteratur

Caplovitz, David und Candace Rogers. *Swastika 1960: The epidemic of the Anti-Semitic Vandalism in America*. New York: B'nai Brith, 1961.

Friedmann, Germán. »La política guerrera. La investigación de las Actividades antiargentinas«. *Conflictos en democracia. La política en la Argentina, 1852–1943*. Hg. Lilia Ana Bertoni und Luciano De Privitellio. Buenos Aires: Siglo Veintiuno Editores, 2009. 191–212.

Gaviña, Graciela. »Discursos de la violencia y el Holocausto en el cine y literatura argentinos recientes«. *Transiciones, memorias e identidades en Europa y América Latina*. Hg. Juan Ignacio Piovni, Nikolaus Werz, Clara Ruvituso. Madrid, Frankfurt a. M.: Iberoamericana, 2016. 189–206.

Goñi, Uki. *Perón y los alemanes*. Buenos Aires: Sudamericana, 1998.

James, Daniel. *Resistencia e integración. El peronismo y la clase trabajadora argentina, 1946–1976*. Buenos Aires: Sudamericana, 1988.

Kahan, Emmanuel. »›Sionistas‹ vs. ›progresistas‹; una discusión registrada en las páginas de *Nueva Sion* en torno de la cuestión israelí y la experiencia fascista durante el affaire Eichmann, 1960–1962«. *Revista Cuestiones de Sociología*, 3 (2006): 289–314.

Krupnik, Adrián. *Between two homelands. Argentine migration to and from Israel.* Alabama: Alabama University Press, 2023.
Padrón, Juan Manuel. *»¡Ni yanquis, ni marxistas! Nacionalistas« Nacionalismo, militancia y política: el caso del Movimiento Nacionalista Tacuara en la Argentina, 1955–1966.* Los Polvorines: Universidad Nacional de General Sarmiento, 2017.
Rein, Raanan. *Argentina, Israel y los judíos. Encuentros y desencuentros, mitos y realidades*, Buenos Aires: Lumiere, 2001.
Rein, Raanan. *Cachiporras contra Tacuara. Grupos de autodefensa judíos en América del Sur, 1960–1975.* Buenos Aires: Sudamericana, 2023.
Sarlo, Beatriz. *La batalla de las ideas (1943–1973).* Buenos Aires: Ariel, 2001.
Schlickers, Sabine. *De Auschwitz a Argentina. Representaciones del nazismo en la literatura y el cine, 2000–2020.* Buenos Aires: Biblos, 2021.
Senkman, Leonardo (Hg.). *El antisemitismo en la Argentina.* Buenos Aires: Centro Editor de América Latina, 1989.
Sigal, Silvia. *Intelectuales y poder en la década del sessenta.* Buenos Aires: Puntosur, 1991.
Smulovitz, Catalina. *Oposición y gobierno: los años de Frondizi.* Buenos Aires: Centro Editor de América Latina, 1988
Suasnabar, Claudio. *Universidad e intelectuales. Educación y política en Argentina (1955–1976).* Buenos Aires: Manantial, 2004.
Terán, Oscar. *Nuestros años sesenta. La formación de la nueva Izquierda intelectual argentina, 1956–1966.* Buenos Aires: El cielo por asalto, 1993.

Ignacio Klich

Internationale Verwicklungen

Zu einigen diplomatischen und politischen Auswirkungen des Eichmann-Prozesses in Argentinien und Israel

Ende Mai 1962 wurde Adolf Eichmann, der verantwortlich für die Logistik des Völkermords an den Juden und einer der Beamten des Dritten Reichs und anderen hochrangigen Nationalsozialisten war, die sich zwei Jahrzehnte zuvor in Wannsee getroffen hatten, um die Durchführung der Judenvernichtung zu koordinieren, in Israel hingerichtet.[1] Dies war das Ergebnis des Todesurteils, mit dem der Prozess in Jerusalem (11.4.–14.8.1961) endete. Zuvor war seine Berufung vor dem Obersten Gerichtshof Israels erfolglos geblieben. Das israelische Staatsoberhaupt hatte ebenso die von Eichmann beantragte Amnestie abgelehnt. Eichmann hatte vor seiner Festnahme in Argentinien 1957, also mehr als ein Jahrzehnt nach dem Untergang des Dritten Reichs, unter anderem zu Protokoll gegeben, er habe angesichts der Millionen vernichteten Leben »nichts zu bereuen«.[2] Im Rahmen einer ehrgeizigen israelischen Operation, die für verschiedene Beteiligte erfolgreicher verlaufen wäre, wenn mindestens ein weiterer NS-Verbrecher gefasst worden wäre (wenn dieser andere lebend gefunden worden wäre)[3], wurde Eichmann im Mai 1960 nach Israel gebracht. Die vorliegende Arbeit, die Teil einer umfassenderen Untersuchung ist, versucht, Aspekte und Konsequenzen der Entführung Eichmanns, die bislang unzurei-

1 Für Gideon Hausner, den Ankläger des Prozesses in Jerusalem, war Eichmann der Urheber der Wannsee-Konferenz im Januar 1942. Seitdem wird diese ›Urheberschaft‹ Eichmanns als Mythos von denjenigen in Frage gestellt, die darauf hinweisen, dass Eichmann als Ausführender der Politik anderer Leute nicht Entscheidungsträger war (vgl. Cesarani 2004, 12, 107)

2 Wie weiter unten noch zu thematisieren sein wird, war diese Enthüllung Teil der Entwürfe für ein umfangreiches, unveröffentlichtes Buch, das er über seine Rolle bei der so genannten ›Endlösung der Judenfrage‹ in Europa verfasst hatte. Ob reumütig oder nicht, Eichmanns Geständnis schloss nicht aus, dass einige der renommiertesten Mitglieder der israelischen Elite, darunter Martin Buber, Yeshayahu Leibowitz und Gershom Sholem, für die Umwandlung seiner Todesstrafe in lebenslange Haft plädierten (vgl. Hausner 1967, 10–12).

3 Eichmanns Entführer hatten es auch auf Josef Mengele abgesehen. Weniger bekannt ist die Tatsache, dass sie auch an der Festnahme Martin Bormanns interessiert waren. Diese Möglichkeit wird durch die Einbeziehung von Adolf Hitlers engem Vertrauten in das Verhör nahegelegt, dem Eichmann von seinen Entführern in Buenos Aires unterzogen wurde, als noch nicht absolut sicher war, dass Bormann während des Falls von Berlin getötet worden war (vgl. Aharoni und Dietl 1996, 149).

Anmerkung: Dieser Beitrag und alle Zitate wurden von Patrick Eser übersetzt.

Open Access. © 2024 bei den Autorinnen und Autoren, publiziert von De Gruyter. BY-NC-ND Dieses Werk ist lizenziert unter der Creative Commons Namensnennung - Nicht-kommerziell - Keine Bearbeitungen 4.0 International Lizenz.
https://doi.org/10.1515/9783111077345-008

chend beachtet, wenn nicht gar völlig ignoriert wurden, insbesondere die politisch-diplomatischen Aktivitäten Argentiniens und Israels, zu rekonstruieren.[4]

1 Im Angesicht von anderen wie ihm

Während der israelische Regierungschef David Ben-Gurion Eichmann als einen der größten NS-Verbrecher vorstellte, hatte Bradley Smith, Richter am Internationalen Militärtribunal in Nürnberg (November 1945–Oktober 1946), anderthalb Jahrzehnte zuvor die Frage gestellt: »Wer war er?« (vgl. Smith 1977, 115) Bei der Beantwortung dieser Frage darf man nicht vergessen, dass Eichmann, der in Deutschland geboren ist und später seine Kindheit in Österreich verbracht hat,[5] wenn auch nur vom Schreibtisch aus, maßgeblich an der Vernichtung eines Großteils des europäischen Judentums beteiligt war, was ihm in der Nachkriegszeit von seinen Landsleuten die Bezeichnung »Bürokrat des Todes« (vgl. von Lang 1983, 290) einbrachte. Eichmann zufolge waren bis 1944 3,5 Millionen Menschenleben aus einem »Gesamtbestand« von nicht weniger als 11 Millionen potenziellen jüdischen Opfern ausgelöscht worden. Nach dem Krieg, in der Zeit vor seiner Festnahme, veranlassten die »nur« bis zu 6 Millionen Juden, die vor der Niederlage des Dritten Reichs vernichtet wurden, einen reuelosen Eichmann dazu, sich selbst als »Gescheiterten« zu bezeichnen.[6] Jahre vor dieser zynischen Selbstbeschreibung war Eichmanns Bekanntheitsgrad als Folge der Ermordung von Reinhard Heydrich im Jahr 1942, seinem Vorgesetzten und dem Architekten der so genannten ›Endlösung‹, gestiegen. Im Vergleich zu Ben-Gurions Darstellung, der die unbestrittenen Tatsachen eher aufbauschte als sie zu banalisieren, ermöglicht es ein weniger prominenter Eichmann im Organigramm des Dritten Reiches, eine gewisse Abschwächung seiner Bedeutung in Betracht zu ziehen. Dies natürlich, ohne die fragwürdige Grenze zu überschreiten, ihn nur als einen weiteren Bürokraten darzustellen. Die Diskrepanz zwischen den Äußerungen Ben-Gurions und den bereits erwähnten von Bradley Smith verweist auf die Einschätzung derjenigen, die in Israel – oder innerhalb der von den Vereinten Nationen 1947 dem hebräischen Staat zugewiesenen Gebiete –, wie zum Beispiel der Staatsanwalt Gideon Hausner im Jerusalem-Prozess, darauf hinwiesen, dass der Wert des Prozes-

4 Siehe z. B. Klich 2002, Rein 2003.

5 Je nach Quelle als Deutscher, Deutsch-Österreicher oder Österreicher identifiziert, wobei die erstere die korrekte Nationalität ist. Siehe z. B. https://encyclopedia.ushmm.org/content/en/article/adolf-eichmann (04.05.2024); https://en.wikipedia.org/wiki/Adolf_Eichmann (14.2.2022).

6 Zu den Sassen-Protokollen, in denen diese Äußerung Eichmanns dokumentiert ist, vgl. Stangneth 2014.

ses umso größer war, je höher Eichmann unter den Entscheidungsträgern des Dritten Reiches zu veranschlagen sei (vgl. Hausner 1967).

Als ehemaliger Leiter der Abteilung IVB4 der dem Innenministerium unterstellten Gestapo (Geheimen Staatspolizei), war Eichmann, der von der jüdischen Nachrichtenagentur *Jewish Telegraphic Agency* 1930er Jahren als »Zar« und Spezialist in Judenfragen bezeichnet wurde, in der Hierarchie niedriger angesiedelt als andere NS-Verbrecher, die in der Nachkriegszeit nach Argentinien gekommen waren, so zum Beispiel Hans Fischböck und Albert Ganzenmüller (vgl. Stangneth 2014, 36). Ganzenmüller hatte als Staatssekretär im Verkehrsministerium und stellvertretender Reichsbahndirektor dafür gesorgt, dass die Deportation der für die Versklavung bzw. für die Verwendung als Versuchsobjekte in den NS-Vernichtungslagern bestimmten Menschen pünktlich durchgeführt wurde, und er war sich auch des ›außergewöhnlichen‹ Wertes bewusst, den ihm seine Leistung in den Augen seiner Vorgesetzten eingebracht hatte. Trotz des Amtes, das Fischböck innehatte und das für die Ausplünderung der österreichischen und niederländischen Juden zuständig war, war dieser ebenfalls, wie Ganzenmüller, niemand, der die Aufmerksamkeit derjenigen erhielt, die sich für die Verbrechen des Nationalsozialismus an den Juden interessierten. So ist es nicht verwunderlich, dass der eine in Österreich amnestiert wurde und der andere in Deutschland nach Einstellung der Strafverfolgung freigelassen wurde.

Jenseits dieses Duos wird Eichmann, was die Hierarchie betrifft, in den Schatten gestellt durch die ehemaligen Verantwortlichen der Marionettenregime des Dritten Reichs in Weißrussland (Radaslau Astrouski 1943–1945) und Kroatien (Ante Pavelić 1941–1945), sowie durch den Minister der Schlüsselressorts der Außen- und Innenpolitik der entsprechenden slowakischen Behörde (Ferdinand Ďurčanský 1939–1941). Alle drei kamen während des Kalten Krieges ebenfalls nach Argentinien. Es ist unbestreitbar, dass diese hohen Funktionäre von Regimen, die während der NS-Zeit mit Berlin verbündet waren, nicht die einzigen Nutznießer des Kalten Krieges waren. Der Antikommunismus begünstigte auch zahlreiche weitere Deutsche, darunter Klaus Barbie, auch bekannt als der »Schlächter von Lyon«, der auf seinem Weg nach Bolivien durch Argentinien kam. Ein weiterer Ankömmling am Río de la Plata war Walter Schreiber, der Experimente und Menschenversuche durchgeführt hatte. Schreiber, der am Ende des Krieges den Rang eines Generalarztes innehatte, ist in der Hierarchie über dem deutlich bekannteren Josef Mengele anzusiedeln, der bei seinen Experimenten an den Insassen von Auschwitz grausame Gräueltaten verübte. Es ist nicht übertrieben, Schreiber als Aufseher einer Vielzahl von Mengeles zu bezeichnen. Am überraschendsten ist jedoch die Tatsache, dass Schreiber, der nach sehr hochrangigen Verhandlungen in Washington an den Río de la Plata kam, in Israel und anderen Ländern nicht so viel Aufmerksamkeit erregte, wie Mengele. Im Rückblick und je nach Zeitpunkt scheint dieses größere Interesse an Mengele nicht unabhängig von der Tatsache gewesen zu sein, dass es ihm bis zu seinem Ertrinken im brasilianischen Bertioga im Jahr 1979 gelungen war, sich denjenigen zu entziehen, die ihn etwa zwei Jahrzehnte zuvor zusammen mit Eichmann nach Israel bringen wollten. Und dies angesichts einer klaren Binsenweisheit: Politisch und logistisch riskante Entführungen wie die Eichmanns sind tendenziell unwiederholbar. Finanziell besser ausgestattet als andere konnte Mengele aus Argentinien fliehen und so möglichen Auslieferungsersuchen aus Europa sowie einem Attentat durch israelische Hände entgehen.

Neutralität und Nichteinmischung in die inneren Angelegenheiten anderer Staaten sowie das langjährige Interesse an der Sicherung der Beziehungen Argentiniens zu seinen wichtigsten europäischen Märkten für Fleischexporte, Großbritannien und Deutschland, standen neben der Vorstellung von Argentinien als einem ›Mekka‹ für deutsche Anhänger des NS und Mitglieder der Nationalsozialistischen Partei Deutschlands (NSDAP) seit deren Gründung sowie für geflüchtete Nazi-Kriminelle in der Nachkriegszeit. Schon vor dem argentinischen Militärputsch von 1943 behaupteten verschiedene lokale und internationale Beobachter, dass die deutsche Botschaft in Buenos Aires vor Ort zahlreiche Nazis unterstützt habe. Die Quantifizierung dieses Sachverhalts, insbesondere was die Zeit vor dem Ende des Zweiten Weltkriegs betrifft, brachte nicht wenige Fehldarstellungen hervor, was diese Quellen eher in die Nähe von Kriegspropaganda als von seriösen Studien der jüngeren Geschichte bringt. In der Nachkriegszeit war es unter anderem der öffentlichkeitswirksame Nazi-Jäger Simon Wiesenthal, der die Idee, dass Argentinien 60.000 Naziverbrecher beherberge, von anderen aufgegriffen und weiterverbreitet hatte (vgl. Wechsberg 1967). Schon zuvor waren ähnliche Zahlen genannt worden, um die Anzahl der in Argentinien niedergelassenen Nazis vor dem Zweiten Weltkrieg zu beziffern. Die Unterlagen, die die 60.000 nach Argentinien geflohenen NS-Verbrecher belegen, wurden jedenfalls nie gefunden, und es ist angebracht, diese ›Schätzung‹ mit der nötigen Vorsicht zu behandeln.

2 Hitler und Gleichgesinnte

Andere, fantasievollere Zeitgenossen, die sich für das Thema der NS-Verbrecher in Argentinien interessieren, waren und sind, trotz des ernsthaften Mangels solider Evidenz, davon überzeugt, dass sich unter den Flüchtigen, die 1945 an der argentinischen Küste auftauchten, kein Geringerer als der oberste Nazi selbst, Adolf Hitler, befand. Zweifellos sind deutsche U-Boote in Argentinien gelandet, aber der *Führer* tauchte bei den zwei verifizierten Landungen in Mar del Plata nicht auf (vgl. Newton 2008, 65–100; Valentini und García Cano 2009, 101–120). Dies war jedoch kein Hindernis für manche Spekulationen über den angeblichen Aufenthalt Hitlers in

Argentinien, so zum Beispiel in der Provinz Córdoba. Dieser wurde durch ein vermeintliches Hitler-Foto belegt, das in einem renommierten Hotel in der Stadt La Falda aufgenommen wurde, dessen deutsche Besitzer zu den namhaften Unterstützern des Nationalsozialismus in Deutschland gezählt hatten. Dies wurde außerdem mit einer unbestätigten Geschichte in Verbindung gebracht, wonach der Führer zuvor argentinisches Land in der Nähe von Córdoba erworben hätte. Im Jahr 1998 wurde ein Bericht des US-Außenministeriums unwissentlich zu einer Schlüsselquelle für die Entmystifizierung des Überlebens Hitlers, der sich nach den glaubhaftesten verfügbaren Unterlagen der Geschichtsschreibung mehr als fünfzig Jahre zuvor in Berlin das Leben genommen hatte. Dieser Bericht, erstellt im Auftrag des Präsidenten Bill Clinton vom Chefhistoriker des Außenministeriums und unterzeichnet vom Unterstaatssekretär Stuart Eizenstat, sollte das Verhalten der Schweiz und anderer neutraler sowie nicht kriegsführender Nationen wie Spanien, Portugal, Schweden, die Türkei und Argentinien während des Zweiten Weltkriegs untersuchen (vgl. Eizenstat 2003, 99).[7] Die Forschungen ergaben, dass Hermann Göring als ehemaliger Innenminister des Regimes und zweitmächtigste Figur des Nationalsozialismus der ranghöchste Überlebende der ehemaligen NS-Führungsriege war. Nach 1945 wurde die These vom Überleben Hitlers nach seinem Selbstmord weltweit als überholt zurückgelassen, ebenso wie die überhöhten Zahlen der Deutschen, die der argentinischen Ortsgruppe der NSDAP angehörten, sowie die der NS-Kriegsverbrecher, die später nach Argentinien geflohen sind, revidiert wurden. Was letztere betrifft, so wurde gleichzeitig die Bedeutung der oben schon erwähnten NS-Verantwortlichen aus Weißrussland, Kroatien und der Slowakei vernachlässigt, wenn nicht gar völlig ignoriert.[8] Unabhängig von der materiellen und dokumentarischen Basis der Fluchtbewegungen der NS-Verbrecher und der für die Atlantiküberquerung verwendeten Mittel hat dieses Thema auch zu soliden Werken

---

7 Im Übrigen kam der Eizenstat-Bericht zu dem Schluss, dass mit Ausnahme Argentiniens alle neutralen Staaten während des Krieges einen wesentlichen Beitrag zur wirtschaftlichen Untermauerung der Kriegsanstrengungen des Dritten Reiches leisteten; sowie, dass im Gegensatz zu Argentinien alle von ihnen bis zum letzten vollen Kriegsjahr umfangreiche Handelsbeziehungen mit dem Dritten Reich unterhielten (vgl. Eizenstat 2003, 99).

8 Ferdinand Ďurčanský, der am wenigsten bekannte von ihnen, wurde in Abwesenheit zum Tode verurteilt, nachdem er als Innen- und Außenminister der pro-nazistischen Slowakei gedient hatte, während die beiden anderen an der Spitze von Regimen standen, die mit dem Dritten Reich verbündet waren: im Fall von Astrouski als Präsident und im Fall von Pavelić als Staatsführer Großkroatiens (vgl. Sanchís Muñoz 1992; Reinhartz 1997–1999 sowie Loftus 1982).

der Geschichtsschreibung und literaturwissenschaftlichen Studien über die fiktionale Darstellung dieses Exodus geführt.[9]

Nimmt man die Mitgliedschaftsstatistik von Ortsgruppen der NSDAP als erstes Indiz für die Durchdringung der Deutschen in Argentinien durch den NS, so zeigen die von den Alliierten in Deutschland entdeckten Mitgliedschaftslisten, dass die Mitgliederzahl in Argentinien recht hoch war, nämlich knapp 1.500 im Jahr 1942. Diese zwar keinesfalls geringe Zahl ist dennoch weit entfernt von den anderswo geschätzten 80.000. Diese Zahl wurde zum Beispiel von dem amerikanischen Schriftsteller und Journalisten Waldo Frank verbreitet, der bis 1937 dem amerikanischen Kommunismus nahestand und der 1942, mit Unterstützung aus Washington, in Argentinien Vorträge zu dem Thema hielt (vgl. Frank 1975). Seitdem war die *Ortsgruppe Argentinien* angewachsen, wenn sie auch nicht die Marke der Zehntausend überschritt, wie mehrfach in Schätzungen angegeben wurde. Es waren 1945 2.110 Mitglieder, dies ist die Zahl, die in den offiziellen Unterlagen über die Parteimitgliedschaft belegt ist, welche vom US-Repräsentantenhaus 1946 freigegeben wurden. Es handelt sich dabei ohnehin schon um eine beträchtliche Anzahl, wobei die Anzahl derjenigen, die sich vor Ort zur NSDAP hingezogen fühlten, allerdings noch deutlich höher ausfallen dürfte (wenn auch nicht so hoch wie von Waldo Frank genannte), wenn man die NS-Sympathisanten unter den Deutschen hinzugezählt hätte[10].

3 Eichmann am La Plata

Ohne die heimliche Ergreifung Eichmanns durch Israel, die das argentinische Souveränitätsrecht verletzte, wäre Eichmann möglicherweise noch länger auf freiem Fuß geblieben als die 15 Jahre seit dem Ende des Dritten Reiches. Vor 1983, dem Jahr der Wiedereinsetzung einer demokratisch gewählten argentinischen Regierung nach der letzten Militärdiktatur (1976-1983), zögerten alle Vorgängerregierungen, sowohl *de jure* als auch *de facto,* Auslieferungsgesuchen stattzugeben, die zunächst von Ländern des sowjetischen Einflussbereichs ersucht wurden. Abgesehen von der bekannten Sympathie für Deutschland, insbesondere unter den Offizieren der Armee, aber auch in anderen Schichten der argentinischen Gesell-

---

9 Vgl. Buchrucker 2002; Alberto Romero und Tato 2002; Degiovanni 2002; Senkman 2002; Sosnowski 2002; Senkman und Sosnowski 2009; Goloboff 2009; Aizenberg 2016; Schlickers 2021.

10 Vgl. *Nazi Party Membership Records*, United States Senate 1946 sowie Wechberg 1967, 337.

schaft[11] – dies als Teil der proeuropäischen Ausrichtung der Eliten des Landes – sowie der kritischen Haltung Juan Peróns gegenüber den Nürnberger Prozessen,[12] sind zeitgenössische internationale Faktoren zu berücksichtigen. Der Kalte Krieg veranlasste die USA Anfang 1947, über den stellvertretenden Staatssekretär für die besetzten Gebiete, General John Hildring, zu empfehlen, dass Argentinien in seinem eigenen Interesse selbst entscheiden könne, wie es mit den in der ›Alten Welt‹ Geborenen, die sich in Lateinamerika niederlassen wollten, verfahren sollte[13]. Zu diesem ›grünen Licht‹ aus den USA kam die päpstliche Aufforderung von Pius XII., die ein argentinischer Diplomat aus dem Munde des Kardinals und künftigen Papstes Paul VI. vernommen hatte, diejenigen aufzunehmen, die den Drang verspürten, auszuwandern, so zum Beispiel die katholischen Kroaten und die Anhänger des bereits erwähnten Ante Pavelić sowie weitere antikommunistische ehemalige Gefährten Hitlers.[14] Diese Fürsprache motivierte wohl eine ganze Reihe von katholischen Geistlichen und weitere Vermittler in diesem Fall von Migration helfend tätig zu werden. Angesichts dieser Umstände hätte ein Auslieferungsantrag für Eichmann kaum Aussichten auf Erfolg gehabt. Dabei ist die Zu-

11 Die Verbindungen zwischen den deutschen Beratern und dem in der Ausbildung befindlichen argentinischen Offizierskorps erleichterten zwar die Kameradschaft zwischen ihnen, aber das Vorhandensein »bedeutender antinazistischer Elemente« veranlasste einen lokalen Historiker dazu, davor zu warnen, die deutsche Ausbildung argentinischer Offiziere ohne weiteres mit deren Indoktrination durch NS-Propaganda gleichzusetzen. Dass dies nicht automatisch der Fall war, ergibt sich auch aus der Tatsache, dass das Büro des deutschen Militärattachés seit 1910 nicht mehr von einem deutschen Offizier geleitet wurde (vgl. Sanchis Muñoz 1992, 71; White 1991, 170; Newton 1977, 30).

12 Es ist bekannt, dass diese Prozesse für Perón Ausdruck von Siegerjustiz waren, eine Qualifizierung, die zum Beispiel auch Hannah Arendt in ihrer Chronik des Prozesses von Jerusalem verwendet. Auch wenn Analogien immer unvollkommen sind, eine Reihe von Gründen brachte diese Sichtweise Peróns in Verbindung mit anderen Kritikern der Nürnberger Prozesse. Dazu gehörte der britische Autor und Verleger Victor Gollancz jüdischer Herkunft, der den Prozess als bösartigen Präzedenzfall interpretierte. Oder auch der deutsche Rechtsanwalt Robert Servatius, der vom israelischen Geheimdienst Mossad für die Verteidigung Eichmanns zugelassen wurde. Für die israelische Zulassung von Servatius sprach, dass er trotz seiner militaristischen und rechtsgerichteten Neigungen nicht der NSDAP angehört hatte. Für Servatius stellte das Internationale Militärtribunal von Nürnberg einen »Rückfall in die Barbarei« dar. In den Vereinigten Staaten verurteilte die Chicagoer Zeitschrift *The American* (13.4.1961) die Prozesse als schockierenden Rückfall in mittelalterliche Moral und Ethik (vgl. Hausner 1967, 459; Cesarani 2004, 246; Lipstadt 2011, 58).

13 Vgl. Archiv des Ministeriums für Äußere Beziehungen und Religion (Archivo del Ministerio de Relaciones Exteriores y Culto; AMREC), Buenos Aires, Politische Abteilung/Internationale Politik Argentinien, Luis Lutti an Juan Atilio Bramuglia, 19.02.1947.

14 Vgl. AMREC, Politische Abteilung/Heiliger Stuhl-Santa Sede, 2/946, Luis Castiñeiras an Juan Isaac Cooke, 2.6.1946.

rückhaltung gegen über Auslieferungsanträgen im lateinamerikanischen Kontext keineswegs eine argentinische Besonderheit. Diese Kombination von Faktoren sprach für außergewöhnliche Methoden zur Ergreifung Eichmanns. Es hätte zwar auch der weitaus weniger konfrontativere und sicherlich langsamere Weg gewählt werden können, ihn festzunehmen. Dies hätte sicherlich zu einem weit weniger kontroversen, wenn auch späteren Prozess geführt.

4 Auslieferung vs. Entführung

Hugo Gobbi, ein argentinischer Diplomat, der vor der Entführung an der Ausarbeitung eines bilateralen Auslieferungsabkommens mit Israel beteiligt war, das vor der Entführung zwar unterzeichnet, aber nicht ratifiziert worden war, sprach von einer solchen Möglichkeit einer Auslieferung. Gobbi behauptete, dass der damalige argentinische Staatschef (1958–1962) Arturo Frondizi ein solches Ersuchen für Eichmann wohlwollend geprüft hätte.[15] In Anbetracht der früheren Maßnahmen Frondizis gegen Judenfeindlichkeit, der jüdischen Präsenz in seinem Regierungskabinett und unter seinen Beratern sowie des hohen Ansehens, das die Führung der jüdischen Gemeinde unter seiner Regierung genoss, kann Gobbis Aussage, auch wenn sie nur eine Vermutung ist, als plausibel gelten.

Es stimmt, dass Ben-Gurion in einer schriftlichen Mitteilung an Frondizi dessen Distanz zum Antisemitismus anerkannte und, insbesondere als er den argentinischen Präsidenten um Verständnis für die Gesetzesbrüche der Entführer bat und Frondizis Kampf gegen die Tyrannei und die Verteidigung der menschlichen Werte als Redner auf dem Ersten Kongress gegen Rassismus und Antisemitismus, der 1938 in Buenos Aires stattfand, anführte. Es ist nicht weniger wahr, dass Ben-Gurion *ad initio*, seitdem Eichmanns Aufenthaltsort in Argentinien bestätigt war, sich entschieden dagegenstellte, dass Deutschland oder andere Länder ebenfalls seine Auslieferung beantragten. Der israelische Premierminister zog die Entführung vor, unter anderem, um so zu verhindern, dass der angestrebte Prozess in Israel durch eine mögliche Auslieferungsverweigerung durch Argentinien oder gar durch ein Untertauchen Eichmanns verhindert werden könnte. Nicht wenige hielten eine Zurückweisung des Auslieferungsgesuchs mit den Argumenten für möglich, dass mit Israel ein Staat als Antragsteller auftrat, der zur Zeit der nationalsozialistischen Verbrechen noch nicht existierte, die Verbrechen außerhalb des israelischen Staates begangen wurden, der erst 1948 seine Unabhängigkeit erklärt hatte, und es sich

---

15 Vgl. Interview des Autors mit Hugo Juan Gobbi in Buenos Aires.

daher um Opfer handelte, die zu diesem Zeitpunkt offensichtlich noch nicht als Bürger Israels angesehen werden konnten.

Nachdem die Festnahme erfolgt war, stellte sich Ben-Gurion zunächst taub gegenüber dem von Eichmann geäußerten Wunsch, in Argentinien oder Deutschland vor Gericht gestellt zu werden. Dies wurde auch von verschiedenen jüdischen Autoritäten in Europa und den Vereinigten Staaten vorgeschlagen (vgl. Hausner 1967, 275), die natürlich keinesfalls als pro-nazistisch oder antijüdisch zu bezeichnen sind. Abgesehen von der Diskussion darüber, ob Ben-Gurion als israelischer Regierungschef den erwähnten Hausner nutzte, um den Prozess hinter den Kulissen zu manipulieren, wie einige aus der Tatsache schlossen, dass er seine Eröffnungsrede im Voraus mit dem israelischen Premierminister abgestimmt hatte, stellte er sich gegen die Empfehlung einer renommierten Führungsperson des Jüdischen Weltkongresses, Nahum Goldmann, der zugleich auch den Vorsitz des Exekutivorgans der Zionistischen Weltorganisation innehatte, dem repräsentativen Organ des jüdisch-zionistischen Nationalismus. Nach Goldmanns Ansicht sollte Eichmann von einem internationalen Gericht unter dem Vorsitz eines israelischen Richters verurteilt werden, dem weitere Richter oder zumindest Beobachter aus verschiedenen Ländern, die unter dem Dritten Reich gelitten hatten, angehören sollten. Dieser Vorschlag war für Ben-Gurion nicht akzeptabel, er führte zu wütenden Angriffen gegen Goldmann, die nach den Worten der israelischen Historikerin Hanna Yablonka »hemmungslos« waren; für andere, wie zum Beispiel die bereits erwähnte Hannah Arendt, könnten die fraglichen Angriffe als Teil der Behauptung des ideologischen Primats des jüdischen Nationalismus gesehen werden (vgl. Yablonka 2004, 50). Ebenso wurde der Vorschlag ignoriert, Eichmann in Deutschland vor Gericht zu stellen, wie er von dem Richter Joseph Proskauer in seiner Funktion als Ehrenvorsitzender des *American Jewish Committee* (AJC), einer amerikanisch-jüdischen Organisation, unter deren Führungspersonen zionistische wie nicht-zionistische Orientierungen vertreten waren, eingebracht wurde. Proskauers Vorschlag war keineswegs unüberlegt, er argumentierte, dass die Durchführung des Prozesses in Israel unnötige Risiken nach sich ziehen würde, da sie Juden, insbesondere solche außerhalb Israels, möglichen Repressalien von pro-nazistischen Elementen aussetzen würde (vgl. Yablonka 2004, 50–51; Cesarani 2004, 239). Auch Richard Crossman, ein britischer Labour-Abgeordneter und Freund Israels (er hatte 1945 seine Karriere als Universitätsdozent zugunsten des politischen Engagements im Unterhaus aufgegeben), nahm kein Blatt vor den Mund indem er äußerte, dass das Beharren auf einem solchen israelischen Prozess »als ein Akt von Stammesrache angesehen werden könnte« (vgl. Crossmann 1961).

Zusammenfassend kann man sagen, dass die Empfehlungen von Goldmann und Proskauer, trotz ihrer unterschiedlichen Positionen hinsichtlich des jüdischen Nationalismus, ein bemerkenswertes Engagement für das Wohlergehen ihrer ›Glaubensgenossen‹ insbesondere außerhalb des jüdischen Staates – quantitativ weitaus bedeutender als ihre israelischen Pendants – erkennen lassen. Dies gilt insbesondere, wenn man berücksichtigt, dass Israel für sich in Anspruch nahm, das gesamte jüdische Volk zu vertreten und nicht nur die Juden in Israel. Solche Bedenken wurden von Ben-Gurion als Ausdruck eines jüdischen Minderwertigkeitskomplexes verhöhnt (vgl. Lipstadt 2011, 29). Widerstrebend musste Ben-Gurion bereits ein Jahrzehnt vor Eichmanns Entführung solchen Bedenken Rechnung tragen und einigte sich 1950 mit dem bereits erwähnten AJC auf eine Kompromisslösung.[16] Proskauer schlug außerdem vor, die USA mit der Vermittlung zwischen Argentinien und Israel zu beauftragen, da es den Beteiligten schwerfiel, sich auf eine Lösung der Krise zu einigen, die die Forderung nach der Rückführung Eichmanns nach Buenos Aires ausgelöst hatte.

Eichmanns Ankunft in Buenos Aires erfolgte erst Anfang der 1950er Jahre, also deutlich später als die der ersten in Argentinien angekommenen Kriegsverbrecher. Sein Aufenthalt in Buenos Aires war ein anschauliches Beispiel für die Ausnutzung einer unerbittlichen Realität durch jene Fluchtwillige: Die Jagd auf die NS-Verbrecher hatte für die Sieger des Krieges bald schon keine Priorität mehr, da der europäische Wiederaufbau und der Kalte Krieg nun Vorrang vor möglichen Festnahmen und Verurteilungen von Nazis hatten. Als beispielsweise 1953 ein US-amerikanischer Rabbiner den US-Präsidenten aufforderte, die *Central Intelligence Agency* (CIA) möge Ermittlungen gegen Eichmann einleiten, lautete die entmuti-

16 *Ein* Ausdruck der Bedeutung, freilich nicht der einzige, die Ben-Gurion ideologischen Erwägungen beimaß, war übrigens die sprachliche Besonderheit des Prozesses. Da die Amtssprache Israels, das Hebräische, dem Angeklagten und seinen Verteidigern unbekannt war, waren hebräisch-deutsche Übersetzungen bei der Durchführung des Prozesses selbstverständlich, wobei die Verhandlung zusätzlich auf Deutsch, Französisch und Englisch geführt wurde. In Anbetracht der internationalen Presse gab es auch tägliche Bulletins in diesen Sprachen. Allerdings wurden keine Übersetzung ins Jiddische angefertigt, ungeachtet der Tatsache, dass Journalisten der jiddischsprachigen Medien der aschkenasischen Juden anwesend waren und dass Jiddisch die Muttersprache eines großen Teils der Anwesenden war. Angesichts der eher ablehnenden als positiven Haltung des Zionismus gegenüber der Diaspora, insbesondere in den ersten Jahrzehnten des Bestehens Israels, provozierte die Kritik an diesem Missstand im Eichmann-Prozess israelische Reaktionen, die das Versäumnis der Organisatoren in ein Handicap für diejenigen verwandelten, die, so wurde argumentiert, auch Hebräisch hätten beherrschen müssen. Schließlich wurde eine gekürzte, d. h. unvollständige jiddische Version dieser Bulletins veröffentlicht. Für Hannah Arendt hätte der Prozess auch auf Deutsch geführt werden können. In ihren Augen hatte der Prozess auf Hebräisch den Anschein einer »Komödie«, nicht nur wegen der Qualität der deutschen Übersetzungen des Prozesses, die Arendts Auffassung zufolge alles andere als optimal waren, sondern auch, weil ein guter Teil der deutschsprachigen Menschen auf Jiddisch dachte und sprach (vgl. Lipstadt 2011, 56–58).

gende bürokratische Antwort dieser Institution, dass die Ergreifung solcher Verbrecher nicht mehr ihre Angelegenheit sei, da sie nun in die Zuständigkeit der Regierung der Bundesrepublik Deutschland fiele. Bundeskanzler Adenauer hatte sich in Bonn bereits dafür ausgesprochen, die Nachforschungen gegen Nationalsozialisten, die an Kriegsverbrechen und anderen Verbrechen beteiligt waren, einzustellen (vgl. Bascomb 2009). Umso verständlicher ist die Klage des bereits erwähnten Wiesenthal, der nach der Niederlage des Dritten Reiches erklärte, dass »die dümmsten Nazis diejenigen waren, die Selbstmord begangen hatten« (Bascomb 2009, 84–85).

5 Die Überlegungen Israels

Israels Position gegenüber einer solchen Verbrecherjagd wurde damit erklärt, dass sie von Kalkülen bestimmt war, die für das Land weitaus schwerer wögen als die Verurteilung von NS-Verbrechern, nämlich sein Überleben als souveräner und unabhängiger Staat im Rahmen des kriegerischen Konflikts mit den Ländern der Arabischen Liga. Das heißt, im Rahmen des Kampfes Israels mit der arabischen Welt, die sich gegen den territorialen Verlust wehrte, der durch die nicht einvernehmliche (d. h. von der Mehrheit der Bevölkerung Palästinas akzeptierte) Aufteilung Palästinas verursacht wurde. Angesichts dieser unbestreitbaren Tatsache zog es der Zionismus vor, sich an den Teilungsplan zu klammern, der 1947 von den meisten der etwa fünfzig Mitgliedsstaaten der Generalversammlung der Vereinten Nationen (UN) als Mittel zur Überwindung des Streits zwischen arabischem und jüdischem Nationalismus beschlossen wurde. Die geringe Priorität, die der Mossad der Jagd von NS-Verbrechern beimaß, spiegelte sich unter anderem in der späten Entstehung der *Amal* wider, einer Einheit innerhalb des Geheimdiensts, die sich mit diesen Verbrechern befasste. Im Tanach, der Hebräischen Bibel, wird der Begriff ›Amalekiter‹ mit den Feinden der Hebräer nach dem Auszug aus Ägypten in Verbindung gebracht. Die spätere Bezeichnung der Nationalsozialisten als Amalekiter, deckt sich mit der Verwendung desselben Wortes, insbesondere in israelischen Kreisen, in Bezug auf andere nicht-nazistische Feinde Israels. Die Gründung der *Amal* innerhalb des Mossad erfolgte erst einige Zeit nach der Entführung Eichmanns. Diese und andere Tatsachen geben Anlass zu einer bedeutenden Bemerkung von Moshe Pearlman, Israels erstem Militärsprecher und ehemaligem Berater Ben-Gurions, der 1961 eines der ersten Bücher über Eichmann verfasste. Für Pearlman, einem Zionisten, der keineswegs blind für die Realitäten um ihn herum war, wurde die Suche nach und die Ergreifung von Eichmann nur ›halb ernsthaft‹ angegangen, ohne jemals über den Dilettantismus hinauszugehen (Pearlman 1961, 43–51).

Eine solche Kritik der israelischen Unprofessionalität teilte auch der deutsche Generalstaatsanwalt Fritz Bauer, der offensichtlich irritiert war, dass so viel Zeit seit dem Zeitpunkt verstrich, in dem Israel von Eichmanns Anwesenheit in Argentinien erfuhr, bis Mossad-Chef Isser Harel beschloss, den Stier ernsthaft bei den Hörnern zu packen und eigene Untersuchungen einzuleiten. Dies ging einher mit früheren Hinweisen ebenfalls aus den 1950er-Jahren, wonach deutschen und US-amerikanischen Geheimdiensten der Aufenthaltsort Eichmanns bekannt gewesen sein soll.[17] Der Dilettantismus zeigte sich auch in der überstürzten Bekanntgabe der Ergreifung Eichmanns durch Ben-Gurion, die noch vor der Abreise einer großen israelischen Delegation unter der Leitung des damaligen Bildungsministers (und ehemaligen Botschafters in den Vereinigten Staaten und bei den Vereinten Nationen) Abba Eban aus Buenos Aires erfolgte, die dort an den Feierlichkeiten zum 150. Jahrestag der argentinischen Mai-Revolution teilgenommen hatte. Trotz seiner anerkannten Eloquenz waren Ebans Antworten an die Presse in Buenos Aires und andere an diesem Thema Interessierte nicht überzeugend, nicht zuletzt auch wegen Israels anfänglicher Entscheidung, sich auf Nicht-Diplomaten zu verlassen, die sich zu diesem Thema äußerten – manchmal in Form von Reden, manchmal in Form ›undichter Stellen‹ waren Stimmen aus dem Umfeld der israelischen Regierung bestrebt, jede Beteiligung an der Tat zu bestreiten. Die Glaubwürdigkeit dieser Distanzierung wurde untergraben, als Harel in der Öffentlichkeit vom Fall Eichmann sprach.

Weitere Beispiele für den Befund Pearlmans sind die bereits erwähnte Gründung der Mossad-Einheit im Juli 1960, also zwei Monate nach der Entführung; die israelische Entscheidung, Wachen vor dem Gebäude der argentinischen Botschaft in Tel Aviv und dem Haus des Botschaftsleiters in Ramat Gan zu postieren, nachdem diese bedroht worden waren;[18] schließlich Komplikationen, die nichts mit der politisch-diplomatischen Dimension von Eichmanns Ergreifung zu tun hatten.[19]

Der Dilettantismus gipfelte im ersten offiziellen Statement des israelischen Außenministeriums. Als Antwort auf eine verständliche Bitte um Erklärungen seitens des argentinischen Amtskollegen hieß es darin, Eichmann sei in den Augen der israelischen Regierung von Unbekannten entführt worden und nach seiner freiwilligen Zustimmung, sich in Israel vor Gericht zu verantworten, aus Argentinien herausgeholt und dem Geheimdienst des israelischen Staates übergeben

17 Siehe auch den Beitrag von Meding in diesem Band.

18 Vgl. Raviv/Melman 1991, 126; Orbach 2022, 103.

19 Dies gilt für die ungeprüfte Batterie in einem der benutzten Autos, die am Tag der Entführung in letzter Minute ausgetauscht werden musste, weil sie nicht aufgeladen werden konnte, ebenso wie für die Unkenntnis der israelischen Person, die für den Empfang Eichmanns am Flughafen Lydda zuständig war, wohin er gebracht werden sollte.

worden, der wiederum die Regierung erst nach Abschluss der Operation informiert habe. Israel war sich bewusst, gegen das Völkerrecht verstoßen zu haben und bedauerte diesen Verstoß, für den Ben-Gurion hoffte, angesichts der Bedeutung Eichmanns für die systematische Vernichtung eines Großteils des europäischen Judentums, von argentinischer Seite Verständnis zu erfahren. Ein derartig kommuniziertes israelisches Bedauern wurde jedoch als unzureichend angesehen und war folglich inakzeptabel für die argentinische Regierung.

Die Historikerin Deborah Lipstadt bezeichnete diese Erklärung treffend als »eine der undiplomatischsten Noten in der Geschichte der Diplomatie«, wobei die prägnanteste Kritik an der israelischen Mitteilung von dem britisch-jüdischen Historiker David Cesarani stammte, der sie als »beleidigend unplausibel« bezeichnete (vgl. Lipstadt 2011, 21; Cesarani 2004, 238). Und für diejenigen, denen eine gewisse Unbescheidenheit in der Eindringlichkeit von Lipstadts und Cesaranis Einschätzungen unangenehm sein könnte, sei die Schlussfolgerung von Zvi Aharoni, Mitglied der Mossad-Einheit, die für einen Großteil der Aufspürung und Vorbereitung der Entführung und des Verhörs Eichmanns verantwortlich war, nachgereicht. Dieser kam zu dem Schluss, dass ein solcher Vermerk »so naiv und weit von den tatsächlichen Ereignissen entfernt« sei, dass es schwer zu verstehen sei, »wie jemand im israelischen Außenministerium die Erwartung hegen konnte, diese heikle Angelegenheit auf diese Weise zu beenden« (Aharoni und Dietl 1996, 168).

6 Der Fall Eichmann auf der internationalen Bühne

Unabhängig von der Gerichtsverhandlung bedeutete die Art und Weise, wie Eichmann festgenommen und nach Tel Aviv überführt wurde, für Israel einen schweren Rückschlag, der fast zum Abbruch der diplomatischen Beziehungen mit Argentinien geführt hätte. Die UNO verurteilte den Vorfall als Verletzung der argentinischen Souveränität, und der israelische Botschafter wurde noch vor Ende Juli für unerwünscht erklärt, nachdem sein argentinischer Amtskollege in Absprache mit ihm nach Buenos Aires einbestellt worden war. Die Ratifizierung des Anfang Mai bereits genehmigten bilateralen Auslieferungsabkommens geriet ins Stocken, ganz zu schweigen von der Häufung antijüdischer Vorfälle im Lande.[20] Trotz dieser Komplikationen, die auf den Fall Eichmann zurückgingen, konnte die Normalisierung der argentinisch-israelischen Beziehungen drei Monate nach

20 Siehe auch den Beitrag von Kahan in diesem Band.

der Entführung Eichmanns formell wieder erreicht werden. Diese ging jedoch noch mit längeren andauernden diplomatischen Verstimmungen, nicht nur in Bezug auf Argentinien, einher.[21]

Es ist daher nicht verwunderlich, dass die Aufrechterhaltung der argentinisch-israelischen Beziehungen mit erheblicher Unterstützung der US-Regierung auf Ersuchen Israels erreicht wurde. Diese diplomatische Unterstützung führte unter anderem zu zwei bedeutenden US-Interventionen im Sicherheitsrat. In einer Zeit, in der die extremen Stimmen der argentinischen Nationalisten die Ansicht vertraten, dass Israels Verletzung der argentinischen Souveränität als *casus belli* betrachtet werden oder zumindest zum Abbruch der diplomatischen Beziehungen führen sollte, sprach sich die US-Diplomatie für eine Normalisierung und Vertiefung der bis dato freundschaftlichen argentinisch-israelischen Beziehungen aus. Ein zweiter US-Beitrag war auf höchster diplomatischer Ebene angesiedelt und bestand in einer vom US-Vizepräsidenten Richard Nixon ausgesprochenen Warnung an den amerikanischen UN-Botschafter Henry Cabot Lodge wegen einer als unangemessen erachteten Äußerung, nämlich seiner ersten offiziellen Äußerung, die im Tonfall näher an Argentinien als an Israel lag. Nixon, damals US-Präsidentschaftskandidat, deutete an, dass sich Lodges Äußerungen negativ auf seine politischen Ambitionen, ihn als Vizepräsident zu begleiten, auswirken könnten, was dazu führte, dass dieser in seiner zweiten Rede zum Thema Eichmann einen anderen Ton anschlug (vgl. Yablonka 2004, 45).

In der Folge wurde in der endgültigen Fassung der Resolution des Sicherheitsrates nicht auf die argentinischen Forderungen nach Rückführung Eichmanns und der Bestrafung seiner Entführer eingegangen. All dies wurde vom Chef der argenti-

21 Zum argentinischen Abstimmungsverhalten bei der UNO in Fragen, die nichts mit dem Fall Eichmann zu tun haben, aber für Israel von Interesse sind, vgl. Kaufman, Shapira und Barromi 1979. 1963, nach der Ernennung von Adolfo Gass zum argentinischen Botschafter in Israel und der Überreichung seiner Akkreditierungsurkunde, kam es bei seinem ersten offiziellen Treffen mit Arieh Levavi, dem damaligen Leiter der Lateinamerika-Abteilung des israelischen Außenministeriums und ehemaligen Botschafter in Buenos Aires, zu einem unerwarteten Zwischenfall. Mit lauter Stimme teilte Levavi Gass mit, dass er ›sehr wütend‹ sei, weil die Regierung Frondizi ihn für unerwünscht erklärt habe. Aber da er nicht derjenige war, der das Thema ansprechen wollte, wich er nicht aus, sondern nutzte es, um seinem Gesprächspartner eine Nachfrage zu stellen. Höflich, aber nicht ohne Entschlossenheit, zwang die Antwort von Gass Levavi, sich eine entscheidende Frage anzuhören, die sich nicht unbedingt gestellt hätte, wenn es nicht der Israeli gewesen wäre, der das Eichmann-Thema eingeführt hätte. Konkret wollte Gass wissen, ob Levavi erwarte, dass Argentinien ihm zu einem »aus diplomatischer Sicht schwerwiegenden Vergehen« gratuliere, während in Argentinien »der Abbruch der Beziehungen« (Gass 2006, 98–99) oder zumindest die sofortige Erklärung eines »schwerwiegenden Vergehens« gefordert worden sei, wie Carlos Florit (der erste Außenminister der Regierung von 1958 bis 1959) später in einem Interview mit dem Autor dieses Artikels formulierte.

nischen Diplomatie, Außenminister Diógenes Taboada, dargelegt. Und er versäumte es nicht, ausdrücklich die nachdrücklichste Verurteilung der vom Hitler-Regime begangenen Verbrechen und den ausdrücklichen Protest Argentiniens gegen die israelische Verletzung argentinischen Territoriums festzuhalten. Anstelle einer ausdrücklichen Bekundung der argentinischen Forderungen wurde in der Resolution eine »angemessene Wiedergutmachung« durch Israel gefordert, wobei der erwähnte US-Diplomat erklärte, dass die Debatte im UN-Sicherheitsrat und die bereits angebotene israelische Entschuldigung von seinem Land schon als Bestandteil einer solchen Wiedergutmachung verstanden würden. Cabot Lodges argentinischer Amtskollege, Mario Amadeo, fügte seinerseits einen weiteren Punkt hinzu. Angesichts der sowjetischen Frage, ob eine solche Wiedergutmachungsforderung an Israel auch die Rückkehr Eichmanns nach Argentinien umfassen sollte,[22] versicherte Amadeo, dass weder Argentinien noch ein anderes Land, das dem Rat angehört, »eine besondere Verpflichtung habe, eine Interpretation« der Resolutionen zu liefern (vgl. Hausner 1967, 460–461).

Da es in dieser Situation geboten war, den Verzicht auf ähnlich gelagerte zukünftige Operationen wie der Entführung Eichmanns zu erklären, war Israel später dazu übergegangen, NS-Verbrecher ermorden zu lassen, statt sie in Israel vor Gericht zu stellen. Einer derjenigen, die ein solches Schicksal ereilte, war der in Brasilien lebende Herbert Cukurs, der während der NS-Zeit im Baltikum in Einsatz war. Er ›hatte weniger Glück‹ als Mengele und Walter Rauff[23] und wurde 1965 in Uru-

22 Diese Frage spiegelte unter anderem das sowjetische Interesse wider, einige der Militärs und ehemaligen Beamten des Dritten Reiches, die wichtige Posten in den NATO-Mitgliedstaaten innehatten, zu identifizieren und sogar namentlich hervorzuheben, um sie zugleich auch zu drängen, sich nicht der Gruppe der Befürworter der fraglichen Resolution anzuschließen. Es versteht sich von selbst, dass dies auf der anderen Seite z. B. durch einen Teil der Liste von ehemaligen Nationalsozialisten unter den Beamten der Deutschen Demokratischen Republik ergänzt wurde.

23 Der Fall Rauff scheint eine gewisse Ähnlichkeit mit den Fällen Otto Skorzeny und Willem Sassen aufzuweisen. Als ehemaliger SS-Kommandant und Retter des gestürzten Benito Mussolini im Jahr 1943 stand Skorzeny seit 1960 aus mehreren Gründen im Visier des Mossad. Zunächst als mutmaßlicher NS-Verbrecher, der gefangen genommen werden sollte – eine Idee, die auf Eis gelegt werden musste, weil Israel offenbar keine ausreichenden Beweise für die ihm vorgeworfenen antijüdischen Verbrechen vorlegen konnte; zugleich hatte Skorzeny mit dem israelischen Geheimdienst zusammengearbeitet im Rahmen von Informationsbeschaffung über das geplante ägyptische Raketenaufrüstungsprogramm, für das Kairo deutsche Wissenschaftler eingestellt hatte (vgl. Orbach 2022, 204). Sassen, ein niederländischer Nazi-Publizist, wurde von Belgien wegen Kollaboration zu einer Gefängnisstrafe verurteilt. Ende 1947 in Buenos Aires gelandet, ermöglichte sein Kontakt zu Skorzeny die Beziehungen zu Eichmann. Seine Verbindungen zu dem Mann, dem es gelungen war, Mussolini zu befreien, führten auch zu argentinischen Ausgaben seiner Schriften, so zu *Luchamos y perdimos* (Buenos Aires, 1979) sowie *Vive peligrosamente* (Buenos Aires, 1979). In Anbetracht von Sassens Interesse an der ›Endlösung‹ überredete dieser möglicherweise

guay getötet. Rauff war der Erfinder der ›rollenden Gaskammer‹ gewesen, bei der die Opfer in speziell ausgerüsteten Lastwagen vergast wurden, was von einigen zynischerweise als »effizienteste Methode der Judenvernichtung« präsentiert wurde (vgl. Graeme 2002, 157). Er lebte in der unmittelbaren Nachkriegszeit in Syrien, wo er unter anderem für Israel als Lieferant von Informationen über dieses wichtige arabische Land tätig war und siedelte dann nach Chile über. Dort wurde 1980 ein israelischer Entführungsversuch von seiner Frau vereitelt (vgl. Orbach 2022, 204).

Cukurs‹ Fall verdeutlicht, wie Israel dazu überging, NS-Verbrecher-Täter geringen Profils zu töten, anstatt sie zu entführen. Ben-Gurion hatte aus den Komplikationen der Entführung Eichmanns den Schluss gezogen, dass Israel es vermeiden müsse, sich Gegenreaktionen von Ländern großer Bedeutung einzuhandeln. Ben-Gurion scheint sich dabei die Argumentation anderer zu eigen gemacht zu haben, die nicht zu seinem engsten Beraterkreis gehörten, so die des Journalisten und politischen Analysten Uri Avneri, der einer der wenigen israelischen Kritiker der Entführung war. Kaum war Eichmann in Israel gelandet, schrieb Avneri, dass »wenn er gelyncht worden wäre, wenn man ihn in Streifen geschnitten hätte, niemand [...] uns verurteilt hätte [...] die Menschheit hätte es verstanden« (*Haolam Hazeh* vom 31.05.1960). Avneris Einschätzung bestätigte sich im Fall des Attentats auf Cukurs.

Auf der argentinischen Seite wurde die nach dem antiperonistischen Putsch von 1955 erste demokratische Regierung Frondizi durch die Verletzung der argentinischen Souveränität bei der Eichmann-Entführung geschwächt. Die argentinische Botschaft in Tel Aviv war zudem Ziel von Drohungen, und ein israelischer Diplomat wurde in den Straßen von Buenos Aires von Unbekannten belästigt (vgl. Rein 2023, 127). Angesichts der Erfahrung Israels in solchen Angelegenheiten

---

Eichmann, der offensichtlich an seinem Nachleben, nachdem der diese Welt schon verlassen haben würde, interessiert war, seine frühere Rolle in einem gemeinsam verfassten Buch zu erörtern. Abgesehen von den finanziellen Aspekten des Projekts sollte das Buch dazu dienen, eine rechtfertigende Version der Taten des Nazi-Regimes zu präsentieren. Die Zusammenarbeit zwischen Sassen und Eichmann führte zu Dutzenden Stunden an Aufzeichnungen, die, von Eichmann überprüft, korrigiert und kommentiert, in einem Manuskript von Hunderten Seiten mündeten sowie in dem erfolglosen Versuch, Alfred Hitchcock, den renommierten britischen Filmregisseur, für die Verfilmung dieses Stoffs zu interessieren. Die Zusammenarbeit erweckte später auch den Verdacht, dass Sassen den Israelis bei der Ergreifung von Eichmann behilflich gewesen sein könnte. Sassen scheint versucht zu haben, diese Zweifel zu zerstreuen, indem er Eichmanns Witwe, Veronika Liebl, einen Teil der Einnahmen aus den Veröffentlichungen des Materials zukommen ließ. Weniger zweifelhaft war Sassens Zusammenarbeit mit dem Mossad bei der erfolglosen Suche nach Mengele, mit dem Eichmann über den Niederländer vermittelt in Argentinien Kontakt aufgenommen hatte (vgl. Aharoni und Dietl, 1996, 151; Stangneth 2014, 598).

ist es vielleicht überraschend, dass die Androhung von Gewalt gegen die argentinische Vertretung in Tel Aviv nie zu einer Verhaftung geführt hat.

Die argentinische Forderung nach einer Rückführung Eichmanns wurde zunächst von den Vereinigten Staaten unterstützt, was auch der Reaktion der großen amerikanischen Medien entsprach. So machte die New Yorker Wochenzeitung *Time* in ihrer Ausgabe vom 20. Juni 1960, die mit eher kritischen als lobenden Artikeln über die israelische Entführung einsetzte, deutlich, dass die amerikanische Öffentlichkeit die Entführung als keinen akzeptablen *Modus Operandi* ansah, sondern als »willkürliche Missachtung des Völkerrechts«. Die *New York Times* wiederum bezeichnete die Entführung als »illegal« und »unmoralisch« (27.05.1960), und die *Washington Post* verurteilte das, was sie als israelisches »Gesetz des Dschungels« bezeichnete, in aller Deutlichkeit und warnte davor, dass ein Prozess gegen Eichmann dort nicht ratsam wäre, weil er »von der Gerechtigkeit abgekoppelt« wäre (25.06.1960). Noch ärgerlicher für Israel war die grobe Gleichsetzung von jüdischen Israelis und Nationalsozialisten, die der in Boston ansässige *Christian Science Monitor* hervorhob, indem er betonte, dass »der israelische Anspruch auf Autorität für die Verfolgung antijüdischer Verbrechen, die außerhalb seiner Grenzen begangen wurden«, identisch sei »mit dem Nazi-Anspruch der ›Loyalität [zum Dritten Reich] von Personen deutscher Geburt oder Abstammung‹, unabhängig von ihrem Wohnort« (09.06.1960) (vgl. Lipstadt 2011, 2. Kapitel).

Diese ersten Äußerungen der US-Presse zeigten trotz der dort dominierenden pro-israelischen Stimmen zum einen die Grenzen des ›Pro-Israel-Narrativs‹. Die anfänglichen Äußerungen der amerikanischen Presse helfen zu verstehen, dass die pro-israelische Wende in der Berichterstattung über den Fall Eichmann, die schon vor dem Prozess zu beobachten war, ohne eine immer stärker werdende Lobbyarbeit, insbesondere in den Vereinigten Staaten, unmöglich gewesen wäre. Eine solche Entwicklung macht beispielsweise den Kontrast zwischen dem kritischen Ton, den *Time* gegenüber israelischen Übergriffen anschlug, und der späteren Tendenz der Zeitschrift, Argentinien als wichtiges Zufluchtsland von NS-Tätern darzustellen, verständlich. Eine umfangreiche Analyse von ungefähr tausend US-Leitartikeln ergab, dass die israelkritischen Artikel in den Tagen unmittelbar nach der Entführung ein Verhältnis von sieben zu drei aufwiesen, während zehn von dreizehn während des Prozesses zu Gunsten Israels ausfielen (vgl. Salomon 1963, 86; Glock, Selznick und Spaeth 1966).

Was die Folgen des Falles Eichmann für Israel betrifft, so hat die Anrufung des Sicherheitsrates durch Argentinien nach der israelischen Weigerung, Eichmann nach Buenos Aires zurückzuführen, die Erwartungen der argentinischen Seite zum Teil erfüllt, zum Teil aber auch die der israelischen. Israels Anfechtung der Zuständigkeit des Sicherheitsrats wurde ignoriert und die angenommene Resolution erhielt acht Ja-Stimmen, keine Nein-Stimme und zwei Enthaltungen. In der Resolution heißt es auch, dass eine Wiederholung völkerrechtswidriger Operationen durch Israel den Weltfrieden und die Weltsicherheit gefährden könnte. Eine Vertagung der Diskussion – ihre Torpedierung stellte für Israel zu diesem Zeitpunkt ein unerreichbares Ziel dar – kam nicht zustande.

Folglich musste die vom Sicherheitsrat verabschiedete Resolution mühsam ausgehandelt werden. Während Frondizi, der unter anderem durch die Eichmann-Affäre geschwächt war, sich zufrieden zeigte, äußerte der argentinische UN-Botschafter Amadeo großen Unmut in Bezug auf die Resolution. Die Regierung Frondizi zeigte sich kaum interessiert an einem Besuch der israelischen Außenministerin Golda Meir. Stattdessen traf der Rechtsberater des israelischen Außenministeriums Shabtai Rosenne in Buenos Aires ein, um mit seinem argentinischen Amtskollegen, dem katholischen Nationalisten Luis María de Pablo Pardo, über eine eventuelle Normalisierung der bilateralen Beziehungen zu verhandeln. Die rasche Verwirklichung dieses Ziels hing nicht zuletzt mit dem Wunsch Frondizis zusammen, einer erheblichen Verschlechterung des Images Argentiniens in den Vereinigten Staaten entgegenzuwirken, insbesondere in den Augen der US-amerikanischen Juden und anderer an der öffentlichen Meinungsbildung beteiligter Personen, die sich möglicherweise nachteilig auf die Beteiligung der USA an Frondizis Entwicklungsprojekten hätte auswirken können.[24]

24 Eine positive Antwort auf diese Frage legt beispielsweise Jacob Blaustein nahe, der Gründer der bedeutenden US-Ölgesellschaft American Oil Company (AMOCO) und ehemaliger Präsident des AJC, einer jüdischen Organisation, die damals auf dem Weg war, zu einer fast obligatorischen Station für sämtliche lateinamerikanische Staats- und Regierungschefs zu werden, die New York und die amerikanische Hauptstadt besuchten. 1950 gelang es Blaustein, sich mit Ben-Gurion darauf zu einigen, dass jeder nicht-israelische Jude seinem Land gegenüber loyal sein sollte und dass im Prinzip nicht der Staat Israel die nicht-israelischen Juden vertrete. Das Interesse des AJC bestand darin, jenen die Munition zu entziehen, die den nicht-israelischen Juden vorwarfen, mit einer doppelten Loyalität zwischen ihrem Geburts- und/oder Wohnsitzland einerseits und Israel andererseits konfrontiert zu sein. In diesem Zusammenhang sei an einen Präzedenzfall erinnert. Mehr als ein Jahrzehnt vor der Verhaftung Eichmanns war ein Großteil der jüdischen Gemeinde in den USA von Spruille Braden, Botschafter in Buenos Aires und späterer stellvertretender Leiter der Lateinamerika-Abteilung des State Department in Washington (1945-1947), gegen Perón aufgebracht worden. Der Vorwurf einer durch die Nazis inspirierten Judenfeindlichkeit begleitete Perón über seinen Tod hinaus (vgl. Klich 1988; Rein 2023, 129), trotz des Tatbestands, dass beflügelt von den diplomatischen Aktivitäten Peróns sich prozionistische Haltungen regten, als diese in den jüdischen Communities zahlreicher Länder noch nicht anerkannt waren.

7 Die Schwächung Frondizis als Folge

Von den zahlreichen Versuchen des Militärs, die Regierung Frondizi zu stürzen, fand ein bedeutender kurz nach der Entführung Eichmanns statt. Dies deutet darauf hin, dass die israelische Operation, weit davon entfernt, die gewählte argentinische Regierung zu konsolidieren, als zusätzlicher Auslöser für den Putschversuch gegen Frondizi gewertet werden kann, der, gefolgt von anderen, schließlich zu seinem Rücktritt führte. Fortunato Giovannoni war als Offizier an mehreren dieser Putschversuche beteiligt, unter anderem auch an demjenigen, an dem auch der antijüdisch eingestellte Führer der *Alianza de la Juventud Nacionalista* (Nationalistische Jugendallianz) beteiligt war (vgl. Sanchís Muñoz 1992, 171). Auch wenn es nicht ausreicht, daraus eine eindeutige antisemitische Motivation der Kritiker der Eichmann-Entführung abzuleiten, so ist es diese keineswegs auszuschließen. Unbestreitbar war Giovannonis Rolle weit davon entfernt, eine solche Vorstellung zu entkräften.[25] Im Bestreben, eine solche Auseinandersetzung zu unterdrücken, ermutigte der diplomatisch-publizistische Konflikt die israelische Seite, das Interesse am Handeln Argentiniens von der Zwischenkriegszeit bis zur Nachkriegszeit wieder aufleben zu lassen.

Die Eichmann-Entführung brachte jedenfalls Frondizi in die Defensive, dessen persönlicher Antifaschismus im Kontrast stand zur Haltung Amadeos, einer von mehreren nationalistischen Mitstreitern Frondizis mit einer judenfeindlichen Einstellung. In den Worten von Ángel Miguel Centeno, Amadeos Freund und Unterstaatssekretär für Kultusfragen in der Regierung Frondizi, der direkten Zugang zum Staatschef gehabt haben soll (vgl. Rouillon 2006), überwand Amadeo seine antisemitischen Ressentiments, die durch den Fall Eichmann verstärkt wurden, erst mit seinem Tode.

8 Weitere Auswirkungen

Die obigen Ausführungen lassen den Schluss zu, dass die Zahl von angeblich 60.000 in Argentinien untergetauchten NS-Verbrechern, neben anderen Schätzungen der frühen Nachkriegszeit, stets eine Zahl war, die aufgrund des Zugangs zu mehr und besseren Quellen hätte revidiert werden müssen. Dagegen wehrten sich jedoch die-

---

25 Ein solcher Verdacht traf nicht wenige, wenn auch nicht alle zu Recht, vor allem dann nicht, wenn sie als antijüdisch abgestempelt wurden aufgrund ihres mangelnden Verständnisses für die die bei der Entführung Eichmanns angewandte Methodik und nicht auf Grundlage einer nüchternen Analyse der jeweiligen Biografien und Argumente.

jenigen, die es vorzogen, das Land bis 1983 als exzellenten Zufluchtsort für NS-Verbrechern darzustellen, eine Einschätzung, die durch die argentinische Kultur der Geheimhaltung und die daraus resultierenden Schwierigkeiten beim Zugang zu den Quellen zusätzliches Gewicht erhielt.

Es versteht sich von selbst, dass die Bedeutung Argentiniens als Zufluchtsort für NS-Verbrecher kaum durch die Tatsache geschmälert wurde, dass deren Anzahl sich nicht auf die Größenordnung von hunderttausend beläuft, über die zwischenzeitlich spekuliert wurde. Die Untersuchungen der Kommission zur Aufklärung der NS-Aktivitäten in Argentinien (*Comisión para el Esclarecimiento de las Actividades del Nazismo en la Argentina*; CEANA) in den Jahren 1997 bis 2005 ergaben die Zahl von 180 NS-Verbrechern, denen es gelang, in Argentinien unterzutauchen. Dabei handelte es sich um hochrangige NS-Führer, darunter solche, die teilweise hohe Ränge in den pro-nazistischen weißrussischen, kroatischen und slowakischen Regierungen bekleidet hatten.[26] Die Untersuchungen der CEANA verharmlosten damit die argentinische Problematik nicht, sondern zeichneten ein realistischeres Bild.

Der Darstellung Argentiniens als Hauptzufluchtsort von NS-Verbrechern wurde mehr als sechs Jahrzehnte lang von Kritikern der unvollständigen Entnazifizierung Deutschlands widersprochen, etwa vom Journalisten und Autor Friedrich Tete Hare Tetens, einem ehemaligen Häftling des Konzentrationslagers Oranienburg, der zeitweilig im argentinischen Exil und schließlich in den Vereinigten Staaten lebte. Tetens (1961, 209) behauptete, dass der Großteil der NS-Verbrecher Deutschland nicht verlassen hätte. Zuletzt kamen Ronen Bergman und Roni Stauber, als Ergebnis einer umfassenden Untersuchung der in deutschen und anderen Archiven aufbewahrten Unterlagen zum Schluss, dass »die überwiegende Mehrheit

26 Der Stimmungsumschwung in Argentinien führte auch zu einer ersten Freigabe der fälschlicherweise so bezeichneten ›Nazi-Archive‹, die später noch erweitert wurde. In Ermangelung eines tatsächlichen solchen Archivs gab das Innenministerium zunächst nur die quantitativ spärlichen und qualitativ unergiebigen Unterlagen zur NS-Problematik frei, zu denen später ein umfassenderer Zugang zu den argentinischen Diplomatie-Dokumenten hinzukam. Während des Bestehens der CEANA, dessen akademisches Komitee von dem Soziologen Manuel Mora y Araujo angeleitet wurde, deren Vizepräsidenten aus den Historikern Ronald Newton und Robert Potash bestanden und dessen akademischer Koordinator der Verfasser dieses Aufsatzes war, konnte ein quantitativer und qualitativer Fortschritt in der Erforschung dieser Zahlen erreicht werden. Die konkreten Forschungsarbeiten wurden ausgewiesenen Fachexperten anvertraut, die sich durch ihre wissenschaftlichen Veröffentlichungen ausgezeichnet hatten. Dies ermöglichte nicht nur eine erschöpfende Erforschung der diplomatischen Akten, sondern auch der Unterlagen aus anderen Ressorts der argentinischen Regierung, wie der Justiz und der Streitkräfte, insbesondere der Armee und der Luftwaffe, sowie der Materialabteilung des Militärs. In einigen Themenfeldern wurde diese Arbeit durch den Abgleich argentinischer Unterlagen mit denen Deutschlands, Österreichs, Belgiens, Spaniens, der Vereinigten Staaten, Frankreichs, Großbritanniens, Italiens und der Schweiz bereichert.

der Naziverbrecher in Deutschland selbst in Frieden gelebt hat« (Bergman und Stauber 2023). Tetens, Bergman und Stauber stellten dementsprechend die Bundesrepublik als den wichtigsten Zufluchtsort für NS-Verbrecher dar. Eine vergleichende Studie über mehrere als Fluchtort geltende Länder bleibt ein notwendiges Desiderat, um die Bedeutung Argentiniens als Zufluchtsort von NS-Verbrechern im Lichte des Vergleichs beurteilen zu können.

Im Gegensatz zu einigen seiner Kollegen in Israel hatte Jacob Tsur, der erste Leiter der diplomatischen Vertretung in Buenos Aires, kein Problem damit, darauf hinzuweisen, dass die von Wiesenthal genannte Zahl von 60.000 in Argentinien untergetauchten NS-Verbrechern übertrieben hoch war.[27] Solche Zahlen, die oftmals aus Quellen aus Argentinien stammten, sind zur Kenntnis zu nehmen, auch wenn sie definitiv unzuverlässig sind. Sie verdeutlichen den Schaden, der durch die große Kluft zwischen Fakten und Darstellung entsteht. Die Betonung dieser Schäden ist keineswegs unvereinbar mit der zum Ausdruck gebrachten Genugtuung der flüchtigen Nazis über ihre Behandlung in Argentinien, von der Eichmann sagte, dass das Land für sie das ›Gelobte Land in Südamerika‹ darstellte; oder mit der Aussage des deutschen Historikers Holger Meding, der in mehreren Publikationen und auch in seiner Arbeit für die CEANA hervorhebt, dass Argentinien oft und »mehr als andere [...], das Ziel der [...] Flüchtlinge« war (vgl. Meding 1999, 219 sowie Stangneth 2014, 25).

Zwei Jahre nach der Hinrichtung Eichmanns konnte Meir Amit, der den Mossad seit 1963 leitete, aus der Enttäuschung Ben-Gurions über Harel, seinem Vorgänger als Leiter des israelischen Geheimdienstes, Kapital schlagen, weil dessen Einschüchterungsversuche und Attentate auf deutsche Wissenschaftler und Ingenieure, die an der Entwicklung der ägyptischen Raketentechnik beteiligt waren, fehlgeschlagen waren. Diese Anschläge trafen auch Personen, die nicht zu den primären Zielpersonen gehörten. In den Augen derjenigen, die Zugang zu den Unterlagen des israelischen Geheimdienstes hatten, scheint Harel als Chef des Mossad der Überzeugteste derjenigen gewesen zu sein, die behaupteten, dass diese Deutschen Hitlers Völkermord an den Juden in Ägypten vollenden wollten (vgl. Orbach 2022, 142–143).

27 Was die von Wiesenthal betriebene Entfernung von den Tatsachen betrifft, so zeigt die Dokumentation des sehr wertvollen Band Lipstadts, dass Wiesenthals Beitrag zu Eichmanns Entführung in der Tat »dürftig« war; auch in Segevs Wiesenthal-Biografie, eine vom Wiesenthal-Zentrum in Auftrag gegebene Arbeit, wird dies ausführlich dargestellt. Andere haben wiederum dasselbe über die These der bis zu 7.000 deutschen Berater festgestellt, die laut Wiesenthal an verschiedenen ägyptischen Projekten arbeiteten. Vgl. hierzu: Lipstadt 2011, 5; Segev 2010, 106 ff.; Orbach 2022, 142.

Israel war aber weit davon entfernt, seine Beziehungen zu Deutschland aufs Spiel zu setzen und vertrat fortan die Position Amits, der »Terrorismus, Entführungen, internationale Skandale und einen zweiten Eichmann-Prozess« ablehnte. Weder Ben-Gurion noch sein Nachfolger wollten die privilegierten Beziehungen zu Bonn durch »einen weiteren Skandal« trüben (vgl. Orbach 2022, 188). Es ist daher nicht verwunderlich, dass Israel 1964 eine vorsichtige Haltung in der Bestrafung von NS-Verbrechern eingenommen hat, da eine weitere Verfolgung von NS-Verbrechen dazu geführt hätte, dass Deutschland und andere relevante Länder um Auslieferung gebeten hätten oder Israel schärfere Maßnahmen gegen solche Verbrecher in Betracht gezogen hätte. Der Verzicht auf die weitere Verfolgung von NS-Verbrechern, von dem unter anderem Mengele und Rauff profitierten, führte zum Bedeutungsverlust der entsprechenden Mossad-Einheit *Amal*.

Israel war schon während des Eichmann-Prozesses bewusst, wie sehr Adenauer darauf bedacht war, zu vermeiden, dass Hans Globke – der Verfasser der 1935 verabschiedeten Nürnberger Rassegesetze, der mittlerweile vom äußerst einflussreichen Staatssekretär in der Nachkriegszeit (1949-1953) zu Adenauers rechter Hand im Kanzleramt avanciert war (1953–1963) – im Jerusalemer Prozess erwähnt würde. So erklärte Adenauer kurz nach der Eröffnung des Prozesses in Jerusalem, er habe »das vollste Vertrauen« in das israelische Gericht und die israelische Regierung. Diese Worte standen jedoch in Beziehung zu zugesagten Krediten, Militärlieferungen und der Unterstützung des israelischen Atomprogramms (vgl. Orbach 2022, 125–126). Die israelische Rücksichtnahme auf ein solches deutsches Interesse, das angesichts der engen beruflichen Kontakte von Globke und der deutschen Nachkriegsregierung zur CIA auch ein amerikanisches war, zeigte sich beispielsweise darin, dass Globkes Tätigkeit für den Repressionsapparat des Dritten Reiches, dessen ›jüdische Abteilung‹ sich in Eichmanns Hand befand, völlig verschwiegen wurde. Um dieses Ziel zu erreichen, verschob die deutsche Regierung die Überweisung einer ersten Kredittranche von 50 Millionen Dollar an Israel, die schließlich nach dem Prozess aufgestockt wurde. Adenauer ließ Ben-Gurion wissen, wie sehr er die Art und Weise schätzte, mit der die ganze Angelegenheit geführt und abgeschlossen wurde (vgl. Yablonka 2004, 52–54).[28] Damit endete die kurze Phase der direkten und offenen Beteiligung Israels an der Jagd auf NS-Verbrechern, ohne jedoch den erfolglosen Versuch zu vergessen, die Auslieferung des Unteroffiziers Gustav Wagner, des stellvertretenden Leiters des Vernichtungslagers Sobibor,[29] aus Brasilien zu er-

28 Globke soll auch für eine andere Verzögerung in den Jahren zuvor verantwortlich gewesen sein, nämlich bei der Weitergabe des Decknamens Eichmanns, Ricardo Klement, an Israel.

29 Nachdem der brasilianische Bundesgerichtshof 1978 die Auslieferung von Gustav Wagner, der »Bestie« des Vernichtungslagers Sobibor, abgelehnt hatte, erhielt der brasilianische Botschafter in Tel Aviv einen Anruf, in dem ihm mitgeteilt wurde, dass er entführt werden solle, wobei

wirken, oder auch den aufgrund einer Verwechslung gescheiterten Prozess gegen John Demjanjuk, den angeblich im Vernichtungslager Treblinka so genannten »Iwan den Schrecklichen«[30].

In Buenos Aires wiederum waren sowohl die Entführung Eichmanns sowie die spätere Auslieferung von Gerhardt Johannes Bohne – der in das NS-Euthanasieprojekt verwickelt war, das zwischen 1939 und 1942 200.000 Menschen körperlicher und geistiger Behinderung, darunter fast 15 % Juden, das Leben kostete – im Jahr 1966 frühe und undenkbare Präzedenzfälle für das, was Jahrzehnte später gängige Praxis werden sollte, als der argentinische Staat bereit war, Auslieferungen von Personen zu bewilligen, denen NS-Verbrechen vorgeworfen wurden: Seit der Regierung von Raúl Alfonsín (1976-1983) führte dies zur Auslieferung von Josef Schwammberger, SS-Oberscharführer, Ghetto- und Lagerkommandant nach Deutschland. Erich Priebke wurde nach Italien ausgeliefert wegen seiner Rolle beim Massaker in den Ardeatinischen Höhlen, einer deutschen Vergeltungsmaßnahme für einen Partisanenangriff, bei dem mehr als 300 Zivilisten erschossen wurden. Schließlich wurde Dinko Šakić, der ehemaligen Kommandant des KZ Jasenovac nach Kroatien ausgeliefert. Während Schwammbergers Verhaftung unter der Präsidentschaft Alfonsíns erfolgte, fand die Auslieferung von Priebke und Šakić während der Amtszeit des Peronisten Carlos Saúl Menem statt. Im Gegensatz zu diesen drei steht die Auslieferung von Bohne nicht nur am Beginn dieser Reihenfolge, sondern ist auch bemerkenswert, weil sie während der argentinischen Militärregierung unter General Juan Carlos Onganía durchgeführt wurde, der im Verdacht stand, antijüdische Maßnahmen voranzutreiben, wie z. B. die Maßnahmen gegen bestimmte von jüdischen und nicht-jüdischen Einwanderern gegründete Kreditgenossenschaften. Einen interessanten Vergleichsfall stellt Walter Rauff dar, der auch eine Zeit lang in Argentinien lebte, sich später dann in Chile niederließ und dort bis zu seinem Lebensende verweilte. Alle chilenischen Regierungen, ob zivil oder militär, ob konservativ oder sozialistisch, lehnten sämtliche Auslieferungsanträge wiederholt ab (Vgl. Freiwald und Mendelsohn 1994; Rigacci und Llorente 1998).

---

seine Freilassung von der bereits abgelehnten Auslieferung des von Israel und anderen Ländern gesuchten Wagner abhängig gemacht wurde.

30 Jahre später verurteilte die Bundesrepublik Deutschland Demjanjuk wegen Mittäterschaft an der Vernichtung von mehr als 28.000 Juden während seiner Tätigkeit als Wachmann in Sobibor.

Quellen- und Literaturverzeichnis

Dokumente

Nazi Party Membership Records. Washington: Senat der Vereinigten Staaten von Amerika, 1946.

1949/1999 Israel-Argentina: Encuentro entre dos naciones. 50 años de intercambio político, económico, cultural y científico. Buenos Aires: Botschaft Israels, 1999.

Actas. Primer Congreso contra el Racismo y el Antisemitismo. Buenos Aires: Comité de Lucha contra el Racismo y Demás Formas del Colonialismo, 1938.

Literatur

Aharoni, Zvi und Wilhelm Dietl. *Operation Eichmann: The Truth about the Pursuit, Capture and Trial*. London: Arms and Armour Press, 1996.

Aizenberg, Edna. *On the Edge of the Holocaust: The Shoah in Latin American Literature and Culture*. Waltham: Brandeis University Press, 2016.

Bascomb, Neal. *Hunting Eichmann: How a Band of Survivors and a Young Spy Agency Chased the World´s Most Notorious Nazi*. Boston: Houghton Mifflin Harcourt, 2009.

Bergman, Ronen und Yuval Rubovitch. »Shocking Revelations«. *Ynet* vom 30.06.2023.

Biernat, Carolina. »Prensa diaria y políticas migratorias del primer peronismo: dificultades y aciertos en la construcción de una opinión pública (1945-1955)«. *Estudios Migratorios Latinoamericanos* 14.43 (1999): 277–302.

Buchrucker, Cristian. »Los nostálgicos del ›Nuevo Orden‹ europeo y sus vinculaciones con la cultura política argentina«. *Sobre nazis y nazismo en la cultura argentina*. Hg. Ignacio Klich. College Park: Hispamérica, 2002. 51–104.

Cesarani, David. *Becoming Eichmann: Rethinking the Life, Crimes, and Trial of a »Desk Murderer«*. London: W. Heinemann, 2004.

Crossmann, Richard H. »The Faceless Bureaucrat«. *New Statesman* vom 31.03.1961.

Degiovanni, Fernando. »Nosotros y Sur«. *Sobre nazis y nazismo en la cultura argentina*. Hg. Ignacio Klich. College Park: Hispamérica, 2002. 27–36.

Eizenstat, Stuart E. *Imperfect Justice: Looted Assets, Slave Labor, and the Unfinished Business of World War II*. New York: Public Affairs, 2003.

Frank, Waldo. *Memorias*. Buenos Aires: Sur, 1975.

Freiwald, Aaron undMartin Mendelsohn. *The Last Nazi: Josef Schwammberger and the Nazi Past*, New York: W. W. Norton, 1994.

Gass, Adolfo. *Una política de vida*, Buenos Aires: Eigenverlag, 2006.

Glock, Charles Y., Gertrude J. Selznick und Joel L. Spaeth. *The Apathetic Majority: A Study Based on Public Responses to the Eichmann Trial*. New York, Harper & Row, 1966.

Goloboff, Mario. »Presencia de submarinos nazis en la literatura argentina«. *Argentina y la Europa del nazismo. Sus secuelas*. Hg. Ignacio Klich und Cristian Buchrucker. Buenos Aires: S. XXI Iberoamericana, 2009. 121–128.

Hausner, Gideon. *Justice in Jerusalem*. London: Nelson, 1967.

Kaufman, Edy, Yoram Shapira und Joel Barromi. *Israel-Latin American Relations*. New Brunswick: Transaction Books, 1979.

Klich, Ignacio (Hg.). *Sobre nazis y nazismo en la cultura argentina.* College Park: Hispamérica, 2002.

Klich, Ignacio und Cristian Buchrucker (Hg.). *Argentina y la Europa del nazismo. Sus secuelas,* Buenos Aires: S. XXI Iberoamericana, 2009.

Klich, Ignacio. »A Background to Peron's Discovery of Jewish National Aspirations.« *Judaica Latinoamericana. Estudios Histórico-Sociales* (1988): 192–223.

Lang, Jochen von (Hg.). *Eichmann Interrogated: Transcripts from the Archives of the Israeli Police.* Toronto: Lester & Orpen Dennys, 1983.

Lipstadt, Deborah. *The Eichmann Trial.* New York: Schocken, 2011.

Loftus, John. *The Belarus Secret.* New York: Knopf, 1982.

Mount, Graeme S. *Chile and the Nazis: From Hitler to Pinochet.* Montreal: Black Rose Books, 2002.

Newton, Ronald C. *El cuarto lado del triángulo. La ›amenaza nazi‹ en la Argentina (1931–1947).* Buenos Aires: Sudamericana, 1995.

Newton, Ronald C. *German Buenos Aires, 1900–1933: Social Change and Cultural Crisis.* Austin: University of Texas Press, 1977.

Newton, Ronald C.. »Las actividades clandestinas de la marina alemana en aguas argentinas entre 1930 y 1945, con especial referencia a la rendición de dos submarinos germanos en Mar del Plata en 1945«. *Argentina y la Europa del nazismo. Sus secuelas.* Hg. Ignacio Klich, und Cristian Buchrucker. Buenos Aires: S XXI Iberoamericana, 2009. 65–100.

Orbach, Danny. *Fugitives: A History of Nazi Mercenaries during the Cold War.* New York: Pegasus Books, 2022.

Pearlman, Moshe. *The capture of Adolf Eichmann.* London: Weidenfeld & Nicolson, 1961.

Potash, Robert A. und Celso Rodríguez. »El empleo en el Ejército argentino de nazis y otros científicos y técnicos extranjeros, 1943-1955«. *Estudios Migratorios Latinoamericanos* 14.43 (1999): 261–276.

Ravivi, Dan und Yossi Melman. *Todo espía un elegido. La verdadera historia de los servicios de inteligencia israelíes, sus aciertos y fracasos, sus orgullos y vergüenzas.* Buenos Aires: Planeta, 1991.

Rein, Raanan. *Argentina, Israel, and the Jews: Peron, the Eichmann Capture and After.* Bethesda, MD: University Press of Maryland, 2003.

Rein, Raanan. *Cachiporras contra Tacuara. Grupos de autodefensa judíos en América del sur, 1960-1975.* Buenos Aires: Sudamericana, 2023.

Reinhartz, Dennis. »Ustasha Flight to Argentina after World War II«. *Informe de la CEANA.* Buenos Aires, 1997–1999. 2–3.

Rigacci, Elena und Martino Llorente. *El último nazi. Priebke de la Argentina a Italia: Juicio a medio siglo de historia.* Buenos Aires: Sudamericana, 1998.

Romero, Luis Alberto und María Inés Tato. »La prensa periódica y el régimen nazi«. *Sobre nazis y nazismo en la cultura argentina.* Hg. Ignacio Klich. College Park: Hispamérica, 2002. 157–176.

Rosenfeld, Shalom. »Newspaper Editors' Dilemmas«. *Jerusalem Quarterly* 25 (1982): 98–115.

Rouillon, Jorge. »Falleció Ángel Miguel Centeno«. *La Nación* vom 26.12.2006.

Salomon, George. »America's Response«. *The American Jewish Year Book* 63 (1962): 85–103.

Sanchís Muñoz, José R. *La Argentina y la Segunda Guerra Mundial.* Buenos Aires: Grupo Editor Latinoamericano, 1992.

Schlickers, Sabine. *De Auschwitz a Argentina. Representaciones del nazismo en literatura y cine 2000-2020.* Buenos Aires: Biblos, 2021.

Schneppen, Heinz. »De todas las Odessas, aquella de Perón«. *Argentina y la Europa del nazismo. Sus secuelas.* Hg. Ignacio Klich und Cristian Buchrucker. Buenos Aires: S. XXI Iberoamericana, 2009. 183–246.

Segev, Tom. *A State at Any Cost: The Life of David Ben Gurion*. New York: Farrar, Straus and Giroux, 2019.
Segev, Tom. *Simon Wiesenthal: The Life and Legends*. New York: Doubleday, 2010.
Senkman, Leonardo. »La representación ficcional del fascismo católico en Manuel Gálvez«. *Sobre nazis y nazismo en la cultura argentina*. Hg. Ignacio Klich. College Park: Hispamérica, 2002. 37–50.
Senkman, Leonardo und Saúl Sosnowski. *Fascismo y nazismo en las letras argentinas*, Buenos Aires: Lumière, 2009.
Skorzeny, Otto. *Luchamos y perdimos*. Buenos Aires: Ediciones Acervo, 1979.
Skorzeny, Otto. *Vive peligrosamente*. Buenos Aires: Ediciones Acervo, 1979.
Smith, Bradley F.. *Reaching Judgment at Nuremberg*. New York: Basic Books, 1977.
Sosnowski, Saúl. »Letras e imágenes de guerra«. *Sobre nazis y nazismo en la cultura argentina*. Hg. Ignacio Klich. College Park: Hispamérica, 2002. 15–26.
Stangneth, Bettina. *Adolf Eichmann. Historia de un asesino de masas*. Buenos Aires: Editorial EDHASA, 2014.
Tetens, Tete Hare. *The New Germany and the Old Nazis*. London: Random House, 1961.
Tov, Moshe A.. *El murmullo de Israel: historial diplomático*. Jerusalem: La semana, 1983.
Tsur, Jacob. *Cartas credenciales #4*. Jerusalem: La semana, 1983.
Valentini, Mónica P. und Javier García Cano. »Arqueología e historia. La búsqueda de los submarinos alemanes en aguas argentinas«. *Argentina y la Europa del nazismo. Sus secuelas*. Hg. Ignacio Klich und Cristian Buchrucker. Buenos Aires: S. XXI Iberoamericana, 2009. 101–120.
Warszawski, Paul. »América Latina: extradición y juzgamiento de criminales de guerra nazis«. *Discriminación y racismo en América Latina*. Hg. Ignacio Klich und Mario Rapoport. Buenos Aires: Grupo Editorial Lateinamericano, 1997. 429–443.
Wechsberg, Joseph (Hg.). *The Nazi Murderers among Us: The Simon Wiesenthal Memoirs*. New York, McGrow-Hill, 1967.
White, Elizabeth B. *German Influence in the Argentine Army, 1900 to 1945*. New York: Garland, 1991.
Yablonka, Hanna. *The State of Israel* vs. *Adolf Eichmann*. New York: Schocken, 2004.

Monica Grin

Die Rezeption des Eichmann-Prozesses im »Paraíso racial«

Brasilianische Medienbilder von Tätern und Opfern rassistischer Gewalt (1960–1970)

Von der Festnahme Adolf Eichmanns in Argentinien im Mai 1960 bis zur Vollstreckung seines Todesurteils im Juni 1962 verfolgte die brasilianische Öffentlichkeit den Prozess leidenschaftlich und mit großem Interesse.[1] Die Fülle der Informationen über den Fall Eichmann, die in den Medien weltweit verbreitet wurden, hatte Auswirkungen, die über die Sachebene hinausgingen. Das Jahr 1961 markierte einen Wendepunkt im kollektiven Gedächtnis und historischen Bewusstsein über den Völkermord an den Juden im Zweiten Weltkrieg.

In den Jahrzehnten nach dem Prozess entwickelten sich auf globaler Ebene neue Muster der Empathie mit den Opfern des Holocaust. Nach und nach wurden komplexe Verbindungen zu Erfahrungen von anderen Opfergruppen genozidaler Gewalt hergestellt (vgl. Rothberg 2009). Die Anerkennung eines Opferstatus hat sich als wichtiges politisches und moralisches Kapital in der Übergangsjustiz durchgesetzt. Deren Gerichte und Wahrheitskommissionen[2] sind zu Orten der Abrechnung zwischen Opfern und Tätern geworden (vgl. Bevernage 2011), zu Orten, an denen die psychologischen Bedürfnisse von Gewaltopfern, die von Wut, Scham und Groll ergriffen sind, gehört werden (vgl. Chakravarti 2008). Die Begriffe Erinnerung, Trauma, Zeugnis, Wiedergutmachung und historische Gerechtigkeit haben im Diskurs zur An-

1 Eine vorläufige Übersicht über das Vorkommen des Falles Eichmann in der brasilianischen Tagespresse ist bemerkenswert. *Jornal do Brasil*: 380 Treffer; *Última Hora*: 683 Treffer; *Tribuna da Imprensa*: 284 Treffer; *Folha de São Paulo*: 200 Treffer; *Correio da Manhã*: 364 Treffer; *O Diário de Notícias*: 330 Treffer; *O Globo*: 266 Treffer; Zeitschrift *Manchete*: 198 Treffer; Zeitschrift *O Cruzeiro*: 57 Treffer. Bei vielen dieser Artikel handelt es sich allerdings um Wiedergaben von Texten internationaler Presseagenturen.

2 Ich beziehe mich auf die Kommissionen, die in Kontexten von Übergangsjustiz beispielsweise in Südafrika während der Post-Apartheid-Periode, in Ruanda, Argentinien, Uruguay, Chile, Sierra Leone, Guatemala, Brasilien und anderen Ländern eingesetzt wurden. Die Frage der historischen Gerechtigkeit für die Generationen von Opfern der Sklaverei und des Rassismus ist heute in Brasilien wie in den Vereinigten Staaten, also in Ländern mit einer Sklavereivergangenheit, Gegenstand von Forderungen der Schwarzen Bewegung nach Entschädigung (vgl. Scott 2021).

Anmerkung: Dieser Beitrag und alle Zitate wurden von Christian Ernst übersetzt.

Open Access. © 2024 bei den AutorInnen und Autoren, publiziert von De Gruyter. (cc) BY-NC-ND Dieses Werk ist lizenziert unter der Creative Commons Namensnennung - Nicht-kommerziell - Keine Bearbeitungen 4.0 International Lizenz.

https://doi.org/10.1515/9783111077345-009

erkennung der Situation von Opfern kollektiver Gewalterfahrung einen festen Platz erhalten (vgl. Grin 2022; Alexander 2016; Scott 2020).

Inzwischen hat die Forschung begonnen, sich mit den transnationalen Dimensionen des Eichmann-Prozesses zu befassen und zu versuchen, die Besonderheiten seiner Rezeption je nach nationalem und kulturellem Kontext zu ermitteln (vgl. Novick 1999; Seguev 2000; Rein 2001; Wieviorka 2006; Cantorovich 2007; Alexander 2016; Galimi 2019). Hierbei müssen die moralischen, affektiven und symbolischen Codes verschiedener kultureller Kontexte beachtet werden, welche oft mehr über diese Kontexte aussagen als über die Wirkung des Prozesses im eigentlichen Sinne.

Ziel dieses Beitrags ist es, einige Fragen über die symbolische Wirkung des Eichmann-Prozesses im brasilianischen Kontext zu stellen, die bisher kaum erforscht wurden. Anhand von Berichten in der Tagespresse versuche ich, die Auswirkungen des Eichmann-Prozesses auf den brasilianischen Diskurs zu identifizieren, insbesondere durch seine Übersetzung in kulturelle und symbolische Codes, die fest in der brasilianischen Vorstellungswelt verwurzelt sind. In einem ersten Schritt werte ich die Rezeption des Eichmann-Prozesses in der brasilianischen Presse in den 1960er-Jahren aus. Es geht dabei aber nicht so sehr darum, den faktischen Kontext der Rezeption des Eichmann-Prozesses in Brasilien zu schildern. Ich beabsichtige hier vielmehr, zu analysieren, wie die Berichterstattung über den Eichmannprozess von einer bestimmten moralischen und ideologischen Rhetorik durchdrungen ist, welche in der Thematisierung von Rassismus die öffentliche Meinung in Brasilien beeinflusst. Dabei zeigt sich in hohem Maße die Tendenz, das Selbstbild Brasiliens als Nation zu festigen, die fernab des Kriegskontextes eine besondere Stellung als moralischer Hüter der ›Rassenharmonie‹ und der ›Rassendemokratie‹ beansprucht, indem der Rassismus des Dritten Reiches als monströs, exotisch und exogen in Bezug auf die brasilianische Kultur gewertet wird. Das Konzept der ›Rassendemokratie‹ wurde in den 1960er-Jahren durch das *movimento negro*[3] als Mythos und als Instrument

3 Die Befreiung der Sklaven im Jahr 1888 und die Ausrufung der Republik im Jahr 1889 bedeuteten keine wirkliche Veränderung der Situation der Schwarzen Bevölkerung in Brasilien. Die Geschichtsschreibung bezeichnet die 1930er-Jahre im Allgemeinen als eine Zeit der politischen Mobilisierung und des Aufbaus Schwarzer Vereinigungen. Im Jahr 1931 wurde die *Frente Negra Brasileira* gegründet, die erste nationale politische Bewegung der Schwarzen Brasilianer. Ehemalige Sklaven und ihre Nachkommen gründeten nicht nur Mobilisierungsgruppen, sondern auch Freizeit-, Kultur- und Wohlfahrtsvereine. Im gleichen Zeitraum gewann die so genannte Schwarze Presse, die den Rassismus der brasilianischen Eliten thematisierte, enorm an Bedeutung. Die Summe dieser politischen, sozialen, pädagogischen und kulturellen Organisationen und Vereine, die seit der Abschaffung der Sklaverei entstanden sind, werden allgemein als Schwarze Bewegung bezeichnet. Diese Bewegung erlebte mehrere Veränderungen, insbesondere nach dem Zweiten Weltkrieg, der mit der Zeit der Re-Demokratisierung in Brasilien zusammenfiel. Bis in die 1970er-Jahre lassen sich einige allgemeine Merkmale der Schwarzen Bewegung in Brasilien

eines Rassismus entlarvt, der letztlich die Verbrechen der Sklaverei nicht anerkennt und von ihr geschaffene Strukturen perpetuiert. Im zweiten Teil des Artikels frage ich daher, inwieweit Führer der Schwarzen Bewegung wie Abdias do Nascimento in ihrer Forderung nach historischer Gerechtigkeit auf Muster der Holocaust-Erinnerung zurückgreifen, wie sie sich in Folge des Eichmann-Prozesses herausgebildet haben.

1 Die Rezeption des Eichmann-Prozesses in der brasilianischen Presse

Unmittelbar nach der Festnahme Eichmanns im benachbarten Argentinien zeigte sich die brasilianische Presse erstaunt darüber, wie ›ungestüm‹ Israel die Souveränität des Nachbarlandes verletzte, auch wenn sie anerkannte, dass es legitime Gründe dafür gab. In den Leitartikeln und Artikeln, die im Laufe des Jahres 1960 die Nachrichten prägten, wurde die Verletzung des Völkerrechts kritisiert, aber

herausstellen: eine Veränderung des Schwarzen Aktivismus, der sich unter dem Einfluss der französischen Négritude-Bewegung stärker für nationale politische Themen einsetzte und in seinen kulturellen und politischen Besonderheiten affirmativer war; die Bildung einer Schwarzen Elite, die für die soziale Eingliederung der Schwarzen in die brasilianische Gesellschaft kämpft, wobei große Teile immer noch der Überzeugung anhängen, dass Brasilien eine ›democracia racial‹ sei. Für viele Schwarze war die Unterordnung der Schwarzen in Brasilien nicht das Ergebnis von Rassenvorurteilen, sondern von sozialer Ungleichheit, und damit eine Frage der Klasse, nicht der ›Rasse‹. In den 1960er-Jahren wurde der Mythos der ›democracia racial‹ nach und nach als ideologisches Herrschaftsinstrument entlarvt und bekämpft. In den 1970er-Jahren kann ein Wendepunkt im Kampf der Schwarzen Bewegung festgestellt werden: 1) die ständige Anprangerung des so genannten Mythos der ›democracia racial‹, d. h. der Vorstellung, dass die Rassenbeziehungen in Brasilien harmonisch seien; 2) die eindeutige und praktisch ausschließliche Annäherung der Schwarzen Bewegung an linke Organisationen, die die Schwarze Bewegung in der ganzen Welt, von den Befreiungskämpfen in Afrika bis zu den Bürgerrechten in den Vereinigten Staaten, zutiefst geprägt hat; Abdias do Nascimento (1914–2011), einer der bedeutendsten Schwarzen Führer in Brasilien, spielte eine wichtige Rolle im weltweiten Kampf gegen den Rassismus durch den Dialog mit Schwarzen afrikanischen, lateinamerikanischen, nordamerikanischen, maghrebinischen und französischen Anführern und Aktivisten; 3) der Kampf für die Umsetzung von Quoten in den öffentlichen Universitäten und im öffentlichen Dienst. Für einen Überblick zur Geschichte der Schwarzen Bewegung vgl. Pereira 2007; Alberto 2011; Guimarães 2021.

auch Ben-Gurions Rechtfertigung angeführt, den ›Architekten der Endlösung‹ auf israelischem Gebiet zu verurteilen, stelle historische Gerechtigkeit her.[4]

Die ersten Meinungsartikel zum Fall Eichmann konstruierten ein moralisches Dilemma: Einerseits wurde die israelische Regierung für die Verletzung der Souveränität Argentiniens durch die Festnahme Eichmanns kritisiert. Die Presse warf dem israelischen Geheimdienst zunächst vor, Methoden anzuwenden, die den Normen des Völkerrechts widersprächen und einen »gefährlichen Präzedenzfall mit unvorhersehbaren Folgen«[5] schaffen würden (*Tribuna da Imprensa*, 11.06.1960, 4). In der Ausgabe des *Correio da Manhã* vom 14. Juni 1960 heißt es: »Der größte Teil der brasilianischen Öffentlichkeit hat sich bereits eindeutig gegen die Entführung Eichmanns in ein fremdes Land ausgesprochen. Die israelische Polizei [sic] hat ein typisch nazistisches Verfahren angewandt.«[6]

Andererseits ist der Appell an das moralische und universelle Gewissen in Bezug auf die Verbrechen des NS zu beobachten. In diesem Sinne billigte die brasilianische Presse Israel das historische und moralische Recht zu, Eichmann für seine Verantwortung bei der Tötung von sechs Millionen Juden zu verurteilen. Der Schriftsteller Gustavo Corção erkennt in einem Artikel in der Zeitung *Diário de Notícias* vom 18. Juni 1961 die humanitären Gründe für die Entführung Eichmanns an: »Ich bringe nur den bescheidenen Beitrag eines gewöhnlichen Herzens an, das nationale Kategorien nicht über menschliche Kategorien stellen kann.«[7] In der Ausgabe des *Correio da Manhã* vom 14. Juni 1960 heißt es:

> [...] angesichts des universellen Gewissens, das durch die Auswirkungen der von Eichmann begangenen monströsen Verbrechen verletzt wurde, sollte etwas im Rechtssystem des Zusammenlebens zwischen den Nationen geändert werden, damit die Institution der Souveränität nicht dazu dient, die Straflosigkeit von Verbrechen zu decken, die die Menschheit universell verurteilt und ablehnt.[8] (10)

---

4 Für Ben-Gurion war der Prozess auf israelischem Gebiet von zentraler Bedeutung für das zionistische Projekt, einen jüdischen Staat zu konsolidieren (vgl. Arendt 1999, 15).

5 Im Original: »precedente perigoso e de consequências imprevisíveis«

6 Im Original: »A maior parte da opinião pública brasileira já se manifestou de maneira inequívoca contra o sequestro de Eichmann em país estrangeiro. A polícia israelense empregou processo tipicamente nazista.«

7 Im Original: »Trago apenas a modesta contribuição de um coração comum que não pode admitir categorias nacionais acima de categorias humanas.«

8 Im Original: »[...] diante da consciência universal ferida pelo impacto de crimes monstruosos praticados por Eichmann, alguma coisa devia ser modificada no sistema jurídico de convivência entre as nações de modo a que o instituto da soberania não sirva para acobertar a impunidade que o homem universalmente condena e repele.«

Im Laufe des Jahres 1960 weckte die Festnahme Eichmanns und die unkonventionelle Art und Weise, wie er vom israelischen Geheimdienst nach Israel gebracht wurde, erneut das Interesse der brasilianischen Presse an Kriegsverbrechern und Verschwörungstheorien. Journalisten brachten aufgeregte Geschichten über angebliche NS-Verbrecher, die sich in Brasilien versteckten, und weckten in der Öffentlichkeit entsprechende Fantasien. Gleichzeitig herrschte bei den Behörden große Besorgnis über die Möglichkeit, dass auch die brasilianische Souveränität von Mossad-Agenten verletzt werden könnte. Schließlich war es allgemein bekannt, dass Brasilien ein bequemer Zufluchtsort für NS-Verbrecher war (vgl. Leal 2021, 57).

Eine neue Welle der ›Jagd auf Nazis‹, die bei dieser Gelegenheit von der Presse und der jüdischen Gemeinde gefordert wurde,[9] veranlasste Leonel Brizola, Gouverneur von Rio Grande de Sul, einem südbrasilianischen Bundesstaat mit einem hohen Anteil deutscher Einwanderer, dazu, in einer offiziellen Erklärung die Verhaftung aller ausländischen Agenten zu fordern, die sich nicht auf einer von der brasilianischen Regierung genehmigten Mission befanden, um so die Souveränität Brasiliens sicherzustellen: »Der Fall Eichmann hat die Nachrichten bestätigt, dass ausländische Agenten gegen deutsche Einwanderer ermitteln, die als Kriegsverbrecher beschuldigt werden und sich angeblich in unserem Land niedergelassen haben.«[10] (*Correio da Manhã*, 15.061960, 2)

Erst ein Jahr später, im April 1961, als der Eichmann-Prozess begann, traten die Kontroversen über die Ergreifung Eichmanns durch israelische Agenten, die Verletzung der argentinischen Souveränität und die Forderungen nach Ergreifung weiterer NS-Verbrecher in den Hintergrund; eine Ausnahme bildete dabei die jüdische Presse, die weiterhin hartnäckig auf vermeintliche NS-Verbrecher auf brasilianischem Staatsgebiet aufmerksam machte.[11]

---

9 Im Zuge dieser Debatte gewann die brasilianische jüdische Gemeinde in der Presse an Sichtbarkeit, als sie im Zusammenhang mit dem Fall Eichmann bei den Behörden die Ergreifung von NS-Verbrechern forderte, die in Brasilien Zuflucht gesucht hatten. Die brasilianische jüdische Bevölkerung wurde in den 1960er-Jahren laut der Volkszählung von 1960 auf 97.000 Menschen geschätzt (vgl. Decol 2001). Wie in Deutschland und in anderen Ländern war die Verhaftung Eichmanns auch in Brasilien der Auslöser für eine Reihe von Denunziationen von NS-Verbrechern, die hier offiziell geduldet lebten. Die Presse widmete dem Fall Curkus, der bereits ein Jahrzehnt zuvor von der jüdischen Gemeinde als der »Henker von Riga« denunziert worden war, mehrere Artikel (vgl. Leal 2021).

10 Im Original: »O caso Eichmann veio confirmar o noticiário de que agentes estrangeiros andam procedendo a investigações sobre imigrantes alemães, presumivelmente radicados em nosso país e sobre os quais pesa a acusação de serem criminosos de guerra.«

11 Die jüdische Presse in Brasilien war nicht sehr stark. Die wichtigsten Medien waren zwei Zeitungen, die fortschrittliche Juden und zionistische Juden repräsentierten. *Nossa Voz/Unzer Stime*,

Das Augenmerk der Presse richtete sich nun auf die Figur Eichmanns: Wer war dieses ›Nazi-Monster‹? Welcher Verbrechen wurde Eichmann beschuldigt? Was war seine Funktion im Dritten Reich? Wie konnte es ihm gelingen, sich so lange zu verstecken? Im Laufe des Prozesses erschienen in der Presse immer mehr Fotoreportagen über Eichmann: seine Kindheit, sein Familienleben, seine Karriere als Obersturmbannführer in der SS, seine Rolle bei der Deportation der Juden in die Vernichtungslager und bei der so genannten ›Endlösung‹, seine Festnahme in Argentinien und schließlich die Bedingungen seiner Haft in Jerusalem.[12] Es handelte sich um eine Art Portrait eines ›Monsters‹, dessen physische Erscheinung eines gewöhnlichen Menschen die Leser überraschte.[13] Durch den Kontrast zwischen dem Henker und seinen Opfern wurde die Öffentlichkeit in eine Spirale moralischer Empfindungen hineingezogen, die durch die täglichen Nachrichten mobilisiert wurden: Wut, Empörung und Entsetzen gegenüber dem Henker, Mitgefühl und Mitleid mit den überlebenden Opfern. So wurde ein abstraktes Feld des Kampfes zwischen Gut und Böse evoziert, das die Aufmerksamkeit der Leser fesseln sollte.

In der brasilianischen Presseberichterstattung zum Prozess dominiert die Erzählung vom Kampf des Guten gegen das Böse – ein wirkmächtiger rhetorischer Rahmen, um mit dem neuartigen juristischen Ereignis in seinen täglichen und immer wieder überraschenden Wendungen umzugehen. Während die Bestrafung der NS-Verbrecher in den Nürnberger Prozessen eine Abrechnung mit dem Nationalsozialismus bedeutet hatte, wurde der Prozess in Jerusalem als Siegeszug historischer Gerechtigkeit gesehen, der durch den Sieg der Alliierten im Zweiten Weltkrieg eingeleitet wurde. Das Narrativ der Alliierten als den Siegern im Kampf des Guten gegen das Böse wurde in der brasilianischen Öffentlichkeit aktualisiert und gestärkt. Im Leitartikel des *Correio da Manhã* vom 20. Oktober 1961 heißt es:

gegründet 1945, war eine Wochenzeitung in Jiddisch und Portugiesisch, die sich vor allem mit nationalen und internationalen politischen Themen befasste. Ihr Chefredakteur war der Journalist Horácio Schechter. Das Blatt erschien bis zu seiner Einstellung 1964 in São Paulo. *Aonde Vamos?* (Wohin gehen wir?) war eine zionistische Zeitschrift, die 1943 von dem Journalisten Aaron Newman gegründet wurde, und bis 1974 erschien.

12 Die zwei wichtigsten brasilianischen Zeitschriften, *O Cruzeiro* und *Manchete*, brachten längere fotojournalistische Artikel über Eichmanns Leben, die einen sensationslüsternen Ton anschlugen und eine enorme Wirkung auf das Publikum hatten.

13 In den Schlagzeilen der brasilianischen Zeitungen wurde oft ein Kontrast zwischen Eichmanns zerbrechlichem Äußeren und dem kalten, dämonischen Mörder, der den Tod von Millionen von Juden mitzuverantworten hatte, hergestellt.

»Nürnberg war ein großartiger Präzedenzfall und stellt in diesem Sinne eine Warnung dar, die die Völker, die Krieg und Fanatismus schüren, nicht vergessen sollten.«[14]

In der Sprache der Presse stand die Lektion für die Nachwelt bereits fest: Eine Wiederholung der vom Nationalsozialismus begangenen Verbrechen, die nun als Verbrechen gegen die Menschlichkeit bezeichnet wurden, sei im demokratischen Westen ausgeschlossen. Das in der brasilianischen Presse vorherrschende Erlösungsnarrativ vom Sieg des Guten über das Böse räumte den Berichten vom Schmerz und Leid der Opfer des Nationalsozialismus einen weniger prominenten Platz ein. In der Meistererzählung der Sieger schien der Fokus auf dem Bösen zu liegen, auf dem Nationalsozialismus, seinen Tätern, und nur in geringem Maße auf der Gewalt und ihren Auswirkungen auf die Opfer.[15]

Der Eichmann-Prozess schlug dieses Kapitel neu auf, indem er historische Gerechtigkeit einforderte. Für Gideon Hausner, den israelischen Ankläger des Jerusalemer Tribunals, war es unerlässlich, das Unglück so darzustellen, dass es der Tragödie von sechs Millionen Menschen gerecht würde, und der einzige Weg, dies zu erreichen, waren seiner Ansicht nach die Zeugenaussagen der überlebenden Opfer (vgl. Felman 2014, 190). Indem er diesen großen Raum einräumte, trug der Ankläger dazu bei, eine nicht verheilte Wunde aufzureißen, mit deren tragischer und überwältigender Dimension sich das Nürnberger Tribunal nicht hatte auseinandersetzen müssen und können.

Im Brasilien zur Zeit des Eichmann-Prozesses schien das Verständnis der öffentlichen Meinung über den Massenmord an den Juden durch die Nazis, wie auch in anderen westlichen Kontexten, im Wesentlichen von einem symbolischen und moralischen Deutungsrahmen geprägt zu sein, der die NS-Täter als Inbegriff des Bösen ansah, die Millionen von Zivilisten während des Zweiten Weltkriegs ermordet hatten. Die Protagonisten dieses Narratives waren die alliierten Streitkräfte (das Vereinigte Königreich, die Vereinigten Staaten, die Sowjetunion und Frankreich), welche die Nazis besiegt und ihre Opfer befreit hatten und somit Gerechtigkeit und Moral verkörperten (vgl. Scott 2020, 6). Auch Brasilien schrieb sich als Protagonist in diese Erlösungserzählung ein. Es hatte die brasilianische Expedi-

14 Im Original: »Nuremberg foi um esplêndido precedente e nesse sentido constitui uma advertência que os povos fomentadores da guerra e do fanatismo deve [sic] reter.«

15 Das Nürnberger Gericht verzichtete bei der Formulierung der Anklage gegen die NS-Führungsriege auf Zeugenaussagen der Opfer und stützte sich stattdessen auf materielle und dokumentarische Beweise. Nach Ansicht von Robert Jackson, einem der Ankläger am Nürnberger Tribunal, sollte in einem Strafprozess Rationalität Vorrang vor Emotionen haben (vgl. Felman 2014, 188–189).

tionstruppe[16] gegründet und ab 1942 Soldaten, die so genannten »pracinhas«, entsendet, die an der Seite der Alliierten am Krieg gegen Nazi-Deutschland teilnahmen. Brasilien konnte sich so in das Narrativ der Sieger einschreiben und einen bequemen Platz unter den Kräften des Guten beanspruchen.[17]

Hierzu kam ein weiterer ideologischer Impuls, der die Imagination der brasilianischen Öffentlichkeit prägte: die Überzeugung, dass Brasilien eine ›Rassendemokratie‹, ein ›paraíso racial‹ sei und dass es aus diesem Grund eine außergewöhnliche und genuin moralische Position gegenüber dem Rassismus, dem Millionen von Juden zum Opfer gefallen waren, einnähme.

So konfigurierte sich ein Narrativ, in welchem die Brasilianer nicht nur im Krieg mitgekämpft und Opfer im Kampf für die Menschlichkeit erbracht hatten, sondern sich darüber hinaus auch noch dadurch auszeichneten, dass sie ein Volk seien, das aus einer Vermischung der ›Rassen‹ hervorgegangen sei und daher keine Diskriminierung aufgrund von Hautfarbe kenne. Dieses Narrativ ist in der Presse nicht selten zu beobachten. In einer Kolumne des *Diário de Notícias* vom 20. April 1961 heißt es: »Eichmann empört mich nicht, er quält mich, wie meine ganze Generation, zweifellos beeinflusst durch den Geist unseres Volkes, zu dessen Eigenschaften die Abwesenheit von Rassismus zählt.«[18] In einem Artikel in der Zeitung *A Última Hora* vom 14. April 1961 über eine Welle des Antisemitismus, die in Argentinien im Zusammenhang mit dem Prozess zu beobachten war,[19] ist zu lesen: »Der Charakter des brasilianischen Volkes und seine traditionelle Liebe zur Gerechtigkeit lassen keinen Antisemitismus zu. Brasilien ist eine demokratische Nation, die alle Völker ohne Vorurteile hinsichtlich Rasse, Hautfarbe und Religion willkommen heißt.«[20]

Ein weiteres Beispiel findet sich in der Kolumne »Momento Internacional« des *Diário de Notícias* vom 21. April 1961, in der gefordert wird »dass wenigstens

16 Brasilien war das einzige lateinamerikanische Land, das Truppen in den Zweiten Weltkrieg entsandte. Ca. 25.000 Soldaten wurden in den Krieg geschickt (vgl. Maximiniano 2010).

17 Als das brasilianische Expeditionskorps in Italien eintraf, um an der Seite der Alliierten zu kämpfen, wurden seine Mitglieder mit der Rassentrennung in der amerikanischen Armee konfrontiert. Die Erkenntnis des unverhohlenen amerikanischen Rassismus könnte bei den brasilianischen Soldaten die Überzeugung verstärkt haben, dass Brasilien eine ›Rassendemokratie‹ sei (vgl. Rosenbeck 2016).

18 Im Original: »Eichmann não me indigna, na verdade me assombra, assim como assombra toda a minha geração, por influência sem dúvida do espírito da nossa gente que, entre as qualidades, inclui a ausência do racismo.«

19 Siehe den Beitrag von Kahan in diesem Band.

20 Im Original: »A índole do povo brasileiro e seu tradicional amor à justiça não admite antissemitismo. É uma nação democrática que acolhe a todos os povos sem preconceito de raça, cor e religião«.

dieses schreckliche und unermessliche Opfer von sechs Millionen Kreaturen für das einzige Verbrechen, ein bestimmtes Blut in den Adern zu haben, uns lehrt, alle Kreaturen zu lieben, unabhängig von ihrer ethnischen Herkunft, ihrer Hautfarbe, ihrer Religion.«[21] Der Grundtenor, der hier zu beobachten ist, scheint ein Selbstbild der Brasilianer zu bestätigen, welches sie auf eine moralisch noch höhere Ebene stellt als die Alliierten als Sieger des Krieges.

Meine These ist, dass die Rezeption des Eichmann-Prozesses, insbesondere durch die brasilianische Tagespresse, auch wenn sie durchaus das Mitgefühl der Brasilianer gegenüber den Opfern des Nationalsozialismus verstärkt hat, zu diesem Zeitpunkt keine wirkliche Empathie mit den Opfern bewirken konnte. Durch die Wahrnehmung, ein Land zu sein, das frei von Rassenhass sei, fehlten Anknüpfungspunkte, um sich in die Lage von Opfern rassistischer Gewalt zu versetzen, ungeachtet der dramatischen Auftritte der Zeugen im Eichmann-Prozess, die auch das nichtjüdische Publikum zunehmend in den Bann zogen (vgl. Alexander 2016, 196). Die brasilianische Prozessberichterstattung verstärkte jedoch nicht das Interesse für die Opfer, sondern lenkte es vielmehr auf den Täter. Die Personalisierung des Opfers und seines Zeugnisses, eine grundlegende Wirkung des Jerusalemer Prozesses, führte in Brasilien nicht unmittelbar zur Identifikation oder Empathie mit den Opfern. Die Bezugnahme auf die Figur Eichmanns, auf den Täter, schien im Gegenteil die Aufmerksamkeit und das Interesse der Leser zu wecken, da sich in der Abgrenzung von der Täterfigur das Selbstbild der Brasilianer als rassisch tolerant, als ein Volk, das die Gewalt des Rassismus nicht kenne, stabilisieren konnte.

In der Presse ist eine systematische Fokussierung auf die Figur des Täters und nur selten auf die des Opfers zu beobachten. Die Attribute »frio« (»kalt«), »assassino« (»Mörder«), »carrasco« (»Henker«), »monstro« (»Monster«), »cruel« (»grausam«), »besta« (»Bestie«) sind zur Charakterisierung von Eichmann in der zeitgenössischen Presse sehr geläufig. Dieser wurde auch als fremdartig gekennzeichnet: »pálido« (»blass«), »óculos« (»Brille«), »calvo« (»kahl«), »magro« (»mager«). Niemand konnte sich vorstellen, dass ein körperlich unbedeutender Mann in der Lage sein würde, Tod und Angst in das Herz einer verfolgten Gemeinschaft zu säen, die keine Möglichkeit der Reaktion hatte«,[22] so Zevi Ghivelder in der Zeitschrift *Manchete* am 22. April 1961. Der Journalist der auflagenstarken Illustrierten war einer der

21 Im Original: »que ao menos esse aterrador e imenso sacrifício de seis milhões de criaturas, pelo crime único de ter nas veias um determinado sangue, nos ensine a amar todas as criaturas, qualquer que seja a sua origem étnica, sua cor, sua religião.«

22 Im Original: »Ninguém poderia imaginar que um homem fisicamente insignificante tivesse sido capaz, como ele foi, de semear a morte, o pavor, no seio de uma coletividade perseguida e destituída de quaisquer meios de reação«

wenigen brasilianischen Korrespondenten, die bei dem Prozess in Jerusalem anwesend waren.

Am 26. April 1961, wenige Tage vor der Urteilsverkündung, veröffentlichte die Zeitung *O Globo* die Ergebnisse einer Umfrage zur Frage, welche Strafe Eichmann verdiene. In den Antworten manifestierten sich diejenigen, die ihm die Todesstrafe wünschten, und diejenigen, die dagegen waren und argumentierten, dass ihm eine lebenslange Haft größeres Leid bringen würde. Andere meinten, er solle von einem internationalen und nicht von einem jüdischen Gericht verurteilt werden. Einige schlugen vor, ihn in kleine Stücke zu schneiden oder sofort zu erschießen. Andere hielten den Rassismus hinter den Morden für inakzeptabel oder sprachen sich dafür aus, dass Rassisten ausgelöscht werden sollten. Es gab auch diejenigen, die Gott allein die Kompetenz zum Richten zuschrieben. Man beachte, dass sich die Antworten allein auf die Figur des Täters konzentrieren.

In den Presseberichten während des Prozesses wurden die Opfer im Gegensatz zu den Tätern durchgehend als namenlos und somit entpersonalisiert dargestellt. Sie wurden nicht immer als jüdische Opfer identifiziert. Die Hinweise auf sie waren fast immer quantitativ (»sechs Millionen Tote«) und damit ebenso eindringlich wie abstrakt. Die Unmöglichkeit, sich in die Lage des Opfers zu versetzen, deutet darauf hin, dass die Brasilianer sich selbst als moralisch von dieser dramatischen, auf Rassenhass basierenden Erfahrung abgekoppelt sahen. Dass sechs Millionen Juden dem Holocaust zum Opfer gefallen waren, konnte bei den Brasilianern keine Empathie erzeugen, weil es sich in ihrer Sichtweise um ein exogenes Drama handelte, das sie aufgrund der naturalisierten Selbstwahrnehmung Brasiliens als ›paraíso racial‹ (Rassenparadies) als Produkt einer ihnen fremden Welt werteten.

Das Selbstverständnis Brasiliens als ›paraíso racial‹ wurde in den 1940er Jahren gefestigt, vor allem nach dem Kriegsende 1945 und im Rahmen der Redemokratisierung des Landes 1946. Der jüdische Schriftsteller Stefan Zweig, der 1940 als Flüchtling nach Brasilien kam, hatte zur Festigung dieses optimistischen Selbstbilds Brasiliens als Ort der Rassenmischung im Gegensatz zum Rassismus, der in Europa grassierte, beigetragen. In seinem 1941 veröffentlichten Buch *Brasilien, Land der Zukunft*[23] erscheint Brasilien als Paradies der Rassenmischung, das den in Europa Verfolgten Zuflucht bietet:

> Was sonst sich feindselig oder mißtrauisch abtrennt, spielt hier alles frei durcheinander. Wie viele Rassen allein schon auf der Straße, der schwarze Senegalneger im zerrissenen Rock und der Europäer in seinem schnittigen Anzug, die Indios mit ihrem schweren Blick

23 Am Tag des Selbstmords des Ehepaars Zweig in Petrópolis im Februar 1942 erreichte das Buch die Marke von 100.000 verkauften Exemplare (vgl. Stoss-Herbertz 2007).

> und schwarzglatten Haar und dazwischen in hundert und tausend Schattierungen die Mischungen aller Völker und Nationen: aber all dies nicht wie in New York und anderen Städten in Viertel abgeteilt, hie schwarz, hie weiß, hie gemischt, hie Italiener, dort Brasilianer, dort Japaner. Sondern all dies wogt heiter durcheinander, und die Straße wird durch die Fülle der Physiognomien zu einem ständig wechselnden Bild. Welche Kunst hier, die Spannungen zu lösen, ohne sie darum zu zerstören! Die Vielfalt zu bewahren, ohne sie ordnen zu wollen und gewaltsam zu organisieren! (Zweig 1983, 200).

Diese Konstruktion Brasiliens als ›Rassendemokratie‹ und damit als Gegenmodell zu dem in Europa wütenden Rassismus gewann innerhalb und außerhalb des Landes an ideologischer Anziehungskraft. Brasilien erschien als Laboratorium für eine harmonische Beziehung der ›Rassen‹, dessen Beispiel in der ganzen Welt nachzuahmen sei.[24]

2 Muster der Holocaust-Erinnerung in politischen Forderungen des *movimento negro*?

Der Begriff der ›Rassendemokratie‹ entstand in Brasilien in der Mitte des letzten Jahrhunderts als ideologisches Konstrukt, das auf einem weit verbreiteten Optimismus hinsichtlich der laufenden Veränderungen der brasilianischen und internationalen politischen Lage beruhte. In Brasilien kehrte 1945 mit dem Sturz des autoritären Regimes von Getúlio Vargas und der Ausarbeitung einer neuen Verfassung im Jahr 1946 zunächst eine demokratische Normalität ein.

Dieser demokratische Elan weckte bei den Führern der Schwarzen Bewegung die Hoffnung und den Glauben, dass sich die soziale Integration der Schwarzen Bevölkerung in Brasilien endlich verbessern würde. In Brasilien zirkulierte seit

24 Der Mythos der Rassendemokratie stieß in der unmittelbaren Nachkriegszeit auf Sympathie seitens der internationalen Organisationen. In den Jahren 1951 und 1952 förderte die UNESCO eine Reihe von Studien über die Rassenbeziehungen in Brasilien. Die Untersuchungen wurden in wirtschaftlich traditionellen Regionen wie dem Nordosten und in entwickelten Gebieten im Südosten durchgeführt, um der Welt die Einzelheiten einer Erfahrung auf dem Gebiet der Rassenbeziehungen zu präsentieren, die zu dieser Zeit sowohl in Brasilien als auch im Ausland als einzigartig und erfolgreich angesehen wurde. Die UNESCO hatte ein positives Bild des Landes in Bezug auf Rassenfragen. Zu einer Zeit, als die UNESCO versuchte, den nationalsozialistischen Völkermord verständlich zu machen, um seine Wiederholung zu verhindern, machte es sich die Institution zu einem ihrer Hauptziele, die wissenschaftliche Gültigkeit des Rassenbegriffs außer Kraft zu setzen. In diesem Fall bot sich Brasilien als privilegiertes »sozio-anthropologisches Labor« an, um die Gültigkeit von Rassenkonstrukten im Namen der vielversprechenden Erfahrung von ›Rassenmischung‹ zu widerlegen (vgl. Maio 1999, 140–151)

dem Ende der Sklaverei 1888 das Bild einer ›Harmonie der Rassen‹, das von einer Durchmischung der Rassen sowie dem Fehlen institutioneller und rechtlicher Diskriminierung aufgrund von Hautfarbe ausging. Diese sehr euphemistische und optimistische Sicht fiel auf internationaler Ebene mit dem Ende des Krieges und der in den Nürnberger Prozessen aufgedeckten Dimension der rassistischen Gewalt des Nationalsozialismus zusammen. Darüber hinaus bestärkte die Wahrnehmung des Rassismus in den Vereinigten Staaten den Glauben, dass es in Brasilien keinen Rassenhass und keine Vorurteile gebe. So wurde der Glauben verbreitet, Brasilien sei im Gegensatz zu anderen Nationen eine wahre ›Rassendemokratie‹, ein Beispiel, dem die ganze Welt folgen sollte.

In den 1960er Jahren brach die Schwarze Bewegung mit dieser Illusion. Nach und nach dekonstruierten die Vordenker der Schwarzen Bewegung die politischen und moralischen Annahmen dieser Rassenideologie und zeigten, dass, in Gegensatz zu deren Glaubenssätzen, Rassismus in Brasilien strukturell fortbestand und sich nicht zuletzt in der anhaltenden sozialen Ungleichheit manifestierte. Soziologische und statistische Erkenntnisse belegten, wie stark diese an die Hautfarbe gekoppelt war (vgl. Fernandes 1975, Guimarães 2021).

Man kann sagen, dass die 1960er-Jahre in Brasilien eine Phase des Kampfes zwischen der Verteidigung der Ideologie der ›Rassendemokratie‹, die als Selbstbild für die Brasilianer moralisch bequem war, und ihrer zunehmenden Dekonstruktion durch die Schwarze Bewegung darstellten. Letztere enttarnte diese Ideologie als Mythos, d. h. als ein wirkmächtiges Konstrukt, das von den weißen Eliten benutzt wurde, um die Auswirkungen der Rassendiskriminierung und der damit einhergehenden Ungleichheiten zu verdecken.

In dieser Konfrontation divergierender Ansichten über die Rassenbeziehungen in Brasilien berichtete die brasilianische Presse über den Eichmann-Prozess. Die Zielsetzung des Eichmann-Prozesses, die Opfer in den Mittelpunkt zu stellen und die Weltöffentlichkeit für die Tragödie der Juden zu sensibilisieren, schien in Brasilien nicht die gewünschte Wirkung gehabt zu haben, zumindest in den Narrativen, die die brasilianische Presse in den 1960er Jahren konstruierte. Allerdings ist die Frage interessant, ob es nicht in anderen Teilen der brasilianischen Gesellschaft eine gewisse Identifikation mit den Überlebenden des Holocausts gab. Ich spreche hier nicht nur von den brasilianischen Juden, sondern beziehe mich auf ein Echo des Prozesses, das der großen Erzählung von Gut gegen Böse, wie sie von der brasilianischen Presse verbreitet wurde, nicht folgte. Die Verknüpfung von Erinnerungen an den Holocaust mit denen an Sklaverei, Kolonialismus, antikoloniale Kämpfe und kolonialen Rassismus könnte darauf hindeuten, dass die Rezeption des Eichmann-Prozesses in Segmenten der brasilianischen Bevölkerung, die sich zunehmend als Opfer von Vorurteilen und rassischer Ungleichheit sahen, Kanäle der Empathie und Identifikation eröffnet hat. Hat möglicherweise die

Rezeption von Holocaust-Erinnerungen den Opfern von Rassismus als Folie gedient, ihre eigene Situation in Brasilien zu erfassen?

Ein interessantes Fallbeispiel ist hierbei der Schauspieler, Schriftsteller, Hochschullehrer und Politiker Abdias do Nascimento (1914–2011). Nascimento war einer der wichtigsten brasilianischen Aktivisten im Kampf gegen den Rassismus und Gründer des bedeutenden *Teatro Experimental do Negro*. Während der Militärdiktatur in Brasilien verbrachte er einige Zeit in den USA und lehrte an amerikanischen Universitäten. Nach seiner Rückkehr aus dem Exil war er Abgeordneter des Kongresses und Mitglied des Senats. 1968 gab er unter dem Titel *O Negro Revoltado* die Dokumentation des 1. Congresso do Negro Brasileiro heraus, 1978 veröffentlichte er *O Genocídio do Negro Brasileiro*: *processo de um racismo mascarado* (dt.: Der Genozid an schwarzen Brasilianern als Prozess des verdeckten Rassismus). In diesem Buch prangert Abdias Nascimento die Ideologie der Rassendemokratie als die perverseste Form des indirekten Rassismus an:

> Von den Anfängen des nationalen Lebens bis zum heutigen Tag liegt das Privileg, Entscheidungen zu treffen, ausschließlich in den Händen der Propagatoren und Nutznießer des Mythos der ›Rassendemokratie‹. Eine ›Demokratie‹, deren Täuschung für alle sichtbar ist; nur eines ihrer konstituierenden Elemente hält die ganze Macht auf allen politischen, wirtschaftlichen und sozialen Ebenen: der weiße Mann. Die Weißen kontrollieren die Mittel zur Verbreitung von Informationen, den Bildungsapparat, sie bestimmen die Konzepte, Waffen und Werte des Landes. Ist es nicht offensichtlich, dass in diesem Exklusivitätsanspruch die Wurzel der fast absoluten Vorherrschaft liegt, die sich völlig verlogen als ›Rassendemokratie‹ gebiert? (Nascimento 1978, 43)[25]

Nascimento fordert vom brasilianischen Staat eine Entschädigung der Schwarzen Brasilianer für die jahrhundertelange verbrecherische Versklavung und die jahrzehntelange Rassendiskriminierung nach der Abschaffung der Sklaverei (vgl. Nascimento 1978, 216). Er schafft dabei einen neuen narrativen Rahmen, indem er in der brasilianischen Geschichte den Schwarzen Brasilianern einen spezifischen Opferstatus zuschreibt, und als Täter diejenigen beschreibt, die von der Ideologie der Rassendemokratie profitieren:

25 Im Original: »Desde os primeiros tempos da vida nacional aos dias de hoje, o privilégio de decidir tem ficado unicamente nas mãos dos propagadores e beneficiários do mito da ›democracia racial‹. Uma ›democracia‹ cuja artificiosidade se expõe para quem quiser ver; só um dos elementos que a constituiriam detém todo o poder em todos os níveis político-econômico-sociais: o branco. Os brancos controlam os meios de disseminar as informações; o aparelho educacional; eles formulam os conceitos, as armas e os valores do país. Não está patente que neste exclusivismo se radica o domínio quase absoluto desfrutado por algo tão falso quanto essa espécie de ›democracia racial‹?«

> Die weiße Vorherrschaft in Brasilien hat sehr subtile und ausgeklügelte Instrumente der rassistischen Vorherrschaft geschaffen, um diesen genozidalen Prozess zu verschleiern. Das wirksamste dieser Instrumente ist der Mythos der Rassendemokratie. Der Mythos der Rassendemokratie hält eine Fassade aufrecht, die die Realität eines ebenso gewalttätigen und zerstörerischen Rassismus wie dem in den USA und in Südafrika verbirgt und verschleiert. (Nascimento 1982, 28)[26]

Diese beiden Figuren, der rassistische Täter und das Opfer des Rassismus, schienen in Brasilien ontologisch nicht zu existieren, wie wir in den brasilianischen Presseberichten über den Eichmann-Prozess gesehen haben. In einem augenfälligen Rollentausch wird das, was für die Brasilianer eine moralische Überlegenheit begründete – die ›Rassendemokratie‹ –, als ›Täter‹ entlarvt, als getarnter Rassismus.

Die These von Nascimento, wonach die Geschichte der Schwarzen in Brasilien eine Geschichte des Völkermords darstellt, offenbart eine Rhetorik, die Muster der Holocaust-Erinnerung spiegelt, die sich in Folge des Eichmann-Prozesses herausgebildet haben. Abdias Nascimento greift hier auf eine neue, universalisierte Konstruktion von Opfern des Rassismus zurück. Wie Michel Rothberg in seinem Buch *Multidirectional Memories* andeutet, kann die historische Erinnerung an den Holocaust als Mittel fungieren, um die Erinnerungen anderer Opfergruppen zu aktivieren und neue politische Gruppenidentitäten zu erzeugen (Rothberg 2009, 265).

Ich behaupte nicht, dass Nascimentos Formulierung der Situation Schwarzer Menschen als Opfer des Rassismus in Brasilien aus einer direkten Identifizierung Schwarzer Brasilianer mit den Opfern des Holocaust entspringt. Ich gebe zu, dass dies aus historischer Sicht nur eine spekulative Hypothese sein kann. Ich frage mich durchaus, ob ich nicht den Eichmann-Prozess und den Holocaust als relevante Bezugspunkte für das Verständnis der historischen Konstruktion der Opfer des Rassismus in Brasilien überbewerte. Eine kursorische Recherche in der Schwarzen Presse und in den Schriften von Intellektuellen und Wissenschaftlern über den Rassismus im Kontext der 1960er-Jahre gibt es nicht her, diese Opfer-Verständnisse direkt in Beziehung zu setzen. Es scheint keine Überlegungen von Intellektuellen aus der Schwarzen Bewegung in Brasilien zu geben, die in dieser Zeit direkt auf den Holocaust Bezug nehmen. Dies ist aber durchaus ein Punkt, der eine weitere Untersuchung verdient.

---

26 Im Original: »O supremacismo branco no Brasil criou instrumentos de dominação racial muito sutis e sofisticados para mascarar esse processo genocida. O mais efetivo deles se constitui no mito da democracia racial. O mito da democracia racial mantém uma fachada que oculta e disfarça a realidade de um racismo tão violento e destrutivo quanto aquele dos EUA e da África do Sul.«

Zugleich überschneiden sich aber der antikolonialistische Aktivismus und die Anprangerung des Rassismus in Brasilien. Dies zeigt das ab den 1960er-Jahren wachsende Interesse der Schwarzen Bewegung an Autoren wie Aimé Césaire, Léopold Sédar Senghor, Frantz Fanon und Jean-Paul Sartre. In seinem Werk *Modernidades negras* (Schwarze Modernen, 2021) stellt Antonio Sérgio Guimarães fest, dass Abdias do Nascimento ab Ende der 1960er-Jahre in seinem Nachdenken über Schwarze brasilianische Identität an antikolonialistische und antiimperialistische Ideen anknüpft, die in transnationalen Diskursen zwischen Europa, Afrika und Amerika zirkulierten. Frantz Fanon etwa wurde Ende der 1960er- und in den 1970er-Jahren bei der Definition von Rassismus und kolonialer Gewalt zu einem zentralen Bezugspunkt der Schwarzen Bewegung in Brasilien.

In Bezug auf das Konzept der multidirektionalen Erinnerung von Rothberg lassen sich multiple Verbindungen zwischen den Erinnerungen von Holocaust-Überlebenden, den Erinnerungen von Aktivisten des antikolonialen Kampfes und des amerikanischen Schwarzen Aktivismus der 1950er- und 1960er-Jahre erkennen. In einem globaleren Kontext erscheint es mir möglich, die Argumente von Abdias do Nascimento als Teil dieser Verbindungen zu verstehen, auf die Rothberg hinweist. Nascimentos offensichtliches Interesse an der antikolonialen Literatur und dem Existenzialismus von Sartre und Camus sowie, gerade während seines Exils in den Vereinigten Staaten, an den Intellektuellen der US-amerikanischen Bürgerrechtsbewegung kann auf eine indirekte Aneignung der Erinnerungen an den Holocaust und der Erfahrungen des Antisemitismus hindeuten, die in diesen Kontexten kursierten. In seinem 1968 erschienenen Buch *O Negro Revoltado* (Der revoltierende Neger) verwendet Nascimento Kategorien, die vornehmlich auf Opfergruppen des Nationalsozialismus bezogen werden. Er behauptet, dass Afrikaner durch Sklavenarbeit Brasilien maßgeblich aufgebaut hätten, und er verwendet einen Begriff, der im Kontext der 1960er Jahre noch wenig bekannt war:

> Die Aufgabe, die wirtschaftliche und materielle Struktur dieses Landes aufzubauen, bedeutete den *Holocaust* an Millionen afrikanischer Leben. [...] So begann in diesem Jahrhundert der *Genozid* an der Schwarzen Bevölkerung Brasiliens, und zwar auf zweierlei Weise: durch physische Liquidierung, Verhungern, unbehandelte Krankheiten und Polizeibrutalität; subtiler ist die Operation der erzwungenen Rassenvermischung. (Nascimento 1982 [1968], 25, Hervorhebungen der Autorin)[27]

27 Im Original: »A tarefa de construir a estrutura econômica e material desse país significou o holocausto de milhões de vidas africanas. [...] assim começa o genocídio, nesse século do povo negro do Brasil, de duas maneiras: através da liquidação física, inanição, doença não atendida e brutalidade policial; mais sutil é a operação da miscigenação compulsória.«

Abdias do Nascimento rezipierte den Holocaust möglicherweise aus entgegengesetzten Motiven wie denen der brasilianischen Presse. Während für die Presse der Völkermord an sechs Millionen Juden ein Anlass war, das Selbstbild der Brasilianer als immun gegen Rassismus und als Angehörige einer ›Rassendemokratie‹ zu stärken, liegt für Nascimento die zentrale Bedeutung der Analogie zum Holocaust darin, den Mythos der ›Rassendemokratie‹ zu entlarven.

In demselben Prozess, in dem die jüdischen Opfer des Holocaust historische Gerechtigkeit, Wiedergutmachung und die Anerkennung von Traumata forderten, begannen auch andere Opfer einer gewalttätigen Vergangenheit, ihre eigene Agenda für historische Wiedergutmachung zu definieren. Die Sklaverei und ihr rassistisches Erbe sowie die Kolonialkriege und ihre Auswirkungen auf die Kolonisierten sind Beispiele dafür, wie Netzwerke der Erinnerung, des Widerstands und des Protests in ihren direkten oder indirekten Verbindungen funktionieren können, als deren zentrale Kategorie die des Opfers fungiert, im Sinne der Figur, zu deren Universalisierung der Eichmann-Prozess entscheidend beitrug.

Literaturverzeichnis

Alberto, Paulina L. *Terms of Inclusion: Black Intellectuals in Twentieth-Century Brazil.* North Carolina: The University of North Carolina Press, 2011.

Alexander, Jeffrey. »Trauma cultural, moralidade y solidaridad. La construcción social del Holocausto y otros asesinatos em mass.« *Revista Mexicana de Ciencias Políticas y Sociales* 61.228 (2016): 191–210.

Arendt, Hannah. *Eichmann em Jerusalem.* São Paulo: Companhia das Letras, 1999.

Baldini, Ana. »Primo Levi and the Italian Memory of the Shoah«, *Quest. Issues in Contemporary Jewish History*. 7 (2014): 156–177.

Bauer, Yehuda. *The Holocaust in Historical Perspective.* Seatle: University of Washington Press, 1978.

Bevernage, Berbe. *History, Memory and State-Sponsored Violence: Time and Justice*. London: Routledge, 2011.

Cantorovich, Nati. »Soviet reactions to the Eichmann trial: a preliminary investigation (1960–1965)«. *Yad Vashem Studies* 35.2 (2007): 103–141.

Chakravarti, Sonali. »More than Cheap Sentimentality: Victim Testimony at Nuremberg, the Eichmann Trial, and Truth Commissions«. *Constellations*, 15.2 (2008): 223–235.

Decol, René. »Judeus no Brasil: explorando os dados censitários.« *Revista brasileira de Ciencias Socias* 16.46 (2001): 147–160.

Domingues, Petrônio. »Movimento negro brasileiro: alguns apontamentos históricos«. *Tempo* 12.23 (2007): 100–123.

Felman, Shoshana. *O Inconsciente Jurídico*. São Paulo: Edipro, 2014.

Fernandes, Florestan. *A Integração do Negro na Sociedade de Classes*. São Paulo: Dominus/USP, 1965.

Galimi, Valeria. »The image of all good Italians. The Eichmann Trail seen from Italy«. *Journal of Modern Italian Studies*, 24.1 (2019): 115–128.

Grin, Monica. »Jean Améry e o Advento da Vítima Ressentida«. *Revista Hurbinek*, 1.2 (2022): 108–122.

Guimarães, Antonio Sergio. *Modernidades Negras: a formação racial brasileira*. São Paulo: editora 34, 2021.
Hayner, Priscilla. *Unspeakable Truths: Facing of the Challenge of Truth Comissions*. New York: Routledge, 2002.
Leal, Bruno. *O Homem dos Pedalinhos. Heberts Çukurs: a história de um alegado criminoso nazista no Brasil do pós-guerra*. Rio de Janeiro: FGV Editora, 2021.
Maio, Marcos Chor. »O Projeto Unesco e a Agenda das Ciências Sociais no Brasil dos anos 40 e 50«. *Revista Brasileira de Ciências Sociais*, 14.41 (1999): 141–158.
Maximiniano, Cesar Campiani. *Barbudos, sujos e fatigados: soldados brasileiros na Segunda Guerra Mundial*. São Paulo: Grua Livros, 2010.
Nascimento. Abdias. *O Negro Revoltado*. Rio de Janeiro: Nova Fronteira, 1982.
Nascimento, Abdias. *O Genocídio do Negro Brasileiro*, Rio de Janeiro: Paz e Terra, 1978.
Novick, Peter. *The Holocaust in American Life*. Boston: Houghton Mifflin, 1999.
Pereira, Amílcar Araújo. »O Atlântico Negro e a Constituição do Movimento Negro Contemporâneo no Brasil«. *Perseu* 1 (2007): 235–263.
Rein, Raanan. »The Eichmann Kidnapping: Its Effects on Argentine-Israeli Relations and the Local Jewish Community«, *Jewish Social Studies*, 7.3 (2001): 101–130.
Rothberg, Michael. *Multidirectional Memory*. Stanford, California: Stanford University Press, 2009.
Rosenbeck, Uri. »Verde-oliva em preto e branco: a força expedicionária brasileira, o exército dos EUA, e identidade nacional racial«. *Revista Esboços* 22.34 (2016): 142–160.
Segev, Tom. *The Seventh Million: The Israelis and the Holocaust*. New York: Holt Paperbacks, 2000.
Scott, Joan. *On The Judgment of History*. New York: Columbia University Press, 2020.
Stross-Herbertz, Adelaide. »Os leitores e as leituras da obra de Stefan Zweig no Brasil«. *Fênix: Revista de História e de Estudos Sociais*. 4.2 (2007): 1–17.
Wiewiorka, *The Era of Witness*. Ithaca: Cornell University Press, 2006.
Zweig, Stefan. *Brasilien. Ein Land der Zukunft*. Frankfurt a. M.: Suhrkamp, 1983.

III Eichmann zwischen ›Banalität‹ und ›Monstrosität‹

Werner Renz

Hannah Arendt und Harry Mulisch in Jerusalem

Prozessberichte über eine »verwandelnde Erfahrung«

Für die politische Denkerin Hannah Arendt (1906–1975) und für den Schriftsteller Harry Mulisch (1927–2010) war Eichmann im Glaskasten eine herbe Enttäuschung – der Angeklagte erfüllte die in ihn gesetzten Erwartungen nicht. Die Dimension, die Totalität der präzedenzlosen Verbrechen, die Prozessstoff und Verhandlungsgegenstand vor dem Jerusalemer Bezirksgericht zu sein hatten, ließen einen bis dato unbekannten, nie dagewesenen Verbrecher vermuten, der Größe und Format haben, Abgründigkeit und Unergründlichkeit aufweisen musste.

Beide berichteten über den Prozess aus der Perspektive von Davongekommenen. Die deutsche Jüdin Arendt war 1933 und abermals 1941 knapp ihren Häschern[1] entkommen. Dem Holländer Mulisch wurde in den deutschbesetzten Niederlanden seine jüdische Mutter (Mulisch 2002, 52) glücklicherweise nicht zum Verhängnis. Sein »arische[r] Vater« (ebd.), bei dem er aufwuchs, konnte ihn vor den deutschen Verfolgern schützen.

Eichmann vor Gericht war für beide eine intellektuelle Herausforderung. Arendt wollte sich dem NS-Verbrecher von Angesicht zu Angesicht aussetzen und über das abgeschlossene Verfahren auf der Grundlage der Prozessmaterialien im Magazin *The New Yorker* berichten. Sie hatte in den Jahren nach 1945 die Elemente und Ursprünge totaler Herrschaft (Arendt 1951; 1955) untersucht und beabsichtigte nunmehr, ihre Erkenntnisse und Einsichten in Jerusalem auf den Prüfstand zu stellen, zumal sie zu ihrem nachträglichen Bedauern die Nürnberger Verfahren verpasst hatte.

Mulisch hatte als Schriftsteller (Mulisch 2002, 218), nicht als Journalist, eine »Doppelreportage« (Mulisch 1963, 7) in Form einer Artikelserie im Sinn und da-

1 Siehe Young-Bruehl 1986, 165 und 232.

Anmerkung: Von einer »verwandelnde[n] Erfahrung« spricht Mulisch in seiner Vorbemerkung, Mulisch 1963, 7. Wenn in den Fußnoten nicht anders verzeichnet, erfolgen alle Mulisch-Zitatnachweise nach der zuletzt erschienenen, leicht zugänglichen Ausgabe (Mulisch 2002). Eine Anmerkung zur deutschen Ausgabe von Mulischs Buch: Ob *Strafsache 40/61* einer verbesserten Übersetzung bedarf, vermag der Verfasser nicht zu beurteilen. Er ist des Holländischen nicht mächtig. Vom deutschen Verlag zu korrigieren wären aber unbedingt zwei Stellen. Hitler gebrauchte in *Mein Kampf* das Verb »erwehren« und nicht »entwehren« (Mulisch 2002, 142, 173). Die Rede von den »polnischen Vernichtungslagern Belzec, Sobibor und Treblinka« (Mulisch 2002, 226) verbietet sich. Es waren deutsche Todeslager, auf polnischem Boden errichtet.

Open Access. © 2024 bei den AutorInnen und Autoren, publiziert von De Gruyter. (cc) BY-NC-ND Dieses Werk ist lizenziert unter der Creative Commons Namensnennung - Nicht-kommerziell - Keine Bearbeitungen 4.0 International Lizenz.
https://doi.org/10.1515/9783111077345-010

tierte seine 1961 im Amsterdamer Wochenblatt *Elseviers Weekblad* veröffentlichten Texte auf den Tag der jeweiligen Niederschrift. Beide, Arendt und Mulisch, boten sich aus Erkenntnisverlangen den Zeitschriften an (Mulisch 2002, 218).[2] Ihnen ging es nicht um Tagesaktualität. Prozessberichterstattung im herkömmlichen Sinne mit Darstellungen der einzelnen Verhandlungstage war nicht ihr Anliegen.

Der Prozess gegen Eichmann veränderte die so unterschiedlichen Berichterstattenden. Arendt musste ihr bisheriges Denken über das Böse, das für sie nach Auschwitz die fundamentale Herausforderung des Denkens geworden war, einer Revision unterziehen. Für Mulisch war »die Beobachtung des Prozesses eine Erfahrung«, die ihn »verwandelt« hat (Mulisch 2002, 7).[3] Nach der in Jerusalem gemachten Erfahrung trat »ein anderer hervor, teilweise auch mit anderen Gedanken als zu Beginn« (ebd.).

Arendt und Mulisch unterschieden sich in ihrer Arbeitsweise. Arendt plante einen kurzen Aufenthalt in Jerusalem und beobachtete den Prozess vom 11. April bis einschließlich 5. Mai 1961. Maximal 29 Gerichtssitzungen (von 121) hat sie in diesem Zeitraum besuchen können. Im Juni 1961 kam sie nochmals kurz nach Jerusalem und hörte sich drei Sitzungen lang die (insgesamt 14 Gerichtssitzungen dauernde) Befragung Eichmanns durch seinen Verteidiger Robert Servatius an. Die Kreuzverhöre durch Anklagevertretung und Richter sowie die weiteren elf Sitzungen im Fall der Befragung durch die Verteidigung hat Arendt anhand des Protokolls ausgewertet. Das Studium der umfangreichen Prozessunterlagen und die Niederschrift ihres Berichts leistete sie im Sommer/Herbst 1962 in New York. Erst im Februar/März 1963 erschienen fünf umfangreiche Artikel im *The New Yorker* (Arendt 1963b), im Mai des Jahres sodann ihr Buch (Arendt 1963a).

Mulisch schrieb in Jerusalem und auf seinen Exkursionen, die ihn während des Prozesses unter anderem nach Berlin und Warschau sowie zu den Gedenkstätten Auschwitz-Birkenau und Majdanek führten. Mehrere Artikel verfasste er bereits vor Prozessbeginn und nahm in seine Reportage auch Eintragungen aus seinem »Jerusalemer Tagebuch« auf. Gelegentlich entfloh er dem Gerichtssaal (Mulisch 2002, 92), schaute sich in Israel Land und Leute an und schilderte die Eindrücke des literarischen Touristen.

Nicht nur die Arbeitsweise der beiden Prozessbeobachtenden war verschieden. Auch ihre Selbsteinschätzung differierte erheblich. Arendt betonte

2 Siehe Arendt in einem Brief an ihre Freundin Mary McCarthy, Arendt und McCarthy 1996, 150 und Mulisch 2002, 218.

3 So Mulisch in seiner leicht veränderten Vorbemerkung zur 2. Auflage der deutschen Übersetzung. Mulisch 1987. In Mulisch 2002, 218 f. heißt es: Eichmann »gehört zu den zwei oder drei Menschen, die mich verwandelt haben«.

mit Blick auf die Kontroverse, die ihr Buch ausgelöst hatte, einen bloßen Prozessbericht (Arendt 2022, 29) geliefert und einzig die im Prozess zur Verhandlung stehenden Tatsachen dargestellt zu haben.[4] Ihr ging es nicht um die Geschichte der Judenverfolgung, nicht um die Historie des jüdischen Volkes. Auch keine Theorie des Bösen oder eine Studie über den Nationalsozialismus wollte sie vorlegen (Arendt 2022, 35). Für Arendt konnte in ihrem Bericht »nur das zur Sprache kommen, was im Prozeß verhandelt wurde oder« – dies war allerdings der springende Punkt und Anlass für den Streit – »im Interesse der Gerechtigkeit hätte verhandelt werden müssen« (ebd.). Arendts ›Tatsachenbericht‹ enthielt im Prozess nur beiläufig gestreifte oder gänzlich unterschlagene Themen wie zum Beispiel das Verhalten der jüdischen Führung, der »Judenräte« zur Zeit der »Endlösung« (ab Herbst 1941) (Arendt 2022, 212–227), die Haltung des deutschen Widerstands zur »Judenfrage« (188–196) und die defizitäre justizielle Aufarbeitung der NS-Verbrechen in der Bundesrepublik. Darüber hinaus zog Arendt aus den verhandelten und vernachlässigten Taten allerhand »Schlussfolgerungen« (Arendt und McCarthy 1996, 234) von recht weitreichender Bedeutung, Schlussfolgerungen, die auf vehemente Kritik stießen.

Im Zentrum von Arendts Bericht standen die Person Eichmann und die Taten, die ihm tatsächlich zuzurechnen waren. In mehreren Kapiteln ihres Buches stellte sie die von Eichmanns Referat organisierten Deportationen dar. Sie interessierte insbesondere, wie das Jerusalemer Bezirksgericht angesichts des neuen Verbrechens des »Verwaltungsmassenmords« (Arendt 2022, 38, 292, 353), des Verbrechens an der Menschheit, und angesichts des neuen Verbrechertypus, dem »neuen administrativen Massenmörder« (429), die Rechtsprobleme lösen würde.

Arendt ging von der Grundannahme aus, dass für die beispiellose, singuläre Verbrechensart, begangen von einem bislang unbekannten Tätertyp, kein angemessenes Strafgesetz vorhanden sei, dass aber, um Recht und Gerechtigkeit (Arendt 2022, 36) Genüge zu tun, der Angeklagte Eichmann unbedingt zur Rechenschaft gezogen werden müsse. Recht und Gerechtigkeit, Schlüsselbegriffe in Arendts Bericht, erforderten ihrer Auffassung nach ein Urteil, obgleich sie hervorhob, dass keine Strafe der verbrochenen Tat angemessen sei. Doch Straflosigkeit war für sie keine akzeptable Option. Ein Menschheitsverbrecher wie Eichmann hatte sein Lebensrecht verwirkt, weil keinem »Angehörigen des Menschengeschlechts [...] zugemutet werden« konnte, »mit denen [...] die Erde zusammen zu bewohnen« (Arendt 2022, 438), die anderen Völkern das Lebensrecht abgesprochen hatten.[5]

Mulischs Anspruch war bei weitem unbescheidener. In der Vorbemerkung zur deutschen Ausgabe von 1987 heißt es: »Indem ich ohne Vorurteil und ohne

4 Zur Kontroverse um ihr Eichmann-Buch siehe Renz 2021.

5 Siehe hierzu auch den Beitrag von Hilb in diesem Band.

vorgefertigte Meinung den Prozeß gegen Eichmann verfolgte, entstand über die ursprünglich geplante Reportage hinaus eine Charakterstudie Eichmanns, in der das Wesen des Faschismus, der vor allem durch Leute wie Eichmann so perfekt funktionierte, hervortritt und im Gegensatz steht zu allen Abhandlungen, die Eichmann zum skrupellosen Gewaltverbrecher stempeln.« (Mulisch 2002, 7) In vier Ende Mai bis Mitte Juni 1961 (Mulisch 2002, 121–165) verfassten Artikeln legte Mulisch seine in weiten Teilen hitlerzentrierte Deutung des Nationalsozialismus vor.

So verschieden Arbeitsweise und Anspruch waren, so ähnlich waren sich einige Darlegungen in den beiden Büchern. Arendt hat in ihrer auf den August 1964 datierten Vorrede zur deutschen Ausgabe (Arendt 2022, 31) explizit auf Mulisch und ihre Gemeinsamkeiten hingewiesen. Durchweg handelt es sich um Ausführungen zum Prozess. Der vorliegende Text beschränkt sich auf diese Aspekte der beiden Publikationen.

Kritik an der Anklagevertretung

Arendt und Mulisch eint insbesondere ihre Kritik an Generalstaatsanwalt Gideon Hausner. Ihre Bewertung von Hausners Eröffnungsplädoyer, mit übermäßigem rhetorischen Aufwand und überschwänglichem Pathos in drei Gerichtssitzungen[6] vorgetragen, ähneln sich.

Arendt hielt Hausner für ein politisches Sprachrohr des israelischen Ministerpräsidenten David Ben-Gurion, der nach der Verbringung Eichmanns nach Israel (Mai 1960) in Artikeln und Interviews ungeschminkt die mit dem bevorstehenden Prozess verfolgten volkspädagogischen Absichten zum Ausdruck gebracht hatte (Arendt 2022, 60).[7] Für Arendt war Ben-Gurion der »unsichtbare Regisseur« (Arendt 2022, 53) des Verfahrens und Hausner das willige Werkzeug zur Inszenierung des geplanten »Schauprozess[es]« (ebd.). Der israelische Regierungschef, der dem Prozess nie als Zuschauer beigewohnt hatte, sprach nach Arendt »im Gerichtssaal mit der Stimme Gideon Hausners, [...] der als Vertreter des Staates alles tut, um seinem Herrn zu gehorchen« (Arendt 2022, 54). Mit dem Prozess verfolgte »der Staat Israel [...] eine ganze Reihe politischer Nebenabsichten« (Arendt 2022, 403), die der Gene-

---

6 *6,000,000 Accusers, Israel's Case Against Eichmann* 1961. Hausner hat sein Eröffnungsplädoyer Ministerpräsident David Ben-Gurion, Justizminister Pinchas Rosen und Außenministerin Golda Meir vorab zur kritischen Prüfung vorgelegt. Ben-Gurions Änderungswünsche berücksichtigte der Ankläger. Siehe Segev 1995, 457–458 und Yablonka 2004, 84, 86–87 und 268, Anm. 23.

7 Siehe z. B. Ben-Gurion 1960, 7.

ralstaatsanwalt sich beflissen zu eigen machte. Hausner war nach Arendts Beobachtung auch außerhalb des Gerichtssaals ein eifriger Streiter für Ben-Gurions Anliegen. Er gab »Pressekonferenzen« und »Fernsehinterviews« und äußerte sich in vorgeblich »›spontanen‹ Ausbrüchen« (Arendt 2022, 55) vor Presseberichterstattern. Auf Geheiß des Ministerpräsidenten erfülle er auch die politische Vorgabe, die Bundesrepublik Deutschland zu schonen. Obschon der Ankläger »das Gesamtgeschehen« (Arendt 2022, 74) zum Gegenstand der Verhandlung gemacht habe, schweige er sich über »die Beteiligung aller deutschen Ämter und Behörden an der ›Endlösung‹« aus, »das heißt die Komplicität der gesamten Beamtenschaft in den staatlichen Ministerien, der Wehrmacht und des Generalstabs, der Justiz, der Industrie und der Wirtschaft« (ebd.). Hausner »vermied« nach Arendts Feststellung »die nahezu allseitige Verstrickung des deutschen öffentlichen Lebens, weit über die Parteimitgliedschaft hinaus, in Geschäfte und Handlungen, die mehr oder weniger direkt mit der Judenausrottung zu tun hatten, auch nur zu berühren« (ebd.). Diese Unterlassung war politisch bedingt. Ben-Gurion unterscheide in seinen Ausführungen zum Prozess und zu den deutsch-israelischen Beziehungen streng (wenn auch historisch irreführend) zwischen Nazi-Deutschland und dem sogenannten anderen Deutschland nach 1949, aller personellen Kontinuitäten in der Bundesrepublik zum Trotz. Im Interesse der Gerechtigkeit, wie Arendt ausgeführt hatte, hätten diese Tatsachen verhandelt werden müssen. Doch der Eichmann-Prozess sollte die sich anbahnenden gedeihlichen Beziehungen zwischen Israel und Westdeutschland nicht beeinträchtigen. Kein Schatten sollte auf das Bonner Gemeinwesen fallen. Die defizitäre Ahndung der NS-Verbrechen und die wohlbekannte Tatsache, dass unzählige NS-belastete Personen in der Bundesrepublik in Amt und Würden waren, kamen in Jerusalem nicht zur Sprache. Wie Ben-Gurion vor dem Prozess »das heutige Deutschland im Zusammenhang mit den aufzustöbernden Nazis überhaupt nicht erwähnte« (Arendt 2022, 65), sparte Hausner alles aus, was ein aufklärendes Licht auf die ›unbewältigte‹ Vergangenheit in der Bundesrepublik hätte werfen können.

Arendt schrieb von Hausners »Posen« und seiner »Eitelkeit« (Arendt 2022, 65). Auch Mulisch meinte, der Chefankläger habe »die Posen eines brillanten Redners« (Mulisch 2002, 58) eingenommen, obgleich er keiner sei. Er sei »keine besondere Persönlichkeit, ein schlechter Taktiker und als Redner ein Reinfall« (Mulisch 2002, 195). Mit Bezug auf das Eröffnungsplädoyer des Strafverfolgers schreibt er von Hausners »grauenhafte[m] Epos von Vergasung, auseinandergerissenen Kindern, lebendig verbrannten Menschen und Kannibalismus« (Mulisch 2002, 69). Er kritisiert die Zurechnung des gesamten Verbrechensgeschehens allein dem Angeklagten gegenüber. Die von Hausner praktizierte Dämonisierung Eichmanns lehnte Mulisch ab. Er kreidete ihm eine »romantische Vorstellung der Nazis« an, als seien sie »eine Bande wüster Gangster, die zügellos ihre bestialische Mordlust« (Mulisch 2002, 195) gestillt hätten. Der Prozess lehre hingegen, »daß es eine dürre Gruppe gottvergessener Beamter war, die ihre gottvergessene Pflicht taten« (ebd.). Indem der Anklagevertreter den einstigen ›Judenreferenten‹ im SS-Reichssicherheitshauptamt zum Hauptverantwortlichen stilisierte, entlastete er Mulisch zufolge »die anderen Nazis auf unerlaubte Art und Weise« (Mulisch 2002, 70). Hausners Überhöhung der Rolle Eichmanns ließ in dem Reporter die Überzeugung wachsen, seine unzureichende Methode werde in Deutschland »große Zufriedenheit« (ebd.) erwecken. Wenn alle Schuld am Holocaust Eichmann zuzurechnen war, wenn er »den Plan der Endlösung« entworfen hatte und »ihr Organisator und Vollzieher« gewesen war, dann konnten sich die Deutschen exkulpiert fühlen. In Hausners Konstruktion des Dämon Eichmann sah Mulisch hellsichtig eine Gefahr. Sollten sich in der Beweisaufnahme die umfassenden Tatvorwürfe des Anklägers nicht belegen lassen (wie Arendt hatte Mulisch großes Vertrauen in die Urteilskraft des Gerichts), dann würde sich die allein auf Eichmann gemünzte Schuld »verflüchtigen und für immer im Nichts entschwinden« und nicht zu »denjenigen zurückkehren, wo sie hingehört« (ebd.), nämlich zu Hitlers in beiden Deutschlands lebender vormaliger Gefolgschaft, mögen die einstigen Volksgenossen Täter, Mittäter, Gehilfen oder Zuschauer gewesen sein.

Für Arendt wie für Mulisch stand Eichmanns Schuld fest. Doch machte sich insbesondere die Staatsanwaltschaft »eine phantastisch übertriebene Vorstellung [...] von seiner Rolle bei dem Zustandekommen der ›Endlösung‹« (Arendt 2022, 342). Er sei nicht der »Drahtzieher« gewesen, »sondern ein untergeordnetes ausführendes Organ« (ebd.), eine »subalterne Figur« (Arendt 2022, 251). Die »Übertreibung von Eichmanns Rolle ins Maßlose« (Arendt 2022, 343) hielt Arendt wie Mulisch der Anklage vor. Insofern stellte sie fest, dass Hausner außerstande war, »einen Massenmörder zu verstehen, der keinen Menschen getötet hatte« (Arendt 2022, 349).

Hausners Theatralik missfiel den beiden Berichterstattenden über die Maßen. Als der Ankläger sich nach seinem Eröffnungsplädoyer

> schließlich hinsetzt, dreht er sich um und betrachtet den Saal. Aber natürlich sucht er niemand: er will sein Gesicht zeigen. Er ist stolz. Auf mich macht er keinen angenehmen Eindruck, obwohl ich mich im allgemeinen auch über die Eitelkeit anderer amüsiere. Der Saal darf nicht für ihn existieren. Keiner der drei anderen Ankläger hat je in den Saal geschaut, ebenso wenig wie [Eichmanns Verteidiger] Servatius oder [dessen Mitarbeiter Dieter] Wechtenbruch oder Eichmann selbst. (Mulisch 2002, 71)

Mulisch sprach nicht wie Arendt von einem Schauprozess, meinte aber bereits am ersten Verhandlungstag, es habe »die größte öffentliche Unterrichtsstunde der Weltgeschichte« (Mulisch 2002, 48) angefangen. Hausners Anklagestrategie machte der Reporter indes sehr schnell aus. Die Absicht des Generalstaatsanwalts sei »verkünden: der Welt ein Gedächtnis geben« (Mulisch 2002, 65).

Fraglos war auch für Mulisch Eichmanns Schuld »groß, aber die Schwierigkeit« bestand für ihn darin,

> daß ein Prozeß geführt wird, um Schuld zu *beweisen*, und nicht, um den Angeklagten anzuschwärzen. Die besonders anfechtbare pädagogische Aufmachung dieses Prozesses, die immer mehr Gestalt annimmt, wird ausgesprochen widerlich, wenn Hausner damit auch taktische Absichten verfolgt – nämlich diese: mangels konkreter Beweise Eichmann in Verruf zu bringen, indem alle Naziverbrechen in seiner Gegenwart aufgezählt werden. (Mulisch 2002, 91–92)

Nicht umhin konnte Mulisch, dem Gericht vorzuhalten, »daß Richter [Mosche] Landau nicht schon längst den zahllosen Unsachlichkeiten [Hausners] Einhalt geboten hat« (Mulisch 2002, 92, Hervorhebung im Original).

Arendt und Mulisch kritisierten die Vielzahl der von Hausner aufgebotenen Zeugen, deren Aussagen zum Verbrechensgeschehen oft mit dem Angeklagten wenig zu tun hatten. Ihre Kritik richtete sich auch gegen das Gericht. Stundenlange Ausführungen habe es »Hausners Zeugen« zugebilligt, »die zwar schrecklich waren, aber juristisch betrachtet auch nichts mit der Sache zu tun hatten« (Mulisch 2002, 179). Nicht anders meinte Arendt, der Anklage ginge es »in diesem Verfahren primär um die Leiden der Juden und nur sekundär um die Taten Eichmanns« (Arendt 2022, 56). Sie sprach von der »endlose[n] Prozession von Zeugen« (Arendt 2022, 338), von einem »Zeugenaufmarsch« (362). Den Überlebenden im Zeugenstand wurde Arendt zufolge zugestanden, nicht zur Sache zu sprechen (ebd.), das heißt, nicht von Taten zu berichten, die dem Angeklagten zuzurechnen waren. Der Anklage ging es mithin »primär« um die »Leiden des jüdischen Volkes« (Arendt 2022, 338), um die Darstellung der Dimension des Verbrechens am jüdischen Volk in der außerrechtlichen, politischen Absicht, den historischen Nachweis zu erbringen, was Arendt als zionistische Propaganda bewertete: Nach der Shoah könne allein der Staat der Juden die Sicherheit von Juden gewährleisten. Das Leben im Galut, in der Diaspora, von Zionisten immer kritisiert, habe die Katastrophe allererst möglich gemacht.

Arendts Kritik an der Darstellung der Leiden des jüdischen Volkes ist als Herzlosigkeit und als Minimierung der Katastrophe missverstanden worden. Wenn sie von der »Erschütterung« der Richter spricht, mit der sie »den Berichten über unerhörte Leiden« (Arendt 2022, 52) zugehört hätten, wenn sie von der Unbestreitbarkeit der »Tatsachen des jüdischen Leidesweges« (56) schreibt, dann kommt jedoch ihr Mitgefühl, ihre Empathie mit den Opfern zum Ausdruck. Arendt meinte jedoch richtigerweise, in einem Strafverfahren gehe es um die dem Angeklagten nachweisbaren Taten und nicht um die unsagbaren, von Juden insgesamt erlittenen Gräuel. Die Aussagen der Zeugen waren »zwar grausig und wahr« (Arendt 2022, 74), doch im Prozess gegen Eichmann nur dann von Bedeutung, wenn sie von Taten des Angeklagten berichteten, von Taten, vor denen Arendt »namenlose[s] Entsetzen«

(Arendt 2022, 123) empfand. Ihr streng verfahrensrechtliches Verständnis des Prozesses zeitigt ihre Kritik an Hausners Prozessstrategie, nicht ihre vorgeblich fehlende »Liebe zu den Juden« (Arendt und Scholem 2000, 429), wie ihr Freund Gershom Scholem meinte.

Für Arendt, eine Kritikerin des UN-Teilungsplans und der Gründung eines Nationalstaats inmitten von feindlichen Nachbarn, liefen die von Ben-Gurion vorgegebenen, von Hausner praktizierten Ziele auf pure zionistische Propaganda hinaus. Während sie hinsichtlich des Urteils meinte, es sei »erfreulicherweise frei von jeglicher billigen Rhetorik« (Arendt 2022, 345) gewesen, so hielt sie Ben-Gurion und Hausner »Geschichtsklitterung« und »billige Rhetorik« (75) vor.

Wider die Dämonisierung Eichmanns

Seit Eichmanns Ergreifung in Argentinien und seiner Entführung nach Jerusalem[8] zeichneten die Medien ein »Satansbild« (Mulisch 2002, 50). In »zahllosen Büchern und Artikeln«, die bereits vor dem Prozess veröffentlicht worden waren, »widerhallt[e] [...] ein unmißverständlicher halbreligiöser Ton: Das Böse ist lokalisiert worden! Das Schlechte in Menschengestalt: der Teufel Eichmann!« (Mulisch 2002, 14) Der Gebrauch theologischer Sprache in Hinsicht auf NS-Verbrecher war nicht neu. Im Fall Eichmann hatte Anfang der 1950er-Jahre in Israel ein aufsehenerregendes Verfahren, in dem es um die Verhandlungen Eichmanns mit Vertretern eines Hilfs- und Rettungskomitees im Sommer 1944 in Budapest ging, zu der Bewertung geführt, der jüdische Verhandlungspartner habe dem SS-Obersturmbannführer Eichmann, den der Richter einen »Teufel« nannte, seine »Seele« verkauft (Arendt 2022, 107).[9] Die Veröffentlichung von Auszügen aus Willem Sassens Gesprächsrunde[10] im *Stern*[11] und in *Life*[12] trugen darüber hinaus erheblich dazu bei, den Mann im Glaskasten zu dämonisieren.

---

8 In vielen deutschsprachigen Publikationen ist von Eichmanns »Festnahme« und »Verhaftung« die Rede. Festnahme und Verhaftung bezeichnen legale Maßnahmen staatlicher Organe, die sich innerstaatlich auf Recht und Gesetz stützen müssen. Im Fall Eichmann handelte es sich fraglos um eine völkerrechtswidrige Operation des israelischen Geheimdienstes Mossad im Ausland, die freilich moralisch und politisch gut begründet und gerechtfertigt war. Siehe hierzu Arendt 2022, 419.

9 Siehe hierzu auch Arendt 2022, 107, 251 und Löb 2010 sowie Bauer 1996. Siehe auch Mulisch 2002, 190 zu Joel Brand, der maßgeblich an den Verhandlungen mit der SS beteiligt gewesen war und Weissberg 1956 sowie Brand 1961.

10 Siehe hierzu Stangneth 2011.

11 *Stern* vom 25.6. bis 16.7.1960.

12 *Life* vom 15.11. bis 29.11.1960.

Für Arendt war »Eichmann [...] nicht Jago und nicht Macbeth, und nichts hätte ihm ferner gelegen, als mit Richard III. zu beschließen, ›ein Bösewicht zu werden‹« (Arendt 2022, 37). »Kein Ungeheuer, kein perverser Sadist« (Arendt 2022, 434), wie die Anklage meinte, stand vor Gericht, kein »Ritter Blaubart« hatte »auf der Anklagebank« (ebd.) Platz genommen. In der Stilisierung Eichmanns zu einer teuflischen Gestalt sah Arendt eine Bagatellisierung des besonderen Phänomens, das sie mit ihrer Rede vom neuen Verbrechertypus begrifflich zu fassen versuchte. »Das beunruhigende an der Person Eichmanns war« für Arendt »doch gerade, daß er war wie viele und daß diese vielen weder pervers noch sadistisch, sondern schrecklich und erschreckend normal waren und sind.« (Arendt 2022, 434) Eichmanns »Normalität«, gemessen vom »Standpunkt unserer Rechtsinstitutionen und an unseren moralischen Urteilsmaßstäben« (ebd.), war »viel erschreckender als all die Greuel zusammen genommen, denn sie implizierte [...], daß dieser neue Verbrechertypus [...] unter Bedingungen handelt, die es ihm beinahe unmöglich machen, sich seiner Untaten bewußt zu werden« (Arendt 2022, 435). Keine »teuflisch-dämonische Tiefe« (Arendt 2022, 38) konnte Arendt Eichmann abgewinnen, er war für sie ein »typischer Kleinbürger« (93).

Mulisch verkannte bei aller Kritik an Hausers Übertreibungen die Rolle Eichmanns nicht. Mit dem Chefankläger stellte er (historisch teilweise unzutreffend) fest: Eichmann

> organisierte die Deportation der Ghettos, bestimmte bei dem polnischen Dorf Auschwitz einen geeigneten Platz für das Konzentrationslager, entschied, welches Gas verwendet werden sollte (Zyklon B, ein Insektenvernichtungsmittel), betrachtete Massenhinrichtungen von Frauen und Kindern in Rußland, sieht zu, wie Hunderte von nackten Juden in die Gaskammern getrieben werden, steht daneben, wenn nach ihrem Tod die Goldzähne aus den Kiefern gehackt werden. Die Postkarten, die er sie vorher zu schreiben zwang, läßt er erst Monate später versenden, um Gerüchte über Menschenausrottungen im Keim zu ersticken. (Mulisch 2002, 68–69)

Die Holocaust-Forschung hat Eichmanns Rolle im Vernichtungsprozess ins sachliche Licht gerückt; zwei Zitate von renommierten Zeithistorikern seien hier angeführt. Christian Gerlach schreibt:

> Adolf Eichmann, der das Judenreferat des RSHA leitete, übte einigen Einfluss aus und koordinierte die Deportation von über einer Million Juden aus weiten Teilen Europas in Todeslager und Ghettos, aber seine Koordination erfasste nicht die meisten Juden in Polen und den besetzten sowjetischen Gebieten, wo die Mehrheit der europäischen Juden lebte. (Gerlach 2017, 128)

Dieter Pohl führt in seiner kürzlich erschienenen Gesamtdarstellung hinsichtlich des »Systems der Deportationen« aus:

> Während die Massenmorde in den besetzten Gebieten der Sowjetunion und Polens zwar unter der Aufsicht Berliner Behörden standen, aber weitgehend dezentral organisiert wurden, galt dies nicht für das restliche Europa. Hier liefen alle Fäden im ›Judenreferat‹ des Reichssicherheitshauptamts unter Adolf Eichmann zusammen. [...] Eichmanns Referat arbeitete seit etwa September 1941 Pläne zur Deportation und Ermordung der Juden aus, verhandelte über die Transportzüge mit der Reichsbahn und koordinierte die Planungen mit den Vernichtungslagern, die seit Spätherbst 1941 eingerichtet wurden. (Pohl 2022, 226–227)

Der sogenannte Holocaust durch Kugeln, die Massenmorde der Einsatzgruppen im Baltikum und in der besetzten Sowjetunion, die Ghettoräumungen und die »örtliche Aussiedlungen« genannte Vernichtung jüdischer Gemeinden im sogenannten Generalgouvernement lagen nicht in Eichmanns Tätigkeitsbereich.

Die Satanisierung des Angeklagten lief auch für Mulisch auf eine Minimierung seiner Schuld hinaus. Eichmann »brachte Menschen zum Opferstein einer Irrlehre, an die er nicht glaubte. Dieser Mann ist schuldiger als der Gläubige, der sich«, wie für Mulisch zum Beispiel Heinrich Himmler, »wenn auch vergeblich, noch auf seinen Glauben berufen kann, das heißt auf den Gott in ihm, der seine Schuld trägt – nämlich auf Hitler« (Mulisch 2002, 150).

Eichmann berief sich auf den geleisteten, ihm heiligen Eid und auf die ihm erteilten, gleichsam ewigen (Mulisch 2002, 152) Befehle. Er »gehorchte den Befehlen von Priestern, von denen er wußte, daß sie falsch waren. Er persönlich hätte niemals solche Befehle gegeben, sagt er zweifellos wahrheitsgemäß, aber da er sich nun einmal in der Lage befand, sie zu *empfangen*, mußte er gehorchen.« (Mulisch 2002, 151, Hervorhebung im Original) Eichmann war für Mulisch eine moderne Erscheinung, bei der Befehl und Technik (Mulisch 2002, 153) den gehorsamen, willigen Befehlsempfänger zur Maschine machte, zu einem »rationelle[n] Werkzeug, das für das kommentarlose Ausführen gleichgültig welcher Befehle hergestellt worden ist« (Mulisch 2002, 155). Eidgebunden und befehlsergeben verwandelte sich Mulisch zufolge der Mensch Eichmann »in einen Automaten«, denn der in »Führertreue« und mit »Soldatenehre« geleistete Eid war »das Verfahren, durch das die Maschine betriebsfertig wird« (Mulisch 2002, 156). Als »Prototyp des modernen Menschen«, als »neuzeitliche[r] Maschinenmensch« (Mulisch 2002, 160) war Eichmann freilich keine Ausnahme. Kein Satan, kein Teufel, kein Dämon, kein tiefenpsychologisch zu ergründender Verbrecher. Der Prozess lehrte Mulisch, dass »wir [...] nicht auf Verbrecher achten« müssen, »wir müssen weiterhin auf ganz gewöhnliche Menschen achten. Wir müssen weiterhin auf den Spiegel achten.« (Mulisch 2002, 161) Mithin begriff Mulisch Eichmann weniger als außergewöhnlichen, von tradierten Normen abweichenden Verbrecher, er verstand ihn »als jemand, der zu allem imstande ist« (Mulisch 2002, 152), als »Maschine, die zu allem taugt« (163). Die verfehlte Dämonisierung machte Eichmann groß, doch er war nichts »Großes, kein ›Antichrist‹ oder Dschingis-Khan, sondern gerade das Gegenteil von ›groß‹: klein. Eichmann als der kleinste Mensch, mit diesem Bild kommen wir ihm am nächsten. Und er konnte so klein sein, weil die Technik so groß war: die Eisenbahn, die Verwaltung, die Gaskammern, die Krematorien.« (Mulisch 2002, 221) Auch die umstandslose Rede von Eichmanns Antisemitismus erachtete Mulisch als wenig schlüssig. Bereits Tage vor Prozessbeginn meinte er, »nichts« weise »darauf hin, daß er Juden einfach haßte. Mord braucht nicht auf Haß hinzuweisen. Vielleicht *wollte* er hassen, vielleicht haßte er sie, weil er sie liebte.« (Mulisch 2002, 25, Hervorhebung im Original)

Die Aussagen vormaliger Mittäter über Eichmann ließen den Schluss zu, dass der Angeklagte in seinen ausweichenden Antworten auf die vorgebrachten Tatvorwürfe log. Sein fünfzehnmaliges »im Sinne der Anklage nicht schuldig« zu den von Richter Landau vorgetragenen 15 Anklagepunkten (6. Gerichtssitzung), Mulisch hielt es in einem Artikel (Mulisch 2002, 62–64) fest, ließen ihn als notorischen Lügner erscheinen. Doch für Mulisch stellte diese Beurteilung eine Simplifizierung dar. Ob Eichmann ein »pathetischer Lügner« (Mulisch 2002, 77) war, ließ der Schriftsteller offen. Manch von einstigen Kameraden kolportierte Äußerung Eichmanns bewertete er als »Prahlerei unter Freunden« (Mulisch 2002, 78). Ebenso viel »Lüge wie Aufrichtigkeit« (ebd.) ließen sich bei Eichmann konstatieren. Das vehemente »Lüge! Alles Lüge!«, das Polizeihauptmann Avner Werner Less notierte (Less 2012), der Eichmann vor dem Prozess monatelang vernommen hatte, war Mulisch zu einfach. Bis heute streitet die Eichmann- und Arendt-Forschung darüber, ob der Mann im Glaskasten seinen Beteuerungen entsprechend auch gelegentlich die Wahrheit sagte (vgl. Benöhr-Laqueur 2022).

Mulisch, der es nicht immer im Gerichtssaal aushielt und sich wiederholt eine Auszeit nahm, war ein sehr genauer Beobachter. Wenn es ihm möglich war, setzte er sich in eine der vorderen Reihen, um die Akteure besser sehen zu können. Nicht nur sah er die Auschwitz-Nummer auf dem linken Unterarm von Michael Goldmann-Gilead, der unter anderem das Tonbandgerät bediente, als dem Gericht die Vernehmung Eichmanns durch Less vorgespielt wurde (Mulisch 2002, 74). Er registrierte auch »raffiniert angezogene Damen aus Tel Aviv, die Eichmann mit den Augen verschlingen, sich Bemerkungen zuflüstern, lächelnd in den Saal schauen und Bekannten auf dem Balkon zuwinken« (Mulisch 2002, 92). Sein Fazit, dass Eichmann beginne, »ein gesellschaftliches Ereignis für Israels höhere Kreise zu werden« (ebd.), mag überspitzt sein. Doch ihm fehlte bei Beginn der Beweisaufnahme, bei den ersten Zeugenvernehmungen, der Bezug zu dem Angeklagten. Die bereits erwähnte »pädagogische Aufmachung« (Mulisch 2002, 91) des Prozesses lehnte er wiederholt ab.

Arendt schrieb von Eichmanns »Wichtigtuerei«, »Angeberei« und »Prahlerei« (Arendt 2022, 113–114), die er vor und nach dem Ende des Zweiten Weltkriegs gegenüber seinen SS-Kameraden an den Tag gelegt hatte. Anders als Hausner meinte sie, Eichmann sei mehr ein »Hanswurst« (125), ein »Prahlhans« (141), von »Großmannssucht« (114) geleitet, ganz gewiss aber kein Ungeheuer (125, 434).

Bemerkenswert für Arendt waren Eigenschaften, die Eichmann gänzlich fehlten. Sie konstatierte seine Unfähigkeit sich auszudrücken und zu denken (Arendt 2022, 116), charakteristisch sei sein »absoluter Mangel an Vorstellungskraft« (117), sein »mangelnde[s] Vorstellungsvermögen« (37), seine »nahezu totale Unfähigkeit, jemals eine Sache vom Gesichtspunkt des anderen zu sehen« (114).

Ein Massenmörder wie Eichmann hatte Arendt zufolge den Tod verdient, denn er hatte »jederzeit sein Äußerstes getan [...], die ›Endlösung‹ endgültig zu machen« (Arendt 2022, 255). »Fanatismus und Judenhass« (Arendt 2022, 86) bedurfte er ihrer Ansicht nach dabei nicht. Es genügte die Bereitschaft, verbrecherische Befehle beflissen zu befolgen. Unter dem Galgen hatte Eichmann »[g]ottgläubig« (Arendt 2022, 401) vom Wiedersehen mit den Akteuren gesprochen, die ihn in der Nacht vom 31. Mai auf den 1. Juni 1962 ums Leben brachten, will sagen: das gerechte Urteil an ihm vollstreckten. Eine geläufige Formel bei Trauerreden fiel ihm noch ein: Die mit ihm lebenslang verbundenen Länder Deutschland, Österreich und Argentinien werde er nicht vergessen. In seiner Todesstunde verschaffte er sich nach Arendts Verständnis noch die erhebenden Gefühle, gebrauchte die abgedroschenen erhebenden Worte (Arendt 2022, 38), die für ihn so charakteristisch waren und die ihm Trost (125) bereiteten.

Arendt schloss das letzte Kapitel ihres Berichts mit einem Eingeständnis, weshalb ihr mit dem Buch verbundener Anspruch als bescheiden gelten muss. Ihr Denken, um dessen willen sie nach Jerusalem gekommen war, wie ihre Sprache, derentwegen sie den Bericht verfasste, scheiterten und versagten angesichts des Fazits, das Eichmann, in Klischees sprechend, unter dem Galgen zog: »das Fazit der langen Lektion in Sachen menschlicher Verruchtheit«, der die Prozessbeobachterin zeitweise »beigewohnt«, die sie beim Studium der Prozessunterlagen gelernt hatte: »das Fazit von der furchtbaren *Banalität des Bösen*« (Arendt 2022, 401). »Eichmanns Hang zu erhebenden Phrasen ohne allen Realitätsgehalt« hatte Arendt bereits anhand seines Umgangs mit den Opfern der deutschen Vernichtungspolitik ausgemacht, er war für sie keine »eigens für den Jerusalemer Prozeß fabrizierte Pose« (Arendt 2022, 327). Noch angesichts des eigenen Todes verschaffte er sich ein gutes Gefühl, suchte Zuflucht in einem vertrauten Klischee. Insofern lernte Arendt in Jerusalem eine »Lektion«. Sie fand weder eine »Erklärung« noch stellte sie eine »Theorie« auf, ihre nüchterne Feststellung war, dass »Realitätsferne und Gedankenlosigkeit in einem mehr Unheil anrichten können als alle die dem Menschen vielleicht innewohnenden bösen Triebe« (Arendt 2022, 38).

Fazit

Die kritischen Berichte von Arendt und Mulisch über den Eichmann-Prozess gleichen sich (wie gesehen) in vielen Hinsichten. Sie argumentierten gegen die allzu einfache Dämonisierung Eichmanns und gegen die Überhöhung seiner Rolle im Holocaust. Beide Darstellungen erachteten sie als Simplifizierungen des Erkenntnisproblems, das eine Figur wie Eichmann aufwarf. Ihre Perspektiven auf Israel und auf das Gerichtsverfahren waren jedoch recht verschieden. Arendt hatte ab 1943, seitdem sie von Auschwitz (»was nicht hätte passieren dürfen«, Arendt 1948, 9) erfuhr, die NS-Verbrechen in ihrer Dimension und Totalität denkend zu erforschen und zu verstehen versucht. Ihr Wissen um den Mord an den europäischen Juden hatte sie sich durch das Studium von Literatur und Dokumentensammlungen sowie durch die Begegnung mit überlebenden Opfern verschafft. Sie reiste nicht nach Jerusalem und zu dem Strafprozess, um sich über die Historie der Judenverfolgung aufklären zu lassen. Als Kritikerin des Ben-Gurion-Staats und der zionistischen Ideologie nahm sich Arendt als Jüdin die Freiheit, über das Gerichtsverfahren nach Maßgabe der Fragen zu berichten, die sich ihr gestellt hatten. Wie konnte in Jerusalem Recht gesprochen werden angesichts eines Verbrechens, das in keinem Strafgesetzbuch vorkam? Wie konnten die Richter dem Angeklagten gegenüber Gerechtigkeit walten lassen, wenn Eichmann einen Verbrechertypus verkörperte, der bislang in der an Verbrechen reichen Geschichte unbekannt war? Arendt hatte ein strikt rechtsstaatliches Verständnis von Sinn und Zweck des Eichmann-Prozesses. Politik durfte ihrer Auffassung nach im Verfahren keine Rolle spielen, Moral nur insofern, als es um Gerechtigkeit ging.

Mulisch kam als Schriftsteller nach Jerusalem und verfasste Artikel, die literarisch und philosophisch grundiert waren. Sie sollten der Leserschaft eines Wochenblatts eine erhellende, erkenntnisreiche und zugleich kurzweilige Lektüre sein. Neuigkeiten über den Prozessverlauf mochte er nicht liefern, er wollte Einblicke in eine verheerende Vergangenheit ermöglichen, unter der auch die Niederlande gelitten hatten. Die am Gerichtsort gemachte Erfahrung verwandelte den Schreiber, obgleich er allein schon wegen seiner eigenen Geschichte keineswegs unvorbereitet nach Israel gekommen war. Dass der Fall Eichmann auch mit ihm zu tun hatte, wusste Mulisch im Vorhinein. Er konfrontierte sich in Jerusalem und an den Tatorten mit dem Verbrechen, dem er entronnen war. Sein Weltverständnis schärfte sich, sein Menschenbild hellte sich nicht auf. Der Mensch war ihm »keine Gegebenheit, sondern eine Möglichkeit zu allem« (Mulisch 2002, 221).

Arendts puristisches Verständnis des Strafprozesses irritierte viele bei der Lektüre ihres Berichts. Sie lieferte keine Erklärungen, weder des Nationalsozialismus noch der Person Eichmanns. Sie beschied sich mit der Darstellung des Prozessstoffs und der Erörterung von Rechtsfragen. So viel Selbstbeschränkung erlegte sich Mulisch nicht auf. Eichmann war ihm Anlass, auf das Weltgeschehen und seine Akteure zu blicken. Eichmann verdüsterte seinen Blick auf die Menschenwelt.

Literaturverzeichnis

6,000,000 Accusers, Israel's Case Against Eichmann. The Opening Speech and Legal Argument of Mr. Gideon Hausner, Attorney-General. Translation from Hebrew into English, prepared and edited by Shabtai Rosenne, Ambassador of Israel. Jerusalem: Jerusalem Post Press, 1961.

Arendt, Hannah. *Sechs Essays*. Heidelberg: Lambert Schneider, 1948.

Arendt, Hannah. *The Origins of Totalitarianism*. New York: Harcourt, Brace, 1951.

Arendt, Hannah. *Elemente und Ursprünge totaler Herrschaft*. Frankfurt am Main: Europäische Verlagsanstalt, 1955.

Arendt, Hannah. »A Reporter at Large. Eichmann in Jerusalem«. *The New Yorker*, 16.2.1963, 40–113; 23.2.1963, 40–111; 2 3.1963, 40–91; 9 3.1963, 48–131; 16 3.1963, 58–134.

Arendt, Hannah. *Eichmann in Jerusalem. A Report on the Banality of Evil*. New York: The Viking Press, 1963.

Arendt, Hannah und Mary McCarthy. *Im Vertrauen. Briefwechsel 1949–1975*. Hrsg. und mit einer Einführung von Carol Brightman. Aus dem Amerikanischen von Ursula Ludz und Hans Moll. München, Zürich: Piper Verlag, 1996.

Arendt, Hannah und Gershom Scholem. *Der Briefwechsel*. Hrsg. von Marie Luise Knott. Unter Mitarbeit von David Heredia. Berlin: Jüdischer Verlag im Suhrkamp Verlag, 2000.

Arendt, Hannah. *Eichmann in Jerusalem. Ein Bericht von der Banalität des Bösen*. Aus dem amerikanischen Englisch von Brigitte Granzow. Hrsg. von Thomas Meyer. Mit einem Nachwort von Helmut König. München: Piper Verlag, 2022.

Bauer, Yehuda. *Freikauf von Juden? Verhandlungen zwischen dem nationalsozialistischen Deutschland und jüdischen Repräsentanten von 1933 bis 1945*. Aus dem Englischen von Klaus Binder und Jeremy Gaines. Frankfurt am Main: Jüdischer Verlag, 1996.

Ben Gurion, David. »The Eichmann Case as Seen by Ben-Gurion«. *The New York Times Magazine*, 18.12.1960.

Benöhr-Laqueur, Susanne. »›Lüge! Alles Lüge?!‹ Neue Forschungsergebnisse zur Identität von ‚Dr. Langer' und die daraus folgenden Neubewertungen für Eichmanns Aussageverhalten in Jerusalem«, in: hannaharendt.net, Ausg. 1, Bd. 12, Dezember 2022, 256–261.

Brand, Joel. *Adolf Eichmann. Fakten gegen Fabeln*. München/Frankfurt am Main: Ner-Tamid-Verlag, 1961.

Gerlach, Christian. *Der Mord an den europäischen Juden. Ursachen, Ereignisse, Dimensionen*. Aus dem Englischen von Martin Richter. München: C. H. Beck Verlag, 2017.

Less, Avner Werner. *Lüge! Alles Lüge! Aufzeichnungen des Eichmann-Verhörers. Rekonstruiert von Bettina Stangneth*. Zürich-Hamburg: Arche Verlag, 2012.

Löb, Ladislaus. *Geschäfte mit dem Teufel. Die Tragödie des Judenretters Rezső Kasztner. Bericht eines Überlebenden*. Köln u.a.: Böhlau Verlag, 2010.

Mulisch, Harry. *Strafsache 40/61. Eine Reportage*. [Übertragen aus dem Holländischen von Johannes Piron]. Köln: Verlag M. DuMont Schauberg, 1963.

Mulisch, Harry. *Strafsache 40/61. Eine Reportage über den Eichmann-Prozeß*. Aus dem Holländischen übersetzt von Johannes Piron. Berlin: Edition Tiamat, 1987.

Mulisch, Harry. *Strafsache 40/61. Eine Reportage über den Eichmann-Prozeß.* Aus dem Niederländischen von Johannes Picon [sic]. 3. Aufl. Berlin: Aufbau Taschenbuch Verlag, 2002,

Pohl, Dieter. *Nationalsozialistische Verbrechen 1939–1945* (Gebhardt. Handbuch der deutschen Geschichte. 10., völlig neu bearb. Aufl., Bd. 20). Stuttgart: Klett-Cotta, 2022.

Renz, Werner. *ad Hannah Arendt. Eichmann in Jerusalem. Die Kontroverse um den Bericht »von der Banalität des Bösen«.* Hamburg: Europäische Verlagsanstalt, 2021.

Segev, Tom. *Die siebte Million. Der Holocaust und Israels Politik der Erinnerung.* Deutsch von Jürgen Peter Krause und Maja Ueberle-Pfaff. Reinbek bei Hamburg: Rowohlt Verlag, 1995.

Stangneth, Bettina. *Eichmann vor Jerusalem. Das unbehelligte Leben eines Massenmörders.* Zürich u.a.: Arche Verlag, 2011.

Weissberg, Alex. *Die Geschichte des Joel Brand.* Köln, Berlin: Kiepenheuer & Witsch, 1956.

Yablonka, Hanna. *The State of Israel vs. Adolf Eichmann.* Translated from the Hebrew by Ora Cummings with David Herman. New York: Schocken Books, 2004.

Young-Bruehl, Elisabeth. *Hannah Arendt. Leben, Werk und Zeit.* Aus dem Amerikanischen von Hans Günter Holl. Frankfurt am Main: S. Fischer Verlag, 1986.

Claudia Hilb

Über einige »längst vergessene Vorstellungen«

Überlegungen zum Epilog von Hannah Arendts *Eichmann in Jerusalem*

»When the incomprehensible is presented as routine,
sensitivity mercifully diminishes«
Yosal Rogat, *The Eichmann Trial and the Rule of Law*

Mein Beitrag beschäftigt sich mit Hannah Arendts Bericht über den Prozess gegen Adolf Eichmann, der 1963 als Buch unter dem Titel *Eichmann in Jerusalem* veröffentlicht wurde. Im Fokus steht primär der Epilog, insbesondere dessen letzte beiden Seiten. Hierbei geht es um die Frage, die sich praktisch durch das gesamte Werk von Arendt zieht und die sich wie folgt formulieren lässt: Wonach sollen wir urteilen, wenn uns die Tradition keinerlei Gewissheit mehr geben kann, wenn mit dem Einbruch des Totalitarismus die Kategorien und Begriffe, mit denen wir zu urteilen gewohnt waren, sich nicht mehr eignen, um die erschreckende Realität von Verbrechen und Verbrechern bislang unbekannter Art und Dimension zu begreifen? Zu eben jenen Verbrechen, die über das uns bisher bekannte Böse hinausgehen, sagte Hannah Arendt bei verschiedenen Gelegenheiten, dass diese weder angemessen bestrafbar seien, noch dass ihnen vergeben werden könnte (vgl. Hilb 2018a). Jedoch geht es in dem hier untersuchten Text genau darum, zu urteilen und zu bestrafen. Daher möchte ich im Folgenden meine Überlegungen darauf konzentrieren, was die beiden etwas eigenwilligen letzten Seiten des Epilogs zu *Eichmann in Jerusalem* zu diesem Problem beitragen. Es ist bekannt, dass die Erfahrung des Prozesses und die Reaktionen darauf einen starken Einfluss auf Arendts späteres Werk über Denken, Urteilen und Verantwortung ausübten. Allerdings werde ich im Rahmen dieses Beitrags nur in sehr begrenztem Umfang über die Diskussion des Epilogs hinausgehen.

Anmerkung: Dieser Beitrag wurde von Christian Ernst, Patrick Eser und Nina Heinke übersetzt.

Open Access. © 2024 bei den AutorInnen und Autoren, publiziert von De Gruyter. (cc) BY-NC-ND Dieses Werk ist lizenziert unter der Creative Commons Namensnennung - Nicht-kommerziell - Keine Bearbeitungen 4.0 International Lizenz.
https://doi.org/10.1515/9783111077345-011

1 Das Problem des neuartigen Verbrechens und Verbrechers

Was bedeutet es, Gerechtigkeit herzustellen, wenn wir über Eichmann und die ihm zur Last gelegten Verbrechen urteilen? Wie kann ein Urteil gefällt werden, wenn die Kategorien und Begriffe, mit denen wir gewohnt sind, zu urteilen, nicht ausreichen, um die erschreckende Realität von Verbrechen und von Verbrechern zu erfassen? Bevor ich die beiden letzten Seiten des Epilogs analysiere, möchte ich kurz die Schwierigkeiten umreißen, mit denen wir aus Arendts Sicht bei der Verfolgung der nationalsozialistischen Verbrechen im Allgemeinen und beim Prozess in Jerusalem im Besonderen konfrontiert sind.

Seit Nürnberg, so schreibt Arendt, ist die Strafverfolgung dieser Verbrechen mit drei Problemen konfrontiert: der Einrichtung eines Gerichts der Siegermächte, dem Finden einer gültigen Definition des Verbrechens und der Aufgabe, dem neuen Typus des Verbrechers Rechnung zu tragen (Arendt 2006, 274).[1] Zum ersten Problem: In Nürnberg stellten die Siegermächte führende Nationalsozialisten vor Gericht. Aber, wer außer ihnen wäre im Recht gewesen, diese zu verurteilen? Das zweite Problem, die Definition des Verbrechens, wurde laut Arendt nur unzureichend gelöst, indem man sich auf bestehende Kategorien wie Kriegsverbrechen, Verbrechen gegen den Frieden, unmenschliche Handlungen oder Piraterie berief. Diese wurden jedoch dem beispiellosen Charakter des neuartigen Verbrechens bei weitem nicht gerecht und trugen eher dazu bei, die Prinzipien der Bestrafung im Unklaren zu lassen. Was das dritte Problem anbelangt, so wurden wir durch die nationalsozialistischen Verbrechen mit einem neuen Verbrechertypus konfrontiert, der nicht nach den strafrechtlichen Regeln des Vorsatzes (*mens rea*) beurteilt werden kann, d. h. nach dem Willen, gegen das Gesetz zu handeln. Schließlich handelte sich bei den Tätern um Individuen, die für sich beanspruchten, nach den Gesetzen gehandelt zu haben, denen sie unterstanden – kriminelle Gesetze, die den Mord ganzer Menschengruppen zur Vorgabe machten.[2]

---

1 Ich beziehe mich in den Verweisen auf die 1965 erweiterte Ausgabe von *Eichmann in Jerusalem*. Zur besseren Lesbarkeit des Textes erfolgen direkte Zitate aus der deutschen Übersetzung.

2 Dies ist zunächst ein Problem rechtlicher Natur. Bisher war nur bekannt, wie absichtlich begangene Taten strafrechtlich im Sinne des *mens rea* geahndet werden. Es ist jedoch auch politischer Natur, weil wir uns mit Regimen auseinandersetzen müssen, die organisiertes Verbrechen umsetzen. Und es ist moralischer und philosophischer Natur, weil es unsere Vorstellung vom Bösen in Frage stellt, welches bisher entweder mit einem Übel verbunden war, das unabsichtlich begangen wird und das der Übeltäter bereuen kann, oder mit einer böswilligen Tat, bei der willentlich und wissentlich ein moralisches Prinzip oder ein Gesetz verletzt wird. Dieses Problem führt jedoch dazu, dass wir eine neue Form des Bösen in Betracht ziehen müssen, die nicht als

In ihrem Buch zum Eichmann-Prozesses greift Arendt diese drei Probleme auf und diskutiert, inwieweit der Verlauf des Gerichtsprozesses zu ihrer Lösung – sofern sie überhaupt lösbar sind – beigetragen oder sie erhellt hat, oder ob er sie im Gegenteil nicht eher verschleiert hat. Sie ist der Ansicht, dass Israels Anspruch, Eichmann aufgrund des Hauptvorwurfs von ›Verbrechen gegen das jüdische Volk‹ auf seinem Territorium vor Gericht zu stellen, weit davon entfernt war, die Entwicklung einer internationalen Rechtsinstanz, also eines internationalen Strafgerichtshofs, und einer universellen strafrechtlichen Figur, der Kategorie ›Verbrechen gegen die Menschlichkeit‹, zu befördern. Dies wiederum habe die Wahrnehmung des beispiellosen Charakters der Verbrechen des NS-Regimes eher behindert. Bezüglich dieses Punktes übernimmt Arendt weitgehend die Argumente von Yosal Rogat, dem Autor der Streitschrift mit dem Titel *The Eichmann Trial and the Rule of Law* (1961).[3] Sechzehn Jahre nach Nürnberg, so argumentiert Arendt, wären die Bedingungen für ein neutrales Gericht gegeben gewesen, anstelle eines Gerichts der Sieger (oder wie von der Staatsanwaltschaft vorgeschlagen eines Gerichts der Opfer).[4] Was die Definition des Verbrechens betrifft, so argumentiert Arendt, dass die Vernichtung der Juden – oder der Sinti und Roma oder einer anderen ethnischen Gruppe – zu keinem Zeitpunkt während des Prozesses als etwas anderes als ein Verbrechen gegen eine be-

---

subjektiver Willen zum Bösen oder als Missachtung des Grundprinzips der kantischen Moral verstanden werden kann.

3 In seinem Buch argumentiert Yosal Rogat, dass man bei der Bewertung der Gerichtsprozesse nach Nürnberg prüfen müsse, ob diese im Hinblick auf die bestehenden Prinzipien des Völkerrechts, das nun auch Völkermord und Verbrechen gegen die Menschlichkeit umfasst, gerechtfertigt werden können und ob sie zur Förderung eines solchen Völkerrechts beitragen, was nach Rogats Ansicht die Einrichtung eines internationalen Strafgerichts erfordert (vgl. Rogat 1961). In ähnlicher Weise versteht Arendt, dass Erfolg oder Misserfolg beim Umgang mit einem beispiellosen Verbrechen weitgehend davon abhängt, ob dieser Umgang den Weg zu einem internationalen Strafgericht ebnet. Sie erkennt jedoch an, dass der Richter, der das beispiellose Verbrechen unter den noch nicht verwirklichten oder zumindest unvollkommenen Bedingungen einer internationalen Instanz zu beurteilen hat, vor der großen Herausforderung steht, Recht sprechen zu müssen, ohne sich auf bestehende Gesetze bzw. deren Überschreitung beziehen zu können (vgl. Arendt 2006, 273–274).

4 Deutlicher noch als in Nürnberg, so argumentiert Arendt, verstärkt die Nichtzulassung von Zeugen der Verteidigung den fragwürdigen Charakter des Prozesses im Sinne eines Gerichts der Sieger oder der Opfer. Arendts Kritik richtet sich an dieser Stelle nicht an die Richter, sondern an den Staatsanwalt Hausner, dessen Rhetorik den Eindruck erweckt, dass der Zweck des Prozesses nicht darin besteht, Gerechtigkeit zu schaffen, sondern den Wunsch oder gar das Recht der Opfer auf Rache zu befriedigen. In Strafprozessen, warnt Arendt, werde der Verbrecher vor Gericht gestellt, weil er die Gemeinschaft als Ganzes geschädigt hat, und nicht, wie in Zivilprozessen, weil er Einzelpersonen geschädigt hat, die ein Recht auf Wiedergutmachung haben. Was geschädigt worden ist und wiederhergestellt werden muss, sei die öffentliche Ordnung (vgl. Arendt 2006, 261).

stimmte Gruppe behandelt wurde,[5] d. h. zu keinem Zeitpunkt wurde in Betracht gezogen, dass das, was durch das NS-Regime geschädigt und gefährdet wurde, die gesamte Menschheit war, dass es sich also tatsächlich um ein Verbrechen gegen die Menschheit handelte (vgl. Arendt 2006, 269, 276).[6] Was den neuen Typus des Verbrechers betrifft, so stellt Arendt fest, dass die Richter in Israel, stärker noch als in Nürnberg, verblüfft waren angesichts eines Angeklagten, der weder ein Perverser noch ein Sadist war, sondern erschreckend normal erschien.[7] Es erwies sich als überraschend schwierig, ihm ein Unrechtsbewusstsein für seine Taten nachzuweisen, die er in der Rolle als für die Organisation der Deportation und Ermordung von Juden zuständiger Referatsleiter im Reichssicherheitshauptamt beging, eine Funktion, die er mit Sorgfalt und Detailversessenheit ausfüllte.[8]

Damit ist also das Problemfeld umrissen, in das Arendts Beobachtungen zum Prozess gegen Eichmann eingebettet sind und das wir im Blick behalten müssen, wenn wir versuchen wollen, das komplizierte Ende des Epilogs ihres Buches zu

---

5 Arendt erkennt jedoch an, dass die Kategorie der »Verbrechen gegen das jüdische Volk« die Absurdität vermeidet, die nationalsozialistischen Verbrechen als Verbrechen gegen den Frieden oder als gewöhnliche Kriegsverbrechen zu beurteilen, und dass der Prozess dazu beigetragen hat, den Unterschied zwischen unmenschlichen Handlungen und Verbrechen gegen die Menschlichkeit zu klären.

6 Ihre Kritik richtet sich dabei nicht nur an die Staatsanwaltschaft, sondern auch an das Gericht. Der Versuch des Gerichts, seine Gerichtsbarkeit im Namen der universellen Gerichtsbarkeit und die Entführung unter dem Vorzeichen der Piraterie zu rechtfertigen, ist unvereinbar mit dem Vorwurf der Verbrechen gegen das jüdische Volk und mit den israelischen Gesetzen, nach denen Eichmann verurteilt wurde. Dies wäre nicht der Fall, wenn man argumentieren würde, dass Eichmann ein Feind der gesamten Menschheit war, weil er – wie die Piraten – außerhalb jeder Form von Gemeinschaft gehandelt hat (vgl. Arendt 2006, 261–262). Tatsächlich war der Prozess in Arendts Augen der letzte der Nachfolgeprozesse von Nürnberg und das Einzige, was ihr zufolge nahezu beispiellos war, sei die Verletzung des Territorialprinzips durch Israel bei der Entführung Eichmanns gewesen, ein Präzedenzfall, den man nicht für gültig erklären sollte (vgl. Arendt 2006, 264). Die verschiedenen Argumente Arendts, beruhen auf der Unklarheit, mit der der gesamte Prozess durchgeführt wurde, die aus der Schwierigkeit hervorgeht, mit den politischen, rechtlichen und moralischen Problemen umzugehen, die der Prozess aufgeworfen hat, sowie auf dem mangelnden Verständnis für den neuen Typus des Verbrechens.

7 Arendt weist darauf hin, dass die Richter in Jerusalem trotz der Schwierigkeit, den Verbrecher, über den sie zu urteilen hatten, zu verstehen, nie versucht waren, der These der Anklage zu folgen, Eichmann sei ein blutrünstiges Monster gewesen (vgl. Arendt 2006, 276).

8 Das schlechte Gewissen von Eichmann und seinesgleichen ließe sich allenfalls daran erkennen, dass die verbrecherischen Organisationen, insbesondere jene, denen er angehört hatte, in den letzten Kriegswochen Beweise für ihre Verbrechen vernichtet hatten, was aber, so warnt Arendt, eigentlich nur ihr Bewusstsein dafür beweisen kann, dass das, was ihnen als Recht galt, das massenhafte Abschlachten von als minderwertig erachteten Menschengruppen, von den übrigen Völkern »noch« nicht anerkannt wurde (Arendt 2006, 277).

enträtseln. Dem Jerusalemer Gericht, schreibt sie mit Nachdruck, sei es nicht gelungen, »drei grundsätzlichen Problemen [...] gerecht zu werden« (Arendt 2007, 398).[9] Was hätte es nun bedeutet, diese anzugehen? Wenn Arendt davon ausgeht, dass der Zweck eines Prozesses in erster Linie darin besteht, Gerechtigkeit zu schaffen, bedeutet dann das Scheitern, dass der Gerechtigkeit nicht Genüge getan wurde? Oder bedeutet es, dass die wirklichen Probleme nicht geklärt wurden, d. h., dass, wie Arendt einen Richter zitiert, zwar Recht gesprochen wurde, aber ohne den Prozess der Rechtsprechung »sichtbar« (Arendt 2007, 402) zu machen.

Ich kann wohl mit Sicherheit sagen, dass letztere die Position von Arendt ist: Wir können sagen, dass der Gerechtigkeit Genüge getan wurde, da der Verbrecher vor Gericht gestellt und bestraft wurde, und das war schließlich Sinn und Zweck des Prozesses. Aber der Prozess hat nicht dazu beigetragen, die politischen, rechtlichen und moralischen Probleme, mit denen er konfrontiert war, aufzuzeigen. Der tiefere Grund für das Urteil, die eigentliche Begründung von Eichmanns Todesurteil, wurde unter einer Reihe verworrener und widersprüchlicher Argumente versteckt, die das Scheitern zum Ausdruck bringen, sich mit den oben genannten Problemen auseinanderzusetzen. Um die eigentliche Begründung, das ›Warum‹ sichtbar zu machen, hätten die Richter so argumentieren müssen, wie Arendt es in ihrem Epilog simuliert.[10] Mit anderen Worten: Das Ende des Epilogs drückt die von Arendt als eigentlich notwendig angenommene Begründung für Eichmanns (rechtmäßige) Verurteilung aus, die die Richter sich nicht vorzubringen trauten, oder die sie nicht ausformulieren konnten.[11]

Nun stellt sich aber bei der Lektüre dieser Argumentation zum einen die Frage, ob die alternative Begründung des Urteils, die Arendt den Richtern in den Mund legt, von ihr selbst in vollem Umfang gebilligt wird, und zum anderen, ob diese Begründung eine befriedigende Antwort auf die oben gestellte Frage geben

---

9 Arendt verwendet auf Englisch die Formulierung: »has failed to come to grips with these three issues« (Arendt 2006, 274).

10 Vgl. »Und wenn zutrifft, daß ›Recht nicht nur geschehen, sondern sichtbar geschehen muß‹, dann wäre *die Rechtmäßigkeit dessen, was in Jerusalem getan wurde*, manifest geworden, wenn die Richter es gewagt hätten, an den von ihnen Angeklagten etwa die folgenden Worte zu richten« (Arendt 2007, 402, meine Hervorhebung).

11 In der Argumentation verliert die Frage der Territorialität des Prozesses und des ›Siegergerichts‹ ihre Relevanz, stattdessen nehmen das Problem der Art des Verbrechens und des Verbrechers den zentralen Platz ein. Das Argument der Zuständigkeit ist insofern nicht uninteressant, als das entschlossene Eintreten für einen Internationalen Strafgerichtshof vielleicht das ist, was Arendts Leser:innen in erster Linie erwarten würden. Sein Fehlen im »Plädoyer« ist aber wohl vor allem damit zu erklären, dass der Prozess bereits in Israel vor einem israelischen Gericht stattgefunden hat und Arendt – nachdem sie diesen Umstand bereits kritisiert hat – ihn als vollendete Tatsache ansieht.

kann, worauf wir unser Urteil stützen bzw. wie wir feststellen sollen, wer, für was und mit welcher Strafe verurteilt werden soll, wenn uns kein juristisches Modell für das Verbrechen zur Verfügung steht, da es sich unserer Vorstellung von *mens rea* entzieht; in anderen Worten, wenn wir unser Urteil nicht auf Präzedenzfälle, Normen oder Gesetze stützen können.

2 Das letzte Argument des Epilogs

Gehen wir nun das Ende des Epilogs von *Eichmann in Jerusalem* sorgfältig durch. Ich möchte mich auf drei Momente konzentrieren: zunächst auf den Satz, der dem Schlussplädoyer vorangestellt ist, welches Arendt den Richtern in den Mund legt, dann auf den Verweis auf Rogat und auf die hierdurch aufgerufenen ›barbarischen Vorstellungen‹, welche die Todesstrafe aus einem Prinzip der Rache rechtfertigen, schließlich auf das Schlussplädoyer selbst. Beginnen wir mit dem Satz, in dem Arendt auf Rogat verweist:

> »Daß ein großes Verbrechen der Natur Gewalt antut und die Erde selbst nach Vergeltung schreit; daß das Böse eine naturgegebene Harmonie zerstört, die nur durch Sühne wiederhergestellt werden kann; daß Unrecht der betroffenen Gruppe um der moralischen Ordnung willen die Pflicht auferlegt, den Schuldigen zu bestrafen« (Yosal Rogat) – all das sind für uns antiquierte Vorstellungen, die wir als barbarisch ablehnen. Und dennoch, scheint mir, läßt sich kaum leugnen, daß Eichmann auf Grund solcher längst vergessenen Vorstellungen überhaupt vor Gericht kam und daß sie allein schließlich die Todesstrafe rechtfertigen. (Arendt 2007, 401–402)

Jene als ›barbarisch‹ bezeichneten Prämissen stellen also die Rechtfertigung für Eichmanns Todesurteil dar. Aber schließt sich Arendt in das ›Wir‹ derer ein, die diese Thesen ablehnen, die Rogat für archaisch hält,[12] oder ist diese Ablehnung eher ironisch? Wenn wir ihre Ablehnung annehmen, hieße das, dass sie zwar die grundlegende Rechtfertigung für Eichmanns Todesurteil in dieser atavistischen, retributiven Überzeugung begründet sieht, dass sie dieses jedoch nicht unbedingt,

12 Rogat verbindet diese Thesen mit einer Tradition, die er als »archaische Sichtweise der Welt« bezeichnet. Das von Arendt übernommene Zitat beginnt wie folgt: »Finally, attitudes toward punishment also follow from this outer outlook [...]. There was a time long ago when our questions about the appropriateness of the trial would not have been raised because the following propositions were accepted: that a great crime offends nature« (Rogat 1961, 27). Arendt verwendet nicht das Wort »archaisch«, wie Rogat es tut. Sie verwendet den Begriff »barbarisch«, um auf die Sätze zu verweisen, die Rogat mit dieser archaischen Weltsicht verbindet, und bezeichnet diese als »längst vergessene [...] Vorstellungen« (Arendt 2007, 402).

seine Rechtfertigung in diesem Sinne aber auf keinen Fall unterstützt. Wenn wir hingegen annehmen, dass die Ablehnung ironisch ist, hieße das, dass Arendt dieses Urteil in gewisser Weise billigt und dass sie – in einer ungewöhnlichen Herleitung, die noch folgen wird – den Richtern die wirklichen Argumente zur Rechtfertigung des Todesurteils in den Mund legt, jene Argumente, welche die Richter nicht in aller Klarheit zu formulieren wagten oder wussten. Ich werde versuchen zu zeigen, dass Letzteres der Fall ist: Arendts Stimme scheint in diesen Argumenten unüberhörbar mitzuschwingen. Und wenn das so ist, müssen wir versuchen, die verschiedenen Stimmen dieser letzten Begründung – die der Richter, die von Arendt und vielleicht noch andere – zu entwirren.[13]

Im Folgenden werde ich also versuchen, die Stimmen in diesen letzten Absätzen zu unterscheiden. Das angebrachte Argument, das zum Ausdruck bringt, was die Richter hätten sagen sollen, wenn sie nicht nur Recht gesprochen, d. h. Eichmann verurteilt hätten, sondern auch das Prinzip sichtbar gemacht hätten, nach dem sie dies getan haben, lässt sich in drei Teile gliedern: Der erste betrifft die Schuld des Angeklagten, der zweite das von ihm begangene Verbrechen und die beiden letzten Sätze rechtfertigen die gegen ihn zu verhängende Todesstrafe.

Im ersten Teil erklären die Richter, dass sie bereit sind, anzuerkennen, dass der Angeklagte nicht aus dem Willen heraus gehandelt hat, Unrecht zu tun, und sich daher nicht schuldig fühlt. Ich zitiere den Wortlaut:

---

13 Zwei Texte, der eine von Susannah Young-ah Gottlieb (2011) und der andere von Judith Butler (2011), haben sich mit denselben Absätzen in einer Weise befasst, die ich besonders anregend finde. Butler verweist auf die beiden alternativen Lesarten des soeben zitierten Absatzes und weist darauf hin, dass es schwer vorstellbar ist, dass Arendt sich diese Prämissen zu eigen machen könnte, und dass sie daher in diesem Punkt wahrscheinlich mit Rogat übereinstimmen würde. Bei der weiteren Lektüre von Butlers Text wird jedoch deutlich, dass sie die Bedeutung dieser Prämissen keineswegs abtut, sondern dass deren Vorhandensein für sie zugleich rätselhaft, zentral und erhellend ist: In den sich überschneidenden Stimmen, die im Schlussplädoyer zu hören sind – die vermeintliche Stimme der Richter, die Stimme von Arendt selbst – zeigt Butler, dass Arendt aus dieser archaischen Formulierung ein Prinzip herzuleiten scheint, nämlich, dass es eine Weisheit, ein unausgereiftes Prinzip in dieser Barbarei gebe. Gottlieb wiederum geht von Anfang an davon aus, dass die Aussage »wir lehnen es ab und halten es für barbarisch« ironisch ist, und dass das, was diesem Absatz folgt, zeigt, dass Arendt sich selbst von diesem »wir« ausschließt. Dieses »wir« würde, so nehmen wir an, für diejenigen gelten, die die Zerstörung unserer rechtlichen und moralischen Kategorien durch die totalitäre Katastrophe nicht anerkannt haben und die glauben, dass wir uns noch auf das *mens rea* oder auf das frühere Strafrecht berufen könnten. Damit aber würden wir nicht in der Lage sein, das ungeheure Verbrechen, die neue Form des Bösen zu erklären, das über unsere gemeinsame Welt – über unser Kollektiv, über die Erde – hereingebrochen ist.

> Sie haben das während des Krieges gegen das jüdische Volk begangene Verbrechen das größte Verbrechen der überlieferten Geschichte genannt, und Sie haben Ihre Rolle darin zugegeben. Sie haben hinzugefügt, daß Sie nie aus niederen Motiven gehandelt, die Juden niemals gehaßt hätten und daß Sie dennoch nicht anders hätten handeln können und sich bar jeder Schuld fühlten. Dies ist schwer zu glauben, aber es ist nicht völlig unmöglich, daß Sie ungefähr die Wahrheit sagten. [...] Sie haben auch gesagt, daß Ihre Rolle in der ›Endlösung der Judenfrage‹ ein Zufall gewesen sei und daß kaum jemand an Ihrer Stelle anders gehandelt hätte, ja daß man gleichsam jeden beliebigen Deutschen mit der gleichen Aufgabe hätte betrauen können. Daraus würde folgen, daß nahezu alle Deutschen so schuldig sind wie Sie, und was Sie damit eigentlich sagen wollten, war natürlich, daß, wo alle, oder beinahe alle, schuldig sind, niemand schuldig ist. Dies ist in der Tat eine weitverbreitete Meinung, der wir uns jedoch nicht anschließen können. [...] Mit anderen Worten, auch wenn achtzig Millionen Deutsche getan hätten, was Sie getan haben, wäre das keine Entschuldigung für Sie. [...] Uns gehen hier nur Ihre wirklichen Handlungen etwas an, und weder die möglicherweise nichtverbrecherische Natur Ihres Innenlebens und Ihrer Motive noch die möglicherweise verbrecherischen Neigungen Ihrer Umgebung. (Arendt 2007, 402–403)

Wir können die Aussage dieses Plädoyers so deuten, dass Eichmann sich zwar nicht schuldig fühlen mag, da er nur tat, was ihm von dem Regime, dem er diente, befohlen wurde. Aber vor dem Gesetz ist er dennoch schuldig, denn vor dem Gesetz sind sowohl Unschuld als auch Schuld objektiver Natur. Wir hören hier die Stimme Arendts, die sich mit der Stimme der Richter vermischt, oder genauer gesagt, sie überlagert, indem hier die Position aufscheint, dass wir es mit einem neuen Typus des Verbrechers zu tun haben. Unserer Rechtstradition fehlt ihr zufolge eine Figur, die demjenigen gerecht wird, der sich nicht als schuldig an dem Massenmord sieht, zu dem er beiträgt, und der sich als gehorsamer Teil eines Regimes betrachtet, dem er dient. Eichmann möge sich demnach nicht schuldig fühlen, aber seine Schuld sei nicht subjektiver, sondern objektiver Natur: Es gehe nicht darum, ob er bewusst kriminell gehandelt habe, sondern ob er objektiv schuldig sei, gegen das Gesetz verstoßen zu haben. Die Richter hätten sich hierzu nicht geäußert, vielleicht seien sie sich dessen gar nicht bewusst. Doch Arendt sagt uns, dass das Urteil genau das ans Licht gebracht habe: Schuldbewusstsein als traditionelles Prinzip der bisherigen Rechtsordnung sei hier nicht relevant.

Welches ist aber das Gesetz, gegen das Eichmann objektiv verstoßen hat und demzufolge er verurteilt werden sollte, wenn er die verbrecherischen Befehle des Regimes, dem er diente, befolgte? Der zweite Teil des Plädoyers geht hier streng genommen nicht von einem Gesetz aus, sondern beschreibt eine Politik: eine Politik des Massenmords, die Erde weder mit dem jüdischen Volk noch mit verschiedenen anderen Völkern teilen zu wollen. Und das verbrecherische Prinzip, das diese Politik des Massenmords geleitet hat, ist die Anmaßung Eichmanns und seiner Vorgesetzten, darüber zu entscheiden, wer die Welt bewohnen darf und wer nicht. Das Argument lautet wie folgt:

> Aber auch wenn wir unterstellen, daß es reines Mißgeschick war, das aus Ihnen ein willfähriges Werkzeug in der Organisation des Massenmords gemacht hat, so bleibt eben doch die Tatsache bestehen, daß Sie mithalfen, die Politik des Massenmordes auszuführen und also diese Politik aktiv unterstützt haben. [...] So bleibt also nur übrig, daß Sie eine Politik gefördert und mitverwirklicht haben, in der sich der Wille kundtat, die Erde nicht mit dem jüdischen Volk und einer Reihe anderer Volksgruppen zu teilen, als ob Sie und Ihre Vorgesetzten das Recht gehabt hätten, zu entscheiden, wer die Erde bewohnen soll und wer nicht. (Arendt 2007, 403–403)

Wie wir festgestellt haben, wird das Gesetz als Verneinung einer Politik formuliert, die das Recht beansprucht, zu entscheiden, wer die Welt bewohnen darf. Hier sticht Arendts Stimme unmissverständlich aus jener der Richter heraus: Wir verstehen nun, dass bezüglich der ›Verbrechen gegen die Menschlichkeit‹, der Verbrechen, für die die NS-Verbrecher zu Recht verfolgt werden, in ihrem Text etwas widerhallt, was als die Negation der *conditio humana* selbst formuliert werden kann, der *conditio humana* der Pluralität. Pluralität – so wird Arendt später in *The Life of the Mind* (vgl. 1978, 19) schreiben – ist das Gesetz der Erde. Wie sie in ihrer *Introduction to Politics* feststellt, zerstört die Vernichtung einer bestimmten menschlichen Gruppe einen Teil unserer gemeinsamen Welt. Menschen existieren nur dort, wo es eine Welt gibt. Und eine Welt im wahren Sinne des Wortes gibt es nur dort, wo Pluralität bewahrt wird.[14] Mit ihrer Politik, die Erde nicht mit anderen Völkern teilen zu wollen, mit ihrem Versuch, einen Teil der Welt zu vernichten, haben Eichmann und seine Vorgesetzten objektiv gegen das Gesetz der

---

14 Das Zitat in voller Länge lautet: »[T]he world comes into being only if there are perspectives; it exists as the order of worldly things only if it is viewed, now this way, now that, at any given time. If a people or nation, or even just some specific human group, which offers a unique view of the world arising from its particular position in the world – a position that, however it came about, cannot readily be duplicated – is annihilated, it is not merely that a people or a nation or a given number of individuals perishes, but rather that a portion of our common world is destroyed, an aspect of the world that has revealed itself to us until now but can never reveal itself again [...]. To put it another way, the more peoples there are in the world who stand in some particular relationship with one another, the more world there is to form between them, and the larger and richer that world will be. The more standpoints there are within any given nation from which to view the same world that shelters and presents itself equally to all, the more significant and open to the world that nation will be. If, on the other hand, there were to be some cataclysm that left the earth with only one nation, and matters in that nation were to come to a point where everyone saw and understood everything from the same perspective, living in total unanimity with one another, the world would have come to an end in a historical-political sense [...]. In other words, human beings in the true sense of the term can exist only where there is a world, and there can be a world in the true sense of the term only where the plurality of the human race is more than a simple multiplication of a single species« (Arendt 1978, 297–298). Ich danke Matias Sirczuk für den Hinweis auf diesen Abschnitt.

Erde verstoßen. Die nationalsozialistischen Verbrechen sind, genau genommen, Verbrechen gegen die Menschlichkeit, insofern sie Verbrechen gegen die gemeinsame Welt der Menschheit sind. Auch hier liefert Arendt den Richtern eine Figur des Verbrechens, die, ihrer Argumentation zufolge, das Urteil erklären und rechtfertigen kann.

Das Recht zu beanspruchen, zu entscheiden, wer die Erde bewohnen darf, ist ein Verbrechen gegen die menschliche Pluralität. Wir können also diese Absätze der ›Anklage‹ auf die bereits vorgeschlagene Art und Weise lesen. In ihnen beschreibt Arendt den neuen Typus des Verbrechers, der schuldig ist, auch wenn er nicht aus einem bösen Willen heraus handelt, und den neuen Typus des Verbrechens, das Verbrechen gegen die Menschlichkeit, das ein Verbrechen gegen die Pluralität und damit gegen die Weltlichkeit der Welt ist.

Wir kommen nun zum dritten und letzten Teil der Anklage, der die Definition des Verbrechens aufgreift und das Urteil verkündet:

> So bleibt also nur übrig, daß Sie eine Politik gefördert und mitverwirklicht haben, in der sich der Wille kundtat, die Erde nicht mit dem jüdischen Volk und einer Reihe anderer Volksgruppen zu teilen, als ob Sie und Ihre Vorgesetzten das Recht gehabt hätten, zu entscheiden, wer die Erde bewohnen soll und wer nicht. Keinem Angehörigen des Menschengeschlechts kann zugemutet werden, mit denen, die solches wollen und in die Tat umsetzen, die Erde zusammen zu bewohnen. Dies ist der Grund, der einzige Grund, daß Sie sterben müssen. (Arendt 2007, 404)

Weil Eichmann die Erde nicht mit uns teilen wollte, kann niemand die Erde mit ihm teilen wollen, und deshalb, und nur deshalb, verdient er das Todesurteil. Aber argumentiert Arendt hier, dass die Richter, wissentlich oder unwissentlich, Eichmann nach einem Prinzip der Vergeltung – er wollte nicht, wir können nicht wollen – verurteilt haben? Oder befürwortet sie dieses Prinzip der Vergeltung als angemessene Begründung für Eichmanns Todesurteil? Mit anderen Worten: Wenn wir in den beiden vorangegangenen Passagen Arendts Stimme in der Beschreibung des Verbrechers und in der Typisierung des Verbrechens erkannt haben, ist es dann wieder ihre Stimme, die wir jetzt hören? Wir müssen erneut versuchen, die Stimmen zu entflechten und diejenige, die Arendt den Richtern zuschreibt, und dann ihre eigene zu unterscheiden.

Um die Stimme zu hören, die Arendt den Richtern zuschreibt, kehren wir zu dem obigen Zitat zurück: Eichmann wurde auf der Grundlage von Prinzipien, die wir für barbarisch halten, angeklagt und zum Tode verurteilt. Arendt äußert sich hierzu klar und deutlich: Der vergeltende Charakter dieser Entscheidung steht außer Zweifel. Wenn die Richter Eichmann zum Tode verurteilten, dann deshalb, weil »ein großes Verbrechen der Natur Gewalt antut und die Erde selbst nach Vergeltung schreit; [...] das Böse eine naturgegebene Harmonie zerstört, die nur durch Sühne wiederhergestellt werden kann« (Arendt 2007, 401–402). Ein Recht der Opfer auf Rache, auf welches sich die Staatsanwaltschaft berief, wiesen die Richter zurück, wie Arendt uns wissen lässt. Stattdessen – und auch hier, ob es ihnen bewusst ist, oder nicht – hielten sie doch das Recht der geschädigten Gemeinschaft auf Vergeltung aufrecht, die das Böse, das die natürliche Harmonie verletzt, herausfordert. Bleiben wir einen Moment bei diesem Punkt: Nach diesem »barbarischen« Prinzip kann nicht jedes Verbrechen, sondern nur ein großes Verbrechen, oder das, was hier als das Böse bezeichnet wird, eine Vergeltung in diesem Sinne verlangen. Wie können wir aber feststellen, was ein großes Verbrechen ist, wie können wir das Böse erkennen?

Was die Richter anbelangt, so deutet Arendt die Antwort an, sowohl im Nachwort als auch im Epilog, den sie ein Jahr später ihrem Buch hinzufügte: Während sie noch einmal die Unzulänglichkeit der gewöhnlichen juristischen Konzepte für den Umgang mit den vom Staatsapparat organisierten Ermordungen hervorhebt, bemerkt Arendt, dass man bei genauerer Hinsicht unschwer feststellen wird, »daß die Richter in all diesen Prozessen eigentlich nur auf Grund der ungeheuerlichen Tatbestände, also gewissermaßen frei urteilten« (Arendt 2007, 64).

Von Nürnberg an, so schreibt Arendt, haben wir gesehen, dass die Richter, während sie zwar schwerste Verbrechen zum Verbrechen gegen den Frieden erklärten, die Todesstrafe jedoch nur gegen diejenigen verhängten, die an dem neuen Typ des Verbrechens, nämlich der Verwaltung der Ermordung teilgenommen hatten (vgl. Arendt 2006, 257, 294). Das heißt, sie stützten sich bei der Verhängung der Todesstrafe weder auf eine vermutlich bestehende Rangfolge der Straftaten, noch wandten sie die Gesetze an, deren Geltung sie forderten. Vielmehr urteilten sie frei auf der Grundlage dessen, was sie als ungeheuerliche Taten ansahen, ohne ihr Urteil in irgendeiner Weise einem Gesetzbuch zu unterwerfen. Wir werden uns hier nicht mit der Frage befassen, wie die Richter herausgefunden haben, was eine abscheuliche Tat ist, die die Todesstrafe rechtfertigt. Für unsere Zwecke genügt es, an folgende Aussage von Arendt zu erinnern: »[T]he real evil is that which causes us speechless horror, when all we can say is: ›this should never have happened‹« (Arendt 2003, 75).

Dieses Argument aus *Responsibility and Judgment* (aus dem Abschnitt »Some Questions of Moral Philosophy«) würde, übertragen auf die Rhetorik der Anklage, bedeuten, dass das wahrhaftige Böse, die Beteiligung an monströsen Handlungen, die niemals hätten geschehen dürfen, in dem Anspruch besteht, bestimmen zu können, wer die Welt bewohnen darf und wer nicht. Sowohl in den Urteilssprüchen der Richter, die frei allein auf der Grundlage der monströsen Taten urteilen, als auch in der Rechtfertigung, die Arendt ihnen in den Mund legt – jene, die diesen Anspruch umzusetzen beanspruchten, haben die Pluralität, die das Gesetz der Erde ist, verletzt und daher kann niemand mehr die Erde mit ihnen teilen wollen –, lautet das Urteil, dass diese Verbrecher sterben müssen. Teilt Arendt nun selbst dieses Urteil und befürwortet sie die retributive Begründung, die sie ihm zuweist?

3 Gerechtigkeit, Vergeltung, Rache: zur Frage des Todesurteils

Eichmann und seinesgleichen haben die totalitäre Prämisse, ›alles ist möglich‹,[15] in die Praxis umgesetzt: Sie haben sich über alle Grenzen hinweggesetzt und die menschliche Bedingung der Pluralität missachtet. Wenn nun das Eichmanns Todesurteil zugrunde liegende Prinzip, um sichtbar zu werden, in Arendts retributivem Sinn formuliert werden muss, rechtfertigt es dann nicht auch die Beseitigung derjenigen, die sich die Macht anmaßen, einen Teil der Menschheit zu beseitigen? Überschreitet Arendt am Ende des Epilogs eine Grenze, wenn nicht in Taten, so doch in Worten, indem sie die Gerechtigkeit der Todesstrafe in der vergeltenden Sprache ausdrückt, in der sie sie formuliert?

Vielleicht kommen wir einer Antwort näher, wenn wir uns zunächst noch einmal Arendts oft wiederholtes Argument ins Gedächtnis rufen, dass es Verbrechen gibt, die, weil sie das menschlich Denkbare überschreiten, nicht vollständig bestraft werden können. Die Tatsache, dass es für das radikal Böse kein Maß an Strafe gibt, ist jedoch kein Grund, die Täter dieser Verbrechen nicht zu verurteilen: Es wäre empörend für unser Gerechtigkeitsempfinden, schreibt Arendt in »Personal Responsibility under Dictatorship«, wenn die Täter ungestraft blieben, weil ihre abscheulichen Verbrechen das Maß dessen überschreiten, was wir bestrafen können.[16] Hierauf müssen wir zurückgreifen, wenn wir die Frage nach der Gerechtigkeit des Todesurteils gegen Eichmann stellen: Es gibt keine Strafrechtsordnung, die das Maß des radikal Bösen ermitteln kann; gleichzeitig ist es aber notwendig, Eichmann zu verurteilen.

15 Arendt verwendet dieses Syntagma aus David Roussets Formulierung »Normale Menschen wissen nicht, dass alles möglich ist«, das in seiner Gesamtheit mehrmals in *The Origins of Totalitarianism* auftaucht, bei zahlreichen Gelegenheiten, um auf die Grundüberzeugung des Totalitarismus hinzuweisen, zum Beispiel: »Totalitarianism's central assumption [is] that everything is possible« (Arendt 1976, 427).

16 »Thus, here we are, demanding and meting out punishment in accordance with our sense of justice, while, on the other hand, this same sense of justice informs us that all our previous notions about punishment and its justifications have failed us.« (Arendt 2003, 26)

Schließlich möchte ich darauf hinweisen, dass der letzte Satz des Arguments diese paradoxe Situation zum Ausdruck bringt, dass wir verurteilen und bestrafen müssen, was unmöglich zu bestrafen ist. Vielleicht wäre es zutreffender, diese Situation als tragisch zu bezeichnen, da wir ihr nicht entkommen können.[17] Die letztendliche Begründung für Eichmanns Todesurteil kommt in der Vergeltungsformel zum Ausdruck, in der Arendt durch die Stimme der Richter die uralte Stimme der Erde zu Gehör bringen lässt, die Rache fordert, die die moralische Verpflichtung zur Wiederherstellung der geschädigten Gemeinschaft verlangt, zur Wiederherstellung einer natürlichen Harmonie aufruft, die nur durch Vergeltung wiederhergestellt werden kann. Diese Vergeltungsformel zeigt uns, dass wenn das Verbrechen die Ordnung der Dinge zwischen den Menschen überschreitet, auch seine Bestrafung jenseits dessen liegt, was die Rechtsordnung normalerweise tun kann, nämlich, Gerechtigkeit walten zu lassen, ohne an eine Ordnung jenseits der gewöhnlichen zu appellieren.

Wir müssen Eichmann verurteilen, aber wir dürfen nicht vergessen, dass sich das Ausmaß seines schrecklichen Verbrechens der Rechtsprechung durch den Menschen entzieht. In der Berufung auf das ›längst vergessene‹ Prinzip der Rache der Erde wird eine Grenze sichtbar, jenseits derer, und nur jenseits derer, es möglich ist, dem radikalen Bösen zu begegnen. Außerhalb einer weltlichen Verurteilung, die sich auf bestehende Gesetze und bekannte Verbrechen beruft, lässt sich das Bild eines anderen Schauplatzes jenseits der weltlichen Angelegenheiten erkennen, aus dem die Strafe hervorgeht. Dieser Schauplatz, so können wir sagen, ist die Grenze der Weltlichkeit der Welt.

Ich weiß nicht mit Sicherheit, ob Arendt in den letzten Zeilen des Epilogs das im Sinn hatte, was ich hier vorschlage, doch glaube ich, dass es einige Hinweise gibt, die für meine Lesart sprechen. Wir wissen sehr wohl, dass Arendt sich in ihren Überlegungen zum Bösen, zum Denken und zum Urteilen mehrmals auf die Auswirkungen des Eichmann-Prozesses bezieht. Wenn wir ihre späteren Schriften heranziehen, lässt sich das Argument des Schlusses des Epilogs vielleicht so formulieren: Die Figur Eichmann verkörpert die doppelte Negation der Pluralität.

---

17 Rogat schließt seine Streitschrift mit einem Hinweis auf das Ende der Orestiade mit der Einsetzung eines Tribunals durch Athene, das dem Kreislauf der Rache ein Ende setzen soll. Ich kann hier nicht ausführen, warum ich verstehe, dass Arendt, die einen Großteil von Rogats These aufgreift, diesen Gedanken nicht aufgreift. Ich will jedoch zumindest andeuten, dass die Antwort vielleicht – und ungeachtet ihres Eintretens für einen Internationalen Strafgerichtshof – darin zu finden ist, dass diese tragische Situation ihrer Ansicht nach nicht ›gelöst‹ werden kann, sondern als Teil unserer menschlichen Verfassung angenommen werden muss, wenn wir uns in der Gegenwart des radikal oder extrem Bösen befinden – und auch, wie ihre Lektüre der Geschichte *Billy Budd* von Melville zeigt, des radikal Guten. Ich möchte hierzu auf Hilb (2018b) verweisen.

Die desjenigen, der durch den Verzicht auf den Dialog mit sich selbst, durch den Verzicht auf das Denken, die Pluralität des Zwei-in-Eins-Sein in sich selbst zerstört hat. Und die desjenigen, der zusammen mit seinen Vorgesetzten an der Zerstörung der Pluralität der gemeinsamen Welt gearbeitet hat. In der banalen Figur dieses Individuums ohne Tiefe begegnet uns das Gesicht des radikal oder extrem Bösen.

Es ist bekannt, dass sich Arendts Auseinandersetzung mit dem Bösen durch den Eichmann-Prozess verändert hat. Schien ihr Nachdenken bis dahin auf das absichtlich begangene Böse, auf den Willen, Böses zu tun, gerichtet zu sein, so entdeckt sie in dem Prozess, was ihr als die erschreckende ›Banalität des Bösen‹ erscheinen wird, welche der Verzicht auf Denken, auf einen pluralen Dialog mit sich selbst hervorbringt. Das wirkliche *Skandalon*, so schreibt sie in »Some questions of moral philosophy«, entstehe nicht aus dem Willen, Böses zu tun, sondern »out of the unwillingness or inability to relate to others through judgement [...]. Therein lies the horror and, at the same time, the banality of evil.« (Arendt 2003, 146)

In diesem veränderten Verständnis des Bösen, welches die Zerstörung der Pluralität in den Mittelpunkt stellt, anstatt den Willen zum Bösen, behält Arendt den Begriff *Skandalon* bei, der sich auf das radikal oder extrem Böse bezieht, und mit ihm den Verweis auf das Lukas-Evangelium (17, 3), das sie in früheren Texten schon zitiert hat. *Skandalon* ist, wie wir uns erinnern, jenes extreme Böse, das über das banale Böse des Alltags hinausgeht und somit auch die Grenzen dessen überschreitet, was wir bestrafen oder vergeben können. Mit dieser Neuausrichtung scheint sich auch der Schwerpunkt von Arendts Interesse am *Skandalon* vom bösen Willen des Verbrechers auf den Schaden zu verlagern, der der Gemeinschaft zugefügt wird (»the harm done to the community« (Arendt 2003, 126)). In *The Human Condition* lesen wir, dass das Wort Jesu angesichts des Skandals lautet: »it were better *for him* that a millstone were hanged about his neck, and he cast into the sea« (Arendt, 1958, 240). In »Some questions on moral philosophy« hat Arendt dieses »for him« im Bibelzitat weggelassen (Arendt 2003, 73–74).[18] Die Aufmerksamkeit hat sich damit vom Verbrecher auf die Gemeinschaft verlagert. Genau genommen gibt es damit keinen wirklichen Täter, keine Person, kein »him« (vgl. Arendt 2003, 100–101). Wir haben nichts mit dem gemein, der, da er die Pluralität verleugnet, kein richtiger Mensch mehr ist, es gibt keine gemeinsame Welt mit ihm, es wäre besser, er wäre nie geboren worden, und, da er schon geboren ist, möge er von der Erde verschwinden. Solches Böse entzieht

18 Siehe auch: »Jesus does not tell us what the nature of these scandalous offences is: we perceive the truth of his words but cannot fix it precisely.« (Arendt 2003, 74)

sich unserer menschlichen Möglichkeit, es zu bestrafen; wir können nur sagen: »Das hätte nicht geschehen dürfen«. Arendt erinnert auch daran, dass nach der Heiligen Schrift hier nur das Jüngste Gericht eine gerechte Vergeltung leisten kann (vgl. Arendt 1958, 239–241).

Das radikal Böse, so lehrt uns Arendt, kann nicht umfassend bestraft werden, denn uns fehlen die juristischen Kategorien, um ihm gerecht zu werden. Solches Böse konfrontiert uns mit dem Unermesslichen, nicht nur mit etwas Beispiellosem, sondern mit dem, was nicht hätte geschehen dürfen, nicht hätte existieren dürfen, weil es sich der Menschlichkeit der Menschen entzieht. Um ihm gerecht zu werden, können wir nur auf den Ruf der Erde nach Rache, auf die verletzte Natur, welche Wiedergutmachung verlangt,[19] oder schließlich auf die gerechte Vergeltung des Jüngsten Gerichts zurückgreifen, wenn wir uns auf das *Skandalon* im Sinne des Evangeliums beziehen. Das heißt, wenn wir das Richten und Strafen auf eine nicht-menschliche, extra-politische oder supra-politische Dimension des Gerechten zurückführen.

Kehren wir zum Schluss noch einmal zum Gericht von Jerusalem zurück: Hier und jetzt, in der menschlichen Welt, und nicht in der Sphäre der vergeltenden Gerechtigkeit, die nur das Jüngste Gericht oder die Rache der Natur walten lassen könnten, müssen die Richter, und damit Arendt und wir, die Zuschauer, mit ihnen, zu einem Urteil kommen – abseits der nicht-politischen Formen, die uns traditionell Antworten auf das radikale Böse lieferten. Es gibt also kein Strafmaß für das radikal Böse, sodass letztlich jedes Gericht, nicht nur das in Jerusalem, an dieser Aufgabe scheitern muss. Und doch ist es die Aufgabe der Richter, Recht zu sprechen, und genau das haben diese Richter getan. Die Richter, so sagt uns Arendt mit ihrer eigenen Stimme, haben eine menschliche Gerechtigkeit walten lassen, die letztendlich, ohne jede Ironie, selbst wenn wir nicht daran glauben,[20] auf einen Bereich jenseits dieser menschlichen Gerechtigkeit verweist, auf eine atavistische Dimension der Natur oder eine göttliche Gerechtigkeit.

Es bleibt die Frage, unter vielen anderen, ob, damit nicht nur Recht gesprochen wurde, sondern auch der Prozess der Rechtsprechung für alle sichtbar gemacht werden konnte. Arendts Argument hätte von den Richtern in diesen Begriffen tatsächlich formuliert werden können, wären sie sich des letztendlichen Fundaments ihres Urteils bewusst gewesen. Fraglich bleibt auch, ob sich diese letztendliche Grundlage nicht der Sphäre der menschlichen Angelegenheiten entzieht; und ob

---

19 Es ist anzumerken, dass Rogats Bezeichnung der Archaik des Satzes über die Erde, die nach Rache schreit, zentral auf die jüdische Tradition abzielt.

20 Ich übernehme diese schöne und akkurate Formulierung von Gottlieb (2011, 53).

sie damit nicht auf eine Beziehung zum Gerechten rekurriert, die unsere Fähigkeit, frei zu urteilen übersteigt – oder in der sie gar begründet sein mag.[21]

Literaturverzeichnis

Arendt, Hannah. *Eichmann in Jerusalem*, New York, Penguin, 2006 [erw. Ausgabe 1965].

Arendt, Hannah. *Eichmann in Jerusalem. Ein Bericht von der Banalität des Bösen,*. München, Piper, 2007.

Arendt, Hannah. »The image of Hell«. *Essays in Understanding. 1930–1954.* New York, Schocken Books, 1994.

Arendt, Hannah. *The Origins of Totalitarianism.* New York: Harvest, 1976 [1948–51].

Arendt, Hannah. »Personal Responsibility Unter Dictatorship«. *Responsibility and Judgment*, New York: Schocken Books, 2003, 17–48.

Arendt, Hannah. »Some questions of moral philosophy«. *Responsibility and Judgment.* New York: Schocken Books, 2003, 49–146.

Arendt, Hannah. *The Human Condition.* Chicago: The University of Chicago Press, 1958.

Arendt, Hannah. *The Life of the Mind.* San Diego, New York, London: Harcourt, 1978.

Butler, Judith, »Hannah Arendt's Death Sentences«. *Comparative Literature Studies*, 48.3 (2011): 280–295.

Gottlieb, Susannah Young-ah. »Beyond Tragedy: Arendt, Rogat, and the Judges in Jerusalem.« *College Literature* 38.1 (2011): 45–56.

Hilb, Claudia. »Crímenes que no se pueden punir ni perdonar«. *¿Por qué no pasan los 70?*, Buenos Aires: Siglo XXI, 2018a, 51–78.

Hilb, Claudia. »Más acá del Bien y del Mal. Hannah Arendt y el *Billy Budd* de Melville«, *¿Por qué no pasan los 70?*, Buenos Aires: Siglo XXI, 2018b, 35–50.

Rogat, Yosal. *The Eichmann Trial and the Rule of Law.* California: Center for the Study of Democratic Institutions, 1961.

21 Ich möchte Dolores Amat, Lucas Martín, Luciano Nosetto, Diego Paredes, Matías Sirczuk und Facundo Vega für die rigorose, schonungslose und freundliche Diskussion einer vorläufigen Fassung dieses Textes danken.

Perla Sneh

Das Banale und die Bühne

Eine Lesart von Hannah Arendt im Zeichen der Sprache

> Nach diesem Prozess, der in Jerusalem stattfand,
> kann ich zumindest die Bücher anfassen,
> die ich zuvor nicht in die Hände nehmen konnte.
> Ich habe den Mut, dies jenseits von Angst und Scham zu sagen.
> Jaim Guri (1962, 285)

Ja, mein Titel bezieht sich auf den Prozess, den ich bevorzuge, »Prozess in Jerusalem« und nicht »Eichmann-Prozess« zu nennen, aber vor allem auf den polemischen Text, den Hannah Arendt über diesen Prozess verfasst hat. Im Folgenden möchte ich einen Blick auf die Sprachen werfen, die sowohl den Text als auch seine Autorin durchziehen. Der in mehrfacher Hinsicht beispiellose Prozess, der zum Teil im Fernsehen und live im Radio übertragen wurde, hat die Fantasie der Menschen beflügelt – und das aus mehreren Gründen. Nicht zuletzt war es eine große mehrsprachige Bühne, ein Babel des Grauens. Die offizielle Sprache war natürlich das Hebräische, aber aufgrund der besonderen Umstände (sowohl der Angeklagte als auch die Verteidigung sprachen nur Deutsch; die große Zahl ausländischer Beobachter und Reporter, die anwesend waren usw.) wurden andere Sprachen – Englisch, Französisch, Spanisch – in die Simultanübersetzung einbezogen, die von einer Gruppe von Dolmetschern im Gerichtssaal durchgeführt wurde.

Arendts Bericht beginnt mit einem Schrei: »Beth Hamishpath!« – Das Haus der Gerechtigkeit (vgl. Arendt 1964, 69). Und unmittelbar gibt uns der Text zu verstehen, was uns erwartet:

> [...] verfolgen der Angeklagte und seine Verteidiger, wie übrigens fast alle Zuhörer, die in hebräischer Sprache geführte Verhandlung über Kopfhörer, in denen die Simultanübersetzung in ausgezeichnetem Französisch, brauchbarem Englisch und in einem oft komischen und zumeist unverständlichen deutschen Kauderwelsch zur Verfügung steht. (Je mehr man bedenkt, mit welch minuziöser Fairneß alle technischen Details für diesen Prozeß arrangiert worden sind, desto unbegreiflicher wird, daß es gerade in Israel unmöglich gewesen sein soll, unter so vielen aus Deutschland stammenden Bürgern einen fähigen Übersetzer für die einzige Sprache aufzutreiben, die der Angeklagte und sein Anwalt verstehen. (Arendt 1964, 69).

Arendt begrüßt, dass die Richter nicht warten, bis die Übersetzer ihre Arbeit getan haben, und sogar hier und da die deutsche Übersetzung korrigieren, d. h.

Anmerkung: Dieser Beitrag wurde von Patrick Eser übersetzt.

Open Access. © 2024 bei den Autorinnen und Autoren, publiziert von De Gruyter. (cc) BY-NC-ND Dieses Werk ist lizenziert unter der Creative Commons Namensnennung - Nicht-kommerziell - Keine Bearbeitungen 4.0 International Lizenz.
https://doi.org/10.1515/9783111077345-012

ihre Deutschkenntnisse zur Schau stellen. Das genügt ihr als Unterpfand für den guten Glauben und die Aufrichtigkeit der Richter.

Sie verbirgt auch nicht ihre Verachtung für das Hebräische, die Sprache, in der dieser erste Schrei getätigt wurde und die ihr in mehr als einer Hinsicht fremd ist. Arendt ist dem Hebräischen als jüdische Sprache gegenüber misstrauisch, gegenüber ihrer Unparteilichkeit, da sie – ihrer Meinung nach – von politischen Kräften kontaminiert und von einem Vertreter des Staates, dem »unsichtbaren Regisseur«, verwaltet wird (sie bezieht sich auf Ben-Gurion, die wahrhaftige *»bête noir«*, gegen die sie wettert). Für sie ist die offizielle Gerichtssprache also unzuverlässig, sie hat wenig mit Gerechtigkeit zu tun oder wirkt sogar gegen sie. Ebenso ist ihre Betrachtung des Hebräischen offen sarkastisch, wie sie in einem Brief erklärt, den sie in jenen Tagen an Karl Jaspers schickt und in dem sie ihre Abscheu vor der ›Komödie mit dem Hebräischen, wo jeder Deutsch kann und auf Deutsch denkt‹ zum Ausdruck bringt (vgl. Kohler und Saner 1992).

Abgesehen von der – vielleicht übertriebenen – Behauptung, dass ›jeder auf Deutsch denkt‹, wird jeder, der zumindest ein bisschen mit der *Haskalah* vertraut ist, verstehen, dass diese Frage – *Warum Hebräisch sprechen, wenn man Deutsch sprechen kann?* – weit über den Bereich des Gerichtsprozesses hinausgeht und in einer breiten innerjüdischen Debatte angesiedelt ist, welche Arendt selbst nicht fremd war. Aber wir werden sehen, dass nicht nur das Hebräische eine Komödie ist.

Neben ihrem Sarkasmus und ihrer Verachtung für das Hebräische stellt Arendt eine weitere Sprache unter die Rubrik ›Komödie‹: das von Eichmann gesprochene Deutsch, das ihrer Meinung nach kein »*echtes*« Deutsch ist, sondern eine von dem Angeklagten usurpierte Sprache, dessen moralisches Versagen an das Fehlen eines subjektiven Motivs gebunden ist. Eichmann verbindet eine totalitäre Sprache mit einer banalen Initiative, weshalb er in Wirklichkeit *kein* Deutsch spricht, sondern die falsche Übersetzung eines gedankenlosen Menschen; deshalb ist *sein* Deutsch – das dieses lächerlichen kleinen Mannes – auch ›Komödie‹:

> In Eichmanns Mund wirkt das Grauenhafte oft nicht einmal mehr makaber, sondern ausgesprochen komisch. Komisch ist auch Eichmanns heldenhafter Kampf mit der deutschen Sprache, in dem er regelmäßig unterlag – so, wenn er immer wieder von »geflügelten Worten« sprach, aber Redensarten oder Schlagworte [...] meinte (Arendt 1964, 124).

Hannah Arendt spricht von Eichmanns »Clownerien« (124) und beschreibt ihn in einem ungleichen Kampf mit der deutschen Sprache, in dem er immer unterlegen ist. Nach Arendt *will* Eichmann Deutsch sprechen, *kann es aber nicht*; das macht ihn komisch.

Erlauben wir uns folgende Frage: *Komisch* für wen? Eichmann mag für diejenigen komisch sein, die Deutsch sprechen wollen – und können, das echte, das bewahrte, das vom Nationalsozialismus, so Arendt, unberührte Deutsch. Kaum hingegen für diejenigen, die es vorziehen würden, es nicht zu sprechen, die es zwar sprechen können, es aber lieber nicht tun, was immer diese Präferenz auch bedeuten mag; oder sogar für diejenigen, die es vorziehen, Hebräisch, oder sogar Jiddisch, und nicht Deutsch zu sprechen.

Nun haben wir die Sprache benannt, die offiziell im Prozess nicht vorkam, aber im Stillen dennoch präsent war: das Jiddische. Und das aus mehreren Gründen: Jiddisch war die Sprache der meisten Ermordeten; Jiddisch war die Sprache, in der sie schrien, sich ergaben, Widerstand leisteten, flüchteten; Jiddisch war auch die Sprache der anwesenden Überlebenden; der Angeklagte hätte sich nicht nur für den Tod von Millionen von Ermordeten verantworten müssen, sondern für die systematische Zerstörung einer Kultur, der jiddischen Kultur. Aber nein. Jiddisch gehörte nicht zu den Amts- oder Übersetzungssprachen des Prozesses (vgl. Drucker Bar-Am 2014). Auch wurde niemand für seine Zerstörung zur Rechenschaft gezogen.

Jiddisch kommt in Arendts Überlegungen kaum vor. Vielleicht, weil es nie ihre Muttersprache war. Vielleicht, weil Jiddisch nicht einmal von der Wissenschaft als Sprache betrachtet wird, in die sich Arendt als Jüdin einschreibt. Arendt verachtet das Jiddische nicht nur, sie nennt es »mauscheln«, »zhargon«, »jüdelnd«; es ist für sie gar eine Sprache, die mit Animalität verbunden ist (vgl. Dreizik 2021). Interessanterweise hat Arendt jedoch eine Reihe von Artikeln auf Jiddisch veröffentlicht. Es ist belegt, dass einer von ihnen die Übersetzung eines auf Deutsch verfassten Artikels ist; jedoch existiert ein anderer Text von ihr, der nur auf Jiddisch veröffentlicht wurde.[1] Darin erörtert sie mit Arn Tzeitlin den Sprachenkampf in Eretz Israel, der zu jener Zeit äußerst heftige Ausmaße annahm.

Wie hat Arendt diese Notiz geschrieben, hat sie sie auf Deutsch geschrieben, hat sie jemand übersetzt, hat ihr jemand geholfen, sie zu schreiben, hat die Zeitung, in der sie veröffentlicht wurde, sie korrigiert? Wir wissen es nicht. Aber der Gedanke, Arendt auf Jiddisch zu lesen, könnte eine Möglichkeit sein, eine alternative Geschichte in Betracht zu ziehen.

Arendts Verhältnis zu den jüdischen Sprachen ist, gelinde gesagt, kompliziert. Hebräisch hat sie offenbar als junges Mädchen gelernt. In ihrem Exil in Frankreich lernte sie, bestrebt, das Spektrum ihrer Leserschaft zu erweitern, von ihrer Freundin Janan Klenbort etwas Jiddisch. Trotz ihrer Gleichgültigkeit gegenüber den jüdischen Sprachen behandelt Arendt in dem oben erwähnten Artikel das Thema mit Begeisterung. In der Antwort auf Tzeitlin, der den deutschen Juden vorwirft, sich hartnäckig zu weigern, Hebräisch zu lernen, beklagt sie die Schärfe der Auseinan-

1 Der Aufsatz erschien in der November-Ausgabe des Jahres 1942 in der Zeitschrift *Morgn Zhurnal*, die in New York veröffentlicht wurde; zu diesem Text und zum Verhältnis Arendts zum Jiddischen vgl. Rokem 2013.

dersetzung über die Sprachen. Sie lehnt zwar die Gewalttätigkeit der Hebräisch-Puristen rundweg ab, aber gibt zugleich das Unvermögen der deutschen Juden zu, die berechtigten nationalen Bestrebungen der ›einfachen Juden‹, der *poshete mensthn* Osteuropas zu verstehen. Bedeutet das Adjektiv *poshete* (einfach), mit dem sie diese Juden beschreibt, dass sie kein Deutsch sprachen?

Dies scheint der einzige Moment gewesen zu sein, in dem Arendt sich über ihre Beziehung zu den jüdischen Sprachen und deren Politik geäußert hat. Aber da ist noch etwas anderes. In der ersten Fassung des Prozessberichts, die im *New Yorker* veröffentlicht wurde, äußert sie zu Eichmanns angeblicher Kenntnis des Hebräischen und Jiddischen:

> Er [Eichmann] eignete sich dann einige Kenntnisse des Hebräischen an, die es ihm.ermöglichten, mit Mühe ein jiddisches Tagebuch zu lesen, was nicht sehr schwierig ist, da Jiddisch im Grunde ein alter deutscher Dialekt ist, der in hebräischen Buchstaben geschrieben ist und von jedem Deutschsprachigen verstanden werden kann, der ein paar Dutzend hebräische Wörter gelernt hat.[2] (The New Yorker, 16. Februar 1963)

Diese Sprache – von der Arendt sagt, dass sie »im Grunde« eine andere ist, mit dem Zusatz einiger Worte aus einer dritten – ist diejenige, die der Dichter und Widerstandskämpfer Abraham Sutzkever für sein Zeugnis in Nürnberg für unverzichtbar hielt: »Jiddisch, umbadingt Jiddisch ... : Jiddisch, auf jeden Fall auf Jiddisch. Ich will in der Sprache des Volkes sprechen, das die Angeklagten mitsamt seiner Sprache ausrotten wollten«, so Sutzkever (1966, 6) über seinen – schließlich nicht erfüllten – Wunsch, in Nürnberg auf Jiddisch auszusagen. Seine Aussagen vor Gericht machte er letztlich auf Russisch.[3] Irgendetwas lässt mich vermuten, dass Arendt, selbst als Deutschsprachige, die ein paar Dutzend hebräische Wörter kennt, niemals ein Gedicht von Sutzkever hätte verstehen können.

---

2 »He [Eichmann] then acquired a smattering of Hebrew, which enabled him to read, haltingly, a Yiddish newspaper—not a very difficult accomplishment, since Yiddish is basically an old German dialect written in Hebrew letters and can be understood by any German-speaking person who has mastered a few dozen Hebrew words.« *The New Yorker*, 16. Februar 1963

3 Die von Sutzkever gegründete und herausgegebene Zeitschrift *Di Goldene Keyt* (1949–1995), die von der *Histadrut* [Dachverband der Gewerkschaften in Israel] herausgegeben wurde, war die wichtigste Literaturzeitschrift der jiddischen Kultur nach dem *Jurbn*. Zu Sutzkevers heikler Position als Mitglied der sowjetischen Anklage seien die Worte von David Roskies (2005, 173) vergegenwärtigt: »Assuming that some tribunal, whether real or constructed, was interested in hearing the testimony of a Jew, there was no guarantee of being able to speak in (any of) one's native tongues – or of seeing it published. In the Byzantine and treacherous world of Soviet realpolitik, Vasilii Grossman (1906–1964; HL 487–490) was granted permission to print his reportage ›Ukraine without Jews‹ only in Yiddish, not in the Russian original«.

Doch zurück zum Prozess. Jiddisch wurde, wie gesagt, weder als offizielle Sprache des Prozesses noch als Übersetzungssprache aufgenommen, was einen eigenen Kommentar wert wäre. Ich möchte nur sagen, dass die Tatsache, dass das Jiddische keinen *offiziellen* Platz im Verfahren hatte, nicht bedeutet, dass es abwesend war. Man muss die *Bedingungen seiner Anwesenheit* beachten, um die Bedeutung zu verstehen, die ihm zukommt: Als der erste Zeuge die Erlaubnis erhielt, auf Jiddisch zu sprechen, hob seine Resonanz mit einem Mal – in den Worten von Douglas Lawrence (2001, 102–103) – die Distanz zwischen dem israelischen Gericht und den überlebenden Juden, aber auch zwischen dem durch die Fernsehübertragung globalisierten Publikum und den durch die Endlösung Ausgelöschten auf.

Was bedeutet dieses Wechselspiel von Nähe und Distanz für die sprachlichen Entscheidungen, die nicht nur im Prozess, sondern bis heute in der Thematisierung des *Jurbn*, der Shoah, eine Rolle spielen? Dies mag auch eine Erklärung für das Desinteresse linguistischer Analysen am Jiddischen sein. Die Untersuchungen konzentrieren sich auf die Sprache der Mörder, während das Jiddische – die Sprache, die nach dem Deutschen am stärksten vom Nationalsozialismus betroffen war (obwohl sich diese Reihenfolge umkehrt, wenn man die Vernichtung ihrer Sprecher betrachtet) – am wenigsten erforscht bleibt. Vielleicht ist der störende Aspekt dieser abrupten Nähe, die durch das Jiddische herbeigeführt wurde, der Grund für die Sehnsucht nach Distanz, die viele im Englischen zelebrieren, das von einer *Außenseitersprache*, die weder Protagonist der Ereignisse war noch in Bezug auf die Primärquellen besonders relevant ist, zur dominierenden Sprache in sämtlichen Fragen der so genannten *Holocaust Studies* geworden ist.

Vielleicht hilft uns dieses Sprachspiel etwas von Arendts Spracheinstellungen zu verstehen: Sie, die sowohl das »usurpierte Deutsch« als auch das Hebräische verachtet und zur »Komödie« degradiert, entscheidet sich dafür, auf Englisch zu schreiben. Sie wählt eine Sprache, die außerhalb der Sprache der Anklage – das parodische Hebräisch – aber auch außerhalb der Sprache des Angeklagten und seiner Verteidigung liegt. Die englische Sprache befindet sich in ausreichendem Abstand zu beiden – und auch in ausreichendem Abstand zu den Tatsachen, indem sie sich als akzeptable, weil neutrale Sprache präsentiert. Die Erhebung des Englischen in einen Raum der Neutralität erlaubt es, in ihm eine universelle Sensibilität jenseits aller ›Gruppen‹-Interessen zu verorten.

Arendt, die das Hebräische verachtet und auf Englisch schreibt, einer Sprache, die zum sprachlichen Korrelat der Distanz – einer beruhigenden Ferne – wird, die es ihr erlaubt, die Szene als *Komödie zu* betrachten, feiert zudem das *Deutsche*, das »wahre Deutsche«, das für sie unversehrt aus dem Nationalsozialismus hervorgegangen ist. Was bleibt also übrig? Das wirkliche Deutsch, d. h. das *nicht* von den Eichmännern der Zeit usurpierte Deutsch, oder die Sprache des

Rechts und der Politik? Darauf kommt Arendt 1964 in einem Interview mit Günter Gaus zurück: »Was ist geblieben? Geblieben ist die Sprache«.[4]

Damit scheint sie das dasselbe zu meinen wie Paul Celans Antwort auf dieselbe Frage: Die Sprache bleibt. Aber die Sprache, die für Celan bleibt, ist eine Sprache in Ruinen, mit deren Trümmern er schreibt. Für Arendt scheint die Sprache, die bleibt, eine andere zu sein. Und freilich, wie könnte sie zugeben, dass Auschwitz auf Deutsch konzipiert wurde, ohne dass dadurch die Sprache in ihren Tiefen und ihren kulturellen und intellektuellen Gewissheiten in Frage gestellt worden wäre? Wie könnte sie das nur zugeben?

Ich möchte an dieser Stelle schließen mit einem Zitat von Miki Goldman-Guilad, einem Überlebenden der Vernichtungslager und Mitglied des Teams, das die Untersuchung von Eichmann zur Vorbereitung des Prozesses durchführte. Goldman-Guilad gab mit Blick auf den Prozess in Jerusalem folgenden Kommentar ab:

> […] Ich wusste genau, wer Adolf Eichmann war. Als ich vor ihm saß und diesen Mann sah, und wie er aussah, dort unter uns, ein armer kleiner [*nebej*], und ihn in diesem Moment mit dem Bild verglich, das wir kannten, dem Adolf Eichmann in der Uniform des *Obersturmbahnführers*, der dafür verantwortlich war, Millionen von Juden in den Tod zu schicken, da war es zunächst für einen Moment wie eine Art Ernüchterung: Ist das alles? Aber in dem Moment, als *er den Mund aufmachte, hatte ich das Gefühl, dass sich die Tür zum Krematorium öffnete.*[5]

Literaturverzeichnis

Arendt, Hannah. *Eichmann in Jerusalem. Ein Bericht von der Banalität des Bösen*. München: Piper, 2007 [1964].

Dreizik, Pablo. »El lenguaje perdido de las liebres. Especismo y lengua Mauscheln en la obra de Felix Salten, Sholem Yankev Abramovitsh y Bernard Malamud«. *AZIMUTH – Philosophical Coordinates in Modern and Contemporary Age* 9.18. (2021): 157–170.

Douglas, Lawrence. *The Memory of Judgment: Making Law and History in the Trials of the Holocaust*. New Haven und London: Yale University Press, 2001.

Drucker Bar-Am, Gali. »The Holy Tongue and the Tongue of the Martyrs: The Eichmann Trial as Reflected in *Letzte Nayes*«. *Dapim – Studies on the Holocaust* 28.1 (2014): 17–37.

4 »Hannah Arendt im Gespräch mit Günter Gaus (›Zur Person‹)« (1964); verfügbar unter https://www.youtube.com/watch?v=J9SyTEUi6Kw (31.05.2024), Transkription: https://www.rbb-online.de/zurperson/interview_archiv/arendt_hannah.html (31.05.2024).

5 Dokumentarfilm »גדעון האוזנר - אהיה להם לפה« (»Gideon Hausner – Ich werde für sie sprechen«) (2005) Minute 00:24:25–00:25:13; verfügbar unter https://www.youtube.com/watch?v=4RU6rMRH_kk (10.07.2024), Transkription und Übersetzung aus dem Hebräischen von der Autorin.

Guri, Jaim. *Mul Ta ha'zjujit: Mishpat Yerushalaim*. Jerusalem: *HaKibbutz HaMeujad*, 1962

Kohler, Lotte und Hans Saner (Hg.). *Hannah Arendt/Karl Jaspers: Correspondence, 1926–1969*. San Diego: Harcourt Brace, 1992.

Rokem, Na'ama. »Hannah Arendt and Yiddish«; Blogeintrag vom 08.12.2013, https://hac.bard.edu/amor-mundi/hannah-arendt-and-yiddish-2013-02-18.

Roskies, David. G. »What is Holocaust Literature?« *Jews, Catholics and the Burden of History*. Hg. Eli Lederhendler. New York: Oxford University Press, 2005. 157–212.

Sutzkever, Abraham. »Mayn eides zogn farn Nirnberger tribunal.« *Di Goldene Keyt* 54 (1966): 5–14.

Hans-Christian Riechers

»Schreibtisch-Kain«

Ein psychiatrisches Gutachten im Fall Eichmann und seine Folgen

1 Psychiatrische Korrespondenz zwischen Jerusalem und Zürich

Am 3. März 1961 erhielt der Zürcher Psychiater Leopold Szondi einen Brief seines israelischen Kollegen Istvan Shlomo Kulcsar. Darin bat Kulcsar ihn, einen »über 50jährigen Mann« (Szondi 1969, 175) psychiatrisch zu analysieren, und zwar ›blind‹, das heißt anonym und allein durch die Auswertung von Testreihen, die ohne Szondis Beisein durchgeführt worden waren. Trotz methodischer Bedenken – denn eine derartige Fernauswertung war ungewöhnlich – sagte Szondi schließlich zu.

Kulcsar war zu diesem Zeitpunkt Leiter der psychiatrischen Abteilung des Krankenhauses von Tel Hashomer. Vor kurzem war er zum gutachtenden Psychiater im Fall Adolf Eichmann bestellt worden. Kulcsar unterzog Eichmann »vom 20. Januar bis 1. März 1961« (Szondi 1969, 63) in sieben Sitzungen zu je etwa drei Stunden unterschiedlichen projektiven Tests, darunter dem *Thematischen Apperzeptionstest* (TAT), bei dem eine Person aufgefordert ist, anhand von Bildern Geschichten zu erzählen, dem *Bender-Gestalt-Test* und dem *Rorschach-Test*. Diese wurden von Kulcsar und seiner Ehefrau, der Psychologin Shoshanna Kulcsar, ausgewertet. Der einzige Psychiater, der Eichmann befragte, war Kulcsar – der sich später ausdrücklich gegen Hannah Arendts Darstellung verwahrte, es sei ein »halbes Dutzend« (Arendt 2013, 99) Psychiater gewesen, die Eichmann analysiert hätten. Nur in diesem einzigen Fall ersuchte er einen externen Fachmann um Mitarbeit, Leopold Szondi.

Sowohl Kulcsar als auch Szondi hatten eine Vorgeschichte, die für ihre Rolle als psychiatrische Gutachter im Fall Eichmann eine gewichtige Rolle spielte. Beide stammten aus Ungarn und waren dort Angehörige der jüdischen Minderheit gewesen. Kulcsar, 1901 in Budapest geboren, hatte die Kriegsjahre erst unter falscher Identität verbracht, war dann denunziert und in einem ungarischen Lager interniert worden – also nicht in einem deutschen KZ und nicht von Deutschen, sondern von ungarischen Faschisten, und nicht allein deshalb, weil er gebürtiger Jude, sondern auch, weil er Kommunist war. Er überlebte und wanderte fünf Jahre nach Kriegsende nach Israel aus. Dort arbeitete er als Psychiater vor allem mit Shoah-Überlebenden.

Als psychiatrischer Gutachter im Fall Eichmann war es Kulcsar besonders wichtig, den tadellosen Verlauf des Prozesses zu betonen, den er als ausgespro-

Open Access. © 2024 bei den AutorInnen und Autoren, publiziert von De Gruyter. (cc) BY-NC-ND Dieses Werk ist lizenziert unter der Creative Commons Namensnennung - Nicht-kommerziell - Keine Bearbeitungen 4.0 International Lizenz.
https://doi.org/10.1515/9783111077345-013

chen human (vgl. Kulcsar et al. 1966, 16) charakterisierte. Dafür scheint es für ihn von Bedeutung gewesen zu sein, eine affektive Befangenheit des begutachtenden Psychiaters gegenüber Eichmann zurückzuweisen:

> [T]he examiner never experienced personal suffering or injury inflicted by the German persecutions, [...]. Also, he had not lost any relatives through racial persecutions, had not worn the yellow star and had not been a passive victim of the oppression but rather a member of the resistance. (Kulcsar et al. 1966, 19)

Dieser Versuch, den Verdacht der Befangenheit zu zerstreuen, ist freilich problematisch. Auch die Ergänzung, er habe während der psychiatrischen Tests mit Eichmann keine Zeitungsmeldungen über ihn verfolgt, trägt wenig dazu bei, solche Zweifel zu entkräften, denn immerhin war Eichmann schon ein halbes Jahr in Israel, bevor Kulcsar zum Gutachter bestellt wurde. Es wäre wohl sinnvoller gewesen, eine persönliche Befangenheit einzugestehen, als die Frage zu erheben, wer in diesem Fall nicht befangen sein konnte, ging es doch, wie er selbst schrieb, um Verbrechen, die alle angingen (vgl. Kulcsar et al. 1966, 18).

Vielleicht waren es jedenfalls berufsethische Gründe, die Kulcsar motivierten, zusätzlich einen externen Gutachter zu bestellen. Den Einwand, dass dieser externe Gutachter wiederum kaum als unbefangen (was immer das, wie gesagt, im Zusammenhang mit Eichmann bedeuten mochte) gelten durfte, hoffte er offenbar durch einen Kunstgriff zu umgehen: Indem er die Testergebnisse, die er nach Zürich schickte, anonymisierte, konnte er immer darauf verweisen, dass ein Teil des Gutachtens ohne Kenntnis der Vorgeschichte der begutachteten Person entstanden war. Dies war bei einem psychiatrischen Gutachten, das ja eine Person untersucht, gar nicht einfach, und vielleicht war es überhaupt der Grund, weshalb Kulcsar sich für das Szondi-Verfahren entschied, das nicht zum psychiatrischen Mainstream gehörte: Es bot gemäß seinem eigenen Anspruch die Möglichkeit, eine nach objektiven Kriterien erstellte Diagnose zu liefern, ohne dass der Psychiater die Person selbst kennenlernte.

Aber wer war Leopold Szondi? Geboren worden war er 1893 in eine jüdische Familie in Nitra, die noch während seiner Kindheit nach Budapest zog. Nach dem Tod seines Vaters Abraham Sonnenschein 1911 hatte der Sohn als einziger unter seinen Geschwistern einen deutlichen äußeren Schritt der Assimilierung vollzogen, indem er seinen Namen Leopold Sonnenschein in Szondi Lipot änderte, also magyarisierte. Unter diesem ungarischen Namen studierte er Medizin und praktizierte nach dem Ersten Weltkrieg als Psychiater. Von 1927 an leitete er ein Forschungslabor für Psychopathologie und Psychotherapie in Budapest. Dort entwickelte er anhand von Reihenuntersuchungen nach und nach eine eigene psychologische Schule, die *Schicksalsanalyse*, mit der er 1937 zum ersten Mal an die Fachöffentlichkeit trat und die im Kern eine genetische Vererbungslehre psychischer Pathologien war.

Alles, was Leopold Szondi sich in Budapest aufgebaut hatte, ging in wenigen Jahren unter. Im Jahr 1941 wurde Szondi auf Grund von antisemitischen Gesetzen der Hórthy-Regierung zwangsemeritiert. Nachdem die Wehrmacht 1944 in Ungarn einmarschiert war und das nationalsozialistische Vernichtungswerk auch hier, unter dem Kommando Eichmanns, begonnen hatte, wurde Szondi mit seiner Familie durch ein Abkommen zwischen dem zionistischen Anwalt Rezső Kasztner und dem SS-Mann Eichmann vor der Deportation gerettet (vgl. Löb 2010). Die Geretteten des sogenannten Kasztner-Transports verdankten ihr Überleben einem regelrechten Geschäft – Geld gegen Leben – zwischen Kasztner und Eichmann. Das heißt, Leopold Szondi verdankte sein Überleben und das seiner Familie einer Vereinbarung mit dem Mann, der später in Jerusalem als Verantwortlicher für die Deportationen vor Gericht stand.

Nach einem monatelangen Aufenthalt im KZ Bergen-Belsen erreichten die Szondis die Schweiz, wo Leopold Szondi nach anfänglichen Schwierigkeiten als Psychiater praktizieren und die *Schicksalsanalyse* weiterverfolgen konnte, ab 1970 als Leiter eines privaten Lehr- und Therapie-Zentrums, des Szondi-Instituts in Zürich.

2 Die Schicksalsanalyse und der Szondi-Test

Leopold Szondi war nun aber nicht nur Urheber der Schicksalsanalyse, sondern auch eines Testverfahrens, der sogenannten *Experimentellen Triebdiagnostik*, bekannt als *Szondi-Test*. Die Auswertung des Szondi-Tests erforderte Vorkenntnisse, die nicht weit verbreitet waren, sodass Kulcsar sich Unterstützung bei Szondi selbst suchte.

Was hat es mit Schicksalsanalyse und Szondi-Test auf sich? Szondi selbst sprach von der Schicksalsanalyse als einer ›Brückendisziplin‹ zwischen Psychiatrie und Psychoanalyse. Er praktizierte eine Analysetechnik, die in Therapiesitzungen mit den Probandinnen und Probanden auf das sogenannte ›Familiäre Unbewusste‹ abhob. Damit suchte er nach Anhaltspunkten für verdrängte familiäre ›Erbschicksale‹: Zum Beispiel vererbe sich eine in der Familie latente suizidale Disposition durch die Generationen. Szondi vermutete die rezessiven Gene als Träger dieser psychopathologischen Erbinformationen, zu denen er neben Sadismus und Mordlust u. a. auch Homosexualität und Exhibitionismus zählte. Diese genetisch vererbten Dispositionen würden solange mit allen negativen Folgen ins Unbewusste verdrängt, bis das familiäre ›Triebschicksal‹ durch die Analyse erkannt und dann in ein sogenanntes ›Wahlschicksal‹ überführt werden könne.

Abbildung 1: Der Szondi-Test (Leopold Szondi: Schicksalsanalyse. Wahl in Liebe, Freundschaft, Krankheit, Beruf und Tod. Mit zahlreichen Stammbäumen und Tabellen. Basel: Schwabe 1948).

Berühmter geworden als die Schicksalsanalyse selbst ist jedoch der Szondi-Test. Dieser Test besteht aus einem Satz Karten – ähnlich einem Memory-Spiel – mit Fotografien darauf (siehe Abbildung 1). Diese zeigen Personen mit unterschiedlichen psycho-genetischen Dispositionen bzw. ›Triebschicksalen‹, die der Test-Person unbekannt sind (und die nach Szondis Dafürhalten in den Gesichtern der fotografierten Personen idealtypisch zum Ausdruck kamen). Die Anlage des Szondi-Tests geht von der Annahme aus, dass eine Test-Person solche Gesichter sympathisch findet, die ihrem eigenen latenten Triebschicksal nahekommen. Die rezessiven Gene mit den psychopathologischen Erbinformationen, die sie tragen, ›erkennen‹ und ›wählen‹ die ihnen ähnlichen, wenn die Test-Person sie in den Gesichtern der pathologischen Fälle sieht.[1]

Jeweils acht (von insgesamt 48) Karten werden der Test-Person vorgelegt, und diese muss aus dem Set die zwei ihr sympathischsten und die zwei ihr unsympathischsten Karten auswählen. Das Prozedere wiederholt sich sechsmal in

1 Der Szondi-Test ist heute größtenteils nur noch von historischem Interesse und wird hinsichtlich seiner Aussagekraft und Vorannahmen kritisiert: »Evidently, Szondi's approach was based on a whole series of rather idiosyncratic assumptions concerning psychiatric diagnoses, the etiology of mental illnesses, effects of such illnesses on physiognomy, the impact of the pictorial representation of such illnesses on another person's emotions, and the predetermination of emotional reactions by an underlying gene structure.« (Brunner 2000, 441); »one wonders how or why his assessment continues to be regarded as anything approaching credible in the context of discussions about Eichmann.« (Hartouni 2012, 48–49) Zur wissenschaftsgeschichtlichen Beurteilung vgl. Riechers 2021.

gewissen zeitlichen Abständen, und schließlich wird es insgesamt noch einmal nur mit den bereits ausgewählten Karten vollzogen. Anhand dieser Ergebnisse analysiert der Schicksalsanalytiker nun ein Profil des *Vordergängers* und des *Hintergängers*. Der Vordergänger ist das Ergebnis der ersten Testreihe, der Hintergänger das der zweiten, die mit den schon ausgewählten Karten noch einmal – also gewissermaßen verfeinernd – vollzogen worden ist. Damit ergibt sich eine zweistufige Analyse der Test-Person, eine vordergründige und eine vertiefte. Die Auswertung der Ergebnisse funktioniert schließlich nach einem komplizierten Schlüssel. Das heißt, die Pathologien, die man als Test-Person unwissentlich mit den Fotografien zusammen wählt, werden den Test-Personen zu keinem Zeitpunkt der Analyse offenbart. Auch mit Eichmann wurde dieser Test immer wieder durchgeführt. Grundsätzlich kooperierte Eichmann bei den psychiatrischen Untersuchungen, mit einer bekannten Ausnahme, die Fragen nach seiner Sexualität betrifft (vgl. u. a. Stangneth 2011, 227).

3 Eichmann im Szondi-Test

Die Identität des Mannes, »dessen Name, Beruf und Krankheitsgeschichte« ihm »nicht mitgeteilt wurde« (Szondi 1969, 175), so Szondi, sei ihm trotz seiner »mehrmaligen Anfrage« erst »mehr als ein Jahr« (Szondi 1969, 66) später mitgeteilt worden, also vermutlich nach der Hinrichtung Adolf Eichmanns am 1. Juni 1962. Als Szondi im März 1961 den Brief von Kulcsar bekam, konnte er also nur mutmaßen, wer die Testperson war, deretwegen sich sein Kollege an ihn wandte. Es wäre allerdings nicht schwer gewesen, auf die richtige Spur zu kommen. Seit dem 23. Mai 1960 war öffentlich bekannt, dass Eichmann sich in Israel befand. Anfängliche Bedenken Szondis gegen einen Blindtest zerstreute ein Blick in die Daten: Er fand hier Anzeichen für einen Typus, den er ›Kain‹ nannte, so ausgeprägt, wie noch nie zuvor in seiner Tätigkeit. In einem Telefonat wenige Tage später willigte Szondi ein.

Letztlich ist nicht eindeutig zu entscheiden, inwieweit Szondi über die Identität des Probanden im Bilde war, als er diese Testreihen analysierte: Vermutete er, dass sich dahinter Eichmann verbergen könnte, so konnte er diese Vermutung doch nicht zu einer Gewissheit erklären und schon gar nicht zu einer sicheren Ausgangsbasis für die Analyse, auch wenn die Wahrscheinlichkeit hoch war. Ohnehin war die Auswertung stark formalisiert. Was Szondi erhielt, waren die Ergebnisse der Testreihen, und diese galt es nach einem tabellarischen Schlüssel aufzulösen. Die Ergebnisse formulierte er in einem Gutachten (siehe Anhang dieses Beitrags), das an Kulcsar ging. Nachdem das Gutachten auf Englisch bereits in dem Aufsatz *Adolf Eichmann and the Third Reich* erschienen war (Kulcsar et al.

1966, 45–47), veröffentlichte Szondi selbst es 1969 auf Deutsch im Anhang seines Buchs *Kain. Gestalten des Bösen* (Szondi 1969, 175–176).

Das Gutachten ist, gemäß der Methode der experimentellen Triebdiagnostik, unterteilt in eine Auswertung des Vordergängers und des Hintergängers. Der Vordergänger zeigt sich laut Szondi als ein »sadomasochistisch-pervertiertes Individuum«, und zwar dessen »gemeingefährliche Form« (Szondi 1969, 175), die sich durch das »Mördersyndrom« und »das autistisch-perverse Macht-Ich« auszeichne. Die Vorgehensweise zeigt sich in der Bemerkung, dass

> der Mann von den jeweils exponierten sechs Mörderbildern *zweimal 4, sechsmal 5 und zweimal alle 6 Mörder gewählt hatte.* Das heißt: Während ein normaler Mann von den sechs Mörderbildern höchstens 2–3 zu wählen pflegt, hat dieser Mann im Vordergrund *durchschnittlich 5 Mörder* gewählt. (Szondi 1969, 175)

Im Vordergrund stünden außerdem die »Neigung zur Beschuldigung anderer« und die zur »Bisexualität«. Der ›Hintergänger‹ – also das Triebschicksal, das in der Test-Situation nicht unmittelbar zu Tage tritt, aber in einer anderen Lebenssituation ausgelebt werden könnte – »*entpuppt sich in allen neun Profilen als ein Kain*, der seine tötende Gesinnung völlig autistisch, das heißt aus Machtsucht und Überschreitung der Grenzen der Realität durchzusetzen vermag.« (Szondi 1969, 175; im Original hervorgehoben). Und Szondi fährt mit einiger Dringlichkeit fort:

> Da der Hintergänger den Teil der Person darstellt, der in der Vergangenheit auf der Vorderbühne zu agieren vermochte und in der Zukunft wieder in den Vordergrund treten könnte, *müssen wir den Mann als maximal gefährlich für die Gesellschaft erachten.* (Szondi 1969, 175; im Original hervorgehoben)

Zwischen dem Hintergänger und dem Vordergänger besteht also ein Verdrängungs- oder Unterdrückungsverhältnis, ganz nach psychoanalytischem Modell, aber mit genetischen Vorannahmen. Denn die »im Erbgut mitgebrachten Ahnen streben alle zur Manifestation« (Szondi 1968, 20). Bemerkenswert scheint mir, dass Szondi bei dieser ihm vermeintlich unbekannten Person eine biografische Ebene einführt, eine Vergangenheit, in der die Kain-Eigenschaft sich offen habe zeigen können, und eine ungewisse Zukunft, in der Ähnliches drohe. Dies scheint der einzige deutlichere Hinweis darauf zu sein, dass Szondi auch in seiner fachmännischen Begutachtung davon ausging, bei der untersuchten Person handele es sich tatsächlich um Eichmann.

Entsprechend der Analyse kommt Szondi zu der Schlussfolgerung:

> *Der Mann ist ein Verbrecher mit einer unstillbaren tötenden Gesinnung.* Seine Gemeingefährlichkeit wird durch das autistische Macht-Ich und der [sic] Projektionsbereitschaft noch gesteigert. Zu bemerken wäre noch, daß wir in unserer 24jährigen Testpraxis (1937–1961)

> unter mehr als sechstausend gedeuteten Testserien keine einzige fanden, die den autistischen Kain mit der tötenden Gesinnung im Hintergrund in dieser Quantität und Dominanz gezeigt hätte. Es handelt sich somit um einen fast einmaligen Fall. (Szondi 1969, 176)

Dieses Gutachten zeigt, dass Szondi aufgrund der Testergebnisse ein starkes normatives Urteil über eine Person fällt, der er immerhin nie persönlich in einer Analysesitzung begegnet ist. Er ist bereit, eine Person ohne ihm vorliegende juristische oder kriminologische Erläuterungen des Falls als »Verbrecher« zu bezeichnen, nicht juristisch aufgrund eines vorliegenden Delikts, sondern im Sinne einer klassifikatorischen Einordnung aufgrund des von ihm erdachten projektiven Tests mit Fotografien.[2] Jemand ist demnach ein Verbrecher, weil er eine vererbte verbrecherische Disposition hat; jederzeit könnte diese Disposition aktualisiert werden: Er *ist* Verbrecher, denn sein schicksalsanalytisches Profil entlarvt ihn als solchen.

4 Publizistische Nachwirkungen

Szondis Gutachten wurde von Kulcsar angenommen und ergänzend in das Ensemble seiner Testergebnisse eingereiht. In wichtigen Punkten stimmten die Beurteilungen von Szondi und den Kulcsars klar überein: Alle wiesen auf eine ausgeprägte sadistische Anlage und Gefahr für die Öffentlichkeit hin (vgl. Kulcsar et al. 1966, 18). Für die Kulcsars, die Eichmann bis zu diesem Zeitpunkt als Person mit einer unauffälligen, ja »banale[n] Lebensgeschichte« (Kulcsar 1966, 181) identifiziert hatten und auch aus den »üblichen Projektionstests« keine Erklärung für Eichmanns »Zerstörungsdrang« (Kulcsar 1966, 181) fanden, war Szondis Diagnose ein Erklärungsansatz, den sie in ihrer Ratlosigkeit gern aufgriffen, auch wenn sie sich von den theoretischen Implikationen des Szondi-Tests distanzierten (vgl. Kulcsar et al. 1966, 44).

Auch der Chefankläger Gideon Hausner war von dem, was Szondi schrieb, beeindruckt. Er erwähnte es zwar nicht im Prozess, machte es jedoch in einem Beitrag in drei aufeinander folgenden Ausgaben der *Saturday Evening Post* im November 1962, also ein halbes Jahr nach Vollstreckung des Todesurteils, öffentlich. Er erwähnte darin sowohl Kulcsar als auch Szondi namentlich. Die psychiatrischen Gutachten sollten seine Ansicht untermauern, es handle sich

2 Damit steht Szondi in einer hochproblematischen Tradition der modernen Kriminalpsychiatrie, die eine genetische Veranlagung zum Verbrechen nachzuweisen versucht. Auch im unmittelbaren Umfeld des Eichmann-Gutachtens zitiert er affirmativ zumindest umstrittene oder sogar klar nationalsozialistische Autoren und Werke wie Franz Exners *Kriminalbiologie* von 1939 oder Friedrich Stumpfls *Erbanlage und Verbrechen* von 1935 (vgl. Szondi 1969, 177).

bei Eichmann um ein besonders gefährliches Individuum und keinen ›Jedermann‹ (vgl. Hausner 1962). Hannah Arendt nahm in der Buchfassung von *Eichmann in Jerusalem* Bezug auf diesen Artikel, jedoch anders als zu erwarten wäre. Sie schrieb:

> Immerhin war ein halbes Dutzend Psychiater zu dem Ergebnis gekommen, er sei »normal« – »normaler jedenfalls, als ich es bin, nachdem ich ihn untersucht habe«, soll einer von ihnen gesagt haben; ein anderer fand, daß Eichmanns ganzer psychologischer Habitus [...], »nicht nur normal, sondern höchst vorbildlich« sei. (Arendt 2013, 99)

All dies seien Informationen, so Arendt, »die man inoffiziell in Jerusalem bekommen« habe (ebd.). Der von ihr insgesamt stark kritisierte Chefankläger Hausner habe demgegenüber später ganz anderes bekundet, so fügt sie in Klammern hinzu:

> ([...] Die Psychiater, so hieß es auf einmal, hätten behauptet, daß Eichmann »ein Mann mit einem gefährlichen und unersättlichen Mordtrieb« gewesen sei, »eine perverse, sadistische Persönlichkeit«. Sollte dies stimmen, dann hätte er ins Irrenhaus gehört.) (ebd.)

Der eigentliche Text, der Arendts Deutung entspricht, ist der außerhalb der Klammern stehende, nach dem »ein halbes Dutzend Psychiater« Eichmann Normalität bescheinigt hätten. Diese Aussage kann allerdings nirgends nachgewiesen werden und sich nur auf das Hörensagen berufen. Womöglich ist es eine Verwechslung mit dem etwa halben Dutzend Tests, die Kulcsar mit Eichmann durchführte. Demgegenüber steht die einzige nachprüfbare Quelle, die Arendt heranzieht, nämlich die Aussage Gideon Hausners, in Klammern und ist als zweifelhaft markiert (»so hieß es auf einmal«; »Sollte dies stimmen«). Diese Informationen, die Arendt schon vor der Publikation der Artikelserie im *New Yorker* zur Verfügung standen, sind aber für ihre These von entscheidender Bedeutung. Lapidar bemerkt sie, sollte Eichmann derart gefährlich gewesen sein, »dann hätte er ins Irrenhaus gehört«. Ganz so einfach ist es freilich nicht, wie Kulcsar später klarstellte: »The tests also confirmed, however, that he was legally sane and responsible for his actions.« (Kulcsar et al. 1966, 18)

Andererseits traf Arendt, was den Szondi-Test und Szondis Gutachten anbelangt, einen empfindlichen Punkt: Die Frage zumindest, wie sich Freiheit und Determination in Szondis Theorie verhielten, war ebenso berechtigt wie die, welche Wahlmöglichkeiten jemand hatte, dem man nur Fotos von pathologischen Fällen zeigte.[3]

Für die an der Begutachtung beteiligten Fachleute war Arendts Darstellung eine Provokation, auf die sie unterschiedlich reagierten. 1966 erschien in einem

3 Szondi wies solche Kritik an der Schicksalsanalyse zurück, hatte aber Schwierigkeiten, sie argumentativ zu widerlegen. Er versuchte es, indem er dem Menschen, sofern er sich seines Triebschicksals bewusst geworden sei, die Möglichkeit zusprach, sein Schicksal innerhalb der genetischen Vorbedingungen zu *wählen* (vgl. Szondi 1968, 13–37).

Sammelband in den USA der schon genannte Beitrag *Adolf Eichmann and the Third Reich*, für den die Kulcsars und Szondi gemeinsam als Autoren firmierten, wobei der Text zumindest vorrangig von den Kulcsars verfasst worden war und Szondis Beitrag darin referiert wurde (vgl. Kulcsar et al. 1966, 44). Daher liegt es nahe, zumindest die Passagen, die sich nicht ausdrücklich mit Szondis Test befassen, den Kulcsars zuzuschreiben. Der Aufsatz publizierte die Ergebnisse der psychiatrischen Untersuchungen und verteidigte sie in mehrfacher Hinsicht gegen Einwände, wie oben bereits geschildert. Die Darstellung Arendts wiesen die Kulcsars darin an zwei Stellen klar zurück. Zum einen hielten sie fest, dass Eichmann, im Gegensatz zu Arendts Angaben, »was not investigated by ›half a dozen psychiatrists‹ (it seems that counting psychiatrists by the dozen is not intended as a flattery)« (Kulcsar et al. 1966, 48). Zum anderen jedoch unterstrichen sie, wiederum explizit im Gegensatz zu Arendt, dass Eichmann »was not simply taking orders. He was imaginative in carrying them out. He used the regime and its ideology to satisfy his own murderous desire.« (Kulcsar et al. 1966, 16–17)

Leopold Szondi hingegen strafte Arendt mit Schweigen – wie sich auch in den Schriften seines Sohns Peter Szondi, der auch vielerlei Gründe gehabt hätte, Arendts Thesen zur Kenntnis zu nehmen, keine Spuren davon finden.[4] Die ostentative Abwesenheit ihres vieldiskutierten Buchs in den Schriften der Szondis, die als Überlebende der Verbrechen, für die Eichmann angeklagt war, und durch des Vaters Involvierung in den Prozess höchstes Interesse an der öffentlichen Diskussion über Eichmann haben mussten, lässt sich als bewusster Akt des Ignorierens deuten. Indem Leopold Szondi allerdings Eichmann in seinem Buch von 1969 als »Schreibtisch-Kain« (Szondi 1969, 62) beschrieb, nahm er einen in der öffentlichen Wahrnehmung mit Arendt verbundenen Begriff auf, ohne ihren Namen zu nennen.

In der Bundesrepublik Deutschland widmete sich die Zeitschrift *Der Spiegel* mehrfach dem Thema. Kurz nach der Veröffentlichung von *Adolf Eichmann and the Third Reich* druckte sie einen Text Ivan Shlomo Kulcsars, der wesentliche Punkte davon zusammenfasste und eine These formulierte, die im folgenden Abschnitt noch erwähnt werden soll. Hannah Arendt wurde in diesem Artikel nicht genannt, wohl aber das zentrale Argument, mit dem er ihr widersprach: »Eichmanns angebliche passive Rolle als Befehlsempfänger wurde jedoch durch seinen Lebenslauf nicht bestätigt.« (Kulcsar 1966, 179) Weitere Artikel, die Szondi, seine Rolle im Eichmann-Prozess und die Schicksalsanalyse berührten, folgten in den Jahren 1969 und 1973, jeweils als Reaktion auf Szondis Veröffentlichungen zu

4 Nicht nur auf Grund seiner eigenen Überlebensgeschichte, sondern auch weil er eine enge Verbindung mit Gershom Scholem unterhielt. Peter Szondi wohnte als Gastprofessor in Jerusalem in unmittelbarer Nachbarschaft der Scholems und ging bei ihnen ein und aus. Leopold Szondi lernte Scholem bei einem Besuch in Jerusalem kennen und freundete sich ebenfalls mit ihm an.

Kain und Moses. Noch 1978 druckte *Der Spiegel* einen Artikel aus der *New York Times* in Übersetzung ab: Darin berichtete der Politikwissenschaftler Michael Selzer, er habe ihm von Kulcsar zur Verfügung gestellte Untersuchungsergebnisse aus dem Eichmann-Prozess anonymisiert einigen Psychologinnen und Psychologen in den USA vorgelegt, und diese hätten weitgehend übereinstimmend die Gefährlichkeit des Probanden festgestellt (vgl. Selzer 1977; Selzer 1978). Hier fielen aber die Passagen über den Szondi-Test und auch Szondis Name in der deutschen Fassung der Kürzung zum Opfer.

5 »Schreibtisch-Kain«

Istvan Shlomo Kulcsar beließ es nicht bei der Veröffentlichung und Erläuterung der Testergebnisse, sondern lieferte Ansätze zu einer weitergehenden Interpretation mit. Denn wenn Eichmann nicht ein ganz normaler Mann war, sondern einen »nahezu einmaligen Fall« (Kulcsar 1966, 182) darstellte, wie Kulcsar affirmierend aus Szondis Gutachten zitierte, dann stellte sich doch die Frage, ob Eichmanns Verbrechen die Folge einer individuellen und »nahezu einmaligen« ›Triebpathologie‹ (mit Szondi) waren, bzw. in welchem Verhältnis sie zum NS-Regime standen. Kulcsar gab auf diese Frage eine klare Antwort: »Er lebte mit dem Nazi-Regime in einer Symbiose – wie manche Bakterien im menschlichen Körper.« (Kulcsar 1966, 182) Sieht man einmal von der in diesem Zusammenhang verunglückten Metapher ab, so zeigt sich, wie Kulcsar den Zusammenhang sah. Eichmann sei es gelungen, sich an das NS-Regime, das seinen Anlagen in manchen Belangen durchaus entgegengesetzt gewesen sei, anzupassen. So habe er die »biologisch[e]« »Rassentheorie« (Kulcsar 1966, 182) nicht geteilt, sondern ein »inorganistisch[es]« (ebd., 182), »mechanistisch orientiert[es]« (ebd., 176) Weltbild gehabt. Eichmann sei »nur an Vernichtung interessiert« (ebd., 182) gewesen, nicht an der Durchsetzung einer »germanischen Rasse« (ebd.). Er habe also die – in sich verbrecherischen, darf man hinzufügen – Instrumente des NS-Regimes für diesen partikularen Zweck, den bloßen »Tötungsdrang« (ebd.) genutzt, darin bestehe die Symbiose.

Kulcsar war es wichtig, hier die Nähe, aber auch den Unterschied zu dem Sadismus, wie er bisher verstanden worden sei, festzuhalten. Der Sadismus sei ein »Dialog«, ein »erotischer, individueller, persönlicher und grundsätzlich auf den menschlichen Partner gerichteter Trieb.« (Kulcsar 1966, 182) Eichmann habe »im Gegensatz zu Sades Praxis« an Menschen gehandelt, »die er nie sah« (Kulcsar 1966, 182). Er sei aber auch kein gleichgültiger Bürokrat gewesen, sondern habe aus einem universellen Hass auf das Leben selbst gehandelt. Für dieses »neuartige Phänomen« schlug Kulcsar den Begriff »Eichmannismus« (Kulcsar 1966, 182) vor.

Kulcsar fügte außerdem einen kulturkritischen Passus hinzu, in dem er schrieb, er sehe in der »Isolierung und Entfremdung« (Kulcsar 1966, 182) in der modernen Arbeitswelt und auch familiären Umgebung das Risiko aufsteigen, dass derart tötungswillige Individuen wie Eichmann die Gelegenheit bekämen, zu töten, wie er. Seine Charakterisierung der modernen Gesellschaft blieb jedoch skizzenhaft und schematisch.[5]

Szondi seinerseits veröffentlichte im Jahr 1969 ein Buch, in das sein Gutachten über Eichmann nicht nur als Dokument einging, sondern in dem er Eichmann auch in eine umfassender angelegte Theorie integrierte. Es hieß *Kain. Gestalten des Bösen* und war darauf angelegt, Kain bzw. den Typus des Kainiten als notorischen Verbrecher zu präsentieren und zu plausibilisieren. Der biblische Kain ist der Archetyp des Mörders am Mitmenschen, der ihm wie ein Bruder anvertraut ist. Szondi kann hier auf die in der jüdischen (wie auch der christlichen und muslimischen) Überlieferung präsente Figur Kain rekurrieren, und jeder weiß, welchen Typus er meint.[6] Den »Kainiten« stellte er die »Mosaiten« gegenüber.

> *Der Mann Kain* figuriert in der Schicksalspsychologie als Symbol des Schicksals eines Gesetzbrechers.
>
> *Der Mann Mose* hingegen symbolisiert das Schicksal eines Menschen, der seine Verfehlung durch strenge Gesetzgebung wiedergutzumachen sucht. (Szondi 1969, 9)

Dementsprechend folgte auf das *Kain*-Buch vier Jahre später *Moses. Antwort auf Kain*. Szondi gab seiner Schicksalsanalyse damit eine mythologische Wendung, und er wandte sich auch offen seiner jüdischen Identität zu. Dazu ließ sich Szondi religionsgeschichtlich von Gershom Scholem beraten, und er verwendete die Übersetzung Martin Bubers.

Der Prophet Mose und der Verworfene Kain sind zwei Figuren in der Tora, die einen Mord begangen haben. Szondi interessierte die rein schicksalspsychologische Frage: »Wie und wo hängen die zwei polar entgegengesetzten Schicksale –

5 Kulcsar kündigte ein Buch an, in dem er diese Zusammenhänge darlegen wollte. Daraus wurde nichts, vielleicht war es besser so. Er publizierte lediglich einen weiteren Aufsatz, der sich vertiefend mit dem Thema befasste (vgl. Kulcsar 1978), mir aber nicht vorliegt. Nach Kulcsars Tod gab sein Sohn Dokumente aus seinem Nachlass an die Presse. In Deutschland wurden sie von der Tageszeitung *Die Welt* gedruckt, der Verfassername wurde »Kolcar« wiedergegeben. Die Authentizität dieser Dokumente ist m.W. umstritten; im Übrigen fügen sie dem Bekannten nichts Wesentliches hinzu (vgl. Kulcsar 2000).

6 So sprach zum Beispiel auch Avner Werner Less, der Polizeioffizier, der die Verhöre mit Eichmann leitete, in seinen letzten Worten, die Jochen von Lang überliefert, mit Blick auf die Shoah von einem »Kainsmal«, das es »auszulöschen« (Less 1987, 335) gelte, indem man der Vergangenheit bewusst gegenübertrete.

das des Gesetzbrechers und das des Gesetzgebers – zusammen? Sie repräsentiert auch die Frage nach dem Ursprung des Bösen und Guten.« (Szondi 1969, 9)

Dieses Unternehmen ließe sich also am besten als eine Anthropologie aus der Perspektive der Schicksalsanalyse bezeichnen, oder andersherum als eine späte Reformulierung der Schicksalsanalyse anhand der Typen Kain und Mose. Die Bücher sind, stärker als frühere Veröffentlichungen Szondis, an der Textgattung der Fallgeschichte orientiert: Einzelfälle werden als Repräsentationen von Untergattungen des Kain- bzw. Moses-Typus vorgestellt.

Auch Eichmann kehrt als ein solcher Repräsentant wieder. Eingeordnet unter den »kriminellen Kain« und dort speziell den »Kriegsverbrecher« (Szondi 1969, 61) Kain repräsentiert er den Sonderfall eines »Schreibtisch-Kain« (Szondi 1969, 62), der »ohne selbst zu töten, Millionen von Leben – quasi mit einer Füllfeder – in seinem Büro ausgelöscht hat.« (Szondi 1969, 62–63) Um Eichmann in schicksalsanalytischer Sicht darzustellen, hält sich Szondi »fast wörtlich« (ebd.) an den Aufsatz *Adolf Eichmann and the Third Reich*, den er passagenweise übersetzt wiedergibt und als Text Kulcsars bezeichnet.

Eichmann, der als extrem ausgeprägter Kain eine Sonderstellung in Szondis Erfahrung als Schicksalsanalytiker darstellte, kehrt auch hier in der Rolle eines Sonderfalls wieder. Das meint nicht sein kainitisches Schicksal, das nach Szondi ja exzeptionell ausgeprägt ist, sondern die Art und Weise, wie die Kainsanlage sich in der Biographie des Schreibtisch-Täters konkretisiert. Der Begriff »Schreibtisch-Kain« fällt auch deshalb erst im Buch von 1969, weil der dadurch umgemünzte Begriff des Schreibtisch-Täters bzw. Schreibtisch-Mörders zum Zeitpunkt der ursprünglichen Diagnose von 1961 noch nicht im Umlauf war. Indem er ihn jetzt benutzte, lehnte er sich in seiner Einordnung Eichmanns in seine Theorie also zumindest implizit an Hannah Arendt an.[7] Hierfür dürfte jedoch nicht Arendts Charakterisierung Eichmanns entscheidend gewesen sein, der Szondis Gutachten ja diametral widersprach, sondern das Indirekte, Distanzierte des Tötens, wie es in dem Begriff zum Ausdruck kommt. Ganz anders als das, was man für gewöhnlich mit dem Schreibtischtäter-Begriff assoziiert, trägt der »Schreibtisch-Kain« Eichmann die Züge einer pathologisch sadistischen Veranlagung. Der Schreibtisch-Kain steht also in gewisser Weise quer zum Begriff Schreibtisch-Täter, an den er sich äußerlich anlehnt.[8] Szondi fasst zusammen:

---

7 Vgl. Jahr 2018. Auch wenn dieser Begriff ursprünglich nicht von Hannah Arendt stammen muss, dürfte sie zumindest seine entscheidende Multiplikatorin sein; er wurde und wird ihr zugeschrieben. Arendt und Karl Jaspers sprachen auch mehrfach von »Schreibtischmörder«, was dem »Schreibtisch-Kain« noch näher kommt (vgl. dazu Jahr 2018, 32–37).

8 Gustav Seibt schränkt ein: »Hinter der kalten Gleichgültigkeit muss auch mit einer eigentümlichen grausamen Lüsternheit gerechnet werden.« (Seibt 2018, 30)

> Ein Kain, der unfähig ist, seine im Hintergrund aufgestaute tötende Gesinnung in klinische Symptome abzuleiten, kann – unter chaotischen Umständen – politisch getarnt, das Leben von Tausenden auslöschen, ohne selbst de facto zu töten (A. Eichmann). (Szondi 1969, 67)

Szondi vermutet auch hinter den Gewalttaten der Kreuzzüge und der »Pogrome (gegen Juden, Armenier usw.)« kainitische Ausbrüche (ebd.). Eichmann war für Szondi also ein Sonderfall des zum Gesetzesbrecher und Mörder veranlagten Menschen, und nicht ›normal‹. Der Schicksalstypus Kain ist nach Szondi nicht ›normal‹, sondern stellt eine akute Gefahr für sich und seine Umwelt dar.

Imre Kertész war lange gegenteiliger Ansicht; doch Szondis Test besaß für ihn offenbar eine Beweiskraft, die das Bild erschütterte, das er sich von Eichmann gemacht hatte – so schrieb er in einem auf den 25. Oktober 1987 datierten Eintrag in seinem *Galeerentagebuch.*[9] Er soll hier am Ende stehen.

> Leopold Szondis Eichmann-Test. Es handelte sich um eine Blinddiagnose, und das Ergebnis lautete: ein besonders gefährlicher Mörder. Damit würden jedoch sämtliche Theorien hinfällig, die über die Mörderbürokraten aufgestellt worden sind. Mit mörderischem Trieb morden – die übliche Schablone. Eichmann wäre also nicht durch jedermann ersetzbar gewesen, wie auch ich – zur großen Ehre der Dynamik der faschistischen Struktur – geglaubt hatte. Es bleibt also die schäbigste Formel: Die Macht wird von Verbrechern übernommen und auf verbrecherische Weise ausgeübt. Feigheit, Blindheit und Gewinnsucht der übrigen sowie der Pragmatismus der Dinge erledigen dann den Rest. Was für eine Banalität! Ich kann mich nicht damit abfinden, aus einem so wenig originellen Grund in Auschwitz gewesen zu sein. (Kertész 1993, 231)

Anhang: Leopold Szondis Eichmann-Gutachten

Blindanalyse der Triebteste Adolf Eichmanns (Befund)
Blindanalyse der Triebteste eines über 50jährigen Mannes, dessen Name, Beruf und Krankheitsgeschichte mir nicht mitgeteilt wurde. Als Unterlage dienten zehn Triebprofile des Vordergängers und neun Profile des Hintergängers. Als Deutungsmethode wurde die Einzelbestimmung der Existenzformen der neunzehn Triebprofile gewählt.

9 Der Hinweis auf Kertész findet sich bei van Hattem 2005, 73. Auch Michael K. Silber deutet eine Verbindung zwischen Szondis Wortprägung ›Schicksalsanalyse‹/›Sorsanalízis‹ und Kertész' ›Schicksallosigkeit‹/›Sorstalanság‹ an (vgl. Silber 2015, 29).

Ergebnisse der Analyse des Vordergängers:

I. Der Vordermann ist ein sadomasochistisch-pervertiertes Individuum. Von zehn Vordergrundprofilen liefert der Mann zehnmal das typische Testzeichen des Sadomasochisten (±s). Für die gemeingefährliche Form dieser sadomasochistischen Perversionen sprechen folgende Testindizien.
   1. Das Mördersyndrom im Vorderprofil IV. (*–e*, *–k*, ±*m*);
   2. das autistisch-perverse Macht-Ich (Sch + ○) im V. VI. Profil;
   3. im besonderen aber der Umstand, daß der Mann von den jeweils exponierten sechs Mörderbildern *zweimal 4, sechsmal 5 und zweimal alle 6 Mörder gewählt hatte*. Das heißt: Während ein normaler Mann von den sechs Mörderbildern höchstens 2–3 zu wählen pflegt, hat dieser Mann im Vordergrund *durchschnittlich 5 Mörder* gewählt.

   Neben der Dominanz der sadomasochistischen Perversion im Vordergrund finden wir beim Vordermann noch folgende Existenzformen:

II. Die Neigung zur Beschuldigung anderer, das heißt die projektive Existenzform (Profil VII, VIII: Sch = ○ –) und die mit dieser zumeist einhergehenden

III. Neigung zur Bisexualität. Profil III., VII., IX. und X. (S = ± ±).

Ferner:

IV. Die Besessenheit mit der sadomasochistischen Perversion: Sch = ○ + im Vorderprofil III. mit s ±.

Analyse des Hintergängers

I. *Der Hintergänger entpuppt sich in allen neun Profilen als ein Kain*, der seine tötende Gesinnung völlig autistisch, das heißt aus Machtsucht und Überschreitung der Grenzen der Realität durchzusetzen vermag. Um die Dominanz der tötenden Gesinnung des hintergründigen Kain zu beweisen, genügt es, wenn wir der Reihe nach die Existenzformen der neun Hintergrundprofile mit den Testzeichen aufzählen. (Tabelle S. 176)

II. Die Größe der Gemeingefährlichkeit des Hintergängers kommt auch darin zum Ausdruck, daß von 36 (9x4) Vektorenreaktionen 32, das heißt *88%, sozialnegativ sind.*

Analyse der Gesamtpersönlichkeit

I. Da der Hintergänger den Teil der Person darstellt, der in der Vergangenheit auf der Vorderbühne zu agieren vermochte und in der Zukunft wieder in den Vordergrund treten könnte, *müssen wir den Mann als maximal gefährlich für die Gesellschaft erachten* (siehe Tabelle 1).

II. Auf Grund der mir unbekannten Vorgeschichte wären zwei Krankheitsmöglichkeiten auszuschließen:
   1. eine genuine Epilepsie und
   2. eine paranoide Schizophrenie.

Gegen die Annahme einer genuinen Epilepsie sprechen im Test:

a) das Fehlen der Reaktion: S + +!, + +!!; b) Das Vorhandensein im Vordergrund des Ichs: *Sch* = + ○, das bei Epileptikern nur selten vorkommt und eher für einen pervertierten Sadomasochismus spricht. Dagegen kann die hintergründige Reaktion –! *e* für eine Konduktornatur der Epilepsie sprechen. Man sollte dies aufgrund der Familiengeschichte nachprüfen.

Gegen die Annahme einer paranoiden Schizophrenie spricht das Fehlen der typischen diagonalen Spaltungen in 3–4 Vektoren (+ –, + –, ○ –, ○ – usw.).

Wir kommen zur Schlussfolgerung: *Der Mann ist ein Verbrecher mit einer unstillbaren tötenden Gesinnung*. Seine Gemeingefährlichkeit wird durch das autistische Macht-Ich und der Projektionsbereitschaft noch gesteigert.

Zu bemerken wäre noch, daß wir in unserer 24jährigen Testpraxis (1937–1961) unter mehr als sechstausend gedeuteten Testserien keine einzige fanden, die den autistischen Kain mit der tötenden Gesinnung im Hintergrund in dieser Quantität und Dominanz gezeigt hätte. Es handelt sich somit um einen fast einmaligen Fall.

Zürich, den 1. April 1961 Dr. L. Szondi

(Szondi 1969, 175–176)

Literaturverzeichnis

Arendt, Hannah. *Eichmann in Jerusalem. Ein Bericht von der Banalität des Bösen*. München: Piper, 2013 [1964].

Brunner, José. »Eichmann's Mind: Psychological, Philosophical, and Legal Perspectives«. *Theoretical Inquiries in Law* 1.2 (2000): 429–463.

Hartouni, Valerie. *Visualizing Atrocity. Arendt, Evil, and the Optics of Thoughtlessness*. New York: NYU Press, 2012.

Hattem, Cornelis van. *Superfluous People. A Reflection on Hannah Arendt and Evil*. Lanham (MD): Univ. Press of America, 2005.

Hausner, Gideon. »Eichmann and His Trial«. *Saturday Evening Post*. 3., 10., 17. November 1962.

Jahr, Christoph. »Ein ›Wort mit bösem Beiklang‹. Elemente, Ursprünge und Verwendungen des Begriffs ›Schreibtischtäter‹«. *Schreibtischtäter: Begriff – Geschichte – Typologie*. Hg. Dirk van Laak, Dirk Rose. Göttingen: Wallstein, 2018. 31–58.

Kertész, Imre. *Galeerentagebuch*. Aus dem Ungarischen von Kristin Schwamm. Berlin: Rowohlt Berlin, 1993.

Kulcsar, I.S., Shoshanna Kulcsar und Lipot Szondi. »Adolf Eichmann and the Third Reich«. *Crime, Law and Corrections*. Hg. Ralph Slovenko. Springfield (IL): Charles C. Thomas, 1966. 16–52.

Kulcsar, I.S. »›Ich habe immer Angst gehabt‹. Test- und Untersuchungsbefunde zur Persönlichkeit Adolf Eichmanns.« *Der Spiegel* 47/1966. 176–182.

Kulcsar, I.S. »De Sade and Eichmann«. *Strategies Against Violence: Design for Nonviolent Change*. Hg. Israel W. Charny. Boulder (CO): Westview Press, 1978. 19–33.

Kulcsar, I.S.: »Eichmanns mörderische Lust«. *Die Welt*, 15. April 2000.

Less, Avner W. (Hg.). *Schuldig. Das Urteil gegen Adolf Eichmann*. Mit einem Nachwort von Jochen von Lang. Frankfurt a.M.: Athenäum, 1987.

Löb, Ladislaus. *Geschäfte mit dem Teufel. Die Tragödie des Judenretters Rezső Kasztner. Bericht eines Überlebenden*. Köln: Böhlau, 2010.

Riechers, Hans-Christian. »Ist der Genotropismus ein Humanismus? Zur Bildsprache von Leopold Szondis ›Schicksalsanalyse‹«. *Heterodoxe Wissenschaft in der Moderne*. Hg. Mathis Lessau, Philipp Redl, Hans-Christian Riechers. Paderborn: Fink, 2021. 119–137.

Seibt, Gustav. »Schreibtischtäter«. *Schreibtischtäter: Begriff – Geschichte – Typologie*. Hg. Dirk van Laak, Dirk Rose. Göttingen: Wallstein, 2018. 29–30.

Selzer, Michael. »The Murderous Mind«. *The New York Times*, 27. November 1977.

Selzer, Michael. »Ein Angreifer, zu nackter Grausamkeit fähig«. *Der Spiegel*, Nr. 2, 8. Januar 1978.

Silber, Michael K. »Sunshine. Hungarian Jews in a Fugue State«. *Textual Understanding and Historical Experience. On Peter Szondi*. Hg. Susanne Zepp. Paderborn: Fink, 2015. 17–29.

Stangneth, Bettina. *Eichmann vor Jerusalem. Das unbehelligte Leben eines Massenmörders*. Zürich, Hamburg: Arche, 2011.

Szondi, Leopold. *Schicksalsanalyse. Wahl in Liebe, Freundschaft, Krankheit, Beruf und Tod. Mit zahlreichen Stammbäumen und Tabellen*. Test-Band. Basel: Schwabe 1948.

Szondi, Leopold. *Freiheit und Zwang im Schicksal des Einzelnen*. Bern, Stuttgart, Wien: Huber, 1968.

Szondi, Leopold. *Kain. Gestalten des Bösen*. Bern, Stuttgart, Wien: Huber, 1969.

Szondi, Leopold. *Moses. Antwort auf Kain*. Bern, Stuttgart, Wien: Huber, 1973.

Ricardo Andrade

Philosophie des Monströsen

Die Erinnerung an die Opfer der Shoah vor dem Hintergrund der Thesen zur Technik und zur Entmenschlichung in Günther Anders' *Wir Eichmannsöhne*

Gut 60 Jahre nach dem Prozess gegen Adolf Eichmann erhält der Text von Günther Anders *Wir Eichmannsöhne* schon durch seinen Titel eine aktuelle Bedeutung: Sind wir Nachfahren einer Weltanschauung, die dazu neigt, die menschliche Existenz durch eine bürokratisch-technologische Logik zu zerstören und Genozide zu ermöglichen? Der folgende Beitrag geht von dieser Frage aus und stellt eine Reihe von Überlegungen an, die darauf abzielen, die Bedeutung von Anders' Text für das Verständnis der Dynamik des Nationalsozialismus und insbesondere der Handlungen von Adolf Eichmann hervorzuheben. Um dieses Erbe historischen Leidens zu analysieren, werden drei Dimensionen betrachtet, die in Anders' offenen Briefen an Klaus Eichmann grundlegend diskutiert werden. Diese sind: Entmenschlichung, Technologie und Erinnerung. Diese Begriffe bilden eine notwendige Konstellation, um die Idee einer Philosophie des Ungeheuerlichen, also eines Denkens, das dem Leiden der Opfer der Shoah angemessen ist, zu verstehen. Auf Grundlage dieser Überlegungen wird die Idee eines Gedächtnisses vorgeschlagen, die eine Kritik der technischen und technologischen Nutzung von Macht beinhaltet. Diese Artikulation zwischen Erinnerung und Technologie ist notwendig, um eine aktuelle kritische Sicht auf den Nationalsozialismus aufrechtzuerhalten.

1 Zum Kontext der Briefe von Anders

Bevor eine philosophische Annäherung an die in Anders' Texten zum Ausdruck gebrachten Ideen erfolgt, soll zunächst deren Entstehungsgeschichte betrachtet werden. Der Prozess gegen Eichmann in Jerusalem im Jahr 1961 hatte Auswirkungen auf mehrere Bereiche. Im juristischen Bereich ging es darum, die Idee zu etablieren, dass die Justiz nach der Shoah nicht nur zu Gunsten der Opfer agieren, sondern auch Möglichkeiten zur Stärkung der Erinnerung schaffen sollte. In philosophischer Hinsicht war der Prozess eine beunruhigende Entdeckung. Wie Bettina Stangneth (2016) hervorhebt, konstruierte Eichmann im Gefängnis und im letzten Jahr seines Lebens ein Bild von sich selbst, das Facetten eines »Historikers« und »Philosophen« beinhaltete, der sich den moralischen und existenziellen Problemen im Gefolge

Open Access. © 2024 bei den Autorinnen und Autoren, publiziert von De Gruyter. (cc) BY-NC-ND Dieses Werk ist lizenziert unter der Creative Commons Namensnennung - Nicht-kommerziell - Keine Bearbeitungen 4.0 International Lizenz.
https://doi.org/10.1515/9783111077345-014

unter anderem von Kant und Spinoza widmete. Offensichtlich überschatteten diese vermeintlichen Facetten nicht die Tatsache, dass »during his time in power, Eichmann had used perverse bureaucratic chicaneries to slow down other Reich institutions, as well as his victims, and he was well acquainted with this subtle form of power« (Stangneth 2016, 364). Dieser bürokratischen Machtausnutzung wird in Anders' Briefen ein großer Stellenwert beigemessen, da sie einer der Gründe dafür ist, dass die Entmenschlichung der Opfer und die Technisierung des Todes das bekannte Ausmaß erreicht haben. Obwohl Eichmanns Hinrichtung bereits 1962 erfolgt war, beschloss Anders erst 1964, einen öffentlichen Brief an Klaus Eichmann zu schreiben, um Kontakt zu demjenigen aufzunehmen, der ein Sohn des ›Architekten der Endlösung‹ war. Diese Verbindung sollte nicht nur einige der philosophischen Formulierungen verdeutlichen, die Anders in seinem Denken als wichtig erachtete, sondern zielte letztlich auch darauf ab, Eichmanns Sohn in die Friedensbewegung einzubinden, die im Kontext des Kalten Krieges gegen Atomwaffen kämpfte.[1] Der deutsch-österreichische Philosoph vertrat die Ansicht, dass die Unterstützung Eichmanns für diese Sache eine Art Reinigung von den Verbrechen seines Vaters in der Suche nach einer besseren Welt darstellen könnte. Der Brief wurde von Klaus Eichmann nie beantwortet.

Im Jahr 1988 beschloss Anders, ihm einen weiteren offenen Brief zu schreiben. Ging es im ersten Brief vor allem um den Schmerz oder die Ungewissheit, die ein Sohn haben kann, wenn er das Erbe seines Vaters antritt, so schlägt dieser zweite Brief einen härteren Ton an. Dies ist auf zwei entscheidende Faktoren zurückzuführen: die Geschichtsvergessenheit der heranwachsenden Generationen und den *Historikerstreit*, in dem der Historiker Ernst Nolte in einem weitgehend revisionistischen Ton versuchte, die Deutschen und den Nationalsozialismus von der für das Dritte Reich charakteristischen Vernichtungslogik zu entlasten. Wollte Anders im ersten Brief durch philosophische Reflexion den Weg zur Übernahme einer geteilten Verantwortung ebnen, so ist der zweite Brief eine Klage und ein Angriff gegen die Gleichgültigkeit gegenüber dem Tod von Millionen von Menschen. Auch dieser Brief wurde nicht beantwortet. In Anbetracht der Kontexte der beiden Briefe sind die philosophischen Dimensionen, die in den folgenden Abschnitten erörtert werden, in zweifacher Hinsicht zu verstehen. Die erste Di-

1 Es ist kein Zufall, dass Anders von 1959 bis 1961 auch mit Claude Eatherly korrespondierte, dem Piloten des Wetteraufklärungsflugzeugs, das den Einsatz der Atombombe auf Hiroshima ermöglichte. Auch wenn es nicht die Absicht dieses Beitrags ist, sich mit diesen Briefen zu befassen, so sind sie doch insofern erwähnenswert, als sie Teil einer beharrlichen Beschäftigung in Anders' philosophischem Denken darstellen. Sowohl Hiroshima als auch die Shoah sind für Anders die schrecklichsten Manifestationen einer Zivilisation, deren Horizont ihre eigene Vernichtung und die der Erde ist.

mension rekurriert auf Anders' konzeptionelle Entwicklungen, die eng mit der historischen Erfahrung der Zeit verbunden sind, so dass sich das ›Wir‹ des Textes auf die Generation unmittelbar nach der Shoah bezieht; die zweite Dimension betrifft die Appelle des deutsch-österreichischen Philosophen auch an die Gegenwart und seine weiterhin gültige Warnung vor der Gleichgültigkeit und dem Vergessen der Vergangenheit. In diesem Sinne soll der erste Brief untersucht werden.

2 Kälte und Entmenschlichung

Theodor W. Adorno analysiert in seinem Aufsatz »Erziehung nach Auschwitz« (1966), der zeitlich sehr nahe an der Veröffentlichung des ersten Briefes von Anders liegt, scharfsinnig die sozialen Elemente, die die Shoah ermöglichten. Eines dieser Merkmale ist die Kälte der industriellen und bürgerlich-kapitalistischen Gesellschaft. Die Kälte der zwischenmenschlichen Beziehungen, die an ein hierarchisches und bürokratisches Machtverständnis geknüpft ist, wird in einen sozialen Wert umgewandelt, in dem der Ausdruck von Gefühlen (Mitgefühl, Empathie u. a.) einer vom wirtschaftlichen »Darwinismus« getragenen sozialen Dynamik fremd ist. Um diese Annahmen zu erläutern, hebt Adorno Folgendes hervor:

> Wohl sind ein paar Worte über Kälte überhaupt erlaubt. Wäre sie nicht ein Grundzug der Anthropologie, also der Beschaffenheit der Menschen, wie sie in unserer Gesellschaft tatsächlich sind; wären sie also nicht zutiefst gleichgültig gegen das, was mit allen anderen geschieht außer den paar, mit denen sie eng und womöglich durch handgreifliche Interessen verbunden sind, so wäre Auschwitz nicht möglich gewesen, die Menschen hätten es dann nicht hingenommen. Die Gesellschaft in ihrer gegenwärtigen Gestalt – und wohl seit Jahrtausenden – beruht nicht, wie seit Aristoteles ideologisch unterstellt wurde, auf Anziehung, auf Attraktion, sondern auf der Verfolgung des je eigenen Interesses gegen die Interessen aller anderen. Das hat im Charakter der Menschen bis in ihr Innerstes hinein sich niedergeschlagen. Was dem widerspricht, der Herdentrieb der sogenannten *lonely crowd*, der einsamen Menge, ist eine Reaktion darauf, ein Sich-Zusammenrotten von Erkalteten, die die eigene Kälte nicht ertragen, aber auch nicht sie ändern können (Adorno 1970, 106).

Adorno ordnet den zentralen Begriff dieser Reflexion, die psychische Disposition der Kälte, aus anthropologischer Perspektive in die sozialen, philosophischen und kulturellen Rahmenbedingungen der kapitalistischen industriellen Gesellschaft ein. Vor diesem Hintergrund enthält die moderne Gesellschaft in ihrer eigenen Produktionsdynamik die Leugnung der Andersartigkeit. Ein Beispiel, das diese Verleugnung zusammenfasst, ist die Arbeitsteilung, die atomisierte Subjekte hervorbringt, denen es an soliden politischen und emotionalen Verpflichtungen mangelt. Menschliche Beziehungen werden durch Apathie vermittelt, wo der Tod zu einem sozialen Wert wird und als Grundlage für die Leugnung des Lebens dient. Kälte ist in dieser Perspektive ein entscheidendes Moment im Prozess der Individuation der Subjekte. Die Verwandlung der Kälte in ein konstitutives Element der Individuen setzt die Restitution des Mottos *homo hominis lupus* (»Der Mensch ist dem Menschen ein Wolf«) als Prämisse voraus, wo der Tod zur Staatsideologie und elementaren Voraussetzung nationalsozialistischer Politik wird. Der Gegensatz zum aristotelischen Anziehungsbegriff, auf den Adorno hinweist, wird unter diesem Gesichtspunkt deutlich, da sich dieser Gedanke auf eine durch Anerkennung vermittelte Begegnung bezieht. Wenn der Gesellschaft diese Anerkennung entzogen wird, kehrt sich die Anziehungskraft um: Lust entsteht nicht mehr in der Anerkennung, sondern in der Entmenschlichung, die Kälte fördert, da diese die grundlegende Ideologie ist, die das gesellschaftliche Zusammenleben trägt. Ausgehend von Adorno muss der Nationalsozialismus als Verkörperung eines Projekts verstanden werden, dessen Vollzug zur Entleerung und ›Abkühlung‹ sozialer und politischer Bindungen und zur Bürokratisierung und Militarisierung der Gesellschaft führt. Die Ausführungen Adornos charakterisieren die allgemeinen ideologischen Strukturen des Dritten Reiches und dienen im Folgenden als Rahmen für das Verständnis der Überlegungen in Anders' erstem Brief.

Der Judenmord, legitimiert als »Säuberung« und »Sicherung« und aufbauend auf einem pseudowissenschaftlichen, rassistischen und antisemitischen Nationenbegriff, ist Ausdruck der durch die beschriebene Kälte verursachten Pathologien der Vernunft. Damit lässt sich anschließen an die Definition des Genozids von Mark Levene, der zufolge

> Genocide occurs when a state, perceiving the integrity of its agenda to be threatened by an aggregate population – defined by the state as an organic collectivity, or series of collectivities – seeks to remedy the situation by the systematic, *en masse* physical elimination of that aggregate, *in toto*, or until it is no longer perceived to represent a threat (Levene 2005, 35).

Aus dieser Definition lässt sich folgende Prämisse ableiten: Der Kollektivismus des Nationalsozialismus beruht auf der physischen Eliminierung des Andersseins (insbesondere des jüdischen Andersseins), der Übertreibung der Kälte und der Unterdrückung von Zuneigung aufgrund von Differenz. Die soziale Konstruktion des Nationalsozialismus unterdrückt die Empathie, die Anerkennung von Leid und das Mitgefühl. In diesem Sinne verstand die totalitäre Politik des Dritten Reiches die deutsche Nation als einen Volksorganismus (in Anlehnung an die biologische Terminologie) und von dieser organischen Norm abweichenden Subjekte als Bakterien und Viren, als ›auszurottende‹ Fremdkörper. Somit artikuliert der Nationalsozialismus eine Logik des Verschwindens sowohl der Individuen als auch ihrer persönlichen Geschichte. Dies entspricht den Formen der industriellen Produktion der bürgerlich-kapitalistischen Gesellschaft, die den Prozess der Auflösung des Subjekts in sich birgt. In diesem Prozess ebnen die Apathie und die Gewalt, die in Subjekten ohne affektive Bindungen ruhen, den Weg zur Entmenschlichung. Aus dieser Perspektive wird das, was Adorno den ›Herdentrieb‹ nennt, nicht durch ein ethisches Bestreben vermittelt, Reflexionsprozesse zu gewährleisten und den Folgen der Kälte zu widerstehen. Das bedeutet, dass bürokratische Formen so weit verallgemeinert werden, dass der Tod von Millionen von Menschen zu einer Zahl, d. h. zu einer Abstraktion wird. Dies wird noch deutlicher, wenn man bedenkt, dass die Aufzählung der Opfer in den Konzentrationslagern Teil einer Politik der Entpersönlichung war, bei der persönliche und kulturelle Geschichte ausgelöscht werden sollte. Wie wir im nächsten Abschnitt sehen werden, prägen ähnliche Überlegungen Anders' ersten Brief in starkem Maße.

3 Philosophische Ansätze des ersten Briefes

In der kurzen Korrespondenz zwischen Anders und Adorno (2022), die ansonsten keinen engen Kontakt pflegten, wird das Thema des Nationalsozialismus nicht vertieft. Es fällt jedoch auf, dass die im vorangegangenen Abschnitt paraphrasierten Ideen Adornos eine Nähe zu einigen von Anders' Reflexionen über die Shoah und die Entmenschlichung aufweisen. Für den deutsch-österreichischen Philosophen sind beide Ausdrücke in dem zusammengefasst, was er *das Monströse* nennt. Im ersten Brief in *Wir Eichmannsöhne* weist Anders auf Aspekte hin, die dieses Konzept ausmachen und die eng mit der Figur Adolf Eichmanns verbunden sind:

> 1. Daß es institutionelle und fabrikmässige Vertilgung von Menschen gegeben hat; und zwar Millionen. 2. Daß es Leiter und Handlanger dieser Tätigkeiten gegeben hat; und zwar: sklavische Eichmänner (Männer, die diese Arbeiten annahmen wie jede andere und sich auf Befehl und Treue herausredeten); ehrlose Eichmänner (Männer, die sich zu diesen Ämtern drängten); sture Eichmänner (Männer, die den totalen Verlust ihrer Menschenähnlichkeit in Kauf nahmen, um totale Macht zu geniessen); gierige Eichmänner (Männer, die das Monströse gerade deshalb durchführten, *weil* es ihnen unerträglich war; weil sie sich anders nämlich ihre Unerschütterlichkeit nicht hätten beweisen können); feige Eichmänner (Männer, die froh darüber waren, das Infame einmal mit gutem Gewissen begehen zu können; nämlich nicht nur als etwas nicht Verbotenes, sondern sogar als etwas Gebotenes). 3. Daß Millionen in einen Zustand gebracht und in diesem gehalten wurden, in dem sie nichts davon wussten. Und zwar deshalb nichts wussten, weil sie nichts davon wissen wollten; und zwar deshalb nichts davon wissen wollten, weil sie nichts davon wissen wollen durften. Also Millionen von passiven Eichmännern (Anders 2002, 19–20).

Die Figur und die Handlungen Eichmanns werden nach diesen Ausführungen zu einer Idee, die verschiedene Aspekte der Entmenschlichung, der Kälte und der

Gleichgültigkeit umfasst. Diese Elemente werden insofern zur Monstrosität, als sie dem nationalsozialistischen Staatsapparat und seiner Vernichtungspolitik zugrunde lagen. Die Monstrosität besteht darin, dass diese Merkmale zum *modus vivendi* der vom Nationalsozialismus aufgebauten deutschen Gesellschaft und darüber hinaus zu einer verzerrten Vorstellung von der Wirklichkeit wurden. Die beschriebenen unterschiedlichen Eichmann-Typen sollen aufzeigen, wie die Bürokratisierung im Dritten Reich nicht nur die intersubjektiven Beziehungen, sondern auch die ethischen Aspekte (u. a. Verantwortung für andere, Affektivität) aushöhlt, die angesichts der Entmenschlichung die Entwicklung von Grenzen ermöglichen. Eichmann wird von Anders als Symbol für die Institutionalisierung des Todes und die Ausübung negativer Souveränität schlechthin angesehen. Die ›Eichmänner‹ (ein beträchtlicher Teil von ihnen waren Staatsbeamte) konstruierten das, was Achille Mbembe (2003) *Nekropolitik* nennt. Konkret verweist der Begriff Eichmann auf einen *modus vivendi*, in dem die nekropolitische Praxis und die Bürokratisierung des gesellschaftlichen und individuellen Lebens zusammenfallen. Diese begriffliche Präzisierung erlaubt es uns, die folgende Überlegung des kamerunischen Autors zum Problem der Souveränität im Nationalsozialismus zu vertiefen:

> The perception of the existence of the Other as an attempt on my life, as a mortal threat or absolute danger whose biophysical elimination would strengthen my potential to life and security – this, I suggest, is one of the many imaginaries of sovereignty characteristic of both early and late modernity itself (Mbembe 2003, 18).

Interessant ist, dass Mbembe in Bezug auf den Nationalsozialismus von Vorstellungsräumen der Souveränität spricht. Einerseits schufen Eichmann und die ›Eichmänner‹ durch ihre Taten ein Imaginäres, in dem sich die Staatsmacht in eine Vernichtungsmaschinerie verwandelt, d. h. in eine Negation der Existenz durch die Aufhebung der intersubjektiven Affektivität; andererseits zeigen die Briefe von Anders, dass der Eichmann-Prozess ein anderes Imaginäres schuf: eines, in dem sich die abgesetzte Souveränität der Vergangenheit ihrer Verbrechen durch Gerechtigkeit stellt. Dieses zweite Imaginäre kann als die Wiederherstellung des kollektiven und persönlichen Gedächtnisses der Opfer bezeichnet werden. Diese Restitution liegt wohl auch Anders' Versuch zugrunde, sich Eichmanns Sohn zu nähern: Er versucht, durch philosophische Reflexion und Kritik des nationalsozialistischen Totalitarismus eine Intersubjektivität für die Nachwelt zu rekonstruieren.

Was das Imaginäre der ›Eichmänner‹ anbelangt, so wird es durch das Konzept des *Kadavergehorsams* in einer übergreifenden Weise charakterisiert, das Veronica de Pieri wie folgt definiert:

> [*Kadavergehorsam*] indicates a ›blind‹ fanatical ›obedience‹ or ›excessive loyalty‹ and dates back to Ignatius of Loyola (1558). The word implies a character of passivity; in fact, it subtends an apathetic state in which the individual moves through everyday life like an automaton, moved by inertia rather than his own will (de Pieri 2023, 15).

Die Apathie gegenüber dem Leiden in Verbindung mit der Loyalität gegenüber einer entmenschlichten Souveränität prägen die Handlungen der von Anders beschriebenen ›Eichmänner‹. Darin liegt ihre ›leichenhafte‹ Komponente: Durch Nekropolitik ihrer Affektivität und Individualität beraubt, befinden sie sich in einem Zustand der Nacktheit, der sich nicht in Hilflosigkeit (wie bei den Opfern), sondern in einer Demonstration der thanatischen Praktiken äußert, die den Verbrechen zugrunde liegen. In einem symbolischen Sinne sind die Gesichter und Blicke der ›Eichmänner‹ die Verkörperung des Ungeheuerlichen und der Gleichgültigkeit gegenüber dem Leiden. So wird die nationalsozialistische Souveränität im Verzicht auf das Leben zugunsten des Erfüllungswillens der Ideologie transparent. Die ›Eichmänner‹ verwirklichen sich als Individuen durch einen ständigen moralischen Selbstmord, der nach und nach zu einem Gehorsam führt, der nicht nur fanatisch, sondern auch absurd und fatalistisch ist. Diese Komponenten (Fatalismus mit ›idealistischen‹ Untertönen, Absurdität und Gehorsam) prägen die Vision der Bürokratie und insbesondere der Technik. Es ist kein Zufall, dass de Pieri in diesem Zusammenhang auf Automaten anspielt, denn Automaten synthetisieren die Mechanisierung der Existenz, die Wiederholung *ad infinitum* und das Fehlen eines Körpers und einer verbalen Sprache, die auf der Begegnung und der affektiven Aufmerksamkeit für den anderen beruht. Anders ist sich dessen voll bewusst und bezeugt dies auf verzweifelte Weise.

4 Technik, Vernichtung und Monstrosität: Konzepte der Welt in Asche

Die im vorangegangenen Abschnitt skizzierten Elemente Eichmanns und der ›Eichmänner‹ erlauben es uns, einen weiteren zentralen Punkt des ersten Briefes einzuführen: das Problem der Technisierung der Welt. Anders bringt die nationalsozialistische Ungeheuerlichkeit, Entmenschlichung und mörderische Souveränität mit den industriellen Produktionsweisen und ihren ideologischen Derivaten in Verbindung. Anders reflektiert im ersten Brief explizit über diesen Zusammenhang:

> Was hat das »Monströse« möglich gemacht? Die erste Antwort auf diese Frage klingt banal. Denn sie lautet: die Tatsache, dass wir, gleich in welchem industrialisierten Land wir leben, und gleich, welchen politischen Namen dieses trägt, zu Kreaturen einer technischen Welt geworden sind. Missverstehen Sie mich nicht. An sich ist unsere Fähigkeit, in größtem Maßstab Produkte zu erzeugen, Maschinen zu bauen, uns von diesen bedienen zu lassen, Installationen zu errichten, Verwaltungen zu organisieren und Organisationen zu koordinieren usf. nichts Monströses, sondern etwas Großartiges. Wie und wodurch kann es da zum »Monströsen« kommen? Antwort: dadurch, dass unsere Welt, obwohl von uns selbst erfunden und errichtet, durch den Triumph der Technik so ungeheuer geworden ist, dass sie aufgehört hat, in einem psychologisch verifizierbaren Sinne wirklich noch »*unsere*« zu sein. Dass sie uns »*zuviel*« geworden ist (Anders 2002, 24; Hervorhebungen im Original).

Anders' Interesse an dieser Reflexion liegt in erster Linie in der Analyse der sozialen, philosophischen und ökonomischen Bedingungen, die die Entstehung von Entmenschlichung und Industrialisierung des Todes ermöglichten. Durch diese Reflexion versucht der deutsch-österreichische Philosoph, Klaus Eichmann die Mechanismen aufzuzeigen, die über die Figur seines Vaters hinausgingen und die die westliche Moderne seit dem 19. Jahrhundert geprägt haben. Unter diesem Gesichtspunkt beschränkt sich das Problem der Technik nicht auf die Maschinen. Die Technik bringt Formen der Industrialisierung und Organisation des Alltagslebens mit sich, die strenge Disziplin und eine soziale Neigung zur Aufnahme von Anweisungen zur Maximierung der Produktion voraussetzen. Diese Maximierung wird in dem Maße monströs, wie sich die Technik bis zu dem Punkt hypostasiert, an dem sie das menschliche Handeln und die menschliche Vernunft ihr unterordnet und so eine eigene Dynamik erhält. In diesem Sinne ist es auffällig, dass Anders keinen Unterschied zwischen dem kapitalistischen Produktionssystem und dem ›real existierenden Sozialismus‹ sieht. Die Mechanismen der technisierten Welt unterscheiden nicht zwischen politischen Ideologien, was die Möglichkeit eröffnet, Eichmann als Symbol für instrumentelle Rationalität zu sehen. Die Technisierung verwandelt die Subjekte in Mittel, d. h. in Wegwerfobjekte, deren Gebrauch von konkreten Zielen abhängt. Als zentraler Akteur der Umsetzung der Endlösung verkörperte Eichmann diese Rationalität. In den Vernichtungslagern, in denen industrielles Töten von Menschen und Sklavenarbeit kombiniert wurden, sind die Opfer zugleich Ware und Abfall. Ich nenne diese entmenschlichende Dualität *das Prinzip der ontologischen Degradierung*. Dieses Prinzip setzt voraus, dass die Entleerung der Affektivität, die Erniedrigung und Entpersönlichung grundlegend für die Institutionalisierung der nationalsozialistischen nekropolitischen Herrschaft sind. Voraussetzung dafür, dass dieses Prinzip die Monstrosität erlangt, auf die Anders hinweist, ist die Idee der Technokratie, die in Anders' Perspektive einen zentralen Platz einnimmt. Aus seiner Sicht verwandelt die Technokratie technologische Artefakte und Techniken in »Machtgruppen« und »Pseudomenschen«, die schließlich zu sozialen Mitwirkenden werden, die entpersonalisierte Bindungen erzeugen (vgl. Dries 2013, 187).

Die Bürokratie, die Berichte über die Zahl der getöteten Menschen, der Einsatz der Wissenschaft zur Entmenschlichung oder die numerischen Markierungen auf den Armen der Opfer sind technische und methodische Elemente, die sowohl die ontologische Degradierung als auch die Realität eines totalitären Staates ermöglichen, der sich wissenschaftlicher und technologischer Mittel bedient, um die Beseitigung des Andersseins zu fördern. So gesehen muss die von Anders beschriebene Technokratie im Zusammenhang mit dem Bestreben des Nationalsozialismus verstanden werden, die Monstrosität durch Statistik und Tod *ad infinitum* auszubreiten. Die Auswirkungen reichen bis zu dem Punkt, an dem das menschliche Wissen durch Nekropolitik ausgehöhlt wird. Dieser Punkt zeigt, was Anders mit der Verdunkelung der Welt meint: Die oben beschriebenen Merkmale haben eine Spaltung zwischen der objektiven Realität und der Innerlichkeit der Subjekte bewirkt. Während die ›Eichmänner‹ diese Spaltung herbeiführen, versuchen sie gleichzeitig, sie zu korrigieren, indem sie die ethischen Grundsätze zerstören. Ihre Verbindung zur Welt wird durch Gewalt und die Entwürdigung des Menschen hergestellt. Die Welt, verstanden als Manifestation des praktischen und rationalen Handelns, ist nicht mehr überprüfbar, weil die Vernunft selbst dem Ungeheuerlichen weicht und somit Verbrechen und Zerstörung als Manifestation der Entpersönlichung entstehen. Aus dieser Perspektive wird die Welt so weit verdunkelt, dass die Vorstellungen, die die Subjekte von sich selbst haben, verschwinden. Diese Abwesenheit von Ideen führt zu einer Entleerung der Innerlichkeit und des privaten Raums als Ort, an dem eine kritische Reflexion über die Handlungen und Bedeutungen der Subjekte stattfinden kann. Um diese Entleerung zu vertiefen, kann die folgende Überlegung von Herbert Marcuse im Rahmen seiner Analyse der Industriegesellschaft aufschlussreich sein, denn sie teilt einige der Intuitionen, die bisher in Bezug auf Anders entwickelt wurden:

> Heute wird dieser private Raum durch die technologische Wirklichkeit angegriffen und beschnitten. Massenproduktion und -distribution beanspruchen das *ganze* Individuum, und Industriepsychologie ist längst nicht mehr auf die Fabrik beschränkt. Die mannigfachen Introjektionsprozesse scheinen zu fast mechanischen Reaktionen verknöchert. Das Ergebnis ist nicht Anpassung, sondern *Mimesis*: eine unmittelbare Identifikation des Individuums mit *seiner* Gesellschaft und dadurch mit der Gesellschaft als einem Ganzen. (Marcuse 1970, 35)

Diese Überlegung erlaubt es, Eichmann als ein Symbol zu denken, das diese Verengung der Innerlichkeit durch die mechanisierte Welt insofern repräsentiert, als die vom Nationalsozialismus provozierten Introjektionen das hervorbringen, was wir die *Mimesis des Todes* nennen. Die Grundlage dieser Mimesis liegt in der Verachtung des menschlichen Andersseins, die die Spaltung zwischen Mensch und Welt weiter radikalisiert. Auf die Einschränkung der Innerlichkeit wird mit der Zerstörung der Äußerlichkeit reagiert: Jedes Opfer der ›Eichmänner‹ ist eine mechanisierte Manifestation der Nekropolitik und der Ablehnung der Affektivität. Diese Verachtung, die von einer verkümmerten Affektivität herrührt, verfestigt sich, bis sie zu einer Weltanschauung wird. Diese Erstarrung ›versteinert‹ das soziale Leben bis zu dem Punkt, an dem die Individuen zu moralischen Leichen und Automaten werden. In diesem Sinne stützt sich das nationalsozialistische Regime auf Techniken und technologische Elemente (z. B. die Industrien), um den Tätern jedes ethische Gewissen und den Opfern ihre Existenz zu nehmen. Die Straffreiheit, die die technisierte Staatsgewalt gewährt, macht die Monstrosität zu einer fatalen Bestimmung der Technik, insofern Subjekte wie Eichmann als bürokratische und technokratische Beamte des Dritten Reiches die instrumentelle Vernunft, d. h. den Dualismus zwischen Leben und Wegwerfobjekt, zu ihrer letzten Konsequenz führten. Hierin liegt die unüberbrückbare Kluft zwischen Welt und Subjekt nach Anders: In dem Moment, in dem die ›Eichmänner‹ diese dualistische Logik übernehmen, verlieren die Begriffe des Lebens und des Andersseins ihre Kraft zur Eindämmung der nationalsozialistischen Ideologie. Ein Beispiel für diesen Bedeutungsverlust sind die genetischen Versuche in Auschwitz.[2]

Die oben skizzierten Überlegungen bestätigen den eindimensionalen Charakter der kriminellen Funktionäre im totalitären System. Die Entleerung des Affekts durch die Mimesis des Todes führt zu einer Eindimensionalität, in der Eichmann zum Symbol für die Gewalt wird, die durch den blinden Gehorsam gegenüber der Macht verschärft wird. Das Eindimensionale und Monströse weicht dem, was Anders die Unzulänglichkeit des Gefühls als Produkt des Exzesses nennt. Diese Unzulänglichkeit schafft »emotionale Analphabeten«, denen jeder Interpretationsrahmen für das Ganze fehlt und in denen Gleichgültigkeit und Kälte vorherrschen (vgl. Anders 2002, 28). Anders weist darauf hin, dass in diesen Elementen die Wurzeln der Gleichgültigkeit gegenüber dem Massenmord und damit der Ungeheuerlichkeit zu finden sind:

---

2 Angesichts des Beginns des genetischen Klonens im Jahr 1980 beobachtet Anders in dieser Praxis den Wunsch der instrumentellen Vernunft, die menschliche Spezies als Spezies zu vernichten. Damit verbindet es sich mit der Leitidee nationalsozialistischer Wissenschaft und der Funktionsweise des Konzentrations- und Vernichtungslagers. Babich betont: »Anders [...] reflects some of the experiments undertaken by Nazi medical science for the sake of fully developing or exploiting the so-called *Lebensraum*, new researches perforce explorations of *terra incognita* and yet, as he emphasizes, not for the sake of traditional colonization but towards the end of the new schema of mass destruction and a new means of mass annihilation.« (Babich 2022, 132)

> Sechs Millionen bleiben für uns eine Ziffer, während die Rede von zehn Ermordeten vielleicht noch irgendwie in uns anzuklingen vermag, und uns ein einziger Ermordeter mit Grauen erfüllt. Pausieren Sie hier bitte für einen Augenblick, Klaus Eichmann. Denn nun stehen wir wirklich vor einer der Wurzeln des »Monströsen«. Die Unzulänglichkeit unseres Fühlens ist nämlich nicht einfach ein Defekt unter anderen; sie ist auch nicht nur schlimmer als das Versagen unserer Vorstellung oder unserer Wahrnehmung; sondern schlimmer sogar als die schlimmsten Dinge, die bereits geschehen sind; und damit meine ich: sogar schlimmer als die sechs Millionen. Warum? *Weil es dieses Versagen ist, was die Wiederholung diese schlimmsten Dinge ermöglicht*; was deren Steigerung vielleicht sogar unvermeidlich macht (Anders 2002, 28–29; Hervorhebung im Original).

Die Spaltung zwischen der affektiven Realität und dem Menschen führt nicht nur zu Kälte – es ist bemerkenswert, dass dieses Gefühl sowohl für Adorno als auch für Anders entscheidend für den Zusammenbruch der Vernunft ist –, sondern zu etwas viel Komplexerem: zur Gleichgültigkeit. Die Assoziation, die Anders zwischen dieser und dem emotionalen Analphabetismus herstellt, ist nicht zufällig, da die Gleichgültigkeit, indem sie die Subjekte völlig von jeder Verbindung mit anderen entleert, den Menschen der Sprache und der Fähigkeit beraubt, die Größe des Ungeheuerlichen zu begreifen. Alle oben genannten Merkmale der ›Eichmänner‹ sind Formen der Gleichgültigkeit, die es ermöglichen, die persönlichen Geschichten der Opfer und darüber hinaus die Geschichte der Shoah zu leugnen. Gleichgültigkeit ist auch das Prinzip des Vergessens. Dieses Vergessen verstärkt, was Anders in der oben erwähnten Reflexion mit Sorge sieht: Es schafft die Bedingungen für eine zukünftige Wiederholung des Massenmords. Das Fehlen von Mitgefühl und eines verantwortungsvollen Blicks auf das Anderssein zieht sich nach dieser Einschätzung durch die Idee der staatlichen Souveränität selbst. Die Unzulänglichkeit des Gefühls, die durch die Technisierung gesteigert wird, verfestigt sich in allen sozialen Dimensionen, einschließlich der Macht.

Es ist daher nicht verwunderlich, dass das Bild des Rädchens die Ermächtigung dieser Unzulänglichkeit in den sozialen und bürokratischen Strukturen des Nationalsozialismus am besten veranschaulicht. Sowohl Eichmann als auch die ›Eichmänner‹ waren Rädchen einer Nekropolitik, die die radikale Umgestaltung der Kultur durch das physische, historische und symbolische Verschwinden der Juden und anderer als ›minderwertig‹ angesehener Menschen anstrebte. In diesem Sinne signalisiert das Getriebe sowohl die universelle Mechanisierung der Erfahrung als auch die Funktionalität innerhalb des Systems, sodass die Idee des Menschen zu einer Wegwerfware forciert wird (vgl. Liessmann 2011, 129). Dieses Unverständnis bei Figuren wie Eichmann offenbart in Wirklichkeit eine verkümmerte Vernunft, denn die Beamten waren sich in ihrem rationalen Wahn des industriellen Massakers bewusst, das auf ihren Befehl hin stattfand. Diese Verkümmerung der Vernunft, aus der sich das bereits beschriebene Prinzip der ontologischen Degradierung ergibt, bedeutet, dass die

Existenz der Opfer die Form einer Abstraktion angenommen hat, in der die Geschichte nichts mehr aussagt. Die Unfähigkeit, sich auf die individuellen Geschichten der Opfer einzulassen, ist Teil der Entmenschlichung, da durch die Abkehr von ethischen und affektiven Begriffen die Erinnerung nicht mehr Teil der sozialen Dynamik ist. Die Angst vor der Abwesenheit von Erinnerung kann an dieser Stelle als eine der wesentlichen Triebfedern von Anders' erstem Brief gelesen werden. Der Brief fungiert sowohl für Klaus Eichmann als auch für die nachfolgenden Generationen als Erinnerung, da er eher einen öffentlichen als einen privaten Charakter hat.

Die emotionale Unzulänglichkeit wird jedoch problematischer, wenn man erkennt, dass die instrumentelle Vernunft – die den technischen Rahmen und die entmenschlichte Gesellschaft und damit die Trennung von Mensch und Welt durch einen entzauberten Prozess der Aufklärung schafft – die Tendenz verstärkt, die persönlichen Geschichten der Opfer zu vergessen. Dies geschieht, weil diese Art von Rationalität die Existenz der Subjekte nur als Mittel zum Zweck betrachtet, Emotionen spielen in ihr keine zentrale Rolle. In einem Kommentar zu Adornos und Horkheimers *Dialektik der Aufklärung* spricht der anglo-französische Philosoph Ray Brassier die von Anders thematisierte emotionale Unzulänglichkeit an:

> In anatomizing consciousness and life, the thanatosis of enlightenment not only dismembers the vital unity of being; more fundamentally, it objectifies the subject in such a way as to sunder the putative reciprocity between mind and world. It dispossesses the subject of thought. (Brassier 2007, 45).

Durch die Atomisierung beider Sphären verwandelt die techno-bürokratische Rationalität die Subjekte in Objekte, die einer Subjektivität beraubt sind, die es ihnen ermöglicht, die Welt und das Anderssein zu verstehen. Nicht nur die Einheit des Seins (d. h. des Lebens) wird fragmentiert, sondern auch die ethischen Ideen, die ein konkretes Verantwortungsgefühl untermauern. Die Folge dieses Mangels ist die von Brassier beschriebene Thanatose der Vernunft, d. h. die Nachahmung des Todes. Dass der anglo-französische Philosoph einen Begriff aus der Tierwelt wie Thanatose verwendet, spielt auf den Rückfall in Formen des Überlebens- und Jagdverhaltens an, die während der NS-Zeit zum *modus vivendi* von Opfern und Tätern wurden. Das bedeutet, dass die Techniken die Subjekte des Denkens berauben, das sie mit einer ethischen Sicht der Existenz verbindet. Diese Enteignung des Denkens spiegelt sich in politischem Fanatismus und Völkermord, kurz gesagt, in der Nekropolitik wider.

Angesichts der existenziellen Risiken dieser Enteignung des Denkens kann die Erinnerung als ethische Eindämmung und als Mittel zur Wiederherstellung oder Semantisierung der Bedeutung des Andersseins und des Lebens im Allgemeinen fungieren. Sie ›neutralisiert‹ die Nekropolitik, um der Zerbrechlichkeit des sozialen Zusammenlebens und der Möglichkeit, über die Zukunft nachzudenken, Platz zu machen. Die Verdunkelung der Welt und die Angst vor der Wiederholung von Ereignissen wie der Shoah bringen auch das Bewusstsein des Scheiterns mit sich, das der Ursprung jedes ernsthaften Versuchs ist, eine Ethik zu begründen, die auf der Erfahrung der Barbarei beruht. Einige Aspekte dieser Ethik werden im folgenden Abschnitt erörtert.

5 Erinnerung, Verantwortung und Ethik nach Anders

Die Begründung einer Ethik, die sich auf die Erinnerung stützt, findet sich in einem Unterabschnitt des ersten Briefes, den Anders mit »Die Chance des Scheiterns« betitelt. Darin schreibt er:

> Die Erfahrung unseres Versagens [stellt] selbst noch einmal eine *Chance* dar [...], eine positive moralische Gelegenheit; dass sie einen Hemmungs-Mechanismus in Bewegung setzen kann. *Dem Schock unseres Versagens wohnt nämlich warnende Kraft inne.* Gerade aus ihm erfahren wir nämlich, dass wir nun jene letzte Grenzstation erreicht haben, hinter der sich die zwei Wege der Verantwortung und der Skrupellosigkeit unwiderruflich gabeln. Wer wirklich einmal versucht hat, sich die Effekte des von ihm geplanten Tuns (bzw. die Effekte des Plans, in den er ahnungslos hineinmontiert worden war) vorzustellen; und wer sich nach dem Scheitern dieses Vorstellungsversuches dieses Scheitern wirklich eingestanden hat, der gerät dadurch in Angst; in heilsame Angst vor dem, was er anzurichten im Begriff stand; und dadurch fühlt er sich dazu aufgerufen, seine Entscheidung (bzw. das, was er, ohne selbst eine Entscheidung getroffen zu haben, beinahe mit-verursacht hätte) noch einmal zu überprüfen und sein Mit-tun nun von seiner eigenen Entscheidung abhängig zu machen – kurz; der hat damit die Gefahrenzone, in der ihm Eichmannhaftes passieren, und in der er »ein Eichmann« werden könnte, bereits hinter sich gebracht (Anders 2002, 34–35; Hervorhebung im Original).

Das Scheitern, auf das Anders anspielt, hat in erster Linie mit der oben herausgearbeiteten Unzulänglichkeit des Gefühls zu tun, aber auch mit der zerstörerischen Praxis (in diesem Zusammenhang der Shoah), die es mit sich bringt. Das Scheitern besteht für Anders in der Unfähigkeit, Angst zu empfinden und die Zeichen der Entmenschlichung zu erfassen, die für den technokratischen Apparat des Nationalsozialismus charakteristisch sind. Dennoch sieht Anders in diesem Scheitern die Chance, eine Zukunft zu gestalten, in der der ›Kampf‹ gegen die Abwesenheit von Affektivität auf der Anerkennung jener Aspekte beruht, die die Subjekte zerbrechlich machen. Die Angst vor dem eigenen Handeln kann als eine Möglichkeit verstanden werden, aus der ethischen und persönlichen Sphäre heraus gegen die Gleichgültigkeit Eichmanns und der ›Eichmänner‹ zu kämpfen.

An diesem Punkt ist die Erinnerung an die Opfer von grundlegender Bedeutung, da sie als Grenze und Warnung vor den politischen Folgen der durch den Nationalsozialismus herbeigeführten Entmenschlichung steht. Die Warnung vor der persönlichen und gesellschaftlichen Dekadenz von Figuren wie Eichmann und den Eichmännern stellt die Furcht als ethische Kategorie wieder her, die für eine Vergesellschaftung, die auf dem Kampf gegen Kälte und Gleichgültigkeit beruht, unerlässlich ist. Furcht bedeutet in diesem Zusammenhang nicht, das Leiden der Opfer zu ignorieren, sondern ihnen aufmerksam zuzuhören. Die alltäglichen Erfahrungen der Überlebenden der Shoah zu erforschen, ist insofern heilsam, als das Gedenken eine historische Empathie aufbaut. Durch die Furcht hören die Opfer auf, numerische Abstraktionen zu sein, sie beginnen, ein Gesicht und damit eine persönliche Geschichte zu haben. Das Nachdenken über eine Ethik, die durch Furcht vermittelt wird, erscheint angesichts der bereits im vorherigen Abschnitt beschriebenen Eindimensionalität als dringend notwendig. Wenn Eindimensionalität der Raum der Gleichgültigkeit ist, bietet die Ethik der Furcht die Möglichkeit, sich dem Schmerz der Opfer zu nähern. In diesem Sinne räumt die Erinnerung, indem sie das Grauen des Völkermords in Form von Reflexion latent hält, der Verantwortung und der Macht der Warnung und Begrenzung einen herausragenden Platz ein. Um diesen Punkt zu vertiefen, lohnt es sich, auf die Überlegungen von Hans Jonas hinzuweisen:

> Verantwortung ist die als Pflicht anerkannte Sorge um ein anderes Sein, die bei Bedrohung seiner Verletzlichkeit zur »Besorgnis« wird. Als Potential aber steckt die Furcht schon in der ursprünglichen Frage, mit der man sich jede aktive Verantwortung beginnend vorstellen kann: was wird ihm zustoßen, wenn ich mich seiner nicht annehme? Je dunkler die Antwort, desto heller gezeichnet die Verantwortung. Und je weiter noch in der Zukunft, je entfernter vom eigenen Wohl und Wehe und je unvertrauter in seiner Art das zu Fürchtende, desto mehr müssen Hellsicht der Einbildungskraft und Empfindlichkeit des Gefühls geflissentlich dafür mobilisiert werden: eine aufspürende Heuristik der Furcht wird nötig, die nicht nur ihr das neuartige Objekt überhaupt entdeckt und darstellt, sondern sogar das davon (und nie vorher) angerufene, besondere sittliche Interesse erst mit sich selbst bekannt macht (Jonas 1979, 391–392).

Die Finsternis der Welt, die sich in der völkermörderischen Technokratie des Nationalsozialismus manifestiert, verlangt nach einem rückblickenden und vorausschauenden kritischen Blick, d. h. nach einer Sorge um die Existenz und die politischen Formen als Leitprinzip des gesellschaftlichen Zusammenlebens. Es ist wichtig festzuhalten, dass sowohl für Anders als auch für Jonas das ethische Moment aus der Furcht und der Sorge erwächst: Können letztere einen Sinn für die Welt und die Vernunft bewahren, wenn beides durch Akteure wie Eichmann ausgehöhlt wurde? So wie die Frage nach der Zukunft den Raum der Affekte (Überlegung, Anerkennung der Differenz usw.) hervorbringt, so ruft die Sorge um die

Erinnerung die Forderung nach einem philosophischen Denken hervor, das in der Geschichte eine der klarsten Grundlagen für eine Ethik der Furcht sieht. Ein Wort, das helfen kann, das Potenzial dieser Ethik zu entfalten, ist ein Synonym für Erinnerung: *Andenken*.

Der erste Brief von Anders kann als eine Übung im *An-Denken* gelesen werden, im Sinne eines Durch-Denkens der Erinnerung an die Opfer und der Taten Eichmanns, um den künftigen Generationen und Klaus Eichmann selbst zu zeigen, dass Angst eine Form der Versöhnung mit der persönlichen und kollektiven Vergangenheit darstellt. Diese Versöhnung zu demonstrieren, ist der Eckpfeiler dessen, was Jonas in der oben erwähnten Reflexion als Sensibilität des Gefühls bezeichnet und was die Öffnung hin zur Beseitigung jedes Elements, das eine Wiederholung eines Ereignisses wie der Shoah wieder möglich machen würde, gestaltet.

Nach den obigen Überlegungen betrifft die Verantwortung nicht mehr nur die Gegenwart, sondern auch die Zukunft. Die Erinnerung an die Opfer stärkt, wenn sie als philosophisches Projekt für künftige Generationen wiederhergestellt wird, die Idee einer empathischen Intersubjektivität. Das Leiden der Opfer verkörpert zwar das Prinzip der ontologischen Degradierung, ermöglicht aber auch die Wiederherstellung der Sensibilität, die für die Ablehnung der Nazi-Barbarei unerlässlich ist. An diesem Punkt muss die Verantwortung auch als ein Einsatz gegen die Mechanisierung der Existenz verstanden werden, da sie eine intersubjektive Beziehung voraussetzt, die durch die Sorge und das Bewusstsein für das Leiden vermittelt wird. Traverso (2014, 228) weist darauf hin, dass das Aufkommen einer Sensibilität gegenüber den Opfern (etwas Neues in der Geschichte vom 20. Jahrhundert bis heute) eine Vertiefung von Walter Benjamins berühmtem Bild des Engels der Geschichte ermöglicht, d. h. einer Geschichte, die als Trümmer und Schrecken verstanden wird, in der die Erlösung der Subjekte nicht mehr die Hauptrolle spielt. Das Entstehen dieser Sensibilität (und damit der Ethik der Angst) wird durch die Verzweiflung und das Fortbestehen des Ungeheuerlichen vermittelt. Dennoch und trotz allem offenbart diese Sensibilität, die im Rückblick den Rand des Trümmerbergs sieht, eine Qualität, die verhindert, dass die Unzulänglichkeit des Gefühls zum einzigen verhängnisvollen Weg der Menschheit wird. Benjamins Engel der Geschichte ist nach der Erfahrung der Vernichtung und dem Aufstieg der ›Eichmänner‹ vor dem Schrecken des Verbrechens geflohen. Die Subjekte bleiben ohne historische Erlösung und stehen in der Verantwortung der künftigen Generationen. Die Abwesenheit von Erlösung, die das 21. Jahrhundert kennzeichnet, ist Teil der Folgen von Eichmanns Taten. Die Unfähigkeit, mit dem Schmerz der Besiegten bzw. der Opfer umzugehen, wird zu einem sozialen und kulturellen Problem, das den Weg für das historische Vergessen und damit die Gefahr einer Wiederholung der Verbrechen des Faschismus ebnet.

6 Fazit

Die Überlegungen in den vorangegangenen Abschnitten zeugen davon, dass Zerstörung, Kälte, Gleichgültigkeit und Schmerz mit Vorstellungen von Staat, Vernunft und intersubjektiven Beziehungen verknüpft sind. Das bedeutet, dass sie trotz des zeitlichen Abstands zu den Verbrechen des Nationalsozialismus die Interpretationen des gesellschaftlichen Lebens im 21. Jahrhundert prägen. Die philosophische und gesellschaftliche Aufarbeitung der Erinnerung garantiert zwar nicht das Ende der Entmenschlichungsprozesse, denen die Menschen unterworfen sind, bietet aber die Möglichkeit, das Denken zum Motor der Erinnerung zu machen. Letzteres schafft eine ›moralische Vorstellungskraft‹ (vgl. Ombrosi 2022, 80) deren Kraft darin besteht, die Philosophie zu einem Mittel zu machen, das dem Vergessen widersteht. Darauf weist Orietta Ombrosi hin, die diesen Ausdruck von Anders übernommen hat:

> »Moral imagination«: there is much to say, to think, even to invent, about this expression, this idea, which is absolutely unprecedented in the field of moral philosophy – unprecedented because on imagination or fancy are founded no more eventual aesthetical categories, but exactly the premises of a new ethic capable of observing the happening, of approaching it and able, above all, to imagine the enormity of what could still happen (Ombrosi 2022, 80).

Diese Überlegung lässt vermuten, dass die moralische Vorstellungskraft in der Lage ist, eine Ethik zu schaffen, die die Möglichkeit einer Wiederholung der Shoah anerkennt. Durch diese Erkenntnis ist diese Vorstellungskraft in der Lage, ein Gedenken im Zeichen der Opfer und damit auch gemäß der Kategorie der Furcht zu etablieren. Die Position der Philosophie unter diesen Umständen ist nicht trivial, denn sie umreißt eine grundlegende Prämisse: Die Verbrechen Eichmanns und der Funktionäre des Nationalsozialismus aus philosophischer Sicht zu lesen (wie Anders es tut), öffnet die Tür zu einer Klärung der Gründe, warum die Nekropolitik Gesellschaften auch weiterhin heimsuchen kann. Über das bereits Gesagte hinaus kann man die Bedeutung des entsprechenden Nachdenkens über Eichmann und die Shoah auch unter einem anderen, ergänzenden Blickwinkel sehen. Wenn das Wort ›Philosophie‹ in seinem etymologischen Ursprung die Liebe zur Weisheit bezeichnet, muss diese auch dem Leiden der Opfer Raum geben. Eine solche Philosophie verdeutlicht das Scheitern der westlichen Denksysteme und zugleich ihre Überwindung in ethischer Hinsicht. In seinem Brief an Klaus Eichmann demonstriert Anders diese Überwindung nicht nur durch Theorie, sondern auch durch politisches und ziviles Handeln. Der erste Brief kann als ein Plädoyer für die Rekonstruktion der Erinnerung an die Shoah in Deutschland im Sinne eines Andenkens der Opfer und der Verteidigung von Menschlichkeit gelesen werden. In dieser Hinsicht ist es erstaunlich, wie wenig dieser Text bisher beachtet wurde.

Eine systematische Untersuchung des ersten Briefes kann für die Analyse der Handlungen Eichmanns und der nationalsozialistischen Funktionäre fruchtbar sein, die durch technisierte Staatsgewalt und politischen Fanatismus die Prinzipien des gesellschaftlichen Zusammenlebens und des Menschseins aushöhlten. Nach der hier vorgelegten Analyse besitzt dieser Brief das gleiche Potenzial und die gleiche philosophische Strenge wie die inzwischen kanonisierten Texte Arendts über Eichmann. Die wenigen wissenschaftlichen Beiträge zu Anders' Text enthalten ein kritisches Element. Dies ist der Fall bei Oshrat Cohen Silberbusch:

> Anders trägt dem menschlich-ethischen Gesichtspunkt Rechnung in Sätzen, die wie eine Warnung gegen seine eigene Systematik tönen, doch lässt er es bei diesen einzelnen, leisen Einwänden bewenden und verzichtet letztendlich darauf, sich in seiner Philosophie mit der *dimension humaine* der Shoah auseinanderzusetzen – mit anderen Worten, die Frage der moralischen Implikationen zu stellen. Die Abwesenheit einer ernsthaften ethischen Reflexion ist kaum überraschend bei einem Philosophen, für den in der »verapparatisierten Welt ... die bisherigen religiösen und philosophischen Ethiken ausnahmslos und restlos obsolet geworden« sind. Obsolet und antiquiert wie ihr Träger, der Mensch. (Cohen Silberbusch 2013, 102)

Nach den in dieser Arbeit angestellten Überlegungen entbehrt die Einschätzung der Autorin insofern einer soliden Grundlage, als bereits dem Moment, in dem Anders beschließt, an Klaus Eichmann zu schreiben, ein starker ethischer Vorschlag implizit ist. Gerade die Obsoleszenz des Menschen ist der Ursprung des Anliegens des deutsch-österreichischen Philosophen und darüber hinaus die Genese einer Ethik der Angst. Um deren *dimension humaine* zu rekonstruieren, muss man zunächst eine Tugendethik skizzieren, die bei Anders in dem Moment zu finden ist, in dem er an die Angst appelliert und ganz systematisch den technokratisch-bürokratischen Apparat des Dritten Reiches und Eichmann kritisiert. Der von Cohen Silberbusch zitierte Satz widerspricht Anders' Argumentation: Für Anders liegt das Problem darin, die Shoah mit den ethischen Rahmenbedingungen zu denken, die der Katastrophe vorausgingen. Daraus ergibt sich die Notwendigkeit eines neuen ethischen Ansatzes, der sich, wie wir gesehen haben, auf die menschliche Schwäche und die Erinnerung an die Opfer stützt. Die menschliche Dimension wird somit durch das Bewusstsein des Leidens und der Verwüstungen der technisierten Nekropolitik neu konstruiert.

Meine Lektüre des ersten Briefs hat das Ziel verfolgt, Anders' Ethik in Bezug auf die Shoah zu systematisieren und gleichzeitig an seiner Interpretation der Figur Eichmanns die philosophischen, politischen und soziotechnischen Ursprünge des Nationalsozialismus festzumachen. Die Rekonstruktion der Überlegungen von Anders soll zeigen, dass auch mehr als 60 Jahre nach dem Prozess in Jerusalem die Taten des Dritten Reiches weiterhin in Erinnerung gehalten werden müssen, um die Gesichter der Opfer nicht zu vergessen und eine Gleichgültigkeit zu verhindern, die für den deutsch-österreichischen Philosophen beunruhigend und entmutigend war.

Literaturverzeichnis

Adorno, Theodor. »Erziehung nach Auschwitz«. *Erziehung zur Mündigkeit, Vorträge und Gespräche mit Hellmuth Becker 1959 – 1969*. Hg. Gerd Kadelbach. Frankfurt am Main: Suhrkamp, 1970. 92–109.

Anders, Günther. *Gut, dass wir einmal die hot potatoes ausgraben. Briefwechsel mit Theodor W. Adorno, Ernst Bloch, Max Horkheimer, Herbert Marcuse und Helmuth Plessner*. München: C.H. Beck, 2022.

Anders, Günther. *Wir Eichmannsöhne. Offener Brief an Klaus Eichmann*. München: C.H. Beck, 2002.

Babich, Babette. *Günther Anders' Philosophy of Technology*. London: Bloomsbury Academic, 2022.

Brassier, Ray. *Nihil Unbound. Enlightenment and Extinction*. Hampshire: Palgrave Macmillan, 2007.

Cohen Silberbusch, Oshrat. »Wir Eichmannsöhne? Günther Anders und die Shoah«. *Zeitschrift für Ideologiekritik* 2 (2013): 92–103.

Dries, Christian. »Technischer Totalitarismus: Macht, Herrschaft und Gewalt bei Günther Anders«. *Etica y politica / Ethics & Politics* 15.2 (2013): 175–198.

Jonas, Hans. *Das Prinzip Verantwortung. Versuch einer Ethik für die technologische Zivilisation*. Frankfurt am Main: Insel, 1979.

Levene, Mark. *Genocide in the Age of Nation-State. Volume I: The Meaning of Genocide*. London: I.B Tauris & Co. Ltd, 2005.

Liessmann, Konrad Paul. »Thought after Auschwitz and Hiroshima: Günther Anders and Hannah Arendt«. *Enrahonar. Quaderns de Filosofía* 46 (2011): 123–135.

Marcuse, Herbert. *Der eindimensionale Mensch*. Berlin: Luchterhand, 1970.

Mbembe, Achille. »Necropolitics«. *Public Culture* 15.1 (2003): 11–40.

Ombrosi, Orietta. »›The darkened world‹. After Auschwitz and Hiroshima's Catastrophes, according to G. Anders and T. W. Adorno«. *Tetsugaku* 6 (2022): 72–87.

Pieri, Veronica de. »Wird irgendetwas mit mir geschehen? Psycho(patho)logical perspectives on Hannah Arendt's *The Banaity of Evil*«. *Dive-In* 3.1 (2023): 7–42.

Stangneth, Bettina. *Eichmann Before Jerusalem. The Unexamined Life of a Mass Murder*. London: Vintage, 2016.

Traverso, Enzo. *Geschichte als Schlachtfeld. Zur Interpretation der Gewalt im 20. Jahrhundert*. Bonn: VG Bild-Kunst, 2014.

IV Literarisierung und Fiktionalisierung von Täterschaft

Yuuki Kazaoka

Ingeborg Bachmanns Versuche der literarischen Bearbeitung des Bösen und der Eichmann-Prozess

Mein Beitrag thematisiert am Beispiel Ingeborg Bachmanns, wie der Eichmann-Prozess sowie der damit verbundene Begriff des ›Bösen‹ in den 1960er-Jahren literarisch bearbeitet werden. Bachmanns Nachdenken über das Böse geht auf Hannah Arendts *Eichmann in Jerusalem. A Report on the Banality of Evil* (1963) zurück. Ich beleuchte dieses Thema anhand von Texten Ingeborg Bachmanns, die aus den 1960er-Jahren stammen. Die Analyse entfaltet sich in zwei Schritten: Zuerst gehe ich anhand von Briefen auf Bachmanns Beziehung zu Arendt ein, in einem zweiten Schritt untersuche ich, in welcher Gestalt das Böse in den Gedichtfragmenten und anderen Texten identifizierbar ist. Dabei untersuche ich insbesondere Bachmanns Wortwahl sowie literarische Stilmittel.

1 Ingeborg Bachmann und Hannah Arendt

Die bisherige Forschung hat einige bedeutende Aspekte über die Beziehung zwischen Bachmann und Arendt zu Tage gebracht, die mit der Begegnung der beiden Autorinnen 1962 in den USA beginnt. Bachmanns Lesung fand am 12. Juni 1962 im Goethe-Haus in New York City statt, es war ihre zweite Reise in die USA. Welchen Text Bachmann las, konnte ich im Zuge meiner Recherche nicht eruieren. Am 18. Juni 1962 berichtete Arendt gegenüber dem Verlag,[1] der auch Bachmanns Texte verlegt, von dem Treffen mit den folgenden Sätzen: »dass ich hier Ingeborg Bachmann kennengelernt habe und dass wir uns, glaube ich, sehr gut verstanden haben.« (zit. n. Wild 2009, 121) Diese Formulierung ist bemerkenswert und bringt Arendts Vertrauen gegenüber Bachmann zum Ausdruck, allerdings unter Vorbehalt mit den Worten »glaube ich«. Wild zufolge sind keine weitere Einzelheiten überliefert (2009, 121).

Bachmann wiederum berichtete Hans Magnus Enzensberger über diese Reise. Der Brief beginnt wie folgt: »ein langer Brief schimmelt in meinem Koffer, der wird

1 Der Korrespondent im Verlag war Hans Rössner, der »während der NS-Zeit SS-Obersturmbannführer und Referatsleiter im Reichssicherheitshauptamt, das heißt direkter Untergebener Adolf Eichmanns« (Wild 2009, 129) war. Rössners Vergangenheit war Arendt nicht bekannt.

Open Access. © 2024 bei den Autorinnen und Autoren, publiziert von De Gruyter. (cc) BY-NC-ND Dieses Werk ist lizenziert unter der Creative Commons Namensnennung - Nicht-kommerziell - Keine Bearbeitungen 4.0 International Lizenz.
https://doi.org/10.1515/9783111077345-015

wohl erst in Rom abgeschickt werden«; dann setzt sie fort: »Ich hab, hatte, Dir soviel zu erzählen (oder war es gar nicht soviel? never mind)« (Bachmann und Enzensberger 2018, 124). Aus diesen Worten spricht Bachmanns Freude und Zufriedenheit. Bachmann bezeichnet diesen Aufenthalt in New York als »schön«, »drinkreich« und »glaubhaft« (ebd.). Aus der Formulierung, dass da »diesmal auch gute Leute für mich waren und nicht nur das Stadt- und Landgespenst ohne Zugang wie beim ersten Mal« (ebd.), lässt auf einen freundlichen Empfang und einen produktiven Austausch schließen. Zu den »gute[n] Leute[n]« kann mit ziemlicher Sicherheit auch Hannah Arendt gezählt werden.

Dies belegt Bachmanns Brief an Arendt vom 16. August 1962 aus Uetikon. Dieser Brief ist Bachmanns einziger, überlieferter Brief an Arendt. Bachmann beginnt ihren Brief mit Verweis auf die »grosse Sommerapathie in Rom« (zit. n. Weigel 1999, 463), die es ihr schwer gemacht habe, Arendt zu schreiben. Sie fährt fort:

> [...] doch habe ich, in Gedanken, über den Atlantik oft ein Blatt zu Ihnen geschickt, auf dem so viel gar nicht steht, aber auf dem zumindest stehen sollte: dass ich so sehr froh war, Sie zu treffen und zu Ihnen kommen zu dürfen. Ich habe nie daran gezweifelt, dass es jemand geben müsse, der ist, wie Sie sind, aber nun gibt es Sie wirklich, und meine ausserordentliche Freude darüber wird immer anhalten. [...] Gerne wüsste ich, wann Ihre Arbeit über den Eichmann-Prozess erscheint – für den Fall, dass sie nicht gleich in Deutschland gedruckt wird (denn das erführe ich ja auch rasch). (zit. n. Weigel 1999, 463)

Wild (2009, 122) lenkt die Aufmerksamkeit auf Bachmanns Wortwahl, und zwar auf die beiden Formulierungen »in Gedanken« und »über den Atlantik«, die er wie folgt kommentiert: »Den Weg der Heimat- und Staatlosen, die während der NS-Zeit aus Europa nach Amerika flohen, vollzieht Bachmann ›in Gedanken‹ nach, wenn sie Arendt Blätter ›über den Atlantik‹ schickt.«

»Ein Blatt [...] auf dem so viel gar nicht steht, aber auf dem zumindest stehen sollte« – diese Briefstelle bringt Bachmanns Bescheidenheit zum Ausdruck und im Vergleich zum Brief an Enzensberger versucht Bachmann auf andere Weise, ihre Freude in Worte zu fassen. Der Satz »Ich habe nie daran gezweifelt, dass es jemand geben müsse, der ist, wie Sie sind, aber nun gibt es Sie wirklich« sticht besonders hervor. Das hier zum Ausdruck gebrachte Gefühl ist jener starken Freude ähnlich, endlich die Person zu finden, nach der man sich sehnt und auf die man lange wartet. Diese Textstelle legt Weigel so aus: »Die Formulierung ›jemand, der ist, wie Sie sind‹, verweist auf die über das Individuelle und Persönliche hinausgehende historische Bedeutung [...].« (Weigel 1999, 464) Für Stuhlmann erschließt sich der Satz »über das Adverb ›wirklich‹, das zum Schlüssel dieser Stelle wird: in der Begegnung mit Arendt ist Bachmanns Hoffnung auf eine vertraute Person ›wirklich‹ geworden [...].« (Stuhlmann 2005, 104) Auch in der nachfolgenden Briefstelle zeigt Bachmann, wie sehr sie sich weitere Begegnungen wünscht, indem sie Arendt ihre Telefonnummer und ihren Wohnsitz mitteilt und ihr sogar anbietet, sie am Bahnhof oder Flughafen zu empfangen. Laut Sigrid Weigel (1999, 464) ist ein zweites Treffen allerdings nicht zu belegen. Für diese Untersuchung ist es interessant, dass Bachmann Arendts Bericht über den Eichmann-Prozess erwähnt. Zwar enthält Bachmanns Privatbibliothek Arendts *Eichmann in Jerusalem* nicht, was jedoch nicht bedeutet, dass Bachmann Arendts Bericht über diesen Prozess nicht gelesen hätte. Weigel (1999, 464) zufolge sind mehrere Arendt-Bücher (*Rahel Varnhagen, Die Ungarische Revolution und der totalitäre Imperialismus, Über die Revolution, Vita activa oder Vom tätigen Leben* und *Wahrheit und Lüge in der Politik*) in Bachmanns Bibliothek überliefert. Daraus lässt sich Bachmanns Interesse für Arendts Denken ablesen.

Weiteren Aufschluss gibt der Briefwechsel zwischen Arendt und Klaus Piper. Im Brief vom 17. September 1962 schlägt Arendt ihrem Verleger Bachmann als Übersetzerin für das Buch *Eichmann in Jerusalem* vor. Arendt glaubte nämlich, dass wegen des »Übersetzungsproblem[s]« (zit. n. Wild 2009, 124) nicht sie selbst, sondern eine andere Person den Text ins Deutsche übertragen sollte – und zwar jemand, der wie ein Schriftsteller schreiben könne. Für die deutsche Ausgabe ihres Eichmann-Buches sah Arendt also mehr als eine gewöhnliche Übersetzungsfähigkeit als erforderlich an. Arendt selbst fand Bachmann als Übersetzerin »eine ganz und gar wilde Idee«, die sie wie folgt begründet: »Wir denken in vielen Dingen ähnlich und sie wird nicht so schockiert sein wie vielleicht mancher andere« (zit. n. Wild 2009, 124). Diese Briefstelle verdeutlicht, dass die oben erwähnte Formulierung »dass wir uns, glaube ich, sehr gut verstanden haben« auf ein tiefes Verständnis beider Frauen hindeutet.

Der Briefempfänger, Klaus Piper, zeigte sich von Arendts Vorschlag nicht überzeugt. Im Brief vom 15. Oktober 1962 teilte er mit, dass er Ende Oktober bei der Tagung der Gruppe 47 mit Bachmann darüber sprechen werde (vgl. Wild 2009, 124). Piper war skeptisch, dass Bachmanns Englischkenntnisse für die Übersetzung ausreichen würden. Im November schrieb er:

> Fräulein Dr. Bachmann wollte Ihnen selbst schreiben, bat aber auch mich, Ihnen zu sagen, daß sie sich über Ihre Frage, ob sie das Buch übersetzen könne, sehr freute. [...] Leider musste sie aber dann, als wir ausgiebig über die Sache sprachen, feststellen, daß einfach ihr Englisch für eine einigermaßen anspruchsvolle Übersetzungsaufgabe nicht ausreiche. (zit. n. Wild 2009, 124–125)

Wild (2009, 125) erscheint Pipers Aussage in Bezug auf Bachmanns Englischkenntnisse allerdings dubios, da Bachmann bereits Clayton Wolfes Theaterstück übersetzt hatte. Als möglichen Grund für die Absage nennt Wild Bachmanns Trennung von Max Frisch 1962 und die dadurch ausgelösten gesundheitlichen Probleme.

Eine spätere Äußerung Arendts zeigt, dass diese sich weiterhin für Bachmann interessierte. In einem Briefwechsel zwischen Arendt und Uwe Johnson – auf einer Postkarte vom August 1974 – schreibt Arendt, dass sie Johnsons Buch über »die Klagenfurt-Ingeborg Bachmann« (Arendt und Johnson 2004, 132) gelesen habe und darüber mit ihm sprechen möchte. Gemeint ist hier der 1974 erschienene Text *Reise nach Klagenfurt*, den Johnson anlässlich von Bachmanns Tod verfasst hatte.

> Ich habe zufällig hier »Simultan« von ihr aufgestöbert. Was für eine reine Erzählerbegabung! Wie schön die letzte Novelle mit der »grossen Liebe«! Wäre es in ihrem Sinne gewesen, die Männer einfach aus ihrem Leben zu streichen? (Arendt und Johnson 2004, 132)

Hier zeigt sich Arendts hohe Wertschätzung für Bachmanns literarisches Schaffen. Besonders die Liebesthematik in Bachmanns Text lässt Arendt aufmerken. Die Frage »Wäre es in ihrem Sinne gewesen, die Männer einfach aus ihrem Leben zu streichen?« (ebd.) wäre vielleicht ein Ausgangspunkt für ein Gespräch gewesen, wenn sich Bachmann und Arendt nochmals hätten treffen können. Denn in einem Interview am 22. März 1971 macht Bachmann (1983, 71) auf die Ich-Erzählerin in *Malina* aufmerksam, die »von der Krankheit der Männer« spricht.

Bachmanns persönliche Verbindung mit Arendt ist also belegt. Diese steht in zeitlicher Nähe zum Eichmann-Prozess und in direktem Bezug zu Arendts *Eichmann in Jerusalem*. Im Folgenden gehe ich der Frage nach, ob Arendts in *Eichmann in Jerusalem* entworfene Konzeption des Bösen Niederschlag in Bachmanns Werken gefunden hat, konkret in der Gedichtsammlung *Ich weiß keine bessere Welt* sowie in den ebenfalls in den 1960er-Jahren entstandenen Romanentwürfen *Das Buch Franza* und *Das Buch Goldmann*.

2 Das ›Böse‹ in der Gedichtsammlung *Ich weiß keine bessere Welt*

Weigel (1999), Stuhlmann (2005), Wandruszka (2007, 2010), Wild (2009) und Mahrdt (2010) haben bereits auf eine Beziehung zwischen Bachmanns und Arendts Texten hingewiesen. Ich möchte im Folgenden den Bezug zu Arendts Eichmann-Rezeption genauer herausarbeiten und hierzu die Kategorie des ›Bösen‹ analysieren, die in den Gedichtfragmenten *Gloriastrasse, Alla piu umile, alle piu umana, alla piu sofferente, [wie schwierig ist verzeihen], Fromm und böse* und *Das deutsche Wunder* verhandelt wird.

Im zweistrophigen Gedichtfragment *Gloriastrasse* unterscheidet die Sprechinstanz zuerst das »Böse« von den »Fehler[n]« (Bachmann 2000, 54) und differenziert hierdurch ›Intentionalität‹ und ›Nicht-Intentionalität‹. Anschließend wird das Verhältnis zwischen dem »Verzeihliche[n]« und dem »Böse[n]« beleuchtet. Es wird hervorgehoben, dass das »Böse« unverzeihlich sei. Bereits Wandruszka (2010, 180) hat mehrere Gedichtfragmente – darunter auch *Gloriastrasse, Alla piu umile, alle piu umana, alla piu sofferente,* und *[wie schwierig ist verzeihen]* – betrachtet und auf das Böse als Unverzeihliches in *Gloriastrasse* aufmerksam gemacht. Sie stellt fest, dass Arendt in *Vita activa oder Vom tätigen Leben* (erst als *The Human Condition* 1958, deutsche Ausgabe 1960) eine ähnliche Konzeption entfaltet.

Das ›Böse‹ und das ›Verzeihen‹, können hierbei auch im religiösen Sinne begriffen werden, weil in diesem Gedichtfragment christliche Begriffe wie »Gnade« »Verklärung« im Sinne ›Verklärung Christi‹ und »Gloria« eine tragende Rolle spielen. Eine weitere semantische Ebene wird durch chirurgische Metaphern eröffnet: »Messerschnitte« und »Morphium«. Das ›Böse‹ wird also in ein Verhältnis zum semantischen Feld ›Krankheit und Medizin‹ gesetzt. Im Gegensatz zum physischen Leid füge das ›Böse‹ unheilbaren Schaden zu.

Der Charakter des Bösen schlägt sich auch im Gedichtfragment *Alla piu umile, alle piu umana, alla piu sofferente* nieder. Hieraus sind insbesondere folgende Zeilen relevant:

> Die Gnade Morphium, aber nicht die Gnade eines Briefs
> die Gnade schmerzt [——][2], aber nicht die Hand,
> die Gnade Delirium, aber nicht die Rückkehr
> um das Böse gutzumachen, bedarf es bloß eines Worts,
> um das Böse nicht mehr zu fühlen, bedarf es des Tods.
> (Bachmann 2000, 116).

Das Wort »Gnade« wird wie in *Gloriastrasse* in Relation zu »das Böse« gesetzt, beide Wörter werden in Verssequenzen wiederholt. Die Wörter »Morphium«, »schmerz[en]« und »Delirium« spielen auf die Krankheit der Sprechinstanz an, was auch in *Gloriastrasse* beobachtet werden kann. Diese fünf Zeilen legen nahe, dass das Leiden der Sprechinstanz auf »das Böse« zurückzuführen ist. Die vierte Zeile steht in einem scheinbaren Widerspruch zur fünften Zeile. Mit der Zeile »um das Böse gutzumachen, bedarf es bloß eines Worts« assoziiert man die Bitte um Verzeihung. Aber diese Verzeihung kann die Sprechinstanz nicht annehmen. Daher folgt die Formulierung: »um das Böse nicht mehr zu fühlen, bedarf es des Tods.« Dabei achte man auf das Wort »gut[]machen«. Die Verbindung des »Böse[n]« mit dem Verb »gut[]machen«, das an das Wort Wiedergutmachung erinnert, betont

---

2 Das Zeichen [——] steht für die von den Herausgebern nicht entzifferbare Stelle.

und ironisiert die Vorsilbe ›gut‹. Denn wie in *Gloriastrasse*, ist »das Böse« unverzeihlich und bleibt für immer, hier bis zum »Tod[]«.

Die beiden thematischen Wörter, ›das Böse‹ und ›Verzeihen‹, rufen biblische Assoziationen hervor. Sie lassen sich etwa in Bezug setzen zu: »Ihr habt gehört, dass gesagt ist: ›Du sollst deinen Nächsten lieben‹ (3. Mose 19:18) und deinen Feind hassen. / Ich aber sage euch: Liebt eure Feinde und bittet für die, die euch verfolgen.« (Matt. 5: 43–44) Christliche Worte wie Gnade stützen auch diese Bilder.

In anderem Gedichtfragment *[wie schwierig ist verzeihen]* wird diese Thematik deutlicher in den Mittelpunkt gerückt, wie Wandruszka (2010, 179) bereits beobachtet hat. Dies kann anhand folgender Strophe verdeutlicht werden:

> Ich habe gelernt, daß meine [sic!]
> seine Feinde lieben muß, und
> dies ist so leicht, denn wie
> sollen den[n] meine Feinde
> mir mehr als Böses tun können.
> (Bachmann 2000, 113)

Die Sprechinstanz reflektiert sich selbst in den Worten: »Ich habe gelernt, daß meine / seine Feinde lieben muß [...].« Diesen Zeilen liegen die oben zitierten biblischen Verse zugrunde. Die Sprechinstanz verschleiert hier auf radikale Weise die Frage, die die Bibelverse implizieren: Kann man tatsächlich über das ungeheuerliche Böse hinaus lieben, anstatt dieses zu vergelten? Die rhetorische Frage »wie / sollen den[n] meine Feinde / mir mehr als Böses tun können« klingt insbesondere durch die Worte »mehr als Böses tun« sehr ironisch. Das Böse wird im Zusammenhang mit den biblischen Gedanken gelesen.

Das Gedichtfragment *Fromm und böse* ist mit zwei Adjektiven betitelt, aus denen Bachmann eine ungewöhnliche, aber – wie sich zeigen wird – nur scheinbare Antithese konstruiert. Denn das Antonym von ›böse‹ ist nicht ›fromm‹, sondern ›gut‹, wie in der Redewendung ›Böses mit Gutem vergelten‹. Zudem setzt der Begriff ›fromm‹ das ›Böse‹ in einen religiösen Kontext.

Dieser Titel verweist auf Nietzsches *Jenseits von Gut und Böse*, ein Bezug, auf den Carpi (2010, 139) schon hingewiesen hat. Auch im *Buch Franza* – genauer gesagt im Vorrede-Entwurf – wird Nietzsches Titel wortwörtlich aufgenommen: »Das groteske Opfer eines bekannten Psychiaters [Jordan], der mit ihrer [Franzas] Hilfe die erwähnte Vergangenheit bewältigt, ein Buch fabriziert, das ihm alle Ehren einbringt, und zugleich seine Frau vernichtet, – es ist ein dialektischer Prozeß, jenseits von Gut und Böse.« (Bachmann 1995, 17–18) Nietzsches Buchtitel und auch dessen Konzept werden hier in einen neuen Kontext gestellt und aktualisiert. Das Problemfeld von ›Gut und Böse‹ fließt also auch in *Das Buch Franza* ein, das in derselben Schaffensperiode wie die Gedichtfragmente verfasst wurde.

Der Begriff ›fromm‹ im eigentlichen Sinne meint das Erfülltsein vom Glauben an Gott, doch hat er auch eine zutiefst ironische Bedeutung im Sinne von ›scheinheilig‹ – so etwa im Ausdruck ›etwas mit frommem Augenaufschlag‹ sagen. Die Begriffe ›fromm‹ und ›böse‹ bilden somit in diesem Gedichtfragment keine einfache Gegenüberstellung. Trotz des Titels hat *Fromm und böse* jedoch keinen expliziten Bezug zum Bösen. Die Sprechinstanz spricht stattdessen von »Zerstörung« und »Rache«. (Bachmann 2000, 129) Zu zerstören und zu rächen ist dabei die »Erinnerung« (Bachmann 2000, 129). Darüber hinaus kommt plötzlich in der vierten Strophe der »Tanz ums Kalb« ins Spiel:

> Kälte – das ist noch ferner. Hier ist Menschenwerk,
> Bemühen, Leiden, kindliche Bitten, von niemandem erhört,
> und jede Nacht geübt, die Bitten, Kniefälle, die
> flehentliche Bitte um Hoffnung, Weiterleben,
> Der Tanz ums Kalb, ums goldne nicht, ums Kalb,
> um Nahrung, daß da geschlachtet wird, für Nahrung,
> Fressen, Hoffnung,
> [—–]
>
> (Bachmann 2000, 129)

Der im Titel *Fromm und böse* aufgerufene Begriff des ›Bösen‹ muss in Zusammenhang mit dem »Tanz ums Kalb« betrachtet werden. Das Volk, das das goldene Kalb, einen Abgott, vergöttert, wird nämlich im Alten Testament »böse« genannt. »Aaron sprach: Mein Herr lasse seinen Zorn nicht entbrennen. Du weißt, dass dies Volk böse ist.« (2. Mose 32:22) Die Schlachtung des Kalbs kann parallel zu Franzas Abtreibung im *Buch Franza* gelesen werden, denn die Tötung des Kalbs gibt »Nahrung«, »Fressen« und »Hoffnung«. Franza, die ihr Kind abtreiben musste, versucht, es »auf[zu] fressen« (Bachmann 1995, 254):

> [Franza hatte] gesagt, etwas müssen sie mir trotzdem von ihm lassen, dann will ich es essen dürfen, ein Stück, da will ich denken, es hätte sein Herz draus werden können, denn ganz dürfen sie es mir nicht nehmen, dann will ich es lieber auffressen, wenn es nicht leben soll. (Ebd.)[3]

Betrachten wir nun Bachmanns Verhandlung des Bösen in den drei Texten in einer Zusammenschau. Durch das Gedichtfragment *Gloriastrasse* tauchen einige Ge-

---

3 Franzas Kniefall wird außerdem auch auf dieser zitierten Seite geschildert. Im Gedichtfragment ist gleichfalls von den »Kniefälle[n]« die Rede. Auch das Adjektiv ›kindlich‹ aus »kindliche[n] Bitten« lässt sich im wörtlichen Sinne verstehen.

sichtspunkte des Bösen auf, nämlich das Böse als Unverzeihliches, das Böse und das Verzeihen im religiösen Kontext sowie der unheilbare Schaden des Bösen. Sie werden auch in *Alla piu umile, alle piu umana, alla piu sofferente* wiederaufgegriffen. In *[wie schwierig ist verzeihen]* wird insbesondere die Problematik des Verhältnisses zwischen dem ›Bösen‹ und dem ›Verzeihen‹ weiterentwickelt. Anders als in den drei Fragmenten begegnet uns schließlich in *Fromm und böse* das wesentlich neue Element der ›Rache‹. Der Begriff der ›Rache‹ führt somit zu Bachmanns Gedanken über die Vergeltung des Bösen.

Aus zeitgenössischer Sicht haben die beiden Begriffe, ›das Böse‹ und ›die Rache‹, eine große Bedeutung. Arendt (1963, 254) zitiert in *Eichmann in Jerusalem* Yosal Rogats Worte über die Vergeltung des Bösen. Sie schreibt, dass wir zwar Rogats Gedanken »as barbaric« ansehen, zugleich aber das Böse der NS-Verbrechen zu vergelten und zu bestrafen seien. In ihrer Analyse über das Böse im Nationalsozialismus beruft sich Arendt (1963, 102 und 134) mehrmals auf das Gebot »Du sollst nicht töten« (2. Mose 20:13). Sie macht ferner darauf aufmerksam, dass das Gericht in Jerusalem den Bibelvers »Thou hast murdered and thou hast inherited« (2. Könige 21:19) zitiert. Arendt findet dieses Zitat »so appropriately« (1963, 102).

Bachmanns Gedichtfragmente können nicht einfach mit Arendts Überlegungen und Konzeption kurzgeschlossen werden. Aber es lassen sich die Ähnlichkeiten und Parallelen aufzeigen, auf die zum Beispiel schon Wandruszka (2010) hingewiesen hat. Nicht nur das Böse, sondern auch Hinweise auf »die Prozesse« (Bachmann 2000, 134) finden sich in diesem Gedichtband, vor allem im Gedichtfragment *Das deutsche Wunder*: »Frühmorgens / wenn die Prozesse / beginnen und die / sanften Gesichter / der Mörder und / die urteilsprechenden / Richter einander / vermeiden [...].« (Bachmann 2000, 134) Mit ihren »sanften Gesichter[n]« scheinen die Mörder keine Angst vor dem Gerichtshof zu haben. Dies erinnert an die Prozesse gegen NS-Verbrecher in der Bundesrepublik. Arendt (1963, 11) weist auch in ihrem Buch auf »unwillingness« der Justiz hin.

> The Central Agency for the Investigation of Nazi Crimes, belatedly founded by the West German state in 1958 [...], had run into all kinds of difficulties, caused partly by the unwillingness of German witnesses to cooperate and partly by unwillingness of the local courts to prosecute on the basis of the material sent them from the Central Agency. (Arendt 1963, 11)

Arendt kritisiert darüber hinaus das Verhalten der bundesdeutschen Gerichte:

> It is the same story repeated over and over again: those who escaped the Nuremberg Trials and were not extradited to the countries where they had committed their crimes either were never brought to justice, or found in the German courts the greatest possible ›understanding‹. (Arendt 1963, 167)

Im Gedichtfragment sehen »die urteilsprechenden / Richter« die Angeklagten nicht an. Diese Geste lässt sich mit Arendts weiterer Charakterisierung der damaligen bundesrepublikanischen Gesellschaft lesen, und zwar: »Daß die Bundesregierung und die Länderverwaltungen [...] von ehemaligen Nazis in früher hohen Positionen durchsetzt war, wußte man zu Beginn des Eichmann-Prozesses.«[4] (Arendt 1964b, 43–44) Das Gedichtfragment *Das deutsche Wunder* und Arendts Aussagen deuten erneut darauf hin, dass beide Autorinnen diesen Problemkomplex kritisch betrachteten.

3 Das Böse im *Buch Franza* und *Buch Goldmann*

Das Böse wird nicht nur in den Gedichtfragmenten von *Ich weiß keine bessere Welt*, sondern auch in anderen Texten, die zur gleichen Zeit entstanden sind, thematisiert. Der unvollendete Roman, *Das Buch Goldmann*, den Bachmann ebenfalls in den 1960er Jahren verfasste, erwähnt hierbei den Eichmann-Prozess explizit. Es geht um das Ehepaar Fanny und Ernst Goldmann. Ernst Goldmann kehrt nach dem Krieg als »Kulturoffizier der amerikanischen Besatzungsmacht« (Bachmann 2017, 80) nach Wien zurück und begegnet der Schauspielerin Fanny, die er heiratet. Die beiden lassen sich jedoch voneinander scheiden. Nach der Scheidung besucht Fanny eines Tages Goldmann. In Fannys Augen hat er sich verändert, die beiden verstehen sich nicht mehr. Goldmann spricht weder von Film noch Theater wie früher, sondern von einer »Arbeit«, und zwar von der »Geschichte der Juden« (Bachmann 2017, 91):

> [Fanny] wollte ihn fragen, was denn passiert sei, er [Goldmann] schien nicht einmal zu merken, daß ihr [Fanny] seine Beschäftigungen ungewohnt waren, mit den Judaica, und daß sie keinen Ernst Goldmann gekannt hatte, der sich mit der Geschichte der Juden beschäftigte ja überhaupt keinen, den Jude sein zu etwas verpflichtet oder getrieben hatte, und daß er zum Eichmannprozeß wolle, beiwohnen werde, und er fragte auch nicht: verstehst du das, was mich beschäftigt, sondern das ging über sie hinweg und bedurfte keiner Umarmung mehr durch sie wie die Emigration, wie die Rückkehr nach Wien, keiner schönsten Wienerin und keiner Nußdorfer Nacht. (Bachmann 2017, 91)

Der Bezug zum Eichmann-Prozess hat die Aufmerksamkeit der Forschung auf diese Textstelle gelenkt (Heidelberger-Leonard 1994, 6). Nicht nur das Böse, sondern auch der Eichmann-Prozess tauchen also in Bachmanns literarischem Schaffen auf. Auch wenn der Eichmann-Prozess hier nicht weiter thematisiert wird,

4 Diese Textstelle findet sich nur in der deutschen Ausgabe.

hat dessen Erwähnung eine große Bedeutung für den gesamten Text und bildet einen wichtigen Hintergrund. Zum Beispiel wird der Schriftsteller Anton Marek, der Fannys Freund ist, folgendermaßen beschrieben. »Dieser Herr Marek, eine nicht so sonderbare Spezies Mensch, ein Schlächter, dunkelblond, grauäugig [...].« (Bachmann 2017, 19) Marek wird hier »Schlächter« genannt, weil Fanny in seinem Buch als literarische Figur benutzt wird: »sie [Fanny] war geschlachtet auf 386 Seiten in einem Buch« (Bachmann 2017, 17). Bemerkenswert ist die Charakterisierung »eine nicht so sonderbare Spezies Mensch«. In Verbindung mit der Textpassage über den Eichmann-Prozess spielt diese Formulierung auf Arendts bekannte Beobachtungen über Eichmanns Charakter – »this man was not a ›monster‹« – an (Arendt 1963, 49):

> The trouble with Eichmann was precisely that so many were like him, and that the many were neither perverted nor sadistic, that they were, and still are, terribly and terrifyingly normal. (Arendt 1963, 253)

> Eichmann was not Iago and not Macbeth, and nothing would have been farther from his mind than to determine with Richard III ›to prove a villain‹. Except for an extraordinary diligence in looking out for his personal advancement, he had no motives at all. (Arendt 1964a, 287)[5]

Zur weiteren Assoziationskette gehört das Wort »Skrupellosigkeit« (Bachmann 2017, 98). Im Eichmann-Prozess ist der Skrupel einer der wesentlichsten Gesichtspunkte und wird dementsprechend von Arendt thematisiert (1963, 133–134). In Bachmanns Text wird Anton Marek als »ein gerissener kleiner Verbrecher, von einer Skrupellosigkeit, die sich noch die Skrupel der erstrebten Gesellschaft einverleibt« charakterisiert (Bachmann 2017, 98). In Bezug auf die Skrupellosigkeit wird die Figur wie folgt gezeichnet:

> Marek war fähig, Interesse für Politik zu heucheln, das er nicht hatte, an der deutschen und österreichischen Vergangenheit zu leiden, an der er nicht litt, lauter Aufgaben, die er als Musterschüler der Zeit mit einer Musterlektüre erreichte [...]. (Bachmann 2017, 98)

Diese assoziative Parallelität führt zwar nicht dazu, dass Marek als Parallelfigur zu Eichmann fungiert, dennoch sind gewisse Parallelen auffällig.

In Kontrast zu Marek steht Goldmanns große Teilnahme am Thema der Judenverfolgung. Die Ausdrücke »er schien nicht einmal zu merken« und »er fragte auch nicht: verstehst du das, was mich beschäftigt« weisen darauf hin, wie sehr sich Goldmann in die Geschichte der Juden vertieft. Auch der Ausdruck »Jude sein [hatte Goldmann] zu etwas verpflichtet oder getrieben« zeigt Goldmanns Willen,

---

5 Dieses zweite Zitat stammt aus einer zweiten, revidierten und ergänzten Version des Buchs.

seine Aufgabe als Jude zu erfüllen. Warum sich Goldmann so verändert, wird nicht explizit erklärt. Dennoch wird beschrieben, dass Goldmann nach der Ehescheidung »nach Amerika, dann länger nach Israel« (Bachmann 2017, 89) gefahren ist. Fanny kann diesen Goldmann nicht verstehen und in der zitierten Textpassage wird dies durch die Formulierungen »keinen Ernst Goldmann gekannt hatte [...] ja überhaupt keinen« betont. Fanny verdrängt sogar die Vergangenheit des Krieges, wie u. a. von Heidelberger-Leonard (1994, 6) erläutert. Wenn man jedoch den Eichmann-Prozess als Schablone zur Interpretation des Romanfragments nimmt, lässt sich wie folgt argumentieren: Fanny erlebt durch die Begegnung mit Marek etwas, was Goldmann in seiner Arbeit problematisiert. Diese Interpretation lässt sich auch durch *Das Buch Franza* stützen, denn in dem ebenfalls posthum veröffentlichten Roman wendet die Protagonistin Franza das Wort Faschismus auf »ein privates Verhalten« (Bachmann 1995, 53) an.

In diesem Roman wird Franza von ihrem Ehemann zerstört, wie der Anfangssatz des Romans vorwegnimmt: »Der Professor, das Fossil, hatte ihm [Franzas Bruder Martin] die Schwester [Franza] zugrunde gerichtet.« (Bachmann 1995, 131) Franza erinnert sich an die Ehe mit ihrem Mann Leo Jordan und erzählt darüber Martin, der Franza rettet.

> Dann wollte er [Jordan] also das, daß mir zwanzig oder dreißig Jahre Zusammenleben in Trümmer gehen, in solch einem Moment. ›Das‹ wollte er. Verstehst du. Du sagst Faschismus, das ist komisch, ich habe das noch nie gehört als Wort für ein privates Verhalten, nein, verzeih, ich muß lachen, nein, ich weine bestimmt nicht. Aber das ist gut, denn irgendwo muß es ja anfangen, natürlich, warum redet man davon nur, wenn es um Ansichten und öffentliche Handlungen geht. Ja, er ist böse, auch wenn man heute nicht böse sagen darf, nur krank, aber was ist das für eine Krankheit, unter der die anderen leiden und der Kranke nicht. (Bachmann 1995, 53)

Die Besonderheit dieser Textpassage besteht darin, dass die Begriffe »böse« und »Faschismus« aufeinander bezogen werden. Wichtig ist hierbei, dass sich Franza das Wort »Faschismus« aneignet. Das Gespräch dient dazu, Franzas Not zu artikulieren. Durch den Begriff »Faschismus« kann sie endlich ihre eigene Situation klarer erfassen und aussprechen: »Ja, er ist böse.« Denn vorher konnte Franza Jordans Verhalten nicht nachvollziehen und fragt wiederholt »warum hast du das getan, und wenn du es schon getan hast: war es Absicht, warum wolltest du mich vernichten, was habe ich dir denn getan, [...].« (Bachmann 1995, 53)

Zum Schluss des Zitats verwendet Franza das Wort »krank«. Der Satz »was ist das für eine Krankheit, unter der die anderen leiden und der Kranke nicht« impliziert, dass das Wort »böse« durch das Wort »krank« nicht ersetzt werden kann – insbesondere für Franza, die sich letztlich als »krank« bezeichnet.

Bachmanns literarische Bearbeitung dieser Problematik lässt eine Nähe zu Hannah Arendts Interpretation des Bösen im Nationalsozialismus erkennen. Aus der obigen Textstelle liest Irene Heidelberger-Leonard (1994, 2) »eine Gleichsetzung des geschichtlichen Genozids der Juden mit dem jahrhundertealten ›Genozid der Frau‹« ab. Des Weiteren wertet Heidelberger-Leonard (1994, 1) »eine derart persönliche, ja eine solch private Vereinnahmung dieser weltgeschichtlichen Katastrophe« von Bachmann als Vertreterin »der nachgeborenen *Täter*generation« als »problematisch«. Als ob Bachmann diesen Einwand vorweggenommen hätte, hinterließ sie den folgenden Textabschnitt, der einer anderen, weiteren Textstufe im Schaffensprozess für dasselbe Romankapitel entnommen ist. Dort spricht Franza über das Böse so:

> Martin, was ist das Böse, was ist es? Sie sagen heut, es sei nichts Geheimnisvolles, es ist feststellbar, die Mechanismen, ja, Aggression, Geltungsstreben, es leuchtet mir ein und doch nicht, obwohl ich nichts hinter oder vor der Welt suchen möchte. Trotzdem hats mich immer erschreckt, wenn jemand ausgebrochen ist, ein Bahnbeamter an der Sperre, weil jemand keine Bahnsteigkarte hatte, dieser Haß, dieser fürchterliche Haß, daß einem das Blut, was hat so ein Bahnbeamter zu hassen wegen einer Bahnsteigkarte. Was hat ein Jordan zu hassen und vereiteln an einem Menschen. Ich glaube, das ist es! (Bachmann 1995, 214–215)

Auffälligerweise kommt hier das Wort »Faschismus« nicht zur Anwendung. Monika Albrecht und Dirk Göttsche (Bachmann 1995, 481) zufolge rekurriert Franzas Äußerung auf Konrad Lorenz' Buch *Das sogenannte Böse*. Die Worte »es leuchtet mir ein und doch nicht, obwohl ich nichts hinter oder vor der Welt suchen möchte« bekunden Franzas Zweifel an diesem theoretischen Erklärungsversuch des Bösen. Durch den Konnektor »trotzdem« vertieft Franza auf eigene Weise den Gedanken über das Böse, indem sie eine Alltagsszene mit einem Bahnbeamten, der wegen einer fehlenden Bahnsteigkarte in Hass ausbricht, mit folgenden Worten verallgemeinernd kommentiert:

> Man vereitelt den anderen, man lähmt ihn, man zwingt ihm sein Gehabe ab, dann seine Gedanken, dann seine Gefühle, dann bringt man ihn um den Rest von Instinkt, von Selbsterhaltungstrieb, dann gibt man ihm einen Tritt, wenn er erledigt ist. (Bachmann 1995, 215)

Das Böse wird durch das Gefühl des Hasses verursacht. Durch den Hass getrieben werden andere Personen Gewalt unterzogen und vernichtet. Dieser Prozess wird in dieser Textpassage ausführlich beschrieben. Die Wiederholung der Wörter »man« und »dann« erzeugt einen beschleunigten Rhythmus in der Beschreibung dieses grausamen Verlaufs. Das Böse entpuppt sich infolgedessen für Franza als der zweimal betonte »Haß« und der durch ihn ausgelöste Prozess einer Zerstörung.

4 Schlussbemerkung: Verrechtlichung und Privatisierung

In einem ersten Schritt wurde dargelegt, in welcher Verbindung Bachmann und Arendt standen. Bachmann begegnete Arendt in den USA im Juni 1962. Bachmanns Brief an Enzensberger sowie Arendts Brief an den Verlag zeigen, wie sehr sich die beiden Autorinnen miteinander verbunden fühlten. Darauf folgt Bachmanns Brief an Arendt im August 1962. Wichtig ist, dass in diesem von Arendts *Eichmann in Jerusalem* die Rede ist. Hinzu kommt der Briefwechsel zwischen Arendt und Klaus Piper von September bis Oktober 1962. Vor allem zeigt Arendts Empfehlung Bachmanns als Übersetzerin für ihr Buch ihr Vertrauen zu Bachmann. Arendts Schreiben an Johnson zeigt ihre Wertschätzung von Bachmanns literarischer Qualität.

In einem zweiten Schritt habe ich die semantischen Bezüge der Wörter ›das Böse‹ und ›böse‹ im Gedichtband *Ich weiß keine bessere Welt* untersucht. Arendts *Eichmann in Jerusalem* hilft bei der Lektüre von Bachmanns Gedichtfragmenten. Die Semantik des Bösen ist zusätzlich in den biblischen Zusammenhang eingebettet und wird in Bezug zu ›Verzeihen‹ und ›Vergeltung‹ gesetzt. Weitere Bezugspunkte bilden *Das Buch Franza* und *Das Buch Goldmann*, weil beide Werke in derselben Schaffensperiode entstanden und ebenfalls die Bedeutung von ›das Böse‹ und ›böse‹ verhandeln. Im *Buch Goldmann* wird erzählt, dass Fannys früherer Ehemann, Ernst Goldmann, den Eichmann-Prozess beobachten möchte. Dieser kurze, jedoch gewichtige Hinweis hat einen Einfluss auf die Lektüre anderer Textstellen, nämlich insbesondere auf die Interpretation der Figur Marek. Dessen Charakterisierung lässt sich in Bezug zu Arendts Charakterisierung Eichmanns lesen. Der andere Roman, *Das Buch Franza*, erwähnt zwar den Eichmann-Prozess nicht direkt, bewegt sich aber in einem ähnlichen Problemfeld, weil Franza ihren Ehemann als »böse« ansieht. In der weiteren Textstufe des Schreibprozesses rückt das Böse in den Mittelpunkt und Franza entfaltet ihr eigenes Nachdenken über das Böse.

Wenn sich Bachmann im Text ausschließlich der zeitgenössischen politischen Problematik des Bösen gewidmet hätte, wären Bachmanns Texte eindeutiger. In ihrem literarischen Schaffen nach 1961 lässt sich eine Auseinandersetzung mit der Kategorie des ›Bösen‹ auf verschiedene Weise beobachten. *Das Buch Goldmann* und *Das Buch Franza* sind als Fragmente im Nachlass überliefert worden, Bachmanns Beschäftigung mit dem Bösen ist daher unabgeschlossen. Bei dieser Bewegung in Brachmanns Schreiben bildet Hannah Arendts Auseinandersetzung mit dem Eichmannprozess aber sicher einen wichtigen Bezugs- und Orientierungspunkt.[6]

Literaturverzeichnis

Arendt, Hannah. *Eichmann in Jerusalem. A Report on the Banality of Evil*. New York: The Viking Press, 1963.

Arendt, Hannah. *Eichmann in Jerusalem. A Report on the Banality of Evil*. Revised and enlarged Edition. New York: The Viking Press, 1964.

Arendt, Hannah. *Eichmann in Jerusalem. Ein Bericht von der Banalität des Bösen*. München: Piper, 1964.

Arendt, Hannah und Uwe Johnson. *Der Briefwechsel. 1967–1975*. Hg. Eberhard Fahlke und Thomas Wild. Frankfurt am Main: Suhrkamp, 2004.

Bachmann, Ingeborg. *Wir müssen wahre Sätze finden. Gespräche und Interviews*. Hg. Christine Koschel und Inge von Weidenbaum. München, Zürich: Piper, 1983.

Bachmann, Ingeborg. »Das Buch Franza.« Bearb. v. Monika Albrecht und Dirk Göttsche. *»Todesarten«-Projekt. Kritische Ausgabe*. Bd. 2. München, Zürich: Piper, 1995.

Bachmann, Ingeborg. *Ich weiß keine bessere Welt. Unveröffentlichte Gedichte*. München, Zürich: Piper, 2000.

Bachmann, Ingeborg. »Das Buch Goldmann«. *Werke und Briefe*. Salzburger Bachmann Edition. München, Berlin, Zürich: Piper und Berlin: Suhrkamp, 2017.

Bachmann, Ingeborg und Hans Magnus Enzensberger. »›Schreib alles was wahr ist auf‹. Der Briefwechsel.« *Werke und Briefe*. Salzburger Bachmann Edition. München, Berlin, Zürich: Piper und Berlin: Suhrkamp, 2018.

Carpi, Anna Maria. »›Ich habe wie die Wilden geliebt‹. Ingeborg Bachmanns poetischer Nachlass«. *Ingeborg Bachmanns Gedichte aus dem Nachlass. Eine kritische Bilanz*. Hg. Arturo Larcati und Isolde Schiffermüller. Darmstadt: Wissenschaftliche Buchgesellschaft 2010, 135–141.

Heidelberger-Leonard, Irene. »Ingeborg Bachmanns Todesartenzyklus und das Thema Auschwitz«. *Germanica* 14 (1994): 1–10.

Mahrdt, Helgard. »Denken und Schreiben – ›Ansiedlungsversuche‹ in der Welt. Ingeborg Bachmann und Hannah Arendt«. *Ingeborg Bachmann weiter lesen und weiter schreiben*. Hg. Neva Slibar. Ljubljana: Znanstvena založba Filozofske fakultete Univerze v Ljubljani, 2010. 38–55.

Stuhlmann, Andreas. »›Tapferkeit vor dem Freund‹ – Zu Korrespondenzen im Schreiben Ingeborg Bachmanns und Hannah Arendts«. *Language, Text, »Bildung«. Essays in Honour of Beate Dreike*. Hg. Andreas Stuhlmann und Patrick Studer. Frankfurt am Main, Wien u.a.: Lang, 2005.

Wandruszka, Marie Luise. »Ingeborg Bachmann und Hannah Arendt unter Mördern und Irren«. *Sprachkunst*. 38.1 (2007): 55–66.

Wandruszka, Marie Luise. »Bestandene Proben: Vom ›Untergehen‹ zum ›Zugrundegehen‹ in Bachmanns lyrischem Nachlass«. *Ingeborg Bachmanns Gedichte aus dem Nachlass. Eine kritische Bilanz*. Hg. Arturo Larcati und Isolde Schiffermüller. Darmstadt: Wissenschaftliche Buchgesellschaft 2010. 171–184.

6 Diese Arbeit wurde von der Forschungsförderung der Kitasato-Universität *Kitasato University Research Grant for Young Researchers* unterstützt.

Weigel, Sigrid. *Ingeborg Bachmann. Hinterlassenschaften unter Wahrung des Briefgeheimnisses*. Wien: Zsolnay, 1999.
Wild, Thomas. *Nach dem Geschichtsbruch. Deutsche Schriftsteller um Hannah Arendt*. Berlin: Matthes & Seitz, 2009.
Wörterbuch der deutschen Gegenwartssprache. Hg. Ruth Klappenbach und Wolfgang Steinitz. Berlin: Akademie-Verlag, 1964–1977.

Oliver Lubrich

Mengele-Fiktionen

Der KZ-Arzt in der Literatur

Fälschungen und Fiktionen

Der polnische Historiker Bogdan Musial veröffentlichte 2019 die Geschichte einer spektakulären Fälschung, auf die er beinahe hereingefallen wäre, weil sie mit einem KZ-Arzt zu tun hat: *Mengeles Koffer*. Die angebliche Enkeltochter eines Holocaust-Überlebenden hatte ihm Material angeboten, das dieser von Josef Mengele erhalten haben soll. Ihr Großvater, behauptete sie, konnte als jüdischer Häftlingsarzt Auschwitz überleben, weil ausgerechnet Mengele ihm zur Flucht verhalf. Nach dem Krieg habe er seinen Retter, als dieser untertauchte, dann seinerseits unterstützt.[1]

Der Titel des Buches erweist sich jedoch im doppelten Sinn als Köder: für den Historiker selbst, der mit den vermeintlichen Unterlagen von Mengele gelockt wird, aber auch für die Leser. Denn von »Mengeles Koffer« ist bald keine Rede mehr. Dokumente von ihm sind gar nicht der Inhalt der Fälschung, die der Wissenschaftler von der Betrügerin erhält, sondern es handelt sich um die Erfindung einer Holocaust-Biografie aus der Perspektive der übernächsten Generation. Der Frage, *warum* und *wie* Josef Mengele dabei fiktionalisiert wird, geht Musial nicht nach. Er interessiert sich für die Hochstaplergeschichte als solche, aber nicht für ihren Gegenstand und ihre Form. Jan Philipp Reemtsma vermutet im Nachwort (Musial 2019, 165–177) allgemein einen »düsteren Glamour« und eine gewisse »Sa-

1 Die falschen »Auschwitz-Notizen« des angeblichen Überlebenden mit dem Namen Grósz Chorin schildern die Flucht wie folgt: »*Januar 1945: Mengele kommt in mein Zimmer mit zwei Koffern. Den einen gibt er mir, und sagt: – Passen Sie gut darauf auf mein Freund / – ziehen Sie sich an, wir müssen gehen […]. Er kam zurück um mich zu retten.*« (Musial 2019, 29, Kursivierung im Original) An anderer Stelle notiert er ein »großes, großes Dankeschön an Dr. Mengele«, der »*nicht nur ein Mörder war*«, denn: »*Wir verdanken es Mengele, dass unsere kleine Enkelin Magda existiert.*« (152) Musial rekapituliert: »Aus den Einträgen geht hervor, dass Grósz Chorin nach dem Krieg mit Mengele in Verbindung stand und ihm mehrfach – wenn auch äußerst widerwillig – geholfen hat, sowohl bei dessen Flucht aus Europa als auch danach. Als besonders spektakulär erscheinen die Einträge, die darauf hindeuten, dass der Vatikan Fluchthilfe für Mengele geleistet hatte.« (67) Der KZ-Arzt habe seinen ehemaligen Mitarbeiter, der »mit Mengeles Schwiegervater befreundet« war (132) und ihn »Onkel Fritz« nannte (69, 126), nach dem Krieg mehrfach besucht. Im KZ habe Grósz Chorin darüber hinaus »*Primus Levi*« [sic!] (107) beschützt und Adolf Hitler bei dessen (erfundenem) Besuch die Hand gegeben (102).

Open Access. © 2024 bei den Autorinnen und Autoren, publiziert von De Gruyter. (cc) BY-NC-ND Dieses Werk ist lizenziert unter der Creative Commons Namensnennung - Nicht-kommerziell - Keine Bearbeitungen 4.0 International Lizenz.
https://doi.org/10.1515/9783111077345-016

kralität des Bösen«. Aber von der konkreten Mengele-Fiktion und auch von Mengeles tatsächlichen Selbstzeugnissen (vgl. Galle 2011) ist dabei keine Rede.

Warum musste es Mengele sein? Warum macht ihn die Erzählung der Hochstaplerin zum Freund seines Häftlings und zum Retter einer jüdischen Familie? Und zugleich zum Geretteten, dem der Großvater seinerseits zur Flucht verhilft und mit dem er auch nach 1945 in beinahe freundschaftlicher Verbindung bleibt? Wie wird hier das Motiv des kultivierten Mörders variiert, der Hitler angeblich Arien vorgesungen hat? Und warum kommt dabei der Vatikan ins Spiel? Welche Bedürfnisse, welche Fantasien bedient eine solche Fiktion? Was verrät sie über ihre Urheberin, vor allem aber über ihre Adressaten – und damit über uns selbst? Offenbart sie eine abseitige Faszination? Dient sie den Tätern und ihren Nachkommen zur Entlastung? Und den Opfern zum Trost?

Eine wichtige Rolle spielen Fiktionen in Musials Bericht am Ende auch bei der Überführung der Fälscherin. Denn der Historiker dreht den Spieß um und verwickelt sie in ein fingiertes Filmprojekt. Der angebliche Plan besteht darin, ihre Geschichte durch László Nemes inszenieren zu lassen, den Regisseur des Oscar-prämierten Holocaust-Spielfilms *Son of Saul* (2015), in dem ein SS-Arzt und ein jüdischer Häftlingsarzt auftreten. Hinzu kommen eine Dokumentation und ein gefilmtes Interview. Die Betrügerin wird also betrogen. Ihre Täuschung wird mit Hilfe anderer Täuschungen in verschiedenen Medien entlarvt. Fiktionen werden durch Gegen-Fiktionen neutralisiert.

Auch der bekannteste Holocaust-Fälscher, Bruno Dössekker alias Binjamin Wilkomirski, hat sich, wie die Fälscherin bei Bogdan Musial, um seine erfundene Überlebenden-Biographie glaubhaft zu machen, auf Josef Mengele bezogen. Obwohl Mengele in seinem fingierten Erinnerungstext *Bruchstücke* (1995) keine Rolle spielt, versuchte er, sich einem DNA-Test, den die Bezirksanwaltschaft Zürich angeordnet hatte, zu entziehen, indem er vor Journalisten erklärte, »als Opfer des KZ-Arztes Josef Mengele lasse er keine weiteren Eingriffe an seinem Körper zu.«[2] Mengele ist hier, anders als bei Musial, nicht der Ausgangspunkt einer Erzählung, sondern das letzte Mittel in einem verzweifelten Beglaubigungsversuch. Die Aura seines Namens soll weitere Nachforschungen abwehren und die Überführung des Hochstaplers abwenden.

Erzählungen von Josef Mengele sind aber nicht immer und nicht einfach nur Hochstaplergeschichten. Seit 1945 entstanden zahlreiche Mengele-Fiktionen in verschiedenen Künsten: in der Literatur und im Film, in der Bildenden Kunst und in der Musik. Autoren wie Rolf Hochhuth, Peter Schneider oder Lucía Puenzo ver-

2 »›Wilkomirskis‹ Vater einwandfrei identifiziert«, in: *Neue Zürcher Zeitung*, 27.03.2002; vgl. auch Oels 2004, 373.

fassten Theaterstücke, Erzählungen und Romane, Mengele wurde in Spielfilmen wie *The Boys From Brazil* (1978) oder *Nichts als die Wahrheit* (1999) dargestellt, der Künstler Jean Tinguely schuf eine Installation mit dem Titel »Mengele Totentanz« (1986), die Heavy Metal-Gruppe Slayer brachte einen Mengele-Song heraus, »Angel of Death« (1986), und es gibt sogar einschlägige Comics (vgl. Lubrich 2023; weitere Quellen im Anhang). Wie können wir diese Fiktionen als Symptome einer Faszination verstehen, die von der Figur des KZ-Arztes ausging und auch heute immer noch auszugehen scheint?

Die Mengele-Show

Der Fall Mengele ist in vielem parallel und doch komplementär zum Fall Eichmann: Beide NS-Verbrecher waren nach dem Krieg untergetaucht und nach Südamerika entkommen, beide wurden vom Mossad gesucht, aber nur Eichmann wurde gefangen, verurteilt und hingerichtet. Auch seine Verbrechen unterscheiden sich von denen Mengeles: Als ›Schreibtischtäter‹ hat er nicht eigenhändig getötet, während Mengele als Täter am Tatort selbst quälte und mordete. Eichmanns Schuld bleibt – was sie keineswegs relativiert – in dem Sinn abstrakt, dass er seinen Opfern nicht direkt begegnete; Mengeles Taten hingegen sind von physischer Unmittelbarkeit und Grausamkeit und deshalb konkreter vorstellbar. Dabei ist bei einem Arzt die ›Fallhöhe‹ größer als bei einem Bürokraten. In schockierender Ambivalenz zwischen Bildung und Brutalität steht er für die extreme Perversion zivilisatorischer Werte durch den Nationalsozialismus. Dass er bis Ende der 1970er Jahre unbestraft bleiben konnte, machte ihn für die nachfolgende Generation um so unheimlicher. Der Täter war weiterhin ›unter uns‹.

Auch im Film überschneiden sich die beiden Geschichten. *Der Staat gegen Fritz Bauer* (2016)[3] zum Beispiel würdigt die Versuche des hessischen Generalstaatsanwalts Fritz Bauer, nationalsozialistische Täter aufzuspüren und vor ein deutsches Gericht zu bringen. Am Fall Eichmann, auf dessen Aufenthaltsort Bauer einen Hinweis bekommt, wird jedoch deutlich, dass seine Bemühungen von ehemaligen Nationalsozialisten und Sympathisanten in hochrangigen Positionen der Politik und des Justizwesens behindert werden, so dass Bauer sich mit seinen Informationen an den Mossad wendet. Zu den Nationalsozialisten, nach deren Verbleib er Nachforschungen anstellt, gehört auch Mengele – so stellt er bei seiner Rückkehr ins Büro nach einem Krankenhausaufenthalt als erstes die Frage, ob es etwas Neues über Bormann oder Mengele gebe, aber er erhält eine enttäuschende Antwort.

3 Siehe auch den Beitrag von Ernst in diesem Band.

Der britische Fernsehfilm *The Eichmann Show* (2015) verhandelt den Eichmann-Prozess 1961 in Jerusalem, der als einschneidendes Ereignis sowohl in der Geschichte der Holocaust-Erinnerung als auch in der Auseinandersetzung mit den Persönlichkeiten und Motivationen der NS-Täter gilt (vgl. Pendas 2016; Assmann 2015, 25). Im Spielfilm geht es um die Fernseh-Übertragung des Prozesses, um seine Verwandlung in eine öffentliche Attraktion. Wenn man jedoch von einer ›Eichmann-Show‹ in den Medien sprechen konnte, so gilt dies erst recht für eine ›Mengele-Show‹. Denn um die Figur des KZ-Arztes, die Mengele repräsentiert, gibt es mehr als drei Dutzend Spielfilme (Lubrich und Peter 2018; vgl. Schlickers 2021).

Diese Spielfilme inszenieren den KZ-Arzt häufig so, dass er als Gegenfigur zum ›Buchhalter des Todes‹, den Eichmann verkörpert, erscheint: dargestellt unter anderem durch Star-Schauspieler wie Gregory Peck, Charlton Heston oder Götz George. In ihrem bekannten Bericht über Adolf Eichmann entwickelte Hannah Arendt ihre These von der »Banalität des Bösen« (»banality of evil«) (1994 [1963]). In den kulturellen Fiktionen, die sich um Mengele herausbildeten, besetzt dieser die gegensätzliche Position. Er steht für eine Charismatisierung, Erotisierung und Überhöhung des ›Bösen‹ und damit ganz entschieden für dessen ›Entbanalisierung‹.

Der böse Arzt

Die Literaturgeschichte des KZ-Arztes hat ihre Vorläufer, auf die sie zurückgreifen konnte, in der Figur des wahnsinnigen oder bösen Arztes. Die Furcht vor ihm ist offenbar so alt wie die Medizin selbst. Bereits der Eid des Hippokrates setzte sein Ethos gegen die Gefahren eines medizinischen Missbrauchs. Er warnt nicht zuletzt vor dem Arzt, der tötet. Der überlieferte Text enthält den Satz: »Ich werde niemandem ein tödliches Gift geben, auch nicht, wenn ich darum gebeten werde.«[4] Diese Formulierung ist weniger eindeutig, als wir gemeinhin annehmen, weil das Subjekt der Bitte offen bleibt. Ausgeschlossen wird womöglich nicht (oder nicht nur) die Sterbehilfe als Hilfe zur Selbstvergiftung auf Wunsch des Patienten, sondern (auch) die Beihilfe zur Hinrichtung oder zum Mord. Der Hippokratische Eid ist in jedem Fall das Urgesetz zum Verbot des ›bösen Arztes‹.

4 »οὐ δώσω δὲ οὐδὲ φάρμακον οὐδενὶ αἰτηθεὶς θανάσιμον« (Hippokrates 1996, 14). Steinmanns Übersetzung lautet: »Nie werde ich irgend jemandem, auch nicht, wenn man mich darum bittet, ein tödliches Mittel verabreichen« (15). Im Kommentar bezieht sich der Herausgeber nur auf die Beihilfe zu Selbstmord und Abtreibung (30–32). Zum Widerstand gegen die nationalsozialistische »Medizin ohne Menschlichkeit« durch Franz Büchner, der sich 1941 auf den Eid des Hippokrates berief, vgl. 43–44 und 49–50.

Aus einer modernen Perspektive kommt die Möglichkeit einer rücksichtslosen Forscherneugier hinzu. So treibt die Titelfigur von Jean Pauls Erzählung *Dr. Katzenbergers Badereise* (1986 [1809]) ihr anatomisches Interesse an Missbildungen ins Wahnhafte und Lächerliche und wird so – vor dem Hintergrund einer zeitgenössischen Mode bioelektrischer (›galvanischer‹) Versuche – zum Gegenstand der Satire.

Zum Objekt zynischer Experimente dagegen wird Woyzeck in Georg Büchners Sozialdrama (1836/1837), als ihn »Der Doktor« einer einseitigen Erbsen-Diät unterzieht, die schlimme Folgen für seinen körperlichen und geistigen Zustand hat (Büchner 1988, 170–172, 176–177; vgl. Glück 1985). Skrupellose Ärzte, die verrückte Menschenversuche durchführen, gab es in der Literatur bereits vor dem Nationalsozialismus, der sie dann in staatlichem Auftrag aktiv werden ließ.

Besonders unheimlich wurden Ärzte vor dem Hintergrund einer romantischen Wissenschaftskritik in der Schauerliteratur. Victor Frankenstein erschafft bei Mary Shelley (2012 [1818]) durch Experimente mit Leichenteilen trotz bester Absichten ein furchtbares Monster. Der Mensch ist hier nicht nur das Objekt, sondern auch das Ziel seiner Forschungspraxis. Er soll nicht geheilt, sondern neu erschaffen werden. Aber der Versuch scheitert, der Zweck wird verfehlt, medizinisches Wissen bringt Schmerzen und Schrecken hervor.

Noch grauenvoller gestaltet H. G. Wells (2005 [1896]) das Motiv, indem er an die Stelle eines Einzelfalls ein systematisches Großprojekt setzt. Dr. Moreau errichtet auf einer entlegenen Insel ein abgeschlossenes Lager (»enclosure«) mit einem regelrechten Labor (»House of Pain«), in dem er nicht mehr Leichen, sondern lebende Tiere qualvoll in Menschen zu verwandeln versucht (vgl. Lubrich 2017). Dabei folgt der größenwahnsinnige Arzt keinem höheren Ziel, nicht einmal einem ideologischen. Es geht einzig um die Hybris des Machbaren. Ohne Sinn und ohne Anästhesie steigert seine Wissenschaft ebenso fanatisch wie unbarmherzig das Leiden der Kreatur.

Sogar Dracula ist in dieser Linie als diabolischer ›Doktor‹ zu verstehen. Sein Schloss hat Bram Stoker (1990 [1897]) als unheimliche Klinik in Szene gesetzt, in der ohnmächtigen Patienten schmerzhaft Blut abgenommen wird und verhängnisvoll Infusionen verabreicht werden. Vor dem Hintergrund der Psychoanalyse, die Sigmund Freud zur gleichen Zeit entwickelte, wird die Phantasie vom Vampir hier lesbar als Alptraum einer Hospitalisierung und als Trauma einer Operation durch einen sadistischen Arzt, der durch seine perverse Praxis eine Pandemie zu verbreiten versucht (vgl. Shuster 1973).

Ärzte sind also nicht nur positive, sondern auch problematische Figuren der Literatur, wie im 20. Jahrhundert unter anderem in Ernst Weiß' Roman *Georg Letham. Arzt und Mörder* (1980 [1931]). Und zahlreiche Schriftsteller waren ihrerseits Ärzte. Seine medizinische Ausbildung, seine Erfahrungen als Militärarzt und seine Beobachtungen in der Pathologie verarbeitete Gottfried Benn bereits in seiner ersten Gedichtsammlung *Morgue* (2011 [1912]). Der medizinische Blick des Lyrikers auf den Menschen ist in seiner Kälte ebenso präzise wie in seinen Motiven schonungslos (vgl. Lethen 1994, u. a. 43, 53, 195). Später wurde Benn anfällig für den Nationalsozialismus, nachvollziehbar in seiner doppelten Autobiografie von 1934 und 1950 (2005). Walter Benjamin sprach im Hinblick auf Benn sowie auf Louis-Ferdinand Céline von einem »spezifisch ärztlichen Nihilismus« (1992, 590).

Die Nationalsozialisten propagierten schließlich eine radikale Form makabrer Medizin. Adolf Hitler bediente sich in *Mein Kampf* (1925, 1927) zahlreicher medizinischer Metaphern, vor allem solcher der Krankheit und der Seuche, die eine entsprechende ›Behandlung‹ nahelegten. In seiner antisemitischen Rhetorik bezeichnete er Juden als »Bazillen« oder »Erreger«, die den arischen »Volkskörper« befielen.[5] Der Genozid ist bereits in den Sprachbildern angelegt. Denn für die erkrankte Nation, die ihn entsprechend mit »Heil!«-Rufen feierte, erscheint der »Führer« in der Konsequenz seiner zynischen Logik als der oberste Arzt, der gegen eine gefährliche Infektion eine rücksichtslose Chemotherapie verordnet, wie sie in den Vernichtungslagern dann in die Tat umgesetzt wurde.

Der KZ-Arzt in der Literatur

An bösen Ärzten werden die nationalsozialistischen Verbrechen im Extrem vorstellbar, eher noch als an anderen Täterfiguren. Wie wird Josef Mengele in der Literatur verhandelt? Die Figur des KZ-Arztes haben zahlreiche Autoren fiktionalisiert: etwa Lucius Shepard in *Mengele* (2015 [1984]), Martin Amis in *Time's Arrow* (1991), Lucía Puenzo in *Wakolda* (2011) und Olivier Guez in *La Disparition de Josef Mengele* (2017) oder auch bereits Peter Weiss in seinem dokumentarischen »Oratorium« *Die Ermittlung* (1976 [1965]). In einigen Texten kommt Mengele lediglich als Nebenfigur vor, die gleichwohl bedeutend sein kann. In Jonathan Littells *Les Bienveillantes* (2006) zum Beispiel ist er es, vom Lagerkommandanten Höß vorgestellt, den weißen Kittel über der Uniform, der die Methode der Vergasung erläutert, und zwar »de sa voix mélodieuse et suave« (562). Er hat keine zentrale Funktion, weder im Roman noch in Auschwitz, als Chefarzt des »Zigeunerlagers«. Aber er steht für das eigentliche Grauen. Indem er es darstellt, wie hier bei Littell, »mit sanfter und melodischer Stimme«, wird er auf unheimliche Weise ästhetisiert.

5 z. B. Hitler 1925/1927, Bd. 1, 58–59 (»Die Pestilenz des Judentums«): »Bazillenträger«; 245–246 (»Erkrankungen von Volkskörpern«): »fremde[ ] Erreger[ ]«, »Krankheitsstoffe«, »Tuberkulose«, »Schwindsucht«.

Neben Adolf Hitler und Joseph Goebbels ist Josef Mengele als einer der bekanntesten NS-Verbrecher in die Populärkultur und in die Literatur eingegangen. Christian Kracht und David Woodard zum Beispiel nennen den Auschwitz-Arzt in ihrem fiktionalen E-Mail-Verkehr *Five Years* einfach nur »Joe« (34, vgl. Lubrich 2018). Sie reisen nach »Nueva Germania« in Paraguay, Kracht, um dort eine Bibliothek einzurichten, Woodard, um angeblich die Rassisten-Kolonie wiederzubeleben und das frühere Grundstück von Mengele zu erwerben, der dort gelebt haben soll. Bei diesem Spiel mit dem ›Bösen‹ verdichtet sich die Faszination des Totalitarismus in Mengele als Popfigur – eine Faszination, die in zahlreichen literarischen Texten zum Ausdruck kommt.

Der Verdacht in der Schweiz

Die Geschichte der Literatur des KZ-Arztes beginnt bereits wenige Jahre nach dem Krieg mit Friedrich Dürrenmatts *Der Verdacht* (1985 [1951–1952]) in der Schweiz (vgl. Profit 2005; Profit 2007; Chertenko 2018). Nur wenige Jahre nach der Shoah verhandelt Dürrenmatt in seiner Kriminalerzählung kein beliebiges Vergehen, sondern das historische Verbrechen schlechthin.[6] Kommissar Bärlach fasst den »Verdacht«, bei dem Star-Mediziner Emmenberger, der in einer Nobel-Klinik in Zürich praktiziert, handele es sich um den ehemaligen Arzt des Konzentrationslagers Stutthof, Nehle, der dort grausame Menschenversuche durchführte und dann, wie Mengele, untertauchte.

Bereits hier finden sich mehrere Motive, die in der Geschichte der KZ-Arzt-Fiktionen topisch wurden: insbesondere die Überhöhung und die Kultivierung. Der Lagerarzt erscheint metaphysisch als ein diabolischer »Engel« in einem »Paradies der Richter und Henker« (Dürrenmatt 1985, 31). Nehle verrät sich durch seinen »literarischen Stil« (49), weil dieser von der einfachen Prosa seines Helfershelfers Emmenberger abweicht, der als Alibi für ihn im chilenischen Exil wissenschaftliche Aufsätze verfasste.

Dürrenmatt wendet die Geschichte vom KZ-Arzt, der die Reichen aus Zürich behandelt, kritisch gegen die Schweiz, die mit dem nationalsozialistischen Deutschland kollaboriert hatte. Die Ermittlungen seines Kommissars gelten einem Täter, der symbolisch für den Holocaust steht und in der Schweiz untertauchte. Auch Josef Mengele selbst soll sich in den späten 1950er Jahren, von den eidgenössischen Behörden

---

6 »Möglicherweise ist *Der Verdacht* die erste fiktive Holocaust-Erzählung eines nicht persönlich betroffenen (und nicht-jüdischen) Autors, der sich in die Gedanken von Mörder oder Täter versetzt.« (Battegay 2015, 176)

gedeckt, zu Ferien dort aufgehalten haben.[7] Die Figur Emmen*berger* hat Dürrenmatt sowohl analog wie auch antithetisch und komplementär zum Emmen*taler* angelegt, dem Einwohner der Region im Kanton Bern, aus der er selbst stammte. Der Täter wird so zum Alter Ego des Autors.

Am Schluss bleibt fantastisch offen, ob Bärlach vor dem bösen Arzt aus dessen Klinik wirklich durch einen jüdischen Rächer gerettet werden kann oder sich diese mysteriöse Rettung in seiner verzweifelten Fantasie lediglich vorstellt (vgl. Mauz 2020).

Der Stellvertreter des Bösen

In Rolf Hochhuths Drama *Der Stellvertreter* 1987 [1963] handelt der Täter weniger aus karrieristischem Kalkül, aus ideologischem Antrieb oder aus psychischem Defekt als nach einer viel grundsätzlicheren Disposition: »Der Doktor«, der hier als einzige Figur keinen Namen hat, ist eigentlich eine Allegorie und scheint einem barocken Mysterienspiel anzugehören.[8] Der KZ-Arzt in Auschwitz entspricht dem Teufel in der Hölle. Als personifizierter Satan wird er zum Gegenspieler des Jesuitenpaters Riccardo Fontana, der sich, um seine Kirche moralisch zu rehabilitieren, an der Seite der deportierten Juden wie Christus aufopfern will.

In Hochhuths »christlichem Trauerspiel« wird Josef Mengele alias »Der Doktor« geradezu mustergültig überhöht: intellektuell, charismatisch, erotisch und metaphysisch. Als nihilistischer Mephisto ist er den anderen Figuren von vornherein überlegen. Als zynischer Verführer gewinnt er die begehrte Frauenfigur, Helga, obwohl diese eigentlich einen »Bräutigam« hat. Als symbolische Figur unter normalen Sterblichen spielt er nicht nur eine theatralische Rolle, sondern er ist zugleich der *»geheime Regisseur«* (29). Als *»unheimliche Erscheinung aus einer anderen Welt«*, die sich *»von Menschen [...] so völlig abhebt«* (30), hat er dabei einen übernatürlichen, einen übermenschlichen Status. Und Hochhuth nennt noch einen weiteren literarischen Modus, dem der »Doktor« angehört, neben dem Mysterienspiel, nämlich den Surrealismus: Wenn wir uns seine Taten vorstellen, erscheinen sie uns als *»surrealistische Szenen«* (30), das heißt: Sie übersteigen unsere Wirklichkeit und jede realistische Darstellbarkeit.

---

7 Vgl. die Antwort des Bundesrates vom 18.08.1999 auf die Anfrage von Jean Ziegler (Sozialdemokratische Fraktion) vom 19.03.1999 über »Mengele in der Schweiz«; Guido Koller, »Mengeles Spuren in der Schweiz«. *Neue Zürcher Zeitung*, 30.01.2017.

8 Mit dem Doktor habe, erklärt Hochhuth, »eine uralte Figur des Theaters und des christlichen Mysterienspiels die Bühne wieder betreten« (1987, 30). (Vgl. Arendt 1964)

Als der »Doktor« im ersten Akt eingeführt wird (1. Akt, 2. Szene, 27–54), geschieht dies in klarem Kontrast zu Adolf Eichmann, der anders als Josef Mengele hier unter seinem historischen Namen auftritt. In Hochhuths ausführlichen kursiv gesetzten Regieanweisungen, die eher die Funktion von Einführungen oder Kommentaren haben und in deren Zusammenhang die Ausführungen über den »Doktor« eine Art Miniatur-Essay bilden, wird Eichmann sehr knapp beschrieben als »*so farblos wie irgendein Zeitgenosse*« (28). Der »Doktor« hingegen sei »*dandyhaft*«, »*kalt und lustig*«, »*höchst charmant*« und von »*suggestive[r] Herzlichkeit*«. »*Er nimmt sofort für sich ein.*« Mit diesen Qualitäten begnadet, manipuliert er die anderen Figuren wie ein »*Puppenspieler*«. »*Er hat das Format des absolut Bösen*«, schreibt Hochhuth im Vokabular der Theologie, und er fügt hinzu: »*viel eindeutiger als Hitler*«, so als sei Mengele der wahre bzw. höhere Repräsentant des Nationalsozialismus und als »*geheimnisvolle[r] ›Chef‹*« dessen eigentlicher ›Führer‹ (29).

Dass Mengele nach dem Krieg verschwinden konnte, trägt zu seiner Mystifizierung bei. »*Charakteristischerweise*«, schreibt Hochhuth, »*wurde er niemals gefaßt*« (29). Das heißt: Das Ungreifbare, das Unfassliche gehört zum ›Charakter‹ dieser Figur, die sich scheinbar ewig entzieht und nie gerichtet werden kann, wesentlich bzw. wesenhaft dazu.

In der Verfilmung von Constantin Costa-Gavras, *Amen* (2002), tritt der kultivierte, aber zynische »Doktor« (dargestellt von Ulrich Mühe) auf, ohne wie in Hochhuths »christlichem Trauerspiel« die eigentliche Hauptrolle als maliziöser Regisseur auf einer allegorischen oder als nihilistischer Teufel auf einer metaphysischen Ebene zu spielen. Der Kinofilm ist kein Mysterienspiel.

Im Ergebnis seiner Überlegungen zur Wahrnehmung und zur Inszenierung des »Doktors« schreibt Hochhuth: »*Wir haben bewußt von der Historie abweichende Vorstellungen*« (1987, 29). Das heißt: Wir haben Fiktionen. Der KZ-Arzt transzendiert seine schockierenden Taten. Er scheint seine Fiktionalisierung herauszufordern. Und wir wirken an dieser Fiktionalisierung mit.

Die Perversion des ärztlichen Ethos wird bei Hochhuth im letzten Akt in Auschwitz auf die Spitze getrieben, als der »Doktor« auf die naive Aufforderung, dem erschossenen Pater zu helfen (»Sie sind Arzt, helfen Sie.«), zynisch entgegnet: »Das Feuer ist ein guter Arzt.« (226) Dabei hat er längst schon deutlich gemacht, dass diese Perversion keineswegs ein Geheimnis war:

> [...] die Human-Versuche an Häftlingen
> sind gar nicht so geheim. Neulich im Mai,
> hier in Berlin – da war doch alles eingeladen,
> was Rang und Pfründen hat, auch Heer und Luftwaffe.
> Sogar Herr Sauerbruch gab seinen Senf dazu. (58)

Wir sehen den »Doktor« mit anderen Akteuren des Regimes beim Feiern (27–54), bei einem seiner Gegenspieler als Spaßmacher (57), mit seiner Geliebten beim ironischen Flirt (188–192) und mit dem Pater im manichäischen Disput (192–204). Hier spricht ausgerechnet der Repräsentant des »Bösen« die Wahrheit des Stückes über den Glauben und die Kirche aus, über ihre Komplizenschaft mit dem Nationalsozialismus und ihr Schweigen zur Judenverfolgung, über das Versagen des Papstes vor Diktatur und Völkermord:

> Schöpfer, Schöpfung und Geschöpf
> *sind* widerlegt durch Auschwitz.« (198)
>
> Die Kirche aber, die den Mord an
> Andersdenkenden Jahrhunderte hindurch
> im Abendlande praktiziert hat, spielt sich
> als *die* moralische Instanz des Erdteils auf. (199)
>
> [...] der Stellvertreter Christi
> muß *reden*! Warum schweigt er? (203)

Entsprechend behält der »Doktor« auf der Bühne das letzte Wort. Der Teufel bzw. der *Stellvertreter* des Teufels triumphiert als eigentliche Hauptfigur am Ende über seine Opfer und *»verläßt die Bühne wie ein Dozent seine Vorlesung«* (226).

Ein Versuch mit den Lesern

Alexander Kluges Kurzgeschichte »Ein Liebesversuch« (1986 [1962], vgl. Müller 1988; Schütz 1985) handelt von einem grausamen Experiment im Vernichtungslager, das der »Standortarzt« (142) im Jahr 1943 durchführt. Um die Wirksamkeit einer unmerklichen Methode der Massensterilisierung durch Röntgenstrahlen zu testen, werden zwei Häftlinge, ein Mann und eine Frau, zusammengeführt, um sie dabei zu beobachten, wie sie miteinander Sex haben. Aber der »Versuch« bzw. das »Experiment[]« schlägt fehl. Weil sich die erzwungenen Probanden nach fünf Jahren der Gefangenschaft »apathisch[]« (142) verhalten, werden sie »erschossen« (145). Der Versuch wird danach, wie es lapidar heißt, »mit anderen Personen wieder aufgenommen.« (145)

Schockierend ist aber nicht allein der Inhalt der Geschichte, sondern auch ihre Form. Der Text wird erzählt aus der Perspektive der ersten Person von einem beteiligten Täter: »Wir führten einen männlichen und einen weiblichen Gefangenen zu einem Versuch zusammen.« (142) Ihn strukturieren zehn Fragen, unter anderem im Hinblick auf eine weitere ›wissenschaftliche‹ »[U]ntersuch[ung]«, die den Tod der Probanden voraussetzt: »Wußten sie, daß im Falle einer Schwängerung beide Körper seziert und untersucht würden?« (144) Dabei stellt sich spätestens mit der achten Frage, weil sie sich auf die Beobachter bezieht, heraus, dass auch die Fragen in der ersten Person gestellt werden: »Wurden wir selbst erregt?« (145) Es handelt sich also nicht um eine Befragung, sondern um eine *Selbst*befragung der Täter bzw. des Täters, allerdings nicht als Gewissensprüfung, sondern in der kalten Sprache eines zynischen Berichts, der nicht nach den Gründen des moralischen Versagens fragt, sondern nach jenen des praktischen Scheiterns des verbrecherischen Versuchs. Durch die Befragung in der ersten Person Plural ebenso wie durch vorherige Fragen in der Form des unpersönlichen Pronomens in der dritten Person Singular (»Woher wußte man das?«, 143; »Hat man denn alles versucht?«, 144) werden die Leser in die Logik dieser amoralischen Untersuchung und in die Gruppe der Mitwisser und Mittäter einbezogen.

Im Kontext von Kluges Prosaband *Lebensläufe* handelt es sich bei dieser Kurzerzählung um den ›Lebenslauf‹ des weiblichen Opfers, der in nur 13 Zeilen lakonisch »[n]ach den Akten« zusammengefasst wird, weil nur die Aufzeichnungen und die Aussagen der Täter von den Opfern geblieben sind: »J.«, Jüdin, »Jahrgang 1915«, trennte sich von ihrem »arische[n] Ehemann« für ihren Geliebten, »P.«; die beiden wurden 1938 verhaftet und 1943 schließlich im Lager als Versuchspersonen zusammengeführt. Daher die besondere »Enttäuschung« des Erzählers: »jetzt durften sie endlich, und jetzt wollten sie nicht.« (143)

Nur an einer Stelle bricht in Form von zwei Versen, in kursiver Schrift, eingerückt und durch Leerzeilen abgesetzt, die Sprache romantischer Liebe in die Sprache des zynischen »Liebesversuchs« ein, und zwar als fiktives Zitat:

> *Will ich liebend Dir gehören,*
> *kommst Du zu mir heute Nacht?* (145)

Der Text endet wenig später mit der Frage nach dem Resultat des Experiments. Sie behandelt die »Liebe« als Körperfunktion und bleibt unbeantwortet: »Soll das besagen, daß an einem bestimmten Punkt des Unglücks Liebe nicht mehr zu bewerkstelligen ist?« (145) Indem Kluge die Lesenden mit dieser Frage entlässt, macht er sie ihrerseits zu Probanden in einem Experiment. Denn die Frage überhaupt anzunehmen, in ihrer technokratischen Sprache (»Soll das besagen [...]?«) und mit ihren zynischen Prämissen (»Liebe [...] bewerkstelligen«), hieße, sich selbst auf den mörderischen »Liebesversuch« einzulassen.

Die Figur des KZ-Arztes ist in dieser Geschichte zentral und dennoch kaum sichtbar. Der »Standortarzt« trägt als »Leiter des Versuchs« die Verantwortung, aber er verschwindet bereits auf der ersten Seite aus der Erzählung. Weder der Fragensteller noch der Antwortgeber wird als Mediziner charakterisiert. Dabei handelt es sich um Zeugen, die am Versuch als Beobachter teilnahmen, und damit um Mitverantwortliche: SS-Männer, Wachpersonal, Offiziere (»Wir hatten einen Oberscharführer unter uns«, 144). Das Kollektiv derer, von denen und denen das Geschehen erzählt wird, teilt die Ideologie und die Sprache des Nationalsozialismus und stellt die Praxis der Menschenversuche an keiner Stelle in Frage. Hinzukommen »hochgestellte Gäste« als weitere »Beobachter« (142). Das Experiment ist also geradezu öffentlich. Der KZ-Arzt, der die Versuchsanordnung bestimmt, tritt hinter ein Kollektiv von Tätern, Mittätern und Mitwissern, die an den Verbrechen beteiligt sind, zurück. Die herausgehobene Position als Repräsentant eines ›absoluten Bösen‹, der die Schuld der vielen anderen Beteiligten verblassen lässt, hat ihm Kluge – ganz im Gegensatz zu Hochhuth – genommen.

Derartige »Experimente« wirken im kollektiven Gedächtnis doppelt fort, weil sie nicht nur als solche erinnert werden, sondern als extreme Beispiele auch die Folien des Vergleichs für Versuche mit Menschen in anderen Kontexten bilden: von den Versuchen an Waisenkindern unter Friedrich II. (im 13. Jahrhundert) bis zur Tuskegee-Syphilis-Studie (1932–1972) oder zum Stanford-Prison-Experiment (1971). Kinder wurden ihren Müttern weggenommen und ohne Fürsorge aufgezogen, um ihre ›natürliche‹ Sprachentwicklung zu beobachten. An afroamerikanischen Analphabeten wurde, anstatt die Krankheit zu behandeln, der Verlauf der Syphilis studiert. Versuchspersonen wurden einer Gefängnissituation ausgesetzt, die dann eskalierte. Das Milgram-Experiment (1961) ging durch die entsprechende Szene im Film *I wie Ikarus* (*I … comme Icare*, 1979) in die Populärkultur ein. Um das Verhalten der Probanden gegenüber Autoritäten zu testen, spielte hier ein Schauspieler einen Versuchsleiter, der ihnen die Anweisung gab, einem anderen Schauspieler (scheinbar) Stromstöße zu verpassen, wenn dieser in einem (fiktiven) Test einen Fehler machte, um damit (angeblich) seinen Lernerfolg zu beeinflussen. Wenn wir an solche Experimente denken, stellt sich die Assoziation von Mengeles Menschenversuchen fast unwillkürlich als Vergleich und als Mahnung ein. Dass die Deutsche Forschungsgemeinschaft (DFG) die Durchführung von Versuchen mit Probanden von der Genehmigung durch eine Ethikkommission abhängig machte, ist auch eine Reaktion auf ihre Geschichte im Nationalsozialismus.

Ein Experiment des Autors

In seiner Novelle *Vati* (1987) unternahm Peter Schneider einen Versuch, sich Josef Mengele anzunähern, der heftige Kontroversen auslöste. Er schildert, wie Mengeles Sohn Rolf seinen Vater heimlich in Brasilien besuchte und den meistgesuchten

Verbrecher seiner Zeit nicht an die Polizei auslieferte (vgl. Schneider 2011; Höfer 1994; Morgan 1994; Jensen 2001; Iro 2018; Galle 2018).

Schneider erzählt damit ebenso wie die argentinische Schriftstellerin Lucía Puenzo in ihrem Roman *Wakolda* (2011) eine Geschichte von Mengeles ›Exil‹ in Südamerika, indem er ihn dort mit der Generation seiner Nachkommen konfrontiert. Puenzo lässt Mengele nicht mit seinem tatsächlichen Sohn in Brasilien, sondern mit einer symbolischen Tochter in Argentinien zusammentreffen: mit einem jungen Mädchen, zu dem sich eine eigentümlich intime Beziehung entwickelt (vgl. Hogan 2018). Der reuelose Täter bietet sich für eine Zwiesprache zwischen den Generationen beispielhaft an. Die jungen Protagonisten scheitern in beiden Fällen an einer moralischen Positionierung. Mengeles Sohn Rolf kann sich von seinem Vater nicht abgrenzen, und er führt ihn keiner Bestrafung zu. In *Wakolda* steht die zwölfjährige Lilith (benannt nach Adams erster Frau) für eine unbedachte Nähe zum Täter, durch die sie zu dessen Opfer wird.

Dass Schneider in *Vati* die Perspektive von Josef Mengeles Sohn einnimmt, macht die Novelle zu einem Text der sogenannten ›Väterliteratur‹, in der sich Söhne mit ihren Vätern und insbesondere mit deren NS-Vergangenheit auseinandersetzen – vor allem Ende der 1970er und Anfang der 1980er-Jahre, aber auch später noch (Koch 2015; Mauelshagen 1995; Reidy 2012), auch wenn er nicht von autobiographischen Fakten zu seinem eigenen Vater ausgeht, sondern von den Aussagen von Rolf Mengele.[9]

In der Verfilmung von Egidio Eronico, *My Father, Rua Alguem 555* (2003), nennt der Sohn seinen Vater nicht »Vati«, sondern »Papa«, und der englische Titel lautet nicht etwa »Daddy«. Die provokative Pointe des kindlichen Blicks geht damit verloren.[10]

Schneiders Novelle wurde wegen dieser Perspektivierung zu einem Skandal. Es gab eine Plagiatsbeschuldigung, weil der Autor Aussagen von Rolf Mengele aus einem Interview in der Zeitschriften *Bunte* verwendet hatte.[11] Und es gab Antise-

9 Eine Darstellung des Lebens von Rolf Mengele findet sich bei Crasnianski 2016, 212–235.

10 Das Drehbuch, an dem Peter Schneider zunächst mitwirkte und das dessen Kommentare zeigt, liegt im Archiv in der Akademie der Künste, Berlin (P. Schneider 1522, Mappe 2–4); ebenso wie die Korrespondenz mit dem Regisseur (P. Schneider 124). Wie unzufrieden Schneider mit der Drehbuchfassung war, geht aus einer mehrseitigen Notiz hervor (P. Schneider 1522, Mappe 1) – allein die Fülle der negativen Urteile ist vielsagend: »Blöd«, »Absurd«, »Idiotisch«, »Wozu?«, »was soll das«, »unvermittelt«, »fehlt«, »entbehrlich«, »zuviel«, »schwach«, »peinlich«, »Haarsträubend []«, »nichtssagend«, »unfähig«, »fürchterlich«, »schrecklich«, »dil[]et[t]antisch«, »unglaubwürdig«, »schlechter Krimi«, »banal«, »blabal« [sic].

11 Schneiders Quelle war Inge Byhans Interview mit Rolf Mengele: »So entkam mein Vater. Die Geheimnisse des Josef Mengele: Seine Flucht. Seine Verstecke. Seine Jahre im Untergrund«. *Bunte Illustrierte* 26 (1986), 16–33; »So viele halfen ihm«. *Bunte Illustrierte* 27 (1986), 17–32; »Keiner

mitismusvorwürfe, die auf der erzählerischen Konstruktion beruhten. Bei einer Lesung aus dem Manuskript in Berkeley wurde Schneider dafür kritisiert, dass er sich Mengele aus der Sicht des Sohnes angenähert habe – in der ersten Person.[12] Dabei ging es, aus heutiger Sicht, weniger um den Täter selbst als um die Haltung der nachfolgenden Generation.

Als Reaktion auf diese Kritik veränderte der Autor die Erzählperspektive. Er schrieb den Text vollständig um, indem er die Erzählung von der ersten in die dritte Person und vom Indikativ in den Konjunktiv übersetzte. Diese Fassung stellte er in Princeton erneut vor – ohne kritische Resonanz.[13] Auf Rat seines Verlegers entschied er sich am Ende jedoch, die erste Fassung zu veröffentlichen, jene also, die so heftige Vorwürfe ausgelöst hatte. Die zweite liegt in Berlin im Archiv.[14]

Es existieren also zwei Varianten, die wir miteinander vergleichen können. Peter Schneider hat für das Problem, wie sich Mengeles Sohn mit seinem Vater auseinandersetzt, zwei verschiedene Lösungen entwickelt. Diese ungewöhnliche Quellenlage eröffnet eine seltene methodische Möglichkeit: Die beiden Texte ließen sich experimentell untersuchen. In einer vergleichenden Studie könnten wir empirisch ermitteln, wie sie in der Lektüre wirken und worin sich ihre Wirkungen unterscheiden. Die Frage ist: Inwiefern hängt unsere Reaktion auf NS-Täter von formalen Merkmalen der Darstellung ab? Wie wird die Rezeption von Mengele-Fiktionen bedingt durch deren sprachliche Konstruktion? Und welche Rolle spielt dabei sogar die Grammatik einer Erzählung?

Die Ambivalenz des Überlebenden

Wie verhalten sich Fiktionen zu Tatsachenberichten? Dass auch faktuale Texte mit fiktionalen Mitteln arbeiten, hat die Geschichtswissenschaft längst erkannt. Dass die Erinnerung ein konstruktiver Prozess ist, wissen Psychologie und Gedächtnisforschung. Wie beeinflussen die Formen und Narrative der Literatur ebenso wie jene des Films oder der Kunst die Darstellungen von Biografien und Dokumentationen, Museen oder Gedenkstätten? Berühren sie sogar die Erinne-

---

fragte nach seinen Taten«. *Bunte Illustrierte* 28/1986, 26–31; »Ein Name wie ein Fluch«. *Bunte Illustrierte* 29/1986, 20–31; »Von Reue keine Spur«. *Bunte Illustrierte* 30 (1986), 108–117.

12 Auskunft von Hinrich C. Seeba, Berkeley.

13 Gespräche mit Peter Schneider, Berlin.

14 Im Archiv der Akademie der Künste.

rungen von Zeitzeugen, wie sie in den Video-Interviews der Shoah Foundation oder in Memoiren zum Ausdruck kommen?

Das letzte Wort über den Verbrecher soll ein Überlebender haben. Carl Laszlo (1923–2013) hat seine Auschwitz-Erinnerungen selbst fiktionalisiert und ihnen den sarkastischen Titel *Ferien am Waldsee* (2000 [1955]) gegeben. Sie beginnen mit dem Kapitel »Mengele kommt« (23–31). Gemeint ist das bange Flüstern, mit dem die Gefangenen einander warnten, sobald sich der KZ-Arzt ihren Baracken näherte. Mengeles Ankunft wird hier stilisiert zu einer unheimlichen Epiphanie, zu einem negativen Advent. »Mengele kommt!« Dieser Ruf, schreibt Laszlo, war »gleichbedeutend mit: ›der Tod naht‹« (29). Laszlo inszeniert Mengele als metaphysische und zugleich theatralische Allegorie. »Seine [...] kalten Züge schienen die Maske des Todes selber zu sein.« (29–30) Die schwarze SS-Uniform mit dem Totenkopfsymbol muss diese Assoziation nahegelegt haben. Er »kam am liebsten in der Nacht« (31)[15] und flößte seinen Opfern einen unheimlichen »Schauer« ein (30) – wie ein lebender Toter in der Horrorliteratur.

Zu dieser Allegorisierung passt es, dass Laszlo schon zu Beginn das Motiv vom »Todesengel« aufruft (28).[16] Er hat dem Text sogar ein Zitat aus der Offenbarung des Johannes vorangestellt, in dessen erstem Vers das Wort »Engel« vorkommt (23). Als Verkörperung des Todes wird Mengele zum stellvertretenden Täter, beinahe zum alleinigen, denn es hat den Anschein, er »hatte einen großen Teil der Mord-Initiative an sich gerissen« (28). Der KZ-Arzt wirkt für seine Opfer nicht nur übernatürlich, sondern auch allmächtig und allgegenwärtig, »überall wo die Menschenvernichtung vor sich ging, war er anwesend« (28).

Wiederholt hebt Laszlo dabei die erotische Anziehungskraft des Verbrechers hervor. Mengele erscheint »elegant«, er ist »gutaussehend« (23)[17], gleich dreimal wird er ausdrücklich als »schön« beschrieben (28, 29, 31).[18] Die Kraft seiner »Faszination« ist so stark, dass er »sogar auf die Häftlingsfrauen eine lähmend-faszinierende Wirkung ausübte« (28).[19] Wenn er wiederholt Mengeles »hohe« Erscheinung beschreibt, gebraucht Laszlo das Adjektiv in seiner Mehrdeutigkeit, so dass es zugleich eine kör-

15 Das schauerliterarische Motiv der unheilvollen Nacht war gleich im ersten Satz eingeführt worden: »Im Konzentrationslager kam man meistens in der Nacht an.« (23)

16 »Wie ein Todesengel war er unermüdlich im Töten und Zertreten«. (23)

17 »elegant und sauber gekleideter«, »ein gutaussehender Mann«. (23)

18 »auffallend schöne[r] Mann« (28), »Seine schönen, regelmäßigen [...] Züge« (29), »er trug die gleiche schöne Maske« (31).

19 Vgl. »lähmend« (30).

perliche Statur, einen militärischen Rang und eine überirdische Herkunft bezeichnet (23, 29, 31):[20] ›vom Himmel hoch …‹

Seine Faszinationskraft kommt auch darin zum Ausdruck, dass der Herr über Leben und Tod als Gegenstand oder als Schöpfer von Kunst dargestellt wird, genauer gesagt: von Plastik, Tanz, Musik und Theater. Äußerlich erschien er als Statue, »wie aus Stein gemeißelt[]« (29). Wenn er sich bewegte, schritt er »wie im Takt auf der Lagerstraße« (30). Mit seinen Gesten »dirigierte« er die Deportierten (24). Und wie ein Schauspieler in der antiken Tragödie trug er eine Maske, eine »schöne Maske« (31), »die Maske des Todes« (30). Er »spielte« eine Rolle, »eine ganz besondere Rolle« (28). Auschwitz wird zu einer Bühne – zum Welttheater (vgl. Eibl 2000, 10) und zugleich zum anatomischen Theater eines perversen Arztes.

Ausgerechnet sein Opfer also hat ihn mit allen Mitteln stilisiert – ästhetisch, erotisch und metaphysisch. Aber nebenbei deutet Laszlo an, dass Mengele die Selektionen so »gelangweilt« vornahm (24), »wie ein Postbeamter seine Briefe sortiert« (28). Und sein Alter Ego, eine Figur namens »Aliego«, lässt Laszlos Erzähler bemerken, dass ein Häftlingsarzt Mengeles Ankunft als so »entsetzlich« beschreibt, als spräche er vom »Autounfall seiner Tante« (31). Hinter einem diabolischen Charisma zeigt das Böse gleichwohl seine brutale Banalität.[21]

Literatur- und Filmverzeichnis

Primärquellen

Literatur

Amis, Martin. *Time's Arrow or The Nature of the Offence*. London: Jonathan Cape, 1991.
Benn, Gottfried. *Doppelleben. Zwei Selbstdarstellungen*. Stuttgart: Klett-Cotta, 2005.
Benn, Gottfried. *Morgue und andere Gedichte*. Stuttgart: Klett-Cotta, 2011.
Betz, Johannes W. und Beate Veldtrup. *Nichts als die Wahrheit*, Frankfurt: S. Fischer 1999.

20 »ein hoher, elegant und sauber gekleideter junger SS-Offizier« (23), »seine hohe, schlanke Gestalt« (29), »die hohe schlanke Gestalt« (31).

21 Der vorliegende Beitrag entstand in einem komparatistischen Projekt an der Universität Bern, an dem Nina Peter beteiligt war, und in Verbindung mit Helmut Galle an der Universität von São Paulo. Für einen anregenden Austausch und wertvolle Hinweise danke ich des Weiteren Valéria Pereira und Volker Jäckel (Belo Horizonte), Seán Williams (Sheffield), Matthias Lorenz (Hannover), Dominik Erdmann (Berlin) und Thomas Nehrlich (Bern). Meinen DoktorandInnen und StudentInnen an der Universität Bern danke ich für hilfreiche Diskussionen in Seminaren, Colloquien und Workshops.

Büchner, Georg. »Woyzeck«. *Gesammelte Werke*. Hg. Gerhard P. Knapp, München: Goldmann, 1988, 159–194.
Dürrenmatt, Friedrich. *Der Verdacht*. Zürich: Diogenes, 1985.
Guez, Olivier. *La Disparition de Josef Mengele*. Paris: Grasset, 2017.
Guez, Olivier. *Das Verschwinden des Josef Mengele*. Übers. Nicola Denis. Berlin: Aufbau, 2018.
Hippokrates. *Der Eid des Arztes. Griechisch/deutsch*. Übers. und Hg. Kurt Steinmann. Frankfurt/Leipzig: Insel, 1996.
Hitler, Adolf. *Mein Kampf*, 2 Bände. München: Franz Eher Nachfolger 1925/1927.
Hochhuth, Rolf. *Der Stellvertreter. Ein christliches Trauerspiel*. Reinbek: Rowohlt, 1987.
Kluge, Alexander. »Ein Liebesversuch«. *Lebensläufe*, Frankfurt: Suhrkamp, 1986, 142–145.
Kracht, Christian und David Woodard. *Five Years. Briefwechsel 2004–2009. Vol. 1: 2004–2007*. Hg. Johannes Birgfeld und Claude D. Conter. Hannover: Wehrhahn, 2011.
Laszlo, Carl. *Ferien am Waldsee*. Hg. Albert C. Eibl. Wien: Das vergessene Buch, 2000.
Levin, Ira. *The Boys from Brazil*, New York: Random House, 1976.
Littell, Jonathan. *Les Bienveillantes*, Paris: Gallimard, 2006.
Musial, Bogdan. *Mengeles Koffer. Eine Spurensuche*. Hamburg: Osburg, 2019.
Paul, Jean. *Dr. Katzenbergers Badereise*. Stuttgart: Reclam, 1986.
Puenzo, Lucía. *Wakolda*. Buenos Aires: Planeta, 2011.
Puenzo, Lucía. *Wakolda*. Übers. Rike Bolte. Berlin: Wagenbach, 2012.
Schneider, Peter. *Vati*. Darmstadt: Luchterhand, 1987.
Schneider, Peter. *Vati. Text & Kommentar*. Bearb. Karl Hotz und Gerhard C. Krischker. Bamberg: Buchners Schulbibliothek der Moderne, 2001.
Shelley, Mary. *Frankenstein. The 1818 Text, Contexts, Criticism*. Hg. J. Paul Hunter. New York/London: Norton, 2012.
Shepard, Lucius. »Mengele«. *Green Eyes. The Jaguar Hunter. Vacancy*. London: Gollancz, 2015, 434–444.
Stoker, Bram. *Dracula*. Hg. A. N. Wilson. Oxford: Oxford University Press, 1990.
Wells, H. G. *The Island of Doctor Moreau*. Hg. Patrick Parrinder. London: Penguin, 2005.
Weiss, Peter. »Die Ermittlung. Oratorium in 11 Gesängen«. *Stücke I*. Frankfurt: Suhrkamp, 1976, 257–449.
Weiß, Ernst. »Georg Letham. Arzt und Mörder. Roman«. *Gesammelte Werke*, Band 10, Frankfurt: Suhrkamp, 1980.
Wilkomirski, Binjamin [Bruno Dössekker]. *Bruchstücke. Aus einer Kindheit 1939–1948*. Frankfurt: Jüdischer Verlag, 1995.

Spielfilme

Amen. Reg. Constantin Costa-Gavras. Deutschland / Frankreich / Rumänien 2002. (Mit Ulrich Mühe als SS-Arzt.)
Der Staat gegen Fritz Bauer. Reg. Lars Kraume. Deutschland 2016. (Mit Burghart Klaußner.)
I … comme Icare. Reg. Henri Verneuil. Frankreich 1979. (Mit Yves Montand.)
My Father – Rua Alguem 5555. Reg. Egidio Eronico. Italien 2003. (Mit Charlton Heston als Josef Mengele.)
Nichts als die Wahrheit. Reg. Roland Suso Richter. Deutschland / USA 1999. (Mit Götz George als Josef Mengele.)
Son of Saul / Saul fia, Reg. László Nemes. Ungarn 2015. (Mit András Jeles als SS-Lagerarzt.)

The Boys from Brazil, Reg. Franklin J. Schaffner. Großbritannien / USA 1978. (Mit Gregory Peck als Josef Mengele.)

The Eichmann Show. Reg. Paul Andrew Wilson. Großbritannien 2015. (Mit Martin Freemann, Anthony LaPaglia.)

Wakolda – El médico alemán. Reg. Lucía Puenzo. Argentinien 2013. (Mit Alex Brendemühl als Josef Mengele.)

Sekundärliteratur

Arendt, Hannah. »Der Stellvertreter in USA«. *Neue Deutsche Hefte* 101 (1964): 111–123.

Arendt, Hannah. *Eichmann in Jerusalem. A Report on the Banality of Evil*. New York: Penguin, 1994.

Assmann, Aleida. »Transformations of Holocaust Memory. Frames of Transmission and Mediation«. *Holocaust Cinema in the Twenty-First Century*. Hg. Oleksandr Kobrynski und Gerd Bayer. New York/Chichester: Wallflower Press, 2015, 23–40.

Battegay, Caspar. »›Wahnsinn als Methode‹. Friedrich Dürrenmatts *Der Verdacht* als Kriminalroman nach der Shoah«. *Kriminalliteratur und Wissensgeschichte. Genres – Medien – Techniken*. Hg. Clemens Peck und Florian Sedlmeier. Bielefeld: transcript, 2015, 173–196.

Benjamin, Walter. *Das Passagen-Werk. Gesammelte Schriften*. Hg. Rolf Tiedemann und Hermann Schweppenhäuser unter Mitwirkung von Theodor W. Adorno und Gershom Scholem. Frankfurt: Suhrkamp, 1992 [1981], Band V.1 (Hg. Rolf Tiedemann).

Chertenko, Alexander. »Re-actualizing a cultural exclusion zone: Human experimentation and intellectual witness in Friedrich Dürrenmatt's *Suspicion* and Marcel Beyer's *The Flying Foxes*«. *Rivista di estetica* 58.67 (2018): 97–116.

Crasnianski, Tania. *Enfants de Nazis*. Paris: Grasset, 2016.

Eibl, Albert C. »Zum Geleit«. Carl Laszlo. *Ferien am Waldsee*. Hg. Albert C. Eibl. Wien: Das vergessene Buch, 2000, 7–14.

Galle, Helmut. »Os escritos autobiográficos de Josef Mengele«. *Estudos avançados* 25.71 (2011): 269–286.

Galle, Helmut. »Versuch über die Ökonomie der Schuld. Das radikale Böse in der Darstellung von Holocausttätern: Das Beispiel von Peter Schneiders *Vati*«. *Pandaemonium Germanicum* 21.34 (2018): 115–133.

Glück, Alfons. »Der Menschenversuch: Die Rolle der Wissenschaft in Georg Büchners *Woyzeck*«. *Georg Büchner Jahrbuch* 5 (1985): 139–182.

Höfer, Adolf. »Vater-Sohn-Konflikte in moderner Dichtung: Symptome einer Verharmlosung des Faschismus am Beispiel von Peter Schneiders Erzählung *Vati*«. *Literatur für Leser* 1 (1994): 11–22.

Hogan, Erin K. »Girls and Dolls: The Biopolitics of Gender and Race in Lucía Puenzo's *Wakolda*«. *The Comparatist* 42 (2018): 246–263.

Iro, Wolf. »Der Vati-Komplex. Von negierten Gefühlen«. *Nach Israel kommen*, Berlin: Wagenbach, 2018, 29–38.

Jensen, Birgit Amelia. »Peter Schneider's *Vati*: Contesting a German Taboo«. *Critique* 43.1 (2001): 84–92.

Koch, Carina. »Väterliteratur«. *Lexikon der »Vergangenheitsbewältigung« in Deutschland. Debatten- und Diskursgeschichte des Nationalsozialismus nach 1945*. Hg. Torben Fischer und Matthias N. Lorenz. Überarbeitete 3. Auflage. Bielefeld: transcript, 2015, 203–205.

Lethen, Helmut. *Verhaltenslehren der Kälte. Lebensversuche zwischen den Kriegen*, Frankfurt a. M.: Suhrkamp, 1994.

Lubrich, Oliver. »Traumatische Tropen: Der Künstlermythos des Dr. Moreau«. H. G. Wells. *Die Insel des Dr. Moreau*. Übers. Felix Paul Greve, neu durchgesehen von Christine Mrowietz. Mannheim: Kunstanstifter, 2017, 237–255.

Lubrich, Oliver und Nina Peter. »Der Täter als Überlebender: Der KZ-Arzt im Kino«. *Anuari de Filologia* 8 (2018): 181–215.

Lubrich, Oliver. »Peinliche Projektion. Kracht in Korea«. *Christian Kracht revisited. Irritation und Rezeption*. Hg. Matthias N. Lorenz und Christine Riniker. Berlin: Frank & Timme, 2018, 607–635.

Lubrich, Oliver. »Mengele-Phantasien. Der KZ-Arzt als kulturelles Symptom«. *Acta Germanica* 50 (2023): 239–257.

Marwell, David G. *Mengele. Unmasking the »Angel of Death«*. New York: W. W. Norton, 2020.

Mauelshagen, Claudia. *Der Schatten des Vaters. Deutschsprachige Väterliteratur der siebziger und achtziger Jahre*. Frankfurt u. a.: Peter Lang, 1995.

Mauz, Andreas. »Der Verdacht«. *Dürrenmatt Handbuch. Leben – Werk – Wirkung*. Hg. Ulrich Weber, Andreas Mauz und Martin Stingelin. 2. Auflage, Stuttgart: J. B. Metzler, 2020, 66–70.

Morgan, Peter. »The Sins of the Fathers: A Reappraisal of the Controversy about Peter Schneider's *Vati*«. *German Life and Letters* 47.1 (1994): 104–133.

Müller, Michael. »Gefangen vom Text: Überlegungen zur Lesersteuerung am Beispiel eines Textes von Alexander Kluge«. *Der Deutschunterricht* 40.4 (1988): 59–67.

Oels, David. »›A real-life Grimm's fairy tale‹. Korrekturen, Nachträge, Ergänzungen zum Fall Wilkomirski«. *Zeitschrift für Germanistik*. Neue Folge 14.2 (2004): 373–390.

Pendas, Devin O. »The Eichmann Trial in Law and Memory«. *Political Trials in Theory and History*. Hg. Jens Meierhenrich und Devin O. Pendas. Cambridge: Cambridge University Press, 2016, 205–228.

Profit, Vera B. »Historical Violence as a Subtext to Friedrich Dürrenmatt's *Der Verdacht*«. *The Image of Violence in Literature, Media, and Society* II. Hg. Will Wright und Steven Kaplan. Pueblo: Colorado State University, 2007, 235–238.

Profit, Vera B. »The Devil's Footprints: The Case of Dr. Emmenberger in Friedrich Dürrenmatt's *Der Verdacht*«. *Minding Evil: Explorations of Human Iniquity*. Hg. Margaret Sönser Breen. Amsterdam: Rodopi, 2005, 127–146.

Reemtsma, Jan Philipp. »Versprochener Glamour und erlogene Finsternis«. Bogdan Musial. *Mengeles Koffer. Eine Spurensuche*. Hamburg: Osburg, 2019, 165–177.

Reidy, Julian. *Vergessen, was Eltern sind. Relektüre und literaturgeschichtliche Neusituierung der angeblichen Väterliteratur*. Göttingen: V & R Unipress, 2012.

Schlickers, Sabine. *De Auschwitz a Argentina. Representaciones del nazismo en literatura y cine (2000–2020)*. Buenos Aires: Biblos, 2021.

Schneider, Peter. »Vom Umgang mit dem Bösen in der Literatur. Zur Frage des erzählerischen Abstands«. *Die Ethik der Literatur: Deutsche Autoren der Gegenwart*. Hg. Paul Michael Lützeler und Jennifer M. Kapczynski. Göttingen: Wallstein, 2011, 145–156.

Schütz, Erhard. »*Ein Liebesversuch* oder Zeigen, was das Auge nicht sieht: Der ›kalte Blick‹ in Alexander Kluges Prosa«. *Text + Kritik* 85–86 (1985): 50–62.

Shuster, Seymour. »Dracula and surgically induced trauma in children«. *British Journal of Medical Psychology* 44.3 (1973): 259–270.

Anhang: Josef Mengele in Literatur und Film – weitere Quellen

Weitere Primärliteratur

Amis, Martin. *The Zone of Interest*. London: Vintage, 2015. [2014.]
Bachmann, Ingeborg. »Der Fall Franza«. *Werke. Dritter Band*. Hg. Inge von Weidenbaum und Clemens Münster. München: Piper, 1978, 339–482. [1966.]
Beutler, Peter. *Kanderschlucht*. Köln: emons, 2013.
Beyer, Marcel. *Flughunde*. Frankfurt: Suhrkamp, 1995.
Charneux, Olivier. *Les guérir. Roman*. Paris: Robert Laffront, 2016.
Dueñas, María. *El tiempo entre costuras*. Madrid: Planeta, 2009.
Forsyth, Frederick. *The Odessa File*. London: Arrow, 2011. [1972.]
Foster Wallace, David. *Consider the Lobster and Other Essays*. New York: Little, Brown and Co., 2005.
Giner, Gonzalo. *Pacto de lealtad*. Madrid: Planeta, 2014.
Goldman, William. *Marathon Man*. London: Book Club Associates, 1976. [1974.]
Grandes, Almudena. *Los pacientes del doctor García*. Barcelona: Tusquets, 2017.
Hensel, Kerstin. *Lärchenau*. München: btb, 2010. [2008.]
Hess, Annette. *Deutsches Haus*. Berlin: Ullstein, 2018.
Kaplan, Andrew. *Hour of the Assassins*. New York: Dell, 1980.
Keneally, Thomas. *Schindler's Ark*. London: Hodder & Stoughton, 1982.
Kita, Morio. *In Nacht und Nebel. Roman*. Übers. Otto Putz. Löhne: Cass, 2013. [*Yoru to kiri no sumi de*, 1960.]
Koeppen, Wolfgang. *Der Tod in Rom*. Frankfurt: Suhrkamp, 2013. [1954.]
Konar, Affinity. *Mischling. A Novel*. New York: Back Bay, 2017. [2016.]
Laher, Ludwig. *Herzfleischentartung*. Innsbruck: Haymon, 2001.
Menasse, Robert. *Die Hauptstadt. Roman*. Berlin: Suhrkamp, 2017.
Moers, Walter. *Adolf – Äch bin wieder da!!*. Frankfurt: Eichborn, 1998.
Morris, Heather. *The Tattooist of Auschwitz*. New York: HarperCollins, 2018.
Muñoz Molina, Antonio. *Sefarad*. Madrid: Alfaguara, 2001.
Nelson, Tim Blake. *The Grey Zone. Director's Notes and Screenplay*. New York: Newmarket, 2003.
Paniagua, Pablo. *Abraxas: un viaje por la psicodelia*. México: Alita de Mosca, 2014.
Pérez Domínguez, Andrés. *El silencio de tu nombre*. Barcelona: Plaza & Janés, 2012.
Possas, Celso M. *Uma Carta em Auschwitz*. Niterói: Itapuca, 2018.
Roth, Gerhard. *Der Strom*. Frankfurt: S. Fischer, 2004. [2002.]
Rudzka, Zyta. *Doktor Josefs Schönste. Roman*. Übers. Esther Kinski. Zürich: Ammann, 2009. [*Ślicznotka doktora Josefa*, 2006.]
Sánchez, Clara. *Lo que esconde tu nombre*. Barcelona: Destino, 2010.
Sánchez, Clara. *Cuando llega la luz*. Barcelona: Destino, 2016.
Spiegelman, Art. *Maus. A Survivor's Tale II. And Here My Troubles Began*. New York: Pantheon, 1991.
Stadler, Arnold. *Feuerland*. Salzburg/Wien: Residenz, 1992.
Stadler, Arnold. *Ich war einmal*. Frankfurt: Suhrkamp, 1999.
Stadler, Arnold. *Ein hinreissender Schrotthändler*. Köln: DuMont, 1999.
Styron, William. *Sophie's Choice*. New York: Random House, 1979.
Treichel, Hans-Ulrich. *Der Verlorene*. Frankfurt: Suhrkamp, 1998.
Walser, Martin. *Eiche und Angora. Eine deutsche Chronik*. Frankfurt: Suhrkamp, 1962.
Walser, Martin. *Der Schwarze Schwan*. Frankfurt: Suhrkamp, 1964.

Walser, Martin. *Kaschmir in Parching. Szenen aus der Gegenwart*. Frankfurt: Suhrkamp, 1995.
Walser, Martin. *Halbzeit*. Frankfurt: Suhrkamp, 1960.
Walser, Martin. *Das Einhorn*. Frankfurt: Suhrkamp, 1966.
Walser, Martin. *Der Sturz*. Frankfurt: Suhrkamp, 1973.
Walser, Martin. *Anselm-Kristlein-Trilogie*. 3 Bände. Frankfurt: Suhrkamp, 1981.
Walser, Martin. *Die Zimmerschlacht. Übungsstück für ein Ehepaar*. Frankfurt: Suhrkamp, 1967.

Weitere Spielfilme

החוב (deutsch: *Der Preis der Vergeltung*, englisch: *The Debt*). Reg. Assaf Bernstein. Israel 2007. (Mit Edgar Selge als Max Rainer, »Arzt von Birkenau«.)
The Angel of Auschwitz. Reg. Terry Lee Coker. Großbritannien 2019. (Mit Steven Bush als Josef Mengele und Michael McKell als Josef Mengele senior).
Captain America: The First Avenger. Reg. Joe Johnston. USA 2011. (Mit Stanley Tucci als Dr. Abraham Erskine.)
Danger 5 (Fernsehserie). Reg. Dario Russo. Australien 2012–2015. (Mit Robert Tompkins als Josef Mengele.)
The Debt. Reg. John Madden. USA 2010. (Mit Jesper Christensen als Dieter Vogel, »The Surgeon of Birkenau«.)
Dr. Mengele. Reg. ›Pedro‹. Ungarn 2005. (Pornografie.)
The Human Centipede (First Sequence). Reg. Tom Six. Niederlande 2009. (Mit Dieter Laser als Dr. Josef Heiter.)
Hunters (Fernsehserie). Diverse Regisseure. USA 2020. (Mit Al Pacino als Meyer Offerman.)
Little Deaths. Reg. Sean Hogan, Andrew Parkinson, Simon Rumley. USA 2011. (Mit Brendan Gregory als Dr. Reese.)
The Man from U.N.C.L.E. Reg. Guy Ritchie. USA 2015. (Mit Christian Berkel als Atomphysiker Dr. Udo Teller.)
Nazis at the Center of the Earth. Reg. Joseph Lawson. USA 2012. (Mit Christopher Karl Johnson als Josef Mengele.)
The Ninety Nines. Reg. Howard Cook. USA 2013. (Kurzfilm, Animation.)
The Unborn. Reg. David S. Goyer. USA 2009. (Mit Braden Moran als Josef Mengele.)
Das weiße Band – Eine deutsche Kindergeschichte. Reg. Michael Haneke. Deutschland / Österreich / Frankreich / Italien 2009.
X-Men: First Class. Reg. Matthew Vaughn. USA 2011. (Mit Kevin Bacon als Dr. Klaus Schmidt.)
Werk ohne Autor. Reg. Florian Henckel von Donnersmarck. Deutschland 2018. (Mit Sebastian Koch als Professor Carl Seeband.)

Helmut Galle

Das letzte Jahr eines Massenmörders

1978 im Tagebuch Josef Mengeles

Josef Mengele und Adolf Eichmann

Josef Mengele rangierte in der SS-Hierarchie deutlich unter dem Obersturmbannführer Adolf Eichmann, und in seiner verheerenden Tätigkeit als Lagerarzt in Auschwitz reicht er historisch kaum an Eichmanns Bedeutung für die Organisation des Mords an den Juden in Europa heran. Gleichwohl schätzten nach Kriegsende beide ihre Schuld so groß ein, dass sie sich zunächst versteckten und bald darauf über die sogenannte Rattenlinie mit gefälschten Papieren in Argentinien in Sicherheit brachten. Beide konnten ihr Leben in der neuen Umgebung zunächst unangefochten fortsetzen, Mengele ab 1956 sogar mit einem deutschen Pass auf seinen Geburtsnamen. Als 1959 jedoch in Freiburg ein Haftbefehl gegen ihn ausgestellt wurde, tauchte er umgehend in Paraguay unter und ging im Oktober 1960, ein halbes Jahr nach der Entführung Eichmanns durch den Mossad, wiederum mit einer falschen Identität nach Brasilien. Während an Eichmann 1962 das Urteil eines israelischen Gerichts vollstreckt werden konnte, gelang es Mengele, sich bis an sein Lebensende an verschiedenen Orten in Brasilien der Gerechtigkeit zu entziehen.

In dem Maße in dem seit den Nürnberger Prozessen immer mehr Zeugenberichte über Mengeles Tätigkeit in Auschwitz bekannt geworden waren, entwickelte er sich in der internationalen Öffentlichkeit zu einem Paradigma absoluter Unmenschlichkeit; er prägte das Bild eines Arztes, Wissenschaftlers und Bildungsbürgers, der nicht vor den extremsten Grausamkeiten zurückschreckte und diese offenbar im Zustand vollkommenen seelischen Gleichgewichts beging. Anders als Adolf Eichmann, dem Hannah Arendts epochale Studie den Ruf der »Banalität des Bösen« eintrug, erschien Mengele nicht als intellektuell unterdurchschnittliches Rad im Getriebe, kein phantasieloser Bürokrat fernab dem eigentlichen Morden, sondern als fanatischer Überzeugungstäter, der von Ende Mai 1943 bis Januar 1945, eine Opernarie pfeifend (vgl. Keller 2003, 35), seinen Tätigkeiten als Lagerarzt in Auschwitz-Birkenau nachging, die ihm vertrauenden Kinder im ›Zigeunerlager‹ der Gaskammer überantwortete oder mit Injektionen ins Herz zu dem Zweck tötete, die Folgen seiner Experimente an frischen Obduktionsergebnissen zu kontrollieren. Im kulturellen Gedächtnis der Menschheit hat sich Mengele in diesen Jahrzehnten zu einem Prototyp nazistischer Bestialität entwickelt, der geradezu im Gegensatz zu Eichmann steht. Oliver Lubrich (2023, 242) bemerkt hierzu:

Open Access. © 2024 bei den AutorInnen und Autoren, publiziert von De Gruyter. (cc) BY-NC-ND Dieses Werk ist lizenziert unter der Creative Commons Namensnennung - Nicht-kommerziell - Keine Bearbeitungen 4.0 International Lizenz.
https://doi.org/10.1515/9783111077345-017

> Innerhalb eines solchen Spektrums von Täterprofilen scheinen Adolf Eichmann und Josef Mengele die beiden Pole zu besetzen, indem sie als »Buchhalter des Todes« die Banalität des Bösen verkörpern bzw. als »Todesengel« seine vermeintlich metaphysische Dämonie. In vielen kulturellen Phantasien steht Josef Mengele im Gegensatz zu Arendts Beschreibung von Eichmann geradezu für eine Entbanalisierung des Bösen, die von eigener Verantwortung entlastet.

Um so unerträglicher ist die Vorstellung, dass dieser Josef Mengele zeitlebens unbehelligt blieb und im Alter von 67 Jahren »bei der Freizeitgestaltung« gestorben ist (Stangneth 2011, 372, 640). Bekanntlich ereilte ihn am 7. Februar 1979 ein Herzinfarkt, als er im Meer vor dem Badeort Bertioga schwamm. Ein gewöhnlicher Tod nach einem recht langen Leben für einen Mann, der 45 Jahre zuvor im Arztkittel und in SS-Uniform die wahrscheinlich monströsesten Taten des 20. Jahrhunderts begangen hatte.[1] Wahrlich kein Fall von göttlicher Nemesis, den ein Carl von Linné in seine Sammlung von Exempla hätte aufnehmen wollen.[2]

Man ist versucht, sich vorzustellen, dass er wenigstens gelitten hat. Wenn schon nicht unter seinem eigenen Gewissen, dann doch unter der Situation: fern seiner schwäbischen Heimat, verlassen von seiner Familie, in einem Viertel am Stadtrand von São Paulo, das sein Sohn als Favela bezeichnet hatte[3] und geplagt von der ständigen Angst vor der Entdeckung durch die Justiz oder den israelischen Geheimdienst. Die verfügbaren Biographien von Gerald Posner und John Ware (1986), Ulrich Völklein (1999), Sven Keller (2003), David Marwell (2020) und Betina Anton (2023) haben das sensationalistisch-dämonische Bild korrigiert, das jahrzehntelang von Medien und fiktionalen Darstellungen Mengeles (siehe Lubrich 2023 und in diesem Band) verbreitet wurde. Aber mittlerweile scheint stattdessen die Idee Raum zu greifen, die letzten Jahre des Massenmörders seien eher deprimierend und von Krankheiten geprägt gewesen. So etwa erwähnt Jana Lösch seine Migräne und Rückenprobleme und schreibt weiter:

> Im Verlauf der Jahre verschlechterte sich der Zustand Mengeles ebenso wie das Verhältnis zu seinen Freunden. Während er zuvor seine Geburtstage, Weihnachten und Silvester mit seinen Freunden verbrachte und selbst Freizeitaktivitäten wie Kinobesuche [sic] nachzuge-

---

1 Zu Mengeles Tätigkeit als Arzt in Auschwitz vgl. Zofka (1986).

2 Vgl. hierzu Galle (2018).

3 »Die Straße, in der mein Vater lebte, war streckenweise in einem fürchterlichen Zustand. Es war eigentlich keine Straße. Es gab kein Pflaster, nur festgefahrenen Staub, der aufwirbelte, Schlaglöcher und Schmutz. [...] Rechts und links der Straße waren Elendsquartiere, kilometerlang, die berüchtigten Favelas. Wolfram Bosserts VW hielt vor dem Haus meines Vaters. Dort war die Straße etwas besser. Das Haus war eigentlich mehr eine Holzhütte.« Rolf Mengele im Interview mit Inge Byhan (1986, 33).

hen vermochte, änderte sich diese Situation im Laufe der 1970er Jahre drastisch. (Lösch 2016, 95)

In vielen Darstellungen ist von der Einsamkeit Mengeles die Rede (Keller 2003, 59; Posner und Ware 1986, 258, 263, 272). Beklagt hat er sich zweifellos ausgiebig darüber, ebenso über seine physischen Leiden, aber kann man seinen Selbstaussagen trauen? Halten sie einer objektiven Beurteilung stand? Um der Frage nachzugehen, was Mengele im letzten Jahr vor seinem Tod getan und gedacht hat, soll hier – mit aller gebotenen Vorsicht – ein Blick in seinen letzten Taschenkalender geworfen werden, in dem er Tag für Tag minutiös Dinge festgehalten hat, die er für wichtig hielt. Dabei entsteht das Bild eines durch und durch gewöhnlichen Mannes im Rentenalter, der kein üppiges, aber durchaus nicht unbequemes Leben führt, nicht viel anders als die meisten Deutschen seiner Generation, nur eben in Brasilien. Selbst seine unverbesserlichen Ansichten über den Führer und die Rolle der Deutschen sind wahrscheinlich im Jahr 1978 unter seinen Altersgenossen gar nicht so selten. Im Unterschied zu Eichmann, der sich vor dem Tribunal in Jerusalem seinen Opfern und der Weltmeinung stellen musste, konnten all die anderen kleinen und großen Nazis weiterhin ihre Ressentiments und ihren Größenwahn pflegen. Ein Gewissen aus ihren Taten machten sich die wenigsten, und vor Gericht gestellt wurde auch nur eine erschreckend geringe Zahl. Sie führten ihr Leben weitgehend unbehelligt, während sich um sie herum die Welt veränderte. Mengele war einer dieser gealterten Nazis, wenngleich ein besonders verstörender Fall.

Mengeles Selbstzeugnisse

Man kann der Frage, wie Mengele gelebt hat, wenigstens partiell nachgehen, denn er hat in seinem südamerikanischen Exil viel geschrieben, wenn auch nichts über seine Tätigkeit in Auschwitz. Neben leicht fiktionalisierten autobiographischen Versuchen über die Kindheit, Studienzeit, sein Versteck nach dem Krieg in Bayern und die Flucht über die Alpen nach Genua, in denen seine literarischen Ambitionen erkennbar sind,[4] notierte er Ideen und Lesefrüchte zu Philosophie, Geschichte und Naturwissenschaft, u. a. zu Erwin Guido Kolbenheyers[5] *Philosophie der Bauhütte* (1952).[6] Außerdem führte er jahrzehntelang systematisch Tagebuch, indem er seine Notizen in Taschenkalender eintrug. Ein großer Teil seiner Aufzeichnungen ist

4 Vgl. hierzu Galle 2011.

5 Der Autor war Mitglied der NSDAP, stand auf Platz 3 von Hitlers »Gottbegnadeten-Liste« und bewegte sich auch nach dem Krieg in rechtsextremen Milieus.

6 Zu einem dieser Notizbücher vgl. Jäger (2010).

heute zumindest in Kopien in verschiedenen Archiven zugänglich, während die meisten Originalmanuskripte 2011 an einen Sammler in den USA verkauft wurden.[7] Der letzte von Mengele geführte Taschenkalender findet sich als Kopie mit der Sigle SfS-Archiv, I.17. Tagebücher Mengele, Nr. 2.8 im Archiv der Stiftung für Sozialgeschichte an der Universität Bremen und unter der Signatur *Smlg Jme-14* im Archiv des Fritz Bauer Instituts, das den Nachlass Mengeles in vorbildlicher Weise aufbereitet hat (Fritz Bauer Institut 2020).[8] Die vorliegende Studie stützt sich auf die vollzähligen Fotografien der Kopien in Bremen, die bei einem Besuch des Archivs im Juli 2018 angefertigt wurden.

Es handelt sich bei dem physischen Träger um einen brasilianischen Taschenkalender im Format A5,[9] in dem für jeden Wochentag eine Seite mit 28 Zeilen vorgesehen war, Samstag und Sonntag wurden meist auf einer einzigen Seite zusammengefasst. Die relativ breiten Seitenränder ließen Raum für zusätzliche Notizen. Am Ende finden sich Übersichtsseiten für das folgende Jahr und ein Adressbuch.

Das Tagebuch als Form

Wenn man mit Rüdiger Görner (2009, 703) das Tagebuch als »eine offene Form regelmäßiger (meist täglicher) oder gelegentlicher Aufzeichnungen über die eigene Person« versteht, muss man für Mengele einschränken, dass die Form durchaus nicht so offen ist. Die vom gedruckten Kalender schon definierte Struktur wird ergänzt durch eine sehr stereotype Gestaltung der Seiten durch den Autor. Die Eintragungen müssen sich mit dem vorgegebenen Raum begnügen, den der pedantische Mengele nur selten um ein paar Wörter überschreitet. Wer ein Heft mit unbegrenztem Raum für seine Aufzeichnungen vor sich hat (wie Thomas Mann), kann seine Tagesrückblicke anders disponieren. Dass jeder Tag des Jahres als leere Seite einen Eintrag erwartet, führt zu einem eher chronikalischen Registrieren von Fakten, nicht zu freier Reflexion wechselnden Umfangs. Mengele hat dieser formalen Festlegung zusätzlich entsprochen, indem er sehr schematisch vorgeht: Jeder Tag beginnt mit dem Wetter, darauf folgen in chronologischer Folge und oft mit der exakten Uhrzeit die »erscheinenden« Personen, die Tätigkeiten, die Mahlzeiten, die Freizeitbeschäftigungen. Für Selbsterforschung und Kommentare bleibt wenig

---

7 245.000 Dollar für den »Todesengel« (2011).

8 Erste Auswertungen der Tagebücher finden sich bei Lösch (2016) und Steinmetz (2022).

9 In den 1960er Jahren hatte er meist kleinere Formate (A7) verwendet, seit 1971 dann diese großzügigeren Kalender.

Gelegenheit in diesem Register. Dennoch atmen alle Seiten den Charakter ihres Autors, und man ist sicher nicht ungerecht, wenn man als Dominanten Hochmut, Selbstmitleid und fehlende Empathie festhält.

Mengele ist aber auch ein Diarist im emphatischen Sinn, denn wer über Jahrzehnte hinweg Tagebuch führt, registriert nicht mechanisch das Geschehen, sondern »er glaubt an die Tugend des Tagebuchs« (Genette, zit. n. Dusini 2005, 10). Das zeigt sich auch darin, dass die verwendeten Kalender im Laufe der Jahre größer wurden. Unter den verschiedenen Schreibaktivitäten Mengeles – den autobiographischen Versuchen, den philosophischen Skizzen, den ausufernden Briefen – sind die Tagebücher inhaltlich und formal am wenigsten ambitioniert, und doch gehören sie zu einer kontinuierlichen Selbstdisziplin, sein Leben und Denken für die Mit- und Nachwelt festzuhalten. Auf die permanente Arbeit an den Briefen und auch der »eigenen Schreibe« (gemeint sind wohl die autobiographischen Texte, z. B. »Ankunft in Baires«) wird im Tagebuch Bezug genommen (7.8.; 14.12.); es bildet sich so ein Kontinuum der Selbstverschriftung, in dem das Tagebuch eine Konstante bildet. Ob es sich an bestimmte Leser richtet, ist nicht festzustellen, jedenfalls gibt es keine Anrede. Wie jedes Tagebuch richtet es sich aber an ein ›Später‹, indem es das Vergängliche fixiert und vor dem Vergehen bewahren will.

Die notierten täglichen Abläufe ähneln sich und zeigen, wie der Autor seine Zeit mit Routinen ausfüllte; das abendliche Ausfüllen des Tagebuchs gehört zu diesen Routinen. Nur in Ausnahmefällen (Wochenendausflüge) werden die Berichte nachgetragen. Insofern ist das Aufschreiben auch eine der vielen Aktivitäten, mit denen recht offensichtlich das Vakuum der verfließenden Lebenszeit gefüllt wird.

Die Notate eines Tagebuchs stehen im Horizont der jeweiligen Gegenwart und reagieren auf diese. Es sind zwar nachträgliche, aber »zeitnahe« Aufzeichnungen (Sepp 2007, 207), die weniger als die Autobiographie unter dem Vorbehalt des falschen Erinnerns und der retrospektiven Konstruktion stehen.

Es ist gut möglich, dass Mengeles Kalender wie seine Briefe ein Mittel gegen die von ihm beklagte Einsamkeit darstellte. Wie sich unten zeigen wird, war er zwar permanent in Gesellschaft, aber die Leute, mit denen er verkehrte, waren (bis auf wenige Ausnahmen) nicht in sein Geheimnis eingeweiht und insofern keine echten Gesprächspartner. Im Tagebuch hatte er ein verständnisvolles Gegenüber.

Im Falle Mengeles wurde das Tagebuch meist als historische Quelle zu seiner brasilianischen Biographie benutzt, ohne der Tatsache Rechnung zu tragen, dass »die Grenzen zwischen Selbstdokumentation und Fiktionalisierung des Ichs [...] im Tagebuch fließend« sein können (Görner 2009, 703). In welchem Maße die eingetragenen privaten Fakten von der Realität abweichen, ist kaum festzustellen, noch weniger, wie sehr Mengele von den Dingen überzeugt war, die er in seinen

Kommentaren festhielt. Aber für wen hätte er lügen sollen? Eine Reihe von historischen Ereignissen des Jahres 1978 taucht entweder explizit oder andeutungsweise im Tagebuch auf, so etwa die Reisen Jimmy Carters, die Entführung Aldo Moros, die Affäre um Hans Karl Filbinger und die Fußballweltmeisterschaft in Argentinien; auch bestimmte Filme und Fernsehsendungen lassen sich verifizieren, so dass die Faktizität der Aufzeichnungen durch ein historisches Gerüst gestützt wird.[10]

Die Angst vor der Entdeckung führt ihn wie in den Briefen zu Vorsichtsmaßnahmen. Sein Name erscheint nirgends und die eingeweihten Freunde und Verwandten in Brasilien und Deutschland werden mit Chiffren abgekürzt. Es gibt keinerlei Aussagen, die ihn als den weltweit gesuchten KZ-Arzt überführen könnten, auch wenn er aus seinen politischen und historischen Ansichten kein Hehl macht. Nicht eine Zeile handelt von seiner Vergangenheit zwischen 1933 und 1945, doch die Kommentare des Tagebuchschreibers zu Filmen und Büchern lassen keinen Zweifel an seinem Interesse am Krieg, den Juden und der Gewalt als Motor der Evolution.

Die ersten beiden Seiten aus dem Kalender

In der Transkription lauten die beiden Einträge (Abbildung 1) folgendermaßen:

> [Janeiro – domingo 1]
> Regen, stark bewölkt, abgekühlt
> Was hat man schon am ersten Tag des Jahres einzutragen, wenn man ihn zu Hause bzw. bei nicht allzu interessanten Leuten verbracht hat. Nachdem Elsa erschienen war und von ihren gestrigen Erlebnissen berichtete, die im Wesentlichen von einem Witwer mit zwei Kindern handelten, erschien Sr. Carlos und lud mich zum Mittagessen ein. Außer mir war dort auch seine Tochter mit Familie (3 Kinder, Mann Oberschlesier, Handwerksmeister modernen Typs bei VW[11] beschäftigt, der allzu gern Bier trinkt.) Nach dem ausgezeichneten Essen (Fisch, Ziegenbraten, Schinken, diverse Salate) erschienen auch der Sohn mit Frau, die ein ½ Stunde [sic] blieben, um dann wieder zu Freunden zum Baden (!) zu fahren. Letztere erzählten von einer Sylvesterfeier, bei der Sekt ›wie Selterswasser floß‹. Später erzählte der »Schwiegersohn« von seiner Flucht aus Schlesien als 7Jähriger bzw. vom Kriegsende. Für mich klang manches sehr komisch, aber er glaubt, ich weiß davon nichts![12] Zuhause

10 »Mengeles Tagebücher und Lebenserinnerungen sind insgesamt, wie ihre Überprüfung durch die Ermittlungsbehörden ergeben hat, weithin zuverlässige Quellen.« Völklein (1999, 32)

11 Das VW-Werk lag in São Bernardo dos Campos, also in unmittelbarer Nähe von Mengeles Viertel.

12 Immer wieder gibt es im Tagebuch implizite Anspielungen Mengeles auf die Kriegszeit, ohne dass jemals seine eigene konkrete Tätigkeit thematisiert wird.

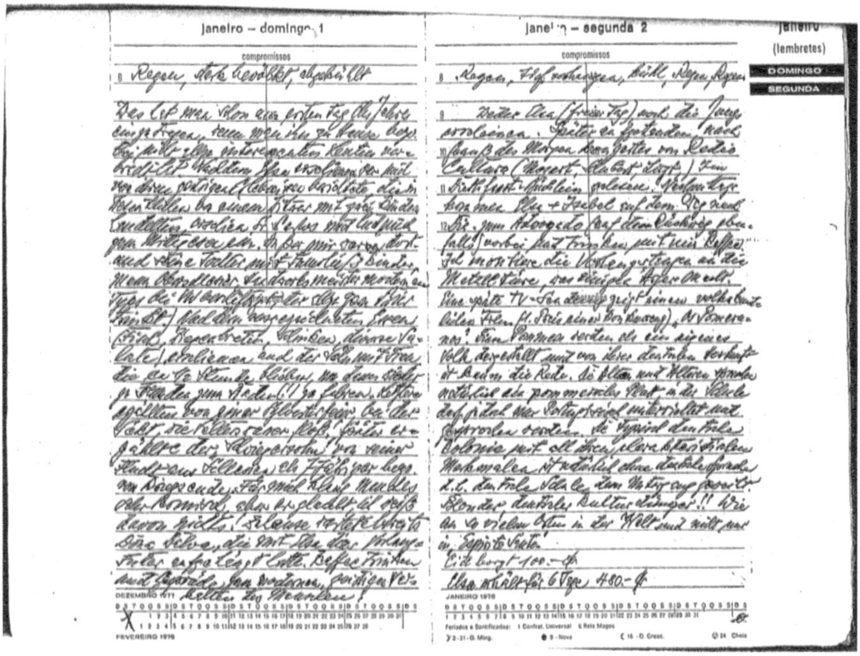

Abbildung 1: Tagebucheinträge vom 1. und 2. Januar 1978 (Faksmile, mit der Genehmigung der Stiftung für Sozialgeschichte des 20. Jahrhunderts).

wartete bereits Dona Dalva, die mit Elsa das Vorhang=Futter aufgehängt hatte. Kaffee Trinken und Gespräche zum modernen, geistigen Verhalten des Menschen.

[Janeiro – segunda 2]
Regen, tief verhangen, kühl, Regen, Regen
Weder Elsa (freier Tag), noch die Jungs erscheinen. Später aufgestanden, nach Genuß des Morgenkonzertes von Radio Cultura[13] (Mozart, Schubert, Liszt) im Diethfurt=Büchlein[14] gelesen. Nachmittags kommen Elsa und Isabel auf dem Weg nach Dia[15] zum Advogado[16] (auf

13 Lokaler Sender in São Paulo, der bis heute vor allem klassische Musik sendet und damit eine große Ausnahme in Brasilien bildet.

14 Bezieht sich wahrscheinlich auf den Bestseller *Der Geist fiel nicht vom Himmel. Die Evolution unseres Bewußtseins* von Hoimar von Ditfurth, der 1976 erschienen war; Mengele hat eine Vorliebe für (populär-)wissenschaftliche Werke zur Evolution und erwähnt den Autor noch an anderen Stellen. Am 11. März hält er seinen Nachbarn (unverlangt) einen »1 ½ stündige[n] Vortrag über die menschl. Evolution«.

15 Diadema, gemeint ist sicher das Zentrum des Munizipiums.

16 Rechtsanwalt; Mengele benutzt wie die meisten Auslandsdeutschen immer wieder portugiesische Ausdrücke.

> dem Rückweg ebenfalls) vorbei und trinken mit mir Kaffee. Ich montiere die Vorhangstangen an die Metalltüre, was einigen Ärger macht. Eine späte TV=Sendung zeigt einen volkskundlichen Film (d. Preis einer Konkurrenz)[17] »Os Pomeranos«. Diese Pommern werden als ein eigenes Volk dargestellt und von ihrer deutschen Herkunft ist kaum die Rede. Die Alten und Älteren sprechen natürlich ein pommersches Platt, in der Schule darf jedoch nur Portugiesisch unterrichtet und gesprochen werden. Die typisch deutsche Kolonie mit all ihren charakteristischen Merkmalen ist natürlich ohne deutsche Sprache dem Untergang geweiht. Blonder, deutscher Kulturdünger!! Wie an so vielen Orten der Welt und nicht nur in »Espirito Santo«.
> Cid borgt 100,- C$r [Cruzeiro]
> Elsa erhält für 6 Tage 480,- C$r

Die beiden Einträge können durchaus als repräsentativ gelten: der äußere Tagesablauf mit den Besuchen, Arbeiten und Freizeitbeschäftigungen wird vermerkt und stellenweise knapp kommentiert. Mengele lässt dabei seinem Dünkel gegenüber allen Personen seines Umgangs freien Lauf und stellt auch immer wieder seine rassistischen Überlegenheitsgefühle aus, die seit der NS-Zeit keinerlei Revision erfahren haben. Was er erlebt, dient ihm stets nur zur Bestätigung seiner Anschauungen.

Die Schrift ist gut lesbar und die Orthographie weitgehend fehlerfrei. Gelegentlich schleichen sich Brasilianismen ein, die für Deutsch-Brasilianer typisch sind (»assistieren« für zuschauen, »cobrieren« für kassieren, »gravieren« für auf Kassette aufnehmen, »reunião« für Fest). Der ansonsten korrekte Stil verrät die höhere Bildung und ein Vergnügen an idiomatischen (aber nicht dialektalen) Wendungen, mit denen er sich seiner Identität als deutscher Akademiker aus Schwaben versichern kann. Festgehalten werden äußere Ereignisse, das körperliche Befinden, spontane Reaktionen auf das Erlebte. Komplexere Reflexionen über sich selbst und seine Vergangenheit im Sinne eines intimen Tagebuchs stellt Mengele hier nicht an. Auch die Inhalte der ausführlichen Briefe, die er mit seinen deutschen Partnern wechselt, kommen nicht zur Sprache.

Mengele hat akribisch seinen Alltag festgehalten und wahrscheinlich alles notiert, was ihm am Ende eines Tages wichtig erschien: womit er die Zeit verbrachte, wie er sich fühlte, wen er traf, was ihn beschäftigte. Auf der Basis dieser handschriftlichen Tagebuchaufzeichnungen soll hier sein letztes Jahr rekonstruiert werden, Januar bis Dezember 1978, das er in seinem Haus in Eldorado verbrachte, einem Ortsteil von Diadema, einer im Süden an das Stadtgebiet von São Paulo und an einen Stausee grenzenden Stadt, die heute fast eine halbe Million Einwohner zählt. Mengele bewohnte ein Haus mit 73,5 m^2 Grundfläche, zu dem

---

17 »Konkurrenz« meint offenbar Wettbewerb (concorrência); es handelte sich also um eine preisgekrönte Dokumentation über die deutschen Einwanderer, die sich im 19. Jahrhundert im brasilianischen Bundesstaat Espírito Santo ansiedelten.

noch ein kleines Gartenhaus und ein Pumpengebäude gehören. Auf dem Gelände von 936 m^2 blühen Dahlien, Euphorbien, Rosen und Hibiskus. Diese Größenangaben finden sich auf den letzten Seiten seines Kalenders, wo er die Werte für die Grundsteuer festhielt. Eingezogen war er hier Anfang 1975 nach der Trennung von dem ungarischen Ehepaar Stammer, das ihn bis dahin gedeckt hatte, mit dem er aber weiterhin Kontakt hielt und auf deren Sohn Peter der Besitz eingetragen war. In offiziellem Umgang war Mengele Peter Stammer (Grundbuch) bzw. Wolfgang Gerhard (Ausweis) und für die Bewohner des Viertels Senhor Pedro.[18]

Gesellschaft

Mengele lebte also bereits seit drei Jahren in dieser Umgebung. Im Oktober 1977 hatte ihn sein Sohn Rolf unter konspirativen Bedingungen besucht, das erste Zusammentreffen mit seinem Vater als Erwachsener. Josef Mengele hatte sehr viel an diesem Besuch gelegen, und er schrieb ihm im Januar 1978, nun könne er »in Frieden sterben« (Posner und Ware 1986, 283). Im Gegensatz zu der in vielen Darstellungen angenommenen Einsamkeit Mengeles, bekommt man bei der Lektüre des Tagebuchs von 1978 durchaus nicht den Eindruck, er habe ein einsames oder zurückgezogenes Leben geführt.

Da sind zunächst die Personen, die er beschäftigt und bezahlt, die Haushälterin Elsa, der junge Gärtner Luís und dessen Freunde. Die kommen nahezu jeden Tag und verrichten ihre Tätigkeiten großenteils zusammen mit Mengele, leisten ihm aber auch darüber hinaus Gesellschaft. Elsa wird von ihm umworben, nach Hause begleitet, er geht mit ihr spazieren und einkaufen, bespricht ihre und seine Probleme mit ihr, besucht ihre in der Nähe wohnende Familie und lernt ihre Verehrer (Namorados) kennen. Im Laufe des Jahres engagiert er nacheinander noch zwei weitere Haushälterinnen (Empregadas), Dona Antonia, mit der er sich bald überwirft, und schließlich Dona Inés. Die Frauen wohnen meist im Gartenhaus, sind also im Prinzip auch außerhalb ihrer Arbeitszeiten anwesend. Im Tagebuch ist gelegentlich auch die Rede von einem Hund namens Zigan, der zum Haushalt gehört.

Dann gibt es eine Vielzahl von Nachbarn, mit denen Mengele gesellschaftlichen Umgang pflegt. Manche von ihnen sind deutschsprachig wie Dona Frieda und Sr.

---

18 Der Österreicher Wolfgang Gerhard, Mitglied des »Kameradenwerks«, hatte Mengele in Brasilien auf Empfehlung von Hans Rudel unterstützt und überließ ihm seinen Pass, als er 1971 nach Österreich zurückging. (Vgl. Posner und Ware 1986, 243)

Hans auf dem angrenzenden Grundstück und die Ybbstalers. Aber auch mit vielen weiteren hat Mengele Kontakt, mit Dona Dalva, Dona Claire, Dona Helena, Jaime, Antônio, Sr. Carlos und anderen mehr. Mit diesen Menschen trifft sich Mengele zum Kaffeeklatsch, zum Essen, zu einem abendlichen Whisky mit Konversation oder zu gelegentlichen Festen. Es vergeht kaum ein Tag ohne gegenseitige Besuche. Man kennt ihn als Sr. Pedro, man hilft ihm, Annoncen aufzugeben, wenn er wieder Probleme mit einer Angestellten hat, man leiht ihm Werkzeug, empfiehlt Handwerker zur Reparatur seiner Wasserpumpe usw. Bei diesen Menschen aus dem Viertel handelt es sich offenbar ausschließlich um Weiße, d. h. Brasilianer mit europäischen Wurzeln bzw. rezente Einwanderer wie ihn selbst. Das ist daraus zu schließen, dass im Tagebuch regelmäßig mit einer gewissen Empörung oder Genugtuung vermerkt wird, wenn in einem der Häuser seiner Nachbarn Menschen mit dunklerer Hautfarbe auftauchen. So schreibt er am 20. Januar »Eine davon [von zwei »Weibern«], eine typische Mulattin mit 4 Söhnen, wovon 2 im Hause wohnen müßten, will sie [Dona Dalva] mir als Empregada [Hausangestellte] andrehen. Es ist unglaublich.«

Und dann sind da die beiden Familien, die in Mengeles Geheimnis eingeweiht sind, Geschäfte für ihn abwickeln und ihn regelmäßig treffen. Das Ehepaar Geza und Gitta Stammer war nach einem jahrelangen konfliktreichen Zusammenleben mit ihm auf Distanz gegangen, was Mengele aber nicht davon abhielt, sie nahezu monatlich aufzusuchen. Wolfram und Lieselotte Bossert wohnen mit ihren zwei Kindern im nahen Brooklin, einem von vielen Deutschstämmigen bevorzugten Stadtteil von São Paulo, und Wolfram Bossert besucht Mengele jeden Mittwochabend zum Gedankenaustausch. An Wochenenden und Feiertagen nimmt die Familie ihn auf ihre Ausflüge zu einem Landhaus (Sítio) in Itapecerica mit, wo er mit den Kindern spielt, Boot fährt und ihnen wissenschaftliche Vorträge hält. Die Bosserts sind eine Art Ersatzfamilie und Wolfram sein engster Freund und Vertrauter. Bei einem ihrer jährlichen Aufenthalte im Seebad Bertioga wird Mengele am 17. Februar 1979 tot aus dem Meer gezogen, und es ist Lieselotte Bossert, die geistesgegenwärtig alles bewerkstelligt, um ihn unter dem falschen Namen zu begraben.

Außer den ihn umgebenden Menschen gibt es noch die Familie und die Freunde in Deutschland und Österreich, mit denen er eine kontinuierliche Korrespondenz unterhält. Es vergeht kaum ein Tag, an dem er nicht an einem oder mehreren Briefen arbeitet, die nicht selten mehr als zehn Seiten umfassen, zunächst handschriftlich konzipiert und später mit einer deutschen Schreibmaschine (Umlaute!) ins Reine geschrieben werden. Zu seinen Briefpartnern – die sämtlich mit Chiffren angesprochen werden – gehören vor allem der Prokurist der Firma Mengele, Karl Sedlmeier (Me bzw. »Messerle«), Stiefsohn und Neffe Karl-Heinz (KH), Sohn Rolf (Ro), die zweite Ehefrau Martha (Ma) und der Kamerad Wolfgang Gerhard (La für »Langer«). Wenn er von diesen einen langerwarteten Brief erhält, »verliest« er den in Gegenwart der Bosserts und projiziert so die Abwesenden in sein soziales Netz.

Es ist sicher nicht zu gewagt zu behaupten, die Mehrzahl der alleinlebenden Rentner in Deutschland habe weniger Gesellschaft als Mengele in seinem Refugium in Eldorado. Sein Problem ist, dass er keine Minute Alleinsein ertragen kann und mit seinen Gesprächspartnern nicht zufrieden ist. Das liegt weniger an seiner intellektuellen Überlegenheit, die er immer wieder glaubt feststellen zu müssen, sondern an seinem Bedürfnis, andere zu belehren und in allen Fragen das letzte Wort zu haben. Die beiden Kinder der Bosserts sind ihm intellektuell sicher nicht gewachsen, aber es ist ihm ein Vergnügen, ihnen stundenlang Wissen zu vermitteln – sein Wissen. Immerhin kommen ihm Zweifel, ob der Vater das wirklich schätzt (1.5.).

Ernährung

Da Mengele meist von seiner jeweiligen Haushälterin bekocht wird, dürfte sich sein Speiseplan an der brasilianischen Standarddiät orientiert haben: Bohnen mit Reis und ein Stück Fleisch. Wenn die Frauen Ausgang haben, notiert er »Selbstversorger« oder »Hausdienst«, was noch nach Wehrmachtsjargon klingt. Sofern das Essen gelegentlich extra vermerkt wird, handelt es sich meist um deutsche Speisen: Rahmbraten mit Spätzle (an seinem Geburtstag), eingelegte Heringe, Erbsensuppe mit Würstchen, »Abendimbiß mit ›schwäbischer‹ Servelatwurst«, Wiener Schnitzel, Flädlesuppe. Bei Gelegenheit erwägt Mengele, seine Beschwerden (u. a. Migräne) könnten sich durch Alkoholabstinenz verringern lassen, er dürfte also regelmäßig getrunken haben, wahrscheinlich vor allem brasilianisches Bier und Whisky.

Bewegung

Es kann keine Rede davon sein, dass Mengele sich in seinem Haus versteckt hätte. Er geht ständig aus, um im lokalen Supermarkt oder im Zentrum von Diadema einzukaufen, fährt nach Brooklin in die deutsche Bücherstube oder nach São Paulo hinein, um Behördengänge zu tun oder um sich Schallplatten zu besorgen, die er dann auf Kassette überspielt und an befreundete Personen weitergibt. In entgegengesetzter Richtung, in São Bernardo, frequentiert er das populäre Restaurant Leão de Ouro. Als er im August erkrankt, sucht er eine ganze Reihe von Ärzten in der Stadt auf und geht in die Apotheke, um sich Spritzen geben zu lassen und Medikamente zu besorgen. Mengele bewegt sich zumeist mit öffentlichen

Verkehrsmitteln: Bussen und der Metrô, die damals bereits die Viertel Jabaquara im Süden mit Santana im Norden von São Paulo verband. Nur in seltenen Fällen benutzt er ein Taxi. Zu den gemeinsamen Ausflügen holt ihn Wolfram Bossert mit dem Auto ab.

Tätigkeiten

Vor allem aber ist Mengele fast jeden Tag damit beschäftigt, irgendwelche handwerklichen Arbeiten in Haus, Bad und Garten zu verrichten oder dem Gärtner zur Hand zu gehen, indem er die Sense dengelt und dergleichen mehr. Mengele, der inzwischen immerhin 67 Jahre alt ist, misst, sägt, streicht, verlegt Platten, repariert ohne Unterlass die ständig defekte Pumpe, richtet die TV-Antenne, dichtet das Dach, setzt Steine für die Gartenmauer. Er verzeichnet all diese Tätigkeiten minutiös und – was besonders verwundert – ohne sich zu beklagen, denn über seine Mitmenschen beschwert er sich ständig.

Freizeit

Seine Freizeit am Abend und am Wochenende verbringt Mengele mit Lesen, Schreiben, Radio Hören – klassische Musik auf dem Sender Radio Cultura – vor allem aber vor dem Fernseher, mit oder ohne Gesellschaft. Es gibt wenige Abende, wo nicht »TV assistiert« vermerkt wird. Ein Favorit ist die Telenovela von Rede Globo um 20 Uhr, die damals noch ganz Brasilien vor den Fernseher zog; am 4. Mai notiert Mengele: »die 8h = Novelle angeguckt, über die wir uns unterhalten. (Die meisten Schauspielerinnen sind Jüdinnen).«[19] Nach der Übertragung der Oskar-Verleihung (4.4.) bemerkt er über die vielen deutschen Namen: »Das in Hollywood unzweifelhaft stark vertretene jüdische Element tarnt sich offenbar.« Am nächsten Tag spricht er mit seinem

19 Die beiden 8-Uhr-Novelas der Globo waren 1978 *O Astro* (bis Juli) und *Dancin' Days* mit Sônia Braga und Glória Pires, eine tendenziell eher realistische Serie, die damals vom Militärregime zensiert und bis in die Gegenwart immer wieder neu ausgestrahlt wurde.

Freund Bossert (»Mu«) über die Oscars und einen brasilianischen Industriellen, der einen Besuch Filbingers[20] der Audienz von Jimmy Carter[21] vorgezogen hat.

> Dann unterhielten wir uns über die vollkommene Ideenlosigkeit der westlichen demokratischen Welt. Vergleich mit der weltgeschichtlichen Krise z. Zt. der Entstehung des Christentums, das erst ca. 400 Jahre n. Chr. sich durchzusetzen begann. Könnte dem Nat.=Soz. nicht eine ähnliche Inkubationszeit beschieden sein? Mu bringt mir 500,- US=Do. aus dem Safe.

Haltloses Schwadronieren dieser Art hat Mengele unter seinen Gesinnungsgenossen den Ruf des Intellektuellen eingetragen. Stolz vertraute er seine abstruse Idee dem Tagebuch an, das ja eines Tages zusammen mit seinen übrigen »Schriften« für ihn einstehen soll, wenn sich die Zeiten endlich geändert haben.

Mengele verfolgt aber auch die Programme von Silvio Santos (*Cidade contra Cidade*) und die Fußballweltmeisterschaft – 1978 wurde Argentinien zum ersten Mal Weltmeister. Am 8. Juni notiert Mengele, dessen Sympathien wohl eher den Argentiniern galten: »Polemik der [brasilianischen] Fußballschlachtenbummler in Argentinien [...]. Hier kommt der undisziplinierte Charakter des Mestizenvolkes wieder zum Durchbruch.« Der Karneval – sicher die typischste Kulturäußerung dieses »Mestizenvolkes« – wird von Mengele den Februar hindurch mit Interesse am Fernseher verfolgt. Gelegentlich gibt es auch deutsche Kultur in der Humboldt-Schule, einen Film (*Der Schinderhannes*) oder einen Nestroy-Rezitationsabend. Als ihn eine Bekannte zu der Show »Holiday on Ice« im Park Ibirapuera einlädt, ist er davon – bis auf die Musik – sehr angetan.

Lektüren

Mengele erhält von Zeit zu Zeit den *Spiegel* und diverse Illustrierte aus Deutschland, die er dann recht intensiv durcharbeitet. Daneben liest er die lokale *Deutsche Zeitung* und die *Brasilpost*, aber auch die verhältnismäßig anspruchsvolle Kulturbeilage des *Estado de São Paulo*, damals wohl neben der *Folha de São Paulo* die wichtigste überregionale Zeitung Brasiliens. Vor allem aber liest er im Laufe des Jahres viele Bücher, die teils aus Deutschland geschickt, teils in der deutschen Bücherstube im Stadtteil Brooklin bestellt werden.

---

20 Die Affäre Filbinger, angestoßen durch Rolf Hochhuth, und der anschließende Rücktritt des »furchtbaren Juristen« fiel in das Jahr 1978.

21 Die Nachrichten über die internationalen Vermittlungsbemühungen des demokratischen Präsidenten sind immer wieder Gegenstand von abschätzigen Kommentaren.

Einerseits ist er an Sachbüchern zu diversen Bereichen interessiert, so vor allem an zeitgeschichtlichen Werken wie Raymond Cartiers *Der II. Weltkrieg*, Friedrich Heers *Europäische Geistesgeschichte*, Roger Peyrefittes Buch über »die Kriegszeit aus passiver französischer Sicht« (27.12.) und Bismarcks Erinnerungen. Dazu kommen Werke zur Evolution und Anthropologie: Le Bons *Psychologie der Massen*, Herbert Wendts *Ich suchte Adam*, Hoimar von Ditfurths Bestseller *Der Geist fiel nicht vom Himmel* und Robert Ardreys *Der Wolf in uns*. Eingehend beschäftigt hat er sich über Jahre mit dem Werk des bereits erwähnten Erwin Guido Kolbenheyer. Im Tagebuch von 1978 ist die Lektüre von *Der zweifache Weg zur Wahrheit* vermerkt (21.10.); in den biologistisch-völkischen Anschauungen Kolbenheyers fand Mengele offenbar am ehesten Rückhalt für seine eigenen Vorstellungen. Bei allem Interesse[22] für neuere populärwissenschaftliche Publikationen (die er auch über Rezensionen wahrnahm), blieb sein Denken dogmatisch im Darwinismus und den daraus abgeleiteten rassistischen Lehren verhaftet. Die anthropologische Frage nach der Gewalt, von der er als Arzt in Auschwitz so rücksichtslos hatte Gebrauch machen können, beschäftigte ihn noch Jahrzehnte danach, aber allem Anschein nach suchte er in den Büchern vor allem eine Bestätigung für die Richtigkeit der ideologischen Prämissen, denen er seit seinem Studium gefolgt war.[23]

Was die Belletristik angeht, würde man bei Mengele zunächst die Lektüre des Kanons vermuten. Das findet sich auch, etwa Goethes *Reineke Fuchs*, Novalis, Rilke oder Ovid, für den er sich sogar ein lateinisches Wörterbuch besorgt. Beeindruckt ist er von dem Roman *Die Hochzeit* (*Dearly Beloved*) der amerikanischen Autorin Anne Morrow Lindbergh.[24] Dann aber stößt man auf Bücher und Autoren, die eher mit der folgenden Generation assoziiert würden: *Gantenbein*, Kempowski, Graham Greene und sogar den Beatnik Hubert Selby, dessen *Mauern* er allerdings auch entsprechend kommentiert: »psychopathische Pornographie« (24.6.). Selten geht er etwas ausführlicher auf seine Leseerfahrung ein. Was er zu Camus' *Der Fall* schreibt ist nachgerade viel: »Eine eigenartige Schreibweise, die viele Möglichkeiten läßt.« (19.1.) Und dann einige Tage später (23.1.) nicht durchweg ablehnend:

> Camus »Der Fall« zu Ende gelesen. Sehr konfuse Ausdrücke, die dann auch wieder die echte Bodenlosigkeit des französ. Geistes [?] zeigt [sic]. Daher sind alle die Pessimisten heute Nazifresser und Kommunisten! Worin ihr konstruktives Element zu suchen ist, blieb mir dunkel.

22 Auf einer früheren Wunschliste für Literatur aus Deutschland finden sich neben Titeln von Konrad Lorenz und Irenäus Eibl-Eibesfeldt auch Martin Heideggers *Einführung in die Metaphysik* (1953), Alexander Mitscherlichs *Bis hierher und nicht weiter. Ist menschliche Aggression unbefriedbar?* (1968) und Hannah Arendts *Macht und Gewalt* (1970).

23 Hierzu u. a. Benzenhöfer 2011.

24 Die Ehefrau des Atlantiküberquerers und späteren rechten Präsidentschaftskandidaten war selbst Pilotin und eine produktive Schriftstellerin.

> Die Sprache ist nicht ohne Reize und die kurzen Naturschilderungen (oft nur mit wenigen Worten) überzeugend. Man müßte sich um seine Lyrik einerseits und sein politisches Glaubensbekenntnis kümmern.

Am erstaunlichsten ist wohl die, offenbar von Wolfram Bossert (7.2.) angeregte, Lektüre eines Hauptwerks der brasilianischen Nachkriegsmoderne, João Guimarães Rosas *Grande Sertão. Veredas*. Das Buch gilt wegen der eigenwilligen Sprache als ›der Ulysses‹ der brasilianischen Literatur und stellt auch für Literaturstudenten eine Herausforderung dar. Was das Interesse der beiden Deutschen im Exil an dem Roman geweckt hat, wissen wir nicht. Möglicherweise ist es die Tatsache, dass der Autor Konsul in Hamburg gewesen war und sich mit deutscher Literatur auskannte, möglicherweise die Thematik der archaisch-modernen Gewalt der Jagunços (Söldnerbanden) und Gutsbesitzer im Hinterland, möglicherweise die Anspielungen auf einen Teufelspakt. Jedenfalls war der Roman 1964 in der deutschen Übersetzung von Curt Meyer-Clason erschienen. Am 30. Juni kauft sich Mengele den Roman und ein spanisch-portugiesisches Wörterbuch. Am 20. Juli notiert er: »Zwischendurch im ›Grande Sertão‹ (deutsch u. port.) gelesen. Eine nicht leicht zu lesende Sprache!« Sechs Tage später beginnt er dann mit Graham Greene, ohne sich weiter zu *Grande Sertão* zu äußern. Er wird es wohl nach kurzer Zeit aufgegeben haben, trotz der deutschen Übersetzung als Hilfe.

Empathie

So sehr Mengele von seiner brasilianischen Nachbarschaft abhängig ist, so sehr blickt er auf sie herab. Über seine Haushälterin Dona Antônia bemerkt er am 10. März: »ein Wesen, das zur höchsten Stufe der Haustiere gehört«. Als eine Nachbarin, die ebenfalls für ihn gearbeitet hatte, bei einem Unfall stirbt (3.10.), registriert er das mit technischer Kälte:

> Während ich dusche ereignet sich vor dem Haus des Nachbarn schräg auf der anderen Straßenseite ein tödlicher Unfall. Der MTC-Omnibus geriet aus der Fahrbahn, zerstörte ein kleines Haus u. eine Mauer und tötete die Frau des Caseiro,[25] Dona Creusa, die mir lange Zeit meine Wäsche wusch, vor dem Garteneingangstor. Ich bemerkte von dem Unfall nichts, erst als ich die Zerstörungen sah, begab ich mich an die Unglücksstelle, wo ich nur Mauricio,

25 Ein Caseiro ist eine Person, die in einer Hütte auf dem Gelände eines Hausbesitzers wohnt und in dessen Abwesenheit für Ordnung sorgt.

> den Sohn, außer einer großen Menschenansammlung antraf. M. war etwas »desequilibrado«,[26] beruhigte sich dann wieder.

Mengele kennt diese Menschen offenbar recht gut, aber der Zustand des Jungen, der gerade seine Mutter verloren hat, geht ihm nicht weiter zu Herzen. Stattdessen beschäftigt er sich erst einmal wieder mit seinen eigenen Schmerzen und kommt dann nochmals auf den Unfall zu sprechen:

> Das von mir längst erwartete Unglück ist nun auf der Doppel=S=Kurve der Straße vor meinem Haus eingetreten. Es hätte auch mir oder einem meiner Hausbesucher passieren können. An der Unfallstelle bis zum Abtransport der Toten großes Remidemi. Morgen soll die Beerdigung sein, wovon ich rechtzeitig benachrichtigt werde.

Wie immer hat er alles schon besser gewusst und ist nachträglich befriedigt, dass es zumindest statt seiner die Nachbarsfrau getroffen hat. Am Rande der Seite (Abbildung 2) hat er in der Weise, in der er sonst seine wöchentlichen Ausgaben notiert, den Tod der Frau mit dem Namen und einem Kruckenkreuz[27] markiert und die Stelle im Text unterstrichen: ein außergewöhnliches Ereignis bedarf der Hervorhebung.

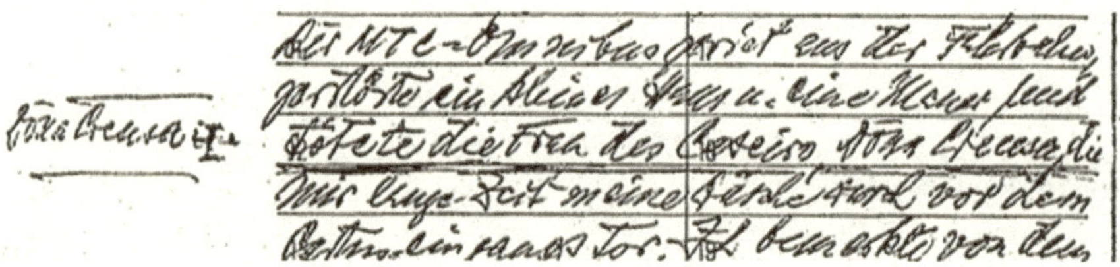

Abbildung 2: Ausschnitt des Tagebucheintrags vom 3.5. (Faksmile, mit der Genehmigung der Stiftung für Sozialgeschichte des 20. Jahrhunderts).

Er nimmt an der Beerdigung am nächsten Tag teil und nutzt sie für kulturkritische Beobachtungen. Der Friedhof Vila Formosa war 1949 in der als arm geltenden Zona Leste (Ostbezirk) von São Paulo angelegt worden und gilt als größter Friedhof von Lateinamerika (bis heute 1,5 Millionen Begräbnisse). Er war schon damals ziemlich verwahrlost und wurde in der Diktatur auch benutzt, um Regimegegner verschwinden zu lassen. Mengele bemerkt dazu (4.10.): »Erschütternder Anblick, so ist auch die Beerdigung: ich möchte meinen Hund nicht so würdelos eingegraben wissen.

26 »aus dem Gleichgewicht«

27 Das Kruckenkreuz ☩ ist ein altes Symbol und wurde u. a. vom austrofaschistischen Ständestaat verwendet.

Höchster Ausdruck einer verproletarisierten Blechzivilisation.« Der Hund Zigan wird im Tagebuch freilich auch nur dann erwähnt, wenn er durch nächtliches Bellen (die Nachbarshündin hat ihn aufgeregt) den Schlaf stört.

Politik

Mengele nahm über das Fernsehen sowie deutsche und brasilianische Printmedien das politische Geschehen wahr. 1978 gab es im diktatorisch regierten Brasilien eine Wahl, und er befürwortete prinzipiell die herrschende ARENA (Aliança Renovadora Nacional).[28] Zur Wahl stand João Figueiredo, der dann 1979 der 30. Präsident Brasiliens und zugleich der letzte der Militärdiktatur wurde. Am 15. November will Mengele laut Tagebuch Elsa dazu überreden, die ARENA zu wählen, um »dem Land seine Ruhe zu sichern«. Sie antwortet ihm allerdings nicht und lässt den Zettel mit den Namen in der Küche zurück.

Während die politische Situation in Brasilien aus Mengeles Sicht keinen Anlass zur Sorge bietet, verfolgt er die internationale Situation mit gehässigen Kommentaren. Die Friedensinitiativen des demokratischen Präsidenten Jimmy Carter werden schon am 15. Januar als »Pleite« bezeichnet; am 2. Februar nennt er ihn einen »Clown«, weil er die Menschenrechte verteidigt; am 5. April freut er sich, dass ein brasilianischer Industrieller (Bardella) einen Besuch Filbingers der Audienz von Carter vorgezogen hat.

Die innenpolitische Situation in Italien mit der Entführung Aldo Moros durch die Roten Brigaden gilt ihm als Zeichen für die Unfähigkeit demokratischer Staaten, die öffentliche Sicherheit zu garantieren. Immer wieder verfolgt er auch die Situation Israels. So merkt er am 5. Juli an: »Die Weltstimmung ist nicht sehr judenfreundlich.« Am 8. September dann empört er sich:

> Die politischen Zeitereignisse sind grotesk. Verhandl. zwischen Ägypten + Israel in USA (?),[29] Nicaragura: Streiks Krise; Persien: Krawalle, Streiks (Mohamedanische Opposition gegen den Schah. Hier Wahlprobleme!

---

28 Von 1964 bis 1979 gab es in Brasilien nur die regierende ARENA und die MDB als einzig zugelassene Oppositionspartei.

29 Das bezieht sich auf die Camp-David-Verhandlungen, die seit dem 5. September auf Vermittlung Carters zwischen dem ägyptischen Präsidenten Sadat und dem Israeli Begin geführt wurden und im Folgejahr zum Friedensvertrag zwischen den Erzfeinden führten. Das musste Mengeles Weltbild erschüttern.

Geld

Mengele hat sich offenbar bemüht, sparsam zu leben. Die Einkäufe von Lebensmitteln wurden in den Läden und auf dem Markt in Diadema getätigt. Über das Haushaltsgeld für die Angestellte wurde ebenso penibel Buch geführt wie über die Bezahlung des Gärtners und der sonstigen Hilfsarbeiter. Meist benutzte er öffentliche Verkehrsmittel, die Metrô und den Bus. Ein Taxi leistete er sich nur selten. In den letzten Monaten gab es dann zahlreiche Sonderausgaben für Ärzte und Medikamente. Gelegentlicher Luxus waren Klassik-Schallplatten, Bücher aus Deutschland und Kunstdrucke: Bei einem Besuch im Museu de Arte de São Paulo (MASP) kauft er »6 Rugendas-Photographien auf Holz gezogen« (19.7.); der Erwerb einer kompletten Kassette mit dem Werk von Jean-Baptiste Debret ist ihm jedoch zu teuer.[30] Der aus Augsburg stammende Maler Moritz Rugendas hatte mit Unterstützung Alexander von Humboldts 1827 bis 1835 seine *Voyage pittoresque dans le Brésil* publiziert. Welche Motive Mengele erworben hatte und weshalb er den Künstler schätzte, hat er nicht mitgeteilt. Aber man darf davon ausgehen, dass er ihn als Landsmann im engeren Sinne empfand – Augsburg liegt wie Günzburg im bayerischen Schwaben. Und die »pittoresken« Szenen aus dem jungen Kaiserreich, in denen die Schwarzen meist als halbnackte Sklaven figurierten, dürften dem weiterhin massiv rassistischen Mengele mehr eingeleuchtet haben, als die ihn umgebende Realität.

Auf den letzten Seiten des Kalenders finden sich die Ausgaben in Dollar und Cruzeiro: »6.300,- Jahresverbrauch« von einem Bestand von 18.550,- US$. Offenbar hatte er sich auf einen monatlichen Betrag von 500 Dollar festgelegt und das auch eingehalten, wie sich an den meisten »Abhebungen« ablesen lässt.

1000 Dollar beliefen sich 1978 auf ca. 19.600 Cruzeiros. Das gesetzlich festgelegte Mindestgehalt (salário mínimo) betrug 1560 Cruzeiros,[31] er lebte also von 6,4 Mindestgehältern. Damit gehörte er nach der von 1983 von Trujillo Ferrari aufgestellten und in Lakatos und Marconi (2019, 315–317) referierten Klassifikation zur unteren Mittelklasse (unterhalb der mittleren und oberen Mittelklasse). Diese bestand aus Handwerkern und qualifizierten Arbeitern sowie dem unteren Beamtentum, wie Lakatos und Marconi weiter ausführen. In seinem Viertel war er zweifellos von einer Vielzahl von schlechter Verdienenden umgeben, unter denen er seine Angestellten rekrutieren konnte und denen er gelegentlich Geld lieh oder vorschoss.

30 Der französische Künstler arbeitete etwa zur selben Zeit wie Rugendas in Rio de Janeiro. Am 15. Juni erwägt Mengele den Kauf, befindet aber, er habe keine 35.000 Cruzeiros für solche »Extravaganzen«.

31 Dekret von Ernesto Geisel. https://www2.camara.leg.br/legin/fed/decret/1970-1979/decreto-81615-28-abril-1978-430637-publicacaooriginal-1-pe.html (02.06.2024).

Seine deutschsprachigen Nachbarn dürften ebenfalls Angehörige der unteren Mittelklasse gewesen sein. Es handelte sich sicher nicht um ein luxuriöses Leben, aber eine Hausangestellte und ein Gärtner schufen dem 67-Jährigen gewissen Komfort, auch wenn er immer wieder selbst handwerkliche Dinge erledigte. Entbehrungen musste er nicht leiden.

Krankheiten

Viele Einträge enthalten Bemerkungen über Migräne, Rückenschmerzen und Rheuma. Hinzu kommen urologische Probleme, eine anstehende Prostatauntersuchung, Durchfall, Wadenkrämpfe, Gummistrümpfe und eine Bauchbinde. Am 31. Juli notiert er »Ohrensausen und Bluthochdruck: 160/140«. Ab August ist er dann kontinuierlich krank, sucht diverse Ärzte auf und nimmt alle möglichen Medikamente, vor allem Schmerz- und Beruhigungsmittel (Buscopan, Tylenol, Valium). Seine Einträge haben schon zuvor wehleidig geklungen, aber von August bis Dezember leidet er unter einer vom Ohr ausgehenden Infektion, die nach langem Hin und Her schließlich wohl als Gürtelrose (Herpes Zoster, 23.10.) identifiziert wird. Die Krankheit raubt ihm den Schlaf und beeinträchtigt sein ganzes Dasein. Allerdings wird sie von seiner Umgebung nicht gebührend gewürdigt. So ereifert er sich am 21. September über seinen besten Freund:

> Die dumme Bemerkung von Mu [Wolfram Bossert]: das Seufzen und Stöhnen bei Schmerzen betreffend, sei typisch für mich, der ich immer mich meines Ärgers durch Schimpfen etc. entledige. Hoffentlich muß er nicht auch mal so eine Schmerzenszeit durchmachen. Aber solch dickfellige Leute erleben wahrscheinlich auch eigenen Schmerz weniger heftig.

Dickfellig sind die anderen, die kein Verständnis für sein Leiden aufbringen. Zweifellos war Bossert seit Jahren an die Klagen des hypochondrischen Mengele gewöhnt und konnte nun, angesichts einer wirklich schmerzhaften Krankheit, keine rechte Anteilnahme mehr aufbringen.

Holocaust

Im Laufe des Jahres 1978 sieht Mengele eine Reihe von Filmen, brasilianische und nordamerikanische, im Fernsehen und z. T. auch im Kino: *Roman Holiday* von 1953 mit Gregory Peck und Audrey Hepburn (»sehr sympathisch«, 20.2.); *Little Ladies of the Night* von 1977, einen einfühlsamen TV-Film über junge Straßenprostituierte (»falsche Einstellung zur asozialen Psychopatie«; 20.3.); *The Deer Hunter*,

Vietnamfilm von Michael Cimino (»unwahrscheinlich dumme[r], konfuse[r] Judenhetzfilm (O caçador). Es ist unglaublich!«; 17.4.); Nelson Rodrigues‹ *A dama da lotação* (»an der Grenze zur Pornochanchada«; 9.5.)[32]; Sam Peckinpahs *Steiner* (»Schmutzgeschichte«, »als deutscher Unteroffizier unmöglich«, aber »der Landser ist ziemlich gut geschildert«; 10.7.); bei Peckinpahs *Convoy* mit Kris Kristofferson, einem Film über aufbegehrende Lastwagenfahrer in den USA, ärgert er sich nur über das ungezogene Publikum (»verkommene Mestizenbagage«; 27.11.).

1978 ist dann schließlich das Jahr der US-Serie *Holocaust*, die im November auch in Brasilien gezeigt wird. Am 20. November verzeichnet Mengele: »Abds. TV assistiert, auch die erste Folge von »Holocausto«, die natürlich viele Schiefheiten, aber keine groben Fälschungen enthält. Das Gefährliche liegt darin, was nicht gesagt wird.« Am nächsten Tag heißt es dann:

> Heimgekehrt ein weiteres Kapitel des »Holocausto« assistiert. Nun beginnt die Geschichte schon unangenehm zu werden, da so vorgekommene Einzelereignisse aufgebauscht und verallgemeinert werden! Natürlich geht alles an den wahren Zusammenhängen vorbei. Interessant, daß sich in der Presse »beide Seiten« über die falsche u. unzulängliche Darstellung der Ereignisse beschweren!!

Die Judenvernichtung, weiß Mengele, war eigentlich ein Einzelereignis, das von den Opfern aufgebauscht und verallgemeinert wurde. Die wahren Zusammenhänge – er meint wahrscheinlich, dass die Deutschen gute Gründe hatten, diese ›Parasiten‹ auszumerzen – sind seiner Ansicht nach nicht angemessen dargestellt, was wohl von der rechten Presse auch so ähnlich kritisiert wurde. Am 6. Dezember folgt dann noch eine Eintragung zu einem Gespräch mit Wolfram Bossert:

> Mit Mu über die Zeitungsberichte gesprochen, die zu der TV-Serie »Holocausto« erschienen. Auch in ihnen spiegelt sich das Mißverhältnis von Wahrheit – Halbwahrheit – Hetze – Lüge – Übertreibung – Fehlen der Begründung bzw. ihre Verfälschung.

Resümee

Das Jahresende 1978 verbringt Mengele wieder einmal auf dem Sítio (Landhaus) der Bosserts, wo er dem Sohn Andreas das Mähen beibringt und die Sense dengelt. Am 31. Dezember notiert er:

32 Pornochanchada war ein brasilianisches Genre der 1970er Jahre; zumeist billige Komödien mit starker erotischer Komponente, in diesem Fall unter Verwendung einer Erzählung von Nelson Rodrigues aus den 1950ern.

> Am Abd saßen wir alle fröhlich zusammen und begrüßten mit einem Schluck Champagne das neue Jahr. Die Kinder waren sehr lustig. Ich war etwas nachdenklich – schon wegen der Neuralgie, die sich nicht bessern will – auch in Gedanken an Drüben. Ro [Sohn Rolf] steckt voller Probleme, KH [Neffe und Stiefsohn Karl-Heinz] und Di [Neffe Dieter] in Baunöten, La [Wolfgang Gerhard] ist tot. Das Resumé des Jahres ist bis auf den »Herpes Zoster« ?auszuhalten? [unleserlich].

Die Tagebuchaufzeichnungen aus Josef Mengeles letztem Jahr enthalten vor allem eine Unmenge von Banalitäten, die eigentlich niemanden interessieren. Relevant werden sie dadurch, dass dieser Mann sich bis an die Schwelle des Todes zu der menschenverachtenden Bosheit bekannt hat, die den Tod von Millionen verursachte. Er konnte ungebrochen an der verbrecherischen Ideologie festhalten, weil kein Gericht ihn je gezwungen hat, Rechenschaft abzulegen über seine Taten. Sicher hat er auch gelitten, nicht anders als ›unschuldige‹ Menschen, die im Alter zunehmend von Krankheiten gequält werden. Eine auch nur symbolische Bestrafung durch sein Gewissen, durch Gott oder durch das Schicksal ist ihm in keinem Moment auferlegt worden. Wenn das Tagebuch etwas zeigt, dann dies.

Quellen- und Literaturverzeichnis

»245.000 Dollar für den »Todesengel«: Tagebücher von Josef Mengele« (2011). *Spiegel Online*, 21.07.2011. https://www.spiegel.de/panorama/justiz/tagebuecher-von-josef-mengele-245-000-dollar-fuer-den-todesengel-a-775709.html (02.06.2024).

Anton, Betina. *Baviera Tropical. A história de Josef Mengele, o médico nazista mais procurado do mundo, que viveu quase vinte anos no Brasil sem nunca ser pego*. São Paulo: Todavia, 2023.

Benzenhöfer, Udo. »Bemerkungen zum Lebenslauf von Josef Mengele unter besonderer Berücksichtigung seiner Frankfurter Zeit«. *Hessisches Ärzteblatt* 72 (2011): 228–240.

Byhan, Inge. »So entkam mein Vater. Die Geheimnisse des Josef Mengele: Seine Flucht. Seine Verstecke. Seine Jahre im Untergrund«. *Bunte Illustrierte* 26 (1986): 16–33.

Dusini, Arno. *Tagebuch. Möglichkeiten einer Gattung*. München: Fink, 2005.

Fritz Bauer Institut. *Findmittel des Archivs des Fritz Bauer Instituts. Sammlung Josef Mengele*. Bearbeitet von Sophia Steinmetz. Frankfurt a. M., 2020. (Auf Anfrage) https://portal.ehri-project.eu/units/de-002518-smlg_jme?dlid=deu-smlg_jme_deu (04.06.2024).

Galle, Helmut. »Os escritos autobiográficos de Josef Mengele«. *Estudos Avançados* 25.71 (2011): 269–286.

Galle, Helmut. »Versuch über die Ökonomie der Schuld. Das radikale Böse in der Darstellung von Holocausttätern: das Beispiel von Peter Schneiders *Vati*«. *Pandaemonium Germanicum* 21.34 (2018): 115–133.

Görner, Rüdiger. »Tagebuch«. *Handbuch der literarischen Gattungen*. Hg. Dieter Lamping. Stuttgart: Kröner, 2009. 703–710.

Jäger, Lorenz. »Josef Mengeles Notizen. Der Böse im Banalen«. *Frankfurter Allgemeine Zeitung*, 22.02.2010.

Keller, Sven. *Günzburg und der Fall Josef Mengele. Die Heimatstadt und die Jagd nach dem NS-Verbrecher*. München: Oldenbourg, 2003.
Lakatos, Eva Maria und Marina de Andrade Marconi. *Sociologia Geral*. 9. Aufl. São Paulo: atlas, 2019.
Lösch, Jana. »Die Taschenkalender des Josef Mengele: Ein Archivbericht«. *Einsicht. Bulletin des Fritz Bauer Instituts* 16 (2016): 94–95.
Lubrich, Oliver. »Mengele-Phantasien: Der KZ-Arzt als kulturelles Symptom«. *Acta Germanica* 50 (2023): 239–257.
Marwell, David G. *Mengele. Unmasking the »Angel of Death«*. New York: Norton, 2020.
Mengele, Josef: Tagebuch 1978. SfS-Archiv I.17, Tagebücher Mengele, Nr. 2.8. Stiftung für Sozialgeschichte des 20. Jahrhunderts. Universität Bremen
Posner, Gerald L. und John Ware. *Mengele: The Complete Story*. New York: McGraw-Hill, 1986.
Sepp, Arvi. »Alltäglichkeit und Selbstverschriftlichung: Kulturwissenschaftliche und gattungshistorische Überlegungen zum Tagebuch«. *Gattungstheorie und Gattungsgeschichte*. Hg. Marion Gymnich, Birgit Neumann und Ansgar Nünning. Trier: WVT, 2007. 205–218.
Stangneth, Bettina. *Eichmann vor Jerusalem. Das unbehelligte Leben eines Massenmörders*. Zürich: Arche, 2011.
Steinmetz, Sophia. »›Seit über zehn Jahren ist alles ruhig.‹ Ein Archivbericht zur Sammlung Josef Mengele«. *Einsicht. Bulletin des Fritz Bauer Instituts* 14 (2022): 96–99.
Völklein, Ulrich. *Josef Mengele. Der Arzt von Auschwitz*. Göttingen: Steidl, 1999.
Zofka, Zdenek. »Der KZ-Arzt Josef Mengele. Zur Typologie eines NS-Verbrechers«. *Vierteljahrshefte für Zeitgeschichte* 34.2 (1986): 245–267.

Joanna M. Moszczynska

Täterbilder in der brasilianischen Gegenwartsliteratur: ästhetische Antworten auf den ›Kitsch des Todes‹

In diesem Beitrag möchte ich über die Präsenz der NS-Täter*innen[1] in der brasilianischen Literatur reflektieren, indem ich mich vor allem auf die Vorgehensweisen konzentriere, die es den Autor*innen ermöglichen, dem Kitsch des Todes (vgl. Friedländer 2007) einen ästhetischen Widerstand entgegenzusetzen.[2] Der Beitrag gliedert sich in die folgenden Teile: Einführend wird der Zusammenhang zwischen Kitsch und Tod im Kontext vom Nationalsozialismus sowie die Repräsentation von NS-Täter*innen in der Literatur und der sog. *turn to the perpetrator* allgemein diskutiert. Anschließend werden Werke der gegenwärtigen brasilianischen Literatur besprochen, die Humor bzw. verschiedene Arten von Komik als Instrumente gegen Kitsch anwenden. Anknüpfend daran wird eine zweite Gruppe von Texten präsentiert, die sich auf einer figurativen Ebene der Darstellung des Holocaust[3] und der NS-Ideologie bewegen, um das unwiderstehliche Verlangen zur Romantisierung vom Verbrechen zurückzudrängen und die Vererbung von Traumata zu thematisieren. Schließlich werden auch Beispiele aufgezeigt, die auf das in sich sehr spezifische Genre des historischen Romans zurückgreifen, um sich mit dem Täterbild auseinanderzusetzen, wobei die ästhetischen Herausforderungen dieser Art von Repräsentation beleuchtet werden.

1 Zur besseren Lesbarkeit des Textes werde ich sowohl die singuläre maskuline Form von Täter als auch die plurale gegenderte Form von Täter*innen benutzen.

2 Der Beitrag gibt einen Überblick über das Täterbild in der brasilianischen Gegenwartsliteratur, dem meine Forschung (2016–2020) über die Post-Holocaustliteratur in Brasilen nach 1985 zugrunde liegt. Schwerpunkt dieser Forschung lag auf den Narrativen der zweiten und der dritten Generation im Zeichen von Post-Memoria (vgl. Hirsch 1992, 2008, 2012, 2019) und nahm insbesondere die Ästhetik des traumatischen Realismus (vgl. Rothberg 2000) und des transgenerationalen und transkulturellen Gedächtnisses in den Blick. Im Projekt habe ich die narratologische und kulturelle Konstruktion der jüdischen Erinnerung von zwischen 1986 und 2016 in Brasilien veröffentlichten Romanen und Erzählungen untersucht. Allerdings habe ich mich mit der Figur des Täters bzw. der Täterin nicht einschlägig beschäftigt und sie ist für meine Ergebnisse zweitrangig gewesen. Als die Organisatoren des Workshops »Der Eichmann-Prozess in transmedialer Perspektive: Figuren der Erinnerung, des Rechts und der Gerechtigkeit in Literatur und Film« (4.04.–6.04.2022) mich einluden, einen Beitrag zu leisten, begann ich jedoch über die Bedeutung der Spuren der NS-Verbrechen und deren Ab- bzw. Anwesenheit in der brasilianischen Literatur nachzudenken.

3 Ich benutze die Begriffe ›Holocaust‹ und ›Shoah‹ abwechselnd in gleichbedeutender Weise.

Open Access. © 2024 bei den Autorinnen und Autoren, publiziert von De Gruyter. BY-NC-ND Dieses Werk ist lizenziert unter der Creative Commons Namensnennung - Nicht-kommerziell - Keine Bearbeitungen 4.0 International Lizenz.
https://doi.org/10.1515/9783111077345-018

Der Beitrag erhebt nicht den Anspruch, das Thema erschöpfend auszuleuchten. Vielmehr soll der Gegenstand NS-Täter*innen in der brasilianischen Literatur hier erstmals beleuchtet werden, um weitere Forschung anzuregen.

1 *The turn to the perpetrator* und der Kitsch des Todes

In der internationalen Holocaustliteratur lässt sich hinsichtlich der Täterdarstellung eine zweigleisige Tendenz beobachten. Zum einen erscheinen Texte, die Täter*innen als Protagonist*innen darstellen, zum anderen solche, in denen die Handlung aus der Täterperspektive erzählt wird, wenn Stimme und/oder Fokalisierung zum Täter gehören. Als ein frühes Beispiel ist der 1952 veröffentlichte französische Roman *Der Tod ist mein Beruf* von Robert Merle zu nennen, der in der Ich-Form das Leben von Rudolf Höß, Kommandant des KZ Auschwitz, erzählt. Ein weiteres prominentes Beispiel ist der 1967 erschienene experimentelle Roman des Mexikaners José Emilio Pacheco, *Morirás lejos* (1967) (dt. *Tod in der Ferne*, 1992). Der Roman kreist um das Thema der Verfolgung von Jüd*innen. Hier werden die Handlungen vom *Jemanden,* einem allwissenden Erzähler dargestellt, der eine rätselhafte und anonyme Figur, *eme* (M wie Mengele?), beobachtet. Bernhard Schlinks Romane *Der Vorleser* (1995) und *Die Heimkehr* (2006) versuchen, die Täterpsyche darzustellen und zu verstehen. Zum weltliterarischen Korpus von Täterliteratur und somit zum Phänomen, das in der Literaturkritik oft als *the turn to the perpetrator* (Crownshaw 2011, Vice 2013, Adams 2014, Altmann 2021) beschrieben wird, gehört außerdem *Die Wohlgesinnten* (2006) von Jonathan Littell. Hier wird die Handlung aus einer Mischung von fiktiven und realen Personen, die am Holocaust beteiligt waren, komponiert. Auch der Roman *El desafortunado* (2020) des Argentiniers Ariel Magnus erzählt aus der Täterperspektive, nämlich der Adolf Eichmanns.

Eine systematische Forschung zum NS-Täterbild in lateinamerikanischen Literaturen liegt bisher kaum vor. Für den argentinischen Kontext[4] haben Leonardo Senkman und Saúl Sosnowski auf diese Leerstelle hingewiesen:

> Der Aufbau eines literarischen Korpus über die Darstellung von Nazis und Kriegsverbrechern in Argentinien seit den 1930er Jahren und insbesondere nach 1945 ist eine noch aus-

4 Argentinien ist nicht nur das Land mit der größten jüdischen Migration vor und nach dem Krieg gewesen, sondern auch das, wohin die meisten NS-Verbrecher nach dem Krieg geflohen sind.

> stehende Aufgabe für die Kritik. Analytische Studien und eine detaillierte und zugängliche Klassifizierung von Büchern und Zeitschriften zu diesem Thema stehen noch aus.[5]

Die Sekundärliteratur beschäftigt sich vor allem mit der Literatur des sogenannten ›Globalen Nordens‹. Hier lassen sich erwähnen die Aufsätze von Adams »New Directions in Holocaust Literary Studies« (2014) und Vice »Exploring the Fictions of Perpetrator Suffering« (2013), sowie die Monografien *Das Täterbild in der Überlebenden-Literatur: Ein Vergleich der Täterbilder in der frühen und späten Lagerliteratur von Buchenwald und Dachau* von Chunguang Fang (2017) sowie *Das Unsagbare verschweigen. Holocaust-Literatur aus Täterperspektive. Eine interdisziplinäre Textanalyse* von Eva Mona Altmann (2021) erwähnen oder noch die Aufsätze von Richard Crownshaw, »Perpetrator Fictions and Transcultural Memory« (2011) und von Dina Khapaeva, »Trendy Monsters: The Nazis, the Perpetrator Turn, and Popular Culture« (2021). In ihrem Buch *Haunting Legacies: Violent Histories and Transgenerational Trauma* (2010) beschäftigt sich Gabriele Schwab u. a. mit den Traumata bei den Kindern von Täter*innen im Kontext der NS-Verbrechen. Die genannten Beiträge befassen sich also hauptsächlich mit der Shoah und dem Zweiten Weltkrieg, obwohl Crownshaw auch auf die Präsenz des Themas der Sklaverei im US-amerikanischen Kontext hinweist.

Es lässt sich also feststellen, dass dieser *turn to the perpetrator* als Teil der post-memorialen Aufarbeitung der NS-Verbrechen zu sehen ist. In Lateinamerika findet dies allerdings oft in einer multidirektionalen Form (vgl. Rothberg 2009) statt. Der von Michael Rothberg geprägte Begriff der Multidirektionalität geht davon aus, dass das Gedächtnis immer Gegenstand von Verhandlungen, Querverweisen und Entlehnungen ist, während es gleichzeitig ein dynamischer Akteur ist, der neue Bedeutungen hervorbringt. Es bezieht sich vor allem auf kollektive Erinnerungen, die von diskursiven und performativen Verflechtungen untereinander profitieren. So wird z. B. in lateinamerikanischen Literaturen die Shoah oft in Zusammenhang mit den Militärdiktaturen erinnert.[6]

In Brasilien wird die Aufarbeitung der NS-Verbrechen vor allem in den Texten der zweiten und dritten Einwanderergeneration geleistet, wobei der Schwerpunkt auf den Familienbeziehungen und jüdischer Konvivialität in einer überwiegend christlichen Gesellschaft liegt. Autofiktionale und biografische Elemente ermögli-

5 Im Original: »Constituir un corpus literario en torno de la representación de nazis y criminales de guerra en Argentina desde los años 30, y particularmente a partir de 1945, sigue siendo una tarea pendiente para la crítica. Siguen haciendo falta estudios analíticos y una clasificación detallada y accesible de libros y revistas sobre esta problemática.« (Senkman und Sosnowski 2009, 11). Alle Übersetzungen sind, wenn nicht anders angegeben, von mir.

6 Einige Beispiele dafür sind *Las cartas que no llegaron* von Mauricio Rosencof, *Hija del silencio* von Manuela Fingueret oder Bernardo Kucinskis *K oder die Verschwundene Tochter*.

chen die Darstellung jüdischer Subjektivitäten und die Reflexion hybrider jüdisch-brasilianischer Identitäten im Kontext von Migration, der Shoah und der Gründung des Staates Israel. Weiterhin wird im Genre des historischen Romans Bezug auf die Ereignisse des Zweiten Weltkrieges genommen. Ein direkter Bezug zu NS-Täterfiguren wird selten hergestellt. Diese fungieren oft als Randfiguren, die *pars pro toto* die Shoah und die Kriegsverbrechen bzw. die Immanenz dieser Verbrechen repräsentieren. Die Texte mit handlungsrelevanten NS-Täterfiguren hingegen bilden einen deutlich kleineren literarischen Korpus. Nichtsdestoweniger erfolgt deren Darstellung durch ästhetische Verfahren, die zwischen Faszination und Verachtung oszillieren, wobei einige versuchen, sich mit dem Kitsch des Todes bzw. der Ästhetisierung des Todes auseinanderzusetzen.

Wie Saul Friedländer (2007, 9) beobachtet, beschäftigt uns die Beziehung zwischen dem NS-Regime, Geschichte und Gesellschaft endlos. Die westliche Imagination stellt den Nationalsozialismus oft als das radikale Böse dar, was die Frage nach der einerseits universellen und andererseits spezifischen Dimension der Verbrechen nach sich zieht. Ein weiteres bedeutendes Darstellungsmuster seit den 1960er und 1970er-Jahren beruhe, so Friedländer (2007, 12), auf einem postmodernen ästhetischen Reiz und moralischer Gespaltenheit bezüglich des Nationalsozialismus, die sich in der Repräsentation einerseits in Form von Sentimentalität für das Gute und das Schöne, andererseits als Todesinstinkt und Zerstörungswut niederschlügen. Diese Mischung aus Eros und Thanatos beruhe auf dem politischen Rechtsextremismus der 1930er-Jahre. Friedländer argumentiert, dass einige Elemente dieser ästhetisch-affektiven Verlockung, die von der NSDAP ausgeübt wurde, in postmodernen Diskursen überlebt hätten. Autor*innen wie George Tabori, Michel Tournier, William Styron, Jerzy Kosinski oder Joachim Fest und Filmschaffende wie Luchino Visconti, Rainer Werner Fassbinder und Hans-Jürgen Syberberg haben laut Friedländer eine neue Sensibilität entwickelt, die allerdings einer kritischen Analyse unterzogen werden müsse.[7]

Friedländers These einer ästhetischen Faszination mit dem Nazismus und seine strenge Kritik kann aber nicht auf jede Form des Kitsches angewendet werden. Der Kitsch nach 1945 hat viele Gesichter und beinhaltet eine Vielzahl von literarischen Verfahren, die den negativen Kitsch derart extrapolieren, dass eine neue Ästhetik entsteht. Wiederkehrendes Verfahren, die gegen Kitsch wirken können, sind z. B. Humor und Ironie. Am Beispiel von Texten von Tadeusz Borow-

7 Friedländer erinnert außerdem daran, dass das NS-Regime 1933 ein Gesetz über die Definition von Kitsch verabschiedet hat, das sogenannte »Gesetz zum Schutze der Nationalen Symbole« (auch als »Anti-Kitsch-Gesetz« bekannt), das auf die Kriminalisierung von bestimmten ungewünschten ästhetischen Ausdrucksweisen zielte. Kriminalisiert wurden vor allem jüdischen Autor*innen und Denker*innen.

ski, Leslie Epstein und Art Spiegelman überlegt Terrence des Près, ob Humor ein geeignetes Werkzeug des Widerstands gegen die Post-Holocaust-Realität sein kann: »But human beings do not live by reality alone, or even chiefly. And it is this willful displacement, this shrewd mockery of the real in serious works of art, that we might call ›Holocaust laughter‹« (1988, 228). Lachen kann somit als eine Antwort auf den Schrecken der Zerstörung gelten, indem es Abstand schafft und eine härtere und aktivere Reaktion ermöglicht (des Près, 232). Ähnlich spricht Saul Bellow von »laughter and trembling« (1994, 16). Diese unbestimmbare Verflechtung von Lachen und Zittern entmystifiziert die Unmöglichkeit, die Vergangenheit zu begreifen und aufzuarbeiten: »when we laugh [...] Chaos is exposed« (Bellow 1994, 17). Die Debatte ist allerdings nicht auf die Literatur beschränkt. So fragt z. B. Sander Gilman (2000), ob die Darstellung der Shoah mit Komik vereinbar sei und konzentriert sich auf einige kinematographische Werken.[8] In diesem Zusammenhang spricht außerdem Louis Kaplan (2002) vom *terrific laugh* und Slavoj Žižek (2000) von *camp comedy* – beide stellen wichtige Fragen nach den Grenzen von Humor und Satire.

In der Literatur Brasiliens gibt es Texte, die versuchen, sich dem Kitsch des Todes in der Darstellung von Täter*innen zu widersetzen, und zwar durch verschiedene erzählerische Techniken und rhetorische Mittel. Wie bereits erwähnt, tritt die Täterfigur in diesen Texten oft nur am Rande auf. Vielmehr gibt es eine Tendenz zur metaphorischen Darstellung von Gewalt. Im folgenden Abschnitt werden einige Werke der brasilianischen Literatur vorgestellt, die sich mit Holocaust-Täter*innen anhand von ästhetischen Verfahren des Humors auseinandersetzen, allerdings geht es hier weniger um konkrete Verbrecher und mehr um eine symbolische, in einigen Fällen allegorische Darstellung von Täterschaft. Im Folgenden werden zunächst Texte präsentiert, die historische Täterfiguren auftreten lassen, wenn auch in sehr verschiedenen Intensitäten. Schließlich werden weitere Beispiele erwähnt, die aus ästhetischer Sicht problematisch sind.

8 Analysiert werden u. a. Benignis *Das Leben ist schön* (1998), Radu Mihaileanu's *Zug des Lebens* (1998) oder der Roman (1969) und dessen Verfilmungen (1974, 1999) *Jakob der Lügner* von Jurek Becker.

2 Täterbilder in der gegenwärtigen brasilianischen Literatur

2.1 Lachen im Angesicht des Grauens

Cíntia Moscovich aus Porto Alegre ist Autorin von Erzählungen und Romanen. Sie ist Teil der sogenannten *Geração 90* (Generation 90). Ihre Erzählung »O homem que voltou ao frio« (»Der Mann, der in die Kälte zurückkehrte«) aus dem Band *Anotações durante o incêndio* (Notizen während des Brandes; 2000) inszeniert eine Dreiecks-Konstellation zwischen dem beteiligten Subjekt (vgl. Rothberg 2019)[9], dem Täter und der Opfer. Diese Rollen werden den Hauptfiguren im Text zugeschrieben bzw. der Erzählerin und Protagonistin Ethel, einem brasilianischen jüdischen Mädchen, ihrem Vater und Edward, einem Jungen, der aus Finnland nach Brasilien reist. Edward verliebt sich in Ethel während eines gemeinsamen Aufenthaltes in einem Kibbutz in Israel, konvertiert zum Judentum und möchte schließlich mit Ethel eine jüdische Familie gründen. Ethel, die sich zwischen Pubertät und Erwachsensein befindet, teilt diese Gefühle nicht und diese peinliche Lage bringt sie in Verlegenheit.

Die Erzählung parodiert in ihrer Anlage Geschichten über verbotene Liebe, in der der Identitätskonflikt, wie er in der Literatur typischerweise durch interreligiöse, interethnische oder interklassistische Beziehungen thematisiert wird, durch eine skurrile Situation bloßer Unannehmlichkeiten ersetzt wird. Zudem wird hier die Shoah in einer übertriebenen Weise mit den Ereignissen im Leben einer jüdischen Familie der brasilianischen Mittelschicht in Zusammenhang gebracht. Ethels Vater wird mit einem Nazi verglichen: »Der Vater, der wie der Kommandant eines Vernichtungslagers aussah, übernahm die Kontrolle über den Wagen und sagte, er würde ihn zum Hotel bringen.«[10] (Moscovich 2000, 36); »Gegen elf Uhr stand der Vater auf, schnappte sich seine Jacke und sagte, es sei Zeit zu gehen. Er brauchte nur noch mit den Absätzen zu klappern und den Arm zu heben, um zu salutieren.«[11] (38) Edward wird zum Opfer des Vaters: »Der Ford Galaxie war ein privates

9 Nach Rothberg (2019, 1) ist ein beteiligtes Subjekt, bzw. *implicated subject* jemand, der*die zu Herrschaftsregimen beiträgt, in ihnen lebt, sie erbt oder von ihnen profitiert, ohne Urheber oder Beherrscher solcher Regime zu sein. Beteiligte Subjekte verbreiten das Erbe historischer Gewalt und stützen die Strukturen der Ungleichheit in der Gegenwart.

10 Im Original: »O pai, feito o comandante de um campo de extermínio, assumiu o controle do carrinho e disse que iria levá-lo para o hotel.«

11 Im Original: »Por volta de onze horas, o pai levantou-se, pegou o paletó e disse que era hora de ir andando. Só faltava bater os calcanhares e alçar o braço na saudação abjeta.«

Auschwitz.«[12] (36) Mit nur hundert Dollar in der Tasche und ohne Rückreiseticket erinnert seine Situation an die eines Auschwitz-Häftlings, der auf eine Zahl reduziert wird – in diesem Fall auf einen Betrag in US-Währung: »Einhundert Dollar, wiederholte Papa erstaunt. Hundert Dollar, und der Betrag war wie die Tätowierung auf dem Arm eines Häftlings.«[13] (37) – und wortlos in den Tod geschickt (»Wir fuhren gemeinsam zum Parkplatz, in einer peinlichen Stille – der Stille eines Krematoriumsofens.«[14] (36)), bzw. nach Finnland »deportiert« wird (44). Ethel selbst fühlt sich als Verräterin, die mit ihren falschen Versprechungen den Anderen zum Tode verurteilt hat: »Ich fühlte mich wie die Böse, die einen Menschen in ein Konzentrationslager geschickt hatte.«[15] (43), und gleichzeitig als ein Opfer: »Wieder das Gefühl, dass kein Wasser aus der Dusche kommen würde, sondern ein tödliches Gas.«[16] (41). Dieser verschobene Kontext entsteht durch die widersprüchlichen Kräfte des traumatischen kulturellen Gedächtnisses der nachgeborenen Generationen. Die Bilder sind wiedererkennbar und ihre Assoziation mit dem Holocaust unvermeidlich, obwohl gleichzeitig eine Distanzierung entsteht und dieses Gedächtnis schließlich in ein bloßes kulturelles Symbol umgewandelt wird. Somit wird der Text zu einer postmodernistischen, tragikomischen Parodie (vgl. Hutcheon 1989) und gleichzeitig zum Ausdruck eines intendiert ethischen und ästhetisch fragwürdigen Zynismus, der den Schrecken relativiert.

Die ästhetisch erzeugte Groteske kommt auch in den Texten des Autors und Historikers Roney Cytrynowicz vor. Seine Erzählung »Gás« aus dem Band *A vida secreta dos relógios e outras histórias* (1994) reinterpretiert das Trauma der Shoah und deterritorialisiert das Ereignis. Das Grauen des Holocaust vermischt sich mit dem Alltag in São Paulo der 1990er-Jahre und erzeugt eine Spannung zwischen Distanzierung und Identifikation. Die Hauptfigur, ein alter Jude und Einwohner des wohlhabenden Stadtteils Pinheiros, ruft die Notrufnummer des Gasversorgers an, um ein Gasleck in der Wohnung zu melden. Was er jedoch tatsächlich denunziert, ist der Völkermord an sechs Millionen europäischen Juden. So spielt die Erzählung auf eine schrecklich groteske Weise mit dem Thema des Überlebens und des Schicksals. Der Jude ist ein Überlebender, der Jahre nach dem Ende des Krieges in Europa in seiner brasilianischen Wohnung an einer Kohlenmonoxid-Vergiftung

12 Im Original: »O Ford Galaxie era um Auschwitz particular.«

13 Im Original: »Cem dólares, o pai repetiu basbaque. Cem dólares, e a quantia era a tatuagem no braço de um prisioneiro.«

14 Im Original: »Fomos juntos até o estacionamento, num silêncio constrangido – o silêncio de um forno de crematório.«

15 Im Original: »Sentia-me a maldita que havia encaminhado um homem a um campo de concentração.«

16 Im Original: »De novo a sensação que do chuveiro não sairia água mas um gás mortífero.«

stirbt. Seine Leiche wird schließlich eingeäschert. Es handelt sich um »einen Fall aus der Vergangenheit, der als Geist wieder auftaucht. Töten mit Gas ist Geistermord.«[17] (Cytrynowicz 1994, 62). Gas ist der unsichtbare Tod, ein Gespenst, das den Überlebenden heimsucht: »Sie sind wieder da [...] Sie werden mich mitnehmen.«[18] (57–58).

Das Thema des Nazismus als gespenstische Präsenz wird auch von Jacques Fux aufgegriffen. Sein Debütroman *Antiterapias* (2011), der 2012 mit dem *Prêmio São Paulo de Literatura* ausgezeichnet wurde, ist eine autofiktionale *coming-of-age*-Geschichte eines brasilianischen Juden, der in Belo Horizonte in einer Mittelschichtsfamilie aufwächst. Der Roman ist eine Art Pastiche eines Bildungsromans, ein Anti-Bildungsroman, da die Erfüllung einer Reifung oder Versöhnung mit der Welt am Ende der Erzählung der bitteren Erkenntnis der eigenen Unmöglichkeit weicht, das (Auto)Stigma des Jüdischseins nach der Shoah zu überwinden. Im Roman tritt Martin Bormann auf, der von 1928 bis 1930 dem Obersten Führungsstab der Sturmabteilung angehörte und ab 1933 Reichsleiter der NSDAP gewesen ist, und dem es im Roman gelingt, den Krieg zu überleben und aus dem kapitulierten Deutschland durch eine ›Rattenlinie‹[19] nach Brasilien zu entkommen. Dieser Teil der Biografie Bormanns ist fiktiv, schreibt sich allerdings in das von realen Geschichten und Verschwörungstheorien inspirierte Leitmotiv der NS-Verbrecher ein, die dem Nürnberger Kriegsverbrecherprozessen entkamen und Zuflucht in den Tropen fanden. Die »verdammten Nazis«[20] sind dem intertextuellen Spiel des Romans mit Autor*innen wie Borges untergeordnet: »Die Zeit gabelt sich unaufhörlich in unzählige Zukünfte.«[21] (Fux 2014, 29). Auf diese Weise berührt der Roman das Thema der Verflechtung zwischen Fiktion und Leben und stellt die Frage nach der Kontingenz menschlichen Schicksals. Die Figur Bormanns dient vor allem dazu, die Figur seines (fiktiven) Enkels einzuführen. Danny Bormann, nämlich, ist ein *Bully* und Antisemit, der den Erzähler sein ganzes Leben lang verfolgt. Danny ist eine Nemesis des Erzählers, das heißt, sein ewiger Gegner, der ihm seinen Lebensplan, sich vom Jüdisch-nach-der-Shoah-Sein zu befreien, zunichtemacht.

---

17 Im Original: »[A]lgum caso do passado que reaparece como um fantasma. Matar por gás é assassinato de fantasma.«

18 Im Original: »Eles estão aqui de novo [...] Eles vão me levar.«

19 *Rat lines* bzw. Rattenlinien ist die Bezeichnung, die benutzt wird, um die Fluchtwege der Nazis und anderer Faschisten aus Europa gegen Ende des Zweiten Weltkrieges und vor allem nach der Kapitulation NS-Deutschlands zu beschreiben (vgl. Giefer und Giefer 1992).

20 Im Original: »malditos nazistas«

21 Im Original: »O tempo se bifurca perpetuamente para inumeráveis futuros.«

Diese gespenstische Präsenz wird allerdings regelmäßig durch Autoironie entschärft. So wird die Mutter vom Erzähler nicht nur als *Jiddische Mame*, sondern auch als Mossad-Agentin bezeichnet, während sein körperlich und geistig behinderter Bruder mit Hurbinek, dem Kind aus Auschwitz (vgl. Levi 1969) verglichen wird. Der Erzähler selbst stellt sich als ein potenzielles Opfer dar: »Ich hätte die Shoah nicht überlebt. Ich habe die Mathe-Tests kaum überlebt.«[22] (Fux 2014, 179).

An dieser Stelle lässt sich noch ein älterer Text nennen, nämlich der satirische Comic *Pega para kaputt* (1978). In diesem kollektiven Werk von Moacyr Scliar, Luis Fernando Veríssimo, Josué Guimarães und Edgar Vasques als Illustrator, wird Adolf Hitler dargestellt – eine Ausnahmeerscheinung in der brasilianischen Literatur. In dieser bizarren Satire plant Adolf Hitler am Vorabend seiner Niederlage verkleidet als Rabbiner eine Flucht nach Lateinamerika. Seine versäumte Beschneidung durch einen blinden Rabbiner vereitelt den Plan. So wird der einzige Hoden Hitlers als Reliquie in einem Glas nach Argentinien verschickt. Gestrandet an der brasilianischen Küste landet er in den Händen einer Jüdin, Frau eines Überlebenden.

Die oben genannten Texte vermeiden eine direkte Darstellung von NS-Täter*-innen. Stattdessen tendieren sie zur Abstraktion und nutzen mit der NS-Zeit verbundene Elemente, die das Verbrechen symbolisieren sollen. Die Texte setzen außerdem verschiedene Arten von Komik ein, die, obgleich sie mitunter pietätlos, dunkel und sogar ethisch fragwürdig ist, das Potenzial aufweist, den immanenten Kitsch zu entschärfen. Dies bricht schließlich mit dem Tabu der Todesdarstellung im Kontext der Shoah und fördert somit auch die Wahrnehmung des Künstlerischen heraus.

2.2 Traumatische Begegnungen mit der Vergangenheit

Die brasilianische Literatur setzt sich aber nicht nur mit der NS-Symbolik auseinander. Wie das folgende Beispiel veranschaulicht, ist auch Allegorese ein stilistisches Mittel, das es ermöglicht, über die vererbten traumatischen Erfahrungen zu sprechen.

In Cíntia Moscovichs Roman *Por que sou gorda, mamãe?* (2006) wird der dicke weibliche Körper der Protagonistin zum Träger von Traumata, die sich auf einer transindividuellen Ebene abspielen. Der Körper wird gleichzeitig zur Oberfläche einer kulturellen und historischen Einschreibung und zum diskreten Subjekt der Ausgrenzung, das die NS-Ideologie denunziert. Der Text ist eine Art Monolog, in dem sich die Protagonistin an ihre Mutter wendet und nach den Ursprüngen des

22 Im Original: »Eu não teria sobrevivido à Shoa. Quase não sobrevivi às provas matemáticas«

eigenen körperlichen Zustands fragt, der mit ihrer seelischen Störung zusammenhängt. Gleichzeitig erzählt sie fragmentarisch die Geschichte ihrer aus dem Russischen Kaiserreich Anfang des 20. Jahrhunderts nach Brasilien geflüchteten aschkenasischen Familie.

Trotz der humorvollen Bezüge zum eigenen Körper und der vererbten Fettleibigkeit (»Wir lebten nicht in Sibirien [...] Glücklich sind all die Tiere, die mit einer großen Fettschicht in der Kälte überleben. Unglücklich für mich, dass meine Familie in ein tropisches Land ausgewandert ist.«[23] (Moscovich 2006, 203–204)), wird der Schrecken der Shoah auf das eigene Übergewicht projiziert. Die vom Arzt vorgeschriebene Diät soll den Appetit der Protagonistin ›zivilisieren‹ (vgl. Mennel 1991). Die mühsame Gewichtsabnahme provoziert Freude, aber auch den Frust, überhaupt abnehmen zu müssen: »[j]ede volle Gabel zählen zu müssen. Wie in einem Konzentrationslager.«[24] (Moscovich 2006, 231) So wird ein Zustand des Gefangenseins in den Grenzen des eigenen Körpers als abstoßendes Zeichen einer ungewünschten Alterität dargestellt. Wie von Moacir Amâncio (2008) beobachtet, ist der Körper in diesem Roman vor allem ein historisches Produkt, das durch den repressiven Markt verletzlich gemacht wird. Dicksein wird daher im Roman zu einer Allegorie des Jüdischseins, dessen ontologischer Status in Frage gestellt und schließlich der modernen Diskriminations- und Mordmaschinerie untergezogen wird:

> Die Menschen werden dicker. Sie entpuppen sich damit als unablässig manipulierte Objekte, die in einer zweiseitigen Kette gefangen sind. Und es gibt keinen Ausweg. Es gibt Linderungsmaßnahmen: die Regime, die aber in Wirklichkeit nur ein weiterer Flügel derselben Hölle sind. Sehen wir: Wenn die Menschen nicht diskriminiert werden, weil sie jüdisch sind, dann werden sie diskriminiert, weil sie fettleibig sind, und im Roman sind sie fettleibig, eben weil sie jüdisch sind.[25] (Amâncio 2008, 37)

Schließlich kann der Roman dem Themenbereich des körperlichen Gedächtnisses, der mit der theoretischen Aufarbeitung von modernen Totalitarismen und Verbrechen gegen die Menschlichkeit im 20. Jahrhundert verbunden ist, zugeordnet werden. Eine konkrete Figur des Täters taucht hier allerdings nicht auf. Sie

23 Im Original: »Nós não moramos na Sibéria [...] Sorte de todos aqueles animais que, com uma grande camada de gordura, sobrevivem no frio. Azar o meu que minha família tenha emigrado para um país tropical.«

24 Im Original: »[c]ontar garfadas. Como num campo de concentração«

25 Im Original: »[...] as pessoas começam a engordar. Elas, assim, se revelam objetos incessantemente manipulados, presas de uma cadeia nos dois sentidos. E sem saída. Há paliativos: os regimes, que, na verdade, não passam de outra ala do mesmo inferno. Vejamos: se não são discriminadas por serem judias, são discriminadas por serem obesas, e elas são obesas, no romance, exatamente porque são judias.«

wohnt hier aber der Darstellung der verinnerlichten Ausgrenzung und der ungewünschten Alterität inne. Allerdings tauchen die Shoah und ihre Täter*innen wörtlich in einer eingeblendeten Erinnerung einer Nachbarin auf. Dona Dora, die zurückgezogen in ihrem Haus wohnt, wurde in einer wohlhabenden Familie in Berlin geboren und ist eine Überlebende:

> Dona Dora war in ein Konzentrationslager geschickt worden und [...] wurde dort zu Haut und Knochen verarbeitet. [...] Sie hatte in die Augen des Arztes Mengele geschaut. [...] Man sagt, sie wäre ein Versuchskaninchen gewesen: dass Mengele ihr Embryonen irgendeines Tieres in die Gebärmutter eingepflanzt hatte und dass sie mehrere Tage lang nackt in einer Kammer eingesperrt und einer Dosis von Röntgenstrahlen ausgesetzt wurde.[26] (Moscovich 2006, 214)

Der NS-Arzt Josef Mengele wird an dieser Stelle erwähnt, um den Grausamkeiten ein Gesicht zu geben. Seine Figur funktioniert wie ein Emblem des Holocaust. In der Popkultur oft als ›Todesengel‹ von Auschwitz bezeichnet ist er gleichzeitig die Verkörperung des Bösen und des Todeskitsches.[27] Nach dem Ende des Krieges fand Mengele sein Versteck in Brasilien, wo er 1979 verstarb. Obwohl sein Tod bestätigt wurde, kursierte in der 1980er-Jahren das Gerücht, dass es sich um seinen Doppelgänger gehandelt habe. So argumentierte z. B. Ben Abraham (1985), Journalist und Holocaustüberlebender, dass der NS-Arzt nicht wie behauptet in Bertioga ertrunken sei, sondern ungestört und unentdeckt in São Paulo weitergelebt habe.

Der bekannteste und preisgekrönte Roman von Michel Laub *Diário da queda* (*Tagebuch eines Sturzes*; 2011) greift anhand der Geschichte der Shoah das Thema der zeitübergreifenden Gewalt und deren Zyklizität auf. Der Text liefert eine Reflexion zu den Rollen des Unterdrückten und des Täters im Sinne instabiler Zuweisungen, die sich jederzeit ändern können. In einem für die Erinnerungsliteratur typischen Gedankenfluss erzählt der Protagonist, ein Mann aus einer jüdischen Mittelschichtsfamilie aus Porto Alegre, die Geschichte seiner Kindheit und seines Erwachsenwerdens. Diese wird mit den Geschichten seines Vaters und Großvaters, einem Shoah-Überlebenden verflochten. In dieser patrilinealen Erzählung simulieren die sich wiederholenden Reflexionen den Prozess einer Anamnese und enthüllen somit die traumatischen Erlebnisse aller drei Familienmitglieder. Diese Erlebnisse scheinen auf den ersten Blick nichts miteinander zu tun zu haben. Der Großvater

---

26 Im Original: »Dona Dora fora enviada a um campo de concentração e [...] saiu de lá virada em pele e osso. [...] ela tinha olhado nos olhos do médico Mengele. [...] tinha sido cobaia: que Mengele havia implantado embriões de algum bicho em seu útero e que, por vários dias, ela ficou trancada numa câmara, pelada e exposta a doses de raios-x [...]«

27 Siehe auch die Beiträge von Lubrich und Galle in diesem Band.

hat das Vernichtungslager Auschwitz-Birkenau überlebt und bringt sich schließlich um, ohne Zeugnis abgelegt zu haben. Der Vater, ein eifriger Autodidakt der Holocaustgeschichte, der versucht der von ihm empfundenen Pflicht der zweiten Generation nachzugehen und das abwesende Gedächtnis trotz allem zu bewahren, wird an Alzheimer erkranken. In der jüdischen Schule wird der Erzähler als Teil einer Gruppe zum Täter, indem er einen ständig schikanierten nicht-jüdischen Kollegen auf dessen Geburtstagsfeier grausam zu Boden fallen lässt. Schließlich wird der Erzähler als Erwachsener zum Alkoholiker. Es entfaltet sich somit ein Zyklus der Gewalt, sowohl der physischen als auch der psychischen. Die im Roman inszenierte Erinnerungsarbeit verläuft paradoxerweise in einem zweibahnigen Prozess: der ständigen Zurückweisung der ihm von seinem Vater aufgedrängten Pflicht zum Erinnern durch den Erzähler sowie das ununterbrochene Zurückgreifen auf das Thema der Shoah:

> Wenn die Welt etwas nicht braucht, so ist es, sich meine Ansichten zu diesem Thema anhören zu müssen. Das Kino hat sich schon damit beschäftigt. Bücher haben sich dessen angenommen. Zeitzeugen haben bereits Detail für Detail alles erzählt, und es gibt sechzig Jahre voller Reportagen und Abhandlungen und Analysen und Generationen von Historikern und Philosophen und Künstlern, die ihr Leben damit verbringen, diesem Material weitere Fußnoten hinzuzufügen im Bemühen, die Vorstellung der Welt darüber wachzuhalten – und das Aufhorchen der Menschen bei der Erwähnung des Wortes *Auschwitz*. Also käme es mir nicht eine Sekunde lang in den Sinn, all das zu wiederholen, wäre es nicht in gewisser Weise wichtig, um über meinen Großvater reden zu können, und in der Konsequenz auch über meinen Vater, und in der Konsequenz auch über mich. (Laub 2013, 8)

Der Überschuss an Tragödien, die hier als individuelle besprochen werden (auch die Lager-Erfahrung), um die vom Erzähler aufgestellte These über die »Unzulänglichkeit menschlicher Erfahrung zu jeder Zeit und an jedem Ort« (172) zu beweisen, stellt den Versuch dar, das Thema der Shoah absichtlich in den Hintergrund zu schieben, allerdings ohne es effektiv stummzuschalten.

Der Roman verfolgt das Ziel, die Banalität des Bösen durch eine Art Dialektik der Aufklärung zu demonstrieren. Hier kommen Moralisierung und Erlösung ins Spiel, die jedoch als gegenseitige Parodie gelesen werden können. Das pathetische Ende, die Geburt des Sohnes und damit die Ankunft der vierten Generation, die ein Versprechen auf ein neues Leben symbolisiert, unterstreicht die Überlegungen des Romans über die Weitergabe und die Pflicht des Erinnerns. Ob es dem Buch gelingt, den Kitsch, den es selbst inszeniert, zu dekonstruieren, ist streitbar (vgl. Schøllhammer 2012).

Halina Grynbergs psychologischer Erinnerungsroman *Mameloshn: memoria em carne viva* (2004) erforscht die Auswirkungen des Traumas, das zwischen der ersten und zweiten Generation der Shoah übertragen wird. Seligmann-Silva bezieht sich auf diesen Roman als »sekundäres Zeugnis« (Seligmann-Silva 2007, 150) und hebt seinen Zeugnischarakter und die Darstellung der Überlieferung zwischen den Generationen hervor. Es handelt sich um eine fragmentarische und verschwommene Erzählweise, die sich mit dem psychischen Leiden auseinandersetzt und den Effekten des Holocausttraumas auf eine performative Weise nachgeht. Hier gibt es ähnlich wie in bereits besprochenen Romanen eine Ich-Erzählerin, die in einer nach Brasilien eingewanderten polnischen Familie von Holocaustüberlebenden aufwächst. Der Familiendrama spielt sich in Madureira, einer Vorstadt von Rio de Janeiro, ab. Dort wird die Erzählerin nicht nur zur Zeugin der destruktiven Beziehung zwischen ihren Eltern, sondern vor allem zur Empfängerin des transpositionierten bzw. übertragenen und unbewusst verkörperten Traumas (vgl. Kestenberg 1989; Weigel 1999) der Mutter und schließlich zum Opfer einer widersprüchlichen mütterlichen Liebe, die sie ernährt und zugleich erstickt:

> Tod und Leben in derselben Geste verflochten; die Hand, die erstickt, ist dieselbe Hand, die ernährt [...] [D]iese Gesten formten meinen Körper in einer unmöglichen Wahl: durch den Mund einatmen, um wie eine Gans verstopft zu sein, oder vor Hunger sterben, weil ich nicht durch die Nase atmen kann. Diese delirierende Körperphysiologie, eine tiefe Tätowierung, klemmt weiterhin die Rippen ein, lässt den Bauch schmoren, verstopft die Nasenlöcher und lässt mein Selbstbild renitent zusammenbrechen.[28] (Grynberg 2005, 70–71)

Affekt und Gewalt sind hier untrennbar miteinander verbunden und *mameloshn*, die Muttersprache, wird zur Sprache des Leidens und des Wahnsinns, die eine »unerlöste Erinnerung«[29] (70) eines Lebens ohne Wahl vermittelt.

Darüber hinaus entwirft der Roman von Grynberg ein polarisierendes Bild von der Gesellschaft des Aufnahmelandes und der jüdischen Einwanderer und beleuchtet einen Betrugsfall, von welchem die Mutter der Erzählerin betroffen ist. Die Stimme des erzählenden Protagonisten wird boshaft, lässt keine Aussicht auf Versöhnung zu und nimmt gegenüber den Lesern eine moralische Autoritätsposition ein.

Schließlich ist Heliete Vaitsmans *O cisne e o aviador* (2014) ein historischer Roman, in dessen Mittelpunkt ein (realer) NS-Täter steht, nämlich Herberts Cukurs. Cukurs, im Roman »o Aviador« genannt, war ein lettischer Flieger und NS-Kollaborateur, der in der Geschichtsschreibung des Zweiten Weltkriegs als der ›Henker von Riga‹ bekannt wurde. Er ließ sich nach dem Krieg in Brasilien nieder

28 Im Original: »[...] a morte e a vida entrelaçados no mesmo gesto, a mão que sufoca é a mesma que dá de comer. [...] [O]s seus gestos iam modelando meu corpo numa escolha impossível: inspirar pela boca para ser entupida como um ganso, ou morrer de fome por não poder respirar pelo nariz. Esta delirante fisiologia corporal, tatuagem profunda, continua a emperrar as costelas, estufa o abdômen, entope as narinas e desmorona renitente minha imagem própria.«

29 Im Original: »memória desapiedada«

und baute ein Tretbootunternehmen auf dem Rodrigo-de-Freitas-See in Rio de Janeiro auf. Verschiedene weibliche Erzählerinnen beschreiben in der ersten und dritten Person die Begebenheiten der Begegnung ihrer aus Berlin geflüchteten jüdischen Familie mit dem NS-Verbrecher, der für den Tod von mehr als 30.000 Juden verantwortlich gemacht wird. Cukurs wurde von Mossad-Agenten gejagt und in Montevideo ermordet.

Der Roman ist insofern besonders, da er fiktionalen und historischen Diskurs miteinander verbindet, wie die Autorin in einem Nachwort erklärt:

> Die Fakten haben die Angewohnheit, den gesunden Menschenverstand in Frage zu stellen, und die Realität kann verblüffender sein als die Vorstellungskraft. Das hat sich für mich bestätigt, als ich diesen Roman schrieb; eine Mischung aus Fiktion und Geschichte, inspiriert von den vielen Facetten und Widersprüchen des Falls Cukurs.[30] (Vaitsman 2014, 171).

Weiterhin vermischt der Roman die Erzählperspektiven verschiedener Protagonist*innen und stützt sich auf lokale Pressemitteilungen aus den 1950er-Jahren. Neben den fiktiven Figuren werden hier auch historische Personen dargestellt, wie der bereits erwähnte Herbert Cukurs, aber auch die Mossad-Agenten Anton Künzle und Meir Amit. Darüber hinaus zoomt der Roman auch auf den Erinnerungsdiskurs über den lettischen Nazi, der Anfang der 2000er-Jahre in Lettland stattgefunden hat. An dieser Stelle wird auf die in Karosta, in der Nähe von Cukurs' Geburtsort, im Jahr 2005 organisierte Ausstellung zu seinen Ehren hingewiesen und damit aufgezeigt, wie er in Lettland, vor allem vom rechtsradikalen Milieu, zum Nationalhelden stilisiert worden ist.

2.3 Sentimentale Verkitschungen oder didaktische Unterhaltung?

In der brasilianischen Literatur lassen sich weitere Romane finden, die ähnlich wie der Roman Vaitsmans die NS-Zeit in der Form des historischen Romans aufarbeiten wollen. Die Gattung selbst wurde von einigen Holocaust-Forscher*innen als problematisch betrachtet, denn die ästhetischen Kriterien gelten als schwierig zu erfüllen. Für Sidra Ezrahi (1980, 30–34) sind etwa Elemente wie eine revisionistische Sicht der Geschichte, ideologische Voreingenommenheit oder auch aufgezwungene ästhetische Form viel schwerwiegender als historische Unstimmigkeiten.

30 Im Original: »Os fatos têm o hábito de desafiar o senso comum, e a realidade pode ser mais espantosa do que a imaginação – foi o que confirmei ao escrever este romance, mescla de ficção e história, inspirado pelas múltiplas facetas e contradições do caso Cukurs [...]«

Historische Romane, so Sicher (2014, 377), gelingen oder scheitern nicht aufgrund ihres Wahrheitsanspruchs, sondern aufgrund ihrer emotionalen Kraft, die Geschichte zu rekonstruieren. Allerdings ist das Potenzial, Emotionen zu entzünden ein zweischneidiger Weg. Es kann Gerechtigkeit und Empathie für die Opfer fördern, aber auch die ästhetische Souveränität und intellektuelle Integrität des literarischen Projektes gefährden. Sentimentalität, übertriebenes Pathos, konventionelle Lösungen, Aneignungen und Banalisierungen der wahren Geschichten, heroische Versionen der Geschichte, Voyeurismus, Sensationsgier, und sogar billige Erotik rufen ein gewisses ästhetisches und ethisches Unbehagen hervor. Diese sind symptomatisch für das, was Selzer (1997) als »Kultur der Wunde« und »Pathologisierung des öffentlichen Raums« bezeichnet hat – Begriffe, die in Brasilien von Schøllhammer (2012) aufgegriffen wurden, um die öffentliche Faszination mit Tod, Trauma, Leid und Schmerz und somit die Verwischung zwischen dem Öffentlichen und dem Privaten zu beschreiben. Passend hier wäre noch der Begriff »Kultur der Erlösung« (Bersani 1990), der die autoritären korrigierenden Maßnahmen einer Kunst beschreibt, die das Recht anfordert, das Leben ändern zu können. Solche Werke gehen oft moralisierend oder didaktisch vor und möchten gleichzeitig zugänglich sein, um Wissen über die Shoah zu vermitteln. Sie lassen sich der sogenannten *middlebrow literature* zuordnen. Eine solche Literatur verlässt sich auf die emotionale und oft sogar kitschig-sentimentale Kraft der Erzählung. Es lassen sich an dieser Stelle die historischen Romane der bekanntesten Vertreterin der Gattung in Brasilien, Luize Valente, anführen. Sie ist Autorin von *O segredo do oratório*, ein Roman, der die Geschichte der konvertierten Juden in Brasilien schildert, sowie zweier weiterer Holocaust-Romane, *Uma praça em Antuérpia* (2015) und *Sonata em Auschwitz* (2017). Ein weiteres Beispiel wäre *Uma carta em Auschwitz* (2018) von Celso M. Possas. Diese Romane enthalten historiografische Bezüge zu Mengele, Eichmann und Himmler und können als Ausdruck der gegenwärtigen Faszination für die NS-Zeit gesehen werden. An manchen Stellen gelingt es ihnen nicht, dem Kitsch zu widerstehen, indem sie für die Erfahrung kaum repräsentative Bilder hervorrufen oder sogar den Holocaust als Hintergrund für erotische und sentimentale Geschichten benutzen. Diese Aspekte bedürfen jedoch weiterer Forschung.

3 Fazit: An- und Abwesenheiten

Die Faszination für die NS-Zeit und ihren Verbrechen ist ein Phänomen auf globaler Ebene, das unterschiedlichste Bereiche der menschlichen Aktivität durchquert. Friedländer kommentiert:

> Angesicht der NS-Vergangenheit sind wir wieder auf Worte gestoßen, auf Bilder, Phantasmen. [...] In der Vorstellung der Gegenwart ist der Nazismus eine der bedeutendsten Metaphern geworden: die Metapher für das Böse. Sie existiert im Gedächtnis, in wissenschaftlichen Untersuchungen und vielfältigen Alltagsbezügen, in Literatur und Kunst. Dennoch hinterläßt sie, im Ganzen gesehen, einen seltsamen Eindruck von Unzulänglichkeit, den der neue Diskurs auf seine Weise zu korrigieren angetreten ist – Unbehagen erzeugend sowohl durch das, was gesagt wird, als auch durch das, was ungesagt bleibt. Man spürt die Wiederkehr einer Faszination. (Friedländer 2007, 118)

In diesem Kontext lässt sich feststellen, dass auch in der brasilianischen Literatur, vor allem in den letzten 30 Jahren, Räume für die Interpretation der Geschichten von NS-Täter*innen geschaffen werden. Gleichzeitig sind die Unzulänglichkeit und das Unbehagen, die Friedländer in Bezug auf die 1980er-Jahre konstatiert, etwas, das viele Schriftsteller*innen beschäftigt. Die meisten Texte konzentrieren sich auf jüdische Protagonist*innen, ein vorherrschender Trend sind dabei die gespenstischen und allegorischen Präfigurationen des Nationalsozialismus in der Post-Holocaust-Welt, oft mit der Einführung von Groteske und Komik als ästhetische Mittel gegen den Kitsch des Todes. Darüber hinaus ist zu beobachten, dass die Referenzfiguren für brasilianische Schriftsteller*innen vor allem die flüchtigen NS-Verbrecher sind, die sich in Brasilien tatsächlich oder angeblich versteckt hielten, auch wenn sie weder zu Protagonisten erhoben wurden, noch ihnen eine Stimme gegeben wurde. Man kann daher von einer gewissen Abwesenheit sprechen, die sich durch eine Distanzierung von der Ikonisierung der Figur des Täters erklären lässt, wobei zu berücksichtigen ist, dass besonders für die jüdischen brasilianischen Autor*-innen die Konstruktion der Begegnung zwischen Henker und Unterdrücktem wichtig ist. Zu diesem Zweck kann der Henker personifiziert und mit einem Namen versehen werden, die Tendenz zur Abstraktion dominiert jedoch. Gleichzeitig spiegelt sich aber in der wenngleich marginalen Anwesenheit einiger NS-Täterfiguren die (manchmal kitschige?) Faszination des Todes und des wahren Gesichts des Verbrechens wider.

Literaturverzeichnis

Primärliteratur

Abraham, Ben. *O anjo da morte: dossiê Mengele*. São Paulo: Sherit Hapleita, 1985.
Cytrynowicz, Roney. *A vida secreta dos relógios e outras histórias*. São Paulo: Scritta, 1994.
Grynberg, Halina. *Mameloshn: memória em carne viva*. Rio de Janeiro: Record, 2004.
Guimarães, José et al. *Pega pra kaputt!* Porto Alegre: L&PM, 1978.
Krausz, Luis Sérgio. *Desterro: memórias em ruínas*. São Paulo: Tordesilhas, 2011.
Laub, Michel. *Diário da queda*. São Paulo: Companhia das Letras, 2011.
Laub, Michel. *Tagebuch eines Sturzes*. Stuttgart: Klett-Cotta, 2013.

Levi, Primo. *Atempause*. Frankfurt am Main et al.: Büchergilde Gutenberg, 1969.
Moscovich, Cíntia. *Anotações durante o incêndio*. Porto Alegre: L&PM, 2000.
Moscovich, Cíntia. *Por que sou gorda, mamãe?* Rio de Janeiro: Record, 2006.
Possas, Celso M. *Uma carta em Auschwitz*. Rio de Janeiro: Itapuca, 2018.
Sánches Neto, Miguel. *A Segunda Pátria*. Rio de Janeiro: Intrínseca, 2015.
Vaitsman, Heliete. *O cisne e o aviador*. Rio de Janeiro: Rocco, 2014.
Valente, Luize. *Sonata em Auschwitz*. Rio de Janeiro: Record, 2017.

Sekundärliteratur

Adams, Jenni. »New Directions in Holocaust Literary Studies«. *The Bloomsbury Companion to Holocaust Literature*. Hg. Jenni Adams, London und New York: Bloomsbury, 2014. 237–264.
Altmann, Eva Mona. *Das Unsagbare verschweigen. Holocaust-Literatur aus Täterperspektive. Eine interdisziplinäre Textanalyse*. Bielefeld: Transcript Verlag, 2021.
Amâncio, Moacir. »Os traumas e as mutações da memória (caminhos para a compreensão de um romance brasileiro)«. *Revista de Literatura, História e Memória* 4.4 (2008): 29–38.
Bellow, Saul. »On Jewish Storytelling«. *What is Jewish Literature?* Hg. Hanna Wirth-Nesher. Philadelphia und Jerusalem: The Jewish Publication Society, 1994. 15–19.
Bersani, Leo. *The Culture of Redemption*. Cambridge (Mass.)/London: Harvard University Press, 1990.
Crownshaw, Richard. »Perpetrator Fictions and Transcultural Memory«. *Parallax* 17 (2011): 75–89.
Des Pres, Terrence. »Holocaust Laughter?« *Writing and the Holocaust*. Hg. Berel Lang. New York: Holmes & Meier, 1988. 216–233.
Ezrahi, Sidra DeKoven. *By Words Alone. The Holocaust in Literature*. Chicago and London: University of Chicago Press, 1980.
Friedländer, Saul. *Kitsch und Tod. Der Widerschein des Nazismus*. Frankfurt a. M.: Fischer, 2007.
Fux, Jacques. *Antiterapias* (2. Aufl.). Belo Horizonte: Scriptum, 2014.
Giefer, Rena und Thomas Giefer. *Die Rattenlinie. Fluchtwege der Nazis. Eine Dokumentation*. Frankfurt am Main: Hain, 1992.
Gilman, Sander L. »Is Life Beautiful? Can the Shoah Be Funny? Some Thoughts on Recent and Older Films«. *Critical Inquiry* 26.2 (2000): 279–308.
Gilman, Sander L. *The Jew's body*. New York: Routledge, 2016.
Hirsch, Marianne. »Family Pictures: Maus, Mourning, and Post-Memory«. *Discourse* 15.2 (1992): 3–29.
Hirsch, Marianne. »The Generation of Postmemory«. *Poetics Today* 29.1. (2008): 103–128.
Hirsch, Marianne. *The Generation of postmemory: writing and visual culture after the Holocaust*. New York: Columbia University Press, 2012.
Hirsch, Marianne. »Connective Arts of Postmemory«. *Analecta Política* 9.16 (2019): 171–176.
Hutcheon, Linda. *The Politics of Postmodernism*. London & New York: Routledge,1989.
Kaplan, Louis. »'It Will Get a Terrific Laugh': On the Problematic Pleasures and Politics of Holocaust Humor«. *Hop on Pop: The Politics and Pleasures of Popular Culture*. Hg. Henry Jenkins Jane Shattuc und Tara McPherson. New York, USA: Duke University Press, 2003. 343–356.
Kestenberg, Judith. »Neue Gedanken zur Transposition, Klinische, therapeutische und entwicklungsbedingte Betrachtung«. *Jahrbuch der Psychoanalyse* 24 (1989): 163–186.
Mennel, Steven. »On the Civilizing of Appetite«. *The Body: Social Process and Cultural Theory*. Hg. Mike Featherstone et al. Los Angeles: Sage Publications, 1991. 126–156.

Rothberg, Michael. *Traumatic realism: the demands of holocaust representation*. Minneapolis: University of Minnesota Press, 2000.

Rothberg, Michael. *Multidirectional memory remembering the Holocaust in the age of decolonization*. Stanford: Stanford University Press, 2009

Rothberg, Michael. *The Implicated Subject: Beyond Victims and Perpetrators*. Stanford: Stanford University Press, 2019.

Seligmann-Silva, Márcio. »Escrituras da Shoá no Brasil«. *Noah/Noaj* 16–17 (2007): 137–156.

Schøllhammer, Karl E. »Para uma crítica do realismo traumático«. *Revista Soletras* 23 (2012): 19–28.

Seltzer, Mark. »Wound Culture: Trauma in the Pathological Public Sphere«. *October* 80 (1997): 3–26.

Senkman, Leonardo und Saul Sosnowski. *Fascismo y nazismo en las letras argentinas*. Buenos Aires: Lumiere, 2009.

Sicher, Efraim. »The Holocaust Historical Novel«. *Holocaust Novelists*. Hg. Efraim Sicher. Detroit et al.: Gale, 2004. 377–384.

Vice, Sue. »Exploring the Fictions of Perpetrator Suffering«. *Journal of Literature and Trauma Studies*, 2.1–2 (2013): 15–25.

Weigel, Sigrid. »Télescopage im Unbewußten. Zum Verhältnis von Trauma, Geschichtsbegriff und Literatur«. *Trauma – zwischen Psychoanalyse und kulturellem Deutungsmuster*. Hg. Elisabeth Bronfen et al. Köln: Böhlau Verlag, 1999. 51–76.

Žižek, Slavoj. »Camp Comedy«. *Sight and Sound* 4, 2000. Online: http://old.bfi.org.uk/sightandsound/feature/17 (30.11.2022).

V Eichmann und NS-Täter in ›argentinischen Fiktionen‹

Ingrid Simson

Nationalsozialistische Täter im aktuellen argentinischen Roman: eine fiktionale Annäherung an Adolf Eichmann

1 Der Gewalttäter als Protagonist

Bewusst unmoralisch agierende Protagonisten sind in der Narrativik selten. Vor allem in der traditionellen Erzählung ist der Protagonist eine moralisch integre Figur, mit der sich der Leser identifizieren kann. Da das Böse dennoch eine hohe Attraktivität aufweist[1] – verspricht es doch Spannung und oft auch die Klärung ethischer Fragen –, erscheinen bestimmte erzähltechnische Verfahren notwendig, um moralisch fragwürdige Protagonisten zu ermöglichen. Hierzu gehören Verfahren des Distanzierens, wie z. B. ein kommentierender Erzähler, ironische oder satirische Schreibweisen oder die Aufspaltung des Protagonisten in eine erzählende und eine erzählte Figur. Letzteres findet sich beispielsweise in dem 1554 anonym erschienenen spanischen Roman *Lazarillo de Tormes*. Die ironisch angelegte Erzählung schafft eine Distanz zum Leser, die aus der Diskrepanz zwischen dem erinnernden Ich-Erzähler, einer unehrenhaften Person, die Naivität fingiert, und dem erlebenden Protagonisten resultiert. Eine andere Verfahrensweise kontrastiert den bösen Protagonisten mit einer starken Erzählerpersönlichkeit, die kommentierend eingreift. Dies findet sich beispielsweise in Thomas Manns *Doktor Faustus. Das Leben des deutschen Tonsetzers Adrian Leverkühn* aus dem Jahr 1947.

Ab dem 19. Jahrhundert hält vermehrt eine Ästhetik des Bösen Einzug in die Literatur:

> Um 1800 etabliert sich ein Programm, das Kunst als von religiösen, sittlichen und juristischen Regeln unabhängige Instanz zu erfassen sucht. [...] Strukturen und Typen der literarischen Ausformung des Bösen differenzieren sich im kulturellen Rahmen der Moderne, der die Möglichkeiten der intensiven Selbstreflexion ästhetischer Muster schafft (Alt 2010, 12–13).[2]

Gewalt und Kriminalität werden zudem aus Sensationsgier, aber auch in Form von Tabubrüchen und als Folge eines verstärkten Realismus salonfähig, auch

1 Zum Begriff des Bösen, der sich vor allen in der Ethik und der Philosophie findet siehe Eagleton 2012, vor allem 10–29, 44–97; für einen Überblick über die philosophische Diskussion des Begriffs siehe Rae 2019.

2 Zur Ästhetik des Bösen vgl. auch die verschiedenen Aufsätze in Bohrer 2004.

Open Access. © 2024 bei den Autorinnen und Autoren, publiziert von De Gruyter. (cc) BY-NC-ND Dieses Werk ist lizenziert unter der Creative Commons Namensnennung - Nicht-kommerziell - Keine Bearbeitungen 4.0 International Lizenz.
https://doi.org/10.1515/9783111077345-019

wenn in den meisten Fällen weiterhin moralisch urteilende Instanzen wirken. Dies ändert sich erneut gegen Mitte des 20. Jahrhunderts, wenn zunehmend ambivalente Protagonisten stark ausgeprägte böse Züge tragen. Eines der bekanntesten Beispiele hierfür dürfte Vladimir Nabokovs Roman *Lolita* sein, der 1955 erstmalig erschien, ein Bericht des Pädophilen Humbert Humbert. In der unterhaltenden Kriminalliteratur der Zeit erlangten vor allem die Romane von Patricia Highsmith mit ihrem Protagonisten Tom Ripley Berühmtheit. Mehrfacher Mörder und in verschiedene kriminelle Machenschaften verstrickt verkörpert Ripley nach außen eine integre bürgerliche Existenz. Diese Ambivalenz, aber auch eine herabgesetzte Toleranzschwelle eines breiten Lesepublikums akzeptieren den sympathischen Mörder (vgl. Peters 2015).

In der neueren lateinamerikanischen Narrativik ist es vor allem Roberto Bolaño, der moralisch anrüchige Protagonisten in seine Romane integriert, die zum Teil ambivalent angelegt sind. Bolaño nutzt hier zur Schilderung eines realistischen lateinamerikanischen Ambientes ein Verfahren, das Hermann Herlinghaus als »aesthetics of sobriety« bezeichnet, ein bewusst emotionsloses nüchternes Berichten der Ereignisse und Resultate. Bisweilen wird den bösen Protagonisten Bolaños ein Kommentator zur Seite gestellt, der jedoch nicht wertet, sondern unbequeme Fragen stellt.[3]

In unserem Kontext ergibt sich nun die Frage, ob und wie historisches Personal der nationalsozialistischen Führungsriege in die fiktionale Narrativik integriert werden kann. Diese Frage berührt eine Reihe von relevanten Aspekten, wie z. B. die Repräsentierbarkeit von Geschichte im Roman oder das oben skizzierte Problem des bösen Protagonisten.

Darstellungen des Holocaust präsentieren in der Regel die Opferperspektive. In einer ersten Phase der Aufarbeitung gaben Überlebende von Konzentrationslagern – darunter Primo Levi, Imre Kertész, Jorge Semprún und andere – Einblicke in ihre Erfahrungen einer extremen Gewaltanwendung und Entmenschlichung, für die eine eigene Sprache gefunden werden musste, denn Erfahrungen dieser Art sind unsagbar (vgl. Siguan 2014, 104–195). Erst in einer zweiten Phase finden sich dann fiktionale Texte zum Holocaust, auch hier vorwiegend aus der Opferperspektive.

Ein früher Text aus der Täterperspektive ist die Kurzgeschichte *Deutsches Requiem* von Jorge Luis Borges aus dem Jahr 1946 (vgl. Borges 2011). Der Nationalsozialist Otto Dietrich zur Linde, ein gebildeter Mann, Mitglied der SS und stellvertretender Leiter eines Konzentrationslagers, berichtet am Abend vor seiner Hinrichtung von seinem Leben. Dabei erweist er sich gefestigt in sei-

3 Dies gilt vor allem für *Nocturno de Chile*, aber auch für andere Romane Bolaños (vgl. Loy 2021, 128–211). Zu den »aesthetics of sobriety« siehe Herlinghaus 2013.

nem Glauben als Nationalsozialist und verspürt weder Reue noch sonstige Emotionen. Der nicht sehr ehrliche Bericht zur Lindes wird durch einen ebenfalls fiktiven Herausgeber des Textes kommentiert, mit dem Borges bereits ein Jahr nach Ende des Zweiten Weltkriegs Erklärungsmuster für die Attraktivität der Thesen des Nationalsozialismus für junge gebildete Deutsche anführt.

60 Jahre später erschien mit Jonathan Littells *Les Bienveillantes* ein umfangreicher Roman mit dem ebenfalls gebildeten SS-Mann und promovierten Juristen Maximilian Aue als Ich-Erzähler und Protagonist. Der komplex strukturierte Roman verbindet historische Fakten mit an der einschlägigen Literatur ausgerichteten ästhetischen Imaginationen des Bösen und Anleihen an der Mythologie, vor allem Aischylos‹ *Orestie*. Der zunächst als historischer Roman missverstandene Text wurde von der Kritik höchst kontrovers aufgenommen. Vor allem die detailliert beschriebenen Tötungsszenen führten zum Vorwurf, Sensationslust, das Horrorgenre und kitschige Gewaltpornographie zu bedienen. Die Problematik des ambivalent wirkenden Textes ergibt sich erzähltechnisch aus einer mangelnden Distanzierung zwischen Autor, internem Autor und Ich-Erzähler.[4]

Diesen Fiktionalisierungen von NS-Tätern stehen nur wenige Werke zur Seite, die historisch verbürgtes Personal der Führungsriege der Nationalsozialisten bedienen. In Deutschland erschien hierzu 2012 *Er ist wieder da* von Timur Vermes, eine Groteske um einen in das Jahr 2011 verschlagenen Protagonisten Adolf Hitler.

In den Jahren 2020 und 2021, 60 Jahre nach der Entführung Adolf Eichmanns aus Argentinien durch israelische Mossad-Agenten, erschienen in Argentinien zwei Romane, die sich der Person Adolf Eichmanns widmen, Ariel Magnus' *El desafortunado* und Marcos Rosenzvaigs *Querido Eichmann*. Damit erinnern die beiden Autoren nicht nur an den Prozess Eichmanns in Israel und die darauf folgende Hinrichtung – beides gilt als Zäsur bei der Wahrnehmung und Bedeutung des Holocaust –, sondern gleichzeitig an die Verstrickung Argentiniens, das einer großen Anzahl von geflohenen NS-Funktionären Unterschlupf und ein weitgehend unbehelligtes Leben ermöglichte.

Im Folgenden sollen nach Ausführungen zur Person Eichmanns die beiden Romane hinsichtlich ihres Protagonisten analysiert werden.

4 Zum Roman Littells vgl. LaCapra 2013, 95–119; Kuon 2012; Alt 2010, 496–511.

2 Adolf Eichmann

Adolf Eichmann, Mitglied der NSDAP, der SS und der Gestapo, wurde nach Stationen in Wien und Prag, wo er den Zentralstellen für jüdische Auswanderung vorstand, Leiter des Judenreferats in Berlin und somit Hauptorganisator der Deportation von Millionen von Juden in Konzentrationslager oder Gettos. Er war an der Vorbereitung der Wannseekonferenz 1942 beteiligt und gilt heute laut David Cesarani als »practitioner of genocide« (Cesarani 2004, 17). Trotz dieser exponierten Stellung in der NS-Führungsriege konnte Eichmann nach Kriegsende untertauchen. Mit Hilfe des Roten Kreuzes und katholischer Geistlicher gelang ihm die Flucht nach Buenos Aires, wo er als Ricardo Klement in einfachen Verhältnissen lebte.[5]

In Deutschland schien Eichmann in den Nachkriegsjahren nahezu vergessen; während der Nürnberger Prozesse wurde sein Name kaum erwähnt. Durch nachhaltiges Drängen einzelner Personen, u. a. von Simon Wiesenthal, vor allem aber von Fritz Bauer, dem hessischen Generalstaatsanwalt,[6] trat der israelische Geheimdienst auf den Plan und entführte Eichmann aus Argentinien nach Israel, wo ihm 1961 der Prozess gemacht wurde. Das Todesurteil wurde im folgenden Jahr vollstreckt.

Die jüdische Intellektuelle und Prozessbeobachterin Hannah Arendt sorgte mit ihrem Buch *Eichmann in Jerusalem. Ein Bericht von der Banalität des Bösen*, 1963 erstmals veröffentlicht, für eine lang anhaltende Kontroverse zu Erklärungsansätzen des Erfolgs des Nationalsozialismus. Darin vertritt Arendt die These, dass es sich bei Eichmann, wie bei anderen Vertretern der NS-Führungsriege auch, nicht um psychopathische und abnorme Monster handelte, sondern um weitgehend normal strukturierte Menschen, die als gehorsame Schreibtischtäter ihren Dienst verrichteten. Ein weiteres Skandalon des Werks war die darin geäußerte Kritik an der Position und dem Handeln der Judenräte während des Holocaust (vgl. Arendt 1986).

Bis heute werden die Thesen Arendts kontrovers diskutiert. Dabei wurde vor allem der Begriff der ›Banalität des Bösen‹ häufig missverstanden.[7] Bettina Stangneth weist in ihrer 2011 veröffentlichten Studie zu *Eichmann vor Jerusalem*, für die sie vor allem Eichmanns autobiographische Schriften sowie vom holländischen SS-Mann Willem Sassen geführte Interviews mit Eichmann auswertete, überzeugend nach, dass Eichmann der NS-Ideologie und dem Antisemitismus nie abschwor. Seine Darstellung vor Gericht in Israel, er wäre nur ein kleines Rad im

---

5 Zu Eichmanns Leben vgl. Goñi 2002, 343–370; Cesarani 2004; Abós 2007; Stangneth 2011; Bahrmann 2021, 235–250; Schneppen 2007, 156–164.

6 Vgl. Cesarani 2004, 222–236; Segev 2010, 173.

7 Zur Kontroverse vgl. die einzelnen Beiträge in Smith 2000.

Getriebe des Nationalsozialismus gewesen und hätte lediglich pflichtbewusst seinen Dienst versehen, war eine bloße Rechtfertigungsstrategie. Cesarani spricht von einem »show trial« (2004, 15), in dem sich Eichmann selbst als Opfer einer fehlerhaften Politik seiner Vorgesetzten inszenierte und jegliche Schuld von sich wies.

Vor allem die Interviews mit Sassen zeichnen jedoch ein anderes Bild (vgl. Stangneth 2011, 257–399). Hier erweist sich Eichmann als fanatischer Antisemit, der sich seiner Taten sehr wohl bewusst ist und es bedauert, dass er seine Aufgabe, die Vernichtung der Juden, nicht zu Ende bringen konnte:

> Ich muss Ihnen ganz ehrlich sagen, hätten wir von den 10,3 Millionen Juden, die Korherr, wie wir jetzt nun wissen, ausgewiesen hat, 10,3 Millionen Juden getötet, dann wäre ich befriedigt und würde sagen, gut, wir haben einen Feind vernichtet. [...] Unsere Aufgabe für unser Blut und unser Volk und für die Freiheit der Völker hätten wir erfüllt, hätten wir den schlauesten Geist der heute lebenden menschlichen Geister vernichtet (Zitat Eichmanns aus den Sassen-Interviews bei Stangneth 2011, 392).

Selbst wenn man bedenkt, dass Eichmann, dem die Interviews mit Sassen nach langen Jahren des Lebens im Versteck und in der Bedeutungslosigkeit die Gelegenheit gaben, endlich wieder im Mittelpunkt zu stehen, übertreibt und sich in der Runde mit ehemaligen hochrangigen Funktionären des Regimes exponieren will, so zeigen seine Worte, die er zudem als Fazit der Interviews mit Sassen versteht, eindeutig, dass sich seine früheren Positionen erhalten haben, er keinerlei Einsicht, Mitgefühl oder gar Reue erkennen lässt. Diese Aussagen stehen in krassem Widerspruch zu seiner Performance während des Prozesses in Jerusalem.

Es bleibt die Frage nach der Erklärbarkeit des Handelns von Eichmann und anderen NS-Tätern. Die neuere Forschung geht hier von der Etablierung einer eigenen NS-Moral aus, die durch Schulung und Indoktrinierung zu einer Verschiebung der üblichen Werte-Standards führte. Pflichterfüllung und Treue gegenüber dem Führer bis zur Selbstaufgabe bestimmten Denken und Taten, hinzu kam Stolz über die Zugehörigkeit zu einer »Elite«. Auf diese Weise konnten die menschenverachtenden Gräueltaten von der eigenen Persönlichkeit abgekoppelt werden, das Leid der Opfer wurde ausgeblendet (vgl. Born 2019; Zue 2009).

Weiterhin wenig Beachtung bei der Klärung dieser Fragen finden verschränkte psychoanalytisch-sozialwissenschaftliche Ansätze, wie sie z. B. Theodor W. Adorno mit einer Forschergruppe verfolgte, aus der die bereits 1950 erschienene Studie mit dem Titel *The Authoritarian Personality* hervorging, in der psychische Determinanten zur Faschismusanfälligkeit untersucht wurden. Dabei bietet die Studie Thesen einer emotionalen Verankerung der NS-Ideologie in Verbindung mit einer autoritären Erziehung, die auch heute noch für die Erklärbarkeit des Erfolgs des Nationalsozialismus fruchtbar genutzt werden könnten (vgl. Brockhaus 2012).

3 Ariel Magnus: *El desafortunado*

Der 2020 veröffentlichte Roman von Ariel Magnus, *El desafortunado*,[8] erzählt die Jahre Eichmanns in Argentinien, der dort von 1950 bis 1960 unter dem Namen Ricardo Klement lebte. In fünf Kapiteln wird fast ausschließlich aus der Perspektive des Protagonisten von der Ankunft der Familie in Buenos Aires – zwei Jahre nach der Flucht Eichmanns aus Europa – bis hin zu seiner Entführung nach Israel das Familienleben der Eichmanns in Argentinien geschildert: diverse Umzüge und Jobwechsel, der Hausbau auf dem Land, die Geburt des vierten Sohnes, Begegnungen mit anderen gestrandeten Nationalsozialisten, darunter Josef Mengele und der niederländische SS-Mann Willem Sassen.

Die Darlegung dieser in weitgehend chronologischer Abfolge erzählten Ereignisse wird unterbrochen durch Rückblenden, Erinnerungen Eichmanns an frühere Begebenheiten in Argentinien, aber auch in Europa. In einer Art innerem Monolog präsentieren sich Gedanken, Ansichten, Erinnerungen, zudem auch Sorgen, Ängste und Alpträume:

> Er schlief mit dem Gedanken ein, dass es alles in allem ein schöner Tag gewesen war, doch er hatte gewaltvolle Träume mit Verfolgungsjagden, in denen er sich seine Frau und seine Söhne töten sah, damit die israelischen Paramilitärs sie nicht mitnahmen.[9] (Magnus 2021, 102)

Der Autor stellt Eichmann in seinem Roman vor allem menschlich dar und folgt hier den Ausführungen von Hannah Arendt. Der Verwalter des Holocaust erscheint als weitgehend einfacher Mensch, der in ärmlichen Verhältnissen lebt, nicht sehr sympathisch ist und seinen Mitmenschen mit Misstrauen begegnet, auch den eigenen Kameraden. Gegenüber Höhergestellten zeigt sich ein Minderwertigkeitskomplex, so z. B. bei einem Treffen mit Josef Mengele: »Gregor kennenzulernen? Eigentlich wollte er, wenn er ehrlich mit sich war, dass Gregor ihn kennenlernte. Und nicht nur das: er wollte einen guten Eindruck auf ihn machen, ihm gefallen«.[10] (Magnus 2021, 120)

In der Familie ist Eichmann/Klement der traditionelle Patriarch, grob beim Sex,[11] wenig einfühlend, und er schlägt schon auch einmal zu. Und doch ist er

---

8 Der Roman erschien 2021 auf Deutsch mit dem Titel *Das zweite Leben des Adolf Eichmann.*

9 Im Original: »Se durmió pensando que había sido un lindo día, a fin de cuentas, pero tuvo sueños violentos, persecutorios, en los que se veía matando a su mujer y a sus hijos para que no se los llevaran los paramilitares israelíes« (Magnus 2020, 83).

10 Im Original: »¿Conocer a Gregor? Lo que quería, siendo franco consigo mismo, era que Gregor lo conociera a él. Y no solo eso: quería darle una buena impresión, gustarle« (Magnus 2020, 96).

11 Vgl. hierzu die Szene des Wiedersehens mit seiner Ehefrau Vera in Magnus 2020, 12.

gleichzeitig der besorgte Familienvater, der seine Familie beschützen möchte, sich Sorgen um seine Söhne macht und sich für seinen jüngsten Sohn begeistert:

> Er kaute gerade einen hausgemachten *alfajor* aus Maismehl mit einer Füllung aus *dulce de leche*, die einheimische Süßigkeit, die er am liebsten mochte, als Vera mit dem kleinen Hasi auf dem Arm erschien, der ganz verweint war. Klement nahm ihr den Jungen ab, hob ihn in die Luft, prustete ihm auf den Bauch, bis er lachte, setzte ihn auf dem Boden ab und teilte das letzte Stück *alfajor* mit ihm.[12] (Magnus 2021, 145)

Herausragender Charakterzug Eichmanns ist jedoch die Tatsache, dass dieser den nationalsozialistischen Denkschemata die Treue hält. Er hat sich nicht von diesem Gedankengut distanziert und ist weiterhin ein glühender Antisemit. Seine rassistische Einstellung zeigt sich auch gegenüber der einheimischen Bevölkerung Argentiniens:

> Auf dieser Seite der Erde war es nicht nötig, komplizierte Gesetze zu erlassen oder Stammbäume zu studieren, um die Personen minderwertigen Bluts zu erkennen, diese Leute trugen den gelben Stern in die Hautfarbe eingeprägt und selbst in ihre Körpergröße, was Klement, der in seinem Land als von mittlerer Statur galt, besonders tröstlich fand.[13] (Magnus 2021, 51–52)

Die NS-Moral hat Eichmann für immer verinnerlicht, denn für sein früheres Handeln empfindet er keinerlei Reue, wie er in einem der Interviews mit Sassen erklärt:

> »Erstens muss ich Ihnen sagen, mich reut gar nichts«, sagte er, auch wenn er vorgehabt hatte, das am Ende zu sagen. »Es wäre sehr leicht für mich, mich reuig zu zeigen, so zu tun, als wäre aus einem Saulus ein Paulus geworden.« Er bereue nur, fuhr er fort, seine Arbeit nicht abgeschlossen zu haben.[14] (Magnus 2021, 169)

---

12 Im Original: »Masticaba un alfajor casero de maicena con dulce de leche, su golosina vernácula preferida, cuando apareció Vera llevando en brazos al pequeño Hasi, todo lloroso. Klement lo tomó en los propios, lo elevó por los aires, le hizo trompeta en la panza hasta hacerlo reír, lo bajó al piso y le compartió el último pedazo de alfajor« (Magnus 2020, 115).

13 Im Original: »De este lado del mundo no hacía falta promulgar complicadas leyes ni estudiar árboles genealógicos para distinguir a las personas de sangre inferior, esa gente llevaba la estrella amarilla grabada en el color de piel y aun en el tamaño de sus cuerpos, algo que a Klement, que en su país pasaba por ser de estatura mediana, le resultaba especialmente reconfortante« (Magnus 2020, 41).

14 Im Original: »—Lo primero que quiero decir es que no tengo remordimientos —dijo, aunque era lo que había planificado decir al final—. Sería muy fácil para mí mostrarme arrepentido, pretender que un Saulo se convirtió en Pablo. De lo único que estaba arrepentido, prosiguió, era de no haber terminado con su trabajo« (Magnus 2020, 136).

Mit dieser Konzeption folgt Magnus klar den Thesen Bettina Stangneths, deren Werk *Eichmann vor Jerusalem* er in seinem Nachwort ausdrücklich würdigt. Das Fehlen jeglicher Art von Mitleid für die Opfer zeigt sich vor allem in Eichmanns Erinnerungen an die Lager:

> Das verdammte Pech schließlich, das ihn nun zwang, noch immer die mit Brennstoff übergossenen Leichen zu riechen, die der Kommandant von Auschwitz, Rudolf Höß, vor ihm hatte anzünden lassen, um ihm die neue Methode zum Spurenverwischen zu zeigen.[15] (Magnus 2021, 98)

Tatsächlich präsentiert sich Eichmann bei Magnus nicht als Arendts apathischer Schreibtischtäter, sondern als agiler und sehr rühriger Mann, immer auf der Hut und mit Eifer darauf bedacht, für sich und seine Familie das Beste herauszuholen. Ein weiterer Charakterzug zeigt sich in zwei leitmotivisch wiederkehrenden Gedanken: ein tiefgreifender Pessimismus. So findet sich wiederholt im Text Eichmanns Klage eines permanenten Scheiterns, das ihn daran hindere, seine Arbeiten abschließen zu können: »Das ist die Geschichte meines Lebens«, erklärt er in einem Gespräch mit einem Argentinier. »Jedes Mal, wenn ich irgendwo etwas anfange, muss ich es vorzeitig aufgeben. Alles, was ich mache, wird nur halb fertig«.[16] (Magnus 2021, 67)

Eng verbunden damit ist die Vorstellung, er wäre ein Pechvogel, dem nie wirklich etwas gelingen würde: »Warum musste er immer so ein Pech haben?«[17] (Magnus 2020, 7), so beginnt der Roman. An späterer Stelle zählt er weitere Stationen seines Lebens auf, die sein »Pech« beweisen: »Dem Pech, einen sadistischen Chef wie Heinrich ›Gestapo‹ Müller abbekommen zu haben, verdankte er nun diese Grube voller Leichen in seinem Kopf, die er in Minsk gesehen hatte«.[18] (Magnus 2021, 98). Mit diesem Pessimismus ist ein Hang zum Selbstmitleid verbunden, der in der historiographischen und fiktionalen Literatur oft als charakteristisch für NS-Täter benannt wird (vgl. Krondorfer 2010).

---

15 Im Original: »La puta mala suerte, por último, que ahora lo obligaba a seguir oliendo los cadáveres rociados con combustible que el comandante de Auschwitz, Rudolf Höß, había mandado incendiar delante de él para mostrarle el nuevo método utilizado en la desaparición de evidencias« (Magnus 2020, 79).

16 Im Original: »Es la historia de mi vida [...] Cada vez que empiezo algo en un sitio, tengo que abandonarlo. Todo lo que hago queda por la mitad« (Magnus 2020, 54).

17 Im Original: »¿Por qué tanta mala suerte?« (Magnus 2020, 6).

18 Im Original: »A la mala suerte de que le tocara un jefe sádico como Heinrich ›Gestapo‹ Müller le debía ahora tener enterrada en la cabeza esa fosa llena de cadáveres que había visto en Minsk« (Magnus 2020, 79).

Die Widerstandskraft und der Wille zum Überleben des ehemaligen Verwalters der Judenvernichtung ist auch am Ende des Romans ungebrochen.[19] Schnell fügt er sich nach der Entführung in seine neue Situation und beginnt bereits mit Überlegungen zu seiner Rechtfertigung:

> Deine Aufgabe ist es jetzt, den Richtern gegenüberzutreten und sie zu überzeugen, dass du nur ein Rädchen in der großen Vernichtungsmaschinerie warst. [...] Warst du bis jetzt die zweite Geige, wirst du einfach zur dritten, zur vierten Geige wechseln müssen, nur ein weiterer in der Truppe, die stumpf dem Dirigenten gehorcht.[20] (Magnus 2021, 215–216)

Der Roman von Magnus ist eine Dokufiktion mit dem Ziel, den Menschen Eichmann in seinem Denken und Handeln zu verstehen. Der Text weist einen hohen dokumentarischen Anteil auf, der auf historiographischem Material, vor allem aber den eigenen Schriften und den Interviews Eichmanns beruht:

> Dieser Roman basiert im Wesentlichen auf Schriften von Adolf Eichmann: *Ich, Adolf Eichmann* (die von Willem Sassen editierte Fassung der Interviews, die er in seinem Haus in der Calle Libertad mit ihm führte); *Das Eichmann-Protokoll*, in dem (ebenfalls ediert) die Verhöre wiedergegeben werden, die vor der Gerichtsverhandlung in Jerusalem geführt wurden; *Götzen*, das Buch, das Eichmann im Gefängnis schrieb; und das Manuskript *Meine Flucht*.[21] (Magnus 2021, 235)

Der fiktionale Anteil des Textes besteht vor allem in der Zusammenstellung des Materials in Form eines Romans. Auf diese Weise entsteht ein überzeugendes Bild eines NS-Täters, der Zeit seines Lebens der besonderen NS-Moral anhängt, die ihn daran hindert, die begangenen Verbrechen gegen die Menschheit als solche zu erkennen. Magnus schildert Eichmann dabei vor allem als Mensch, mit all seiner Ambivalenz, wie er in einem Interview betont:

---

19 Die im Interview geäußerte Vermutung Magnus', dass sich Eichmann bewusst schnappen ließ, da er zurück in die Weltöffentlichkeit wollte, überzeugt nicht unbedingt. Es ist eher davon auszugehen, dass er sich in Argentinien sicher fühlte und die Gefahr unterschätzte. Gegen den Wunsch, sich vor der Welt zu äußern, sprechen die doch sehr eindeutigen Aussagen der Sassen-Interviews, die der Rechtfertigungsstrategie Eichmanns in Jerusalem widersprechen. Vgl. Eser 2021, 50.

20 Im Original: »Ahora tu problema es enfrentar a los jueces y convencerlos de que solo fuiste un engranaje en la gran maquinaria del exterminio [...] Si hasta ahora eras segundo violín, deberás pasar a ser el tercero, el cuarto, uno más del pelotón que obedece sordamente al director« (Magnus 2020, 172).

21 Im Original: »Esta novela se basa esencialmente en escritos de Adolf Eichmann: *Ich, Adolf Eichmann* (la versión, editada por Willem Sassen, de las entrevistas que le hizo en su casa de la calle Libertad); *Das Eichmann-Protokoll*, donde se reproducen (también editados) los interrogatorios que le hicieron antes del juicio en Jerusalén; *Götzen*, el libro que escribió en la cárcel; y el manuscrito *Meine Flucht*« (Magnus 2020, 189).

> Ja, er kann ein Massenmörder sein und trotzdem leiden. Er ist ja immer noch ein Mensch. Wenn wir ihn nicht als Mensch wahrnehmen, werden wir ihn nie verstehen. Er ist ein monströser, ein schrecklicher Mensch, aber ein Mensch. (Eser 2021, 51)

Der Autor schildert den NS-Täter jedoch mit vorwiegend negativen Charakterzügen: unsympathisch, verstockt und uneinsichtig, egoistisch, gewaltbereit, misstrauisch und wehleidig. Aufgrund der negativen Züge besteht keine Gefahr der Identifizierung des Lesers mit dem Protagonisten. Gleichzeitig wendet sich der Autor mit seiner Darstellung und Konzeption gegen Arendts Zeichnung Eichmanns als Schreibtischtäter »von empörender Dummheit«[22], sowie gegen Versuche, Eichmann und seine Mitstreiter als abnorme Psychopathen darzustellen, deren Handlungsweise sich nicht aus der besonderen gesellschaftlichen und historischen Konstellation erklären lässt.

4 Marcos Rosenzvaig: *Querido Eichmann*

Der Roman *Querido Eichmann* von Marcos Rosenzvaig aus dem Jahr 2021 stützt sich auf Eichmanns Biografie als Rahmen. Er beginnt mit der Nacht vor der Hinrichtung Eichmanns 1962, die sich ein nicht näher bestimmter Ich-Erzähler vorstellt, der dann die Hinrichtung folgt. Der Roman endet mit einem Epilog 2, einer knappen Zusammenfassung der historischen Ereignisse um die Entführung Eichmanns bis hin zu seiner Hinrichtung.

Der Hauptteil des Romans, insgesamt drei Teile und ein Epilog 1, sind der kurzen Periode im Leben Eichmanns in der Provinz Tucumán gewidmet. Dort war Eichmann in den Jahren 1950–1953 in einem kleinen Bergdorf namens La Cocha für die *Compañía argentina para proyectos y realizaciones industriales*, kurz CAPRI tätig. Diese Firma wurde 1950 in Buenos Aires vom ehemaligen SS-Hauptsturmführer Horst Carlos Fuldner gegründet, mit ausdrücklicher Unterstützung des Präsidenten Argentiniens Perón (vgl. Goñi 2002, 352). Die CAPRI sollte in Tucumán ein Wasserkraftwerk bauen, wofür Eichmann als Techniker Messungen durchführte. Seine Tätigkeit führte ihn regelmäßig nach Buenos Aires zum Hauptsitz der CAPRI, aber auch an die Universität von Tucumán, wo ebenfalls ehemalige deutsche Kameraden tätig waren (vgl. Stangneth 2011, 146–150; Goñi 2002, 351–354). David Cesarani berichtet über diese Zeit:

22 So der Titel eines Interviews von Joachim Fest mit Hannah Arendt: »›Eichmann war von empörender Dummheit‹«. Vgl. Arendt und Fest 2011, 36–60.

> Eichmann lived and worked in Tucumán from August 1950 to April 1953. Fellow workers recall that he was quiet and unsociable. He rose early, worked diligently, but mixed little with his colleagues. [...] But he had plenty of opportunities for chatting with fellow Austrians about the old days. [...] Eichmann relished his new life. He rode on horseback and enjoyed the striking scenery [...] He was happy in the mountains (Cesarani 2004, 210).

Allerdings verlässt Rosenzvaig hier den vorgegebenen historischen Rahmen und entwickelt für den fast dreijährigen Aufenthalt Eichmanns in Tucumán eine den historischen Fakten weitgehend enthobene phantastische Geschichte, spannend, unterhaltsam und mit satirischen Anklängen. Nach einer ersten Orientierungsphase im Dorf, indem er seinen Vorgesetzten als Juden und Gegner ausmacht, rekrutiert Eichmann/Klement seine drei Mitarbeiter als Soldaten und Kämpfer zur Etablierung eines vierten Reichs in Argentinien. Inspiriert wird er dabei von Erzählungen seiner Untergebenen über das Auftauchen von mit Hakenkreuzen versehenen Ufos. Auch der Pfarrer und der Kommissar des Dorfes beteiligen sich an seinen Plänen. Erste Aktionen gelten einem Filmprojektor, der in Flammen aufgeht, und einer Romafamilie, die den gelegten Brand nicht überlebt. Von Mengele erfährt Eichmann, dass Hitler und Eva Braun sich in Bariloche in Patagonien aufhalten. Da ihr Leben bedroht scheint, willigt Eichmann ein, Hitler und sein Gefolge nach Paraguay zu bringen. Kurz vor Aufbruch zu dieser Aktion verschwindet jedoch die kleine Tochter seines Vorgesetzten, von der sich der pädophile Eichmann sexuell angezogen fühlte, und Eichmann wird als tatverdächtig verhaftet. Die Geständnisse seiner drei Mitarbeiter, das Mädchen getötet zu haben, entlasten ihn, jedoch verlässt er daraufhin Tucumán, da seine Familie ihre Ankunft in Argentinien angekündigt hat.

Dieser Hauptteil des Romans wird ausschließlich aus der Perspektive des Protagonisten geschildert. Auf diese Weise erfährt der Leser die Gedanken und Empfindungen Eichmanns, außerdem eine ganze Reihe von Erinnerungen. Diese beginnen in der Jugend, als Eichmann in der Schule aufgrund seines Aussehens als Jude drangsaliert wird. Zu den Erinnerungen gehören auch Details seiner Flucht nach Argentinien, Erlebnisse in Auschwitz, Stationen seiner Laufbahn, die letzten Tage kurz vor dem Fall Berlins. Von Relevanz sind seine Erinnerungen an seine Schwester Irmgard, zu der er eine inzestuöse Beziehung unterhielt, sowie weitere sexuelle Erlebnisse. In seinen Nächten in La Cocha wird er zudem von Alpträumen geplagt.

Eichmann ist in der Konzeption Rosenzvaigs ein fanatischer Antisemit und unbeirrter Nationalsozialist mit der Vision, dem Nationalsozialismus in Form eines vierten Reichs in Argentinien eine neue historische Realität zu verleihen:

> Das vierte Reich kennt keine Sentimentalität. Selbstdisziplin und Kontrolle. Es gibt zu viele Tränen auf dieser Welt. Sie riechen nach Schwäche, und wir haben die Pflicht, unsere Ge-

> fühle zu beherrschen und den Kranken, den Schwachsinnigen, den Juden, den Zigeunern mit Härte zu begegnen; sie alle verdienen die gleiche Strafe.[23]

Als »Arier« verabscheut Eichmann »Juden« und »Zigeuner« und fühlt sich den Bewohnern Tucumáns überlegen, passt sich jedoch auch an. Seine Truppe wird durch die militärische Ausbildung und die Aufnahme in die SS quasi »arisiert«: »[...] sie werden die Führer des neuen Deutschlands in Argentinien sein. Damit gehören sie zur arischen Rasse«.[24]

Rosenzvaigs Protagonist empfindet keinerlei Reue gegenüber seinen vergangenen Taten. Vielmehr wird er sofort nach seiner Ankunft in Tucumán wieder im Namen der NS-Ideologie aktiv, lokalisiert den Feind, organisiert eine Truppe, baut einen Bunker und träumt von einem Tennisplatz als nationalsozialistischem Aufmarschplatz. Rosenzvaigs Eichmann hat eine Vision, entfernt von jeglicher Realität:

> Ich zeichnete einen Tennisplatz in mein Notizbuch [...] Der Ort war einzigartig [...] Ich betrachtete beide Seiten und stellte mir die Tribünen vor, den Führer mit seiner Aura und seiner Eleganz; ich erkannte Göring, Goebbels und so viele Freunde aus gehobenen Positionen. Das ganze Stadion voller Menschen mit erhobenem Arm [...] Es war wie ein Erwachen, ein einzigartiger Gedanke, meine eigene erhabene Idee! Europa nach Catamarca bringen.[25]

Um seine Vision aufzubauen und zu erhalten, bedient er sich des Mythos des ›Vierten Reichs‹ sowie der Gerüchte um Hitlers Aufenthalt in Bariloche. Die Anwesenheit vieler hochrangiger Nationalsozialisten in Argentinien hatte in vereinzelten Kreisen zu der Vorstellung der Neugründung eines NS-Staats, eines ›Vierten Reichs‹ geführt: Die »Wiedergeburt« eines vierten Reichs war ein Mythos und reflektierte zu keinem Augenblick eine reale Gefahr. Dieser Mythos war zum einen das Ergebnis einer wenig realistischen politischen Analyse, diente aber auch als politisches Argument zur Begründung des hegemonialen Interventionismus der USA in der Hemisphäre. Er war

23 Im Original: »El IV Reich jamás caerá en sensiblerías. Autodisciplina y control. En el mundo hay demasiadas lágrimas. Apestan a debilidad y nosotros tenemos la obligación de dominar las emociones, de endurecernos frente a los enfermos, los débiles mentales, los judíos, los gitanos; todos ellos merecen la misma pena« (Rosenzvaig 2021, Position 1461). Alle ins Deutsche übertragenen Textstellen aus diesem Roman sind Übersetzungen der Autorin.

24 Im Original: ».[...] serán los directores de la Nueva Alemania en la Argentina. Serán convertidos a la raza aria« (Rosenzvaig 2021, P. 1939).

25 Im Original: »Dibujé una cancha de tenis en mi cuaderno de apuntes [...] El lugar era único [...] Miré hacia ambos costados e imaginé las tribunas, al *Führer* con su aura y su elegancia; reconocía a Göring, a Goebbels y a tantos dirigentes amigos. El estadio completo de gente con el brazo levantado [...] ¡Fue como un despertar, un pensamiento propio, una idea sublime y mía! Traer Europa a Catamarca« (Rosenzvaig 2021, P. 1516).

nicht zuletzt ein Instrument der psychologischen Kriegsführung in der letzten Phase des Kriegs (vgl. Schneppen 2007, 112).

Rosenzvaig integriert in seinen Roman auch das Gerücht, Hitler hätte nicht im Berliner Bunker Selbstmord begangen, sondern wäre mit einem Gefolge in einem U-Boot nach Argentinien geflüchtet, wo er sich in Bariloche aufhalten sollte. Obwohl die argentinische Kleinstadt über ein deutsches Viertel verfügt und sich auch nachweislich nationalsozialistische Kriegsverbrecher dort aufhielten, gibt es keinerlei Beweise für diese These (vgl. Bahrmann 2021, 137–145).

Im Gegensatz zum Roman von Magnus trägt der Eichmann Rosenzvaigs keine menschlichen oder entfernt sympathischen Züge, sondern ist als psychopathisches Individuum konzipiert. Er vertritt weiterhin einen extremen Antisemitismus und Rassismus und verfolgt aktiv eine weitere Verwirklichung der Ziele des Nationalsozialismus. Menschen, die nicht wie er denken oder die er nicht instrumentalisieren kann, sind ihm gleichgültig, ebenso Freunde und sogar seine Familie. Sein früheres menschenverachtendes Handeln in Deutschland rechtfertigt er als bloßen bürokratischen Akt:

> Ich werde beschuldigt, ein Massenmörder zu sein, aber alles, was ich getan habe, war, die Unsichtbarkeit der Toten zu beenden. Was ist falsch daran, Dokumente zu unterzeichnen und den Transport von Hunderttausenden von Menschen in Zügen zu organisieren? Dann sollte man mich beschuldigen, ein schlechter Verwalter gewesen zu sein, aber ein Mann, der einen Fehler in der Buchhaltung macht, erhält eine Strafe von weniger als fünf Jahren; niemals wird er gehängt.[26]

Abnorm erscheint bei Rosenzvaig auch die Sexualität Eichmanns. Als Kind unterhielt er eine inzestuöse Beziehung zu seiner Schwester Irmgard. Auf diese Beziehung verweist der ironische Titel des Romans, *Querido Eichmann*, wie ihn die Schwester zu nennen pflegte. Diese inzestuöse Beziehung, die sich leitmotivisch durch den gesamten Roman zieht, mag die Pädophilie des Protagonisten erklären, der sich zur Tochter seines Vorgesetzten hingezogen fühlt, der er sich auf unangemessene Weise nähert. Am Tag der Hochzeit seiner Schwester erinnert er die Vergewaltigung und den Mord an einem Mädchen in Auschwitz. Zu anderen sexuellen Abenteuern gehören ein Bordellbesuch am Todestag seiner Mutter und sexuelle Belästigungen durch einen Priester.

---

26 Im Original: »Se me acusa de ser un genocida, pero si lo único que hice fue matar la invisibilidad de los muertos. Qué pudo haber de malo en firmar documentos y organizar los envíos de cientos de miles de personas en trenes. En tal caso me deberían acusar de haber sido un mal administrador, pero a un hombre que yerra en la contabilidad se le asigna un castigo de menos de cinco años; jamás la horca« (Rosenzvaig 2021, P.191).

Mit dieser Konstellation betont der Autor die Menschenverachtung und Abnormität seines Protagonisten, der seinen fehlgeleiteten Sexualtrieb nicht unter Kontrolle hat. Die Kindheitserlebnisse mögen Versuche darstellen, seine abnorme Persönlichkeit zu erklären. Rosenzvaig bezieht sich hier offensichtlich nicht auf die gängige Literatur zur unterdrückten Sexualität der Führungsriege des Nationalsozialismus, in der z. B. Wilhelm Reich oder Klaus Theweleit (2019) diese als eine der Ursachen für die von Nationalsozialisten begangenen Gewalttaten auszumachen glaubten.

Die äußerst negative Darstellung des Protagonisten in *Querido Eichmann* ist ins Satirische verzerrt und erhält dadurch an einigen Stellen aufgrund der Überzeichnung durchaus komische Züge. Eine Gefahr der Identifizierung des Lesers mit diesem Protagonisten besteht nicht. Der Autor stellt seinem monströs angelegten Protagonisten einige Sympathieträger zur Seite. Dazu gehören die argentinischen Dorfbewohner, die durchgehend freundlich und sympathisch erscheinen. Auch wenn sie, wie z. B. der Pfarrer oder die Gehilfen Eichmanns, Sympathien für den Nationalsozialismus bekunden, so geschieht dies aus Unwissenheit und Naivität. Gerade die Gehilfen Eichmanns werden aus Mangel an Perspektiven von Eichmann benutzt und verführt.

Besonders positiv gezeichnet und somit als Antagonisten zu Eichmann erscheinen zwei Personen: der Ingenieur und jüdische Vorgesetzte Eichmanns, Alfredo Crick, und der SS-Mann Klame. Gleich bei ihrem ersten Treffen, das von Cricks Familie aus sehr herzlich erfolgt, begegnet Eichmann seinem Vorgesetzten mit Misstrauen und glaubt in ihm einen Juden zu erkennen. Crick reagiert vernünftig und besonnen, sogar als ihm klar wird, dass Eichmann seine Familie und sein Leben zerstört.[27] Er erscheint im Roman somit als Stellvertreter der Opfer Eichmanns und Gleichgesinnter.

Einen klaren Gegenentwurf zu Eichmann stellt der ehemalige SS-Mann Klame dar. Er diente in den Konzentrationslagern von Dachau und Auschwitz und bereut seine Taten zutiefst:

> Wir sind alle schuldig. Wir haben Kinder und Mütter ermordet. Wir haben aus ihnen Zahlen, Nummern gemacht [...] Kinder, die kaum wussten, was es heißt, Jude zu sein, oder ob Jude nur ein schlimmes Wort war [...] Die Schreie der Mütter in den Duschen pflanzten sich in meine Ohren wie ein giftiger Pilz ein.[28]

27 Vgl. hier den Epilog 1, Rosenzvaig 2021, P. 3653.

28 Im Original: »Todos somos culpables. Hemos asesinado a niños y a madres. Hemos hechos de ellos cifras, números [...] Niños que poco sabían qué era ser judío o si serlo era una mala palabra. [...] Los gritos de las madres en las duchas se injertaron como un hongo venenoso en mis oídos« (Rosenzvaig 2021, P. 2229).

Klame kann seine Schuld nicht länger ertragen und begeht gemeinsam mit seiner Frau Selbstmord.

Wie sich bei der Analyse des Romans von Rosenzvaig unschwer erkennen lässt, geht es dem Autor nicht wie Magnus in erster Linie darum, den realen Menschen Adolf Eichmann zu verstehen. Vielmehr konfrontiert der Autor am Beispiel Eichmanns das totalitäre Denken einer industrialisierten Gesellschaft mit einer verarmten patriarchalischen Bauerngemeinde der argentinischen Provinz. Eichmann als Vertreter eines gescheiterten Nationalsozialismus versucht die Bewohner Tucumáns für seine absurden Pläne zu instrumentalisieren. Diese sind aufgrund ihres Unwissens und ihrer marginalen Lage auch durchaus für seine Verführungen empfänglich, allerdings nicht in der von ihm geforderten Konsequenz. Auch wenn das Leben in Tucumán als armselig und erbärmlich geschildert wird, sind doch die Bewohner von La Cocha mit ihren lokalen Eigenheiten die Sympathieträger dieses Romans. Ihnen gegenüber erscheint Eichmann als abnorme Personifikation des Bösen und Verdorbenen schlechthin. Die satirisch angelegte Übertreibung zieht die Figur des Eichmann dabei auch ins Lächerliche.

5 Eichmann in der argentinischen zeitgenössischen Literatur

Ariel Magnus bemüht sich in seinem Roman *El desafortunado* um die Darstellung eines Mannes, der zum Hauptorganisator des industrialisierten Massenmords der Nationalsozialisten wurde, in seiner Ambivalenz. Er unternimmt dabei den Versuch, Eichmann in seiner Handlungsweise als Mensch zu verstehen: »Also nichts im Roman zielt auf Versöhnung, sondern auf Verstehen«, sagt der Autor im bereits zitierten Interview mit Patrick Eser (2021, 51). Dabei bezieht sich Magnus auf Hannah Arendt, Bettina Stangneth, vor allem aber auf die eigenen Schriften Eichmanns. Mit seinem Roman gelingt ihm ein glaubwürdiges Portrait eines Mannes, der fanatisch einer totalitären Gedankenwelt anhängt und darüber seine Menschlichkeit verliert, im alltäglichen Leben aber als einfacher Mensch agiert.

Marcos Rosenzvaig hingegen begegnet Eichmann in seinem Roman mit einer Voreinstellung. Für ihn ist der unbeirrte Nationalsozialist das personifizierte Böse, verwerflich in allen Bereichen seines Handelns. Er gesteht ihm keine Menschlichkeit zu. Er versetzt Eichmann ins argentinische Tucumán und lotet dort seine Möglichkeiten zur Einflussnahme aus, was zu einigen Toten führt, wenngleich nicht zum erhofften Erfolg des Täters. Damit folgt Rosenzvaig einem traditionellen Erklärungsmuster des Nationalsozialismus, das diesen als das Böse schlechthin identifiziert, dem man machtlos gegenübersteht. Das Böse überkommt die Menschheit wie eine tödliche Krankheit und widersetzt sich kausalen Zusammenhängen. So ist Rosenzvaigs Roman eher als spannende Unterhaltung zu verstehen, vielleicht auch als Warnung und zugleich Erklärung für die Naivität der argentinischen Bevölkerung gegenüber den nationalsozialistischen Schergen.

Im Gegensatz zu Rosenzvaigs Konzeption lässt der Roman von Magnus erahnen, dass es nicht notwendigerweise des absolut Bösen und Monströsen bedarf, um in bestimmten gesellschaftlichen Entwicklungen und Gegebenheiten extreme Situationen der Gewaltanwendung und Entmenschlichung zu verursachen. Die Banalität Eichmanns, wie sie Magnus schildert, ist aufgrund ihres hohen Realismusgehalts erschreckend und ernüchternd zugleich, während die überzogene Satire Rosenzvaigs durchaus zum Lachen einlädt.

In einem Interview betont Ariel Magnus den Stellenwert der Fiktion beim Vermitteln von Geschichte:

> Ich wollte es mit der Fiktion versuchen. Nur sie kann – wenn sie auf wahren Begebenheiten basiert und gut recherchiert ist – manche Orte und dunkle Ecken beleuchten. Sie kann dort weitergehen, wo die Biografie an ihre Grenzen stößt, obwohl sie vielleicht die gleichen Informationen vermittelt wie die Fiktion. (zit. n. Eser 2021, 52)

Die beiden hier besprochenen Romane präsentieren wichtige historische Ereignisse und werfen Fragen von Relevanz auf. Dies verdeutlicht, dass der fiktionalen Literatur beim Verstehen von historischen Ereignissen eine tragende Rolle zugesprochen werden sollte. In diesem Sinne tragen beide Romane auf unterschiedliche Weise zum Erinnerungsdiskurs um den Holocaust bei, nun aus der Sicht der Täter, 60 Jahre nach der Entführung und Hinrichtung Eichmanns.

Literaturverzeichnis

Abós, Alvaro. *Eichmann en Argentina.* Buenos Aires: Edhasa, 2007.

Alt, Peter-André. *Ästhetik des Bösen.* München: C. H. Beck, 2010.

Arendt, Hannah. *Eichmann in Jerusalem. Ein Bericht von der Banalität des Bösen.* Übersetzung aus dem Amerikanischen. Neuausgabe. München, Zürich: Piper, 1986.

Arendt, Hannah und Joachim Fest. *Eichmann war von empörender Dummheit. Gespräche und Briefe.* Hg. Ursula Ludz und Thomas Wild. München, Zürich: Piper, 2011.

Bahrmann, Hannes. *Rattennest. Argentinien und die Nazis.* Berlin: Ch. Links Verlag, 2021.

Bohrer, Karl Heinz. *Imaginationen des Bösen: für eine ästhetische Kategorie.* München: Hanser, 2004.

Borges, Jorge Luis. »Deutsches Requiem«. *Cuentos completos.* Barcelona: Penguin Random House, 2011. 279–285.

Born, Nadja Mirjam. »Adolf Eichmann und Josef Mengele«. *Psychologie des Guten und Bösen: Licht- und Schattenfiguren der Menschheitsgeschichte – Biografien wissenschaftlich beleuchtet.* Hg. Dieter Frey. Berlin, Heidelberg: Springer, 2019. 287–301.

Brockhaus, Gudrun. »Ein unterschätzter Klassiker: *The Authoritarian Personality*«. *Politische Psychologie heute? Themen, Theorien und Perspektiven der psychoanalytischen Sozialforschung.* Hg. Markus Brunner u. a. Gießen: Psychosozial-Verlag, 2012. 53–77.

Cesarani, David. *Eichmann. His Life and Crimes.* London: William Heinemann, 2004.

Eagleton, Terry. *Das Böse.* Übersetzung aus dem Englischen. Berlin: List, 2012.

Eser, Patrick. »Das Porträt eines Pechvogels. Interview mit Ariel Magnus, dessen Roman über Adolf Eichmann ›El desafortunado‹ nun auch auf Deutsch erscheint«. *ila* 447 (2021): 50–53.

Goñi, Uki. *La auténtica Odessa. La fuga nazi a la Argentina de Perón.* Übersetzung aus dem Englischen. Buenos Aires: Paidós, 2002.

Herlinghaus, Hermann. *Narcoepics: A Global Aesthetics of Sobriety.* London: Bloomsbury, 2013.

Krondorfer, Björn. »Männlichkeit und Selbstmitleid. Religiöse Rhetorik in Selbstzeugnissen von NS-Tätern«. *Scham und Schuld: Geschlechter(sub)texte der Shoah.* Hg. Maja Figge u. a. Bielefeld: transcript, 2010. 195–221.

Kuon, Peter. »From ›Kitsch‹ to ›Splatter‹: Critical Perspectives on Jonathan Littell's *The Kindly Ones*«. *Writing the Holocaust Today: Critical Perspectives on Jonathan Littell's* The Kindly Ones. Hg. Aurélie Barjonet und Liran Razinsky. New York: Brill, 2012. 33–44.

LaCapra, Dominick. *History, Literature, Critical Theory.* Ithaca: Cornell University Press, 2013.

Loy, Benjamin. *Roberto Bolaños wilde Bibliothek. Eine Ästhetik und Politik der Lektüre.* Berlin, Boston: De Gruyter, 2021.

Magnus, Ariel. *El desafortunado.* Barcelona: Seix Barral, 2020.

Magnus, Ariel. *Das zweite Leben des Adolf Eichmann.* Köln: Kiepenheuer & Witsch, 2021.

Peters, Fiona. »Tom Ripley and Vic van Allen«. *Antihero.* Hg. Fiona Peters und Rebecca Stewart. Plymouth: NBN International, 2015. 18–32.

Rae, Gavin. *Evil in the Western Philosophical Tradition.* Edinburgh: Edinburgh University Press, 2019.

Rosenzvaig, Marcos. *Querido Eichmann.* E-book. Buenos Aires: Marea, 2021.

Schneppen, Heinz. *Odessa und das Vierte Reich.* Berlin: Metropol, 2007.

Segev, Tom. *Simon Wiesenthal. Die Biographie.* Übersetzung aus dem Hebräischen. München: Siedler, 2010.

Siguan, Marisa. *Schreiben an den Grenzen der Sprache. Studien zu Améry, Kertész, Semprún, Schalamow, Herta Müller und Aub.* Berlin, Boston: De Gruyter, 2014.

Smith, Gary (Hg.). *Hannah Arendt revisited: »Eichmann in Jerusalem« und die Folgen.* Frankfurt a. M.: Suhrkamp, 2000.

Stangneth, Bettina. *Eichmann vor Jerusalem. Das unbehelligte Leben eines Massenmörders.* Zürich, Hamburg: Arche, 2011.

Theweleit, Klaus. *Männerphantasien.* Neuausgabe. Berlin: Matthes & Seitz, 2019.

Zue, Nina-Sophie. »Selbstüberwindung? Adolf Eichmann und das Phänomen der Spaltung von Person und Handlung im grausamen Akt«. *Grausamkeit und Metaphysik. Figuren der Überschreitung in der abendländischen Kultur.* Hg. Mirjam Schaub. Bielefeld: transcript, 2009, 259–276.

Sabine Schlickers

Das Echo (der Entführung) Eichmanns in Fiktionen vom Río de la Plata

Als Hannah Arendt 1963 ihr bekanntes Buch über den Eichmann-Prozess in Israel veröffentlichte, führte sie ihre höchst umstrittene Hauptthese bereits im Untertitel an: *A Report on the Banality of Evil.* Mit diesem neuen Konzept der ›Banalität des Bösen‹ bezog sie sich auf die Mittelmäßigkeit Eichmanns, einem seelenlosen, loyalen Bürokraten, der die größten Ungeheuerlichkeiten klaglos ausführte, und suggerierte damit, dass die Verbrechen des Holocausts auch von einem Jedermann begangen werden konnten. Da mittelmäßige Charaktere ebenso uninteressant sind wie gute Figuren und glückliche Geschichten, haben Romane und Filme den fanatischen, sadistischen und perversen Nazi in den Mittelpunkt gestellt – und sind dabei selten subtil vorgegangen.

In meiner Monografie *De Auschwitz a Argentina. Representaciones del nazismo en literatura y cine (2000–2020)* analysiere ich ein großes Korpus fiktionaler und faktualer, literarischer und filmischer, vornehmlich argentinischer Texte, die sich mit dieser Figur des ›bösen Nazis‹ befassen. Im Folgenden werde ich die Bezugnahmen auf Eichmann in einem transmedialen, gattungsübergreifenden Korpus rekonstruieren, wobei es erhellend ist, eine transnationale Perspektive einzunehmen und auch nicht-argentinische Werke vergleichend einzubeziehen. Ohne diese eingehender zu untersuchen, finden sich nachfolgend Verweise auf filmische und literarische Texte, die Eichmann mittels einer konventionell-faktualen Darstellungsweise[1] repräsentieren: so in dem amerikanischen Spielfilm *Operation finale* (2018) von Chris Weitz und in dem argentinischen Dokumentarfilm *El vecino alemán* (2018) von Rosario Cervio und Martín Liji. Es ist auch interessant, drei deutsche Doku-Dramen[2] zu erwähnen: *Der Staat gegen Fritz Bauer* (2015) von Lars Kraume, dessen Drehbuch von dem französischen Schriftsteller Olivier Guez mitverfasst wurde, dem Autor eines sehr gut dokumentierten Romans über Mengele in Lateinamerika mit dem Titel

1 Dieser Modus der Darstellung greift auf der Ebene des *discours* auf traditionelle Techniken der Vermittlung in fiktionalen und dokumentarischen Filmen und literarischen Texten zurück und behandelt auf Ebene der *histoire* referenzialisierbare Nazis.

2 Der Oberbegriff »Doku-Drama« ist ein Oxymoron, das auf die Hybridität zwischen Faktualität und Fiktionalität verweist: Das Doku-Drama stützt sich einerseits stark auf dokumentierte Fakten, fügt aber andererseits erfundene Dinge hinzu, dramatisiert und arbeitet mit der Technik des *reenactment*. Da ich einen engen Fiktionsbegriff zugrunde lege, ordne ich das Doku-Drama dem Bereich der Fiktion zu.

In der Originalversion dieses Beitrags sind irrtümlicherweise Teile des Aufsatzes von Ingrid Simson eingefügt worden. Die entsprechenden Passagen sind in diesem PDF geschwärzt.
Open Access. © 2024 bei den Autorinnen und Autoren, publiziert von De Gruyter. BY-NC-ND Dieses Werk ist lizenziert unter der Creative Commons Namensnennung - Nicht-kommerziell - Keine Bearbeitungen 4.0 International Lizenz.
https://doi.org/10.1515/9783111077345-020

La disparition de Josef Mengele (2017, siehe 1.);[3] Raymond Leys Doku-Drama *Eichmanns Ende – Liebe, Verrat, Tod* (2010) sowie das hochgelobte Doku-Drama *Die Wannseekonferenz* (2022) von Matti Geschonneck. Josef Mengele floh nach der Entführung Eichmanns von Argentinien nach Paraguay, und Eichmann taucht vermutlich deswegen häufiger als Randfigur in argentinischen Romanen auf, die sich mit dem »Todesengel von Auschwitz« beschäftigen. In Lucía Puenzos Roman *Wakolda* (2011) und dessen Verfilmung durch sie selbst, *El médico alemán (Wakolda)* (2013), dient die Entführung Eichmanns nur dazu, die Handlung zu dramatisieren und zu beschleunigen; in Ignacio Minaverrys Comic *Dora* (2013) hat diese eine ähnliche Funktion: Eichmann ist bereits gefangen und die Welt sucht nach Mengele, der angeblich in Paraguay oder Argentinien untergetaucht ist. Eichmann taucht auch marginal in Romanen auf, die sich intensiv mit Verschwörungsmythen beschäftigen, etwa in dem dickleibigen Trivialroman *El séptimo bastón de Dios* (2012) von Jorge Nisco und Ramiro San Honorio, einer Art argentinischem *Da Vinci Code.*

Im Folgenden sollen vertieft weitere literarische und filmische Konkretisationen Eichmanns vorgestellt werden, die sich verschiedener Gattungen/Genres und Darstellungsmodi bedienen. Ich beginne, abweichend von der Chronologie ihres Erscheinens, mit dem Roman *El desafortunado* (2020) von Ariel Magnus, da dieser viele Informationen über das Leben Eichmanns in Argentinien bietet und damit eine solide Basis für die nachfolgenden Analysen bildet. Es folgt eine kurze Analyse des kurze Zeit später erschienenen Romans *Querido Eichmann* (2021, 2.1) von Marcos Rosenzvaig, in dem der Protagonist dämonisiert wird. In der uruguayischen Komödie *Señor Kaplan* (2014) von Álvaro Brechner inspiriert die Entführung Eichmanns einen alten Juden dazu, einen Deutschen zu jagen, den er für einen Nazi hält (2.2). Auch in dem uruguayischen Roman *La madriguera* (2016) von Milton Fornaro spielt Eichmanns Entführung nur eine kleine Rolle (vgl. 2.3), im Mittelpunkt steht sie hingegen in der Graphic Novel *Camino a Auschwitz* (2015) von Julián Gorodischer und Marcos Vergara (2.4). In jedem dieser Texte wird ein anderes Bild von dem Architekten der ›Endlösung‹ entworfen, und nachfolgend soll aufgezeigt werden, dass der fiktionalisierte Eichmann eine vielschichtige Figur ist, die jeder implizite Autor anders imaginiert und ausgestaltet und sich dabei mehr oder weniger an den historischen Tatsachen und relevanten historiographischen Untersuchungen orientiert.

3 Zu den Filmen von Ley und Kraume siehe in diesem Band den Beitrag von Ernst, zu den Mengele-Fiktionen den von Lubrich.

1 Der argentinische Roman *El desafortunado* (2020) von Ariel Magnus

Der erste Roman, in dem Eichmann als Protagonist auftritt, ist *El desafortunado* (2020) von Ariel Magnus:[4] »Es gibt die Berichte der Entführer und zahlreiche Biografien, aber dass sein Innenleben fiktionalisiert wird, ist neu« (Magnus in Eser 2021). Ein Jahr später erschien dann bereits ein weiterer Roman, der Eichmann ins Zentrum rückt: *Querido Eichmann* von Marcos Rosenzvaig (siehe 2.1). Magnus' Roman handelt von den zehn Jahren, die Eichmann in Argentinien verbracht hat, und präsentiert ein gut dokumentiertes Porträt. Dieses unterscheidet sich sowohl von der dämonisierten Version – die Leonardo Senkman zufolge derzeit in Israel vorherrscht[5] – als auch von Hannah Arendts Auffassung eines banalen Bürokraten, deren letztes Echo in dem erwähnten Doku-Drama *Die Wannseekonferenz* (2022) zu finden ist, in dem eine Gruppe hochrangiger Nazis und Ministerialbürokraten im Januar 1942 die ›Endlösung‹ plant.[6]

Der Autor listet seine faktualen und fiktionalen Quellen am Ende des Romans auf. Da er zweisprachig ist, konnte Magnus mit Auszügen aus den Interviews arbeiten, die Eichmann vier Jahre lang Willem Sassen in Buenos Aires auf Deutsch gegeben hatte und die 1980 von Rudolf Aschenauer unter dem Titel *Ich, Adolf Eichmann. Ein historischer Zeugenbericht* veröffentlicht wurden – ohne Sassen im Vorwort zu erwähnen. Magnus zitiert auch »Hannah Arendts hervorragende[s] Buch *Eichmann in Jerusalem* und [das] rundum schöne[] Buch *Strafsache 40/61* von Harry Mulisch« (Magnus 2021, 235),[7] aber innerhalb des Romans weicht der extra-heterodiegetische Erzähler sowohl von Arendts Version ab, die Eichmann

4 Der Roman erschien 2021 auf Deutsch mit dem Titel *Das zweite Leben des Adolf Eichmann.* Ich konnte diesen Roman in meinem zeitgleich fertiggestellten Buch nicht berücksichtigen und ergreife die Gelegenheit, dies in diesem Beitrag zu tun.

5 So Leonardo Senkman in der Diskussion seines Webinar-Beitrags »Ficciones de Eichmann y Mengele en Argentina« (29.11.2021) im Rahmen der digitalen Vortragsreihe *Rezeption und Erinnerung des Eichmann-Prozesses in transnationaler Perspektive*, die die Herausgeber des vorliegenden Bandes im Herbst 2021 organisiert haben; vgl. http://eichmanntribunal60.org/digitale-veranstaltungsreihe (31.03.2024).

6 Eichmann erstellte das Sitzungsprotokoll, dokumentierte aber nicht die Dialoge, die diesen Film tragen – und folglich frei erfunden sind.

7 Im span. Original: »el estupendo *Eichmann en Jerusalén* de Hannah Arendt y [...] ese hermoso libro que es *El caso 40/61* de Harry Mulisch«. (Magnus 2020, 264) Übersetzte Zitate mit Seitenangabe entstammen der deutschen Fassung der Romane, Seitenhinweise im Haupttext beziehen sich auf die spanische Originalfassung. Übersetzungen ohne Seitenangabe stammen von mir.

als Schwachkopf beschreibt, als auch von Mulischs, für den er ein Roboter ist (251–252).

Die verwendeten historiografischen Texte sind seriös. Die deutsche Philosophin und Historikerin Bettina Stangneth ist eine Eichmann-Spezialistin, und Magnus zitiert ihre Studien über einen der Hauptverantwortlichen des Holocausts: *Eichmann vor Jerusalem* diente ihm als erster Impuls und Leitfaden; auch Stangneth stellt Arendts Sicht in Frage.[8] Magnus verweist auch auf die drei von Mitgliedern des Mossad verfassten Bücher über die Entführung, die der intradiegetische Erzähler am Ende als unzuverlässig disqualifiziert: Das erste von Isser Harel stütze sich ausschließlich auf die Aussagen von Malkin, einem der Agenten, die Eichmann entführten, der aber in seinem fünfzehn Jahre später veröffentlichten Buch »die Hälfte der Dinge erfunden« (250) habe. 1997 wurde die Version des Eichmann vernehmenden Agenten in Buenos Aires veröffentlicht.

Wie also hat Ariel Magnus selbst Eichmann in seinem Roman dargestellt? Ebenso wie Olivier Guez in seinem wohldokumentierten Roman über die letzten Jahre Mengeles in Südamerika, *La disparition de Josef Mengele* (2017), eine der fiktionalen Quellen von *El desafortunado*, greift der implizite Autor Magnus auf einen distanzierten hetero-extradiegetischen Erzähler zurück und erzählt die Ereignisse chronologisch, angefangen bei dem Eintreffen von Eichmanns Frau Vera in Buenos Aires. Aber im Gegensatz zu Guez' Erzähler hat Magnus' Erzähler tiefere Einblicke in die Gedanken, Träume und Albträume seines Protagonisten, die er durch interne Fokalisierung vermittelt. Dennoch bleibt er auf Distanz und zeigt keinerlei Empathie, Abscheu oder Ablehnung bezüglich seiner Figur, deren Geheimnisse er nach und nach enthüllt, indem er zunächst den falschen Namen verwendet, unter dem Eichmann in Argentinien gelebt hat. Dieser Ricardo Klement bedauert zum Beispiel, dass er anderen Nazis von der hohen Anzahl der vergasten Juden erzählt habe, eine Zahl, die diese im Nürnberger Prozess angeführt hatten, weshalb Eichmann Ende der 1950er-Jahre die Liste der gesuchten Kriegsverbrecher anführte (Magnus 2020, 72). Aber der Erzähler erklärt nicht alles; es bleiben gewisse Unklarheiten und Rätsel. Es ist zum Beispiel seltsam, dass Klaus, Eichmanns ältester Sohn, der letztlich unwillentlich für Eichmanns Gefangennahme verantwortlich war, vom Vater seiner jüdischen Nachbarin Sil-

8 Stangneth widerlegt die »populäre Deutung Eichmanns als denkfaulen, banalen Bürokraten [...]: Eichmann war belesen, akkumulierte Wissen von seinem politischen Feind (dem Judentum) und wusste sehr wohl, an welchem verbrecherischen Projekt er beteiligt war, das er überzeugt und begeistert zu Ende zu bringen bestrebt war. [...]. Verkürzt ließe sich eine Konklusion aus Stangneths Analyse wie folgt zusammenfassen: Arendt ist Eichmanns Performance vor Gericht, seinen wohl kalkulierten Lügen und seiner inszenierten Naivität auf den Leim gegangen« (Eser 2022).

via Hermann erfährt, was in Dachau, wo dieser interniert war, und in anderen Konzentrationslagern geschehen ist (101). Darauf angesprochen, leugnet Eichmann zynisch:

> »In Dachau wurde niemand umgebracht«, sagte er dann. »Selbstverständlich starben manche, so wie überall Menschen sterben. Aber dieser Hermann ja offensichtlich nicht. Er sollte froh sein, statt üble Verleumdungen über das Volk zu verbreiten, das ihn länger beherbergt hat, als er es verdiente.[9] (90)

Vergleicht man Eichmanns Begegnung mit Mengele in *El desafortunado* und in *La disparition de Josef Mengele*, zeigen sich Gemeinsamkeiten und Unterschiede. In Guez' Roman wird die Begegnung aus der Sicht von Mengele erzählt, der in Argentinien unter dem falschen Namen Helmut Gregor lebte, in Magnus' Roman aus der Sicht von Eichmann. In beiden Versionen verachtet Mengele Eichmann von Anfang an: »Gleich bei der Begrüßung dieser kahlköpfigen und schlampig gekleideten Erscheinung wusste er, dass sie nicht miteinander auskommen würden.«[10] (Guez 2018, 59) Doch in dem Roman des Franzosen kann Mengele es nicht ertragen, dass sich Eichmann in Nazikreisen rühmte und er erinnert sich, dass Eichmann »ein Dienstwagen mit Chauffeur zur Verfügung zur Verfügung stand [...], um ganz Europa zu terrorisieren, wie es ihm beliebte. Minister waren ihm nachgelaufen und hatten ihn passieren lassen.«[11] (60) Während Mengele diskret und vorsichtig ist, ist Eichmann berühmt. Doch für Mengele ist er der

> ungebildete[...] ehemalige[...] Kaufmann, der das Gymnasium abgebrochen und nie die Prüfung der Front durchgemacht hatte. Eichmann ist ein armer Trottel, ein Versager erster Güte [...], ein ressentimentgeladener Mensch, der ihm sein schmuckes Haus [...] neidet [...]. Eichmann steht ihm in nichts nach: Gregor oder Mengele, das ist ihm völlig schnurz, ist für ihn ein feiges Muttersöhnchen, eine dunkelhäutige Niete.[12] (61)

---

9 Im span. Original: »En Dachau no se mataba a nadie. Algunos morían, por supuesto, como se muere gente en todas partes. Pero él no, por lo visto. Debería estar contento en lugar de difundir calumnias contra el pueblo que lo alojó durante más tiempo del que merecía.« (Magnus 2020, 102)

10 Im franz. Original: »Lorsqu' il a salué ce type dégarni et mal fagoté, il a su immédiatement qu' ils ne pourraient pas s' entendre.« (Guez 2017, 64)

11 Im franz. Original: »disposait d'une voiture officielle et d'un chauffeur pour terroriser l'Europe à sa guise. Les ministres lui couraient après et s'écartaient à son passage.« (Guez 2017, 65)

12 Im franz. Original: »ancien commerçant inculte, le fils de comptable qui n' a pas achevé ses études secondaires et jamais connu l' épreuve du front. Eichmann est un pauvre type, un raté de première [...], et c' est un homme de ressentiment qui jalouse sa jolie maison [...]. Eichmann n' en pense pas moins. Gregor ou Mengele, peu lui importe, est un fils à papa froussard: une soumerde basanée.« (Guez 2017, 66)

In *El desafortunado* wird ihre unterschiedliche soziale Herkunft ebenfalls hervorgehoben: Mengele ist der Sohn einer wohlhabenden Familie und hat einen Doktortitel in Medizin und Anthropologie, Eichmann stammt aus einer vielköpfigen Familie der Mittelschicht und hat nicht einmal das Gymnasium abgeschlossen. Aber Magnus zufolge kennt Eichmann Mengele und trifft ihn in einem deutschen Restaurant in Buenos Aires, nachdem Willem Sassen, der ein enger Freund von Mengele war, dieses Treffen arrangiert hatte. Eichmann fühlt sich durch seine soziale und intellektuelle Unterlegenheit gekränkt und möchte, dass Mengele ihn kennenlernt und schätzt. Doch die beiden finden keinerlei Sympathie füreinander und Eichmann wirft Mengele insgeheim eine größere Schuld vor als »derjenige, [...], der selbst dafür zuständig gewesen war, an der Ankunftsrampe die Selektion vorzunehmen, wer zur Zwangsarbeit und wer zu den Schornsteinen ging«[13] (Magnus 2021, 124). Doch kann er seiner Neugier nicht widerstehen, als Mengele ihm von Entdeckungen erzählt, die er aus Rache vor einer Welt, die ihm zweifelhafte Methoden vorwirft, nicht veröffentlicht habe.

Eichmann ist neidisch, als er erfährt, dass Mengele in die Schweiz gereist ist, um die Frau seines toten Bruders zu heiraten. Er versucht daraufhin, mit Anekdoten zu glänzen, z. B. sei er auf dieselbe Schule wie Hitler gegangen und habe erfolgreiche Finanzgeschäfte gemacht. Mengele verachtet ihn jedoch weiterhin. Als Eichmann ihm von dem Haus erzählt, das er in San Fernando baut, warnt Mengele ihn: »›Obacht, dass dieses Haus Ihnen nicht zum Verhängnis wird‹ [...]. ›In unserer Lage bleibt man besser immer in Bewegung‹«[14] (132). Eichmann verabschiedet sich, wütend auf sich selbst.

Der Roman geht mehrmals auf eine andere seiner Quellen ein, auf die aufgezeichneten Interviews zwischen Eichmann und dem deutsch-niederländischen Nazi Willem Sassen. Sassen und Eichmann wollten diese anonym veröffentlichen, obwohl jeder wissen würde, wer die Autoren waren, und viel Geld damit verdienen. Der Erzähler beharrt mehrmals auf dem »Ton eines Kindermärchens«, den Eichmann anschlage, wenn er grausamste Kriegsverbrechen schildert; denn er entdeckte, dass nur auf diese Weise »die Ereignisse ihren unschuldigen, wundersamen, quasi gewaltlosen Charakter zurückgewannen [...], den sie von Beginn an in den patriotischen Träumen jener idealistischen, romantischen jungen Männer ge-

13 Im span. Original: »encargado de separar en la rampa de llegada a los que iban a trabajo forzado de los que iban a las chimeneas. « (Magnus 2020, 138–139)

14 Im span. Original: »Cuidado con que esa casa no se convierta en su condena. [....] En nuestra situación, lo mejor es no dejar nunca de moverse« (Magnus 2020, 147)

habt hatten« (165).[15] Vergleicht man jedoch Magnus' Darstellung mit den teilweise reproduzierten Interviews in Aschenauer (1980) und dem Doku-Drama *Eichmanns Ende – Liebe, Verrat, Tod* (2010) von Raymond Ley, in dem Teile der Interviews nachgespielt werden, kann dieser »Ton eines Kindermärchens« nicht nachvollzogen werden. Ganz im Gegenteil, Eichmanns Stil ist direkt und drastisch. Auf die Nachfrage Sassens, ob sein persönlicher Anteil an der Dezimierung des europäischen Judentums unbestreitbar ist, antwortet er in Leys Film genervt: »Ja, ich habe sie ja transportiert, und hätte ich das nicht getan, wären sie ja nicht zum Schlächter gekommen. Ob das nun Bankdirektoren oder Geisteskranke waren, das interessiert mich nicht« (00:23:30–00:23:50). Während er spricht, werden Archivaufnahmen von ausgemergelten Leichen eingeblendet; nachdem er gesprochen hat, zeigt die audiovisuelle Erzählinstanz[16] noch zwanzig weitere Sekunden lang Leichenberge.

In Magnus' Roman gibt der Erzähler in direkter Rede die letzte Interviewaufnahme wieder, in der Eichmann erklärt, dass er nichts bereue, dass er nicht schuldig sei, dass er seine Pflicht getan habe. Er bedauert lediglich, seine Arbeit nicht beendet zu haben, womit er die Totalvernichtung der Juden meint. Stangneth (2014, 390–393) weist auf die absurde Tatsache hin, dass Eichmann, indem er in dieser letzten Aufzeichnung die Massenvernichtung der Juden zugibt, das Projekt von Sassen und dessen ›Kameraden‹ konterkariere, denn diese hatten mittels der Interviews versucht, den Vorwurf des Völkermords mit Eichmanns Hilfe zu widerlegen.

Während die Mossad-Agenten Eichmann betäubt zum Flughafen bringen, entwirft dieser seine Strategie für den Prozess in Jerusalem und offenbart einmal mehr seine Überheblichkeit. Der Erzähler transkribiert seine Gedanken in Form eines dialogischen Monologs, in dem Eichmann in der zweiten Person mit sich selbst spricht:

> Aber das ist jetzt nicht dein Problem, Eichmann, dachte Eichmann [...]. Deine Aufgabe ist es jetzt, den Richtern gegenüberzutreten und sie zu überzeugen, dass du nur ein Rädchen in der großen Vernichtungsmaschinerie warst [...]. Diese Rechtsgelehrten wirst du von nichts überzeugen können. Dein eigentliches Ziel sind die anderen, und dafür wirst du dich herabsetzen müssen und werden wie sie, oder weniger noch als sie. [...] Weder einen Roboter noch einen Idioten kann man verurteilen [...] sie [werden] glauben, dich zu verurteilen,

15 Im span. Original: »tono de cuento infantil«, »los hechos recuperaban el carácter inocente y maravilloso, casi ajeno a cualquier violencia, que habían tenido desde un principio en los sueños patrióticos de aquellos jóvenes idealistas y románticos« (Magnus 2020, 184).

16 Nach meiner Modellierung ist die audiovisuelle Erzählinstanz – kurz »Kamera« oder *Kamera*, in Anführungszeichen oder kursiv, um sie von der realen Aufnahmeapparatur zu unterscheiden – auf extradiegetischer Ebene anzusiedeln und im Unterschied zum Erzähler eines literarischen Erzähltextes stets heterodiegetisch (vgl. Schlickers 1997).

> obwohl im Grunde sie dazu verurteilt sind, sich ein weiteres Mal von der Herrenrasse täuschen zu lassen.[17] (Magnus 2021, 215–216)

Im vorletzten Kapitel tritt der Autor in fiktionalisierter Form auf und stellt explizit seine Version der Ereignisse dar. Dies führt zu einer Veränderung der Erzählsituation: Der hetero-extradiegetische Erzähler weicht einer homo-intradiegetischen Erzählerfigur, die Züge des realen Autors aufweist, jedoch nicht mit diesem zu identifizieren ist, da es sich um einen fiktionalen Epilog handelt. Dieser Erzähler erinnert sich, dass sein Vater Eichmann mehr gehasst habe als Hitler und nicht wollte, dass sein Sohn über ihn schreibe.[18] Während der hetero-extradiegetische Erzähler in der Haupthandlung seine Distanz und Teilnahmslosigkeit wahren konnte, explodiert in diesem Kapitel der Hass des homodiegetischen Erzählers, der Eichmann als einen Massenmörder brandmarkt, der die Luft verpestet, weswegen man ihn während des Prozesses in einen Glaskasten gesteckt habe.

Erst nachdem er den Roman geschrieben hatte, besuchte dieser fiktive Erzähler-Autor die zuvor beschriebenen Orte in Buenos Aires. Darunter ist auch das Haus von Sassen, in dem die Interviews aufgenommen wurden, und die derzeitige Mieterin bittet ihn herein. Die beiden unterhalten sich über ein Buch über die Eichmann-Entführung, das sie gelesen hat, und der Erzähler erklärt ihr, dass keines der drei israelischen Bücher zu diesem Thema zuverlässig sei (vgl. Magnus 2020, 250).[19] Auf die Frage seiner Gesprächspartnerin, wie er denn Eichmann in

---

17 Im span. Original: »Pero ese no es tu problema ahora, Eichmann, pensó Eichmann [...]. Ahora tu problema es enfrentar a los jueces y convencerlos de que solo fuiste un engranaje en la gran maquinaria del exterminio [...]. A esos letrados no los vas a poder convencer de nada, tu objetivo son los demás, y para eso tendrás que rebajarte a ser como ellos, o menos que ellos todavía [...]. Ni a un robot ni a un imbécil se los puede juzgar [...] creerán juzgarte cuando en el fondo estarán condenados a dejarse engañar de nuevo por la *Herrenrasse*, la raza superior« (Magnus 2020, 238–239).

18 Magnus selbst erläutert in einem Interview mit Patrick Eser (2021): »Teile des Nachworts sind natürlich Fiktion, das hat mein Vater nicht alles so gesagt. Es war mir aber wichtig, dass hier ein Jude explizit die Stimme erhebt und diese in der Fiktion präsent ist«.

19 Die Entführung ist darüber hinaus zentrales Thema in einem zuvor erschienenen filmischen Intertext, den Magnus nicht anführt: Chris Weitz' *Operation Finale* (2018). Der Film zeigt die offizielle israelische Version der Eichmann-Entführung durch den Mossad. Peter Malkin wird allmählich zum (gutaussehenden) Helden der Kidnapper. In langen, intimen Gesprächen mit Eichmann gelingt es Malkin, ihn zu überzeugen, die Genehmigung für seine Überstellung nach Jerusalem zu unterschreiben. Am auffälligsten ist die Darstellung von Eichmann, dem Architekten der ›Endlösung‹, auf den der polysemische Titel des Films anspielt, denn dieser Eichmann, gespielt von Ben Kingsley – der zuvor Gandhi verkörpert hatte! –, ist ein rührender, menschlicher, aufrechter, aufrichtiger, korrekter, würdevoller Mann. In einer Szene erzählt er Malkin, dass er versucht habe, den Juden zu helfen, dass er sogar einige von ihnen mit Geld aus seiner eigenen Tasche gerettet habe und dass er einen Plan hatte, sie nach Madagaskar zu evakuieren.

seinem Roman beschreibt, antwortet er in einer langen fiktionalen Metareflexion, dass er ihn weder als Monster, noch als Schwachkopf, noch als Roboter darstelle, für ihn sei er vielmehr

> [e]in mittelmäßiger Typ, der es weit gebracht hat. Ein ziemlich gerissener Trottel. Ein Rachsüchtiger mit Komplexen. Ein Antisemit, wie er im Buche steht, aber ohne Bedienungsanleitung. Ein Kackhaufen, der es gelernt hat, seinen Geruch zu verschleiern. Ein vom Egoismus überwältigter Fanatiker. Ein zynischer Sentimentalist. Ein Mutiger im Feigesein. Ein armer Typ, reich an Bosheit. Ein zurückhaltender Mörder. Ein Pechvogel, dem das Glück zu lange hold war.[20] (Magnus 2021, 227)

Als ich Ariel Magnus bei einem Online-Autorengespräch fragte, warum er dieses autobiographisch-fiktionale, vielleicht allzu explizite Ende gewählt habe,[21] antwortete er, dass das Thema zu ernst sei, um Unklarheiten und Mehrdeutigkeiten offen zu lassen. Magnus nimmt seinen Leser also vorsichtshalber an die Hand, als sei dieser nicht in der Lage, selbstständig zu einer angemessenen Interpretation zu gelangen.

20 Im span. Original: »como un mediocre que llegó lejos. Un tarado bastante vivo. Un acomplejado con sed de venganza. Un antisemita de manual, aunque sin instrucciones de uso. Un sorete que aprendió a disimular su olor. Un fanático vencido por el egoísmo. Un cínico sentimental. Un valiente de la cobardía. Un pobre tipo rico en malevolencia. Un asesino tímido. Un desafortunado al que la suerte acompañó demasiado tiempo« (Magnus 2020, 252).

21 Das Autorengespräch mit Patrick Eser fand im Rahmen der in Fußnote 6 erwähnten Vortragsreihe am 4. Dezember 2021 statt. Eser (2022) hingegen hebt den Epilog in seiner Kritik des Romans positiv hervor: »Der autofiktionale Epilog ist ein beeindruckender Text literarischer Selbstreflexion, die zwischen Fiktion, literarisierter Historiographie und Erinnerungsnarrativik situiert ist«. Ich würde aufgrund meiner Modellierung der Auto(r)fiktion als ludisch-paradoxalem Erzählverfahren oder Genre (vgl. Schlickers 2010) diesen Epilog nicht als autofiktional einstufen, daher habe ich das Oxymoron 'autobiographisch-fiktional' zu seiner Klassifizierung gewählt.

2 Weitere Darstellungen Eichmanns in Literatur und Film

2.1 Der Roman *Querido Eichmann* (2021) von Marcos Rosenzvaig

Im Folgenden untersuche ich die Darstellung Eichmanns in anderen filmischen und literarischen Texten. Die überwiegende Mehrheit der Texte, die ich in *De Auschwitz a Argentina* (2021a) vorgestellt habe, folgt der Interpretation von Hannah Arendt, wohingegen fiktive Nazis und sogar einige fiktive Juden als Monster dargestellt werden. Die Dämonisierung Eichmanns, die derzeit in Israel stattfindet (siehe oben), ist aber auch in Marcos Rosenzvaigs *Querido Eichmann* präsent. Zwar kommt Eichmann in diesem Roman selbst zu Wort, doch identifiziert sich der Leser wohl an keiner Stelle mit ihm. Selbstmitleidig schildert er sich als Opfer von Mobbing in der Schule, als einen von einer gefühlskalten Stiefmutter aufgezogenen Teenager, der nur darin Trost fand, die Brüste seiner zwei Jahre jüngeren Schwester zu lecken,[36] und der noch in der fiktionalen Gegenwart, dem Beginn der fünfziger Jahre, pädophile Neigungen hat. Er hat hygienische Ticks und befindet sich in einem beklagenswerten Gesundheitszustand; er leidet häufig an Schwindel, Durchfall und Erbrechen. Doch hindert ihn das nicht daran, ständig hochprozentige Getränke zu konsumieren. In dem Unternehmen CAPRI[37] heuert er drei ›*cabecitas negras*‹[38] an, die unter seiner Anleitung in den Bergen von Tucumán ein Viertes Reich errichten sollen. Er ist überzeugt, dass Hitler mit Eva Braun in einem U-Boot in Argentinien angekommen ist, wobei Rosenzvaig einen von Abel Basti (2010) verbreiteten Verschwörungsmythos aufgreift, der bereits in der Literatur Widerhall

---

36 Diese Schwester, die ihn bewundert, schreibt ihm Briefe, in denen sie ihn stets mit »Geliebter Eichmann« apostrophiert, daher der irreführende Titel des Romans. Die inzestuöse Beziehung erinnert stark an den Protagonisten Max Aue aus Littells Roman *Les bienveillantes*, der es mit seiner Schwester allerdings viel weiter treibt.

37 Der argentinisch-deutsche SS-Hauptsturmführer Carlos Fuldner hatte dieses Wasserkraftwerk 1950 in Tucumán gegründet, um dort Nazis unter falscher Identität zu beschäftigen. Meding (1999: 296–298) erläutert, dass das Akronym spöttisch als »Compañía Alemana para Recién Inmigrados« aufgeschlüsselt wurde und dass die Direktoren Fuldner und Siebrecht als »Caprifischer« bezeichnet wurden. Das Unternehmen ging 1954/1955 in Insolvenz, weil staatliche Bauaufträge nicht bezahlt worden waren.

38 Der Begriff fällt im Roman nicht, wird aber in Argentinien abwertend für Menschen der Arbeiterklasse mit dunklerer Hautfarbe verwendet.

gefunden hatte[39] und dem er noch plumpere Elemente in Form eines mit Hakenkreuzen bemalten UFOs (50–53) und einem Goldschatz hinzufügt, der in einem riesigen Keller in Bariloche versteckt sei.

Inmitten dieses verschwörungstheoretischen Deliriums und verschiedener karnevalisierter Szenen erinnert sich Eichmann daran, wie er in Auschwitz zwei Kinder getötet hat (104 und 137), und er setzt teilnahmslos ein Zelt mit Zigeunern in Brand. Er ist ein Aufschneider, der sich die Erfindung der Gasduschen zuschreibt (58), jedoch feige die Anzahl der Juden, die er in die Gaskammern geschickt hat, auf eine Million reduziert (223). Als diese Nachricht der vergasten Juden im Radio verbreitet wird, hat niemand in der Bevölkerung ein Problem damit. Die pro-nazistische Haltung der Argentinier wird erst in den beiden Epilogen relativiert. Im ersten spricht Eichmanns jüdischer Vorgesetzter, der Vater eines von Eichmanns Kollaborateuren ermordeten Mädchens, und bedauert, Eichmann nicht in die Luft gesprengt zu haben, als er im Begriff war, dies zu tun. Im Unterschied zum fiktionalisierten Autor, der am Ende von *El desafortunado* auftritt, meldet sich hier der reale Autor Rosenzvaig im zweiten, nicht-fiktionalen Epilog zu Wort, erzählt die Einzelheiten der Entführung und schließt: »Für mich und für das gesamte jüdische Volk war seine Hinrichtung ein glückliches Ereignis«.[40] (242) Die oben angeführte Kritik am Schlusskapitel von Magnus' Roman *El desafortunado* trifft hier in ähnlicher Weise zu, fällt in Magnus' Fall aber gewichtiger aus, da das vereindeutigende Ende der Komplexität seines Romans diametral gegenübersteht. Rosenzvaig indes scheitert in seinem gänzlich überzeichneten, manichäischen Roman bei dem Versuch, Eichmann zu dämonisieren – trotz pädophil-inzestuöser Neigungen, trotz willkürlicher Gewaltakte etc., erscheint er im Roman in erster Linie als ein schwaches Geschöpf, und just dies verhindert es, ihn zum Monster zu machen.

2.2 Die filmische Adaptation *Señor Kaplan* (2014) von Álvaro Brechner

Die Geschichte der Umstände, die zur Ergreifung Eichmanns geführt haben, lesen sich wie ein Krimi. Ähnlich faszinierend sind die Geschichten der Nazijäger, an deren vorderster Front Simon Wiesenthal steht. Der Spielfilm *Señor Kaplan* von Álvaro Brechner, einer filmischen Adaption des kolumbianischen Romans *El salmo de Kaplan* (2006) von Marco Schwartz, behandelt eine solche Jagd auf ko-

39 Vgl. meine Analyse des Romans *El séptimo bastón de Dios* von J. Nisco und R. San Honorio (Schlickers 2021a, 148–151), in dem der Protagonist am Ende die toten oder bewusstlosen Körper von Hitler und Eva Braun in einer Art UFO in der Antarktis entdeckt.

40 Im span. Original: »Para mí y para todo el pueblo judío fue un feliz suceso su ahorcamiento.«

mödiantische Weise und wird im Folgenden analysiert, weil er als nicht bösartige Parodie des Nazijägers Wiesenthal aufgefasst werden kann, wobei die Geschichte der Jagd auf Eichmann als eine Art hypotextuelles Substrat fungiert.

Abbildung 1: Der Nazijäger Kaplan und sein Helfer Wilson (Screenshot aus »El señor Kaplan«).

Der jüdische Protagonist Jacobo Kaplan (Abbildung 1), ein älterer Mann, ist davon besessen, etwas Außergewöhnliches zu tun, wozu er sich seit seiner Kindheit berufen fühlt, denn ein Rabbi hatte ihm damals gesagt, dass sein Leben eine Mission habe. Als er über die Eichmann-Entführung und die Arbeit von Simon Wiesenthal liest, beginnt er sich vorzustellen, dass seine Aufgabe darin bestehen könnte, einen Nazi zu jagen. Nachdem ihm seine Enkelin von einem achtzigjährigen Nazi (Abbildung 2) erzählt hat, der eine Bar am Strand betreibt, sieht er im Fernsehen den Fall eines im Amazonasdschungel entdeckten Nazis, der geflohen ist. Das bringt ihn auf die Idee, dass es sich dabei um den Deutschen am Strand handeln könnte, und so beginnt er, diesen großen, blonden, sportlichen Deutschen auszuspionieren.

Abbildung 2: Der vermeintliche Nazi (Screenshot aus »El señor Kaplan«).

Die Handlung entfaltet sich wie ein quijotisches Abenteuer, und um das Modell von Cervantes zu perfektionieren, sucht sich Jacobo einen Helfer. Sein Knappe heißt

Wilson Contreras, ein wenig begabter Polizist, der von seiner Familie verlassen wurde. Wie sein populärer Vorgänger Sancho Panza ist er klein und dickbäuchig.

Kaplan spricht mit seinen Freunden in der Synagoge über »den Nazi«, die anderen wollen ihn ins Meer werfen, aber er will, dass er in Israel vor Gericht kommt, wie Eichmann. Er liest das Buch *Ich jagte Eichmann* (1961) von Simon Wiesenthal, in dem dieser sich rühmt, Eichmann mit dem Mossad in Argentinien aufgespürt zu haben.[41] Kaplan nun will Wiesenthals Beispiel folgen, den Nazi bewachen und heimlich nach Israel überführen. Als Wilson herausfindet, dass dieser 1951 in Sacramento, Brasilien, eingereist ist und nicht der Nazi aus dem Amazonasgebiet sein kann, will Kaplan davon nichts wissen. Wilson entwickelt daraufhin einen perfekten Entführungsplan: Der Nazi soll mit einem gefälschten Pass und einem Alzheimer-Zertifikat betäubt nach Rio Grande do Sul gebracht werden.[42] Als der Deutsche merkt, dass er verfolgt wird, stellt er Kaplan in einem Bus zur Rede, erhält aber keine Antwort. Als er Kaplans jüdisches Amulett sieht, versteht er: »50 Jahre ... und ich kann immer noch nicht Auschwitz entfliehen. Das nächste Mal, wenn ich Dich sehe, bringe ich Dich um.«[43] (01:16:00) Wenig später bringen ihn die beiden ›Nazijäger‹ betäubt auf ein Boot, wo der Deutsche lange Zeit schläft. Als er aufwacht und fragt, wo sie ihn hinbrächten, antwortet Kaplan: »An einen Ort, wo Du für all' Deine Verbrechen bezahlen wirst«.[44] Der Deutsche versteht nicht, was das bedeutet, und damit bahnt sich die Peripetie an. Kaplan spricht von seinen Verbrechen in Auschwitz, und der Deutsche erklärt: »In Auschwitz habe ich getan, was ich tun mußte, um zu überleben.«[45] (01:20:00), denn er sei ein jüdischer Kapo[46] gewesen. Seine Familie sei in einem Konzentrationslager umgekommen und er befinde sich seit fünfzig Jahren wie eine Ratte auf der Flucht,

41 Tatsächlich war Wiesenthal gar nicht an der Ergreifung Eichmanns beteiligt und niemals in Argentinien. Er übertrieb sowohl seinen Beitrag zur Jagd auf Nazis als auch die Anzahl der von Perón aufgenommenen Nazi-Kriegsverbrecher (vgl. Klich und Buchrucker 2011, 181–184).

42 In dem argentinischen Film *El Otro Hermano* (2017), einer Adaptation des Romans *Bajo este sol tremendo* (2009), verwenden die Entführer diesen Trick, um bei der Bank an das Vermögen ihres Opfers zu gelangen, das sie betäubt in einem Rollstuhl mitführen (vgl. Schlickers 2021b).

43 Im span. Original: »Cincuenta años, y aún no puedo escapar de Auschwitz. La próxima vez que te veo, te mato.«

44 Im span. Original: »A un lugar donde puedes responder de todos tus crímenes.«

45 Im span. Original: »En Auschwitz hice lo que hice porque quise sobrevivir.«

46 Kapos (› *capo, caporal*), auch ›Funktionshäftlinge‹ genannt, bewachten die Arbeit in einem Konzentrationslager, hatten gewisse Privilegien, wurden aber auch ständig von der SS bedroht (vgl. Schemmel, 2007). Primo Levi (1990: 42–43) zufolge befand sich der Kapo in der »Grauzone« (siehe 2.4) zwischen der SS und den Häftlingen und sollte nicht verurteilt werden, weil er seine Arbeit verrichtete, ohne diese frei wählen zu können.

nun aber sei er alt und müde, es sei vorbei, und dann wirft er sich mit gefesselten Händen über Bord ins Meer.

Wilson und Kaplan können beide nicht schwimmen, aber Kaplan erinnert sich an seine Mission und springt beherzt ins Meer, Wilson folgt ihm. Die Situation nimmt eine weitere komische Wendung, denn nun ist es der Deutsche, der seine beiden Feinde rettet. Dann bemerkt er, dass Kaplan sich die Tätowierung mit der Häftlingsnummer auf seinem Arm ansieht und erzählt, dass er 1942 nach Auschwitz verschleppt worden sei und diese Arbeit im KZ annahm, um zu überleben, aber er sagt nicht, was genau er getan hat oder wie er freikam. Danach wollte er ein neues Leben beginnen, musste aber feststellen: »Du kannst der Vergangenheit nicht entfliehen. Wie sehr Du dich auch versteckst, sie finden Dich immer.«[47] (01:24:00)

Beschämt lassen Kaplan und Wilson ihn frei; in der nächsten Szene sitzen die beiden im Auto und sprechen während der langen Rückfahrt nicht. Kaplan räumt ein, dass er einem Kindermärchen aufgesessen sei und dass Wilson zu Recht an allem gezweifelt habe, was er gesagt hatte. Sie verabschieden sich so bewegt, dass Kaplan sich in der Haustür irrt und Wilson nicht aufhören kann zu weinen. Doch dann bittet er seine Frau, nach Hause zu kommen. Mit diesem Happy End hält sich die Komödie an die Regeln des Genres, ohne oberflächlich oder simpel zu sein, was sicher auch an der hervorragenden schauspielerischen Leistung von Héctor Noguera (Kaplan), Néstor Guzzini (Wilson) und Rolf Becker (der vermeintliche Nazi) liegt.

Der nächste Text handelt ebenfalls von einem Kapo, doch dieser ist ein höchst grausamer und habgieriger Jude, der freiwillig mit den Nazis kooperiert. Obgleich die Eichmann-Entführung in *La madriguera* nur marginal in Erscheinung tritt, inkludiere ich die Analyse dieses wenig bekannten uruguayischen Romans aufgrund seiner sehr gewagten Täterdarstellung.

47 Im span. Original: »No puedes escapar del pasado. Por mucho que te escondas, siempre te encuentran«.

2.3 Der uruguayische Roman *La madriguera* (2016) von Milton Fornaro

Das Epigraph von Primo Levi – »Jedes Opfer [der Konzentrationslager] muss bemitleidet werden, jedem Überlebenden muss geholfen werden und er muss bemitleidet werden, aber sein Verhalten kann nicht immer als Beispiel angeführt werden.«[48] – ist eine *mise en abyme*, die den Inhalt von *La madriguera* vorausspiegelt. Denn in dem umfangreichen Roman des uruguayischen Schriftstellers Milton Fornaro, 2018 von der Casa de las Américas mit dem José-María-Arguedas-Preis prämiert, geht es im zweiten Kapitel um die freiwillige Mitarbeit eines Juden namens Aaron im Vernichtungslager Stutthof bei Danzig. Zuvor gibt es einen Rückblick auf Aarons Kindheit auf dem Land in Polen, wo er mit seiner hexenhaften Großmutter aufwächst. Später wird er nach Danzig in das Haus einer Rabbinerfamilie gebracht, wo er mit deren rothaarigem Sohn Nathan, der ebenfalls Rabbiner werden möchte, aufwächst. Die beiden jungen Männer kommen mit den ersten Häftlingen im Lager Stutthof an, und Aaron macht sich schon in den ersten Tagen bei den Nazis beliebt, indem er Verbesserungsmaßnahmen für Rodungen im Wald vorschlägt (166). Daher wird er recht schnell zum Kapo befördert, »um die Disziplin in den Baracken, Truppen oder Arbeitsbrigaden aufrechtzuerhalten«[49] (168). Für Aaron stellt der Befehl »Wer nicht straft, wird bestraft«[50] kein Dilemma dar, im Gegenteil, er konkurriert mit den anderen Kapos und wird sogar zum Oberkapo befördert. Obwohl er sehr grausam zu den anderen Gefangenen ist, kümmert er sich immer noch um Nathan. Im Lager entwickelt Aaron eine freundschaftliche und sexuelle Beziehung mit dem (referenzialisierbaren) Lagerkommandanten Max Pauly. Dieser hat eine Modellkarriere absolviert, nimmt Kokain, trinkt viel und lässt willkürlich Häftlinge erschießen. Als Aaron bis zum höchstmöglichen Rang unter den Gefangenen, dem des Lagerältesten, aufgestiegen ist, schlägt Aaron Pauly vor, im Lager ein Bordell zu eröffnen, mit dem sie beide viel Geld verdienen.

Der lokale Judenrat wird sehr negativ portraitiert,[51] und eine Figur zitiert am Ende des Romans ganze Absätze aus Hannah Arendts Buch über den Eichmann-

48 Im span. Original: »Toda víctima [de los campos de concentración] debe ser compadecida, todo superviviente debe ser ayudado y compadecido, pero no siempre pueden ponerse como ejemplo sus conductas.«

49 Im span. Original: »Para mantener la disciplina dentro de los barracones, escuadras o brigadas de trabajo«.

50 Im span. Original: »Quien no castiga, será castigado.«.

51 Ebenso in *El ghetto de las ocho puertas* und *Hanka 753* von Alejandro Parisi und in Ariel Magnus' Roman *La abuela* (vgl. Schlickers 2021a, Kap. 4. 2).

Prozess, in denen Arendt den Judenrat und die Judenpolizei harsch kritisiert.[52] In *La madriguera* machen die Mitglieder des Judenrats mit den Nationalsozialisten Geschäfte und lassen sich von Juden bestechen, um andere Juden zu retten. Aaron zahlt ein Vermögen, damit Nathans Sohn Yankev mit dem letzten Schiff nach Palästina ausreisen kann, begleitet von dem Sohn des Judenrats. Der Nachfolger von Kommandant Pauly, Paul Werner Hoppe,[53] hat bereits von Paulys Geschäften erfahren und verbündet sich bald mit Aaron, verlangt jedoch, dass dieser Nathan beseitigt, da er dessen Rolle als Protegé für gefährlich hält. Aaron willigt ohne zu fragen ein und schickt Nathan an die russische Front, um Minen zu räumen. Nach der Wannsee-Konferenz, auf der die ›Endlösung‹ geplant worden ist, richtet Hoppe im Lager eine Gaskammer ein. Aaron »ging mit äußerster Härte gegen die Unglücklichen vor [...] er ging wie ein Nazi, er schrie wie ein Nazi, er demütigte, bestrafte und tötete wie ein Nazi«.[54] (245) Dienstbeflissen meldet er sich sogar freiwillig zur Sterilisation, die die Ärzte ohne Betäubung an Männern und Frauen ausprobieren. Hoppe muss die Vergasung und den Abtransport der Leichen beschleunigen; alles geschieht noch im Geheimen, um Aufstände der Häftlinge zu vermeiden. Aaron schlägt eilfertig vor, in der zweiten Gaskammer, die gerade gebaut wird, Abluftventilatoren einzubauen, um Lüftungszeit zwischen den Vergasungen einzusparen. Als Himmler die Zerstörung der Gaskammern, Öfen und der Dokumentation anordnet, lässt Aaron sich tätowieren, um sich als KZ-Überlebender ausgeben zu können, und flieht mit einem schweren Mantel, in dem er Schmuck und Geld eingenäht hat.

Im dritten Kapitel wird die Entführung Eichmanns sehr detailliert geschildert und stimmt mit den bekannten Fakten überein, abgesehen von der Beteiligung des fiktiven Yankev als Fälscher von Eichmanns Reisepass. Yankev gelingt es auch, die Zustimmung Eichmanns für einen Prozess in Israel zu erhalten; er übernimmt damit die Rolle von Peter Malkin. Nach der Entführung Eichmanns reist Yankev selbst mit einem falschen Pass nach Montevideo, um dort Aaron zu treffen und etwas über das Schicksal seiner Familie zu erfahren. Er erreicht ihn über einen Kontakt von Simon Wiesenthal, den Yankev in Österreich besucht hatte. Aaron ist 1945 über Genua nach Montevideo gekommen und gibt nun gegenüber

---

52 Obwohl die Studie von Werner Renz (2021, 105 und 123) eine Reihe fehlender Differenzierungen in Arendts Ansichten über die Zusammenarbeit der Judenräte mit den Nazis aufzeigt, bestätigt er, dass sie verpflichtet waren, unter den Juden im Ghetto eine Auswahl für die Deportation zu treffen (117) und dass dies nicht Gegenstand des Eichmann-Prozesses war.

53 Auch Hoppe ist referenzialisierbar: er wurde im September 1942 Paulys Nachfolger und blieb bis zur Evakuierung des Lagers im Januar 1945 dessen Kommandant.

54 Im span. Original: »aplicaba el máximo rigor con los desgraciados [...], caminaba como nazi, gritaba como nazi, humillaba, castigaba y mataba como nazi.«

Yankev zu, dass er mit Nathan im Lager Stutthof interniert war, dieser aber nicht von der russischen Front zurückgekehrt sei. Aaron lädt ihn zu sich nach Hause ein. Yankev fühlt sich zu Aarons Frau Judith hingezogen und nutzt eine mehrtägige Abwesenheit Aarons aus, um mit ihr zu schlafen. Beide Männer benutzen Judith, um den jeweils anderen auszuspionieren, aber ohne Erfolg. Als Aaron von Eichmanns Entführung erfährt, bringt er intuitiv Yankevs Anwesenheit damit in Verbindung und nutzt die Gelegenheit, als er mit Yankev allein zu Hause ist und die beiden viel trinken und sich streiten, ihm mit einem schweren Aschenbecher den Kopf einzuschlagen. Yankev stirbt, ohne von Aarons Verbrechen in Stutthof erfahren zu haben. Aaron vergräbt die Leiche im Keller.

Der Jude Aaron, der sich im KZ grausamer verhält als die SS, ist eine dunkle Figur. Der Erzähler verwendet selten die interne Fokalisierung, schildert also nicht, was in Aarons Innerem vor sich geht, was ihn zu einer rätselhaften Figur macht. Da er nicht als Bestie monosemiert wird, sondern auch ein paar wenige positive Eigenschaften und damit Komplexität aufweist, wird er als literarische Figur gerettet.

Zwar sollte man eigentlich nicht davon ausgehen, dass Kritik an Juden im Kontext des Holocausts ausschließlich von anderen Juden vorgenommen werden dürfe, doch weisen die zitierten Beispiele oben zu Kritik am Judenrat und der Judenpolizei genau auf diesen Umstand hin, denn sie stammen sämtlich aus der Feder jüdischer Autoren. Ein anderes Beispiel liefern die Karikaturen von Juden und dem Holocaust von Sergio Langer (2015): Es handelt sich bei seinem schwarzen Humor jedoch um eine Strategie, um den Schmerz seiner im KZ ausgelöschten Familienangehörigen zu überwinden (Schlickers 2021a, 246–252). Daher finde ich es sehr bemerkenswert, dass der nicht-jüdische Schriftsteller Milton Fornaro es wagt, einen Juden mit derartig negativen Eigenschaften darzustellen. Damit passt Aaron nicht in Primo Levis »Grauzone« (Levi 1990: 33–68), dem sozialen Raum im Inneren eines Konzentrationslagers, in dem Opfer und Täter zusammentreffen. Die *zona grigia* ist eine Metapher für die moralische Ambivalenz, mit der Levi sich auf die »so-called ›privileged‹ Jews« bezieht, »those prisoners in the Nazi-controlled ghettos and camps who were forced to ›cooperate‹ in order to prolong their own and/or their families‹ lives« (Brown 2013, 70). Brown stellt aber auch ausdrücklich fest, dass »Levi's call to suspend judgement did not extend to perpetrators«, und genau das ist der interessante Fall, den Fornaro vorbringt, indem er einen grausamen jüdischen Kapo repräsentiert, der überdies ein gieriger Mörder ist.

2.4 Die Graphic Novel *Camino a Auschwitz* (2015) von Julián Gorodischer und Marcos Vergara

El secuestro de Eichmann ist die letzte von drei Geschichten der Graphic Novel *Camino a Auschwitz* von Julián Gorodischer (Text) und Marcos Vergara (Zeichnungen) und behandelt, wie es der Titel besagt, die Entführung Eichmanns.

Abbildung 3: Der entführte Eichmann in *Camino a Auschwitz*, S. 79.

Der Erzähler behauptet schon auf der ersten Seite: »das ist eine wahre Geschichte«[55] – doch muss dabei berücksichtigt werden, dass das Adjektiv »verdadero« (wahr) hier auf Wahrscheinlichkeit zielt, nicht auf Authentizität. Denn dieser Comic handelt von der fiktiven Verwicklung Lubas, einer Tante des Erzählers, die Auschwitz überlebt hat, in die Entführung von Eichmann. In der Gegenwart der Erzählung – 2005 – hat sie sich die Hüfte gebrochen und der Erzähler kümmert sich um sie. In dieser Zeit spricht er viel mit Luba über die »Operation Garibaldi«, an der sie vorgeblich beteiligt war.

Als Luba Eichmann zum ersten Mal sieht, wird sie ohnmächtig und durchlebt dabei erneut ihre Flucht aus Auschwitz. Luba und ihre Gefährten trainieren, planen die Entführung gründlich und wiederholen hundertmal jeden einzelnen Schritt der verdeckten Operation, aber als es dann so weit ist, gerät Luba in Panik. Sex mit einem Gefährten des Mossad beruhigt sie. Die Entführung selbst wird weder erzählt noch dargestellt, ein Schnitt führt den Erzähler zum 11. Mai

55 Im span. Original: »esta es una historia verdadera.«

1960, als Eichmann in ein Haus verschleppt wird, gefolgt von einem weiteren Dreitagessprung. An diesem Tag spricht Luba ihn heimlich an und sagt ihm, dass er sterben werde. Als ihre Kameraden davon erfahren, sperren sie sie für ein paar Tage ein und sagen ihr, dass ihre Rachsucht allen schade (91).[56] Als der Erzähler 45 Jahre später mit ihr über die Entführung spricht und sie fragt, wie sie es geschafft habe, sich an den Befehl zu halten, Eichmann nichts anzutun, weint sie aus Scham. Diese Reaktion zeigt, dass sie noch immer traumatisiert ist. Später erinnert sie sich an die angespannten Tage nach der Entführung, nicht zu wissen, wie Eichmanns ›Familie‹, d. h. die mit ihm verbündeten Nazis, reagieren würden, denn in der Presse wird nicht über die Entführung berichtet. Das nächste Panel zeigt Vera Eichmann, die zusammen mit ihrem Sohn Nicolas in Polizeistationen und Krankenhäusern nach ihrem Mann sucht. Dieses Beispiel zeigt, dass der Erzähler dem Bericht seiner Tante (interne Fokalisierung) Informationen hinzufügt, die ihren damaligen Kenntnisstand übersteigen.

Während Eichmann isst, was ihm serviert wird – was den Erzähler überrascht, der dieses Verhalten als würdelos bezeichnet (95) –, können seine Entführer weder essen noch schlafen. Es herrscht eine große Anspannung. Luba hat ununterbrochen Kontakt zu Eichmann, der nur mit ihr spricht, »vielleicht, weil er wußte, dass sie am verbundbarsten war«.[57] (97) Eichmann verhält sich wie ein unterwürfiger Gefangener. Einer der Entführer will ihn foltern, um Informationen über Aktivitäten der Nazis in Argentinien zu erhalten, doch er erhält dazu keine Erlaubnis.

Luba ihrerseits befragt Eichmann, ohne den Anführer zu informieren (100), »wie sie [die Nazis] Hunderttausende von Kindern ermorden konnten«, worauf Eichmann antwortet, man habe ihn dazu gezwungen. Die beiden blicken einander in die Augen, Eichmann fällt auf die Knie und umarmt Luba – eine Geste, die der Erzähler nicht beurteilen will, doch tut er genau das im folgenden Kommentar: »Nur meine Großtante weiß, was es bedeutet, unter der Last dieses Karmas zu leben«.[58] (100). Zum Schluss begleitet sie Eichmann zum Flugzeug und berührt ihn zart am Arm, um ihn zu beruhigen. Das Verhalten von Luba folgt dem Muster des »Stockholm-Syndroms« und bestätigt die (umstrittene) These des Psychoanalytikers und ehemaligen KZ-Insassen Bruno Bettelheim (1943), der zufolge sich Ge-

---

56 Es ist interessant, Lubas Schwäche mit dem überlegenen und mutigen Verhalten des gesamten Teams im Film *Operation Finale* (2018, siehe oben) zu vergleichen: Obwohl alle Beteiligten der vom Mossad durchgeführten Operation Familienmitglieder im Holocaust verloren hatten und mit sich selbst kämpften, um Eichmann nicht zu töten, als er in ihren Händen war, zeigt der Spielfilm nicht die Symptome von Panik und Rachegelüsten, die Luba kennzeichnen.

57 Im span. Original: »quizá por saberla la más vulnerable.«

58 Im span. Original: »Solo mi tía abuela sabe lo que significa cargar con ese karma en la vida.«

fangene im Verlauf der Zeit mit ihren Bewachern und Folterern identifizieren, auch wenn es in diesem Fall umgekehrt die Entführerin ist, die sich mit ihrer Geisel identifiziert. Innerhalb des Comics wird nicht klar, was diese Umkehrung bedeutet – ihr Effekt jedoch besteht darin, dass Eichmann humanisiert wird.

Im Epilog besucht der Erzähler seine Tante 2013 in Tel Aviv, damit sie ihm noch vor ihrem Tod das Ende dieser Geschichte erzählen kann. Auf die Frage, was sie im Nachhinein über Eichmann gedacht habe, antwortet sie: »Er war weniger ein Teufel als ein gewöhnlicher Bürokrat«,[59] und damit jeder Leser die Referenz versteht, erläutert der Erzähler unter dem Panel: »Im Einklang mit der Position von Hannah Arendt in ›Die Banalität des Bösen‹.«[60] Dass sie Wut empfunden habe, als Eichmann vor der Exekution »Viva Argentina« ausrief. Und dass es eine Schande sei, »dass 19 Nazi-Verbrecher Schutz in dem Land genossen hätten, das [sie] als ihr eigenes ausgewählt hatte«.[61] (105) Diese Zahlenangabe stimmt keineswegs mit den Schätzungen der Historiker überein, die zwar sehr unterschiedlich ausfallen, aber alle auf eine viel höhere Anzahl von in Argentinien lebenden Kriegsverbrechern des Nationalsozialismus schließen lassen (vgl. Schlickers 2021a, 20–24). Der Erzähler sagt seiner Tante schließlich, dass sie sehr mutig gewesen sei, aber sie antwortet barsch, er solle den Mund halten.

Die Trilogie von Gorodischer und Vergara erzählt die Geschichten von drei Holocaust-Opfern, die vorgeblich Verwandte des realen Autors Gorodischer sind und unterschiedliche Überlebensstrategien entwickelt haben. Um den Effekt der Authentizität zu verstärken, hebt Gorodischer inter- und extratextuell das autobiographische Element hervor, betont aber in Wirklichkeit das mimetische Prinzip, das er als »verdad gráfica« (»graphische Wahrheit«) ausgibt: »Um die Rekonstruktion der Zeit, des Ortes und der Figuren einzufangen, mussten sowohl der Illustrator als auch ich [...] auf die Geschichten meiner Großonkel und Großtanten zurückgreifen, die reale Figuren sind.«[62] (Gorodischer in Melo, 2015). Der letzte Ausdruck ist verräterisch, ist er doch ein Oxymoron, denn die Figuren einer Graphic Novel sind *per definitionem* fiktional.[63] In Bezug auf die dargestellte Welt greift ein weiteres Argument: Die Rolle Lubas bei der Entführung Eichmanns ist eine Fiktion, und *Camino*

---

59 Im span. Original: »Era menos el diablo que un vulgar burocrata.«

60 Im span. Original: »En línea con la posición de Hannah Arendt en ›La banalidad del mal‹.«

61 Im span. Original: »que 19 criminales nazis hayan gozado de protección en el país que [ella había elegido] como propio.«

62 Im span. Original: »Para poder plasmar la reconstrucción de época, de lugar, de personajes tanto el dibujante como yo tuvimos que apelar [...] a las historias de mis tíos abuelos, que son personajes reales.«

63 Gorodischer bezieht sich an anderer Stelle auf sein Werk als »periodismo en cómic« (»Journalismus im Comic«) oder als »crónica gráfica« (»graphische Chronik«), um es im Feld der Nicht-Fiktion zu situieren (Niemetz 2018, 55, Anm. 13).

a Auschwitz enthält viele Szenen, die sich der Erzähler, den der Autor als Chronist bezeichnet, ausgedacht hat. Er hat diese Figur eingeführt, weil er glaubt, die Einbindung des Chronisten als Figur erhöhe den Eindruck von Wahrscheinlichkeit (vgl. Gorodischer in Melo 2015). Dabei aber berücksichtigt er nicht, dass selbst wenn der Chronist die Ereignisse, über die er schreibt, bezeugen kann, wie es beispielsweise bei der Eroberung Amerikas geschah, dieser sich die Geschichte dennoch immer aneignet und niemals getreu widerspiegelt (vgl. Schlickers 2015). Der Begriff des Chronisten ist auch deshalb nicht angemessen, weil der Erzähler ein Familienmitglied ist und daher von den Geschichten, die er rekonstruiert, betroffen ist, weshalb Niemetz (2018, 62) die Comics von Gorodischer in das Konzept der ›posmemory‹ (›Nacherinnerung‹)[64] einordnet, bei der es nicht um die Schilderung der Schrecken des Nationalsozialismus geht, sondern um die Herstellung der Beziehung zwischen der Vergangenheit der Eltern oder Großeltern und der Gegenwart der Kinder und Enkelkinder. *Post-Memory-Fictions* vervollständigen die historischen Narrative der Shoah und gestalten sie komplexer.

Außerdem ist der Erzähler selbst Protagonist. Nach dem Vorbild von Art Spiegelmans *Maus* wird er regelmäßig in Interviewsituationen mit seinen Verwandten gezeichnet (siehe die beiden folgenden Abbildungen), macht sich Notizen, reflektiert in kurzen metafiktionalen Passagen über den Text oder übernimmt direkt die Hauptrolle, wie in der ersten, titelgebenden Geschichte dieser Trilogie, in der er nach Auschwitz reist.

Abbildung 4: Autointradiegetische Erzählsituation in *Maus* von Art Spiegelman.

64 Marianne Hirsch (2012) prägte diesen Begriff ursprünglich im Kontext der Holocaust-Forschung, um damit Erinnerungen zweiten Grades zu bezeichnen, die Kinder durch die traumatischen Erfahrungen ihrer Eltern konstruieren. Zu einer Kritik des Begriffs in der argentinischen Literaturwissenschaft allgemein sowie dessen Ausweitung auf die Kinder der Verschwundenen vgl. Schlickers 2021a, 50–51.

Abbildung 5: Autointradiegetische Erzählsituation in *El secuestro de Eichmann* in *Camino a Auschwitz*.

Der Erzähler ist intradiegetischer Adressat der Erzählungen seiner Verwandten und zugleich Erzählerfigur, die diese Erzählungen initiiert, transkribiert und sich dabei selbst in die Fiktion hineinschreibt. Die autointradiegetische Position verschafft ihm Zugang zu Familiengeheimnissen – in *Camino a Auschwitz*, der ersten Geschichte, dargestellt durch das Flüstern seiner Großmutter in das Ohr seiner Mutter und das Flüstern seiner Mutter in das Ohr des Erzählers. Zugleich aber sind seine Quellen subjektiv, fehlerhaft und unvollständig, so dass er viele semantische Lücken ausfüllen muss. Bemerkenswert ist weiterhin, dass Gorodischer den Mut hat, der Sexualität seiner Figuren inmitten des Grauens des Holocausts Raum zu geben, was sie sehr menschlich macht, sie in der ›Grauzone‹ situiert und sie so vor Manichäismus bewahrt – nicht aber vor der Kritik, insbesondere hinsichtlich eines Panels, das eine nekrophile Traumsequenz mit Sex zwischen einem Nazi und einem ausgemergelten Kadaver zeigt (vgl. Schlickers 2021a, 270–271).

3 Schluss

Leonardo Senkman wies 2021 (siehe Anmerkung 4) darauf hin, dass in Israel derzeit eine Dämonisierung Eichmanns stattfinde, welche nicht in den in diesem Beitrag dargestellten fiktionalen und dokumentarischen Repräsentationen nachzuweisen ist. Die große Mehrheit folgt explizit oder implizit der Linie Hannah Arendts, während fiktive Nazis und sogar einige fiktive Juden als Monster dargestellt werden. Schlussendlich ist Adolf Eichmann in den hier behandelten Texten ein Kaleidoskop, eine große Projektionsfläche und damit letztlich die Konkretisierung der Fantasie des jeweiligen Autors. Dieser Befund wiederum ist nicht spezifisch für die Darstellung Eichmanns, sondern gilt für die Repräsentation sämtlicher fiktiver und realer Nazis in Literatur und Film des Cono Sur, was ich in meiner Studie (Schlickers 2021a) anhand von ca. fünfzig überwiegend fiktionalen Texten nachweisen konnte. Dabei erlaubt die Fiktion Einblicke, die der historiographischen Täterforschung verwehrt sind, wie Eser (2022) am Beispiel von *El desafortunado* hervorhebt: Ariel Magnus'

> literarisch-fiktionale[r] Täterbeschreibung gelingt es, Einblicke in die Abgründe des menschlichen Daseins zu vermitteln, so zum Beispiel in den Umstand, wie erschreckend einfach auf individualpsychischer Ebene rational-rhetorische Mechanismen der Selbstrechtfertigung in Kraft gesetzt werden können, um nicht zu rechtfertigende Handlungen und Prozesse als ›normal‹ erscheinen zu lassen.

Der vorliegende Beitrag zeigt anhand zweier Romane, eines Spielfilms und einer Graphic Novel unterschiedliche Konkretisationen Eichmanns vom selbstmitleidigen Monster (*Querido Eichmann*) bis zum bemitleidenswerten Entführungsopfer (*Camino a Auschwitz*). Das komplexeste Bild zeichnet der erste Roman, in dem er als Protagonist auftritt: In Magnus' *El desafortunado* ist Eichmann ein Neurotiker, der Kaninchen züchtet, nach Anerkennung lechzt und einzig bereut, nicht alle Juden ausgerottet zu haben.

Literaturverzeichnis

Primärliteratur

Fornaro, Milton. *La madriguera*. Montevideo: Alfaguara, 2016.

Gorodischer, Julián und Marcos Vergara. *Camino a Auschwitz y otras historias de resistencia*. Buenos Aires: Emecé, 2015[2].

Guez, Olivier. *La disparition de Josef Mengele*. Paris: Editions Grasset & Fasquelle, 2017.

Guez, Olivier. *Das Verschwinden des Josef Mengele* (aus dem Französischen von Nicola Denis). Berlin: Aufbau Verlag, 2018.

Langer, Sergio: *Judíos*. Buenos Aires: Planeta, 2015

Littell, Jonathan. *Les bienveillantes*. Paris: Gallimard, 2006.

Magnus, Ariel. *El desafortunado*. Barcelona: Seix Barral, 2020.

Magnus, Ariel. *Das zweite Leben des Adolf Eichmann* (aus dem Spanischen von Silke Kleemann). Köln: Kiepenheuer & Witsch, 2021.

Minaverry, Ignacio. *Dora*. Buenos Aires: Editorial Común, 2013.

Nisco, Jorge und Ramiro San Honorio. *El séptimo bastón de Dios*. Buenos Aires: Planeta, 2012.

Puenzo, Lucía. *Wakolda*. Buenos Aires: Emecé, 2011.
Rosenzvaig, Marcos. *Querido Eichmann*. Buenos Aires: Marea editorial, 2021.
Spiegelman, Art. *Die vollständige Maus* (1986, Bd. 1, 1991, Bd. 2). Frankfurt am Main: Fischer, 2019.

Filme

Der Staat gegen Fritz Bauer. Reg. Lars Kraume, Zero One Film. Terz Film. WDR, 2015.
Eichmanns Ende – Liebe, Verrat, Tod. Reg. Raymond Ley, Doc.Station Medienproduktion, 2010.
El médico alemán. Reg. Lucía Puenzo, Historias Cinematográficas Cinemania, 2013.
El vecino alemán. Reg. Rosario Cervio und Martín Liji, Nanacine, 2018.
Operation finale. Reg. Chris Weitz. MGM, 2018.
Señor Kaplan. Reg. Álvaro Brechner. Baobab Films, 2014.
Die Wannseekonferenz. Reg. Matti Geschonneck. Constantin Television, 2022.

Sekundärliteratur

Aschenauer, Rudolf. *Ich, Adolf Eichmann. Ein historischer Zeugenbericht*. Leoni am Starnberger See: Druffel, 1980.
Basti, Abel. *El exilio de Hitler. Las pruebas de la fuga del Führer a la Argentina*. Buenos Aires: Sudamericana, 2010.
Bettelheim, Bruno. »Individual and mass behavior in extreme situations«. *Journal of Abnormal and Social Psychology* 38 (1943): 417–452.
Brown, Adam. »Screening women's complicity in the Holocaust: The problems of judgement and representation«. *Representing Perpetrators in Holocaust Literature and Film*. Hg. Jenni Adams und Sue Vice. London: Vallentine Mitchell, 2013.
Eser, Patrick. »Interview mit Ariel Magnus, dessen Roman über Adolf Eichmann ›El desafortunado‹ nun auch auf Deutsch erscheint«. *ila. Das Lateinamerika-Magazin* 447 (Juli 2021), https://bit.ly/3JSFhKk (31.03.2024)
Eser, Patrick. »Der Pechvogel«. *Literaturkritik.de* 4 (2022), https://bit.ly/3lXdTmB. (31.03.2024)
Hirsch, Marianne: *The Generation of postmemory: writing and visual culture after the Holocaust.* New York: Columbia UP, 2012.
Klich, Ignacio und Cristian Buchrucker. »Nazis y charlatanes en Argentina: acerca de mitos e historia tergiversada«. *Estudios Sociales. Revista universitaria semestral* 21.41 (2011): 159–203.
Levi, Primo. *Die Untergegangenen und die Geretteten* (*I sommersi e i salvati*, 1986). München: Hanser, 1990.
Meding, Holger M. *La ruta de los nazis en tiempos de Perón*. Buenos Aires: Emecé, 1999.
Melo, Adrián. »En busca del gueto perdido«. *Suplemento Soy* vom 3.7.2015. https://bit.ly/399kGNw (31.03.2024)
Niemetz, Diego E. »La Shoá como posmemoria y religión civil: un ejemplo en la literatura argentina contemporánea«. *Revista de Literaturas Modernas* 48.2 (2018): 45–65.
Renz, Werner. *Ad Hannah Arendt Eichmann in Jerusalem. Die Kontroverse um den Bericht »von der Banalität des Bösen«*. Hamburg: Europäische Verlagsanstalt, 2021.

Schemmel, Marc. *Funktionshäftlinge im KZ Neuengamme. Zwischen Kooperation und Widerstand.* Saarbrücken: Dr. Müller, 2007.

Schlickers, Sabine. *Verfilmtes Erzählen. Narratologisch-komparative Untersuchung zu »El beso de la mujer araña« (Manuel Puig/Héctor Babenco) und »Crónica de una muerte anunciada« (Gabriel García Márquez/Francesco Rosi).* Frankfurt am Main: Vervuert, 1997.

Schlickers, Sabine. »El escritor ficcionalizado o la autoficción como autor-ficción«. *La obsesión del yo. La auto(r)ficción en la literatura española y latinoamericana*. Hg. Vera Toro, Sabine Schlickers und Ana Luengo. Madrid: Iberoamericana, 2010, 51–71.

Schlickers, Sabine. *La conquista imaginaria de América. Crónicas, literatura y cine*. Frankfurt am Main: Peter Lang, 2015.

Schlickers, Sabine. *De Auschwitz a Argentina. Representaciones del nazismo en literatura y cine (2000–2020).* Buenos Aires: Biblos, 2021a.

Schlickers, Sabine. »La violencia y lo abyecto en *Bajo este sol tremendo* (2009), de Carlos Busqued, y El otro hermano (2017), de Israel Adrián Caetano«. *Trasvases entre la literatura y el cine*, 3 (2021b): 181–194. https://revistas.uma.es/index.php/trasvases/article/view/10629 (31.10.2022).

Leonardo Senkman

Dramatische und fiktionale Darstellungen von Eichmann in Argentinien

1 Einleitung und Kontextualisierung

Fiktionalisierte Darstellungen von Adolf Eichmann durch argentinische Autoren, Dramatiker und Filmemacher lassen sich erst in den letzten zwanzig Jahren beobachten. *Macabeo* von Abelardo Castillo, 1961 erschienen, war der erste fiktionale Text, der sich überhaupt mit einem in Argentinien versteckten NS-Kriegsverbrecher auseinandersetzte. Zwei gegensätzliche Identitätselemente strukturieren die Diegese von *Macabeo*: das erste ist die gefälschte Identität eines ehemaligen Nazioffiziers, der ein Vernichtungslager leitete, nach Argentinien kam und versuchte, unbemerkt als deutsch-jüdischer Überlebender durchzugehen; das zweite ist die Suche nach der Wahrheit, die der Sohn des ehemaligen NS-Offiziers durchführt (vgl. Castillo 1961). Zu direkten literarischen Bezügen auf Eichmann kam es aber längere Zeit nicht. Die Fiktionalisierung von Eichmann und anderen in Argentinien untergetauchten NS-Verbrechern erhielt erst in den letzten beiden Jahrzehnten verstärkte Aufmerksamkeit. Die jüngere Thematisierung dieses Stoffs auf der Theaterbühne und in der literarischen Fiktion findet in Argentinien in einem spezifischen Kontext statt, der zunächst in seinen Umrissen skizziert werden soll.

Die Entführung Eichmanns und der Prozess in Jerusalem wurden von der argentinischen Presse verurteilt. Eine Ausnahme bildet der Artikel »Gerechtigkeit für die Schlächter« (»Soberanía para carniceros«, *El Mundo* vom 17. Juni 1960) von Ernesto Sábato. Darin widerspricht Sábato der argentinischen Forderung, Israel solle Eichmann wieder zurückführen. Für ihn ist dabei nicht die Tatsache ausschlaggebend, dass die argentinische Souveränität verletzt wurde, sondern ihn interessiert viel mehr, wie ein so prominenter Kriegsverbrecher überhaupt in Argentinien untertauchen konnte. Zudem verteidigt er das Recht Israels, Eichmann vor Gericht zu stellen. Neben dieser Minderheitenstimme Sàbatos stand zum Beispiel die gewichtige Stimme des Erzbischofs von Argentinien, Antonio Caggiano, der bemerkte, dass der Vollstrecker der ›Endlösung‹ in »unser Heimatland« gekommen sei, um Vergebung und Vergessen zu suchen, und es »unsere Pflicht als Christen« sei, ihm zu vergeben, was er getan habe (*La Razón* vom

Anmerkung: Dieser Beitrag und alle nicht in Übersetzung vorliegenden Zitate wurden von Patrick Eser übersetzt.

Open Access. © 2024 bei den AutorInnen und Autoren, publiziert von De Gruyter. (cc) BY-NC-ND Dieses Werk ist lizenziert unter der Creative Commons Namensnennung - Nicht-kommerziell - Keine Bearbeitungen 4.0 International Lizenz.
https://doi.org/10.1515/9783111077345-021

23. Dezember 1960). Die durch katholisch-nationalistische Organisationen wie dem *Movimiento Nacionalista Tacuara* und der *Guardia Restauradora Nacionalista* zwischen 1960 und 1965 propagierten Hassreden und antisemitischen Gewalttaten[1] verdrängten in der Öffentlichkeit das Thema der nach Argentinien geflüchteten NS-Kriegsverbrecher. An seine Stelle trat die Verurteilung dieser Welle des Antisemitismus durch wichtige intellektuelle Persönlichkeiten des liberalen Lagers und der antifaschistischen Linken (vgl. Senkman und Sosnowski 2009, 139–141).

Erst in den 1980er-Jahren brachten historische Forschung, politische Soziologie und investigativer Journalismus eine kritische Masse an Informationen über die NS-Verbrecher und die Auswirkungen des Nationalsozialismus und des Zweiten Weltkriegs in Argentinien hervor (vgl. Abos 2007; Basti 2006; Burnside 2000; Camarasa 1992, 1995, 1997, 1998; Corbière 1992; de Nápoli 2005, 2008; Farago 1974; Garbely 2003; Gasparini 1997; Goñi 1998, 2008; Llorente und Rigarci 1998; Martínez 2004; Salinas und de Nápoli 2002). In dieser Literatur drückte sich allerdings ein politisches Ziel aus: Sowohl diejenigen, die das Regime und die Ideologie des Peronismus verteufelten, als auch diejenigen, die ihn verteidigten, waren daran interessiert, den Einfluss des Nationalsozialismus sowie des Faschismus in den Ursprüngen und in den ersten Jahren der Regierung Perón zu analysieren (vgl. Klich und Buchrucker 2009, 247–354). Man muss sich darüber im Klaren sein, dass dieser historische und politische Hintergrund sowie die Kontroverse zu den Verbindungen von Peronismus und Nationalsozialismus die Entstehung von Biografien und fiktionalen Erzählungen über Adolf Eichmann in Argentinien begleitete (vgl. Assis 2000; Castillo 2001; Cozarinsky 2001; Posse 2005, 2006, 2007; Rivera 2007).

Ein weiterer Faktor, der in den letzten Jahrzehnten die Erzählungen und Theaterstücke über Eichmann und den Nationalsozialismus beeinflusst hat, ist die Präsenz des Holocaust in der argentinischen Erinnerung. Es ist zu beobachten, dass argentinische Intellektuelle sich die Erinnerungsarbeit von Holocaust-Überlebenden als historische Quelle und mnemotechnischen Rahmen angeeignet haben, um die Gewaltakteure und Verbrechen des Staatsterrorismus der letzten Militärdiktatur zu interpretieren (vgl. Kahan und Lvovich 2016; Simón 2016; Louis 2019; Senkman 2011; Zehnder 2016). Eine vergleichbare Verwendung von Tropen und Figurationen des Nationalsozialismus und der ›Viktimologie der Holocaust-Ära‹ wie im Argentinien der Post-Diktatur-Ära ist in anderen lateinamerikanischen Ländern und postdiktatorialen Kontexten, etwa in Chile oder Brasilien, nicht so ausgeprägt zu finden.

Die zuletzt genannten kultur- wie repräsentationsgeschichtlichen Faktoren sind in der Analyse der Fiktionalisierung der Eichmann-Figur zu berücksichtigen,

1 Siehe hierzu auch den Beitrag von Kahan in diesem Band.

die der vorliegende Aufsatz anhand literarischer und dramatischer Werke aus Argentinien vornehmen möchte. Eine weitere Entwicklung, die genuin im Feld der Literatur anzusiedeln ist, trug zum Aufleben der NS-Thematik in der argentinischen und generell lateinamerikanischen Literatur bei: das literarische Werk des Chilenen Roberto Bolaño.

2 Der Einfluss Bolaños

Im Bereich der Belletristik erschien 1996 das emblematische und für lateinamerikanische Texte, die sich mit dem Schrecken des Staatsterrorismus befassen, bahnbrechende Werk: Bolaños *La literatura nazi en América Latina* (Die Naziliteratur in Lateinamerika, 1999) liest sich wie eine parodistische Anthologie biografischer Fiktionen imaginärer Autoren, die von rechtsextremen Personen inspiriert sind, die tatsächlich in Lateinamerika gelebt haben. Es handelt sich allerdings nicht um fiktive Nazifiguren, die Bolaño dämonisiert. Bolaño erkundet in diesem Text vielmehr die wahnwitzige kulturelle Welt und das soziale Imaginäre, die mit den Paradoxien der lateinamerikanischen radikalen Rechten in der Zeit des Faschismus und Postfaschismus verbunden sind. In den Worten seines Autors verspricht *La literatura nazi en América Latina* dem Leser laut Verlagsseiten »eine vage enzyklopädische Anthologie der philonazistischen Literatur, die in Amerika zwischen 1930 und 2010 entstanden ist, einem kulturellen Kontext, der sich im Gegensatz zu Europa nicht bewusst ist, was er ist und in dem der Ausdruck oftmals ins Unermessliche abdriftet.«[2]

Erfundene und imaginäre Autoren sind ebenso die Figuren eines früheren Buches von Bolaño, *El Tercer Reich* (Das Dritte Reich; 2010), das als Tagebuch vom 20. August 1989 bis zum 20. Oktober 1989 geschrieben und posthum veröffentlicht wurde. In diesem Roman hat Udo Berger, ein junger Mann, der von einem Spiel namens *Das Dritte Reich* fasziniert ist, in seinem Zimmer einen großen Tisch installiert, um dort die Spielsteine seines Kriegsspiels zu bewegen. Er interessiert sich weniger für Strandtage an der Costa Brava, wie sie seine Freundin genießt, sondern entwirft lieber neue Strategien für das Spiel.

2 Im Original: »una antología vagamente enciclopédica de la literatura filo-nazi producida en América desde 1930 hasta 2010, un contexto cultural que, a diferencia de Europa, no tiene conciencia de lo que es y donde se cae con frecuencia en la desmesura.« Verlagsankündigung auf den Internetseiten des Anagrama-Verlags: https://www.anagrama-ed.es/libro/compactos/la-literatura-nazi-en-america/9788433977700/CM_667 (03.05.2024)

Im Kontrast zur propädeutischen und verurteilenden Literatur des Bösen schrieb Bolaño *El Tercer Reich* und *La literatura nazi en América Latina*, ohne sich um die Rettung des historischen Gedächtnisses oder die Fiktionalisierung der faschistischen Intellektuellen zu kümmern, die nach dem Zweiten Weltkrieg nach Argentinien, Chile, Paraguay und Brasilien geflohen sind und die Cristián Buchrucker (2002, 51–104) als »Nostalgiker der ›Neuen Ordnung‹« bezeichnet hat. In seinem Roman *Estrella distante* (Stern in der Ferne, 1996), der im selben Jahr wie *La Literatura nazi en America Latina* veröffentlicht wurde, spielt Bolaño auf den Bestseller *Le Matin des magiciens* (1961) von Louis Pauwels und Jacques Bergier an (im Spanischen *El retorno de los brujos*), der von parapsychologischen Phänomenen, verschwundenen Zivilisationen, Alchemie, Esoterik und deren Verbindung zum Nationalsozialismus handelt.[3] Bibiano O'Ryan, ein ehemaliger Freund des Erzählers und ›Künstler-Folterers‹ Carlos Wieder, schickt sich in der Erzählung an, in Anlehnung an *Le Matin des magiciens* von Bergier und Pauwels ein Buch mit dem Titel *El nuevo retorno de los brujos* zu schreiben. Es wird als »Anthologie der amerikanischen Nazi-Literatur« vorgestellt:

> Ein großartiges Buch [...], das alle Erscheinungsformen der Nazi-Literatur auf unserem Kontinent abdecken würde, von Kanada (wo die Quebecer sich austoben konnten) bis Chile, wo es zwangsläufig Tendenzen für jeden Geschmack gab, aber die Hauptfigur, die aus dem Schwindel und dem Geschwätz des verfluchten Jahrzehnts herausragt, ist zweifellos Carlos Wieder (Bolaño 2003, 52).[4]

In der Tat stellt Carlos Wieder, der Protagonist von *Estrella Distante*, die Fortsetzung von Ramírez Hoffman dar, einer Figur aus dem letzten Kapitel von *La literatura nazi en América Latina*, dessen Geschichte nicht mehr ein bio-bibliographischer Rückblick ist, sondern eine infame Erzählung darstellt, die, in den Worten von Roberto Bolaño, »als Kontrapunkt, vielleicht als Antiklimax zu der literarischen Groteske diente, die ihr vorausging«.[5] (vgl. Bolaño 1996, 11)

---

3 In ihrer auf den Esoterismus fokussierten Interpretation des Nationalsozialismus, *Le Matin des magiciens, introduction au réalisme fantastique* (1960), argumentieren Pauwels und Bergier, dass nur die radikale Veränderung der kulturellen und moralischen Grundlagen des Dritten Reiches die Übernahme esoterischer Kulte und den Glauben an abwegige Mythologien und Kosmogonien durch die nationalsozialistische Führung erklären könne.

4 Im Original: »Un libro magno [...] que cubriría todas las manifestaciones de la literatura nazi en nuestro continente, desde Canadá (en donde los quebequeses podían dar mucho juego) hasta Chile, en donde seguramente iba a encontrar tendencias para todos los gustos pero la figura principal, la que se alza única de entre el vértigo y el balbuceo de la década maldita, es sin duda Carlos Wieder « (Bolaño 2003, 52).

5 »El último capítulo de *La literatura nazi* servía como contrapunto, acaso como anticlímax del grotesco literario que lo precedia« (Bolaño 1996, 11).

In *Estrella distante* erzählt Bolaño die Geschichte des jungen Dichter-Piloten Alberto Ruiz Tagle, der sich später Carlos Weider nannte, ein Leutnant der chilenischen Luftwaffe und zugleich Künstler und Folterer, der Fotos von Gefolterten und Verschwundenen ausstellte, darunter auch von Frauen, die Teilnehmerinnen seiner Literaturkurse waren. Ich frage mich, ob Bolaño möglicherweise daran interessiert war, den faschistischen Charakter des Pinochet-Regimes zu verstehen, indem er die rein politische Sphäre überschritt, um so die Kultur und die sozialen Sensibilitäten zu durchdringen, und zwar anhand der rätselhaften Figur Weiders, jenes kriminellen Dichters, der über einem Konzentrationslager mit seinem Flugzeug kreiste, mit Rauchbuchstaben ›Luftpoesie‹ betrieb und bedrohliche Botschaften wie »Tod ist Liebe« schrieb.

Ich bin jedoch nicht der Meinung, dass Bücher wie *Estrella distante* und *Nocturno de Chile* als faschistische Literatur gelesen werden sollten, auch wenn das Ausbleiben der Figuration des Faschismus mehrmals mit Ellipsen und apokopierten Elementen einhergeht, die ohne Zweifel auf ihn anspielen, und der soziopolitische Kontext eines Landes angedeutet wird, dessen Bürger während der Pinochet-Diktatur im wörtlichen und übertragenen Sinne verstümmelt wurden. Bolaño parodiert in seinen Werken weiterhin das, was er »literarische Groteske« nannte, indem er Schriftstellerfiguren erschafft, die sich inbrünstig der Literatur widmen und sich zugleich der Hitlerjugend anschließen oder den Repressionsapparaten der südlateinamerikanischen Diktaturen angehören (vgl. Ríos Baeza 2014, 67–69). Dennoch ist es legitim zu fragen, ob Carlos Weider ein Faschist ist. Bolaño stellt ihn unter Rückgriff auf die Figur des nietzscheanischen Übermenschen als fanatischen Verfechter zwar nicht mehr der Reinheit der arischen Rasse, aber doch der reinen Poesie (und der Kunst im Allgemeinen) dar, bis hin zu dem schändlichen Punkt, dass er Dichter tötet, weil er sie für nicht rein genug hält.

In einem metafiktionalen Roman und Essay über Leben und Werk des chilenischen Diplomaten und esoterischen Neonazi-Schriftstellers Miguel Serrano (1913–2009) führt der Autor Gonzalo León eine heterodiegetische Figur ein, durch die die große Bewunderung Roberto Bolaños für Serranos literarisches Schaffen thematisiert wird (vgl. León 2017). Es ist hier von Gesprächen mit Bolaño die Rede, in denen dieser eine parodistische Unterscheidung zwischen den Figuren seiner biografischen Fiktion getroffen hat, nämlich die zwischen *realen* und *nicht fiktiven* Nazis. León problematisiert in seinem Roman die literarische Würdigung des chilenischen Dichters und Diplomaten Serrano, obwohl dieser weiterhin den Nationalsozialismus unterstützte. Außerdem taucht in dem Roman die vermeintliche Aussage Bolaños auf, der zufolge dieser sogar bedauert habe, Serrano in seiner *La literatura nazi en América Latina* nicht erwähnt zu haben. Laut der Romanfigur in Leóns Roman hat Bolaño ihr in einem geheimen Brief seine Überlegung ›gestanden‹, warum er Serrano nicht in dieses Werk integriert habe, obwohl dieser doch der einzige lebende Nazi-Schriftsteller in Amerika sei. »Warum nicht eine Figur einführen, die ihn verkörpern könnte. Ehrlich gesagt habe ich nie geglaubt, dass eine meiner Schöpfungen auf seinem Niveau sein könnte.«[6] (León 2017, 121) Schließlich bedauert die Figur Bolaños in dem Roman Serranos Bekenntnis zum Nationalsozialismus, denn es entspreche nicht dem »Niveau seiner Literatur, und ich möchte, dass er es weiß. Wie großartig wäre er, wenn er diese schändliche Ideologie nicht verkünden würde.«[7] (122)

Der antijüdische Diskurs der nationalsozialistischen Matrix des Schriftstellers Serrano konnte während und nach der chilenischen Militärdiktatur vollkommen straflos verbreitet werden. Er veröffentlichte, nicht zufällig in Schlüsselmomenten des demokratischen Übergangs, antisemitische Titel wie *El Plan Andinia. Estrategia sionista para apoderarse de la Patagonia argentina y chilena* (1987, am Vorabend des entscheidenden Plebiszits 1988), *Informe Leuchter. Fin de una mentira. Cámaras de gas: holocausto judío* (1989, im Jahr der Präsidentschaftswahlen und des Machtwechsels) sowie *Contra el nuevo orden mundial* (1993) und *Se acabó Chile. La estrella de Israel reemplaza a la estrella de Chile* (2001) (vgl. Guzmán 2019).

Die Lesarten des Nationalsozialismus und seiner Auswirkungen in der lateinamerikanischen Kultur und Literatur haben durch das spannungsvolle literarische Werk Bolaños, das zum Gegenstand von zahlreichen Studien und Kommentaren und zum Anlass für weitere anspruchsvolle literarische Darstellungen wurde, eine bedeutende Dynamik erfahren. Im Folgenden werden Darstellungen von geflohenen NS-Tätern im Allgemeinen und von Eichmann im Besonderen anhand jüngster argentinischer Fiktionen vorgestellt und diskutiert. Dabei werden verschiedene Medien – Theater im Abschnitt 3 und 4, Roman im Abschnitt 5, sowie Graphic Novel im Abschnitt 6 – berücksichtigt.

3 Geflohene NS-Täter auf der Bühne

2007 brachten die argentinischen Dramatiker Patricia Suárez und Lionel Giacometto das Stück *Herr Klement (La captura de Eichmann en Argentina)* heraus, das den Abschluss einer Trilogie über den Nationalsozialismus bildet. Der erste Teil der Trilogie trug den Titel *Todos los judíos fuera de Europa* (Alle Juden raus aus Europa)

6 Im Original: »¿Por qué no hacerlo si Serrano es el único escritor nazi vivo en América? ¿Por qué no poner un personaje que pudiera encarnarlo? Sinceramente jamás creí que una creación mía estuviera a su altura« (León 2017, 121).

7 Im Original: »no está a la altura de su literatura y quiero que lo sepa. Cuán grande sería si no pregonara esta nefasta ideologia« (León 2017, 122).

und wurde 2008 uraufgeführt. Die Handlung spielt Ende 1940 im vom Dritten Reich eroberten polnischen Danzig. Der Regisseur Alejandro Ullúa erklärte ausdrücklich, dass das Stück als bewahrende Erinnerung funktionieren solle, und zwar aus zwei Gründen: zum einen sei Argentinien ein Land gewesen, das nach dem Krieg NS-Tätern Schutz vor der internationalen Justiz gewährte, zum anderen aufgrund der Parallele zu einer Diktatur, »die das Land in den 1970er-Jahren verwüstete« (zit. n. *Alternativa teatral* o. J.). Das weitere Stück der Trilogie, *Edgardo practica, Cósima hace magia*, von Patricia Suárez, ist eine schwarze Komödie, die im Argentinien der 1990er-Jahre spielt. Sie handelt vom Überdruss eines deutschen Ehepaars mit einer mit dem Nationalsozialismus verbundenen Vergangenheit und einen wertvollen Schatz, den jenes auf dem Dachboden seines Hauses versteckt hält (Suárez 2006).[8]

Patricia Suárez hatte zuvor schon weitere Stücke über flüchtige NS-Verbrecher veröffentlicht, die als Vorstufe von *Herrn Klement* gelesen werden können. 2003 inszenierte Suárez am Teatro Taller del Angel das Stück *Walhala*, das mit dem *Premio Argentores* ausgezeichnet wurde. Es handelt von dem deutschen General Herman Straub, der im Delta des Paraná-Flusses lebt, wo er keinen Hehl um seine politische Vergangenheit und Sympathien macht, und auch das Hakenkreuz offen zur Schau stellt. Der zentrale dramatische Konflikt dreht sich jedoch um die Liebesbeziehung eines jungen jüdischen Mannes mit der Tochter des flüchtigen NS-Militärs. Im Jahr 2005 wurde am Teatro Nacional Cervantes in Buenos Aires das Stück *Rudolf* von Suárez unter Regie von Dora Milea uraufgeführt. Der Titel bezieht sich auf ein jüdisches Waisenkind, das in einem Dorf inmitten des Wiederaufbaus nach dem Krieg in der Bundesrepublik Deutschland einer deutschen Frau nachspürt, die dort lebt. Die weibliche Hauptfigur ist inspiriert von *Historia de un acorralado* (Geschichte eines Umzingelten), einem Theaterstück des Spaniers Eliseo Bayo (1962), das die Ermittlungen des Mossad-Agenten Asher ben Natan erzählt, der den Spuren zweier ehemaliger Geliebter Eichmanns folgt, von denen eine in einem deutschen Dorf und die andere in Ungarn lebt. 2014 wird *Rudolf* in der Sala Mirador in Madrid unter der Regie von Cristina Rota aufgeführt.

Im Jahr 2006 hatte Suárez mit *El tapadito* Premiere. Das Stück spielt 1954 in einem Loft in San Fernando, im Großraum Buenos Aires, wo sich zwei deutsche Frauen mit ihrer vergangenen Beziehung zu einem Nazi-Flüchtling auseinandersetzen. Trotz der Anspielung auf geflohene NS-Täter der Nachkriegszeit galt das dramatische Interesse des Regisseurs Hugo Urquijo in *El tapadito* der Welt dieser beiden Frauen, die in der gemeinsamen Vergangenheit der Liebesbeziehung ge-

8 Zu den weiteren Theaterstücken von Patricia Suárez gehört unter anderem die Trilogie *Las polacas*, bestehend aus *Historias tártaras*, *Casamentera* und *La Varsovia*. Suárez hat außerdem Gedichtsammlungen, Kurzgeschichten und Romane veröffentlicht, darunter *Perdida en el momento*, für den sie 2003 den Clarín-Preis in der Kategorie Romane erhielt.

fangen sind, ohne ihre Erinnerung daran zu teilen, auch nicht das individuelle Scheitern ihres Versuchs, mit eigener Hand Rache zu nehmen (vgl. AN Red o. J.). Schon in diesen Dramen zeigt Suárez die universellen menschlichen Implikationen des dramatischen Konflikts um die geflohenen NS-Täter auf und verlagert so den Fokus weg vom Holocaust und der spezifischen Perspektive auf die jüdischen Opfer hin zur Dramatisierung unvorhergesehener Situationen allgemeiner Art.

Liebeskonflikte stehen auch im schon erwähnten Werk *Rudolf* im Zentrum der Handlung, in der ein junger jüdischer Mann eine Beziehung mit der deutschen Geliebten des in Buenos Aires untergetauchten NS-Verbrechers Rudolf Koch eingeht. In der Absicht, Kochs Aufenthaltsort herauszufinden und mit dem Vorwand, ihm eine finanzielle Zuwendung zukommen zu lassen, geht der junge Mann mehrmals auf die Frau zu, die ihm allerdings die Informationen verweigert. Trotz ihrer Ablehnung kehrt der junge Mann zu ihr zurück und beginnt, mit der Frau, die lange Zeit ohne menschliche Wärme gelebt hat und eine verwirrte persönliche Identität sowie brüchige Erinnerungen aufweist, ein Gespräch über Liebe zu führen. Während sie sich danach sehnt, zu vergessen, verliebt sich der einfache junge Mann unerwartet in die Ex-Geliebte des flüchtigen Nazis. Die dramatische Auflösung in *Rudolf* verlagert den Konflikt um den Kriegsverbrecher auf die unmögliche, harte und melancholische Liebe eines seiner Opfer. Die Handlung spielt im Deutschland der Nachkriegsjahre, während des Kalten Krieges und des deutschen Wiederaufbaus, in denen die jüngste völkermörderische Vergangenheit in Vergessenheit geraten war. Die Uraufführung des Stücks fällt in die Jahre, in denen in Argentinien die Mütter der Plaza de Mayo die Bestrafung der Verbrechen des Staatsterrorismus in den Jahren 1976–1983 forderten. Mit der Figur des jungen Juden, der den NS-Kriegsverbrecher aus Gründen der Gerechtigkeit und nicht aus Rache sucht, hat Suárez deutlich ihre Absicht zum Ausdruck gebracht, zu zeigen, wie es den Überlebenden gelingt, in der Nachkriegszeit wieder Vertrauen und Hoffnung in das Wesen des Menschen zu gewinnen. Die Handlung findet in der Zeit des deutschen Wiederaufbaus und nicht während des Holocausts statt, »weil der Kampf gegen diejenigen, die die Würde des Menschen zerstören wollen, in Friedenszeiten und nicht in Kriegszeiten geführt wird« (Suárez zit. n. Dubatti 2006, 8). Der deutsche Wiederaufbau ist für Suárez eine Metonymie für die Amnesie in der Zivilgesellschaft, sie lässt die Figur des Felix wütend antworten: »Sie füllen die Löcher, die das Volk hinterlassen hat, mit Zement, sie zermalmen die Vergangenheit mit Bulldozern, sie vermischen die Erinnerungen, so dass die Vergangenheit ungreifbar wird« (zit. n. Dubatti 2006, 8).

Eine solche allgemeine humanistische Tendenz und ethische Ausrichtung findet sich auch in einem späteren Theaterstück von Suárez, in dem sie versucht, die Figur Mengele zu dramatisieren, allerdings vermittelt durch die Figur des dänischen Arztes und SS-Sturmbannführers Carl Værnet. Dieser führte zwischen Juni und Dezember 1944 Experimente an im KZ Buchenwald internierten Homosexuellen durch (vgl. Davidsen-Nielsen und Krickler 2004). Im Mai 1945, nach der Befreiung Dänemarks durch die Alliierten, wurde er im Konzentrationslager Alsgade Skole in Kopenhagen interniert. Dort versuchte er, eine Hormontherapie zur Behandlung von Homosexualität patentieren zu lassen und nahm Verhandlungen zur Vermarktung dieser Patente mit verschiedenen Pharmakonzernen auf. Schließlich floh Værnet nach Argentinien, wo er ab 1947 als Arzt im Gesundheitssekretariat der peronistischen Regierung unter Minister Ramón Carillo arbeitete, der ihn 1949 mit der argentinischen Einbürgerung belohnte und mit einem Fünfjahresvertrag versorgte (vgl. Goñi 2008, 173–176). In den folgenden Jahren eröffnete Værnet, der seinen Namen in Carlos geändert hatte, eine Arztpraxis in Buenos Aires und setzte seine Zusammenarbeit mit den Gesundheitsbehörden bei Projekten zur ›Heilung der Homosexualität‹ fort, die auch in Argentinien als Krankheit angesehen wurde. Im Stück *La vergüenza* dramatisiert Suárez den Konflikt einer jüdischen Familie von KZ-Überlebenden, die sich für die Homosexualität ihres 17-jährigen Sohnes schämt. Trotz der Weigerung ihres Mannes beschließt die Mutter, den NS-Arzt Carlos Værnet zu konsultieren, um Marquitos einer Behandlung zu unterziehen, bei der eine ›künstliche männliche Geschlechtsdrüse‹ implantiert wird, die in der Leiste Testosteron freisetzt. Es kommt zum Konflikt zwischen der Mutter des Teenagers, der es nur darum geht, sich von dem Stigma eines homosexuellen Sohnes zu befreien, und dem Vater, der sich schämt, dass seine Frau dafür einen NS-Arzt konsultiert:

> Joseph: Sie haben unseren Sohn einem Nazi-Arzt übergeben! Du hast meinen Sohn in die Hände eines SS-Majors gegeben. Einem Mörder aus Buchenwald! Ich schäme mich, dass du ein Jude bist!
>
> Rosa: Ich will ein gesundes Kind. Ich will nicht jüdisch sein. (Suárez 2015, 186)

4 *Herr Klement*: Die Gefangenschaft Eichmanns in Argentinien

Suárez und Giacometto stellen in *Herr Klement* (Suárez und Giacometo 2006) die letzten drei Tage der Gefangenschaft Eichmanns und sein Zusammenleben mit den vier Mossad-Agenten – alle vier Holocaust-Überlebende – dar, die ihn am Vorabend seiner Überführung in dem Flugzeug der *El-Al* bewachen und sich um seine Gesundheit kümmern. Das Stück imaginiert vorhersehbare wie völlig unvorstellbare Situationen, mit denen sich die Betreuer des Kriegsverbrechers konfrontiert sehen.[9]

Eine vorhersehbare Situation in dem Drama ist der Wunsch nach Rache, den die Mossad-Agentin Rosa verspürt, die versucht, den Mann zu töten, der für die ›Endlösung‹ und auch für die Ermordung ihrer Familie verantwortlich ist. Weniger vorhersehbar ist jedoch die Szene, in der Rosa Herrn K. auf Ladino das Lied *En tierras ajenas yo me vo murir* vorsingt, das ihre Mutter für sie vor der Deportation von Thessaloniki nach Auschwitz gesungen hat (vgl. Suárez und Giacomento 2006, 50). Zu den noch weniger vorhersehbaren Situationen gehört jene, in der einer der Mossad-Agenten seinem Vorgesetzten verstört gesteht, dass er überrascht gewesen sei, in Eichmann kein Monster, sondern einen Menschen zu sehen. Als der junge Shalom seinem Chef mitteilt, dass »ich eine Gänsehaut bekam, als ich Eichmann zum ersten Mal sah«, antwortet Lubinsky, dass ihm das gleiche passiert sei:

> Sie haben in Wirklichkeit kein Monster gesehen: Ihnen ist das gleiche passiert wie mir. Nach so viel Suchen und Suchen, nach so viel Fehlinformation und falschen Hinweisen, war er da, dieser elende Mensch aus Fleisch und Blut, der sich für so viele Verbrechen verantworten muss, *aber Sie sehen in ihm keine Bestie.*[10] (24, Hervorhebung im Original)

Außerdem gesteht der Chef der Mossad-Agenten, dass die Ergreifung Eichmanns ihm half, den Rachewunsch eines jüdischen Opfers zu überwinden.

> Trotz unser aller Hass war ich plötzlich kein Agent. Ich war ein Mensch. Ich war ein Mann, der einfach tat, was er tun musste. In meinen Händen hielt ich eine Entscheidung. Und meine Hände entschieden, nicht nur für mich, sondern vor allem für die Lebenden und die Toten ... Und ich zerrte ihn ins Auto.[11] (25, Hervorhebung im Original)

Im Stück verwandelt sich nicht nur der Wunsch nach Rache in die gewissenhafte Erledigung der Mission, ihn lebendig vor den israelischen Gerichtshof zu bringen, sondern vermenschlicht auch den Mossad-Agenten: »Ein Mann, der einfach tat,

---

9 Das Stück von Patricia Suárez und Leonel Giacometto wurde am 21. Juli 2007 im Teatro del Artefacto in Buenos Aires unter der Regie von Alejandro Ullua uraufgeführt. *Herr Klement* wurde von Artezblai Kultur Elkartea veröffentlicht (2006).

10 Im Original: »en realidad, Ud. no vio a un monstruo: le sucedió lo que a mí. Después de tano buscar y buscar, después de tanta información errónea y falsas pistas, allí estaba él, un miserable hombre de carne y hueso, que debe responder por tantos crímenes, *pero no vea en él a un ser bestial.*« (24)

11 Im Original: »de repente, ya no era yo un agente. Era una persona. Un hombre simplemente que hacia lo que debía hacer. En mis manos tenía una decisión. Y mis manos decidieron. No por mí sino, sobre todo, por los vivos y los muertos ... Y lo arrastré al automóvil.« (25)

was er tun musste. Das war für mich der menschliche Akt, nämlich, dass ich gestern nicht geschossen habe«.[12] (25)

Die humanistische Tendenz und Behauptung eines universalistischen ethischen Verhaltens der Figur des Stücks drückt sich darin aus, dass der Wunsch der jüdischen Opfer nach unmittelbarer Gerechtigkeit verdrängt wird, um Eichmann vor Gericht zu stellen und so für seine Verbrechen gegen die Menschlichkeit bestrafen zu können. Der leitende Mossad-Agent betont, dass Eichmann ein Mensch sei: »Ein Mensch, der sich jetzt für seine Entscheidungen, für seine Beleidigung der Menschheit verantworten muss« (24). Der für die Vernichtung während des Holocaust verantwortliche Mann wird von der Figur Lubinsky universalisiert, indem er Eichmann nicht als »Mörder am jüdischen Volk«, sondern als »Beleidigung der Menschheit« (24) bezeichnet.[13]

Ebenso wird der Täter Herr Klement auf sehr ironische Weise als Mörder mit menschlichen Gefühlen charakterisiert. Er habe den Juden in den Lagern Qualen erspart, rechtfertigt sich Klement gegenüber Shalom:

> Ich habe versucht, so wenig wie möglich von den Konzentrationslagern zu sehen, ich habe mich von den Einrichtungen ferngehalten – ich habe nur versucht, Ihren Leuten das Leid zu ersparen: Die Strafen und die Bestrafungen, die Erschießungen, das ist nicht human. Es war schrecklich, was sie taten, sie machten die jungen Leute zu Sadisten, wie konnten sie so etwas tun! Es sollte ihnen nicht erlaubt sein, Frauen und Kinder zu verprügeln. Ich sagte ihnen: Wenn unsere Leute so weitermachen, werden sie noch verrückt ... Ideologisch gesehen bin ich gegen jede Art von unnötigem Leiden. Deshalb war es eine humane Lösung, so viele Arbeitsunfähige wie möglich auf dem schnellsten Wege zu beseitigen. Das wäre zumindest nicht so unangenehm, wie sie verhungern zu lassen.[14] (56)

---

12 Im Original: »un hombre simplemente que hacía lo que debía hacer Ese fue para mí el acto humano por el que no disparé hace un día.« (25)

13 Im Original: »Un hombre que ahora debe responder por sus decisiones, por su insulto a la humanidad [...] El responsable del exterminio durante el Holocausto es universalizado por el personaje Lubinsky al no caracterizar a Eichmann como genocida del pueblo judío« (24) sino »un insulto a la humanidad«.

14 Im Original: »De los campos de concentración, procuré ver lo menos posible, me mantuve alejado de las instalaciones. Lo único que yo trataba era de ahorrarle el dolor a los suyos: los castigos y las penas, los fusilamientos, eso no es humano. Era terrible lo que hacían, convertían a los jóvenes en unos sádicos. ¿Cómo era posible que hicieran semejante cosa?! No debía permitir que apalearan a mujeres y niños. Yo les dije: de seguir así nuestro pueblo, nuestra gente terminará loca. ... Ideológicamente, yo estoy en contra de cualquier tipo de sufrimiento innecesario. Por eso, una solución humanitaria era apartar por medios más rápidos a cuantos de los que no estuvieran en disposición de trabajar. Eso sería por lo menos no tan desagradable como dejarlos morir de inanición« (56)

Eine unvorhergesehene Wirkung der Theateraufführung von *Herrn Klement* war die Reaktion einiger Zuschauer, die in dem Blog des Veranstalternetzwerks *Alternativa Teatral* schrieben, dass die Erinnerung an den Völkermord an den Juden einen starken Einfluss auf die Erinnerung an die argentinischen Unterdrücker während der letzten Militärdiktatur hatte. So hinterließ ein Besucher des Stücks am 5. Oktober 2007 auf dem Blog folgenden Kommentar:

> Wir waren angenehm überrascht, denn wir stimmen zu, dass es eine unausweichliche Parallele zu dem gibt, was in unserem Land während der völkermörderischen Militärdiktatur geschah. Das Gesicht von Adolf Eichmann, das von Guido Dalbo während der Szenenwechsel so gut interpretiert wurde, erinnerte mich an den ungestraften Blick von Astiz oder Camps während der Prozesse gegen die Juntas.[15] (Alternativa Teatral, 2007)

Eine andere, nicht ganz unerwartete Situation ergibt sich, wenn man die Verantwortung der deutschen SS-Generäle für die Ausführung von Befehlen mit der der argentinischen Generäle während der letzten Militärdiktatur vergleicht. Die Anspielung auf den Staatsterrorismus des Dritten Reichs und den des argentinischen Militärs ist offensichtlich, wenn sich Herr K. verteidigt: »Wir waren lediglich eine Handvoll Generäle, die Befehle befolgten« (Suárez und Giacomento 2006, 57).

Doch die Situation nimmt eine völlig unerwartete dramaturgische Wendung: Der kriminelle Herr K. vergleicht seinen strikten Befehlsgehorsam mit dem des Mossad-Agenten, der sich weigert, seinen Wunsch, ihn zu töten, auszuführen. Herr K. fragt Shalom: »Weißt du, warum du mich nicht tötest? Weil du Befehle befolgst, genau wie ich das tat«, woraufhin Shalom antwortet: »Sie sind ein Verbrecher. Ich bin keiner«. Herr K. entgegnet wiederum: »Sie sind ein Entführer. Entführung ist ein Kapitalverbrechen.« (57)

Der Höhepunkt der List in Eichmanns Entlarvungslogik wird erreicht, wenn dieser sich damit brüstet, zwar ein Mörder gewesen zu sein, aber einer mit humanitären Gefühlen, da die von ihm »nüchtern« beaufsichtigte ›Endlösung‹ letztlich die Gründung des jüdischen Staates in der Nachkriegszeit begünstigt hätte: »Du lebst wegen mir«, erinnert Herr K. den israelischen Mossad-Agenten unbeirrt, »Du lebst wegen mir. Sie sind jetzt eine Nation und das haben Sie uns zu danken« (58).

Der Konflikt, der Suárez als Dramatikerin am meisten interessiert, ist das Problem des Bösen – ein Thema, das in der mexikanischen Version von *Herr Klement*, die in Puebla unter dem Titel *El Mal* aufgeführt wurde, nochmals stärker in den Vordergrund gerückt ist. In dieser Inszenierung stehen zwei Mossad-Agenten

15 Im Original: »Nos sorprendimos gratamente porque coincidimos en que hay un paralelo ineludible con lo ocurrido en nuestro país durante la dictadura militar genocida. Ese rostro de Adolf Eichmann tan bien interpretado por Guido Dalbo durante los cambios de escena me hizo recordar a la mirada impune de Astiz o de Camps durante los juicios a las Juntas«.

im Fokus des Geschehens, die auf die Anweisung warten, Eichmann in das Flugzeug zu verfrachten, um ihn nach Israel zu bringen, und dabei über das Böse und die Gründe des Verbrechers für den Völkermord diskutieren.

In Ariel Magnus' biografischer Erzählung über Eichmann spielen solche Facetten ebenso eine zentrale Rolle.

5 Ariel Magnus: *El desafortunado*

Ariel Magnus, dessen Großmutter väterlicherseits Auschwitz überlebt hat, charakterisiert Eichmann in seinem Roman als ›Pechvogel‹ und nicht als pathologischen Verbrecher. Trotz der ideologischen Abneigung als Enkel einer Überlebenden gelingt es dem Schriftsteller, sich in das Denken Eichmanns hineinzuversetzen, um dessen verbrecherischen Handlungen zu verstehen und auch zu erklären, warum er sich ›unglücklich‹ fühlte.

Magnus stellt sich das Leben des geflohenen Eichmann in Argentinien anhand seiner verschiedenen Stationen vor: zunächst bei seiner Arbeit in der Firma CAPRI in Tucumán, später dann im Großraum Buenos Aires, von der Ankunft seiner Frau und seiner Kinder bis zu seiner Festnahme durch den Mossad. Doch anders als in Suárez' Theater-Porträt versucht Magnus in seiner Fiktion, historische Lücken mit Blick auf Eichmanns konkrete Lebenssituationen imaginativ zu füllen. Er entwickelt diese nicht als Biograf, sondern schreibt einen Roman auf der Basis einer erschöpfenden Lektüre der Dokumentation und Geschichtsschreibung zu Eichmann, die er zum Ende des Romans auch kommentiert.

Magnus hebt in einem der Interviews über seinen literarischen Versuch, Eichmann zu verstehen, hervor, dass die Aufgabe, solche Verbrecherfiguren zu begreifen, der einzige Weg sei,

> Züge dieses Denkens in anderen Menschen von heute zu erkennen. Der schlimmste Fehler, den wir machen können, ist, sie als Idioten oder Monster zu behandeln, weil sie Menschen waren […]. Meine Hypothese ist, dass das Böse ein Kontext ist, es sind Momente und Verkettungen von Handlungen, denen man nicht entkommen kann oder will, und es ist auch die Folge eines falschen Prinzips.[16] (zit. n. Manrique Sabogal 2020)

16 Im Original: »Entenderlos es la única manera de detectar rasgos de ese pensamiento en otros seres humanos hoy. El peor error que podemos cometer es tratarlos de idiotas o monstruos, porque ellos fueron seres humanos. […] Mi hi pótesis es que el mal es un contexto, son momentos y son concatenaciones de actos de los cuales uno no puede o no quiere zafarse, y es, también, consecuencia de un principio falso.«

Dieser Ansatz unterscheidet Magnus' Roman von einem anderen zeitgenössischen Roman, *Querido Eichmann* von Marcos Rosenzvaig (2021), der sein Werk auf dokumentierte historische Fakten und mündliche Quellen aus Las estancias, dem Ort in der Provinz Tucumán, in dem die Handlung seines Romans spielt, stützt. Rosenzvaig hält den historischen Roman für ein Oxymoron: »Wenn es Geschichte ist, ist es keine Fiktion, und wenn es Fiktion ist, ist es keine Geschichte« (Sepúlveda 2021). Magnus hingegen schreibt seinen Roman aus einer anderen Perspektive und überschreitet dabei die Grenzen der »von realen Ereignissen inspirierten Fiktion« von *Querido Eichmann*.

Magnus strukturiert seine Erzählung durch zwei Register, die er in seinem Text miteinander verwebt: Einerseits schreibt er über Situationen und Vorstellungen des Leiters der Reichszentrale für jüdische Auswanderung, greift hierbei auf seine sorgfältige Lektüre der Memoiren Eichmanns zurück und verwendet auch die in Buenos Aires aufgezeichneten Sassen-Interviews. Magnus bezieht andererseits auch die Protokolle der Verhöre Eichmanns vor dem Prozess in Jerusalem mit ein, sowie dessen Buch *Götzen* und das Manuskript *Meine Flucht*. Darüber hinaus nutzte Magnus die am besten dokumentierte Biografie Eichmanns, die von Bettina Stangneth (2011), als Grundlage. Neben der romanhaften Schilderung historischer Situationen schafft der Autor einen zweiten, fiktiven Block, indem er Orte und Menschen aus der Zeit des besetzten Europas sowie ehemalige NS-Funktionäre und Verbrecher, die in Tucumán, Buenos Aires, Olivos und San Fernando untergetaucht sind, einführt. Diese beiden Register von Magnus' Text, der aus der Perspektive der dritten Person erzählt wird, werden durch verschiedene erzählerische Verfahren miteinander verwoben.

Ein Verfahren stellt Landschaften aus Deutschland und Eichmanns Erinnerungen an seine dortige Zeit dem Aufenthalt Ricardo Klements alias Adolf Eichmanns in der Provinz Tucumán gegenüber, wo er als Ingenieur arbeitet. Klement trifft dort auf Claudio Denis, dem Sohn von Deutschen und Arzt in der Firma in Tucumán, in der beide arbeiten. Klement erzählt Denis von seiner Freude an der Natur in Argentinien und stellt eine Analogie her zwischen dem Gesetz des Gehorsams gegenüber der natürlichen Pflanzen- und Tierordnung in Deutschland und in Südamerika sowie dem Gehorsam der Bürger gegenüber ihren Regierungen:

> Je mehr man in das Geschehen der Natur hineinhorcht, desto weniger Unrecht findet man in den Forderungen der Regierungen [...] Der Selbsterhaltungstrieb ist stärker als jede sittliche Forderung. Die Ameisen, die Bienen, alles, von den Bazillen bis zum Planetensystem, lehrt uns mit bezwingender Logik die Unterordnung unter dieses grausame Gesetz, von dem nur das Kranke und das Entartete eine Ausnahme bilden. Man hat zu gehorchen, damit eine größere Gemeinschaft besser leben kann und man selbst in ihr. Vor der eisigen Kälte der Gesetzmäßigkeit muss persönliche Herzenswärme kapitulieren. In diesem Sinne

> habe ich die Befehle meiner Vorgesetzten getreu dem Eide ausgeführt, den ich meinem Vaterland geleistet hatte.[17] (Magnus 2021, 61–62)

Als er vom Projekt des Arztes hört, ein Erholungsheim für Menschen mit psychischen Problemen zu bauen, wirft Klement dem Arzt empört entgegen, dass es ihn verblüffe, »einem Fachmann erklären zu müssen, was dieser besser als jeder andere wissen sollte, nämlich dass die Natur ihre missgebildeten Exemplare abstieß und daher nichts der ursprünglichen Ordnung stärker widersprach, als Ressourcen auf biologisch untaugliches Leben zu verschwenden«.[18] (66)

Eichmanns rassistische und völkermörderische Ideen werden in *El desafortunado* eingeflochten, indem Fragmente des Erinnerungsbuchs, das der geflohene Nationalsozialist während seiner frühen Jahre in Tucumán zu schreiben begann, in die Erzählung eingehen. Die Erklärung der Erzählerfigur über die Wahrhaftigkeit der Fiktion im Verhältnis zu den der Wirklichkeit entnommenen Chroniken ist ein Schlüssel zu einer Lektüre, die den Eindruck ausschließt, Magnus habe einen bloßen, mit historischen Informationen dokumentierten Memoirenroman geschrieben; stattdessen lädt sein Roman dazu ein, das Werden einer Autofiktion zu beobachten, die im Verlauf des Textes an Bedeutung gewinnt. Der Erzähler wird zum Protagonisten des vermeintlich biografischen Werks über Eichmann, seine erzählte Geschichte mag wahr und die Ereignisse vor, während und nach dem Völkermord an den Juden glaubwürdig sein, aber Magnus schafft es, dem Leser zu vermitteln, dass sie zwar plausibel, aber nicht immer vollkommen real sind. Oftmals spürt der Leser die Anwesenheit des Autors, und zwar vornehmlich durch Kommentare des Erzählers. Diese Art sich schleichend ausbreitender Autofiktion ist die literarische Argumentation des Autors in der dritten Person, die er mit erzählerischer Scharfsicht Eichmann zuschreibt:

> Zu seiner Überraschung stellte er fest, dass der Versuch, die Wirklichkeit so zu erzählen, als wäre sie Fiktion, ihn zwang, sehr viel präziser und verantwortlicher zu sein, als wenn er

---

17 Im Original: »Cuanta más atención presta uno a lo que sucede en la naturaleza, menor es la injusticia que encuentra en las órdenes que imparten los gobiernos [...]. El instinto de conservación es nas fuerte que cualquier moral. Las hormigas, las abejas, todo, desde los bacilos hasta elsistema planetario, nos ensena la lógica de la subordinación a esa ley cruel, de la que solo están exentos los enfermos y degenerados. Uno debe obedecer, para darle la oportunidad de vivir mejor a una comunidad más grande. Ante el carácter gélido de la ley, el cálido corazón humano debe capitular. En ese espíritu cumplí yo las ordenes de mis superiores, acorde al juramento que preste a mi patria.« (Magnus 2020, 70)

18 Im Original: »Mientras que Klement se mostraba estupefacto por tener que explicar a un facultative lo que él debía saber mejor que nadie, esto es, que la naturaleza descartaba a sus ejemplares mal formados y que por lo tanto no había nada más opuesto al orden primigenio que gastar recursos fomentando la vida de seres biológicamente inaptos« (75).

> sich einfach von seinen Erinnerungen leiten ließ, diesen kleinen Inseln mehr oder minder stilisierter Erlebnisse, die im großen Delta des Vergessens trieben [...] Die Erinnerung war eine Vergangenheit unter vielen, doch der Roman war eine ganze Welt. Natürlich konnte er durchstreichen und neu schreiben, doch jedes Mal, wenn er das tat, schloss sich das Papier wie eine Haut, und die Vergangenheit war wieder ein kompakter, undurchdringlicher Körper.[19] (69)

Ein weiteres Verfahren der Erzählstimme in der dritten Person besteht darin, die von Willem Sassen aufgezeichneten und bearbeiteten Zeugenaussagen Eichmanns auf der Grundlage von Stangneths Darstellung in den Roman aufzunehmen. In der Imagination der Treffen in Sassens Haus in Buenos Aires, an denen mehrere ›alte Kameraden‹ teilnahmen, legt der Erzähler die vom Gastgeber aufgezeichneten Transkripte der Figur Klement in den Mund. In einem Textabschnitt, in dem Eichmanns Worte reformuliert werden, wird die angebliche gemeinsame Genealogie der Blut und Boden-Ideologie der Nationalsozialisten und der matrilinearen jüdischen Ethnizität der zionistischen Pioniere in Eretz Israel behauptet:

> Die Israeliten wussten besser als jeder andere, dass der Schlüssel fürs Überleben in der Reinheit des Blutes lag, nicht ohne Grund lebten sie seit Jahrtausenden, ohne sich mit den zu toleranten Wirtsvölkern zu vermischen. »Orthodoxie und Zionismus haben den Fortbestand des Judentums gesichert«, hatte Klement im besten Tonfall eines Experten für jüdische Themen erklärt. »Was wäre mit den Juden geschehen, wenn sie eine Lauheit wie etwa der Indio in Südamerika an den Tag gelegt hätten [...] Während unsere Kinder mit Puppen spielten, steckten sie die jüdischen Kinder in die Talmud-Thora-Schulen, wo ihre Gehirne seit frühester Jugend geübt wurden«.[20] (160)

Die diabolische Logik, die sich Klement ausdenkt und mit der der Erzähler die historische Rolle des Holocaust bei der Gründung des jüdischen Staates kommentiert, gipfelt in einer Art Entschuldung des Völkermordes durch eine infame Verbindung

---

19 Im Original: »Para su sorpresa comprobó que contar la realidad como si fuera una ficción lo obligaba a ser mucho más preciso y responsable que cuando simplemente se dejaba llevar por los recuerdos, esos islotes de vivencias más o menos estilizadas, flotando en el gran delta del olvido [...] La memoria era un pasado entre muchos, mientras que la novela era un mundo. Por supuesto que podía tachar y reescribir, pero cada vez que lo hacía, el papel se cerraba como una piel, y el pasado volvía a ser un cuerpo compacto, impenetrable.« (78)

20 Im Original: »Los israelitas sabían mejor que nadie que la clave de supervivencia estaba en la pureza de la sangre, no por nada vivían hacía milenios sin mezclarse con los pueblos que les daban hospedaje, o que más bien tenían que tolerarlos en su territorio. –La ortodoxia y el sionismo garantizaron la supervivencia del judaísmo –había explicado Klement, poniendo su mejor voz de especialista en temas judaicos–. ¿Qué habría sido de los judíos si hubieran tenido la misma tibieza de los indios sudamericanos? [...] Mientras nuestros hijos jugaban con muñecas a los niños judíos los metían en los *Talmud-Thora Schulen* para entrenarles el cerebro desde la más tierna infancia.« (178)

zwischen dem Schicksal der Opfer und dem der Täter. Eigenartige Beziehungen zwischen Tätern und ihren Opfern konstruiert die Stimme Klements in Selbstgesprächen, etwa wenn er auf die Entschädigung verweist, die jüdische Überlebende von der Bundesrepublik Deutschland unter Adenauer erhalten haben. Er spricht von »der skandalösen *Wiedergutmachung*. Alle waren also zufrieden, aber er sollte Schuld empfinden? Schuld wofür eigentlich, das sollte ihm bitte mal jemand erklären.«[21] (102, Hervorhebung im Original)

Auch andere flüchtige NS-Verbrecher tauchen in Magnus' Roman auf, so etwa Heinz Lühr, der von Eichmann die genaue Zahl der während der Endlösung vernichteten Juden zu erfahren versucht. Der Erzähler charakterisiert Lühr als Mann mit dumpfer Stimme und einschmeichelndem Auftreten,

> der ihn monatelang umworben hatte, nur um ihm im passenden Moment die Frage loszuwerden, die ihn offensichtlich von Beginn an beschäftigt hatte. [...] »Standartenführer, darf ich Sie fragen, wie hoch die Gesamtzahl der Juden war, die wir endgelost haben?« Klement hatte bereits den Fehler begangen, seinen Kollegen Wilhelm Höttl und Dieter Wisliceny gegenüber [...] allzu präzise Statistiken zu zitieren, und beide hatten die Zahlen vor den Richtern in Nürnberg wiederholt, diese »fünf oder sechs Millionen«, die jetzt in aller Munde waren und derentwegen nach seinem Kopf geschrien wurde.[22] (63)

Die Figur des Klement-Eichmann nimmt in zahlreichen Gedankenspielen, aber auch in Gesprächen mit seinen ›Kameraden‹ eine zynische Rechtfertigung des von ihm mitverantworteten Völkermords vor:

> Er bereue nur, fuhr er fort, seine Arbeit nicht abgeschlossen zu haben. Wenn sie wirklich die 10,3 Millionen Juden getötet hätten, von denen der Bericht sprach, den Korherr 1943 für Himmler angefertigt hatte, dann hätte man sagen können, dass sie die künftigen Generationen von der Aufgabe befreit hätten und dass diese in einem Europa geboren werden würden, welches für immer von den staatenlosen Blutsaugern gesäubert war [...] »Im Gegensatz zu vielen ehemaligen Kameraden will, kann und muss ich sprechen und schreie in die Welt hinein: Wir Deutschen taten nur unsere Pflicht und sind daher nicht schuldig«.[23] (169–172)

---

21 Im Original: »la escandalosa *Wiedergutmachung*, su anhelada Eretz Israel, Todos contentos, ¿y él debía sentir culpa? Que por favor alguien le dijera culpa de qué.« (115)

22 Im Original: *»Herr Standartenführer*, ¿puedo preguntarle cuál fue el número total de judíos que hemos *endogelöst*? Klement ya había cometido el error de citar estadísticas demasiado precisas frente a sus colegas Whilhelm Höttl y Dieter Wisliceny [...], y ambos habían repetido esos »cinco o seis millones« que ahora estaban en boca de todos y por los que se pedía su cabeza.« (71)

23 Im Original: »De lo único que no se arrepiente es no haber terminado su trabajo. Si realmente hubieran matado a los 10,3 millones de judíos de los que hablaba el reporte que Korherr había hecho en 1943 para Himmler, entonces hubiera podido decirse que habían liberado de la tarea a las generaciones futuras, que nacerán en Europa purificada para siempre de los apátridas chupasangre [...] A diferencia de muchos de mis ex camaradas, yo quiero, puedo y debo decir y clamar

Ariel Magnus' Großmutter väterlicherseits war eine der jüdischen Frauen, die von Mengele selbst auf der Ankunftsrampe zur Zwangsarbeit ausgesondert wurden. Der Enkel und Schriftsteller lässt die traumatische Erinnerung seiner Großmutter suggestiv einfließen. Einst hatte die Auschwitzüberlebende Ella Mayer, die »Oma Ella«, ihrem Enkel von ihrem Schicksal erzählt. Magnus Buch *La abuela* (2006), das 2012 unter dem Titel *Zwei lange Unterhosen der Marke Hering. Die erstaunliche Geschichte meiner Großmutter* auch ins Deutsche übersetzt wurde, handelt von diesen Lebenserinnerungen; aber nun gibt der Erzähler des Romans das traumatische Erlebnis der Großmutter Ella Mayer in der Form wieder, wie es Gregor/Mengele beim Essen mit Eichmann im deutschen Restaurant A.B.C. erzählt:

> Ich erinnere mich zum Beispiel an das Gesicht einer Jüdin auf der Selektionsrampe. Sie war lächerlich kleinwüchsig und begleitete ihre Mutter, eine blinde Alte, die ich sofort zu den Duschen schickte. Und wissen Sie, was diese Bodenbeule macht? Sie läuft ihr nach! Ohne dass ich ihr das befohlen hätte! Dann passierte etwas völlig Paradoxes: Ich gab ihr einen Tritt, damit sie sich in die Reihe mit den Arbeitsfähigen stellte. Kapieren Sie, was ich Ihnen da gerade sage? Ich habe dieses dumme Kuh gerettet, genau wie ich so viele Leute mit meiner Entdeckung retten könnte. Aber ich bereue es. Denn jetzt habe ich das Gefühl, dass sie noch am Leben ist und frei ist, und ich bin es nicht. Jeden Abend, wenn ich die Augen schließe, erinnere ich mich an dieses Gesicht, eine Sekunde bevor ich mit meinem Stiefel hineintrete.[24] (132)

Ein wirksames Verfahren des Erzählers, Eichmanns Entlastungsstrategie vorzuführen, besteht darin, sich vorzustellen, wie Eichmann sich seine eigenen Memoiren imaginiert, in denen er darlegt, dass er lediglich Befehle ausgeführt habe und sich somit selbst von der Verantwortung für den Völkermord freispricht. Diese Trope zieht sich durch das ganze Buch und findet ihren Höhepunkt in der Schilderung des Vorabends seiner Überführung nach Israel in der *El-Al*-Maschine. Magnus stellt sich vor, wie Klement plant, während seiner Gefangenschaft in Jerusalem in seinen Memoiren zu schreiben:

---

ante todo el mundo: nosotros los alemanes hemos cumplido con nuestro deber y por lo tanto no somos culpables.« (188–191)

24 Im Original: »Yo, por ejemplo me acuerdo de la cara de una judía en la rampa de selección. Era ridículamente petisa y venía acompañando a su madre, una vieja ciega que enseguida mandé a las duchas. ¿Y sabe lo que hace este chichón del suelo? ¡La sigue! ¡Sin que yo le diera ninguna orden! Entonces se dio una gran paradoja: le di una patada, para que se pusiera en la fila de los aptos para trabajar. ¿Se da cuenta de lo que le estoy diciendo? Salvé a esa estúpida, como podría salvar a tanta gente con mi descubrimiento. Pero me arrepiento. Porque ahora siento que sigue viva, y es libre, y yo no. Cada día cuando cierro los ojos me acuerdo de esa cara, un segundo antes de desfigurarla con mi bota.« (148)

> Er würde das Eingesperrtsein nutzen, um endlich seine Memoiren zu schreiben – nun nicht mehr an seine Söhne gerichtet, sondern als Beispiel (und zwar ein abschreckendes) für alle kommenden Generationen. Ein Buch, das wie eine Reise ins Herz seiner Frustration wäre: Die glänzenden Götter seiner Jugend würden sich als Götzen mit tönernen Füßen herausstellen [...] Sie wollten, dass er sprach? [...] Er würde gehorchen, wie immer er gehorcht hatte, von den Befehlen seines Vaters in seiner Kindheit an bis zu denen des Sturmführers, als man ihn zur militärischen Ausbildung nach Dachau schickte: [...] Kadavergehorsam war seine Art des Protests, wie er später demonstrierte, indem er seine Anstrengungen verdoppelte, als der Führer die Endlösung anordnete, mit der er eigentlich nie einverstanden gewesen war. Als würde die Ablehnung dessen, was man ihm gegen seinen Willen auftrug, seine Kräfte zur Durchführung vervielfältigen.[25] (213)

In der zweiten Person (»als ob auch seine Gedanken betäubt und er würde sie fern von sich selbst vernehmen, in der dritten Person«; 215) lässt der Erzähler Eichmann die Argumente, die er zu seiner Verteidigung anführen wird, durch den Kopf gehen:

> Deine Aufgabe ist es jetzt, den Richtern gegenüberzutreten und sie zu überzeugen, dass du nur ein Rädchen in der großen Vernichtungsmaschinerie warst [...] Diese Rechtsgelehrten wirst du von nichts überzeugen können. Dein eigentliches Ziel sind die anderen, und dafür wirst du dich herabsetzen müssen und werde wie sie, oder weniger noch als sie. Warst du bis jetzt die zweite Geige, wirst du einfach zur dritten, zur vierten Geige wechseln müssen, nur ein weiterer in der Truppe, die stumpf dem Dirigenten gehorcht, weniger ein Musiker als ein bloßes Instrumentalist. Ein bloßes Instrument.[26] (216)

Der Epilog von Magnus' Roman – *After Office* – liefert zwei aufschlussreiche Hinweise auf den autofiktionalen Charakter von *El desafortunado*. Da ist zum einen die Kritik an den Grenzen der Wahrhaftigkeit einiger Zeugenaussagen, die von

---

25 Im Original: »Aprovecharía el encierro para el fin escribir sus memorias, ya no dirigidas a sus hijos sino a modo de ejemplo (a no seguir) para todas las generaciones venideras. Un libro que sería como un viaje al centro de su frustración: los resplandecientes dioses de su juventud demostrarían ser fantoches con pie de barro [...] ¿Querían que hablara? Pues hablaría hasta que le cortaran el cogote, Iba a obedecer como había obedecido siempre, desde las ordenes de su padre cuando niño hasta las del *Sturmführer* cuando lo mandaron a entrenarse militarmente en Dachau [...] El *Kadavergehorsam*, la obediencia ciega, era su forma de protestar, como lo había demostrado más tarde redoblando sus esfuerzos cuando el Führer ordenó la Endlösung con la que nunca había estado de acuerdo, Era como si el rechazo por lo que le hacían hacer contra su voluntad multiplicara sus fuerzas para llevarlo a cabo.« (235–236)

26 Im Original: »Ahora tu problema es enfrentar a los jueces y convencerlos de que solo fuiste un engranaje en la gran maquinaria del exterminio [...] A esos letrados no los vas a poder convencer de nada, tu objetivo son los demás, y para eso tendrás que rebajarte a ser como ellos, o menos que ellos todavía. Si hasta ahora eras segundo violín, deberás pasar a ser el tercero, el cuarto, uno más del pelotón que obedece sordamente al director, menos músico que mero instrumentistas. Mero instrumento.« (238–239)

den Mossad-Agenten, die Eichmann entführten (Isser Harel, Peter Malkin sowie Zvi Aharoni), verfasst wurden. Ein zweiter Schlüssel aus dem Epilog ist noch wichtiger: Der Erzähler erwähnt ein Gespräch mit Gertrudis, einer argentinischen Tochter von Deutschen, die Sassen und Eichmann kannten, der gegenüber er erwähnt, dass er seinen Roman wegen des Hasses seines Vaters auf Eichmann geschrieben habe. Nun, da das Buch fertig ist, gesteht der Schriftsteller-Sohn seine Schuldgefühle:

> Ich mache mir Sorgen, was mein Vater wohl dazu sagen wird, dass ich Eichmann nicht als das Monster beschrieben habe, das der Staatsanwalt während der Gerichtsverhandlung schilderte, und auch nicht als den Idioten, den Hannah Arendt populär machte.[27] (227)

Wenn Magnus' Buch durch den Hass des Vaters und die Angst des Sohnes, ihn zu enttäuschen, motiviert ist, dann lässt sich der Roman *El desafortunado* sehr nahe an der Autofiktion ansiedeln. Diese Lesart bestätigt sich in besagtem Epilog, nämlich dann, wenn der Erzähler zu Gertrude sagt:

> »In dieser Hinsicht habe auch ich Befehle befolgt«, das fällt mir jetzt erst auf. »Für das Ergebnis kann ich mich höchstens als Mittäter verantwortlich sehen. Was ich getan habe, war *Beihilfe zum Wort.*«[28] (227)

6 Gorodischers Graphic Novel *Camino a Auschwitz y otras historias de resistencia*

Die Ergreifung Eichmanns wurde 2015 noch durch eine ganz andere Gattung als die Theaterstücke von Patricia Suárez oder dem autofiktionalen Roman von Magnus dargestellt, nämlich in der provokativen Graphic Novel *Camino a Auschwitz y otras historias de resistencia* (Der Weg nach Auschwitz und andere Geschichten des Widerstands) von Julián Gorodischer. Diese von Marcos Vergara in Form eines Sachcomics gezeichnete Graphic Novel enthält drei Erzählungen, die als unabhängige Teile die Geschichten unterschiedlicher Protagonisten erzählen: die von Berl, Widerstandskämpfer und Vorfahre des Autors, die der Großtante Paie, die im

---

27 Im Original: »la culpa y el miedo que siento ante lo que opinara mi padre por no haber descrito a Eichmann como el monstruo que pintó el fiscal durante el juicio, ni tampoco como el imbécil que popularizo Hannah Arendt.« (251)

28 Im Original: »En este sentido yo también cumplí órdenes –me doy cuenta recién ahora–. No me puedo hacer responsable del resultado más que como cómplice, Lo mío fue *Behilfe zum Wort.*« (251)

Konzentrationslager gegen die Nazis rebelliert, und schließlich die der anderen Großtante Luba, die Teil des Mossad-Teams ist, das Adolf Eichmann gefangen nimmt. Die drei Geschichten greifen auf die Mittel des journalistischen Comics zurück, um die realen Erlebnisse der Familienmitglieder zu erzählen. Gorodischer arbeitet seine nicht-fiktionale ›Erzählung‹ im Genre eines Sachbuchs aus und lässt gezeichnete ›Comic-Strips‹ erzählen, die sowohl auf authentische mündliche Zeugnisse rekurrieren als auch imaginierte Traumszenen einfließen lassen. Die dritte und letzte Episode, *El secuestro de Eichmann* (Die Entführung Eichmanns), erzählt ein Schlüsselerlebnis der Auschwitz-Überlebenden und des Mitglieds des Kommandos Garibaldi Luba. Sie war zwar nicht an der Entführung beteiligt, begleitete allerdings Eichmann vom Flughafen Buenos Aires nach Tel Aviv. Die fiktive Rekonstruktion der Gefangenenbegleitung wiederum stützt Gorodischer auf die Aussage des Mossad-Agenten Peter Malkin aus dessen *Eichmann in my Hands* (1990). Die Tante wird sowohl in ihrem mutigen Handeln dargestellt, das darauf ausgerichtet ist, dafür zu sorgen, dass Eichmann lebendig in Jerusalem vor Gericht gestellt werden kann, als auch in ihrer Angst vor der Konfrontation mit dem für die Endlösung verantwortlichen ›Monster‹. Der Autor imaginiert die Beziehung zwischen den beiden, und zwar am Beispiel einer Umarmung und Berührung ihrer Hände. Gorodischer geht es darum zu zeigen, dass die anfänglichen affektiven Ausbrüche von Ekel und Angst sich in unerwartete Richtungen entwickeln können: »Ich habe die dunklen Seiten, die Schwachstellen meiner Figuren erforscht – eine Art Besudelung der Helden«, gesteht Gorodischer (vgl. Dell'Isola 2015).

7 Schluss

Die besten argentinischen fiktionalen Texte über das Nachleben des Holocaust, nicht nur die, die von Eichmann handeln, stammen aus der Generation der Enkelkinder der Holocaust-Opfer und Überlebenden, die nicht primär an den Erinnerungen (oder Nacherinnerungen) an das erlittene Grauen ihrer Verwandten interessiert sind, sondern an der Darstellung anderer Aspekte der Menschlichkeit der Opfer. Als Repräsentanten der dritten Generation stellen sie sich in ihren Erzählungen das intime Leben in den Lagern oder in den polnischen Wäldern vor, bis hin zu Fantasien über die begehrenden Körper der jüdischen Opfer und der NS-Täter.[29] Dies sind Aspekte, die von der Holocaustforschung noch nicht berücksichtigt wurden und die unweiger-

29 Siehe auch die Übersicht und Analyse der Darstellungen des Nationalsozialismus in argentinischen Romanen und Filmen, die zwischen 2000 und 2020 veröffentlicht wurden in Schlickers 2021.

lich mit dem institutionalisierten Vergessen der kanonischen Politik der Holocaust-Erinnerung kollidieren. Ich teile die Überzeugung einiger Literaturkritiker, dass die dritte Generation nicht versucht, sich die Erinnerungen der Überlebenden anzueignen, wie dies oftmals bei Nachkommen der zweiten Generation der Fall war. Im Grunde ist das Band, das zwischen Enkeln und Großeltern geknüpft wird, ein Band von Nähe und Distanz (vgl. Aarons 2016). Es handelt sich auch um Autofiktionen, die von lateinamerikanischen Schriftstellern der dritten Generation weniger durch Erinnerung, als durch literarische Fantasie geschaffen wurden, ohne jedoch dabei auf Archivrecherchen oder dokumentarisches Material zu Aspekten der Geschichte des Holocaust zu verzichten, die ihre Großmütter und Großväter erlitten und durchlebt haben (vgl. Astro 2016; Chinski 2016; Senkman 2022). Einige dieser Autoren haben sie nie gekannt, erfinden aber imaginäre Episoden aus ihrem Leben und ihrer Erfahrung des Holocaust.

Literaturverzeichnis

Primärquellen

Bolaño, Roberto. *La literatura nazi en América.* Barcelona: Anagrama, 2017 [1996].
Bolaño, Roberto. *Estrella distante*, Barcelona: Anagrama 2003 [1996].
Bolaño, Roberto. *Das Dritte Reich.* Barcelona: Anagrama, 2009.
Gorodischer, Julián und Marcos Vergara. *Camino a Auschwitz y otras historias de Resistencia.* Buenos Aires: Emecé, 2015.
León, Gonzalo. *Serrano*, Buenos Aires, Mansalva, 2017.
Magnus, Ariel. *La abuela.* Buenos Aires Planeta, 2006.
Magnus, Ariel. *Zwei lange Unterhosen der Marke Hering. Die erstaunliche Geschichte meiner Grossmutter.* Köln: Kiepenheuer & Witsch, 2012.
Magnus, Ariel. *El desafortunado.* Barcelona: Seix Barral, 2020.
Magnus, Ariel. *Das zweite Leben des Adolf Eichmann.* Köln: Kiepenheuer & Witsch, 2021.
Rosenzvaig, Marcos. *Querido Eichmann.* Buenos Aires: Marea, 2021.
Suárez, Patricia. *Las polacas: Historias tártaras, Casamentera.* La Varsovia, Buenos Aires: Ediciones Teatro vivo, 2002.
Suárez, Patricia. *La flor incandescente.* Madrid: MASIAL Ediciones, 2002.
Suárez, Patricia. *Perdida en el momento.* Buenos Aires: Alfaguara, 2003.
Suárez, Patricia. *LA GERMANIA: Valhala. Rudolf. Edgardo practica, Cósima hace mágia. El tapadito. La caseta. El sueño de Cecilia. Anne Frank en el infierno.* Buenos Aires: Losada, 2006.
Suárez, Patricia und Lionel Giacometto. *Herr Klement (La captura de Eichmann en Argentina).* Bilbao: Artezblai Kultur Elkartea, 2006.
Suárez, Patricia. *La vergüenza.* Rosario: Baltasara Editora, 2015.

Sekundärquellen

Aarons, Victoria. »Memory's Afterimage: Post-Holocaust Writing and the Third Generation«. *Third-Generation Holocaust Narratives Memory in Memoir and Fiction*. Hg. Victoria Aarons, London u. a.: Lexington Books, 2016. 17–38.

Abos, Alvaro. *Eichmann en Argentina*. Buenos Aires: Edhasa, 2007.

Alternativa teatral. »Todos los judíos fuera de Europa«. http://www.alternativateatral.com/obra8278-todos-los-judios-fuera-de-europa o. J. (30.05.2024)

Alternativa Teatral. »Opiniones sobre Herr Klement«. http://www.alternativateatral.com/opiniones8295-herr-klement-la-captura-de-eichmann-en-argentina (30.05.2024)

AN Red. »Teatro: ›El tapadito de la venganza‹«. https://www.anred.org/2005/09/16/teatro-el-tapadito-de-la-venganza/ o. J. (30.05.2024)

Assis, Jorge. *Lesca, el fascista irreductible*. Buenos Aires: Sudamericana, 2000.

Astro, Alan. »Avatars of Third-Generation Holocaust Narrative in French and Spanish«. *Third-Generation Holocaust Narratives Memory in Memoir and Fiction*. Hg. Victoria Aarons. London u. a.: Lexington Books, 2016. 103–130.

Basti, Abel. *Hitler in Argentinien*. Buenos Aires: Planeta, 2006.

Buchrucker, Cristián. »Los nostálgicos del ›Nuevo Orden‹ europeo y sus vinculaciones con la cultura política Argentina«. *Sobre nazis y nazismo en la cultura argentina*. Hg. Ignacio Klich. University of Maryland: College Park, 2002. 51–104.

Burnside, Patrick. *El escape de Hitler. Su vida invisible en Argentina.Las conexiones con Evita y Perón*. Buenos Aires: Planeta, 2000.

Camarasa, Jorge. *Los nazis en Argentina*. Buenos Aires: Legasa, 1992.

Camarasa, Jorge. *Odessa al sur*. Buenos Aires: Planeta, 1995.

Camarasa, Jorge. *La enviada. El viaje de Eva Peron a Europa*. Buenos Aires: Planeta, 1997.

Camarasa, Jorge. *Mengele. El Ángel de la muerte en Sudamérica*. Buenos Aires: Norma, 1998.

Castillo, Abelardo. *Las otras puertas*. Buenos Aires: Dávalos/Hernández, 1961.

Castillo, Abelardo. *El evangelio según Van Hutten*. Buenos Aires: Biblioteca La Nación, 2001.

Chinski, Malena. »The ›Generation without Grandparents‹: Witnesses and Companions to an Unfinished Search«. *Third-Generation Holocaust Narratives Memory in Memoir and Fiction*. Hg. Victoria Aarons. London u. a.: Lexington Books, 2016. 89–103.

Corbière, Emilio. *Estaban entre nosotros*. Buenos Aires: Letra Buena, 1992.

Cozarinsky, Edgardo. *La novia de Odessa*. Buenos Aires: Emecé, 2001.

Davidsen-Nielsen, Hans und Kurt Krickler. *Carl Værnet. Der dänische SS-Arzt im KZ Buchenwald*. Wien: Regenbogen, 2004.

Dell'Isola, Silvina. »Una manera distinta de contar el horror«. *La Nación*, 12. Juli 2015.

De Nápoli, Carlos. *Nazis en el sur*. Buenos Aires: Norma, 2005.

De Nápoli, Carlos. *Los científicos nazis en Argentina*. Buenos Aires: Edhasa, 2008.

Dubatti, Jorge. »Prólogo, noticia y entrevista.« *LA GERMANIA*. Hg. Patricia Suárez. Buenos Aires: Losada, 2006. 5–9.

Farago, Ladislas: *Aftermath: Martin Bormann and the Fourth Reich*. New York: Avon, 1974.

Garbely, Frank. *El viaje del arco iris*. Buenos Aires: El Ateneo, 2003.

Gasparini, Juan. »La trama nazi en España, Portugal y Argentina«. *El oro nazi*. Hg. Jean Ziegler. Buenos Aires: Planeta, 1997. 313–362.

Goñi, Uki. *Perón y los alemanes*. Buenos Aires: Sudamericana, 1998.

Goñi, Uki. *La auténtica Odessa, Fuga nazi a la Argentina*. Buenos Aires: Paidos, 2008.

Guzmán, Gustavo. »Miguel Serrano's Antisemitism and its Impact on the Twenty-First-Century Countercultural Rightists«. *Analysis of Current Trends in Antisemitism – ACTA*, 40.1 (2019).
Kahan, Emmanuel und Daniel Lvovich. »Los usos del Holocausto en la Argentina. Apuntes sobre las apropiaciones y resignificaciones de la memoria del genocidio nazi«. *Revista Mexicana de Ciencias Políticas y Sociales* 61.228 (2016).
Klich, Ignacio und Christian Buchrucker. »El fin del Tercer Reich y la ‹conexión Argentina' en la bibliografía revisionista«. *Argentina y la Europa del Nazismo: sus secuelas*. Hg. Ignacio Klich. Buenos Aires: Siglo XXI, 2009. 247–352.
Llorente, Elena und Martino Rigacci. *El último nazi: Priebke, de la Argentina a Italia. Juicio a medio siglo de historia*. Buenos Aires: Sudamericana, 1998.
Louis, Annick. »Una pedagogía del recordar: Notas sobre *Lenta biografía* de Sergio Chejfec (1990)«. *Escribir la democracia : Literatura y transiciones democráticas*. Hg. Anne-Laure Bonvalot, Anne-Laure Rebreyend und Philippe Roussin. Madrid: Casa de Velázquez, 2019. 149–161.
Malkin, Peter Z. *Eichmann in My Hands*. New York: Warner Books, 1991.
Manrique Sabogal, Winston. »Ariel Magnus: ›Eichmann era un monstruo del mal, no un extraterrestre, verlo así tal vez evite otras masacres‹«. *WMagazín*, 24. Oktober 2020.
Martínez, Tomás Eloy. *Las vidas del General. Memorias del exilio y otros textos sobre Juan D. Perón*. Buenos Aires: Aguilar, 2004.
Pauwels, Louis und Jacques Bergier. *Le Matin des magiciens*. Paris: Gallimard, 1960.
Posse, Abel. *La pasión según Eva*. Buenos Aires: Booket, 2005.
Posse, Abel. *Los demonios ocultos*. Buenos Aires: Booket, 2006.
Posse, Abel. *El viajero de Agartha*. Buenos Aires: Booket, 2007
Ríos Baeza, Felipe Adrián. »Wieder, wider, weiden: casos de parodia y autoparodia en la narrativa Roberto Bolaño«. *Valenciana* 14 (2014): 59–87.
Rivera, Andrés. *Traslasierra*. Buenos Aires: Seix Barral, 2007.
Salinas, Juan und Carlos de Nápoli. *Ultramar Sur*. Buenos Aires: Norma, 2002.
Schlickers, Sabine. *De Auschwitz a Argentina. Representaciones del nazismo en litertura y cine 2000–2020*. Buenos Aires: Biblos, 2021.
Senkman, Leonardo und Saul Sosnowski. *Fascismo y Nazismo en las letras argentinas*. Buenos Aires: Lumiere, 2009.
Senkman, Leonardo. »El horizonte de la Shoá y el nazismo en la memoria del terrorismo de Estado en Argentina y Chile«. *Revista Digital do niej* 3.5 (2011): 18–29.
Senkman, Leonardo. »Memoria, inmigración y trauma: Tercera generación del Holocausto en letras latino-americanas«. *Shoah: 80 anos de memória e resistência, Bd. 1: Diáspora e Imigração*. Hg. Lyslei Nascimento und João Paulo Vani. São Paulo: HN, 2022. 85–111.
Sepúlveda, Marina. »En la cabeza del monstruo: una novela histórica sobre Adolf Eichmann en Argentina«. *Infobae*, 9. August 2021
Simón, Paula. »La recepción de Primo Levi en Argentina: Lecturas de la Shoah en la narrativa testimonial concentracionaria Argentina«. *Boletín de Literatura Comparada* 41 (2016): 49–70.
Stangneth, Bettina. *Eichmann vor Jerusalem: Das unbehelligte Leben eines Massenmörders*. Zürich: Arche, 2011.
Zehnder, Sabrina. »Reflexionar la dictadura argentina y el Holocausto desde la literatura«. *El Hilo De La Fabula* 16 (2017): 143–158.

Patrick Eser

Die Konstruktion eines *Exemplum*

Das fiktionale (Nach-)Leben des Rechts und die Instanzen des Erzählens/Urteilens in argentinischen Täterfiktionen zum ›Fall Eichmann‹

1 Einleitung

Der ›Fall Eichmann‹ hat unterschiedliche Interpretationen hervorgebracht, die nicht nur die Vorgeschichte des Prozesses und diesen selbst betreffen, sondern auch die Nachwirkungen und Impulse, die von ihm ausgingen. Um nur eine, wenn auch markante Stimme aus diesem Interpretationsgeflecht aufzuführen, sei die von Shoshana Felman (2001) erwähnt, die den Eichmann-Prozess in seiner Eigenschaft als »Theater der Gerechtigkeit« interpretiert und dabei die affektive Bedeutung sowie ermächtigende Funktion des Gerichtsverfahrens für diejenigen betont, die vor Gericht zum ersten Mal von ihrem erinnerten Leiden öffentlich Zeugnis ablegen konnten. Im Rahmen dessen, was andere in historisch-epistemologischer Hinsicht als »Geburt des Zeitzeugen« (vgl. Wieviorka 1998) bezeichnet haben, hebt Felman die Selbstermächtigungserfahrung der Opfer hervor, deren Performance vor Gericht ihnen die Autorität über die von ihnen erlittene Geschichte verliehen hat. Der Jerusalemer Prozess ermöglichte die Aneignung einer »semantischen Autorität« durch die Opfer, die dem wiedergegebenen Geschehen zugleich die Eigenschaften der Übertragbarkeit (»transmissibility«) und Unvergesslichkeit (»unforgettability«) verliehen (vgl. Felman 2001, 233). Inspiriert von der Psychoanalyse, erkennt die Literaturwissenschaftlerin Felman in der Situation im Gerichtssaal in Jerusalem ein therapeutisches Szenario, in dem die sprechenden Überlebenden dem historischen Trauma eine Symbolisierung zuführen und dadurch ihre Subjektivität verändern. Die öffentliche Darlegung des Leidens ermöglichte das Erleben und die Inanspruchnahme einer neuen Subjektivität; zugleich manifestierten die öffentlichen Sprechakte der Überlebenden eine autobiographische Autorität und schufen eine neue Sprache zur Symbolisierung der erlittenen traumatischen Erfahrung.

Der Eichmann-Prozess war insofern »revolutionär« (232), als er eine fundamentale »Transformation des Opfers« sowie den Ausdruck einer unerwarteten »emotionalen Explosion« ermöglichte (230–233). Die Instanz des Rechts bedingt somit nicht nur die juristische Verhandlung des Verbrechens, sondern schafft ein »Theater der Gerechtigkeit«, in dessen Rahmen die öffentliche Nachstellung des erlittenen Unrechts ein neues rechtliches und moralisches Subjekt hervorbringt.

Open Access. © 2024 bei den AutorInnen und Autoren, publiziert von De Gruyter. (cc) BY-NC-ND Dieses Werk ist lizenziert unter der Creative Commons Namensnennung - Nicht-kommerziell - Keine Bearbeitungen 4.0 International Lizenz.
https://doi.org/10.1515/9783111077345-022

Die Transposition der Leidensberichte von hunderten Zeugnissen in ein öffentliches, anerkanntes Trauma (227) sowie die Schaffung einer neuen Sprache für die Opfer und Überlebenden, deren Stimmen im juridisch-diskursiven Kontext des jungen Staates Israels[1] wie auf globaler Ebene bisher kaum Gehör gefunden hatten, machen deutlich, dass es in dem Prozess nicht bloß um das *Recht*, sondern auch um *Ausdruck* ging.

Dies betont auch Friedrich Balke im Anschluss an Felman, der ihrer Interpretation zuschreibt, für die Bedeutung der »historische[n] Versprachlichung des Geschehens« (Balke 2018, 155) zu sensibilisieren. Balke hebt einen weiteren Aspekt der Auswirkungen des Eichmann-Prozesses hervor, nämlich die *Monumentalisierung*. Diese sei mit Blick auf den Eichmann-Prozess nicht im klassischen Sinne zu verstehen, d. h. als ein Verfahren, »mit dem die Sieger der Geschichte ihre Herrschaft auch im kulturellen Gedächtnis etablieren«, sondern als ein Versuch, »denjenigen, die der Geschichte unterworfen waren, ein Monument für eine zukünftige Erinnerung zu verschaffen« (152). Balke fasst die Funktion, die die Zeugenaussagen annehmen als *Präfiguration*, die auf die diskursive Herausbildung und öffentliche Präsenz der Erinnerung der Überlebenden abstellt und ihnen zugleich ein Denkmal schafft. Durch das öffentliche Nach-Erleben des Leidens im Zeugenstand und die Schaffung medialer Präsenz des Massenmordes in der Wahrnehmung der Weltöffentlichkeit erhält der Prozess eine Memorialfunktion und somit eine Bedeutung, die weit über die des reinen Gerichtsverfahrens hinausgeht. Er erfüllte, konfrontiert mit der Herausforderung, einen Präzedenzfall zu konstituieren, der die Verantwortlichkeit des Angeklagten in einem Verbrechen bisher unbekannten Ausmaßes aufklärt (vgl. Bajohr und Steinbacher 2023, 17–20), bedeutende juridisch-strafrechtliche wie menschenrechtsspezifische Zwecke. Sein *kulturelles Erbe* bestehe jedoch darüber hinaus in den psychologisch-affektiven sowie erinnerungsethischen Aspekten, zumal sich im ›Theater der Gerechtigkeit‹ der Wunsch ausdrückte, eine Geschichtslektion zu erteilen. Das Oszillieren zwischen konkretem Strafverfahren und pädagogischer Intention, historischer Aufklärung und ›Geschichtslektion‹, Rechtsprechung und Politik manifestierte sich schon in der Dramaturgie des Prozesses, so auch in der Eröffnungsrede des Generalstaatsanwalts Gideon Hausner, der im Namen der sechs Millionen getöteten Juden das Wort erhob und, die Formel Zolas aufgreifend, mit »J'accuse« einsetzte. Balke (152–153) sieht in dieser Kombination von historischer Präfiguration, strategischer historischer Wiederholung und der Konstruktion einer neuartigen »legal subjectivity« (Felman 2001, 216) die zentrale historisch-epistemologische Operation des Eichmann-Prozess.

1 Vgl. den Beitrag von Luis Krausz in diesem Band.

Im folgenden Beitrag stehen die *erinnerungskulturellen* Nachwirkungen des Eichmann-Prozesses sowie die *präfigurierende Funktion* seines kulturellen Erbes im Vordergrund. Welche vom Prozess ausgehenden kulturellen Schemata der Erinnerung und Interpretationen der Vergangenheit können festgestellt werden und inwiefern beeinflussen sie die Bilder sowie die kulturellen Erzählungen vom Täter Eichmann? Wie gestaltet sich das Verhältnis zwischen *Monumentalisierung* und narrativ-rekonstruktiver Darstellung von NS-Tätern im Allgemeinen und den fiktionalen Erzählungen des ›Falls Eichmann‹ im Besonderen? Ausgehend von der Tatsache, dass dieser zunächst ein juridischer Präzedenzfall war, der später zu einer Ikone, zu einem Monument, ja zu einem Exempel wurde, möchte ich die Frage aufwerfen, welche juridischen Argumentationsmuster, ethisch orientierten Geschichtsinterpretationen und normativen narrativen Strukturen die auf Eichmann bezogenen Fall-Geschichten aufweisen. Inwiefern lässt sich in den Eichmann-Geschichten ein *fiktionales Nach-Leben des Rechts* beobachten?[2]

Diesen Fragen werde ich im Folgenden anhand der auf den Fall Eichmann bezogenen kulturellen Imaginations- und Erinnerungsprozesse aus Argentinien nachgehen. Die dort entstandenen kulturellen Erzählungen, fiktionaler wie nicht-fiktionaler Natur, stellen einen interessanten Untersuchungsgegenstand dar, denn, auch wenn die geografisch ›periphere Lage‹ des südamerikanischen Landes und die räumliche Distanz zum ›Zentrum des Verbrechens‹ dies zunächst nicht vermuten lassen, haben die NS- und holocaustbezogenen Diskurse in Argentinien eine Dichte erfahren, die das Land als einen höchst produktiven Ort für Forschungen, Narrationen (von dokumentarischen, sensationsgetrieben journalistischen bis zu fiktionalen) und kulturelle Imaginationen in verschiedenen Künsten und Wissensfeldern ausweist.[3] Wie wurde der Fall Eichmann in dem Land reflektiert, in dem Eichmann untergetaucht war, bis er entdeckt, identifiziert und entführt wurde – bis seine Maske zum Fallen gebracht

2 Siehe auch den Beitrag von Ulrich Winter in diesem Band. Winters (2018) Überlegungen über die Verschränkung von Recht und Fiktion, die er im Rahmen von Bemerkungen zum *forensic turn* der kulturwissenschaftlichen *memory studies* sowie der Fruchtbarmachung des Konzepts des »social life of rights« von Richard Wilson und Jon Mitchel entfaltet, sind eine zentrale Inspirationsquelle für die thematische Fokussierung (›fiktionales Leben des Rechts‹) des vorliegenden Beitrags.

3 Argentinien war aufgrund eines effizienten Fluchthilfenetzwerks und guter Kontakte vor Ort ein beliebtes Fluchtziel für NS-Kriegsverbrecher und NS-Sympathisanten nach 1945. Zuvor war das Land schon rettendes Ziel für in Europa vom NS verfolgte Jüdinnen und Juden, allein aus Deutschland konnten sich ungefähr 40.000 nach Argentinien retten (vgl. Sauveur-Henn 1995). Die Sichtbarkeit des auf den NS und die Shoah bezogenen erinnerungskulturellen Diskurses ist mit diesen historischen Fluchtbewegungen verbunden. Eine weitere kulturelle Präsenz kann in den Analogiebildungen abgelesen werden, die zur Interpretation der letzten Militärdiktatur auf Narrative und Topoi des NS-Erinnerungsdiskurs rekurrierten, um die Verbrechen vor Ort und ihr

wurde, bis zu *seinem Fall?* Als kritischer Stachel, der viele der argentinischen Explorationen des Falls Eichmann(s) anregte, wirkte dabei nicht bloß dessen unproblematisches Untertauchen Eichmanns in Argentinien, sondern auch seine letzten Worte, mit denen er sich vor der Vollstreckung des Todesurteils von der Welt verabschiedete: »Lang lebe Deutschland, lang lebe Argentinien, lang lebe Österreich. Dies sind die Länder mit denen mich am meisten verbindet und die ich nie vergessen will.« (vgl. Weinstock Mashbaum) Bevor Beispiele aus der jüngsten argentinischen Repräsentations- und Imaginationsgeschichte untersucht werden, soll zunächst erörtert werden, wie sich ausgehend von jenem juridischen Präzedenzfall Narrative und auch Täterbilder herausgebildet haben, die im Fortgang bedeutende erinnerungskulturelle Auswirkungen haben sollten. Unter Narrativ soll im Folgenden nicht bloß eine rein literarische Form verstanden werden, sondern zugleich ein »Modus« und eine »kulturelle Kraft«, die ein »vorrangiges Reservoir unseres kulturellen Gepäcks [ausmachen], welches uns dazu befähigt, aus einer chaotischen Welt und der in ihr stattfinden unverständlichen Ereignissen Sinn herauszuholen« (Bal 2002, 9).

2 Den Fall Eichmann(s) erzählen: Fallgeschichte, *Exemplum*, Täterfiktion

Der Prozess gegen Eichmann in Jerusalem markiert einen globalgeschichtlichen Wendepunkt in der internationalen Gerichtsbarkeit genozidaler Gewalt. Der Fall Eichmann ist nicht bloß aufgrund der problematischen juridischen Legitimität des Verfahrens (eine Rechtsinstanz, die zum Zeitpunkt des Verbrechens noch nicht existierte, verurteilt den Angeklagten aufgrund eines kriminellen Straftatbestands, für den es noch kein rechtliches Regularium und Gesetz gab) besonders und in klassischer Hinsicht ein *Präzedenzfall,* dessen Entscheidung sich zum Muster für andere Fälle entwickelt hat. Der Eichmann-Prozess ist jedoch auch in anderen, nicht rechtsimmanenten Hinsichten ein ›besonderer Fall‹, der als solcher bei Weitem seine rechtliche Sonderstellung überschreitet, wie die oben referierten Thesen zur *Monumentalisierung,* sowie zur *affektiven* sowie *menschenrechtsethischen Dimension* deutlich gemacht haben. Wenn der aus juristischer Perspektive problematische *Casus Eichmann* Bedeutungen erlangt, die weit über den juridischen Diskurs hinausreichen, so können diese in dem einleitend erwähnten fortwirkenden Im-

Nachleben zu symbolisieren. Vgl. Kahan und Lvovich 2016; Sosnowski, Senkman und Goldberg 2016 sowie den Beitrag von Senkman in diesem Band.

puls für die zukünftige Erinnerung gesehen werden. Die *Monumentalität* des ›Theaters der Gerechtigkeit‹ setzte eine kulturelle Dynamik frei, die eine *neue moralische Wahrnehmung* hervorgebracht hat. Die Problematisierung der Frage des *Rechts*verfahrens, der *Recht*sprechung und der ge*rechten* Strafe angesichts des Zivilisationsbruchs hat von der *Causa Eichmann* ausgestrahlt auf Debatten in der Philosophie, der Historik, auf künstlerische Darstellungen und Imaginationen. In medienhistorischer Perspektive ist dabei die Produktion der Bilder vom Prozess – der in einem ehemaligen Theater durchgeführt wurde – von Relevanz, die vom Hollywood-Regisseur Leo T. Hurwitz konzipiert wurde und die auf Grundlage dieser Medienstrategie »images probatoires« (vgl. Delage 2023, 222) hervorbrachte, die die Standards in der audiovisuellen Darstellung von Gerichtsszenen nachträglich beeinflussten.[4] Die im Prozesskontext entstandenen Bilder, insbesondere die von dem sich im Glaskasten befindenden Angeklagten sind letztlich ikonisch geworden. Auch hinsichtlich des Aspekts der Täterdarstellung hat der Prozess Veränderungen bewirkt, die sich in einer neuartigen Wahrnehmung und Problematisierung der Verantwortlichkeit des Handelns von Einzelpersonen niederschlagen hat.

Für diese Frage haben sich die Überlegungen Hannah Arendts über die ›Banalität des Bösen‹ als von radikaler Bedeutung erwiesen. Arendt hat im Rahmen ihres Prozessberichts Eichmann zu einem Fallbeispiel gemacht, anhand dessen Natur und Logik des Vernichtungssystems des NS, aber vor allem das Eigentümliche des Tätersubjekts als problematischer Kasus jenseits der juridischen und auf philosophisch-anthropologischer Ebene ausgeleuchtet wird. Arendts berühmt gewordene Charakterisierung Eichmanns als Prototypus des ›Schreibtischtäters‹ ist für die vom Prozess ausgegangenen außer-juridischen Reflektionen nur ein, wenn auch ein sehr berühmtes Beispiel für die symbolische und narrative Verdichtung, das die ethisch-juridischen Problemlagen im Urteilen über den Fall Eichmann exemplarisch hervorhebt. Verbrechen, Fall, Verfahren wie auch Person werden zu Zeichen, die als Konkretisierung eines allgemeinen Sachverhalts, eines Typus gelten, der wiederum zum Ausgangpunkt für die Konstruktion von Analogie- und Kontrastverhältnissen wird. Verwandeln sich so die singuläre Biografie Eichmanns und die Causa Eichmann gar zu einem *Exempel*?

Slavoj Žižek greift in einem Aufsatz über die Stellvertreterrolle der Christusfigur auf den Exemplum-Begriff zurück und gesteht diesem zu, als ein drittes Element die dialektische Beziehung zwischen universellem Begriff und konkretem

4 Vgl. Lindeperg und Wieviorka (2016) sowie den Beitrag von Druetta in dem vorliegenden Band. Für das Medium des Films kann festgehalten werden, dass sich das Filmgenre des *Court-Room*-Drama grundlegend geändert hat, nicht nur hinsichtlich des Einbezugs der Zeugenfiguren und der Bedeutung ihrer Aussagen, sondern auch mit Blick auf die Visualisierung des Gerichtsverfahrens. Zur Funktion der Gerichtsszenen im argentinischen Spielfilm *Argentina, 1985* (2022) vgl. Eser 2024.

Beispiel auszuloten. Exemplum sei nicht bloß einfach ein *Beispiel*, ein empirisches Ereignis oder Objekt, das einen universellen Begriff zu veranschaulichen versucht, allerdings darin scheitert, die komplexe Textur der Realität mit der Einfachheit des Begriffs in Deckung zu bringen. Es sei vielmehr eine Form des Denkens und Erzählens, eine »fictional singularity which directly gives body to the concept in its purity« (Žižek 2021, 433). Žižek greift zurück auf die Studie *Comment parler des faits qui ne se sont pas produits?* (2020) von Pierre Bayard, in der dieser anhand von Beispielen aus Wissenschaftsdiskursen und nicht-wissenschaftlichen Wissensformen die Wahrheitsfunktion des »Fabulierens« (frz. »fabulation«) erörtert und im Zuge dessen auch das *Exemplum* kommentiert, das Arendts Eichmann-Lesart konstituiert (vgl. Bayard 2020, 141–151). Arendts Exemplum sehe von Fakten ab, blende diese aus, und schaffe so eine Synthese, die für sich ›Wahrheit produziere‹; es handele sich dabei jedoch nicht um eine ›objektive faktische Wahrheit‹, sondern um eine synthetische Zuspitzung, die überzeuge und darin eine pädagogische Effizienz aufweise. Dies mache das *Exemplum* vom Schreibtischtäter Eichmann als lediglich Befehle ausführenden Beamten aus.[5] Was jenes ausblende, sei der glühende Antisemit Eichmann, der im Rahmen seiner Show auf der Gerichts-Bühne in Jerusalem, auf der er das Stück ›Banalität des nicht-denkenden Bürokraten‹ aufführte, hinter dem Befehlsempfänger verdeckt blieb. Bayard hebt die Wahrheitsfunktion des Exemplum hervor, das diesem dennoch zukomme, auch wenn es aufgrund der Nichtberücksichtigung von – möglicherweise in anderer Hinsicht zentralen – Aspekten in gewisser Hinsicht ›falsch‹ sein könne. Gleichwohl sei das Exemplum des Schreibtischmörders in einer anderen Hinsicht wahr, denn es biete eine komprimierte Erzählung, die theoretisch und rhetorisch sehr produktiv sei. Dies hebt auch Žižek hervor, der an Bayard anknüpfend *Exemplum* wie folgt definiert:

> Such cases are imagined cases of a »pure« situation which cannot ever take place in the thick texture of reality [...]. The paradox of exemplum is thus that, although it is empirically a fiction (it never »really happened exactly like that«), it is in some sense »closer to truth« since it perfectly renders (gives body to) the inner notional structure of a phenomenon. (Žižek 2021, 433)

5 Was die Eichmann-Biografik betrifft, ist diese ›Verkürzung‹ in Arendts Eichmann-Interpretation auch von Bettina Stangneth in ihrer beeindruckenden Studie *Eichmann vor Jerusalem. Das unbehelligte Leben eines Massenmörders* (2011) nachgezeichnet worden. Dort setzt sie sich mit Eichmanns Zeit in Argentinien auseinander und rekonstruiert anhand der Sassen-Protokolle, wie Eichmann sich in den 1950er Jahren noch als glühenden Antisemiten präsentierte und vom Glauben an die historische Mission der Judenvernichtung ergriffen war.

Die Imagination des Exemplum erreicht, trotz seines Status als ›Fiktion‹ oder, in den Worten Bayards, trotz seines ›Fabulierens‹ eine besondere Nähe zur Wahrheit: als verdichtete Erzählung diene es dazu, eine These zu veranschaulichen, die an sich richtig und wichtig sei.

Karlheinz Stierle hat die gattungsgeschichtliche Besonderheit der literarischen Kleinstgattung des Exemplum in ihrem Verhältnis zur Geschichte bestimmt. Das *Exemplum* ist ihm zufolge ein Text, der einen Bezug zur Geschichte herstellt, indem es eine narrative Ganzheit konstituiert: »Das Allgemeine erscheint [...] im Exemplum im Besonderen« (Stierle 1973, 356). Bezogen auf eine systematische Ganzheit, habe es seinen »Endzweck« darin, einen »moralischen Satz« auf Grundlage des dargelegten Ganzen und als dessen pragmatische Implikation zu artikulieren. Dieser Satz sei die »Regel für die Einheit des Ganzen, das sich aus dem umgreifenden Ganzen einer Geschichte herauslöst«. Das Exemplum ist somit die *Verdichtung* einer dargestellten Geschehensfolge, die Stierle wie folgt beschreibt:

> Das Exemplum ist eine Form der Expansion und Reduktion in einem. Expansion im Hinblick auf die zu Grunde liegende Sentenz, Reduktion im Hinblick auf eine Geschichte, aus der herausgeschnitten, isoliert wird, wessen die Sprachhandlung des Exemplums bedarf, um sich zu konkretisieren (356).

Welche Anregungen können von diesen Bemerkungen über die literarische Kleinstgattung und ihre rhetorische Struktur ausgehen für die Analyse fiktionaler Täterimaginationen, wie sie in Film und Literatur hervorgebracht werden? Mit Blick auf Arendts Wahrheit-Fabulations-Exempel über den Schreibtischtäter Eichmann lässt sich zunächst festhalten, dass dieses einen ›moralischen Satz‹ enthält, der von Bayard und Žižek gar nicht kommentiert wird: das von Arendt selbst gefällte Todesurteil, das sie dem Räsonieren und Entscheiden des Gerichts von Jerusalem als Alternative gegenüberstellt. Ihr Prozessbericht umfasst zwei Todesurteile: auf der einen Seite das historisch reale, das das Gericht gegen Eichmann ausspricht und dessen Entstehung sie im Rahmen ihres Kommentars des Verfahrens beschreibt; auf der anderen Seite dasjenige, das sie auf ihre Kritik des Gerichtsverfahrens folgen lässt: fußend auf ihre *Revision* des Gerichtsverfahrens präsentiert sie ihr eigenes, *höherinstanzliches* Urteil. Arendt macht sich dadurch »selbst zu derjenigen Rechtsinstanz« (Menke 2013, 754–755), die begründet, warum und aufgrund welcher Argumentations- und Rechtslogik ein Todesurteil gegen Eichmann zu fällen sei.[6]

Arendts Text stellt ein essayistisches Revisionsverfahren außerhalb des juridischen Diskurses dar, das im Medium des Prozessberichts sowohl Verfahren als

---

6 Zu Arendts Plädoyer für die Todesstrafe siehe den Beitrag von Claudia Hilb in diesem Band.

auch Rechtsprechung kritisch kommentiert. In ihm vermengen sich Stimmen und Diskursformen. Die Beschreibung der Szenen vor Gericht steht neben der Wiedergabe von Zeugenberichten und perspektivgebundenen Sachverhaltsschilderungen, von Historiker- und Expertenmeinungen, von Beobachtungen und Analysen des Angeklagten sowie kontextualisierenden Überlegungen zur Fallgeschichte. Diese unterschiedlichen Elemente werden zu einer mehrstimmigen Erzählung verwoben, die auch die narrative Logik der Rechtsprechung umfasst. Arendts *Fallgeschichte* ist ein Exemplum, das die Darstellung des Geschehens, die Schilderung (der Taten) des Täters, sowie ein Urteil enthält. Arendts eigenartiges Revisionsverfahren, in dem es ihr darum geht, »ein gerechtes Urteil über Eichmann zu fällen« (Menke 2013, 574), kann selbst wenn es außerhalb des juridischen Diskurses angesiedelt ist als »*Selbst*reflexion des Rechts« (575) gelten, nicht zuletzt, weil sie »sich in striktester Weise der Disziplin des rechtlichen Urteilens unterwirft« (575) und darauf reflektiert, ob und inwiefern in der Causa Eichmann das Recht angemessen sein kann. Ein NS-Täter wird in seiner Funktion, seinen Verantwortlichkeiten sowie auch in seinen charakterlichen Eigenschaften ausgeleuchtet und der *Casus* einem ethisch und juridisch abgewogenen Urteil zugeführt. Der aus dem komplexen Geschehen ›herausgenommene‹ paradigmatische Fall impliziert zum Schluss den abgeleiteten *moralischen Satz*, die urteilende Betrachtung der Schuldverstrickung des Täters: »Dies ist der Grund, der einzige Grund, daß Sie sterben müssen.« (Arendt 2007, 404)

Arendts Exemplum ist eng mit Rechtsfragen und dem Recht als Medium der Gerechtigkeit verbunden, in ihm kann die Expansion der Rechtslogik in die Register des Dokumentarisch-Narrativen sowie des philosophisch-ethischen Räsonierens beobachtet werden. An *Eichmann in Jerusalem*, das zum Hypotext der faktualen wie auch fiktionalen Eichmann-Biografik geworden ist, wird deutlich, dass das Reden über den ›Fall Eichmann‹ immer schon eine Rhetorik, eine Darstellungsstrategie und eine Kondensation von historischem Sinn impliziert, die in Verbindung steht mit dem *Theater der Gerechtigkeit* und dessen *Monumentalität.* Wenn der Fall Eichmann derart selbst zu einem Exemplum geworden ist, dann aufgrund des nachwirkenden Impulses, der von der historischen Aufklärungsarbeit, der umfangreichen Tätercharakterisierung und dem Strafmaß des Prozesses ausgegangen ist. Die von Arendt erzählerisch im Epilog (2007, 402–404) eingeführte Stimme, die eine alternative Begründung des Todesurteils darlegt, macht nochmals die narrative Struktur ihres Prozessberichts deutlich, in dem Stimmen und Aktanten, Instanzen des Wahrnehmens, Handelns und Erlebens sowie des Erzählens und Urteilens miteinander verflochten auftreten. Diese eigentümliche Verbindung von Beschreiben, Darstellen, Zitieren, Räsonieren und Urteilen im Text Arendts kann dazu anregen, auch fiktionale Darstellungen, Textsorten und Gattungen solcher Fall-Geschichten als verlängerte Medien des Rechts und der Reflektion auf Gerechtigkeit zu verstehen und zu analysieren.

Die Untersuchung von Fiktionalisierungen des Falls Eichmann wird nicht bloß die klassischen narratologischen Fragen ›wer sieht?‹, ›wer handelt?‹, ›wer nimmt wahr?‹[7] zu berücksichtigen haben, sondern auch jene, die danach fragt, ›wer urteilt?‹. Diese Frage, an der sich Recht und Fiktion verschränken und durch die die juridische Logik der Erzählung thematisch wird, wird unvermeidbar das kulturelle Erbe des Prozesses zu thematisieren haben, das zurückstrahlt auf die aktualisierten imaginierten Bilder der Vergangenheit. Das Exemplum-Narrativ des Falls Eichmann impliziert einen Fokus auf den juridischen Gehalt der Causa Eichmann, der Täterbeschreibung und strafrechtlichen Beurteilung des Täters und seines Handelns. Wie gestaltet sich das *fiktionale Leben des Rechts*, wie artikuliert sich die Instanz des Juridischen in ihrer Verlängerung im Fiktionalen, in den narrativ-fiktional gestalteten Welten? Wie verhalten sich in der fiktionalen Erzählung die Instanzen und Stimmen als *Erzählinstanz*, und wie im (impliziten oder expliziten) Gestus der Rechtsprechung als *Rechtsinstanz*[8]? Welche dieser Aspekte lassen sich in der fiktionalen Narrativierung des ›Falls Eichmann‹ und den dort entwickelten Täterfiktionen analysieren?

3 Argentinische Eichmann-Fiktionen (Film und Literatur)

Der Schwerpunkt der folgenden Analyse liegt auf drei jüngeren argentinischen Werken, zwei Romanen und einem doku-fiktionalen Spielfilm, deren Erzählungen die Anwesenheit des millionenfachen Schreibtischtäters in Argentinien ins Zentrum rücken.

---

7 Hinsichtlich des Kommunikationsmodells des Films und der audiovisuellen Erzählinstanz ist das eigenständige »Modell der werkbezogenen narrativen Ebenen und Instanzen« (Kuhn 2011, 83–85) zu berücksichtigen.

8 Rechtsinstanz ist im juridischen Wissensfeld definiert diejenige Stelle, die für einen Fall zuständig ist in der Aufgabe, Recht zu sprechen, wobei die Instanz zugleich ein Glied eines hierarchischen Systems ist, das sich als Reihenfolge darstellt, in deren Logik die zweite die erste Instanz und die dritte Instanz das Urteil der zweiten revidieren. (vgl. Evelbauer und Jauch 1985, 275–276).

3.1 *El vecino alemán* (Film, 2016)

Eichmanns Anwesenheit in Argentinien hat etwas Irritierendes. Dieser Eindruck mag sich schon bei neugierigen Beobachtern einstellen, die die gegenwartskulturelle Sichtbarkeit des Themas Eichmann in Argentinien wahrnehmen. Im argentinischen Spielfilm *El vecino alemán* (2016; Regie Rosario Cervio und Martin Liji bzw. Slifkin) erreicht das Irritierende dieser eigenartigen Präsenz die Qualität des Unheimlichen. Der Film setzt, wie Arendts Prozessbericht, ein mit dem Ruf des Gerichtsdieners, der den Prozess in Jerusalem eröffnet. Es folgen Szenen des Prozessauftakts, drei Richter betreten den Saal, die Anwesenden, einschließlich der Angeklagte, stehen auf, eine Kommentarstimme aus dem Off erklärt, dass der Prozess 40/60 eröffnet sei. Es folgt ein Schnitt, eine junge Frau wird gezeigt, wie sie Mitschnitte des Prozesses in einem dunklen Zimmer gebannt verfolgt.

El vecino alemán erzählt die Recherche dieser jungen Frau, die den Spuren der Vergangenheit Eichmanns in Argentinien nachgeht und operiert dabei an der Grenze zwischen Fiktion und Dokumentation.[9] Es werden ihre Nachforschungen gezeigt, die von der Analyse von Videomaterial, über die Literaturrecherche in Buchhandlungen und Bibliotheken bis hin zu Interviews reichen. Diese führt sie mit Experten und mit Personen durch, die Eichmann an verschiedenen Orten Argentiniens, an denen er lebte und tätig war, begegnet waren. Es handelt sich dabei um Mitschnitte authentischer Gespräche mit Experten und Zeitzeugen. Diese dokumentarischen Quellen werden im Rahmen der Recherche der Protagonistin, deren Programm ›Auf den Spuren Eichmanns in Argentinien‹ lauten könnte, erschlossen, was räumliche Fortbewegungen bedingt, die sie in die Vororte von Buenos Aires bringt, wie auch eine Recherchereise nach Tucumán, wo Eichmann seine ersten Jahre in Argentinien verbracht hatte.

Die junge Frau ist als treibender Motor der Nachforschungen Protagonistin der erzählten Handlung. Durch sie sind die Teile des Films miteinander verbunden. Allerdings erfährt das Publikum des Films kaum etwas über diese ›vermeintliche‹ Protagonistin. In den Einblendungen der ersten drei (von insgesamt sieben) Kapitel werden spärliche Informationen über ihre Person mitgeteilt: ihr Name, Renate Liebeskind, wird erwähnt wie auch ihr Beruf, Übersetzerin. Die zweite und dritte Kapitelüberschrift informiert darüber, dass sie Teil eines Volkes ist, das Teil der Geschichte ist, sowie dass sie Patriotin ist, weshalb sie sich verantwortlich fühlt für all die Toten des Reichs.[10] Durch diese Informationen wird na-

---

9 Vgl. hierzu auch den Beitrag von Winter in diesem Band.

10 »2. Renate Liebeskind es parte de un pueblo que es parte de una historia«; »3. Renate Liebeskind es una patriota. Es decir que se siente responsable de todos los muertos del Reich«.

hegelegt, dass Renate deutsch ist, und angetrieben durch ihren affektiven Bezug zu ihrer Herkunft (»Patriotin«), sich mit der Geschichte des NS auseinandersetzt. Diese kurzen Informationen sind erratisch, ›patriotisch‹ und das gefühlte Verantwortungsgefühl stehen dabei ebenso in Spannung zueinander, wie auch die suggerierte deutsche Identität Renates fragwürdig ist[11].

Ist die Identität der Protagonistin zumindest rätselhaft, so bleibt sie als Person in ihrem Innenleben unbestimmt. Ihre Präsenz im Film ergibt kaum tiefere Einblicke in ihre Persönlichkeit. Dies wird bei den Gesprächen deutlich, die sie im Rahmen ihrer Recherchen durchführt. Diese werden zwar durch sie initiiert, doch reduziert sich ihre Aktivität, abgesehen von Nachfragen im Gesprächsverlauf, auf die passive Rolle der Zuhörerin. Ihre zentrale dramaturgische Funktion besteht darin, die Quellen zum Sprechen zu bringen, während sie selbst zugleich im Hintergrund bleibt: Die Kamera fängt ihren Gesichtsausdruck ein, der auf Manifestationen der Quellen – Aussagen der Interviewpartner, audiovisuelles Quellenmaterial – reagiert. Die Kamera zeigt in diesen Situationen ihr Gesicht in Nahaufnahme. Es wirkt regungslos, teilweise provozieren die Aussagen ihres Gegenübers dezente Reaktionen in ihrer Mimik oder auch Gesten der Zustimmung, mal wirkt sie konzentrierter, mal macht sie einen abwesenden Eindruck. Im Anschluss an diese Rezeptionsszenen wird sie allein und in sich gekehrt ins Bild gesetzt. Ihr Blick ist leer und richtet sich ziellos auf die räumliche Umgebung – vorbeiziehende Landschaften bei Zugfahrten, Naturlandschaften in Tucumán –, oder er verliert sich, vom Balkon ihrer Wohnung aus, in den nächtlichen Stadtlandschaften. Diese Momente des In-sich-Gekehrtseins zeigen sie beim Rauchen einer Zigarette. Dass die Beschäftigung mit der Thematik in ihr Spuren hinterlässt und sie berührt, wird deutlich, wenn sie eines Nachts unruhig und schlaflos im Bett gezeigt wird.

Der emotionale Widerhall in ihr ist über ihre Mimik wahrnehmbar, jedoch erfährt dies keine Entfaltung eines konkreten Sinns oder gar eine Deutung. Es

---

11 Dies vor allem, berücksichtigt man ihre sprachliche Performance auf Spanisch (muttersprachliches Niveau) und auf Deutsch (nicht allzu flüssig bei einem Telefongespräch, das sie mit einem Archiv in Deutschland führt). Prinzipiell wird die Denkmöglichkeit zugelassen, dass es sich bei der Protagonistin um eine Argentinierin mit deutsch-jüdischem Hintergrund handelt (Renate ist ein sehr populärer Vorname in deutsch-jüdischen Milieus in Argentinien, der Nachname Liebeskind legt ebenso einen jüdischen Hintergrund nahe), auch wenn die Zuschreibungen ›patriotisch‹ sowie ›gefühlte Verantwortung für die Toten des [Dritten] Reichs in diesem Fall erst Recht höchst unwahrscheinlich sind. Das Attribut »patriota« kann mit Sicherheit auch als intertextueller Hinweis auf Alexander Kluges Spielfilm »Die Patriotin« (der spanische Titel des Films lautet »La patriota«) interpretiert werden, in dem die Protagonistin, die Geschichtslehrerin Gabi Teichert sich auf den Weg einer alternativen und kritischen Rekonstruktion der deutschen Vergangenheit begibt. Ganz in diesem Sinne wird die Renate in »El vecino alemán« tätig.

bleibt beim stummen Widerhall in einem passiv-rezeptiven Aktanten. Eine Interpretation des Quellenmaterials bleibt aus oder im Stillen verborgen, ebenso wie ihre tieferen Beweggründe unklar oder in Anspielungen verhaftet bleiben. Renates zentraler Charakterzug ist ihr Wissensdurst, der die Recherchen über die historische Figur Eichmann und dessen Zeit in Argentinien antreibt. Renate ist der ›Guide‹, der die Kamera auf ihre Rechercheausflüge führt. Ihre Handlung besteht wesentlich im Aufspüren, Erschließen und Registrieren der Quellen. In zahlreichen Szenen beobachten wir Renate dabei, wie sie Gedanken in einem Notizheft festhält.

Das nicht explizit genannte Ziel ihrer Recherche ist es, die Präsenz Eichmanns in Argentinien nachzuzeichnen. Ein guter Teil der insgesamt 21 durchgeführten Interviews befragt Zeitzeugen nach ihrer Erfahrung mit Eichmann vor Ort, zugleich kommen Experten zu Wort. In einem dieser Experteninterviews kommentiert der Historiker Ernesto Bohoslavsky die langfristigen Folgewirkungen der Shoah und die erinnerungskulturellen Dynamiken in Deutschland. Dieses Interview legt eine Fährte für die weitere Interpretation von Renates Tour d'Horizon durch die Erinnerungszeichen, für die sich eine Sequenz zu vertiefen lohnt: nämlich diejenige, in der die an sich flache Reflektorfigur der Renate – sie ist in jeder Szene anwesend, ihre Persönlichkeit ist allerdings zugleich derart reduziert, dass ihre ›Reflektorfunktion‹ nicht im starken Sinne des Begriffs eine Präsenz ihrer Eindrücke und Gedanken bedingt – eine aktive Rolle einnimmt: und zwar in der Funktion, mit der sie in den Film eingeführt wurde: sie übersetzt.

Die Sequenz zeigt Renate und einen Bekannten,[12] wie sie Mitschnitte der öffentlichen Verhöre Eichmanns vor Gericht anschauen, in denen es um die Verantwortung und das Wissen des ›Schreibtischtäters‹ geht. Der junge Mann übersetzt die hebräischen Gesprächsanteile des Staatsanwalts, er scheint dies für Renate zu machen, wie es zunächst auch den Eindruck macht, als ob Renate ihrem Bekannten die Redeeinsätze Eichmanns auf Deutsch ins Spanische übersetzt. Später wird jedoch deutlich, dass die beiden in verteilten Rollen vorlesen und dass Renates Bekannter durchaus Deutsch kann, was deutlich wird, als der aufgeregte Staatsanwalt seine Rückfragen direkt an Eichmann auf Deutsch stellt, ohne den Umweg über die Übersetzung zu gehen. Die in Rollen verteilte Übersetzung der Gesprächseinsätze ist weniger ein wechselseitiges Übersetzen, das ein Verständnis ermöglichen soll, sie kann verstanden werden als Reinszenierung des histo-

---

12 Der Bekannte ist gleichaltrig und wird in den Film mit tiefsinnig anmutenden Überlegungen über den Zufallscharakter des Lebens eingeführt. Er stellt zudem Überlegungen über den unwahrscheinlichen Tatbestand an, dass seine Existenz auf das zufällige Kennenlernen seiner vier Großelternteile, die allesamt nach Argentinien geflohen waren – vermutlich und offensichtlich vor dem NS–, zurückgeht.

rischen Materials durch die Generation der Enkel; die Nachkommen versuchen, die Geschichte des NS und seiner Nachwirkungen in der Gegenwart gemeinsam zu erschließen. Schon zuvor führte Renate ein Gespräch mit einem Repräsentanten der ›dritten Generation‹, dem Enkel einer Überlebenden der Konzentrationslager, der ihr seinen Blick auf das Schicksal der Geschichte sowie die Weitergabe historischer Erfahrung von Generation zu Generation schildert. Didaktisch veranschaulicht durch eine Skizze verschiedener Zeitmodelle, erläutert er ihr, wie er sich in Auseinandersetzung mit der auf ihn lastenden Erzählungen von den traumatisierenden Erfahrungen seiner Großeltern seine eigene Erzählung und Identität erarbeitet hat (00:04:34–00:06:26).

Die Präsenz des Themas der generationellen Übertragung historischer Traumata gibt der Übersetzungsarbeit von Renate einen weiteren Sinn: Ihre intensive Recherchearbeit ist ein Versuch, die Verbrechensgeschichte des NS und die traumatischen Erfahrungen der Opfer in die Gegenwart zu übersetzen, ihr Präsenz zu verleihen. Renate, der ›Guide‹ der Untersuchung des Films, vollzieht als Repräsentantin der dritten Generation das Projekt einer generationsspezifischen Erinnerung. Sie spürt Zeichen und Erzählungen auf, die mit der traumatischen Vergangenheit sowie ihrem Nachleben in Argentinien verbunden sind und konstruiert davon ausgehend eine spezifisch argentinische Perspektive.

Die Atmosphäre des Films ist durch die Sprache der Dokumente gekennzeichnet. Das weitgehend stumme Aufnehmen der Quellen durch Renate verleiht diesen eine starke Präsenz. Diese steigert sich zur Qualität des Unheimlichen, wenn zum Ende des Films hin eine geräuschlose Montage der Kopräsenz von Überlebendem und Täter erfolgt. Im Anschluss an Interviews mit ehemaligen Nachbarn und Arbeitskollegen des millionenhaften Schreibtischtäters, widmet sich das letzte Kapitel dem Schrecken des NS-Vernichtungssystems. Zuvor zitierte der Film Stimmen von Personen, die Eichmann aus unmittelbarer Nähe im Alltag kennengelernt hatten. Nahezu unisono sprachen diese in positiven Tönen von Eichmann, lobten seinen korrekten und umsichtigen Umgang. Eine interviewte Person wiederholte gar mehrmals die Charakterisierung ›sehr gute Person‹ (»muy bueno«). In diesen Gesprächen wird die alltagsweltliche Normalität der Existenz des untergetauchten Eichmanns evoziert und der Status des Muster-Mitbürgers betont. Das Arendt'sche Bonmot vom ›Schuldigen eines außergewöhnlichen Verbrechens, eine gewöhnliche Person‹, das die vierte Kapitelüberschrift zitiert, findet in diesen Interviews ihre Bestätigung.

Das letzte Kapitel »El pasaporte« handelt schwerpunktmäßig von dem Holocaust-Überlebenden Moisés Borowicz, der mehrere Konzentrationslager überlebt hatte, bevor er nach dem Zweiten Weltkrieg mit einem ähnlichen Ausweisdokument wie Eichmann nach Argentinien einreiste. Dessen erschütterndes Zeugnis handelt vom zufälligen wie glücklichen Überleben, von den gelungenen Fluchtversuchen und vom brutalen Vorgehen der Nazis. Im Anschluss an den fürchterlichen Bericht wird Renate wiederum allein gezeigt, zunächst im städtischen Nahverkehr, so dann beim nächtlichen Arbeiten am Computer und später im Morgengrauen auf ihrem Balkon, wo sie mit Zigarette, Kaffee und leerem Blick auf ihre Umgebung starrt (siehe Abbildung 1).

Abbildung 1: *Renate Liebeskind im Morgengrauen (01:25:44–01:26:29).*

Dieser sich über eine Minute hinziehende Ruhemoment, in dem der Nachhall des eindrücklichen Materials in der Protagonistin spürbar wird, mündet in der Wiedergabe audiovisuellen Archivmaterials, mit der wiederum der Film endet. Es wird eine ›Filmvorführung‹ vor dem Gericht in Jerusalem gezeigt. Gerichtsdiener installieren einen Filmprojektor im Saal, Eichmann wird in Nahperspektive ›in seiner Kabine‹ gezeigt. Es folgen Ausschnitte des wiedergegebenen Dokumentarfilms *Nuit et brouillard* (1956) von Alain Resnais, der tatsächlich im Rahmen des Prozesses gezeigt wurde: eine Kamerafahrt durch das in der Nachkriegszeit zu Brachland gewordene KZ Auschwitz sowie Aufnahmen von Zugverladeaktionen deutscher Soldaten. Diese visuelle Eindrücke alternieren mit Bildern von Eichmann im Gerichtssaal, der ebendort diese Bilder betrachtet. Die Montage der Bilder dieser beiden Dokumentarquellen, der aus Resnais' *Nuit et brouillard*, sowie der aus dem Gerichtssaal, wird durch eine extradiegetische Tonspur dominiert, die Drastik der Bilder mit bedrohlichen Geräuschen unterstreicht und so die Atmosphäre des Unheimlichen noch verstärkt untermalt. Der Film schließt mit dieser knapp dreiminütigen *Found-Footage*-Montage ebenso kommentarlos wie sie die Performance seiner Protagonistin während des überwiegenden Teils des Films ist.

Schon der Titel *El vecino alemán* installiert die Idee des Unheimlichen, der er sodann anhand der enigmatischen Nachwirkungen des argentinischen Aufenthalts

Eichmanns in der Gegenwart nachgeht. Die Spannung zwischen dem alltäglich-banalen, freundlichen Umgang mit dem *vecino alemán* Eichmann und dem Horror des von ihm (mit)repräsentierten Vernichtungssystem erfährt im letzten Teil des Films ihren Höhepunkt. Der ›Guide‹ und Reflektor der Renate verleiht durch ihre reduzierte dramaturgische Funktion dem dokumentarischen Material und der verwirrenden Vielfalt der Stimmen ein deutliches Übergewicht. Sie ist die Schaltstelle in der Erzählkomposition der Stimmen, die ihr eigenes, wenn auch nicht explizit artikuliertes, so doch in Szene gesetztes Projekt vorantreibt. Sie ist das Subjekt der Erschließung und Orchestrierung der Stimmen und Quellen, das zugleich als stumme Reflektorfigur eine rezeptive Haltung verkörpert. Ihre vermeintliche Geräuschlosigkeit produziert jedoch starke Kontrasteffekte, die aus der Montage der Stimmen resultieren. Sie ›übersetzt‹ das historische Material in die Gegenwart und macht so den Nachhall des Unheimlichen spürbar. Ohne dazu explizit ein Urteil zu artikulieren, ist die Protagonistin zugleich das Medium, das diesen unheimlichen Nachhall der NS-Verbrechen in Argentinien sichtbar macht. Es wird die Perspektive der Generation der Nachkommenden deutlich, die sich eines subtilen Kritik- bzw. Urteilstyps bedient, der Möglichkeiten der Interpretation der Gräuel der Vergangenheit auslotet. Zugleich kommt eine genuin argentinische Perspektive zur Geltung, die die beiden Regisseure in einem Interview bestätigen, wenn sie kundtun, dass es ihnen darum gegangen sei, die ungefährdete und unheimliche Anwesenheit des Schwerverbrechers Eichmanns inmitten der argentinischen Bevölkerung zu erkunden.[13]

3.2 *Querido Eichmann* (Roman, 2021)

Den Argentinien-Aufenthalt Eichmanns rückt auch der argentinische Schriftsteller Marcos Rosenzvaig ins Zentrum seines Romans *Querido Eichmann*, nun allerdings mit Fokus auf dessen ersten Jahre im Land, in den Provinzen Tucumán und Catamarca. Der aus Tucumán stammende Rosenzvaig hat, neben zahlreichen Theaterstücken und theatertheoretischen Essaybänden, mehrere Romane zu historischen Stoffen der Geschichte Argentiniens verfasst. Bei diesen Romanprojekten standen für ihn bis dato vorbildliche historische Figuren im Zentrum. Die positive Identifikation mit diesen Protagonisten war, so Rosenzvaig, mit dem Projekt der »Aufwertung der Würde, des Patriotismus und der Revolution« (zit.

13 »Su paso por nuestro país deja desde entonces de ser accidental o estratégico y queda irremediablemente resignificado: Eichmann vivió entre nosotros y vivió como uno de los nuestros. Tomar consciencia de este hecho, sentir tan cercano (y sin quererlo) a uno de los mayores criminales modernos, fue el punto de partida« (Cervio, zit. n. Zimerman, 2018).

n. Sepúlveda 2021) verbunden. Sein Eichmann-Roman ist dieser Art der positiv-identifikatorischen Aneignung historischen Stoffs diametral entgegengesetzt. Rosenzvaig erschafft hier eine Erzählperspektive, in der sich die Erzählstimme in ›den Kopf eines Monstrums‹ versetzt (Rosenzvaig, zit. n. Sepúlveda 2021).

Der historisch-kontextuelle Rahmen des Romans enthält realhistorische Eckdaten über den Aufenthalt Eichmanns in den nordwestlichen Provinzen Argentiniens, wo er, wie andere nach Argentinien geflohene NS-Täter für die Firma CAPRI arbeitete, bevor er später nach Buenos Aires übersiedelte, um dort mit seiner nachgezogenen Familie den zweiten Aufenthaltsort in seiner neuen Heimat zu beziehen. Die zuverlässig in der Eichmann-Biografik dokumentierten Eckpunkte bilden den Rahmen der fiktionalen Erzählung; zudem fließt in die literarische Gestaltung des Schauplatzes Las Estancias anekdotisches Wissen der Bewohner dieses Ortes über den damaligen Aufenthalt Eichmanns ein (vgl. Rosenvzaig 2021a).

Der Protagonist des Romans ist zugleich Ich-Erzähler, das imaginierte Innenleben der Figur Eichmann ist somit ›unmittelbar‹ greifbar. Diese Erzählerfigur bildet das Orientierungszentrum der Erzählung, durch die Erzählerstimme sind die Gedanken, Gefühle, Wahrnehmungen und auch Erinnerungen Eichmanns direkt präsent. Rosenzvaigs Eichmann ist ein frisch in Argentinien untergekommener NS-Täter, der sich in der Provinz ein neues Leben als Ingenieur aufbaut. Seine Vergangenheit, von seiner Sozialisation und Kindheit bis zu seinem Wirken als hoher NS-Funktionär, ist in der Erzählung scheint immer wieder auf, sie verfolgt ihn in Form von unerwartet in seinen Alltag hereinbrechenden Erinnerungen. Gegenüber dieser beunruhigenden Heimsuchung durch die Vergangenheit entwickelt er verschiedene Abwehrmechanismen. Der dem Alkohol zugewandte Eichmann ist grundsätzlich eine unglückliche Person und durch zwei Charakterzüge gekennzeichnet: zum einen durch seine perversen sexuellen Neigungen, zum anderen durch seinen unirritiert positiven Bezug auf den Nationalsozialismus, dessen Erbe er in Argentinien antreten bzw. dem er wieder zu neuem Glanz verhelfen will.

Der Aspekt der sexuellen Perversion zieht sich durch den ganzen Roman. Es verschränken sich auf dieser Ebene der Figurencharakterisierung erotische Neigungen und Jugenderinnerungen an die inzestuöse Beziehung zu seiner Schwester Irmgard, die ihn »lieber Eichmann« (»querido Eichmann«) zu nennen pflegte. Wie anhand von Erinnerungen an seine Adoleszenz und an die ›beruflichen Aufenthalte‹ in Konzentrationslagern gezeigt wird, sind Eros und Thanatos eng verknüpft im Leben von Eichmann, der auch in Las Estancias seinen pädophilen Neigungen nachgeht. Er fühlt sich hingezogen zu der vorpubertären Cecilia, Tochter des jüdischen Ingenieurs Alfredo Crick, dem Eichmann unterstellt ist und in dessen Haus er zunächst gern gesehener Gast ist, was es ihm ermöglicht, Kontakt zu dem Mädchen herzustellen. Cecilia, die ein ihre Eltern beunruhigendes Vertrauen zum »Onkel Eichmann« aufbaut, diesen in einem vertrauten Moment gar fragt, ob sie ihn begleiten könne, wenn er wieder nach Deutschland zurückkehre, wird letzten Endes tot aufgefunden, woraufhin Eichmann als erster in Verdacht gerät, für den Mord verantwortlich zu sein.

Der zweite Aspekt unterstreicht die Monstrosität Eichmanns noch in einer weiteren Hinsicht: Eichmann ist Ewiggestriger, ein Nazi, der nichts von seiner verbrecherischen Vergangenheit bereut hat und sich sogar zur Mission berufen fühlt, das Kommen des Vierten Reichs in Tucumán vorzubereiten. Im Figurenbewusstsein Eichmanns spuken die menschenverachtenden Merkmale der NS-Ideologie, was sich zum Beispiel in der Wahrnehmung seiner neuen Lebenswelt und in seinen Einstellungen gegenüber den neuen Nachbarn ausdrückt, wobei deutschnationale Überlegenheitsgefühle zum Ausdruck kommen. Eichmanns Weltsicht besteht aus deliranten Visionen, die zudem lokale Besonderheiten und Mythen integrieren, die sich in Argentinien repräsentationsgeschichtlich mit Blick auf den Nationalsozialismus herausgebildet haben: In Eichmanns Kopf spukt die Hoffnung auf das baldige Auffinden des »oro nazi« (des vermeintlich in Argentinien massenhaft versteckten Nazi-Goldes) sowie auf die baldige Unterstützung durch UFOs. Zudem plant er die Übersiedlung von Hitler und Eva Braun, die vermeintlich in Bariloche in Patagonien residieren (eine weitere populäre *urban legend* in Argentinien), nach Tucumán, um so Hitlers Beteiligung bei dort geplanten Gründung des ›Vierten Reiches‹ zu gewährleisten.

Zur Umsetzung dieser politischen Vision organisiert Eichmann aus den ihm bei CAPRI unterstellten Hilfsarbeitern einen ›Stoßtrupp‹, den er sogleich indoktriniert. Seine größenwahnsinnige Vision der Neugründung des NS in Nordargentinien überträgt er auf seine ›Truppe‹. Seine Gefolgsleute wirken tölpelhaft, ihre Sprache drückt deren geistige Beschränktheit aus. Das Bild des Anführers der Neonazi-Renaissance in Tucumán und dessen Gefolgschaft aus drei Mitarbeitern wirkt absurd, ja lächerlich. Die Kommunikation zwischen dem ideologisch rigiden Eichmann und seinem als ungebildet inszenierten ›Fußvolk‹ ergeben tragikomische Szenen; etwa wenn seine Anhänger ihm mit dem Ausruf »¡A la orden, *Reichsführer*!« (u. a. 78) ihren Befehlsgehorsam mitteilen.

Rosenzvaig verbannt seinen Eichmann in die Bedeutungslosigkeit der Provinz, präsentiert ihn als Witzfigur, die auf fanatisch verbissene Weise der alten nationalsozialistischen Vision anhängt. Die übertrieben gezeichneten irrationalen Züge der Figur gleiten in eine absurde Groteske ab. Die durch die Sassen-Protokolle dokumentierte tiefe Überzeugung Eichmanns hinsichtlich seiner Beteiligung an der ›Endlösung‹ sowie das Fehlen jeglichen Bedauerns wird aufgegriffen und in übertriebenen Bildern eines perversen und verrückten menschlichen Monsters extrapoliert. Es handelt sich bei Rosenzvaigs literarischer Exploration des ›Kopfs des Monsters‹ nicht um eine ernsthafte Auseinandersetzung mit dem kriminellen Tätersubjekt, seinen Vorstellungen, Überlegungen und Beweggründen. Dies liegt nicht etwa am nicht-mimetischen Darstellungsverfahren, sondern daran, dass die zur Auskleidung des pathologischen Subjekts verwendeten Bilder und Symbolwelten entweder abgegriffene Stereotype (perverser Tätertypus) oder Repräsentationen der Sensationsberichterstattung (UFOs, Nazi-Gold und der vermeintliche Argentinienaufenthalt Hitlers[14]) aufgreifen. Das charakterliche Profil Eichmanns erhält keine klarere Konturierung, auch nicht durch die Kontrastfigur des Gerhard Klame, des deutschen Nachbars Eichmanns in Las Estancias, der ebenfalls eine SS-Vergangenheit hat, allerdings im Gegensatz zu diesem von Schuldgefühlen geplagt wird. Klame leidet als reuiger Ex-Nazi an seiner Vergangenheit, er verwünscht den NS für seine Verbrechen, erlebt seine Erinnerungen als ›schlimmste Strafe‹ und empört sich darüber, dass Eichmann, dessen verbrecherische Vergangenheit er vermutet, »frei von Schuldgefühlen lebt. Das macht mich wütend und darum beneide ich Sie« (162)[15]. Der menschenfeindliche Zug der Eichmannfigur zeigt sich in dem Abschnitt über die so genannte »Operation Zigeunerasche«[16] in vollen Zügen. Hier beobachtet Eichmann aus Distanz und mit Genuss das Verbrennen einer am Dorfrand niedergelassenen Gruppe von Sinti und Roma, das sein ›Stoßtrupp‹ durch das Legen eines Feuers bewirkt hat. Eichmann ergötzt sich an seinem Fernglas, das es ihm ermöglicht, das Spektakel wie aus unmittelbarer Nähe mitzuverfolgen. Die zum Ende des Roman zunehmend dynamisierte Erzählung – Klame begeht gemeinsam mit seiner Frau Selbstmord, neben der ›Operation Zigeunerasche‹ ereignet sich der Tod Cecilias, als dessen Urheber Eichmann zunächst verdächtigt wird – endet schließlich damit, dass Eichmann Las Estancias verlässt. Bei seiner Abfahrt wird er herzlich am Busbahnhof verabschiedet, unter anderem von lokalen Autoritäten.

Auf das Ende der Eichmann-Erzählung folgen zwei Epiloge: der erste enthält einen Rückblick des Vaters der ermordeten Cecilia, der zweite ist der einer sich nicht zu erkennen gebenden Stimme, der eine Kurzzusammenfassung der Fakten der Entführung, Verurteilung und Hinrichtung Eichmanns enthält. Er endet mit den Worten, mit denen Eichmann sich vor der Vollstreckung seines Todesurteils von der Welt verabschiedet hatte, in denen er einen Dank an Deutschland, Argentinien und Österreich aussprach. Die Haftsituation in Jerusalem, die nun nicht

---

14 Diese deliranten Anschauungen finden nicht bloß in der Boulevardpresse Widerhall, sondern wurden auch zum Beispiel von Miguel Serrano (1917–2009), dem chilenischen Diplomaten und Vertreter des ›esoterischen Hitlerismus‹ apologetisch verbreitet, so in dessen Werk *El Cordón Dorado: Hitlerismo Esotérico* (1978).

15 Im Original: »Usted es tan culpable como yo [...] No me preocupa lo que haya hecho en la Guerra, me preocupa que esté libre de culpa. Eso me fastidia y por eso lo envidio« (Rosenzvaig 2021, 161).

16 Im Original: »la operación que llamé ›Cenizas gitanas‹« (165–169).

mehr in erster Person, sondern von außen ausgeleuchtet wird, wird schon im ersten Abschnitt des Romans aus einer Außenperspektive dargestellt. Dieser setzt sich von der ›eigentlichen‹ Erzählung über Eichmann in Tucumán, der er vorangestellt ist, ab; in ihm berichtet eine anonym bleibende Erzählstimme auf gut sechs Seiten (11–17) vom letzten Tag Adolf Eichmanns und stellt Mutmaßungen über dessen Gedanken an. Der imaginative Status dieser Passage wird durch die Beifügungen »supongo« (»ich nehme an«) oder »creo« (»ich glaube«) offengelegt.

Die Evokation des letzten Lebenstages Eichmanns, mit der der Roman einsetzt, endet mit dem Bild seines toten Körpers, der dort noch einige Zeit ›wie ein dreckiges Betttuch aufgehängt blieb‹.[17] Die Vollstreckung der vom Gericht verfügten Todesstrafe gegen den Angeklagten evoziert die Szene der Verwirklichung der Gerechtigkeit in ihrer Materialität oder gar ›Grausamkeit‹. Zusammen mit dem zweiten Epilog, der ebenfalls vom letzten Tag Eichmanns, aus einer distanziert die Fakten darlegenden Perspektive handelt, bildet die in das erste Kapitel integrierte, aber dort isoliert für sich stehende Eröffnungspassage den äußeren Rahmen, innerhalb dessen die von Eichmanns Zeit in Tucumán handelnde ›Binnenerzählung‹ angesiedelt ist. Während diese das unmittelbare Erleben und Wahrnehmen des Protagonisten ausleuchtet, ist der äußere Rahmen distanziert gehalten, die Perspektive der ersten Person weicht dem distanzierten Blick von außen auf den Verurteilten, der in der Haft auf die Vollstreckung seines Todesurteils wartet. Just in der Situation, in der die Vollstreckung des Urteils ansteht, wird die Binnenperspektive des verurteilten Subjekts Eichmann ausgeblendet, was einen intertextuellen Kontrast bildet zur literarischen Imagination in Borges' Kurzerzählung *Deutsches Requiem*, in der die letzte Nacht des NS-Täters Otto Dietrich zur Linde vor der Vollstreckung seines Todesurteils imaginiert wird, und in der das innere Erleben des Verurteilten, der in seiner Gedankenwelt gegen das Todesurteil rebelliert, im Zentrum steht. Rosenzvaigs Eichmann, dessen inneres Erleben während seiner Zeit in Tucumán im Vordergrund stand, erscheint nun, in der Stunde der Gerechtigkeit, im Blick von außen. Die Dekonstruktion der Vorstellung vom dumpfen Schreibtischtäter, die der Text im Zuge der umfassenden Pathologisierung des Protagonisten ins Extreme führt und dadurch ein rundum abstoßendes Subjekt präsentiert – eine simple Zeichnung des Bösen, die es dem Leser einfach macht, es zurückzuweisen –, steht im scharfen Kontrast zum zweiten, den Text beendenden Epilog, der einen distanzierten Blick auf das Ende der historischen Figur Eichmann konstruiert. In diesem kurzen, nüchtern-deskriptiven Epilog erhebt sich die Erzählstimme und formuliert folgendes Urteil: »Für mich und für

17 Im Original: »quedó colgando largo rato, goteando, como una sábana sucia« (17).

das ganze jüdische Volk war sein Erhängen ein glückliches Ereignis«.[18] Inmitten des Geflechts von Erzählstimmen, gibt sich nun die Stimme des Autors zu erkennen, und zwar als dezidiert jüdische.[19] Nachdem er seinem fiktiven Eichmann auf über 200 Seiten die Erzählstimme verliehen hat, um ihn als abstoßendes Subjekt darzulegen, erhebt sich seine Stimme zum Ende des Textes, um der Genugtuung Ausdruck zu verleihen ob des realisierten Akts der Gerechtigkeit, den für ihn das Erhängen Eichmanns bedeutet.

3.3 *El desafortunado* (Roman, 2020)

Der Roman *El desafortunado* (2020) von Ariel Magnus, auf Deutsch 2021 unter dem Titel *Das zweite Leben des Adolf Eichmann* erschienen, stellt ebenso den Aufenthalt Eichmanns in Argentinien ins Zentrum des erzählten Geschehens. Der dabei abgedeckte Zeitraum ist komplementär zum Roman Rosenzvaigs: *El desafortunado* handelt von Eichmanns Zeit in Argentinien mit seiner Familie, also von dem Moment an, an dem der Protagonist Eichmann seine Frau Vera und seine Kinder in Buenos Aires in Empfang nimmt. Der Roman setzt ein mit einer Szene, in der Eichmann vergeblich versucht, auf den Straßen von Buenos Aires Rosen für seine Frau zu kaufen. Wegen eines Nationalfeiertags, den Eichmann nicht auf dem Schirm hatte, sind die Rosen allerdings ausverkauft (Magnus 2021, 7–15). Von dieser ersten Szene an wird Eichmann als ein ressentimentgeladener, frustrierter Charakter gezeichnet – eine Charakterisierung, die sich durch den ganzen Roman zieht. Dieser setzt Eichmanns Argentinienaufenthalt in Szene, zeigt dessen Alltag und den Kontakt zu seinen Kindern, zu seiner Frau Vera sowie zu anderen nach Argentinien geflohenen Nationalsozialisten. Der Roman fußt auf den historischen Eckdaten des Untertauchens Eichmanns in Argentinien; im Anhang führt Magnus in einem eigenen mit »Quellen« überschriebenen Abschnitt die konsultierte Literatur auf, die er verwendet hat, um sich ein möglichst umfassendes Bild vom ›zweiten Leben‹ Eichmanns zu machen.

Schon der spanische Originaltitel *El desafortunado* (dt. der Pechvogel) macht deutlich, dass die Charakterisierung Eichmanns eine zentrale Rolle spielt. Der Roman verwendet die Erzählperspektive der dritten Person, die sich eng am Erle-

18 Im Original: »Para mí y todo el pueblo judío fue un feliz suceso su ahorcamiento« (242).
19 Rosenzvaig hebt in einem Interview hervor, dass seine jüdische Identität für die Entstehung des Romans von großer Bedeutung ist: »Das Schreiben eines Romans ist der Vorwand eines Schriftstellers, um über sich selbst nachzudenken. Aber sich in das Bewusstsein eines Mörders wie Eichmann hineinzuversetzen und aus der Ich-Perspektive zu erzählen, war, wie ich gestehen muss, für mich als Jude ein abscheuliches Vergnügen« (Rosenzvaig 2021a).

ben der Eichmannfigur orientiert und deren Bewusstsein präsent hält. Das Geschehen um die Eichmann sowie die zwischenmenschlichen und kulturellen Prozesse in seiner Umgebung werden einer ständigen Untersuchung, Evaluierung und Kritik durch sie unterzogen. So entsteht ein Psychogramm, das sich der grundlegenden Thesen sowohl Arendts (›Schreibtischtäter‹; ›Banalität des Bösen‹) als auch Stangneths (›leidenschaftlicher Lügner‹; ›glühender Antisemit‹) bedient (vgl. Eser 2022). Magnus' Eichmann weist wie der Rosenzvaigs eine gestörte Persönlichkeit auf: Eichmann haftet melancholisch an seiner Vergangenheit, in der er noch Größe und ›weltgeschichtliche‹ Bedeutung besaß und leidet an seiner bedeutungslosen Gegenwart in Argentinien. Er fühlt sich als ein ›Pechvogel‹, begegnet seiner Welt mit Frustration und Ressentiment. Neidgefühle überkommen ihn, so zum Beispiel gegenüber Josef Mengele, dem er in der Erzählung begegnet. Sein schlichter Intellekt wird in der Figurenzeichnung ebenso deutlich wie sein Minderwertigkeitskomplex. Im Familienkreis ist er der brutale Patriarch, sowohl seiner Frau als auch seinen Kindern gegenüber. In ihm glüht weiterhin die Wut eines Antisemiten, auch andere ›fremdkulturelle Elemente‹ nimmt er ausgehend von einem rassistischen Weltbild wahr, das Magnus durch flache, unterkomplexe Oppositionen und Stereotype auskleidet und das er teilweise auf humoristisch-zynische Weise präsentiert. Zugleich wird der ›Architekt der Endlösung‹ als schwacher Charakter gezeichnet, der von der Bestätigung durch sein Umfeld abhängt; dies zeigt sich im Rahmen der imaginierten Szene im Hause Willem Sassens, wo die berüchtigten Gespräche mit Eichmann und die Zusammenkünfte ewiggestriger Nazis stattfanden. Dieser zentralen Anekdote aus dem ›argentinischen Exil‹ Eichmanns (vgl. Stangneth 2011) kommt im Roman eine gewisse Aufmerksamkeit zu. Sie dient dazu, das absolute Fehlen von Reue in Eichmann zu bezeugen. Bei diesen Gesprächen stellt Eichmann sich als Gescheiterten dar, der die ›Endlösung‹ nicht zu ihrem Ende führen konnte. Diese realen Äußerungen Eichmanns gehen in Magnus' erzählte Welt ein, in der Eichmann als verunsicherter Redner erscheint, der versucht, für seine Leistungen in der Organisation der ›Endlösung‹ Anerkennung bei der Zuhörerschaft zu finden (167–172).

Magnus' Eichmann weist zu dem Rosenzvaigs insofern Ähnlichkeiten auf, als beide Autoren die Facetten der sexuellen Perversion, die Kontinuität der nazistischen Weltanschauung sowie die Heimsuchung der Protagonisten durch quälende Bilder der Vergangenheit in die Figurenzeichnung einbeziehen. Bei Magnus erhalten diese Elemente jedoch nicht die exzessive, ins Unwahrscheinliche übertriebene Qualität wie bei Rosenzvaig. Flashbacks holen ihn unvermittelt im Alltag ein und stellen ihm Bilder aus der Vergangenheit vor Augen. Sie werden ausgelöst durch kleinste Merkmale der Alltagswelt, so rufen zum Beispiel die Rauchwolken des Grills seines Nachbars beim sonntäglichen *asado* in ihm die Erinnerung an die Vernichtungslager und Krematorien hervor. Eichmann fragt sich, ob die Argentinier ihre *parrillas* nicht mit höheren Schornsteinen versehen könnten, so dass ihre Nachbarn von dem Rauch verschont würden. Sein Groll endlädt sich schließlich in einem generellen Ressentiment gegen die ›argentinische Sitte‹ des *asado* (144). Seitdem er einer Versteigerung von Schlachtvieh beigewohnt hatte, und tausende von Kühen ihn bei ihrem Abtransport mit dem »schieläugigen Blick verwirrter Juden« (144) anschauten, verspürt Eichmann keinen Appetit mehr auf Fleisch und eine vertiefte Abneigung gegen jenes argentinischen ›Grill-Holocauste‹[20]: Seine vermeintlichen Verbrechen in der Vergangenheit »waren [...] damals in seinem Land ebenso wenig ein Verbrechen gewesen, wie es heute in diesem eins war, Fleisch zu essen«.[21] (144) Magnus überzeichnet die inneren Abwehrreflexe Eichmanns und ridikülisiert ihn zugleich. Er bringt dabei eine mindestens ironische Distanz zum Ausdruck, ohne jedoch die Tragik des historischen Stoffs zu banalisieren.

Diese kurze Szene gibt Einblick in die Art, wie Magnus das Innenleben Eichmanns erforscht. Dieser betreibt durch absurde Gedankenkonstruktionen und Analogien Schuldabwehr, wenn ihm Erinnerungen an seine Tätervergangenheit kommen. Die Figurenzeichnung erfolgt auf distanziert-sarkastische Art, die die geistige Beschränktheit, das plumpe Denken wie auch die tief gründende Menschenverachtung Eichmanns zeigt. Magnus' Bilder verdichten sich in ihrer Zuspitzung zu einer Burleske, die Eichmanns Versuche der Selbstviktimisierung und Selbstversöhnung ins Absurde ziehen. Die Neigung, sich selbst als Opfer darzustellen, wie Eichmann dies später im Rahmen seiner Performance vor dem Gericht in Jerusalem praktiziert hat, ist Fixpunkt eines Psychogramms, das der Roman zeichnet. Dem Roman ist ein Zitat aus Eichmanns Autobiographie *Götzen* – Magnus hat dieses im Gefängnis in Israel geschriebene Täterzeugnis ebenso als Quelle studiert – vorangestellt, das Banal-Böse seiner Selbstverteidigungsrhetorik auf den Punkt bringt: »Bei einer guten Staatsführung hat der Untergebene, der Befehlsempfänger, Glück; Bei einer schlechten Unglück. Ich hatte kein Glück« (zit. n. Magnus 2021, 5).

Das erzählte ›zweite Leben des Adolf Eichmann‹ endet mit dessen Entführung und Verschleppung nach Israel. Es wird das Erleben des entführten Verwaltungsmassenmörders in Form eines Selbstgesprächs wiedergegeben: »Aber das ist jetzt nicht dein Problem, Eichmann, dachte Eichmann, als wären auch seine Gedanken betäubt und er würde sie fern von sich selbst vernehmen, in der dritten Person« (215). Dieser innere Dialog endet darin, dass er sich eine Verteidigungsstrategie für das Gerichtsverfahren ausdenkt, das ihn in Israel erwartet: Er werde sich für dumm verkaufen:

---

20 Im Original: »semejantes holocaustos« (160).

21 Im Original: »delitos inexistentes, o tan poco delictuosos por aquel entonces en su país como sería hoy, en este, comer carne« (161).

> Warst du bis jetzt die zweite Geige, wirst du einfach zur dritten, zur vierten Geige wechseln müssen, nur ein weiterer in der Truppe, die stumpf dem Dirigenten gehorcht, weniger ein Musiker als ein bloßer Instrumentalist [...] Wie ein Roboter. Oder eben ein Idiot (216).

Magnus' Eichmann begeistert sich für seine Strategie, mit der er das Publikum täuschen will, und stilisiert diese, seine eigene Impotenz zu einer Weltmächtigkeit interpretierend, zur »letzte[n] Schlacht dieses totalen Krieges für den Fortbestand unseres Vaterlands und unserer Rasse« (216). Der Roman endet schließlich mit einer Selbstaufmunterung des ›Pechvogels‹ Eichmann: »Ein verdammtes Mal im Leben muss das Glück doch auf meiner Seite sein.« (216)

Magnus ist sich der Grenzen und Gefahren des literarischen Abenteuers› sich in den Kopf eines Massenmörders zu versetzen bewusst und gesteht ein, dass er Eichmann nicht in der Erzählperspektiven der ersten Person hätte darstellen können; die Perspektive der dritten Person ermöglichte ihm allerdings die notwendige Distanz, um diese Exploration durchzuführen. Dies wäre ihm allerdings nicht gelungen, wenn der Protagonist Mengele gewesen wäre:

> Es gibt Figuren von Psychopathen wie Mengele, die mit eigenen Händen getötet oder lustvoll gequält haben, mit denen hätte ich das nicht machen können oder wollen. Aber eine graue Figur wie Eichmann, ein Typ, der Millionen Menschen in den Tod geschickt, aber keinen einzigen selbst getötet hat (zumindest wissen wir das nicht) – dem kann ich schon näher sein auf irgendeine Art. Auf so einen mittelmäßigen Menschen und Psychopathen seiner Art konnte ich mich einlassen, und es macht auch Sinn, über seine Weise, mit dem eigenen Verbrechen umzugehen, nachzudenken (zit. n. Eser 2021: 52).[22]

Magnus' erzählerische Erkundung des Aufenthalts Eichmanns in Argentinien ist eine weitere argentinische Auseinandersetzung mit dem Fall Eichmman, die zugleich nicht losgelöst zu betrachten ist von seiner Familiengeschichte. Seine Großmutter väterlicherseits hatte das Konzentrationslager Auschwitz überlebt und das von Eichmann koordinierte ›Transport- bzw. Verschleppungssystem‹ selbst erfahren.[23]

---

22 Magnus' Aussage, dass er die erste Person in der erzählerischen Darstellung des Innenlebens der Eichmann-Figur nicht hätte durchsetzen können, hat er in dem zitierten Interview getroffen, auch wenn sie in der veröffentlichten Version aufgrund redaktioneller Kürzungen nicht enthalten ist.

23 Die Erfahrung seiner ›Oma‹ ist Gegenstand von Magnus' *La abuela* (2006; dt. *Zwei lange Unterhosen der Marke Hering*, 2012). Auch in der Diegese von *El desafortunado* taucht die Großmutter auf, was an dieser Stelle jedoch nicht weiter vertieft werden kann; vgl. hierzu den Beitrag von Senkman in diesem Band.

Der autobiografische Bezug des Autors zu seiner Eichmann-Fiktion wird in dem mit »After Office« überschriebenen Kapitel, das den Charakter einer Autofiktion aufweist,[24] explizit. Dieser Abschnitt folgt auf die eigentliche Eichmann-Erzählung, zu deren Ende schon ein bemerkenswerter Wechsel der Erzählstimme zu beobachten ist: diese wechselt auf der letzten Seite aus der Perspektive der dritten Person, die den ganzen Roman über vom Erleben Eichmanns berichtet hat, in die der zweiten Person. Die Stimme des Figurenbewusstseins tritt nun mit sich selbst in Kontakt und denkt über die künftige Verteidigungsstrategie vor Gericht nach. In »After Office« tritt nun abermals ein Wechsel der Erzählstimme ein, der Text ist hier in erster Person verfasst, und schon recht schnell wird deutlich, dass die Stimme, die die Anekdote eines After-Office-Spaziergangs in einer nördlichen Vorstadt von Buenos Aires erzählt, die Stimme des Autors ist, der soeben seinen Roman fertig geschrieben hat und »um den Kopf freizubekommen« durch sein Stadtviertel zieht (220). Der Abschnitt ist ein Epilog und eine Nach-Fiktion zur eigentlichen Eichmann-Fiktion, in der im Rahmen einer Kurzerzählung über den Roman reflektiert und der autobiografische Hintergrund des Autors zum Thema wird. Es wird eine Szene im Interieur eines Familienhauses beschrieben, auf das der Autor während seines Spaziergangs ›durch Zufall‹ gestoßen war und in das er von einer älteren Frau eingeladen wurde. Es entwickelt sich ein Gespräch zwischen ihr, die von ihren deutschen Vorfahren erzählt, und dem Erzähler, der in dem Haus gelandet ist, das einst Sassen gehört hatte. In diesem unerträglich geschichtsträchtigen Raum, in dem einst Eichmanns reuelose Selbstdarstellung stattfand, entfaltet sich ein Gespräch zwischen dem Ich-Erzähler und der Gastgeberin Gertrudis, in dem dieser über den soeben beendeten Roman, über seinen Protagonisten und sein subjektives Verhältnis zu dem soeben vollendeten literarischen Projekt spricht. Der fremden Frau gegenüber, zu der er eine eigenartige, zugleich von Misstrauen durchzogene Nähe entwickelt,[25] gesteht er den ursprünglichen Anlass, den Roman zu verfassen:

> Der Anstoß entstand aus dem unkontrollierten Hass, den mein Vater gegenüber Adolf Eichmann empfand, ein sehr viel stärkerer Hass als der, den die anderen Nazi-Oberhäupter in

24 Vgl. auch die Beiträge von Schlickers und Senkman in diesem Band, die diesen Teil auch gesondert analysieren, dabei vor allem hinsichtlich des autofiktionalen Gehalts, zu unterschiedlichen Einschätzungen kommen. Vgl. hierzu auch Eser 2022.

25 Gertrudis ist zugleich eine Reflexionsfigur, im Umgang zu ihr drückt sich eine ›unheimliche‹ Nähe zur ›deutschen Kultur‹ und das Oszillieren zwischen ›argentinischen und deutschen Welten‹ aus; Phänomene, die zuletzt auch in Magnus‹ Buch *Tür an Tür. Nazis und Juden im argentinischen Exil* (2023), das erste von ihm zuerst auf Deutsch verfasste, ausgelotet werden.

> ihm hervorriefen, einschließlich des anderen Adolfs [...] Von Zeit zu Zeit wiederholte er für mich, Eichmann sei der einzige Mensch auf der Welt, den er gern eigenhändig umbringen würde.[26] (218)

Der Eichmann-Roman erweist sich im Lichte dieser Anekdote, in der der Erzähler seiner ›neuen Freundin‹ auch die dramatische Geschichte des Überlebens seiner Großmutter mitteilt, als tief durchzogen vom Familiengedächtnis, in dem der Wunsch nach Vergeltung für das erlittene Unrecht latent wie als Mandat präsent ist. Als der Erzähler einst seinem Vater von seinem schriftstellerischen Vorhaben berichtete, reagierte dieser harsch und kündigte den Kontaktabbruch an für den Fall, dass die von ihm erschaffene Eichmann-Figur auch nur eine positive Facette aufweisen sollte.

Die Erwähnung des väterlichen Mandats und des ihm entspringenden Gebots einer bestimmten Erinnerungs- bzw. Darstellungspraxis macht deutlich, dass es in dem autofiktionalen Epilog nicht bloß um die subjektive Dimension des Schreibenden geht, sondern dass der gesamte Roman eng verknüpft ist mit der ethischen Fragestellung nach den Möglichkeiten der literarischen Gestaltung eines NS-Täters, dessen Taten mit dem Leiden der eigenen Familie verbunden ist. Das Spiel mit den Erzählstimmen, ihre Orchestrierung, die serielle Verwendung der zunächst dritten, dann zweiten und schließlich ersten Person, macht den hohen Grad an Selbstreflexivität des Romans deutlich, in dem die Instanzen des Erzählens sowie die des Urteilens zum Gegenstand der Darstellung werden. Der spezifische Umgang der dritten Generation der Überlebenden mit der Leidensgeschichte ihrer Vorfahren wird hier greifbar. Die Täterfiktion trägt ein starkes erinnerungskulturelles Moment und ist zugleich auch Ausdruck einer literarisierten Ethik und eine Form von Rechtsprechung im Umgang mit der Vergangenheit.

4 Schluss: das *Exemplum* des Falls Eichmann und die argentinischen Täterfiktionen

Die drei diskutierten Werke rücken die Präsenz Eichmanns in Argentinien ins Zentrum ihrer Erzählungen. Die beiden Romane durchleuchten im Medium der literarischen Fiktion den Aufenthalt Eichmanns in Argentinien. Rosenzvaigs Roman

---

26 Im Original: »El impulso nació del odio descontrolado que mi padre sentía por Adolf Eichmann, muy superior al que le despertaban los demás jerarcas nazis, incluido el otro Adolf [...] Cada tanto me repetía que Eichmann era la única persona en el mundo que de no haber estado muerta él hubiera querido asesinar con sus propias manos.« (242–243)

erzählt die Figur Eichmann, die das Wahrnehmungs- und Handlungszentrum der Erzählung bildet, aus der Ich-Perspektive und verortet die Handlung in Tucumán, zeitlich angesiedelt vor dem Nachzug seiner Familie nach Argentinien. Magnus' Roman spielt zeitlich etwas später, die Erzählung setzt ein mit der Ankunft seiner Frau und seiner Söhne in Buenos Aires. Er optiert für eine distanziertere Erzählperspektive, in der das Handeln und Erleben des Protagonisten Eichmann in dritter Person erzählt wird. Der dokufiktionale Film *El vecino alemán* widmet sich ebenfalls dem Aufenthalt Eichmanns in Argentinien, geht allerdings in der Erkundung dessen weitestgehend dokumentarisch vor und arrangiert Quellen und Einschätzungen über die problematische Konvivenz mit dem *vecino alemán*. Der Film kann nicht als Täterfiktion gelten, da in ihm nicht die fiktionale Exploration des Erlebens, Fühlens und Handelns einer Täterfigur erfolgt.

Der Prozess von Jerusalem ist in allen drei Erzählungen vom Argentinienaufenthalt Eichmanns präsent, auch wenn diese primär den zeitlichen Abschnitt *nach* seinem verbrecherischen Wirken als ›Architekt der Endlösung‹ und *vor* dem Prozess behandeln. Der letzte Abschnitt seines Lebens, *Eichmann in Jerusalem*, der den Prozess, das Urteil wie auch das Ende seines Lebens umfasst, schwebt als Urteil, Chiffre und *Exemplum* über den Erzählungen von Eichmanns vorherigem Leben. Szenen des Prozesses sind in diesen enthalten, als Referenz- oder Fluchtpunkte. Gleichzeitig liefert der Prozess auch narrative Schemata mit impliziten Rechts-Annahmen, die sowohl der Fallgeschichte wie auch der Geschichte des Täters zugrunde liegen. Der Kern der Rechtsprechung, der den absoluten Präzedenzfall des Prozesses von Jerusalem zu einer internationalen Ikone hat werden lassen, die Abwägung, die rationale Begründung und das Fällen des Todesurteils, strahlen ›zurück‹ auf die Fiktionalisierung und Darstellung von Eichmanns Leben, sei es in der Fiktion, im Dokumentarischen, im Dokufiktionalen oder in der historiografisch-faktualen Biografik. Die untersuchten Fälle wenden unterschiedliche Verfahren an, durch die sie die Diskursformen des Erzählens und Urteilens miteinander verbinden. Die *Exemplums*-Struktur des Falls Eichmann wirkt sich in ihnen dahingehend aus, dass das Element des *moralischen Satzes* grundlegend ist und eine ethisch-problematisierende Ausrichtung impliziert, die sich in einer starken Neigung zum Urteil und zur Kritik ausdrückt. In den Romanen lässt sich eine Variation in der Komposition der Erzählstimmen feststellen, die die Instanzen des Erzählens und Urteilens unterschiedlich aufeinander bezieht.

El desafortunado von Magnus nimmt eine Schrumpfung der Eichmannfigur vor. Der oftmals monströs vorgestellte ›Architekt der Endlösung‹ ist bei Magnus nicht mehr als eine mediokre Person, die weiterhin von antisemitischen Wahnvorstellungen besessen ist und die an ihrer Unsichtbarkeit im Exil leidet. Tiefe Ressentiments gegen seine neue Umgebung und ob des ›Gangs der Geschichte‹, Unterlegenheitsgefühle sowie verknöcherte Positionen der eigenen Härte runden das literarische Psychogramm der Täterfiktion von Magnus ab, die mitunter in zynischen Tönen oder solchen des schwarzen Humors gehalten ist. Das vom Vater an den Erzähler-Autor herangetragene ethische Erinnerungs- bzw. Darstellungsmandat bildet die Grundlage des ästhetisch-erzählerischen Entwurfs, wie Magnus selbst kundtut: »[N]ichts im Roman zielt auf Versöhnung, sondern auf Verstehen. Die Verachtung und der Hass gegen Eichmann und seinesgleichen bleiben trotz aller Einfühlung unberührt.« (Magnus, zit. n. Eser 2021). Schrumpfung, Banalisierung und Ridikülisierung sind die Register von Magnus' sorgfältigem Versuch des Verstehens und imaginativen Bezwingens Eichmanns. Der Roman imaginiert, wie sich Eichmann auf seiner Flucht gefühlt haben könnte, welchen Nachhall seine Schuldverstrickung in ihm ausgelöst haben könnte und welche psychischen Abwehrstrategien er möglicherweise entwickelt hat. Der autofiktionale Teil zum Ende des Romans komplettiert die Vielfalt der Erzählstimmen und hebt das Spiel der Perspektivierung des historischen Stoffs auf eine andere Ebene der Reflexion und fiktionalen Rechtsprechung.

Der Roman von Rosenzvaig, der sich ebenfalls dem schriftstellerischen Vorhaben widmet, sich in den Kopf des Massenmörders zu versetzen, verfolgt die Option, pathologische Züge in der Zeichnung der Eichmann-Figur in den Vordergrund zu stellen und diese zugleich auf exzessive Weise zu übertreiben. Die abstoßenden Züge Eichmanns werden auf eine Art intensiviert, so dass ein irrealisiertes Negativbild eines NS-Täters und perversen Anti-Helden entsteht. Die Darstellung der Monstrosität kippt dabei ins Absurde. Die intendierte imaginative Inkarnation des mit stereotypen Bildern und Narrativen ausgekleideten Bösen und Schlechten verliert dadurch ihre Kontur, die Figur wird kaum noch fassbar. Rosenzvaig entfaltet ebenfalls ein Spiel mit unterschiedlichen Instanzen des Erzählens und Urteilens; bei ihm spricht die Erzählstimme vor allem in der Beschreibung des Aufenthalts Eichmanns im Gefängnis in Israel ihr Urteil, zu Beginn und am Ende der Erzählung.

Der dokufiktionale Film *El vecino alemán* stellt den empörenden Sachverhalt des normalen und freundlichen Zusammenlebens mit dem Mitbürger respektive Massenschreibtischmörder Eichmann ins Zentrum seiner Argumentation. Er präsentiert eine Vielfalt von Stimmen, die die Protagonistin im Verlauf ihrer Recherchen einfängt, was den Charakter des Films als Dokumentarfilm unterstreicht. Zugleich ist sie die zentrale Stelle in der Erzählkomposition der Stimmen, die ihr eigenes, wenn auch nicht artikuliertes, so doch in Szene gesetztes Projekt vorantreibt: sie ist Aktant der Orchestrierung der Stimmen und der Aktivierung und Erschließung dieser Quellen. Als stumme Reflektorfigur repräsentiert sie zugleich deren Rezeption. Die Kritik, die der Film artikuliert, ist – wie die Ausdruckssprache der Protagonistin – eher geräuschlos und subtil als grell. Das Nebeneinander der medialen Präsenz von Täter und Opfer erfährt im letzten Kapitel eine unerträgliche Intensität, die den Grundton des Films – das Unheimliche – zusätzlich verstärkt. Die zuweilen passiv anmutende Haltung der Protagonistin meint keineswegs emotionale

Indifferenz, sie bildet vielmehr einen Resonanzboden, der einen intensiven Eindruck produziert. Die Abwesenheit einer klaren Positionierung oder Stellungnahme angesichts des in der Erinnerung evozierten und in der Darstellung reinszenierten Horrors der Vergangenheit geht einher mit den Fragezeichen, die ihre Haltung zum Ausdruck bringt. Renate wird zum Ausdrucksmedium der dritten Generation der Nachfahren, die sich Erinnerungszeichen aneignet und neue Lesarten des Unheimlichen vorschlägt, das im Fortwirken der verbrecherischen Vergangenheit in der Gegenwart besteht. Renate ist das Medium einer geräuschlosen Kritik, das Quellen zum Sprechen bringt und zugleich eine aktive Erinnerungsarbeit sowie Reinszenierung der traumatischen Vergangenheit betreibt. Die Montage des dokumentarischen Materials, das Renate einfängt, komponiert Kontraste, die in Kombination mit der Performance des stummen Widerhalls in ihr eine originelle Instanz der Kritik und des Urteilens entstehen lässt.

Alle drei Werke setzen kulturelle Imagination und Fiktionen in Kraft, die auf unterschiedliche Weise als Aktanten der Gerechtigkeit auftreten. Die erinnerungskulturellen Auswirkungen des *Exemplum* des Falls Eichmann lassen sich an allen drei Eichmann-Erzählungen aufzeigen. Der spezifische Tätertypus Eichmann tritt weniger durch die Thematisierung seiner Taten in den Vordergrund als durch die Nachwirkungen seiner verbrecherischen Handlung auf ihn selbst. Die narrative Agency, die die fiktionalen Erzählungen dem Protagonisten »*Eichmann vor Jerusalem*« zuschreiben, steht im Kontext des kulturellen Erbes des Eichmann-Prozesses. Dessen präfigurative Kraft lässt sich auch im dokufiktionalen Film erkennen. Die Erzählungen fungieren als narrativ-fiktionale Rechtsinstanzen, die das ›innere‹ Fortleben des Rechts in einem erweiterten Wirkungskreis veranschaulichen. Die besprochenen argentinischen Erzählungen, die verschiedene Varianten der Eichmann-Figur präsentieren, liefern der literatur- und kulturwissenschaftlichen Täterforschung wertvolle Untersuchungsbeispiele. Diese regen nicht nur dazu an, die Unterschiede zu anderen Tätertypen und -fiktionen, etwa der Figur des Josef Mengele, noch weiter herauszuarbeiten, sondern fordern auch dazu auf, die Besonderheit und Produktivität der argentinischen Literatur- und Repräsentationsgeschichte im Auge zu behalten und zu analysieren.

Literatur- und Filmverzeichnis

Primärquellen

Film

El vecino alemán. Reg. Rosario Cervio, Martín Liji. Nana Cine, 2016–2018.

Literatur

Magnus, Ariel. *La abuela*. Buenos Aires: Planeta, 2006.

Magnus, Ariel. *Zwei lange Unterhosen der Marke Hering. Die erstaunliche Geschichte meiner Großmutter*. Köln: Kiepenheuer & Witsch, 2012.

Magnus, Ariel. *El desafortunado*. Barcelona: Seix Barral, 2020.

Magnus, Ariel. *Das zweite Leben des Adolf Eichmann*. Köln: Kiepenheuer & Witsch, 2021.

Magnus, Ariel. *Tür an Tür. Nazis und Juden im argentinischen Exil*. Köln: Kiepenheuer & Witsch, 2023.

Rosenzvaig, Marcos. *Querido Eichmann*. Buenos Aires: Marea, 2021a.

Rosenzvaig, Marcos. »Cuando Adolph Eichmann vivió en Tucumán.« *Perfil* 01.07.2021. 2021b.

Sekundärquellen

Arendt, Hannah. *Eichmann in Jerusalem: Ein Bericht von der Banalität des Bösen*. München: Piper, 1964 [2007].

Bajohr, Frank; Steinbacher, Sybille. »berschätzt und unterschätzt: Adolf Eichmann (1906–1962)«. Eichmann und der Holocaust: Ein Überblick. Berlin: Metropol-Verlag. 2023: 7–23.

Bal, Mieke. *Kulturanalyse*. Frankfurt a. M.: Suhrkamp, 2002.

Bayard, Pierre. *Comment parler des faits qui ne se sont pas produits?* Paris: Minuit, 2020.

Delage, Christian. *Filmer, juger. De la Seconde Guerre mondiale à l'invasion de l'Ukraine*. Paris: Gallimard, 2023.

Eser, Patrick. »Das Porträt eines Pechvogels. Interview mit Ariel Magnus, dessen Roman über Adolf Eichmann ›El desafortunado‹ nun auch auf Deutsch erscheint«. *ila* 447 (Juli 2021): 50–53, https://www.ila-web.de/ausgaben/447/das-portr%C3%A4t-eines-pechvogels (13.07.2024).

Eser, Patrick. »Der Pechvogel. Der Roman ›Das zweite Leben des Adolf Eichmann‹ macht Eichmann, von dem das historische Wissen vermeintlich klare Konturen gezeichnet hat, zum Gegenstand literarischer Fiktionalisierung«. *literaturkritik.de* 03 (2022), https://literaturkritik.de/magnus-das-zweite-leben-des-adolf-eichmann,28751.html (13.07.2024).

Eser, Patrick. »Justicia después de la violencia: perspectivas comparadas hacia la ficción audiovisual de los ›años de plomo‹ y la justicia transicional«. *Memoria y narración*. 1.4 (2024): 17–41.

Evelbauer, Doris und Gerd Jauch (Hg.): *Gabler kleines Lexikon Recht: 2000 Rechtsbegriffe. Nachschlagen – verstehen – anwenden*. Wiesbaden: Gabler, 1985.

Felman, Shoshana. »Theaters of Justice: Arendt in Jerusalem, the Eichmann Trial, and the Redefinition of Legal Meaning in the Wake of the Holocaust«. *Critical Inquiry* 27.2 (2001): 201–238.

Kahan, Emmanuel und David Lvovich. »Los usos del Holocausto en Argentina. Apuntes sobre las apropiaciones y resignificaciones de la memoria del genocidio nazi«. *Revista Mexicana De Ciencias Políticas Y Sociales* 61.228 (2016).

Kuhn, Markus. *Filmnarratologie: ein erzähltheoretisches Analysemodell.* Berlin: de Gruyter, 2011.

Menke, Christoph. »Auf der Grenze des Rechts. Hannah Arendts Revision des Eichmann-Prozesses«. *Merkur. Deutsche Zeitschrift für europäisches Denken* 770 (2013): 573–588.

Renz, Werner. »Enttarnung und Ergreifung Eichmanns«. *Eichmann und der Holocaust: Ein Überblick.* Hg. Frank Bajohr und Sybille Steinbacher. Berlin: Metropol-Verlag, 2023. 79–95.

Stangneth, Bettina. *Eichmann vor Jerusalem. Das unbehelligte Leben eines Massenmörders.* Hamburg: Arche, 2011.

Stierle, Karlheinz. »Geschichte als Exemplum – Exemplum als Geschichte. Zur Pragmatik und Poetik narrativer Texte«. *Geschichte, Ereignis und Erzählung, Poetik und Hermeneutik Band 5.* Hg. Reinhart Koselleck und Wolf-Dieter Stempel. München: Fink, 1973. 347–376.

Sauveur-Henn, Anne Saint. *Un siècle d'émigration allemande vers l'Argentine, 1853–1945.* Köln: Böhlau, 1995.

Sepúlveda, Marina. »Marcos Rosenzvaig: Eichmann jamás esbozó arrepentimiento.« *TELAM*, 06.08.2021.

Sosnowski, Saúl, Leonardo Senkman und Florinda Goldberg. »Fluchtpunkt Buenos Aires: Jüdisch-argentinische AutorInnen im Exil, Migration und Diaspora«. *Sie haben unser Gedächtnis nicht auslöschen können. Jüdisch-argentinische Autorinnen und Autoren im Gespräch.* Hg. Erna Pfeiffer. Wien: Löcker, 2016. 35–56.

Weinstock Mashbaum, Yael. »Adolf Eichmann vor Gericht. Hintergründe zum Prozess in Jerusalem«; https://www.yadvashem.org/de/education/newsletter/2/eichmann-trial-classroom-use.html (13.07.2024).

Winter, Ulrich. »Memoria histórica e imaginación jurídica: Políticas estéticas de la memoria, desde la justicia poética al forensic turn«. *Memoria y Narración* 1 (2018): 184–197.

Zimerman, Gaspar. »El vecino alemán«: los años argentinos de Adolf Eichmann«. *Clarín* vom 04.08.2018; https://www.clarin.com/espectaculos/cine/vecino-aleman-anos-argentinos-adolf-eichmann_0_SkXG5HMrm.html

Žižek, Slavoj. »A Short Note on Hegel and the Exemplum of Christ«. *Crisis & Critique* 8.2 (2021): 432–441.

VI Figurationen der Erinnerung an (Un-)Recht und Gerechtigkeit

Ulrich Winter

Unscharfe Ränder: Recht, Ästhetik und die filmische Darstellung Eichmanns nach dem Jerusalemer Prozess

1 Einleitung

Der Völkermord an den europäischen Juden war nicht nur ein Zivilisationsbruch bislang ungekannten Ausmaßes, Auschwitz ist auch der Name für eine Krise des Verstehens, Erklärens und Begreifens historischer Ereignisse, eine hermeneutische und epistemologische Herausforderung. Dies macht auf besondere Weise der Eichmann-Prozess deutlich – und er markiert hier in mehreren Hinsichten einen Paradigmenwechsel. Waren die Nürnberger Kriegsverbrecherprozesse von 1945/46 noch vom Positivismus der Aktenlage gekennzeichnet, so treten 1961 in Jerusalem zunehmend die ›unscharfen Ränder‹ dieses Blicks auf das Geschehene hervor: Für Hannah Arendt kommt eine durchs reine Denken nicht mehr erfassbare »Banalität des Bösen« (Arendt 1964/2011) zum Vorschein, und für Shoshana Felman (2002) macht die Vorladung von Opfer-Zeugen ein »juridisches Unbewusstes« sichtbar, das zuvor verborgen geblieben war. Der Eichmann-Prozess steht insofern für beide Dimensionen der Shoah: Für die Bewältigungsversuche in Politik, Rechtsprechung, Geschichte, Gesellschaft und Kultur und für einen Wandel in der Erzählung des Genozids, für die Art und Weise also, wie aus diesem Ereignis überhaupt Sinn für die Gegenwart zu beziehen ist.

Besonders aufschlussreich ist hier die Wechselwirkung zwischen kulturell-ästhetischen und Rechtsdiskursen. Zum einen, weil es sich bei dem Jerusalemer Prozess eben um eine juristische Aufarbeitung handelt. Zum anderen, weil kulturelle Produktionen wie Roman und Film das Augenmerk auf ambivalente, affektive und nicht-positivistische Bedeutungsprozesse legen. Dies gilt ebenso für fiktionale Darstellungen im Spielfilm wie auch für faktuale Zugänge im Dokumentarfilm: Kulturelle und künstlerische Medien sind seit Beginn der Aufarbeitung der Shoah immer wieder dort ins Mittel getreten, wo die Grenzen des Erzählens und Verstehens erreicht schienen. Primo Levi oder Robert Antelme haben den Holocaust und zugleich auch dessen prinzipielle Undarstellbarkeit oder Nichtverstehbarkeit bezeugt. Die enge Beziehung zwischen kulturellen und juridischen Erzählungen liegt zudem in strukturellen Analogien begründet. Im Folgenden werden diese Wechselbezüge zunächst kurz dargestellt (Kap. 2). Sodann wird der oben benannte Paradigmenwechsel skizziert, den der Fall Eichmann direkt oder indirekt ausgelöst hat (Kap. 3). Die Frage, wie diese Verschiebungen den Blick *auf* die Figur Eichmann mit-

Open Access. © 2024 bei den Autorinnen und Autoren, publiziert von De Gruyter. (cc) BY-NC-ND Dieses Werk ist lizenziert unter der Creative Commons Namensnennung - Nicht-kommerziell - Keine Bearbeitungen 4.0 International Lizenz.
https://doi.org/10.1515/9783111077345-023

bestimmt haben, insbesondere in neueren künstlerisch-medialen Darstellungen, wird schließlich anhand des semi-fiktionalen Dokumentarfilms *El vecino alemán* (2016) erörtert (Kap. 4). Es handelt sich bei dieser filmischen Erzählung um einen aktuellen und repräsentativen Zugriff auf den NS-täter, an der gut und beispielhaft zu sehen ist, wie der Eichmann-Prozess und seine Folgen das öffentliche Bild von Vergangenheit mitgeprägt haben. Ziel der Analyse ist es, diese Wechselwirkungen von Recht und Ästhetik, von juridischem und kulturellen Diskurs, offenzulegen, um so einen Beitrag zur Frage zu leisten, welche Bedeutung der Eichmann-Prozess für die Aufarbeitung der NS-vergangenheit hat.

2 Recht und Ästhetik

Aufgrund ihrer narrativen Struktur sind gerichtliche Aufarbeitungen – als schuldzuschreibende Nacherzählungen von Handlungen – und kulturelle Produktionen wie Roman und Film narrativ organisierte und damit auch auf Fragen der Ethik gerichtete Ordnungen der Sichtbarmachung und Sichtbarkeit von Vergangenheit.[1] Recht und Kultur lassen sich als konkurrierende Versionen historischer Ereignisse mit je eigenen Optiken, Plausibilitäten und Argumentationsverfahren verstehen. Trotz der unterschiedlichen Sprachen, die sie sprechen, ob faktual oder fiktional, sind sie daher seit jeher eng aufeinander bezogen. Kulturelle Produktionen transportieren nicht nur – implizit oder explizit – bestimmte Geschichtsbilder und Gerechtigkeitsvorstellungen, sie verhandeln sie auch neu und werden somit als Kommentar, Korrektur oder Alternative zur juristischen (und auch historiographischen) Sicht auf die Vergangenheit lesbar. Sie sind Register dessen, was Wilson und Mitchell (2003) »the social life of right« nennen. Gerade fiktionalisierte oder dokufiktionale Darstellungen bieten Freiräume, die zu einer Einübung in und zugleich Überprüfung von bestimmten ethischen oder Rechtsauffassungen werden können, indem sie diese im Kontext von Alltagsgerechtigkeit thematisieren: »Law lives in images that saturate our culture and have a power of their own as the moving image provides a domain in which legal power operates independently of law's formal institutions«, schreibt Orit Kamir (2005, 38). Als »local knowledge« (Geertz 1983) sind Recht und Gerechtigkeitssinn an Weltsichten und sozial und kulturell un-

1 Die geteilte narrative Grundstruktur von rechtlichen und kulturellen Diskursen öffnet in dem Maße einen prinzipiell ethischen Zugang zur Welt, in dem Handlungsweisen der Protagonisten (seien dies Persönlichkeiten der Zeitgeschichte oder fiktive Charaktere) auf Wahlmöglichkeiten zurückgehen wie z. B. ›gut‹ und ›böse‹ (Ricœur 1991, 142). Zu den Wechselwirkungen zwischen Kultur, Recht und Geschichtsschreibung vgl. ausführlicher Winter 2018.

terschiedliche Sensibilitäten gebunden.[2] Autoren und Filmemacher, die in diesem Sinne zeitgeschichtliche Themen bearbeiten, treten dann nicht nur als Künstler auf, sondern auch als Intellektuelle oder engagierte Staatsbürger, die in Sachen Recht und Gerechtigkeit in den Dialog mit dem Historiker und dem Richter treten (vgl. Ginzburg 1991, Ricœur 2000). In Demokratisierungsphasen einst autoritärer Staaten ist es der Gestus, Gerechtigkeit einzuklagen, der beide Seiten miteinander verbindet, in demokratischen Gesellschaften bringen kulturelle Medien eher *common sense*-Einstellungen oder kollektive Gerechtigkeitsgefühle zur Aufführung. In den letzten 30 Jahren schließlich hat sich der juridisch-forensische Diskurs als narrative Logik und Deutungshorizont ethischer Fragen zunehmend zum Leitdiskurs für andere gesellschaftliche Teilsysteme wie eben die Kultur entwickelt. Wilson und Mitchell führen die gesteigerte Präsenz von Rechts- und ethischen Fragen im öffentlichen, auch kulturellen, Diskurs zurück auf die Debatte um Menschenrechte seit den Nürnberger Kriegsverbrecherprozessen sowie, verstärkt seit den 1990er Jahren, auf die Kriegstribunale in Ex-Jugoslawien und Ruanda, gefolgt von Fragen der globalen Gerechtigkeit im Zusammenhang der Anklage gegen den chilenischen Militärdiktator Augusto Pinochet (Wilson und Mitchell 2003, 1–5). Im Kontext dieses »forensic turn« (Braidotti 2013) kann auch die Wahrnehmung Eichmanns nach dem Jerusalemer Prozesses gesehen werden.

Während die Verflechtung faktualer, semifiktionaler und fiktionaler Diskurse für die Aufarbeitung der Shoah an sich charakteristisch ist, so gilt dies für den Eichmann-Prozess in besonderem Maße. Dazu trägt nicht zuletzt die Tatsache bei, dass der Prozess bekanntlich in einem umgebauten Theater durchgeführt und audiovisuell dokumentiert wurde, eine Gegebenheit, die nicht nur etwas über das Selbstverständnis des Gerichts als einem Ort medienwirksamer Theatralität aussagt (vgl. Bachmann 2010). Die Affinität zur Film- und Bühnenkunst hat aus dem Prozess ein nachhaltig zugängliches Medienereignis gemacht, kaum ein Film oder eine Dokumentation widersteht der Versuchung, Originalaufnahmen zu zitieren, sei es als Quellenbeleg, sei es im Sinne einer »rhetoric of fact« (vgl. Young 1988, 140–180). Die Filmaufzeichnung hat dem Prozess zu transnationaler Präsenz verholfen, eine globale, universelle Ortlosigkeit scheint bis heute von den Bildern aus dem Jerusalemer Gerichtssaal auszugehen. Die mediale Verfügbarkeit und massenhafte Reproduktion einiger ikonischer Szenen und Bilder wie etwa der Blick auf Eichmann im Glaskasten lässt die Grenzen von Rechtsdiskursen und kul-

2 »[The] ›law‹ side of things is not a bounded set of norms, rules, principles, values, or whatever from which jural responses to distilled events can be drawn, but part of a distinctive manner of imagining the real. At base, it is not what happened, but what happens, that law sees; and if law differs, from this place to that, this time to that, this people to that, what it sees does as well.« (Geertz 1983, 173)

turellen Diskursen in der öffentlichen Wahrnehmung zusätzlich verschwimmen. Je nach Wirkabsicht kann die Kontextualisierung solcher Szenen in einem Kino-, Fernseh- oder Dokumentarfilm die – qua Kameraverhalten immer schon inszenierte – gerichtliche Aufarbeitung entweder mit weiterer Ambivalenz und Unschärfe bzw. Komplexitätssteigerung infizieren. Oder aber sie führt, umgekehrt, zur Simplifizierung, wenn die Erzählökonomie des Spielfilms deutlichere Unterscheidungen und Zuschreibungen wie Opfer und Täter, Gute und Böse fordert.

3 Unscharfe Ränder

Nun stellt sich die Frage, welche Auswirkungen die Jerusalemer Verhandlung und ihre Folgen auf die Darstellung der Figur Eichmanns im Film überhaupt haben konnte. Und wie ließen sich diese nachweisen? Der eingangs erwähnte Paradigmenwechsel, die der Prozess ausgelöst hat, lässt sich in vier Punkten zusammenfassen. Dabei gehen nicht alle diese Entwicklungen ausschließlich und direkt auf den Eichmann-Prozess zurück. Untrennbar damit verbunden ist der Kampf um die Deutung der NS-Vergangenheit überhaupt. Eichmann ist insofern als ein Ereignis *innerhalb* der Aufarbeitung von Auschwitz zu sehen. Dennoch lässt sich festmachen, wo dieser Fall seine eigenen Umwälzungen bewirkt hat, wo er Veränderungen in Gang gebracht oder sichtbar gemacht hat.

(i) Die Vorladung von Opfern als Zeugen im Jerusalemer Prozess hat das Primat der Archive relativiert. Für das Urteil des Historikers stellt sich neben die Fakten die erlebte Erinnerung und für das Urteil der Justiz neben den Schriftsatz die Aussage im Zeugenstuhl. Dem Quellenpositivismus kommt die erlebte Akteursperspektive in die Quere, ja das Körpergedächtnis, wie im berühmten Fall des Autors Yehiel De-Nur (Ka-Tzetnik), dessen Zusammenbruch im Zeugenstuhl am 7. Juni 1961 von den Kameras festgehalten wurde. Affekt und Trauma überlagern und verdrängen das gesprochene und geschriebene Wort, sie wirken wie ein zusätzliches Sinnesorgan für die Wahrnehmung des Geschehenen. Während sich der Chefankläger der Nürnberger Prozesse, Robert Jackson, vor allem auf Dokumente aus der NS-Verwaltung verlassen hatte, weil er die Erinnerung von Zeitzeugen als unzuverlässig erachtete, setzte Gideon Hausner, Generalstaatsanwalt im Eichmann-Prozess, auf die dramatische und emotionale Wirkung der Stimmen und der Körper der Überlebenden vor Gericht (vgl. Yablonka 2012, 307). Das Opfer wird zum Zeugen der Anklage. Hausner macht damit den Prozess zu einem Stück historischer und politischer Pädagogik: Vom NS-Terror sollte »ein lebendiges Zeugnis« abgelegt werden, fähig, »die Herzen der Menschen zu erreichen«. (Hausner 1967, 291, Übersetzung des Autors)[3] Für die Historikerin Hanna Yablonka bedeutet der Eichmann-Prozess aus diesem Grund insgesamt eine historische, rechtliche und epistemologische Verschiebung im Vergleich zu den Nürnberger Kriegsverbrecherprozessen: Erstmals könnten »die Dokumente sprechen« und das Geschehene zu »lebendigem Wissen« werden (Yablonka 2012, 313). Die Umwälzungen, die dieser Paradigmenwechsel für den Rechtsdiskurs mit sich bringt, hat Shoshana Felman (2002) als das Hervortreten des »juridischen Unbewussten« bezeichnet. Tritt dieses in die Sphäre der Sichtbarkeit, wird genau jenem Teil der Vergangenheit rechtliche Relevanz übertragen, den die Richter des Nürnberger Prozesse ausgeschlossen hatten, nämlich das Subjektive, Fehlerhafte, Perspektivische, Relative, Limitierte, das aller Erzählung in der ersten Person Singular innewohnt: Gerade das, was durch die traumatische Erfahrung verzerrt und oft auch gar nicht sprachlich artikuliert ist, was also an den Aussagen nicht objektives Transkript des Geschehenen ist, macht die Aussage zum belastbaren Zeugnis (vgl. Felman 2002, 106–130).

(ii) Es war Adolf Eichmanns Auftritt vor Gericht, der Hannah Arendt zu ihrer These von der ›Banalität des Bösen‹ inspiriert hat. Mit dieser Formulierung ist die Deutung der Vergangenheit aus der alleinigen Zuständigkeit des Historikers und des Richters entbunden. Denn ohne das Böse als einer nicht historischen oder juridischen, sondern ethischen Kategorie ist das Phänomen Eichmann für Arendt nicht zu verorten: »Vor der Banalität des Bösen versagt das Wort und das Denken« (Arendt 2011, 370). Arendts Position blieb zwar nicht unwidersprochen,[4] doch wurde mit der Kategorie des Bösen für die historische Erzählung eine Dimension jenseits des Faktisch-Objektiven, Vergleichbaren, Verstehbaren, Darstellbaren und Justiziablen benannt. Der Fall Eichmann hat die Aufmerksamkeit darauf gelenkt und bewirkt, dass dieser Randbereich abgründiger Unschärfe bis heute zunehmend in den Blick genommen, beobachtet und benannt wird. Der Fall Eichmann schafft – paradox gesagt – eine neue Sichtbarkeit dieser Unschärfe. Er macht deutlich, wie wenig es bei Auschwitz noch um instrumentelle Vernunft

---

3 Das Originalzitat lautet: »This was the course adopted at the Nuremberg Trials – a few witnesses and films of concentration camp horrors, interspersed with piles of documents. It was all efficient and simple. But it was also one of the reasons why the proceedings there failed to reach the hearts of men. In order to secure a conviction, it was obviously enough to let the archives speak; a fraction of them would have sufficed to get Eichmann sentenced ten times over. But I knew we needed more than a conviction; we needed a living record of a gigantic human and national disaster, though it could never be more than a feeble echo of the real events.« (Hausner 1967, 291)

4 Vgl. dazu v. a. die Kritik Stangneths (2011), die die Auffassung vertritt, Eichmann habe sehr wohl zwischen Denken und böser Moral unterscheiden können, die Vernunft scheitere also nicht am Bösen, vielmehr sei sie in der Lage, eine »böse Philosophie« zu erdenken.

oder politische Ziele ging. Wie Enzo Traverso (2000, 105–123) argumentiert, war Auschwitz zwar nicht der erste Völkermord der Geschichte, aber doch jener, der sich herkömmlichen Erklärungskategorien entzog: Geschichtsschreibung, die auf Universalität und Positivismus setzt, erfährt ihre natürlichen Grenzen, wo sich der Genozid mit den Motiven politischer Vernunft nicht mehr erklären lässt, weil mit der Auslöschung eines Volkes und einer ganzen Lebenswelt das Prinzip der Negativität zum Selbstzweck geworden ist. Mit Eichmann hat diese Aporie des Verstehens ein Gesicht und einen Namen erhalten.

(iii) In der ›Banalität des Bösen‹ tritt nicht nur das Unheimliche zutage, das plötzlich fremd und beunruhigend gewordene Vertraute. Das Faszinosum dieser Abgründigkeit trifft auch auf ein zunehmendes Bedürfnis nach affektiver Bindung an die historische Vergangenheit, welches ebenfalls den Fokus auf die unscharfen Ränder des Geschichtsbildes lenkt. Die Bereitschaft, der Wunsch, die Erwartung und die Forderung nach Betroffenheit, nach einer emotionalen und persönlichen Brücke zwischen Gestern und Heute ist zwar kein Phänomen des 20. Jahrhunderts, sondern der Neuzeit, der Moderne im weitesten Sinne.[5] Mit dem Eichmann-Prozess rückt das Private, das Affektive erlebter und gelebter Geschichte noch stärker ins Blickfeld. Dies treibt einen gelegentlich als »affective« oder »emotional turn« (Clough und Halley 2007) bezeichneten Paradigmenwechsel voran, der sich als wesentlich von der Shoah-Erfahrung mitgeprägt zeigt. Zumindest hat die Erfahrung der Shoah dieser Entwicklung eine neue Dimension gegeben. Aleida Assmann (2020) spricht hier vom »Empathiemodus«, der mit Auschwitz als Bindungsmodus an die Vergangenheit aufkommt. Die Bereitschaft der Nichtbetroffenen, Nachgeborenen, für emotionale Betroffenheit trifft auf die Anerkennung von Traumata, von *post memory* im Sinne eines affektiven, viszeralen Konnex zum Geschehenen auch in der zweiten und dritten Generation und ermöglicht neue Wege der Begegnung mit dem Vergangenen. Die Chronologie zwischen Damals und Jetzt erscheint aufgefasert in der Logik des Traumas als eines zugleich Vergangenen, Gegenwärtigen und Zukunftsbeständigen, das, ob erlebt und/oder geerbt, sich linear und zugleich sequenziell entfaltet und die Vielfalt an Zeitlichkeiten sichtbar macht, in der das Gestern im Heute präsent ist.[6]

(iv) Dokumente in Nürnberg, Zeitzeugen in Jerusalem – zwei rechtliche Praktiken, aber auch zwei unterschiedliche Erkenntnisweisen, zwei Epistemologien. Bei der »Ära des Zeitzeugen« (Felman 1991, Wieviorka 2002) und dem »juridischen Unbe-

5 Als Faktoren für diese Entwicklung macht Martha Nussbaum (Levmore und Nussbaum 2017, 125–142) die Beichte im Christentum, den Roman als Erzählform und die Psychoanalyse aus, drei kulturelle Erzählungen, die wesentlich dazu beigetragen haben, über eine emotionale Bindung an die Vergangenheit aus der Geschichte Sinn für die Gegenwart zu beziehen.

6 Vgl. zu dieser Logik des Traumas Kühner (2008).

wussten« (Felman 2002) handelt es sich um ein Ausleuchten und Benennen dessen, was sich am unscharfen Rand des Blicks der Richter und Historiker befindet oder diesem Blick gar entgeht. Damit einher geht eine Erweiterung der Begriffe von Archiv und Beweismittel, eine Strategie von Sichtbarmachung und somit eine Frage der Ästhetik des Rechts. Einige Jahre nach Felmans Buch über das juridische Unbewusste ist dieser Aspekt durch ein neues Paradigma erweitert und explizit gemacht worden: Für Keenan und Weizman (2012, 9–15) folgt auf das Archiv und den Zeitzeugen nun das Paradigma der »forensischen Ästhetik«. Es nimmt seinen Ausgang bei der Identifikation des ebenfalls zeitweise in Argentinien untergekommenen NS-Arztes Josef Mengele. Forensische Ästhetik ist im Konzept des juridischen Unbewussten bereits angelegt, radikalisiert dieses aber in doppelter Weise. Die Vorstellung, dass in der Rede des Zeitzeugen etwas ›mitspricht‹, was nicht mit dem bewussten Subjekt des Sprechers identifizierbar ist und dessen Symptom das traumabedingte Agieren des Opfer-Zeugen vor Gericht ist – diese Vorstellung beruht auf einer Verschiebung der Subjektposition des Zeugen: Vom bewussten Sprechenden auf das Unbewusste. Die forensische Ästhetik löst den Zeugenbegriff gänzlich vom menschlichen Subjekt ab: Nun gerät die Zeugenschaft nicht-menschlicher Akteure in den Blick, das also, was ›zum Sprechen‹ gebracht wird, ohne dass es selbst wirklich sprechen könnte, im Fall Mengeles: ein Schädel. Das Ding, das Objekt, der Schädel, stellt eine neue Art von Beweismittel dar und es verändert die Art und Weise, wie Beweismittel hörbar und sichtbar und wie juristisch belastbare Fakten herstellbar und verstehbar werden können (Keenan und Weizman 2012, 13).[7] Neben den Untersuchungsrichter tritt der Forensiker, der Fakten so präpariert, dass sie nach dem Diskurs des Rechts belastbar sind. Die Übersetzung der Sprache der Knochen in die Sprache des Rechts ist rhetorische, ästhetische Arbeit, eine Frage von Darstellung und Wahrnehmung, ein neues »rendering of facts« für eine neue Form von »local knowledge«, in den

7 Um die Eichmann-Entführung in Buenos Aires nicht zu gefährden, wurde bekanntlich Mengeles Festnahme aufgeschoben, er konnte sich verstecken und ertrank 1979, auf freiem Fuß. Dass Mengele nie lebendig gefasst und nur aufgrund seiner sterblichen Überreste identifiziert wurde, bringt für Keenan und Weizman (2012) eine neue Kategorie von Zeugenschaft ins Spiel, die mit der forensischen Identifizierung auf den Plan tritt, die Nutzbarmachung von Knochen durch Osteobiographie. Der US-amerikanische Forensiker Clyde Snow konnte bestätigen, dass der Tote in einem Grab wirklich Mengele war, indem er die Geschichte rekonstruierte, die die Knochen über sich selbst erzählten – praktisch als stumme Zeugen, aber Zeugen. Knochen galten schon zuvor als Dingbeweismittel, doch zumeist nur, um das Dokument oder die Aussage zu ergänzen, zu belegen, und da Knochen selbst nicht reden oder schreiben können, erscheint ihr Zeugnis umso objektiver. Das gilt auch für die Osteobiographie. Im Fall Mengele aber ging es darum, aus Mangel an Dokumenten, das Objekt selbst, den Schädel, ›zum Sprechen‹ zu bringen.

Worten von Clifford Geertz (1983).[8] Das Paradigma der forensischen Ästhetik macht die Konstruktion von Recht und Gerechtigkeit als Konstruktion plausibler Fakten im Rahmen der öffentlichen Debatte bewusst.

Insgesamt lässt sich der vom Eichmann-Prozess und seinen Folgen ausgelöste Paradigmenwechsel als eine interdisziplinäre Verschränkung juridischer, philosophisch-ethischer, ästhetischer und kultureller Fragen verstehen, in der Kommensurables und Inkommensurables, Sagbares und Unsagbares, Sichtbares und Unsichtbares, Affektives und Rationales, Stimme und Körper, Subjekt und Ding, Faktizität, normatives Urteil und ästhetische Wirkung ineinandergreifen.

4 *El vecino alemán* (Argentinien, 2016)

Wie sich diese Entwicklungen in kulturellen Produktionen niederschlagen, ist exemplarisch in dem Dokumentarfilm *El vecino alemán* von Rosario Cervio und Martín Liji (2016) zu sehen. Im Mittelpunkt der (fiktiven) Rahmenhandlung steht eine junge deutsche Übersetzerin jüdischer Abstammung, Renate Liebeskind, die den Auftrag übernommen hat, Beweisdokumente des Eichmann-Prozesses ins Spanische zu übertragen. Unter diesem erzählerischen Vorwand verfolgt der Film die Spuren des Massenmörders an dessen argentinischen Wohnorten zwischen 1950 und 1960. Die Zeitzeugengespräche mit Eichmanns Nachbarn in Tucumán, Buenos Aires, Olivos und San Fernando werden gegengeschnitten mit Filmaufnahmen vom Jerusalemer Prozess, etwa die emblematische Szene mit Ka-Zetnik, sowie Einlassungen von Professionellen, darunter Publizisten, der Künstler Adrián Unger, die Philosophin Paola del Bosco und der Bundesrichter Daniel Rafecas. *El vecino alemán* inszeniert so eine Begegnung mit der Banalität des Bösen auf indirekte Weise, nämlich im Alltag des flüchtigen NS-Massenmörders. Alles in allem gibt sich der Film so als ›Variation eines Themas‹ zu erkennen, nun bezogen auf einen nationalen Kontext, die argentinische Dimension. Über die Figur der Interviewerin verbindet sich dieses Moment von Lokalität mit Transnationalität und Globalität des Falls Eichmann: Eine junge Frau, jüdischer Abstammung und von deutscher Nationalität, die in Argentinien Akten eines Völkermords globalen Ausmaßes ins Spanische überträgt und in der Verkörperung durch die Schauspielerin Antonella Saldicco phänotypisch an eine globale Migrationsge-

8 «The rendering of fact so that lawyers can plead it, judges can hear it, and juries can settle it is just that, a rendering: as any other trade, science, cult, or art, law, which is a bit of all of these, propounds the world in which its descriptions make sense.« (Geertz 1983, 173)

schichte denken lässt (und dabei zugleich ein wenig an die junge Hannah Arendt erinnert).[9]

Die Wahl fiel auf diesen Film, weil er die oben skizzierten Veränderungen vielfältig registriert, das erzählerische Repertoire des Genres *documental ficcionado* (Dokufiktion) souverän handhabt und – wie die Kritik bestätigt[10] – die Gattungserwartungen erfüllt, so dass hier insofern von einer repräsentativen Darstellung gesprochen werden kann. Anders gesagt: Der Film entspricht gegenwärtiger Praxis, mit der Vergangenheit Kontakt aufzunehmen und sie mit Sinn für die Gegenwart zu belegen, zugleich faktenorientiert und emotional ansprechend, eindringlich, ohne dabei die Grenzen des Erwartbaren zu sprengen. Er bringt jene oben dargestellten Wahrnehmungsgewohnheiten von Geschichte zum Ausdruck, die ausgehend von dem Eichmann-Prozess aufgekommen sind und mit zu einer Art *state of the art* des gegenwärtigen Dokumentarfilms beigetragen haben. Bis auf die – innovative – fiktionalisierte Erzählperspektive wirkt der Film daher künstlerisch und professionell eher unauffällig. Im Folgenden werden einige eng miteinander zusammenhängende Merkmale diskutiert.

(i) Interdisziplinarität und das Medium Film: Die Entscheidung der beiden Regisseure, die Interviews mit Eichmanns Nachbarn nicht etwa abzutippen und als Buch zu publizieren, sondern einen Film zu machen, lässt den Diskurs über Geschichte interdisziplinär und vielstimmig werden. Die Produktion verbindet unterschiedliche Genres des Vergangenheitsbezugs, das Historische (der Prozess), die Erinnerung (Zeitzeugen), das juridische Imaginäre (Interviews) und das Ästhetische (fiktive Handlung). Als Dokumentarfilm erlangt *El vecino alemán* selbst Quellenstatus. Das Filmmaterial ist ein *Oral History*-Archiv, ein audiovisuelles Dokument der realen Spuren Eichmanns in Argentinien und insofern gleichwertig mit den aufgezeichneten Aussagen der Opferzeugen im Jerusalemer Prozess, aus dem Filmzitate eingespielt werden. Dank dem Medium Film stehen diese Quellen gleichrangig neben der fiktiven Handlung, die dadurch an Glaubwürdigkeit gewinnt und zugleich die dokumentarischen Aufnahmen von der Zeugenbefragung und dem Jerusalemer Prozess zu ›Filmszenen‹ hin relativiert. Dies leitet bereits zum zweiten Aspekt über:

9 Wenngleich diese Assoziation nicht beabsichtigt war, wie mir Martín Liji nach einer Aufführung des Films 2022 in Buenos Aires persönlich mitteilte.

10 »La forma de contar el argumento está muy bien llevada a cabo«, so etwa die Filmkritikerin Sami Schuster (2018). Auch Bernades (2018) und Bey (2018) finden den Film sehenswert, halten aber, mit Ausnahme der Fiktionalisierungsstrategien, den filmischen Diskurs für kaum kommentarwürdig, dafür gehen sie eher inhaltlich auf den Film ein und bemängeln Auslassungen in Eichmanns argentinischen Jahren oder bestimmte ideologische Interpretationen von Arendts Diktum der Banalität des Bösen.

(ii) Fiktionalität und Faktualität: Die fiktive Rolle der Übersetzerin ist ein dramaturgischer Kniff, den die Regisseure Cervio und Liji mit der aktuellen Perspektive begründen, die sie auf den Fall werfen wollen und der ihnen zugleich erlaubt, Fragen nach den Grenzen von Fakt und Fiktion zu stellen.[11] In der Tat wäre ein Film etwa über die Kolonialkriege der 1930er-Jahre auf diese Weise wohl kaum vorstellbar gewesen – es sei denn als surrealistische Provokation im Stile von Luis Buñuels *Las Hurdes* (1931). Surrealistisch erscheint *El vecino alemán* heute aber weder als Film noch durch seine These von der Banalität des Bösen. Anders als es vermutlich in Zeiten vor Auschwitz der Fall gewesen wäre, wenn ein Dokumentarfilm über den zentralen Agenten eines Völkermordes Dokumentarisches mit Fiktionalem gemischt hätte, wirkt der Film heute nicht einmal besonders avantgardistisch oder gar provokativ. Dass gerade die Figur Renate Liebeskind – also die Beobachterperspektive, das nachfragende, forschende Bewusstsein, die Identifikationsfigur der Zuschauer – eine konstruierte Instanz ist, erscheint im gegenwärtigen Erinnerungsdiskurs nicht als Widerspruch zu Dokumentarismus, Faktualität oder Historizität. Im Gegenteil, erst die Einsicht in die Konstruiertheit jedes Blicks auf die Geschichte ermöglicht das Verstehen.

(iii) Subjektivität, Privatheit, affektive Bindung: Ganz nach dem Geschmack des ›affective turn‹ war für die Regisseure nach eigenen Angaben Ausgangspunkt der Filmerzählung die spürbare soziale und körperliche Nähe der Interviewten zum Massenmörder.[12] Diese Nähe zeigt sich in mehrfacher Weise. Inhaltlich zunächst in dem Fokus auf die Privatgeschichte hinter Eichmann, die die ›Banalität‹ des Bösen unterstreicht. Dieser persönliche Bezug ist selbstverständlich auch der der Informanten, sie werden in ihrer privaten Lebenswelt gefilmt, dort, wo sie einst zu Zeugen der unauffälligen Alltäglichkeit des Bösen geworden waren. Nun bringen sie das kollektive ethische und Rechtsempfinden in der Frage der Banalität des Bösen zur Sprache. Die fiktionalen Anteile des Films verstärken auch dieses Moment: Zwi-

---

11 So berichten sie in einem Interview mit Gaspar Zimerman (2018): »Die Figur der Renate einzubauen, ist ein erzählerisches Verfahren, das dazu dient, dem Film eine neuartige Form zu geben [...]. Diese Figur ermöglichte uns, den 50 Jahre alten Stoff aus dem Blick der Gegenwart zu betrachten. Wir wollten keinen klassischen Dokumentarfilm drehen [...] vielmehr interessierte uns, die Grenzen von Fiktion und Dokumentarismus zu erkunden.« (Übersetzung des Autors). »La presencia de Renate vale como una excusa narrativa y sirve para darle una forma novedosa a la película [...] El personaje de Renate nos abría a la posibilidad de observar todo este material, que tiene cincuenta años, con una mirada contemporánea. [...] No nos interesaba realizar un documental en términos clásicos [...] Y sí, en cambio, estábamos interesados en explorar la frontera entre ficción y documental.«

12 »Eichmann vivió entre nosotros y vivió como uno de los nuestros. Tomar conciencia de este hecho, sentir tan cercano (y sin quererlo) a uno de los mayores criminales modernos, fue el punto de partida« (Zimerman 2018).

schen den Gesprächen sieht man Renate Liebeskind allein spazieren gehen, rauchen, tippen, über das Gehörte nachsinnen – kürzere Szenen, die eine Art Innerlichkeit der Figur preisgeben und zum Ausdruck bringen, dass es in der Verbindung, die sie mit der Vergangenheit eingeht, einen Bereich von Intimität gibt, eine eigene Sphäre, eine Art privater Blase, die nie ganz mit der erzählten Geschichte verschmilzt. Die Figur – der Bildbereich, der von ihr ausgefüllt wird – ist eine Leerstelle für die Subjektivität der Zuschauer. Gefördert wird dieses Identifikationsangebot noch dadurch, dass die ihr gewidmeten Einstellungen in Spielfilmästhetik gehalten sind und zuschauerseitig eine entsprechend immersive Rezeptionshaltung fördern. Dass diese Szenen Raum für Imagination, Fantasie und vor allem affektive Bindungen an das Geschehen der Vergangenheit bieten, wird im Übrigen durch einen interessanten Widerspruch bestätigt. Wie mehrere Besprechungen betonen, wirkt das Gesicht der Schauspielerin glatt und unbewegt, die Figur distanziert, unnahbar, mit sich selbst beschäftigt, auch und gerade in den Interviewszenen. Ein Rezensent, Horacio Bernades (2018), beklagt, dass das allzu verzagte, matte Spiel der Schauspielerin nicht dem Pathos des Zuschauers entsprechen würde.[13]

(iv) Sprechende Quellen: Wie in der Ära des Zeitzeugen üblich, so sind auch in diesem Film die sprechenden Quellen der Geschichte selbstverständlich nicht mehr die Archive, sondern die Interviewten, die an den Aufenthaltsorten des Ricardo Klement alias Adolf Eichmann zu Wort kommen und in dem Film auftreten wie die Holocaust-Überlebenden im Jerusalemer Gerichtssaal, freilich als Privatpersonen, im Kontext privater Lebenswelt, und auch nicht als Zeugen der Anklage, sondern der ›Banalität des Bösen‹. Wie zur Illustration der These, dass die Ära des Archivs ein für alle Mal der Vergangenheit angehört und durch die der Zeitzeugen abgelöst ist, tauchen die traditionellen Quellen positivistischer Geschichtsschreibung nur gelegentlich noch in der *Mise-en-scène* auf, wo sie wie aus der Zeit gefallen wirken, z. B. in einer Bibliothek, die Renate Liebeskind für ein Interview aufsucht. Sie selbst ist ausgestattet mit den Icons moderner globaler Vernetzung, hält oft ein iPhone in der Hand oder schreibt auf ihrem MacBook, auch das lässt das gedruckte Archivmaterial im Hintergrund ›alt aussehen‹. Wie erwähnt, besteht der besondere und bleibende historische Wert des Films vermutlich darin, dass er durch die gefilmten Zeugenbefragungen selbst den Status einer historischen Quelle beansprucht. Ganz im Einklang mit den Paradigmen des juridischen Unbewussten und der forensischen Ästhetik beglaubigen die Informanten das Erlebte aber nicht nur vermittels

13 Wie bereits erwähnt, nehmen die konsultierten Kritiken kaum Bezug auf den Filmdiskurs. Wo sie dies tun, dann interessanterweise als Kommentar zur wenig emotionalen Interpretation der Figur durch Antonia Saldicco. Bey (2018) bemerkt die Undurchdringlichkeit der Mimik, ein anderer Filmkritiker schrieb, sie scheine sich unbehaglich bei den Zeitzeugen-Interviews zu fühlen.

ihrer verbalen Aussage. Neben dem gesprochenen Wort vermittelt der Film auch den Klang der Stimme, die Gestik und die Mimik. Im Gegensatz zum Buch, das das gesprochene Wort allein ebenso hätte festhalten können, zieht die Entscheidung, mit dem Film ein audiovisuelles Dokument der *Oral History* zu erstellen, eine Erweiterung des Begriffs von historischer Quelle nach sich. Und nicht nur dies. Mit der durch das Paradigma der forensischen Ästhetik geschulten Sensibilisierung für die Aussagekraft von Objekten legt die filmische Rhetorik von *El vecino alemán* noch eine weitere Analogie nahe: Die Zuschauer können in den Zeugen nicht nur sprechende und gestikulierende Menschen erkennen, sondern auch zum ›Sprechen‹ gebrachte Objekte. So wie die aufgefundenen Knochen des NS-Täters Josef Mengele osteobiographisch dessen Identität preisgeben, so tragen die gealterten Körper der Informanten die Spuren der Nähe zu Ricardo Klement in sich, sie erzählen noch 60 Jahre danach von der realen physischen Nachbarschaft des Bösen und seiner Alltäglichkeit. Und dies umso mehr, als Eichmanns ehemalige argentinische Nachbarn im doppelten Sinne auf der anderen Seite stehen, sie waren weder Mittäter noch wirklich Opfer. Die freundlichen, auskunftsfreudigen Großmütter und Großväter, die man neben Renate Liebeskind im Wohnzimmer sitzen oder ans Gartentor gelehnt stehen sieht, sie sind keine Symptomträger eines Traumas, wie die Überlebenden in Jerusalem. Was ihre filmisch inszenierten Körper in ihrer ganzen Alltäglichkeit bezeugen, ist jene Banalität des Bösen selbst, von der sie einmal in der Person Eichmanns gestreift wurden.

5 Schlussbemerkung: Verrechtlichung und Privatisierung

Es wäre eine eigene Untersuchung wert, dem Paradigmenwechsel, den der Jerusalemer Prozess bewirkt hat, in den zahlreichen Romanen und Spielfilmen nachzuforschen, die in den letzten Jahren über die Figur Eichmann entstanden sind. Zwei Erzähl- oder Argumentationsformen ließen sich hier vermutlich unterscheiden: Ausgehend vom ›forensic turn‹ im Sinne einer Durchdringung kultureller Erzählungen und Geschichtsversionen durch rechtliche Logiken ist hier eine zunehmende *Verrechtlichung* des Diskurses auch über Eichmann zu erwarten. Die Genreregeln vor allem des Spielfilms führen dabei zu einer Art Atomisierung oder Polarisierung rechtlich-ethischer Positionen, die sich etwa darin äußert, dass sich die Charaktere stärker in die Guten und die Bösen aufteilen. Ausgehend vom ›affective turn‹ ist eine stärkere *Privatisierung* des Themas anzunehmen, sowohl im zunehmend persönlicheren Blick auf Eichmann als auch in der Charakterisierung seiner Figur. Ein Beispiel für beide Tendenzen ist Chris Weitz' Spielfilm *Operation Finale* (2018), der die

Festnahme in Argentinien in den Mittelpunkt rückt. Nach der Entführung durch den Mossad wird Eichmann einige Tage in einem Versteck festgesetzt. Um die Ausreise zu ermöglichen, soll er dazu gebracht werden, eine Freiwilligkeitserklärung zu unterschreiben. Da Eichmann aber kein faires Verfahren erwartet, weigert er sich. Am Ende lässt er sich von dem Agenten Peter Malkin umstimmen. Malkin ist derjenige, der die meiste Zeit mit ihm verbracht, der ihn rasiert und mit Essen versorgt hat, als handele es sich bei Eichmann um einen pflegebedürftigen Angehörigen. Vor allem aber ist es derjenige, der sich dem Inhaftierten gegenüber privat geöffnet hat, indem er die erschütternde Geschichte über den Tod seiner Schwester und ihrer Kinder erzählt und Eichmann hat suggerieren können, auch dessen Position zu verstehen. Auf diese Weise entsteht ein beinahe intimes Bild der Figur, sie wird in ihren alltäglichen Verrichtungen gezeigt und wartet mit einigen Idiosynkrasien auf, wirkt vertraut, familiär, zugänglich, beinahe menschlich, um dann wieder in die Verkörperung des Bösen zu kippen. In einem angespannten Moment, bevor es Malkin gelingt, Eichmanns Vertrauen zu erwerben, kommt es unter den Mossad-Agenten zu einem Streit über das weitere Vorgehen. Einer von ihnen möchte den Massenmörder auf der Stelle töten, anstatt ihn vor Gericht zu bringen. Dieser alte, auf die *Orestie* zurückgehende Konflikt zwischen Rache und Recht, Furien und Eumeniden (vgl. Nussbaum 2007, 11–27) kommt auch in dem BBC-TV-Drama *The Eichmann Show* (2015) zur Sprache, als der Kommunist Millek bei der Vorbereitung zu den Dreharbeiten sagt: »Es kann sein, dass ich, statt zu filmen, plötzlich mit einem Messer zwischen den Zähnen aus den Reihen des Publikums hervorspringe und Eichmann umbringe«.[14] In beiden Fällen könnte man von einer Inszenierung des kollektiven juridischen Imaginären sprechen, eine Verhandlung unterschiedlicher Gerechtigkeitsvorstellungen, die die Filme kurzzeitig in eine Art Forum im Sinne des ›forensic turn‹ verwandelt. In *The Eichmann Show* wird auch die Sensibilisierung für das juridische Unbewusste zum Thema gemacht, als der als Figur auftretende Regisseur der Gerichtsdokumentation, Leo Hurwitz, von seinem Filmteam Kameraeinstellungen verlangt, die »Eichmann zeigen, wie er ist, wie er spricht, wie er auf das, was in der Verhandlung geschieht, reagiert, um auf diese Weise seine Betroffenheit und seine Gefühle sichtbar zu machen, die er zu verstecken versucht, aber physisch nicht kontrollieren kann«[15] – Einstellungen, die ihn also so präsentieren wie die Zeugen, die gegen ihn aussagen.

---

14 The Eichmann Show, 19:30, Übersetzung des Autors.

15 The Eichmann Show, 16:20, Übersetzung des Autors.

Literatur- und Filmverzeichnis

Arendt, Hannah. *Eichmann in Jerusalem. Ein Bericht von der Banalität des Bösen.* Einleitung und Nachwort Hans Mommsen. München / Zürich: Piper, 2011.

Assmann, Aleida. »La vida social de la memoria de la Shoá«. *Trauma y memoria cultural.* Hg. Roland Spiller, Kirsten Mahlke, Janett Reinstädler. Berlin / Boston: De Gruyter, 2020. 89–102.

Bernades, Horacio. »Un hombre muy bueno«. *Página 12* (10. Juni 2018). https://www.pagina12.com.ar/120577-un-hombre-muy-bueno (28. Februar 2024).

Clough, Patricia Ticineto und Jean Halley (Hg.). *The Affective Turn. Theorizing the Social.* Durham: Duke University Press, 2007.

Felman, Shoshana. *The Juridical Unconscious. Trials and Traumas in the Twentieth Century.* Cambridge et al.: Harvard University Press, 2002.

Felman, Shoshana. »In an Era of Testimony. Claude Lanzmann's Shoah.« *Yale French Studies* 79 (1991): 39–81.

Geertz, Clifford. *Local knowledge. Further Essays in Interpretive Anthropology.* New York: Basic Books, 1983.

Ginzburg, Carlo. *Il giudice e lo storico. Considerazioni in margine al processo Sofri.* Torino: Einaudi, 1991.

Hausner, Gideon. *Justice in Jerusalem.* New York: Schocken Books, 1968.

Kamir, Orit. »Cinematic Judgement and Jurisprudence: A Woman's Memory, Recovery, and Justice in a Post-Traumatic Society (A Study of Polanski's Death and the Maiden).« *Law on the Screen.* Hg. Austin Sarat, Lawrence Douglas, Martha Merrill Umphrey. Stanford: Stanford University Press, 2005. 27–81.

Keenan, Thomas und Eyal Weizman. *Mengele's Skull. The Adventure of a Forensic Aesthetic.* Berlin: Sternberg, 2012.

Levmore, Saul und Martha Nussbaum. *Aging Thoughtfully. Conversations about Retirement, Romance, Wrinkles, and Regret.* New York: Oxford University Press, 2017.

Nussbaum Martha. *Zorn und Vergebung. Plädoyer für eine Kultur der Gelassenheit.* Übs. Axel Walter, Darmstadt: WBG, 2007.Ricœur, Paul. *La mémoire, l'histoire, l'oubli.* Paris: Seuil, 2000.

Schuster, Samantha. »Crítica de ›El vecino alemán‹ de Rosario Cervio y Martín Liji (2016)«. 2018. http://cinefiloserial.com.ar/critica-de-el-vecino-aleman-de-rosario-cervio-y-martin-liji-2016/ (28. Februar 2024).

Stangneth, Bettina. *Eichmann vor Jerusalem. Das unbehelligte Leben eines Massenmörders.* Zürich: Arche, 2011.

Traverso, Enzo. *Nach Auschwitz. Die Linke und die Aufarbeitung des NS-Völkermords.* Übers. Paul B. Kleiser und Ulla Varchmin. Köln: ISP, 2000.

Wilson, Richard Ashby und Jon P. Mitchell. »Introduction: The Social Life of Rights.« *Human Rights in Global Perspective. Anthropological Studies of Rights, Claims and Entitlements.* Hg. Richard Ashby Wilson, Jon P. Mitchell. London / New York: Routledge, 2003. 1–15.

Winter, Ulrich. »Memoria histórica e imaginación jurídica: Políticas estéticas de la memoria, desde la justicia poética al forensic turn.« *Memoria y Narración. Revista de estudios sobre el pasado conflictivo de sociedades y culturas contemporáneas* 1 (2018). 184–197. https://journals.uio.no/MyN/article/view/6012/5481 (28. Februar 2024).

Yablonka, Hanna. »The Eichmann Trial: Was It the Jewish Nuremberg?«. *Loyola of Los Angeles International and Comparative Law Review* 34.3 (2012): 301–313.

Young, James E. *Writing and Rewriting the Holocaust. Narrative and the Consequences of Interpretation.* Bloomington et al.: Indiana University Press, 1988.

Zimerman, Gaspar (2018): »›El vecino alemán‹. Los años argentinos de Adolf Eichmann«. *Clarín* (27.10.2018) https://www.clarin.com/espectaculos/cine/vecino-aleman-anos-argentinos-adolf-eichmann_0_SkXG5HMrm.html (28. Februar 2024).

Filme

El vecino alemán. Reg. Rosario Cervio, Martín Liji. Nana Cine, 2016–2018.

Operation finale. Reg. Chris Weitz. Metro-Goldwyn-Mayer, 2018.

The Eichmann Show. Reg. Paul Andrew Williams. Network BBC Two, 2015.

María Eugenia Druetta

Die Darstellung von Adolf Eichmann im Hollywood-Kino und die Konstruktion eines medialen Gedächtnisses

1 Einführung

Der Eichmann-Prozess in Jerusalem markiert, nicht zuletzt aufgrund der Übertragung der Fernsehbilder, einen Wendepunkt hinsichtlich der Definition des Holocaust[1] als Verbrechen, das nicht in den Kriegsverbrechen des Zweiten Weltkriegs aufgeht. Im Nürnberger Prozess gegen die Hauptkriegsverbrecher gliederte sich die Anklage in vier Hauptpfeiler: Verschwörung zur Begehung von Verbrechen gegen die Menschlichkeit, Angriffskrieg, Kriegsverbrechen und Verbrechen gegen die Menschlichkeit. Keiner diese Komplexe grenzte die Spezifik der gegen die Juden gerichteten Verbrechen klar ab. In Jerusalem hingegen wurden in den fünfzehn Anklagepunkten, die gegen den Angeklagten Adolf Eichmann vorgebracht wurden, die Modalitäten und die geografische Ausdehnung des vom Dritten Reich orchestrierten Versuchs, die Juden in ganz Europa zu vernichten, detailliert beschrieben, wobei die Verantwortung des Angeklagten in den jeweiligen Phasen bestimmt wurde. Die Fernsehübertragung des Prozesses ermöglichte es, eine Täterfigur in den medialen Mittelpunkt zu rücken. So zirkulierte das Bild des hilflosen Mannes, der sich nervös die Finger rieb, während er darauf wartete, dass die Richter den Gerichtssaal betraten, oder dessen verärgerte, hektische Gestik plötzlich in eine unergründliche Regungslosigkeit überging. Der Mann hinter dem Glas wurde zu einem Rätsel, das es zu entschlüsseln galt, die Kamera schien die Möglichkeit zu bieten, seine Schuld an den Gesten, Blicken oder der zur Schau gestellten Gleichgültigkeit abzulesen. Die Beobachtung der Fernsehbilder des Angeklagten lud ein zum Nachdenken über das Wesen des Bösen und zu Interpretationen des widersprüchlichen Charakters des Täters angesichts seiner monströsen Taten.

1 Der Begriff *Shoah* wird heute vor allem in jüdischen Kreisen und Institutionen weithin als Konzept verwendet, das an die Zerstörung erinnert, aber keine religiösen Konnotationen hat. Der Einfachheit halber und in Anlehnung an die Erläuterungen von Petrie (2000, 31–63) werde ich im Folgenden den Begriff *Holocaust* verwenden, da er sich seit den 1970er-Jahren im englischen und amerikanischen Sprachraum, der Gegenstand dieser Studie ist, durchgesetzt hat.

Anmerkung: Dieser Beitrag und alle Zitate wurden von Patrick Eser übersetzt.

Open Access. © 2024 bei den Autorinnen und Autoren, publiziert von De Gruyter. (cc) BY-NC-ND Dieses Werk ist lizenziert unter der Creative Commons Namensnennung - Nicht-kommerziell - Keine Bearbeitungen 4.0 International Lizenz.
https://doi.org/10.1515/9783111077345-024

Die bekannteste dieser Überlegungen ist zweifellos die von Hannah Arendt zur ›Banalität des Bösen‹, deren Abhandlung bis heute ein unumgängliches Referenzwerk für die Auseinandersetzung mit Täterschaft darstellt. Der scheinbar unmittelbare Zugang[2] zu den Bildern von Adolf Eichmann während des Prozesses öffnete jedoch auch anderen Interpretationsmöglichkeiten die Tür und trug zur Schaffung alternativer Darstellungen bei, die neue kollektive Bilder von den Verantwortlichen des Holocausts prägten. Hierbei spielte das Kino durch seine Fähigkeit, komplexe Figuren zu konstruieren, eine zentrale Rolle. Ausgehend von der Figur Eichmanns als Archetyp für die zerstörerische Perversion des Nationalsozialismus wurden Täterfiguren geschaffen, die einen weitaus größeren Handlungsspielraum hatten, als dies in den bisherigen Darstellungen der Fall war. Der Einfluss der Fernsehfigur Eichmann auf die Darstellung der Täter des Holocausts im amerikanischen Kino war so groß, dass er sich nicht nur in Filmen zeigen lässt, die sich mit dem Prozess, einem Aspekt seines Lebens oder seiner Gefangennahme befassen, sondern in jedem Film, der grundlegende Fragen über das Wesen des Bösen und das zerstörerische Potenzial der Menschheit aufgreift.

Wie andere Diskurse, z. B. der Philosophie oder der Geschichte, versuchte auch das Kino durch die ihm eigene Sprache Antworten auf die Fragen zu geben, die durch die Schrecken des Holocausts aufgeworfen wurden.[3] Insbesondere das Hollywood-Kino[4], das naturgemäß industriell und kommerziell ausgerichtet ist,

2 Ich sage, dass sie direkt zu sein *scheint*, weil die Techniken des direkten Fernsehschnitts darauf abzielen, den Blick zu lenken, Bilder und Töne, Rahmen und Blickwinkel auszuwählen, und somit der visuelle Diskurs immer schon Bedeutungen erzeugt.

3 Ein aktuelles Beispiel ist der Film *El vecino alemán* (Cervio/Liji 2016), der einen beunruhigenden Kontrast schafft zwischen dem Wissen um die vergangenen Taten Adolf Eichmanns und den aktuellen Aussagen derjenigen, die ihm während seiner Zeit in Argentinien begegnet sind und ihn als einen sehr freundlichen Menschen beschreiben (vgl. auch die Beiträge von Patrick Eser und Ulrich Winter in diesem Band).

4 Der Begriff ›Hollywood-Kino‹ bezeichnet ein immer komplexer werdendes Phänomen, das schwer ist, heutzutage nach geografischen oder finanziellen Kriterien abzugrenzen. Dennoch ist es möglich, einige Merkmale zu identifizieren, die im Laufe der Zeit erhalten geblieben sind und die es uns erlauben, eine für die vorliegende Analyse funktionale Definition zu skizzieren. Wir verstehen im Folgenden das Hollywood-Kino als das Produkt eines Systems, das sich auf die Akzeptanz einer Reihe von universalisierenden Werten konzentriert, die mit der US-amerikanischen Kultur in Verbindung gebracht werden, und das primär auf wirtschaftlichen Profit statt auf künstlerische Anerkennung abzielt. Dies wird durch die Verwendung von Erzählstrukturen gewährleistet, deren Erfolgsträchtigkeit sich bewährt hat (vgl. hierzu unter anderem die Arbeiten von Fabio Nigra 2012, 2014). Auch wenn die Erzählstrukturen des fiktionalen Fernsehens durch Faktoren jenseits des Produktionssystems Kino bedingt sind (oder waren), lässt sich eine Kontinuität zwischen den Produktionen des ursprünglich in Kalifornien ansässigen Konglomerats von Filmgesellschaften und denen der mit der Ostküste der Vereinigten Staaten identifizierten Fernsehnetzwerke erkennen.

versuchte diese Antworten mit als universell angesehenen Werten aufzuladen. Es reagierte in diesem Sinne besonders sensibel auf sich verändernde Trends. Hollywood spielte daher eine tragende Rolle bei der Umwandlung von Figuren wie Eichmann in Archetypen, die für verschiedene Genres audiovisueller Erzählung angepasst werden können, und konstruierte so ein mediales Gedächtnis im Sinne eines Reservoirs archetypischer Figuren und Erzählstrukturen.

In diesem Artikel werde ich einige der Mechanismen untersuchen, mit denen das US-amerikanische Kino Bilder und Diskurse rund um den Fall Eichmann aufnahm, transformierte und weiterverbreitete.

2 Holocaust-Täter im Hollywood-Diskurs

Von Anfang an ging es dem Kino darum, verschiedene Formen der Darstellung des Massenmords zu erproben, um einerseits Zeugnis vom Grauen abzulegen und andererseits eine mögliche Antwort auf die großen philosophischen und historischen Fragen zu geben, die sich seit dem Moment stellten, als das Grauen in seinem ganzen Ausmaß entdeckt wurde. Viele dieser Fragen betrafen die Rolle derjenigen, die direkt an der Vernichtung beteiligt waren, die die Befehle gaben, die Vernichtungsaktionen planten und die den Plan in seiner physischen und konkreten Dimension ausführten. Diese Gruppe, die in der Klassifizierung von Raul Hilberg (1992, IX) als ›Täter‹ bezeichnet wird, schien angesichts ihrer Taten von der reinsten Form des Bösen durchdrungen zu sein. Die Entdeckung des Vernichtungsplans erschütterte das Menschheitsbild in seinen Grundfesten, und die Taten der Beteiligten wurden als Ereignisse betrachtet, die alles Begreifbare und Menschenmögliche überstiegen.

Diese Irritation war sämtlichen künstlerischen Ausdrucksformen nicht fremd, aber das Kino hatte vielleicht den größten Einfluss auf die Gesellschaft im Allgemeinen und die besten Möglichkeiten, diese Fragen durch die Personifizierung und Inszenierung des Grauens auszuloten. Ob durch die Ausarbeitung komplexer Schurkenfiguren in fiktionalen Erzählungen oder durch direkte Interviews, wie sie Claude Lanzmann führte, die Täter bildeten ein zentrales Element in Filmen, die den Schlüssel zum Verständnis des Holocausts suchten.

Eine der nationalen Kinematografien, die sich am stärksten auf die Position des Täters konzentrierte, war die der Vereinigten Staaten, vertreten durch die Hollywood-Industrie. Ihre audiovisuellen Produkte sind seit Jahrzehnten weltweit auf den Bildschirmen zu sehen, weshalb ihre Analyse von grundlegender Bedeutung für das Verständnis der Herausbildung von kollektiven Vorstellungen über die Vergangenheit ist. Wie Mariana Piccinelli feststellt, tragen sie durch die Übermittlung gemeinsamer Muster und Werte in einer spezifischen, im Allgemeinen einfachen und sehr attraktiven Sprache zur ständigen Bildung eines gemeinsamen Imaginären und damit eines kollektiven Gedächtnisses bei (2014, 111). Das Vorhandensein spezifischer Regeln für die Konstruktion von Filmgeschichten zeigt, dass Erzählungen, ob sie nun auf realen oder fiktiven Geschichten beruhen, dramaturgisch angepasst werden müssen, um dem von dieser speziellen Industrie geforderten Rahmen und den von ihr etablierten Regeln zu entsprechen. Auf diese Weise impliziert die *Fiktionalisierung* historischer Ereignisse und Figuren einen Eingriff seitens der Filmemacher, der sich zwangsläufig auf die Schaffung von Bedeutungs- und Sinnzusammenhängen auswirkt.

Die vom Fernsehen während des Prozesses gegen Adolf Eichmann in Jerusalem erzeugten Bilder wurden nicht nur über die zuvor eingerichteten Kanäle übertragen, sondern wie jedes Werk, das in Umlauf gebracht wird, mehrfach rekontextualisiert und mit neuen Bedeutungen versehen. In erster Linie zeigt sich dies in der Verwendung von Archivbildern des Prozesses, die wie im Fernsehfilm *The Eichmann Show* (2015) die Funktion haben, Authentizität zu erzeugen und so die Wahrhaftigkeit der Geschichte zu verstärken. Dies schreibt sich in einen bestimmten Referenzrahmen ein, der mit dem Realen verbunden ist, und ruft durch diese Bilder den Referenzrahmen des Zuschauers auf, der (mal besser, mal schlechter) in der Lage ist, diese zu entschlüsseln und zu interpretieren. Derselbe Mechanismus kommt bei der rein fiktionalen Darstellung von Personen und Situationen zum Tragen. Die Fernsehfilme *The Man Who Captured Eichmann* (1996) und *Operation Finale* (2018) nutzen im kollektiven Gedächtnis vorhandene ikonische Bilder, wie die Nachricht von der Entführung durch israelische Agenten, Eichmanns Brille oder die Glaskabine, um eine Darstellung zu verwenden, die für die Glaubwürdigkeit der filmischen Erzählung funktional ist. Die Ikonisierung ausgewählter visueller Elemente im Zusammenhang mit der Verhaftung und dem Prozess gegen Adolf Eichmann erreichte im Kino einen noch höheren Grad an Abstraktion. So wurden zum Beispiel die Glaskabine während des Prozesses oder die Brille, die Eichmanns Augen sowohl hervorhob als auch verdeckte, im Kontext dieser Filme, deren Bezugsrahmen nicht aus der tatsächlichen Vergangenheit, sondern den Erzählungen über sie bestand, rekontextualisiert und neu interpretiert. Bevor ich mich der Analyse der Filme zuwende, werde ich zunächst einige Fragen zur Bildung des Mediengedächtnisses und der Art und Weise, wie dieses verbreitet und verstärkt wird, erörtern.

3 Audiovisuelle Medien und Mediengedächtnis

Die Existenz eines medialen Gedächtnisses fußt auf der Macht der audiovisuellen Medien, Bilder zu erzeugen und Vorstellungen zu vermitteln, die zu Allgemeingut werden und hierbei Interpretationsmuster der physischen, zeitlichen und relationalen Umwelt verbreiten. Salomé Solá Morales beschreibt dies so:

> Die aktuellen kommunikativen Vermittlungen schlagen eine Reihe von symbolischen Konfigurationen vor, die im Bewusstsein der Gruppen nicht nur die wichtigsten Ereignisse, sondern auch eine Vielzahl von wiederkehrenden Bildern, symbolischen Schemata mit archetypischem, typischem und stereotypem Tenor einprägen, die zweifellos die intersubjektiven Beziehungen oder die Zuschreibung sozialer Rollen bestimmen können (2013, 311).

Das heißt, dass das, was in den Medien zirkuliert, Veränderungen hervorrufen kann, die sich auf die Beziehungen mit der realen Welt auswirken und so konkrete Auswirkungen auf die materiellen oder geistigen Aspekte haben, die Gesellschaften strukturieren. Alison Landsberg hat in ihrer Arbeit über das Konzept des *prothetischen Gedächtnisses* die Mechanismen dargelegt, durch die audiovisuelle Medien zur Bildung eines kollektiven Gedächtnisses beitragen können. Die Möglichkeit, sich ein Gedächtnis oder Erinnerungsfragmente anzueignen, die aus den Erfahrungen anderer Kollektive, in anderen geografischen Kontexten oder sogar aus anderen Zeiten stammen, wird durch die Fähigkeit der audiovisuellen Medien, komplexe Rekonstruktionen der Vergangenheit zu erzeugen, verstärkt. Das erfahrungsbezogene Element, das nur ein Film oder ein Museumsbesuch hervorrufen kann, erzeugt beim Publikum einen Zustand des Interesses und der Nähe, der die Türen zu anderen Formen der Empathie öffnet.

Die Verstärkung dieser besonderen Art des Gedächtnisses beruht auf dem, was Alfredo Tenoch Cid Jurado als *Dekodierungsfähigkeit* bezeichnet. Dabei handelt es sich um eine Reihe von Fähigkeiten, die der Betrachter vom ersten Moment an erwirbt, in dem er mit einer bestimmten Art von Diskurs, sei es ein literarischer, visueller oder auditiver, in Berührung kommt und dessen interne Regeln er übernimmt. Fabio Nigra zufolge werden diese

> im Prinzip zu Hause aufgrund des Fernsehens oder auch im Theater gelernt. So wie das Verstehen einer Geschichte oder eines Romans eine Lehre in narrativer Dekodierung ist [...], hat ein Film oder eine Fernsehserie Codes der Konstruktion und des Verstehens, die über die Jahre hinweg variieren (Tenoch Cid Jurado 2016, 68).

Die Entwicklung dieser Fähigkeiten eröffnet dem Zuschauer die Möglichkeit, bestimmte Erwartungen über das, was er sehen wird, oder über die Entwicklung der Handlung zu entwickeln, indem er z. B. auf den Titel des Films, die mitwirkenden Schauspieler, die Eröffnungsmusik, die Geschwindigkeit des Schnitts oder ein anderes Detail achtet, das mit früheren Seherfahrungen in Verbindung gebracht werden kann. Diese impliziten Regeln, die sich der traditionelle Filmzuschauer zu eigen macht, entsprechen keineswegs den Kriterien der Realität, sondern einer Ökonomie des Erzählens. Die Schnitte in der Montage oder die Möglichkeit, zwei Ereignisse nacheinander zu sehen, die in Wirklichkeit parallel ablaufen, sollen dem Zuschauer nicht auffallen, sondern im Gegenteil einen Effekt erzielen, der völlig natürlich erscheint.

Das *mediale Gedächtnis* setzt sich unter anderem aus Text-, Bild- oder Tonfragmenten zusammen, aber nicht einfach in Form einer Summe. Dem Semiotiker Eliseo Verón zufolge müssen alle verstreuten Elemente einer sozialen Tatsache in einem Diskurs organisiert werden, um Sinn zu ergeben (2004, 126). Dieser Argumentation folgend produziert jede soziale Tatsache in einer ihrer Dimensionen Sinn, was auch für die Produktionsbedingungen des sozialen Gedächtnisses zutrifft. Die Faktoren, die den sozialen Rahmen des Gedächtnisses ausmachen, sind weitgehend mit den von Verón vorgeschlagenen diskursiven Bedingungen verwandt, und zwar in dem Sinne, dass die verstreuten Elemente – ob sie nun von Ereignissen stammen, die in der historischen Realität stattgefunden haben und im individuellen Gedächtnis gespeichert sind, oder medialen Darstellungen entspringen – in Gesellschaften Bedeutung erlangen, wenn sie in die sozial gültigen Rahmen eingefügt werden. Die Bedeutungsdimension dieser Diskurse entfaltet sich jeweils innerhalb der gültigen Interpretationsrahmen der jeweiligen Gesellschaft. Elemente, die unvereinbar zu sein scheinen oder miteinander in Konflikt stehen, können in diesen Diskursen nebeneinander existieren.

Wenn filmische Diskurse, sei es im Kino oder im Fernsehen, als Texte begriffen werden, können, wie Tenoch Cid Jurado vorschlägt, die Entwicklungen der poststrukturalistischen Linguistik auf die Analyse dieser Produktionen und ihrer Bedeutungsnetzwerke angewendet werden, um die Mechanismen zu verstehen, durch die ein mediales Gedächtnis erzeugt wird. Tenoch konzentriert sich vor allem auf die Begriffe der Intertextualität und der intersemiotischen Übersetzung und stellt fest, dass bei der Übersetzung von einem Text in einen anderen (oder von einem semiotischen System in ein anderes) interpretative Manöver durchgeführt werden, die einerseits den Verlust von Bedeutungen und andererseits den Zugewinn neuer Bedeutungen zur Folge haben. Bei filmischen Texten ist diese Analyse besonders vielschichtig, da diese dazu neigen, mit einer enormen Vielfalt von Texten, Bildern, Tönen und anderen Elementen zu interagieren, deren Übertragung auf das Audiovisuelle neue Bedeutungen in einem Netz von Interpretationen ergibt; Prozesse, die analog zur Literatur als Zitat, Anspielung oder Umschreibung beschrieben werden können.

Die Täter wurden in den Narrativen der globalen Kinematografien als Mittel der Zerstörung repräsentiert, was in sich mögliche Antworten auf die moralischen und philosophischen Fragen nach den Faktoren enthielt, die den Holocaust möglich gemacht haben. Die traditionellen Hollywood-Erzählformen haben diese Fragen zweifellos aufgegriffen, sie dabei allerdings in ihre spezifischen narrativen und ideologischen Rahmen eingebettet. Die Verwendung archetypischer Figuren für die Gestaltung der Charaktere in der traditionellen Erzählung führte dazu, dass die Täter in die Rolle des Bösewichts versetzt wurden und Eigenschaften annahmen, die diese literarische Figur zuvor und in verschiedenen historischen Kontexten schon angenommen hatte.[5] Die Charakterisierung der Figuren konnte sich so mit den bereits bestehenden Gedächtnisbeständen des Publikums und der Herausbildung einer gesellschaftlich verbreiteten Vorstellung des Holocausts-Täters vermischen. Die archetypischen Figuren, die seit jeher in verschiedenen Medien zirkulieren und durch mündliche, schriftliche und später auch audiovisuelle Überlieferung weitergegeben werden, haben einen präfigurierten Platz im kollektiven Gedächtnis der Gesellschaften und schaffen den Interpretationsrahmen, durch den selbst so erschütternde historische Ereignisse wie der Holocaust in das kollektive Imaginäre integriert werden können.

4 Die Thematisierung des Holocausts in den Vereinigten Staaten

Der Holocaust ist ein historisches Ereignis, das heutzutage in den audiovisuellen Medien wie Kino und Fernsehen in den Vereinigten Staaten eine enorme Aufmerksamkeit erfährt, was sich auch institutionell niederschlägt.[6] Eine Reihe von Studien hat sich mit dem Phänomen der Amerikanisierung der Holocaust-Erzählungen befasst. Dieser Begriff bezieht sich jedoch nicht auf die bloße Übernahme der Erfahrun-

5 Vladimir Propps Arbeit über russische Volksmärchen hat diese Figuren unter dem Gesichtspunkt ihrer Funktion innerhalb der Geschichte beleuchtet. Die Figur des Bösewichts nimmt den Platz des *Aggressors* ein, der mit bestimmten Handlungsbereichen wie *Missetat, Kampf und anderen Formen des Kampfes gegen den Helden* und *Verfolgung* assoziiert wird, während diese Bereiche wiederum mit Handlungen verbunden sind, die darin bestehen, *den Frieden der glücklichen Familie zu stören, Unglück zu verursachen, Schaden anzurichten* (vgl. Propp 1971, 39-91; Hervorhebungen im Original).

6 Die Eröffnung des *United States Holocaust Memorial and Museum* im Jahr 1993 erfolgte dreiundzwanzig Jahre vor der Eröffnung des *National Museum of African American History and Culture*, in dem die Zeit der Sklaverei und der Rassentrennung nur zwei der acht Stockwerke einnimmt.

gen und der Erinnerung an den Holocaust in das Alltagsleben und kollektive Gedächtnis. Die Amerikanisierung des Holocausts bezieht sich auf einen viel komplexeren Prozess der narrativen Transformation, in deren Folge das fragliche historische Ereignis für die Anforderungen eines bestimmten Diskurses über die nationale historische Vergangenheit der USA funktional wurde.

Dieser Diskurs und seine Merkmale sind in eine Reihe so genannter *universalistischer* Interpretationen des Holocausts eingeschrieben, die die Möglichkeit eröffnen, das historische Ereignis hinsichtlich der Variablen zu untersuchen, die sich durch alle (hauptsächlich westlichen) Gesellschaften ziehen und die das Ereignis verständlich und somit vergleichbar machen. Innerhalb dieser Interpretationen wird angenommen, dass die Universalisierung es ermöglicht, Schlussfolgerungen oder Lehren zu ziehen und Moralvorstellungen zu prägen, die für die geistige Verbesserung der Menschheit nützlich sind.[7]

In Europa hingegen wurden seit Alain Resnais' *Nuit et brouillard* (1956) die Darstellungsformen der Vernichtung der europäischen Juden und anderer Opfer des nationalsozialistischen Regimes kritisch betrachtet, die Verbindung von Form und Inhalt wurde problematisiert. Da der Inhalt bereits als unsagbar und als jenseits jeglichem rationalisierenden Zugang liegend angesehen wurde, achteten die Produktionen besonders auf die Erzählformen, einschließlich der Wahl der dokumentarischen Bilder, der Art der Musik oder des bewussten Verzichts darauf, des Schnitts und der Fotografie.[8]

Die starke Rezeption von Adornos Aussage, der zufolge es unmöglich sei, nach Auschwitz ein Gedicht zu schreiben (vgl. Adorno 1977, 30), hat mit dem Phänomen der Singularisierung des Holocaust zu tun, das ab den 1960er-Jahren beobachtet werden kann. Diese ermöglichte wiederum eine neue Diskussion im Sinne einer philosophischen Neudefinition und stellt die historische Außergewöhnlichkeit des Holocaust heraus. In der Folge wurden auch US-amerikanische Filme über den Holocaust nach diesem Kriterium der Singularität bewertet und die klassischen, zur Universalisierung neigenden dramatischen Darstellungsformen

7 Vgl. hierzu Chalk und Jonassohn 1990; Destexhe 1995; Fein 1992; Papazian 1984 sowie Doneson, die in ihrem Buch *Holocaust in American Film* (1987), ohne die Vergleiche zu überanstrengen die These vertritt, dass der Holocaust sich in eine Metapher und ein Paradigma zur Interpretation anderer Genozide verwandelt hat.

8 Die Forderung nach einer dem Inhalt angemessenen Sprache erreichte nach der Veröffentlichung von Gillo Pontecorvos *Kapo* (1960) ihren Höhepunkt. Jacques Rivette kritisierte 1961 in seinem Artikel *De l'abjection* (Die Abscheulichkeit) die Entscheidung des Regisseurs, eine *realistische* Darstellung »eines solchen Themas«, d. h. der Konzentrationslager zu versuchen, da das Ergebnis nur »Voyeurismus und Pornographie« sein könne. Im Gegensatz dazu lobte er Resnais' dokumentarischen Schnitt für sein klares, fast unpersönliches Bewusstsein, das nicht akzeptieren könne, das Phänomen zu verstehen und zuzulassen; vgl. Rivette (1961: 54).

Hollywoods als ungeeignet für die Schilderung dieses außergewöhnlichen Ereignisses zurückgewiesen.

In dieser Hinsicht können sich Film und Fernsehen als sehr dynamisch in der Reproduktion dieser universalistischen Diskurse erweisen, insbesondere wenn es um den Umgang mit der historischen Vergangenheit geht. Die Beharrlichkeit, mit der diese besondere Form der Aneignung der Vergangenheit immer wieder angesprochen wird, hängt mit der Macht der audiovisuellen Medien als Staatsapparate im Sinne Louis Althussers zusammen. Die Instrumente des Hollywood-Films, seine spezifischen Erzählformen und seine enorme Fähigkeit zur Durchdringung der Weltmärkte machen ihn zu einem mächtigen Vehikel für ideologische Konstrukte, das nicht nur im Inland, sondern auch international operiert (vgl. Nigra 2014, 131–132).

Autoren wie Alan Mintz argumentieren, dass diese Einbeziehung der Erzählungen vom Holocaust in das öffentliche und mediale Leben der USA an bestimmten Ereignissen festgemacht werden kann, wie zum Beispiel den Theater- und Filmversionen des *Tagebuchs der Anne Frank*, den Prozess gegen Adolf Eichmann, den Sechstagekrieg, der Ausstrahlung der Miniserie *Holocaust* im Jahr 1978 und der Gründung des *US Holocaust Memorial Museum* (vgl. Mintz 2015, 10). Diese Ereignisse werden oft als Meilensteine eines Weges dargestellt, der geradlinig zur heutigen Popularität des Themas führt. Die bloße Aufzählung dieser Ereignisse kann jedoch nicht erklären, wie sich Holocaust-Erzählungen in das amerikanische Narrativ über die Vergangenheit einfügen, weshalb es sinnvoll erscheint, diese Markierungen als Fragmente von Diskursen zu verstehen, die auf eine bestimmte Art und Weise präsentiert werden und mit den ideologischen Grundzügen der amerikanischen Konsensgeschichte übereinstimmen. Jedes dieser Fragmente ist in Systeme von Bedeutungen eingebettet, die zuvor im vorherrschenden gesellschaftlichen Diskurs organisiert gewesen sind und ihrerseits neue Möglichkeiten für die darauffolgenden Diskurse entwickelten. Der Begriff des Holocausts selbst beinhaltet in seiner so konstruierten Bedeutung eine Fülle von Ereignissen, Orten und Themen, die aus den dramaturgischen Gehalten der Film- und Fernsehproduktionen stammen.

5 Die Figur der Täter in Kino und Fernsehen

Der Eichmann-Prozess in Jerusalem markiert mit seiner umfangreichen Medienberichterstattung zweifellos einen Wendepunkt in der Darstellung der Täter des Holocausts. Die Art und Weise, wie der Prozess im öffentlichen Gedächtnis aufgenommen und verarbeitet wurde, variierte je nach Ort und vorherigem historischem und ideologischem Kontext. Es sollte nicht vergessen werden, dass in Israel beispielsweise der Prozess ausschließlich im Radio ausgestrahlt wurde, während in die Vereinigten Staaten täglich Videomaterial geschickt wurde, das dort tagesaktuell in Fernsehbeiträgen ausgestrahlt wurde.[9]

In den Vereinigten Staaten bedeutete dies zweifellos einen Bruch in der Vorstellung vom NS-Kriegsverbrecher sowie das Entstehen einer spezifischen Figur, für die die Verfolgung und Vernichtung der Juden eine Verwaltungsaufgabe darstellte. Das Hollywood-Kino hatte zuvor ein stereotypes Bild des nationalsozialistischen Fanatikers entwickelt, das eindeutig in früheren, für den Zuschauer leicht entschlüsselbaren Charakterisierungen verankert war, die auf preußischer Rigidität und Schwülstigkeit basierten. Zu den frühesten Vorläufern des angelsächsischen Deutschlandbildes gehören *Shoulder Arms* (1918) mit Charles Chaplin in der Hauptrolle und, aus demselben Jahr, *The Kaiser, the Beast of Berlin* (1918) mit dem Neuseeländer Rupert Julian in der Hauptrolle. Letzterer gilt zwar als verschollen, wurde aber seinerzeit als deutschlandfeindlicher Propagandafilm angesehen, der die monströsen Eigenschaften Kaiser Wilhelms II. hervorhob. Die Darstellung der Nazi-Fanatiker wurde fortan durch das Bild repräsentiert, das Schauspieler wie Lucien Prival, Peter Lorre oder Erich von Stroheim zuvor in der Darstellung preußischer Militärs inszeniert hatten. Dies zeigt sich in Filmen wie *The Man I Married* (1940), *The Mortal Storm* (1940), *The Great Dictator* (1940) oder *None Shall Escape* (1944), die alle zwischen 1940 und 1944 in die Kinos kamen, ebenso wie in Orson Welles' *The Stranger* von 1946. Antisemitismus, Rassismus, die Verachtung von Demokratie, Ressentiments gegen die Siegermächte der beiden Weltkriege, die Notwendigkeit, die deutsche Überlegenheit zu beweisen, sind die Motive, die diese Figuren antreiben.

Judgment at Nuremberg, in der Fernsehfassung von 1959 von George Roy Hill und in der Kino-Fassung von 1961 durch Stanley Kramer, konzentrierte sich stattdessen auf die Figur der Richter im Dritten Reich, d. h. auf nichtmilitärische Personen. In diesem Fall konzentrierte sich die Charakterisierung der Täter darauf, die Zustimmung und Kooperation der sogenannten ›alten Eliten‹ zu zeigen, die gebildet waren, die vor dem Aufkommen des Nationalsozialismus eine erfolgreiche Karriere gemacht oder Verbindungen zu aristokratischen Kreisen hatten. Auch wenn man hier Vorläufer der Figur des *Schreibtischmörders* vermuten könnte, zeigt der Film durch die Figur des angeklagten Richters Ernst Janning wie Fanatismus und tiefsitzender Antisemitismus den Richter dazu gebracht haben, jenseits von Beweisen, Befehlen und dem Gesetz selbst zu handeln. Im Gegensatz

9 Zur Entstehung des Prozesses und seiner Verbreitung siehe den Sammelband *Le Moment Eichmann*, herausgegeben von Sylvie Lindeperg und Annette Wieviorka (2016).

zu dem bald schon entstehenden Bild des NS-Verbrechers, der sich auf die Hierarchie der Macht beruft, um die Ausführung von Befehlen zu rechtfertigen, gehen die Handlungen hier noch von der Figur des fanatischen Akteurs aus, der sein Handeln auf Überzeugungen stützt, die bereits vor dem Aufkommen des Nationalsozialismus angelegt waren.

Der Übergang vollzieht sich in dem Schlüsselmoment, in dem sich die Vorstellungen von der Figur des nationalsozialistischen Täters durch das Erscheinen der Figur Eichmanns auf der öffentlichen Bühne verändern. Der Prozess gegen Adolf Eichmann in Jerusalem eröffnete eine neue Phase in der Interpretation der Motive der Täter. Denn, obwohl sie nicht in der rechtlichen Anklage formuliert werden konnte, war seit Nürnberg und insbesondere seit der Zirkulation der in den nationalsozialistischen Konzentrationslagern aufgenommenen Bilder die moralische und philosophische Frage nach dem Wesen des Bösen virulent. Hannah Arendts Text über die Banalität des Bösen war wahrscheinlich nicht so sehr ein Produkt der Beobachtung der Tatsachen des Prozesses, sondern eher Kulminationspunkt eines mehrjährigen Nachdenkens über die gesellschaftlichen Phänomene dieser Zeit, der Befund einer gedankenlos gewordenen Menschheit, die die Mittel über die Ziele stellt, diese selbst aber nicht hinterfragt (vgl. Chapoutot 2016, 216).

Spätere Werke wie die Eichmann-Biografie von David Cesarani (2013) haben das vom Angeklagten selbst als Überlebensstrategie konstruierte Bild widerlegt. Unabhängig von der Relevanz der Diagnose Eichmanns ging es bei Arendts Analyse um das Verständnis menschlicher Handlungen in einem neuen ethischen Rahmen, der gerade während des Krieges aufgetaucht war. Sie beschrieb neue Formen des Bösen, die komplexer und vielschichtiger waren als die aus der Literatur der vergangenen Jahrhunderte bekannten. Diese Art des Bösen, das ohne Rücksicht auf Überzeugungen oder Mittel bestimmte Ziele verfolgt, steht in engem Zusammenhang mit der Mechanisierung von Handlungen und der Möglichkeit, ihre Ausführung auszulagern.

Arendts Arbeit hatte zweifellos einen tiefgreifenden Einfluss auf die Formen, die die audiovisuellen Darstellungen der Täter annahmen, und eröffnete neue Horizonte für die Charakterisierung des Bösen aus philosophischer Sicht. Der Umgang der audiovisuellen Medien mit dem Eichmann-Prozess wurde durch die diskursive Verbreitung dieser Interpretationen vermittelt. Das historische Ereignis selbst, die Realität, in der der Eichmann-Prozess stattfand, war nicht die Quelle, aus der die nachfolgenden Darstellungen hervorgingen, sondern diese sind vielmehr Produkt der vielfachen Narrativierung und der Zirkulation der Bilder dieses Ereignisses, das in verschiedenen Medien erzählt wurde. Dazu gehört auch das Fernsehen, denn auch dessen filmisches Bild ist ein hergestelltes, beschnittenes, ausgewähltes visuelles Produkt und stellt somit eine eigenständige Form der Erzählung des Ereignisses dar. Um kommuniziert zu werden, muss es eine narrative Form annehmen und in einen gesellschaftlichen Konsens integriert werden. So kann es in die Netze des bestehenden Imaginären eintauchen und von dort aus Teil des kollektiv gebildeten Gedächtnisses werden. Die Formen des klassischen Hollywood-Storytellings erforderten, selbst mit dem Stilbruch, der nach den 1960er-Jahren eintrat, eine Neudefinition der Figuren und ihrer Funktionen, um die Handlung zu gestalten. Auf diese Weise blieb die literarische Figur des Aggressors in ihren Funktionen stabil, erhielt aber neue und komplexere Eigenschaften, die dem Vorschlag von Arendt entsprachen. Die hier vorgestellte Auswahl von Film- und Fernsehtexten stammt aus der Zeit, in der das Bild des gefangenen und verurteilten Eichmanns einen Wendepunkt in der öffentlichen Vorstellung von NS-Tätern und Funktionären erzeugt.

Der früheste und berüchtigtste Fall ist der Film *The Man in the Glass Booth* (1975), in dem ein in New York lebender jüdischer Tycoon von Mossad-Kräften gefangen genommen wird, die ihn beschuldigen, in Wirklichkeit Adolf Dorff, ein blutrünstiger SS-Oberst, zu sein. Nach seiner Entführung und Überführung nach Israel wird er einem Prozess unterzogen, der dem Eichmann-Prozess ähnelt. Tatsächlich gibt es im gesamten Film Hinweise auf diesen Prozess, die in einem vergleichenden Ton gehalten sind und ihn in das erzählerische Universum des Films einfügen. Während die erzählte Geschichte nur wenige Berührungspunkte mit dem Leben Eichmanns aufweist, ist der Moment des Prozesses mit Elementen aufgeladen, die es dem Zuschauer ermöglichen, das Bedeutungsgeflecht zu entschlüsseln, das sich aus der Einbeziehung einer Glaskabine im Gerichtssaal ergibt, die identisch mit der im Eichmann-Prozess ist und in der sich der Angeklagte befindet. Das Vorhandensein dieser Symbole drängt den Betrachter dazu, sich dieselben ethischen Fragen zu stellen wie zu Zeiten des Prozesses, der vierzehn Jahre zuvor stattfand. Die Tatsache, dass es sich bei dem Protagonisten um eine theatralische und großspurige Figur handelt, die Wahnsinn vortäuscht, in seiner persönlichen Hölle lebt und die zugleich stolz auf ihre Taten ist, ihre Ankläger provoziert, hindert den Zuschauer nicht daran, die bereits im Mediengedächtnis installierten Referenzen zu aktualisieren. Die Entführung und Überführung nach Israel, die Notizen während des Prozesses, die Bilder der emotional berührten Zeugen, die gepanzerte Glaskabine, dies sind allesamt heutzutage ikonische Elemente eines Mediengedächtnisses, das sich zu dieser Zeit bereits durch die vielfältigen intertextuellen Dialoge und kulturellen Bezüge verbreitet und etabliert hatte.

Operation Eichmann (1961), der Anfang 1961, kurz vor Beginn des Prozesses, herauskam, folgt einer anderen Logik. Diesem Film fehlte der Bezugsrahmen, über den alle anderen späteren Produktionen verfügten, und obwohl er dieselben Themen wie die Flucht und Gefangennahme behandelte, beinhaltet er fast keine der bezeichnenden Elemente, die die Vorstellungen von dem Angeklagten prägten. Der Beginn des Films versetzt uns in eine hypothetische Prozesssituation, in der Eichmann von einem Podium aus zu den Zuschauern spricht und Parolen ruft, in denen er seine Taten verteidigt und das Entstehen eines neuen Reiches voraussagt. Die weitere Entwicklung der Handlung klammert sich an die wenigen Informationen, die zu dem Zeitpunkt über diese Figur verfügbar waren, und füllt die Lücken mit Annahmen, die im Nachhinein betrachtet ein Gefühl der Unwahrscheinlichkeit der erzählten Ereignisse erzeugen. Der Schauspieler Werner Klemperer, der bereits in dem Vor-Jerusalem-Film *Judgment at Nuremberg* (1961) aufgetreten war und der später den Oberst Klink in der Comedy-Serie *Hogan's Heroes* (1965–1971) spielen sollte, stellte in diesem Film Eichmann dar. Die Schaffung dieser Figur und die moralischen Fragen, mit denen sie konfrontiert wurde, erfolgten in dem Interpretationsrahmen, der vor dem Prozess in Jerusalem vorherrschte.

Die Konstruktion der Figur des Schreibtischtäters beginnt erst mit der Durchführung des Prozesses und kann als Antwort auf die aufgeworfenen Fragen nach der Fähigkeit von Menschen gesehen werden, Verbrechen von solchem Ausmaß zu begehen. Von diesem Moment an wird die Monstrosität der Tat umso größer, je gewöhnlicher das Subjekt der Handlung ausfällt, was einen Paradigmenwechsel in der Darstellung des Bösen und seiner Akteure bedeutet.

Die Serie *Holocaust* (1978) von Marvin J. Chomsky ist mit diesem Ansatz und der Charakterisierung des Täters, der für den Tod von Tausenden oder Millionen verantwortlich ist und sich nicht die Hände schmutzig macht, eng verbunden. Anhand der fiktiven Figur des Erik Dorf, eines arbeitslosen Rechtsanwalts, der im Eintritt in die NSDAP die Lösung seiner Probleme sucht, wird der Weg nachgezeichnet, der Dorf aus seiner misslichen Lage heraus in der Parteihierarchie aufsteigen lässt, indem er eine enorme Eigeninitiative an den Tag legt, sich jedoch stets an die ihm erteilten Befehle hält. Die Widersprüche, die sich daraus ergeben, dass er in der Schuld der Familie Weiss, des Protagonisten der Serie, steht, oder die Vorbehalte, die er gegenüber der Anwendung von Gewalt haben könnte, werden schnell von ihm selbst gelöst, als er die rechtlichen Mechanismen findet, die es ihm erlauben, unter dem Deckmantel von Euphemismen zu handeln. Das Kuriose daran ist, dass Adolf Eichmann in dem von der Serie geschaffenen Universum koexistiert. Beide Figuren fungieren in der Handlung als Aggressoren, sogar mit ähnlichen Funktionen, aber aus dem Vergleich ihrer Ursprünge und ihres späteren Verhaltens lassen sich einige Antworten auf die Frage nach den ethischen Rahmenbedingungen dieser Akteure skizzieren (vgl. Steinle 2021, 321–322).

Zehn Jahre nach der Veröffentlichung von *Holocaust* zeigte die Fernsehserie *War and Remembrance* (1988), die eine Fortsetzung des erfolgreichen Films *The Winds of War* (1983) ist, eine Darstellung von Eichmann, die zwischen alten und neuen Perspektiven vermittelt. Verglichen mit dem Eichmann aus *Holocaust* erscheint er hier in seinen Überzeugungen viel präsenter und wird von der Off-Stimme als »Nazi-Fanatiker« dargestellt. Die Ausübung der verbalen Gewalt und die Drohungen werden mit geschicktem Einsatz von Regeln, Befehlen und einem ständigen Appell an die Hierarchien, denen er untersteht, kombiniert.

In diesen Darstellungen bleibt das Bild der Täter nach außen hin stabil, während die audiovisuelle Darstellung der Geschichte durch die visuellen Details der Kostüme, die physische Ähnlichkeit der Schauspieler, die Kulissen usw. einen Realitätseffekt zu konstruieren versuchen. Andererseits zeigt sich die Bedeutungsebene im dargestellten Bild als dynamisch, je nach den vorherrschenden Diskurs- und Interpretationsmodi. Diese Dynamik kommt auch in dem Dialog zum Ausdruck, den diese Bilder mit den ihnen vorausgehenden Texten und Kontexten führen.

Die 1990er-Jahre markieren einen neuen Paradigmenwechsel, wenn auch keinen direkten Bruch in der Darstellung des Holocaust und der Täter durch Hollywood- und Fernsehproduktionsfirmen, indem mit der Eröffnung des *United States Holocaust Memorial Museum* und der fast gleichzeitigen Veröffentlichung von Spielbergs Blockbuster-Film *Schindlers Liste* (1993) die öffentliche Präsenz des Themas einen neuen Höhepunkt erreicht. Ebenso setzte Jahre später eine Metamorphose der Figur des Opfers ein, als sich die Perspektive des gerechtfertigten Widerstands und der gewaltsamen Rache in Filmen wie *Inglourious Basterds* (2009) oder *Defiance* (2008) als neuer möglicher narrativer Rahmen gegenüber der Allgegenwart der Täter durchsetzte.

Das Bedürfnis nach der Interpretation des Verhaltens, das Schwanken zwischen Empathie und Verständnis für die Motive sowie das Entsetzen blieben in diesen Produktionen gegenwärtig, in denen die direkt oder indirekt für die Vernichtung verantwortlichen NS-Täter weiterhin auf zweideutige Weise dargestellt wurden, wobei der monströse Charakter ihrer Handlungen weiterhin hervorgehoben wurde.[10] Leiden, innere Qualen und die psychologischen Wurzeln eines solchen Verhaltens waren ebenfalls stabile Elemente dieser Erzählungen, die sogar den Archetyp des Bösewichts in anderen Erzählgattungen, die nicht direkt mit dem Holocaust zu tun hatten, modifiziert haben.[11]

---

10 Ich beziehe mich auf Filme wie *Schindlers Liste* (1993), *The Grey Zone* (Nelson 2001), *The Pianist* (2002) oder die HBO-Serie *Band of Brothers* (2001).

11 Ein besonders populäres Beispiel hierfür stellen die Harry-Potter-Romane bzw. die Figur des zentralen Bösewichts des Lord Voldemort dar. Die Handlungen dieser Figur scheinen durch die kulturellen Codes des NS-Regime sowie die Thematik der Reinheit des Blutes inspiriert zu sein; Vgl. hierzu Mel Gowland (2020) sowie Echávarri Manjón (2021).

6 Schlussfolgerungen

Der Prozess gegen Eichmann markiert einen Wendepunkt in der Darstellung von NS-Tätern im Hollywood-Kino. Die Notwendigkeit, die Täter des Holocausts audiovisuell darzustellen, ging über die ästhetischen Herausforderungen der Figurenzeichnung der narrativen Fiktionen hinaus und übertrug ihrer filmischen *Verkörperung* die Aufgabe, auf die Fragen zu antworten, die sich von diesem Zeitpunkt an hinsichtlich der ethischen Implikationen ihrer Handlungen stellten. Die audiovisuelle Inszenierung bedingte Versuche einer Antwort seitens der Filmemacher, die sich mit dieser Aufgabe konfrontiert sahen. Während die in den Jahren vor 1961 produzierten Filme auf narrativen Strukturen fußten, in denen die nationalsozialistischen Aggressoren Merkmale aufwiesen, die eher dem preußischen Stereotyp entsprachen, initiierten die danach produzierten Filme einen intertextuellen – und sicherlich intersemiotischen – Dialog zwischen verschiedenen Darstellungsformen, vor allem der Literatur und den audiovisuellen Medien, durch den sowohl die Bedeutungen als auch die Bilder der Figur des Täters aktualisiert wurden.

Diese Veränderung ergab sich jedoch nicht aus der direkten Beobachtung oder dem Kontakt mit einem ihrer Vertreter, Eichmann, sondern aus dem Zusammenspiel bereits ausgearbeiteter visueller und textlicher Diskurse, wie sie durch die Bilder, Auszüge, Chroniken und philosophischen Essays erzeugt wurden, die dem Rohbild verschiedene Bedeutungen verliehen. Auf diese Weise erhielten die verstreuten diskursiv organisierten Elemente, die in bestimmte Bedeutungssysteme eingebettet waren, eine zeitliche Bedeutung, indem sie diese Systeme durchquerten und von ihnen durchquert wurden. Während die US-amerikanischen audiovisuellen Werke des untersuchten Zeitraums in ihrer philosophischen Interpretation des Täters stark von Arendts Schriften beeinflusst waren, griffen andere Bedeutungssysteme, die enger mit der unmittelbaren Erfahrung der Vernichtung vor Ort verbunden waren, auf Diskurse über das Wesen der für den Holocaust Verantwortlichen zurück, die den monströsen und perversen Charakter der Täter betonten. Audiovisuelle Produktionen, die im europäischen Raum entstanden, tendierten beispielsweise dazu, Eigenschaften der Täter hervorzuheben, die nichts mit dem normalen Bürger oder dem banalen Täter zu tun hatten. Abgesehen von diesen Unterschieden spielten und spielen die audiovisuellen Medien generell eine grundlegende Rolle bei der Gestaltung von gesellschaftlichen Vorstellungen über die Vergangenheit. Auf dieser Suche nach Repräsentation nimmt die Vergangenheit dabei die Form an, die ihr durch die Bedürfnisse der Erzählung und die Fragen, die sie zu beantworten versucht, verliehen werden.

Literaturverzeichnis

Adorno, Theodor W. »Kulturkritik und Gesellschaft«. *Gesammelte Schriften, Band 10.1: Kulturkritik und Gesellschaft I, »Prismen. Ohne Leitbild«*. Frankfurt am Main: Suhrkamp, 1977. 11–30.

Chalk, Frank und Kurt Jonassohn. *The History and Sociology of Genocide*. New Haven: Yale Univesity Press, 1990.

Cesarani, David. *Adolf Eichmann*. Paris: Éditions Tallandier, 2013.

Chapoutot, Johann. *La révolution culturelle nazie*. Paris: Éditions Gallimard, 2016.

Destexhe, Alain. *Rwanda and Genocide in the Twentieth Century*. New York: New York University Press, 1995.

Doneson, Judith. *The Holocaust in American Film*. Philadelphia: Jewish Publication Society, 1987.

Echávarri Manjón, Sara: *Fiction as a reflection of reality: The rise and fall of totalitarian regimes in J. K. Rowling's Harry Potter series and in Nazi Germany*. Bachelor Thesis, Universidad del País Vasco, 2022. http://hdl.handle.net/10810/60688 (30.05.2024).

Fein, Helen. *Genocide Watch*, New Haven: Yale University Press, 1992.

Hilberg, Raul. *Perpetrators Victims Bystanders: The Jewish Catastrophe, 1933–1945*. New York: HarperCollins Books, 1992.

Mel Gowland, Natalí. *El poder de la sangre en la comunidad imaginada de la saga Harry Potter de J. K. Rowling*. Abschlussarbeit, Universidad Nacional de La Plata, 2020. https://www.memoria.fahce.unlp.edu.ar/tesis/te.1859/te.1859.pdf (30.05.2024).

Mintz, Alan. *Popular Culture and the Shaping of Holocaust Memory in America*. Washington: University of Washington Press, 2015.

Nigra, Fabio. *Hollywood* y *la historia de Estados Unidos. La fórmula estadounidense para contar su pasado*. Buenos Aires: Imago Mundi, 2012.

Nigra, Fabio. »La seducción positivista de las Majors«. *El discurso histórico en el cine de Hollywood*. Hg. Fabio Nigra. Buenos Aires: Imago Mundi, 2014. 131–162.

Nigra, Fabio. *El cine y la historia de la sociedad: Memoria, narración y representación*. Buenos Aires: Imago Mundi, 2016.

Papazian, Pierre. »A 'Unique Uniqueness?'«. *Midstream* 30.4 (1984): 14–25.

Petrie, Jonathan. »The secular word Holocaust: Scholarly myths, history, and 20th century meanings«. *Journal of Genocide Research* 2.1 (2000): 31–63.

Piccinelli, Mariana. »Hollywood, el gran historiador del siglo XX«. *El discurso histórico en el cine de Hollywood*. Hg. Fabio Nigra. Buenos Aires: Imago Mundi, 2014. 109–129.

Propp, Vladimir. *Morfología del cuento*. Madrid: Editorial Fundamentos, 1971.

Rivette, Jacques. »De l'abjection«. *Cahiers du Cinéma* 120 (1961): 54–55.

Solá Morales, Salomé. »Memoria mediática y construcción de identidades«. *Tabula Rasa* 19 (2013): 301–314.

Steinle, Matthias. »Adolf Eichmann en la pantalla: entre el monstruo y la banalidad de la banalidad«. *El momento Eichmann*. Hg. Sylvie Lindeperg und Annette Wieviorka. Buenos Aires: El Ateneo, 2021. 317–343.

Tenoch Cid Jurado, Alfredo. »El desembarco de Normandía y el imaginario cinematográfico: del hecho fílmico a la reconstrucción del hecho histórico«. *Semiótica del Cine. Revista de la Asociación Venezolana de Semiótica* 5 (2007): 41–58.

Verón, Eliseo. *La semiosis social: Fragmentos de una teoría de la discursividad*. Barcelona: Gedisa, 2004.

Wieviorka, Annette und Sylvie Lindeperg. *Le moment Eichmann*. Paris: Albin Michel, 2016.

Filmografie

Hogan's Heroes (TV). Paramount, 1965–1971.
Holocaust (TV). Regie Marvin J. Chomsky. NBC, 1978.
Judgment at Nuremberg (TV). Regie George Roy Hill. Playhouse 90, CBS, 1959.
Judgment at Nuremberg. Regie Stanley Kramer. Roxlom Films, 1961.
None shall escape. Regie André de Toth. Columbia Pictures, 1944.
Operation Eichmann. Regie Robert G. Springsteen. Bischoff-Diamond Corporation, 1961.
Operation Finale. Regie Chris Weitz. Metro-Goldwyn-Mayer, 2018.
Shoulder Arms. Regie Charles Chaplin. First National Pictures, 1918.
The Eichmann Show. Regie Paul Andrew Williams. BBC Two, 2015.
The Great Dictator. Regie Charles Chaplin. United Artists, 1940.
The Kaiser, the beast of Berlin. Regie Rupert Julian. Renowned Pictures Corporation, 1918.
The man I married. Regie Irving Pichel. 20th Century Fox, 1940.
The man in the glass booth. Regie Arthur Hiller. American Film Theatre, 1975.
The man who captured Eichmann. Regie William A. Graham. TNT, 1996.
The mortal storm. Regie Frank Borzage. Metro-Goldwyn-Mayer, 1940.
The winds of War (TV). Regie Dan Curtis. ABC, 1983.
War and Remembrance (TV). Regie Dan Curtis. ABC, 1988.

Christian Ernst

Ein »deutscher Held«?

Fritz Bauer, der Fall Eichmann und die ›Erinnerungskultur‹ in deutschen Spielfilmen der 2010er-Jahre

1 Einleitung

In den 2010er-Jahren thematisierten fünf deutsche Fernseh- und Kinoproduktionen die Entführung von und den Prozess gegen Adolf Eichmann sowie die Vorgeschichte des Frankfurter Auschwitz-Prozesses. In diesen Filmen werden zeitgeschichtliche Personen zu Figuren sowie historische Ereignisse und Zusammenhänge zu filmischer Handlung verdichtet und mit fiktiven Elementen vermischt. Indem diese filmischen Fiktionen auf Grundlage bekannter historischer Quellen und Darstellungen konstruiert werden und das Fiktive als historisch plausibel dargestellt wird, werden »Authentifizierungsprozesse« (vgl. Bergold 2019, 37–69, 112–16) in Gang gesetzt, die dazu beitragen, gegenwartsbezogene Deutungen der Vergangenheit an ein breites Publikum zu vermitteln. Mit dem Fall Eichmann rückt der Umgang mit den NS-Verbrechen und -Täter:innen in der frühen Bundesrepublik in den Fokus der Geschichtsvermittlung durch das Medium Film. Die Filme scheinen im Vergleich zu den Filmproduktionen der 2000er-Jahren eine Zäsur anzuzeigen, da sie nicht die NS-Vergangenheit selbst, sondern ihre juristische und gesellschaftliche Aufarbeitung retrospektiv fiktionalisieren.

Margarethe von Trottas Biopic *Hannah Arendt* (2012) beginnt mit der Entführung Eichmanns. Der mit Mitteln biografischer Fiktion arbeitende Film zeichnet nach, wie die Protagonistin in der Beobachtung des Prozesses zu ihrer These der »Banalität des Bösen« (Arendt 2006) kommt, diese entgegen aller Widerstände auch in ihrem eigenen Umfeld in der Zeitschrift *The New Yorker* veröffentlicht, angesichts heftiger Reaktionen der jüdischen Community in Isolation gerät, ihre These aber konsequent verteidigt und schließlich ihre Studierenden – und damit die jüngere Generation – überzeugen kann, die ihr am Ende des Films applaudieren. Im »Spiel mit historischem Originalmaterial und fiktionalisierter Diegese« konfrontiert der Film Adolf Eichmann und Hannah Arendt, konstruiert so eine Antithese »zwischen gedankenlosem Konformismus und kritischem Denken« (Fürholzer 2022, 84) und stellt Hannah Arendts Nonkonformismus als Exempel dar. Arendt wird als ›deutsch-jüdische‹ Philosophin, als einsame Heldin und Vorreiterin der deutschen Vergangenheitsbewältigung in Szene gesetzt.

Auch in den vier weiteren Filmen *Eichmanns Ende – Liebe, Verrat und Tod* (2010), *Im Labyrinth des Schweigens* (2014), *Der Staat gegen Fritz Bauer* (2015) und

Open Access. © 2024 bei den Autorinnen und Autoren, publiziert von De Gruyter. BY-NC-ND Dieses Werk ist lizenziert unter der Creative Commons Namensnennung - Nicht-kommerziell - Keine Bearbeitungen 4.0 International Lizenz.
https://doi.org/10.1515/9783111077345-025

Die Akte General (2016), die in diesem Beitrag ausführlich analysiert werden, steht die strafrechtliche Verfolgung und Erinnerung der nationalsozialistischen Verbrechen im Fokus, und auch in ihnen spielt der Eichmann-Prozess und eine weitere ›deutsch-jüdische‹ Person der Zeitgeschichte eine tragende Rolle: der hessische Generalstaatsanwalt Fritz Bauer. Desiré Hilscher konstatiert ab 2010 einen regelrechten »Erinnerungsboom« (2022, 11) an Fritz Bauer. Dieser Beitrag überprüft Hilschers These, dass dieser »Fritz-Bauer-Boom« und die mit ihm verbundenen Filme eine veränderte Erinnerungskultur durch eine »postnationalkulturelle Generation, die nach 1990 politisch sozialisiert wurde« (Hilscher 2022, 62), anzeigen würden. Hierzu reflektiere ich zunächst Tendenzen in der Repräsentation des Nationalsozialismus im Kino vor 2010 im Kontext der ›Erinnerungskultur‹ der Berliner Republik, wobei ich auf die Implikationen dieses insbesondere von Aleida Assmann geprägten und inzwischen reifizierten Konzeptes eingehe. Daran anschließend resümiere ich die Entwicklung von Fritz Bauer als Figur der öffentlichen Erinnerung, bevor ich auf dieser Folie die vier genannten Filme untersuche, wobei ich die Inszenierung der Filmfigur Fritz Bauer, Handlungskonstruktion und Figurenkonstellation sowie die filmischen Mittel zur Herstellung von Identifikation untersuche. In der Zusammenschau der Analysen zeigt sich, dass sich die Filme unterschiedlich zu Tendenzen der Darstellung des Nationalsozialismus im Kino der Berliner Republik verhalten, aber ein Narrativ bestätigen, welches ›Erinnerungskultur‹ als zentrales Element nationaler Identität Deutschlands behauptet.

2 Nationalsozialismus im Film und die ›Erinnerungskultur‹ der Berliner Republik

Deutsche Geschichte ist ein wichtiges und wiederkehrendes Thema der Spielfilme der Berliner Republik seit Ende der 1990er-Jahre. Die wenigen systematischen Studien hierzu legen nahe, dass hier Geschichtsbilder konstruiert werden, die auf widersprüchliche Weise auf ein verändertes Selbstverständnis des vereinigten Deutschlands reagieren. Frank Bösch konstatiert bei den seit Ende der 1990er-Jahre bis Mitte der 2000er-Jahre gedrehten Filmen mit NS-Bezug einen Fokuswechsel weg vom Holocaust hin zu deutschen Großstadtbewohnern als Opfern des Kriegs und diktatorischer Gewalt sowie eine Verschiebung von Verbrechen der Wehrmacht weg, hin zu »Bildern von Kindersoldaten, Heimkehrern und erhängten Deserteuren, die eine soldatische Opferrolle andeuten« (Bösch 2007, 23). Zudem bilde die Frage nach der individuellen moralischen Bewährung im Nationalsozialismus nun einen Fokus, wie im Fall des jungen Boxers auf der SS-Eliteschule (*Napola*) oder Sophie Scholls im Verhör (*Sophie Scholl – Die letzten Tage*), der Hausfrau gegenüber einer lebensfrohen Jüdin (*Aimée und Jaguar*) oder der Sekretärin im Führerbunker (*Der Untergang*). Diese Figuren zeigen Bösch zufolge »ein Bild der nationalsozialistischen Gesellschaft, das herausragende Ausnahmefälle von Resistenz zur Regel« mache und somit Angebote zur »moralische[n] Rehabilitierung« (Bösch 2007, 24) unterbreite. Diese Filme grenzen damit die Gegenwart des vereinigten Deutschlands von der nationalsozialistischen Vergangenheit ab, stellen die breite deutsche Bevölkerung als deren Opfer dar und schaffen positive Identifikationsfiguren, die eine Wandlung präfigurieren.

In diesem Zusammenhang ist es interessant, wie ›deutsche‹ und ›jüdische‹ Figuren inszeniert werden. Daniela Berghahn problematisiert, dass jüdische Schicksale – als Teil eines internationalen Trends in der Folge von *Schindlers Liste* (1995) – anhand von Überlebensgeschichten erzählt werden. Jüdisches Leid werde so als »Gr[ä]uelmärchen« mit ›Happy End‹ dargestellt (Berghahn 2006, 302). Am Beispiel der deutschen Produktionen und Co-Produktionen *Aimée und Jaguar* (1999), *Der Pianist* (2002) und *Rosenstraße* (2003) problematisiert Berghahn Muster wie die Herausstellung von Figuren, die ›gute Deutsche‹ repräsentieren, gegenüber ›barbarischen Tätern‹, den Fokus auf Ausnahmefälle deutsch-jüdischer Solidarität sowie die Projektion deutsch-jüdischer Versöhnung anhand privater Beziehungen. Dies sei in Zusammenhang mit einem sich seit 1990 verstärkenden Normalisierungsdiskurs in Bezug auf nationale Identität zu sehen. Auch Antonia Schmid (2019) macht an der Darstellung des Nationalsozialismus in Spielfilmen der Berliner Republik, die sie in ihrer Dissertation bis 2013 (*Unsere Mütter, unsere Väter*) analysiert, Narrative einer nationalen Identität fest, nach denen das vereinte Deutschland die Verantwortung für die Verbrechen der Shoah integriert habe. In ihrer ikonologischen Diskursanalyse von ca. 40 deutschen Spielfilmproduktionen arbeitet sie wiederkehrende Motive in Kollektivkonstruktionen von ›deutsch‹ und ›jüdisch‹ heraus. Dies betrifft die Darstellung gewöhnlicher Deutscher als Opfer, zum Teil durch Anpassung an Bildtopoi von Opfern der Shoah, was Unterscheidungen von Kriegsopfern und Opfern der Vernichtungspolitik verwische. Deutsche Identifikationsfiguren würden dabei als Helden oder Opfer inszeniert, während auf subtile Weise antisemitische Stereotypen reproduziert würden, wodurch die primären Opfer der Shoah nicht nur unsichtbar gemacht, sondern ›Juden‹ zum Teil implizit erneut als Bedrohung für das Kollektiv inszeniert würden. Im Diskurs der Versöhnung durchliefen jüdische Figuren einen sekundären Prozess des *Othering*.

Deutsche Film- und Fernsehproduktionen, die den Nationalsozialismus und die Shoah thematisieren, schreiben sich in Erinnerungsdiskurse ein. Diese werden auch durch kulturwissenschaftliche Forschung mitkonstituiert, denn die Begriffe ›kulturelles Gedächtnis‹ und ›Erinnerungskultur‹ bezeichnen nicht nur wissenschaftliche, sondern gleichsam politisch wirksame Konzepte vom gesellschaftlichen Umgang mit Geschichte (vgl. Siebeck 2013). Der Begriff ›Erinnerungskultur‹ ist inzwischen lexikalisiert, seine Verwendung steigt seit Ende der 1990er-Jahre exponentiell an.[1] Das Konzept hat sich somit reifiziert und ist zur staatlich-offiziellen Vokabel geworden, wie am zuletzt kontrovers diskutierten »Rahmenkonzept Erinnerungskultur« deutlich wurde, das Kulturstaatsministerin Claudia Roth vorgelegt hat. Dabei ist interessant, wie der Begriff ›Erinnerungskultur‹ im akademischen Diskurs modelliert wird, wobei ›nationale Identität‹ und die Beziehung zu den Überlebenden der Shoah als konstitutive Elemente angesetzt werden.

Jan und Aleida Assmann nehmen in ihren Texten die Nation als Erinnerungsgemeinschaft an, die ihre Identität auf ein ›kulturelles Gedächtnis‹ gründe, das sich in Generationenfolge ausbilde (vgl. Peitsch, Ernst und Panzner 2019, 5–7). Dementsprechend werden von Aleida Assmann Veränderungen in der Erinnerung an den Nationalsozialismus generational erklärt: »In Deutschland [...] wurde das repressive und komplizitäre Beschweigen der historischen Schuld, das in der westdeutschen Gesellschaft [...] bis in die sechziger Jahre anhielt, von den Vertretern einer jüngeren Generation, den 68ern, gebrochen« (Assmann 2007a, 27), deren Erinnerungsstil »von Betroffenheit und Schuldbewusstsein geprägt« gewesen und inzwischen von einem »›ideologiefreien‹ Umgang« mit der Vergangenheit abgelöst worden sei (Assmann 2007a, 277–278). Denn durch das gesellschaftliche Lernen, die Überlebenden als »moralische Zeugen« zu begreifen und ihnen empathisch zuzuhören (vgl. Assmann 2007b), sei die Anerkennung der Verantwortung für den Holocaust ab Mitte der 1980er-Jahre, besonders aber nach 1990 zum Kern der Identität Deutschlands geworden, das somit eine neuartige Erinnerungskultur exemplifiziere:

> The specific innovation that distinguishes the new memory culture from previous shapes of cultural memory consists in the fact that for the first time in history a self-critical ›negative memory‹ of political actors was formed that acknowledged the experience of the victims, adopting its perspective and integrating it into the framework of a more self-conscious national memory. (Assmann 2015, 27)

Das Problem dieser Sichtweise ist, dass sie sowohl im generationalen Erklärungsansatz homogenisiert als auch nicht zwischen verschiedenen Öffentlichkeiten sowie staatlichen, politischen und gesellschaftlichen Akteuren differenziert und den Umgang mit der Vergangenheit so entpolitisiert und kulturalisiert. Anstatt öffentliche Erinnerung (empirisch) zu historisieren (vgl. Ernst 2018, 54–72), wird der Nation eine ›Erinnerungskultur‹ zugeschrieben, die als Ergebnis von Genera-

1 Siehe den Eintrag und die korpusgenerierte Wortverlaufskurve im Digitalen Wörterbuch der Deutschen Sprache (DWDS): https://www.dwds.de/wb/Erinnerungskultur (14.06.2024).

tionswechseln als (west)deutsche Erfolgsgeschichte in Form einer Läuterungs- und Versöhnungserzählung präsentiert wird. Den (jüdischen) Überlebenden wird dabei als Zeugen eine (moralische) Autorität zugesprochen, die dann aber in die »sekundäre Zeugenschaft der Gesellschaft in Form einer Erinnerungskultur« übergehte (vgl. Assmann 2007a, 112–115). Das Assmann'sche Konzept von ›Erinnerungskultur‹ spiegelt damit nicht nationale Identität, sondern ein Identitätsnarrativ wider. Interessant ist in diesem Zusammenhang, dass mit Fritz Bauer eine ›deutsch-jüdische‹ Person der Zeitgeschichte in den 2010er-Jahren sowohl zu einer Filmfigur als auch zu einer Figur der ›Erinnerungskultur‹ geworden ist.

3 Fritz Bauer als Person der Zeitgeschichte und Figur der Erinnerungskultur

Fritz Bauers Wirken als Jurist kann in zwei Schwerpunkten gesehen werden. Ein klarer erster Schwerpunkt bestand in der strafrechtlichen Aufarbeitung und öffentlichen Diskussion der nationalsozialistischen Vergangenheit. Ein zweiter Schwerpunkt lag in der humanistischen Reform des Strafrechts und des Strafvollzugs, wozu er umfangreich publizierte und dabei auch das repressive Sexualstrafrechts kritisierte (vgl. Renz 2017). Bauer war 1961 Mitbegründer der *Humanistischen Union* und 1968 noch an der Gründung der aus dem Arbeitskreis Rechtssoziologie des Sozialistischen Deutschen Studentenbunds (SDS) hervorgegangenen Zeitschrift *Kritische Justiz* beteiligt. Er vertrat damit zum Teil politische Positionen deutlich links der SPD.

Bauer verstand sich in seiner Rolle auch als »politischer Aufklärer« und versuchte durch zahlreiche Auftritte in Veranstaltungen, im Radio und im Fernsehen, seine Themen in die öffentliche Diskussion zu bringen. Er verfolgte dabei eine »regelrechte Medienstrategie« (Wagner 2016, 175), in der auch das Medium Spielfilm eine Rolle spielte. So setzte er sich für Filmprojekte zur Vergangenheitsbewältigung ein (vgl. Schulte Strathaus 2014, 8) und trat 1966 in Alexander Kluges Film *Abschied von gestern (Anita G.)* auf, wo er für eine radikal reformierte Rechtsfindung plädiert. Bauers Wirken als öffentliche Person der Bundesrepublik der 1960er-Jahre war facettenreich, fand aber nicht in der Mainstream-Öffentlichkeit statt, sondern war an bestimmte, oft linksreformerische Veröffentlichungskontexte gebunden. Die öffentliche Erinnerung an Bauer als Person der Zeitgeschichte kann sich auf seine Geschichte als Gegner der Nationalsozialisten, als rassisch Verfolgten, als Emigrant und Remigrant sowie auf sein Wirken als Strafverfolger von NS-Verbrechen und als (linker) strafrechtlicher und gesellschaftlicher Reformer beziehen.

Der 1968 verstorbene Fritz Bauer wurde »in der alten Bundesrepublik weder ganz vergessen noch angemessen anerkannt«, aber die »Pflege seines Andenkens blieb lange Zeit auf Fachleute oder auf bestimmte Gruppengedächtnisse beschränkt« (Berg 2016, 40), getragen durch »Aktivisten [der] Zivilgesellschaft« (Frei 2014, 279). Erinnert wurde an Fritz Bauer in Fachkreisen der hessischen Justiz, als »linke Leitfigur« (Bittner 1988), im Kreis der Zeitschrift *Kritische Justiz,* im Rahmen der von ihm mitgegründeten *Humanistischen Union,* die seit 1969 den »Fritz-Bauer-Preis für Verdienste um die Humanisierung, Liberalisierung und Demokratisierung des Rechtswesens« vergibt, sowie in der hessischen SPD.

Die »ersten, potenziell breitenwirksamen Erinnerungs- und Würdigungsinitiativen« (Hilscher 2022, 35) erfolgten im Zuge der Gründung des vom Frankfurter SPD-Oberbürgermeister Volker Hauff 1989 angeregten Lern- und Dokumentationszentrums zur Geschichte des Holocaust in Frankfurt a. M., das nach 1990 als ein Projekt gesehen wurde, das »sich dem Strom nationaler Normalisierung und positiver Identitätskonstruktion« (Lutz Niethammer, zit. n. Rauschenberger 2022, 21) entgegenstellen könnte. 1992 wurde entschieden, das Zentrum nach Fritz Bauer zu benennen (vgl. Rauschenberger 2022, 27). Im Zuge der Gründung des Zentrums strahlte der Hessische Rundfunk verschiedene Radiosendungen zu Bauer aus, anlässlich des 30. Jahrestags der Auschwitzprozesse wurde Bauer auch in Radio- und Fernsehsendungen anderer Sender des öffentlich-rechtlichen Rundfunks gewürdigt. Die Auschwitz-Prozesse werden hierbei als entscheidendes Ereignis für die Veränderung des Verhältnisses der bundesrepublikanischen Gesellschaft zum Nationalsozialismus gedeutet. Désirée Hilscher sieht darin ein »Wendepunkt-Narrativ« und fasst dieses und Bauers Rolle darin wie folgt zusammen:

> Die Geschichte vom Wendepunkt schildert die Entwicklung der deutschen Gesellschaft als eine Coming-of-Age-Story des heutigen Wertekollektivs und als Fortschrittserzählung [...] für ein demokratisches Selbstbild auf der Grundlage erfolgreicher Aufarbeitungsprozesse. Fritz Bauer[s] [...] Rolle besteht darin, als treibende Kraft hinter den Prozessen den entscheidenden Impuls für den Wandel in der Gesellschaft geliefert zu haben. Bauer passt gut in diese identitätsstiftende Vergangenheitserzählung hinein [...]. (Hilscher 2022, 47–48)

Bauer wird in diesem Zusammenhang immer weniger aufgrund seines reformerischen Engagements erinnert. Der erste ausführliche Dokumentarfilm David Wittenbergs verbindet 1995 noch beide Aspekte, wie der Titel *Die Würde eines jeden Menschen. Erinnern an Fritz Bauer* (1995) deutlich macht.

Ab 2010 wird ein »Erinnerungsboom« konstatiert (Hilscher 2022, 11), der sich einerseits an Veröffentlichungen in der Presse, an Buchpublikationen, Medienproduktionen und den hier zu analysierenden Filmen belegen lässt, andererseits im offiziellen Gedenken: Seit 2010 sind Schulen und Straßen nach Bauer benannt worden, 2016 ein Denkmal vor dem Oberlandesgericht Frankfurt a. M. und 2020 eine Büste im Foyer des Bundesjustizministeriums eingeweiht worden. Letzteres vergibt seit 2014 den *Fritz-Bauer-Studienpreis für Menschenrechte und juristische Zeitgeschichte* für herausragende juristische Doktorarbeiten, die sich mit Leben und Werk Fritz Bauers beschäftigen.

Einen Faktor für die gesteigerte Rezeption Bauers ist darin zu sehen, dass Irmtrud Wojak 2009 eine erste ausführliche, wissenschaftlich fundierte Bauer-Biografie vorlegte. Dieser folgte 2013 das populärwissenschaftlich angelegte und breit rezipierte Buch *Fritz Bauer: oder Auschwitz vor Gericht* des Journalisten Ronen Steinke. Dieses löste Kontroversen aus, die vor allem »die Umstände seiner Entlassung aus dem Konzentrationslager 1933, die Beobachtung Fritz Bauers als angeblichen Homosexuellen durch die dänische Staatspolizei ab 1936 und zuletzt Bauers Verhältnis zu seiner jüdischen Herkunft« (Theissen 2015, 1070; vgl. auch Burghardt 2017) betreffen.

Einen Anlass für die Erinnerung an Bauer bot auch der 50. Jahrestag der Entführung Eichmanns und des Prozesses in Jerusalem. Fritz Bauers Anteil an der Ergreifung Eichmanns rückte so in den Fokus, der wie auch seine Ermittlungen gegen andere hochrangige SS-Verantwortliche nun näher beleuchtet wurde (vgl. Wojak 2009, 284–316; Stangneth 2011). Bettina Stangneth leistete fachliche Beratung für das TV-Dokudrama *Eichmanns Ende – Liebe, Verrat, Tod* (2010). Ilona Zieoks Dokumentarfilm *Fritz Bauer – Tod auf Raten* (2010) nimmt den Fall Eichmann zum Ausgangspunkt und erzählt anhand von Zeitzeugenaussagen Bauers »Weg voller Behinderungen und Feindseligkeiten, der in einem viel zu frühen Tod endete, dessen genaue Umstände bis heute rätselhaft geblieben sind.« (Filmbeschreibung) Der Titel der 2019 erschienenen Arte-Dokumentation *Fritz Bauer – Generalstaatsanwalt und Nazi-Jäger* von Catherine Bernstein belegt Hilschers Vermutung (2022, 144), dass die »Engführung Bauers im Themenbereich ›Aufarbeitung der NS-Verbrechen‹ seit den 1990er Jahren und die darauf angewendeten Deutungsmuster als Wendepunkt-Erzählung oder [der] Nazi-Jäger-Topos« fortwirken.

»Diskursive und lebensweltliche Anschlussfähigkeit« erhielt die Figur Fritz Bauer Hilscher zufolge aber erst »mit der Zuordnung zu diskriminierten Gruppen und den Opfern der Vernichtungspolitik«, die sich etwa an Steinkes Biografie, der an ihr orientierten Wanderausstellung *Fritz Bauer. Der Staatsanwalt. NS-Verbrechen vor Gericht* des Fritz Bauer Instituts und den in diesem Beitrag betrachteten Spielfilmen ablesen lasse:

> Die Opferzuschreibung[,] kombiniert mit dem bisherigen Verständnis als gestaltendem Akteur eines Fortschrittsprozesses[,] ergibt die Deutung und Sprache von Bauers Opferbereitschaft und Heldentum. Über diese Diskursanreicherung und Heroisierung erhöhen Initiativen insgesamt die Deckungsgleichheit mit der diskursiven Grundstruktur und kulturellen Sinnordnung der deutschen Gesellschaft und steigern Bauers gesamtkollektive [!] Erinnerungsattraktivität. (Hilscher 2022, 145)

Die nun »vorliegende Erscheinungsform« Fritz Bauers mit den Identitätsaspekten »jüdisch, homosexuell, demokratie- und menschenrechtsorientiert« zeige, »dass sich die deutsche Gesellschaft tatsächlich kulturell anders orientiert und Angehörige traditionell ausgegrenzter Gruppen als gleichwertig begreift« (Hilscher 2022, 148). Der Aufstieg Fritz Bauers zu einem erinnerungskulturellen Helden wird dabei von Hilscher – dem Assmann'schen Modell folgend – durch Generationenwechsel erklärt, denn die »pluralistisch geprägte« und »postnationalkulturelle Generation, die nach 1990 politisch sozialisiert wurde« und »vielfältige Bezüge zur Vergangenheit« herstelle, löse die »1968er Generation als gestaltende Akteurin in der Erinnerungsarena« ab (Hilscher 2022, 62). Es ist aber ein genauerer Blick geboten, ob die in den 2010er-Jahre gedrehten Filme tatsächlich eine solche Zäsur darstellen, wie sie von Hilscher am Beispiel Fritz Bauers festgemacht wird, oder ob sich die oben skizzierten Problematiken einer nationalen Identitätserzählung und damit verbundener Darstellung und Funktion ›jüdischer‹ Figuren fortsetzen.

4 Fritz Bauer als Filmfigur

4.1 Ambivalente Deutungsangebote: *Eichmanns Ende – Liebe, Verrat und Tod* (2010)

Der wohl in Hinblick auf den 50. Jahrestag der Eichmann-Entführung am 25. Juli 2010 in der ARD erstausgestrahlte Film von Raymond Ley verfolgt zwei Hauptstränge: Zum einen (re)konstruiert er die Vorgeschichte der Ergreifung Adolf Eichmanns durch den Mossad und seine Verbringung nach Israel aufgrund des Hinweises des in Buenos Aires lebenden Holocaust-Überlebenden Lothar Hermann an Fritz Bauer, zum anderen stellt er die sogenannten Sassen-Interviews nach. Als typisches Doku-Drama verschränkt er dabei »dokumentarische [...] (Zeitzeugeninterviews, Dokumente, Archivmaterial, begleitete Recherche) und inszenierte [...] Elemente (Reenactments)«, wobei der Anteil der Reenactments mit 78,6% deutlich überwiegt (Sickenmeier 2020, 9, 15). Auch der Einsatz dramatischer Musik und eine hohe Schnittfrequenz belegen eine dramatisierte Darstellung, gekoppelt an »das Bemühen, die Darstellungsebenen zu verwischen und mit aller Macht das Spiel zu authentifizieren« (Schneider 2011, 16). Hierzu dienen Aussagen der Historikerin Irmtrud Wojak und von Zeitzeug:innen, die Einblendung von Dokumenten sowie der Nachspann mit Angaben zum weiteren Schicksal der historischen Figuren. Außerdem wird – wie in Ankündigungen und Rezensionen betont wird – eine Auswahl der Sassen-Tonbänder im Wortlaut nachgesprochen.

Der Film arbeitet – gemäß dem Titel – stark mit Emotionen, wobei die Wörter »Liebe, Verrat und Tod« Ambivalenzen entfalten: »Liebe« lässt sich einerseits auf die von Eichmanns Ehefrau zu ihrem Mann beziehen, die wie eine Zeitzeugin inszeniert und als sichtlich unter den Ereignissen leidend gespielt wird, andererseits auf die im Film als Liebesbeziehung dargestellte Beziehung zwischen Klaus Eichmann und Silvia Hermann, der Tochter von Lothar Hermann. Das Wort »Verrat« lässt sich auf den Zusammenhang anwenden, dass Silvia ihren Vater über ihre Beziehung zu Klaus auf die Spur Eichmanns bringt und damit ihre Liebe zu Klaus ›verrät‹, aber auch auf Fritz Bauers Weitergabe von Informationen an den Mossad. »Tod« wiederum deutet die Hinrichtung Eichmanns an, ist aber auch auf die Opfer des Holocausts beziehbar, die durch Bilder von Leichenbergen zu Aussagen Eichmanns in den Gesprächen mit Willem Sassen aufgeblendet werden.

Abbildungen 1 und 2: Bauer beim Studium der Akte Eichmann (0:08:54–0:11:50) und Lothar Hermann beim Diktieren des Briefs an Bauer (0:44:27–0:45:25).

Fritz Bauer wird in diesem Film erstmals durch einen Schauspieler, den als Kieler Tatortkommissar bekannten Axel Milberg verkörpert. Bauer erscheint in sechs Sequenzen. In einer ersten Sequenz zu Beginn des Filmes (0:08:54–0:11:50) macht er sich und damit die Zuschauenden beim Studium der Akten mit Eichmann bekannt. Diese Szene wird in hoher Frequenz mit Szenen von Eichmanns Flucht geschnitten. Über Bauer erfährt man außer dem im Insert angezeigten Namen und seiner Funktion zunächst nichts, er wird als kettenrauchender Ermittler in Szene gesetzt.

Unterdessen kommt Lothar Hermann durch seine Tochter auf die Spur Eichmanns und verbietet ihr die Beziehung, was als schmerzvoll für Silvia dargestellt wird. Die als Freundin der Familie Hermann eingeführte Zeitzeugin Alicia Dandörfer wird mit der Aussage über Lothar Hermann eingeblendet: »Er lebte zwar, aber er lebte nur, um sich zu rächen.« (0:38:50–0:38:20) Lothar Hermann wird von dem im Insert als Dachau-Überlebenden eingeführten Alfred Lehnhoff auf die Idee gebracht, Bauer zu schreiben: »Er ist damals selbst vor den Nazis geflohen. Er wird uns sicher helfen.« (0:42.20–0:42:50) In der zweiten Sequenz, in der Bauer auftritt (0:44:27–0:45:25), wird parallel montiert, wie Lothar Hermann seinen Brief mit Hinweis auf Eichmanns Aufenthalt an Lehnhoff diktiert und wie Bauer ihn liest (siehe Abbildungen 1 und 2). Durch diese Informationen und die Schnitttechnik werden Hermann und Bauer in Verbindung gesetzt. Beider Unnachgiebigkeit führt – so legt es die weitere Darstellung nahe – letztlich zur Ergreifung Eichmanns.

Abbildungen 3 und 4: Bauer beim Treffen mit dem israelischen Vertreter Felix Shinnar (0:47:30–0:49:44).

Die dritte Sequenz zeigt Bauer bei einem konspirativen Treffen mit dem israelischen Vertreter Felix Shinnar im Wald (siehe Abbildungen 3 und 4). Die beiden begrüßen sich wie Freunde und reden in Andeutungen:

> Bauer: Gut dich zu sehen!
>
> Shinnar: Wie ich dich kenne, ist es wichtig. Um was geht es?
>
> Bauer: Eichmann. Er wurde aufgespürt.
>
> Shinnar: Obersturmbannführer Adolf Eichmann?
>
> Bauer: Ja, es scheint, dass er in Argentinien ist.
>
> Shinnar: Und hast du eine konkrete Spur?
>
> Bauer: Der Hinweis auf Eichmann stammt von einem gebürtigen Deutschen, einem Juden, der jetzt ebenfalls in Argentinien lebt.
>
> Shinnar: Unfassbar. Was können wir tun?
>
> Bauer: Ich will, dass er redet. Ich will Gerichtstag halten, in Deutschland, sodass es alle hören.
>
> Shinnar: Und wir sollen ihn für dich schnappen?
>
> Bauer: Felix, ich kann mich auf die deutsche Justiz nicht verlassen. Und auf die Angehörigen der deutschen Botschaft in Buenos Aires noch weniger. Zu viele alte Nationalsozialisten. Aber ich habe gehört, ihr habt in Israel tüchtige Leute.
>
> Shinnar: Fritz, wenn wir Eichmann wirklich finden, dann werden wir auf große Schwierigkeiten stoßen, ihn aus dem Land zu holen.

Bauer: Schau Felix, damit kommen wir zu einem weiteren Grund unseres Treffens.

Shinnar: Das habe ich mir schon gedacht. Wenn ich es so bedenke, du hast recht, wir haben tüchtige Leute. (0:47:30–0:49:44)

Bauers Aussage »Ich will Gerichtstag halten« fällt auf. Sie erinnert an Bauers oft zitierte Formulierung »Gerichtstag halten über uns selbst«[2], suggeriert aber in der ersten Person und in der Verkürzung ein Motiv von persönlicher Revanche.

Auch in der vierten Sequenz, in der Bauer beim Telefonat mit dem hessischen Ministerpräsidenten gezeigt wird, spricht er in Andeutungen: »Ich habe, wie besprochen, mit den Israelis Kontakt aufgenommen. Sie überlegen, es selber zu machen. – Ja, das wird schwierig. Wie es nun weitergeht, kann ich dir nicht sagen.« (0:49:50–0:50:30) Die an beide Sequenzen anschließenden Zeitzeugenaussagen von Rafi Eitan und des als Bauers Freund eingeführten Carl Bringer bestätigen Bauers Sorge, dass Eichmann von der deutschen Justiz gewarnt werden könnte. Bringer bezeugt, dass Bauer »ziemlich alleine in seiner Behörde« gewesen sei, in »damals diese[r] unselige[n] Zeit, als ein Mann wie Hans Globke noch Staatssekretär« war und es im »ganzen Apparat der Justiz, in Hessen genauso wie auch in Bonn, noch viele Leute mit Parteigenossenvergangenheit« gab. (0:50:36–0:50:54)

In der nächsten Sequenz mit Bauer trifft dieser sich wieder mit seinem israelischen Verbindungsmann, der ihm sagt, dass die von seiner Quelle angegebene Adresse nicht in Frage komme. Shinnar fordert Bauer auf, seine Quelle zu nennen, damit diese überprüft werden könne, worauf Bauer antwortet: »Er vertraut mir und ich schicke ihm den Geheimdienst auf den Hals?« (1:05:37–1:07:05) Die nächste Szene impliziert, dass Bauer seine Quelle doch verraten hat. Jedenfalls tritt in der Folgeszene ein Mossad-Agent mit Hermann in Kontakt und fordert von ihm in Anwesenheit von Silvia und seiner Frau einen Beweis und gibt ihm Geld. Dazwischen geschnitten wird eine Aussage Eitans, die Beziehung des Mossad zu Hermann habe nicht auf Vergütung beruht, sondern sei »freiwilliger Natur« (01:08:55–01:09:22) gewesen. Dieser Aussage widerspricht aber der Abspann, in dem es heißt, Hermann habe vom Mossad 10.000 Dollar erhalten. Hermann bestimmt nun, dass Silvia mit ihm nach Buenos Aires fahre, um den Beweis

2 Das Zitat im Kontext lautet: »›Bewältigung unserer Vergangenheit‹ heißt Gerichtstag halten über uns selbst, Gerichtstag über die gefährlichen Faktoren in unserer Geschichte, nicht zuletzt alles, was hier inhuman war, woraus sich zugleich ein Bekenntnis zu wahrhaft menschlichen Werten in Vergangenheit und Gegenwart ergibt, wo immer sie gelehrt und verwirklicht wurden und werden. Ich sehe darin nicht [...] eine Beschmutzung des eigenen Nestes; ich möchte annehmen, das Nest werde dadurch gesäubert.« Fritz Bauer: »Im Mainzer Kulturministerium gilt ein merkwürdiges Geschichtsbild«. *Frankfurter Rundschau*, Nr. 161, 14.7.1962.

zu erbringen, wogegen seine Frau protestiert. Eingeblendet wird an dieser Stelle erneut die Zeitzeugin Dandörfer:

> Er war so hasserfüllt, ich weiß nicht, das war schon richtig krankhaft. Seine Frau beruhigte ihn, sie sagte ihm immer, es ist vorbei, wir leben, [...] Wir haben unsere Tochter. Darauf sagte er: Aber ich werde nicht aufhören. Sie werden es büßen, sie werden es büßen. (1:13:17–1:29:18)

Als mögliche Motive Hermanns für seine als zwanghaft dargestellte ›Jagd‹ auf Eichmann werden somit Rache bzw. Profitgier aufgerufen, seine Tochter drängt er dabei zum Verrat. Antisemitischen Stereotypen wird so mindestens nicht vorgebaut.

Auch Bauers Suche nach Eichmann wird als unermüdlich dargestellt, so muss er noch ein zweites Mal beim Mossad insistieren (1:13:20–1:14:12), bevor dieser ihn zwei Jahre später schließlich ergreift und Bauer per Telefon davon benachrichtigt. Bauer scheint dabei schon zu wissen, dass Eichmann nach Israel gebracht werden sollte, wie folgender Dialog nahelegt:

> Stimme am Telefon: Wir haben ihn
>
> Bauer: Was, Eichmann ist in Israel?
>
> Stimme am Telefon: Ja. Ben-Gurion wird es in zwei Stunden verkünden. Uns war wichtig, dass du es als erstes erfährst. (1:22:00–1:22:36)

Der Film arbeitet systematisch mit Ambivalenzen und Andeutungen und generiert damit verschiedene Identifikationsangebote je nach Voreinstellung zum Thema. Eichmann in seinen Aussagen gegenüber Sassen bietet eine Möglichkeit zur Gegenidentifikation. Als Identifikationsfiguren bietet sich dagegen zum einen Eichmanns Frau an, die unwissend-naiv und leidend erscheint, eine mögliche Identifikation ist Mitleid für den Verlust ihres Mannes (eine tiefere Analyse wäre die letzte Szene wert, die visuell suggeriert, dass Eichmann vor ihren Augen gehängt wird, siehe Abbildung 6). Zum anderen erscheinen auch Silvia Hermann und Klaus Eichmann bedauernswert. Sie repräsentieren die Generation der Nachkommen von (deutschen) Tätern und (jüdischen) Opfern geradezu archetypisch (siehe Abbildung 5), ihre Liebe ist ob ihrer Eltern nicht möglich.

Ambivalenzen bleiben auch durch fehlenden Kommentar bestehen. So können Interviewaussagen von ehemaligen Nachbarn in Quirnbach, Westerwald, dem Geburtsort von Lothar Hermann, je nach Voreinstellung unterschiedlich wahrgenommen und gewertet werden. Die alten Menschen, deren Äußerungen im Dialekt antisemitische Stereotypen reproduzieren, geben dabei eine Deutung, in welcher die Deutschen letztendlich auch zu Opfern des Holocausts erklärt werden:

Abbildung 5: Gerahmtes Foto, das eine bleibende Liebes-Erinnerung Silvias an Klaus Eichmann suggeriert. (0:42:20)

Abbildung 6: Letzte Einstellung des Films: Vera Eichmann besucht ihren Ehemann. (1:27:13)

> Interviewer: Was ist später mit denen passiert?
>
> Mann: Jo, die sind vergast worden. [...]
>
> Frau: Warn arme Leut. Warn arme Juden.
>
> Mann: Die haben niemanden was zu leide getan.
>
> Frau: Das kann man mit ruhigem Gewissen sagen. Man hätte die nicht so behandeln müssen. Das war ja auch der Verderb, [...] der Verderb [...] für unser Land, dass man die Juden so behandelt hat. [....] Warn ja nun auch Menschen, waren halt Juden. (0:27:59–0:29:32)

Vordergründig entlarvt der Film durch die Nachstellung der Gespräche mit Sassen Eichmanns Haltung zur eigenen Rolle bei der ›Endlösung der Judenfrage‹ sowie die damaligen NS-Kontinuitäten in der bundesdeutschen Justiz. Dies wird auch in Rezensionen positiv hervorgehoben. So wird das Doku-Drama etwa bezeichnet als »Nazijäger-Krimi – der nebenbei die menschenverachtende Rhetorik des Holocaust-Logistikers offenlegt« (*Spiegel Online*, 25. Juli 2010). Hintergründig wirken aber im privatisierten Plot, in der Inszenierung des Reenactments der Aufspürung Eichmanns durch die Allianz Hermann und Bauer sowie in der konspirativen Darstellung von Bauers Zusammenarbeit mit dem israelischen Mossad antisemitische Stereotypen und höchst problematische Deutungsangebote. Der Film lässt nämlich eine Lesart zu, den Eichmann-Prozess als eine Verschwörung zur Sühne der Nazi-Verbrechen zu sehen, unter denen auch die Deutschen gelitten hätten. Nicht die Shoah, sondern das Ressentiment der Überlebenden hätten demnach der Beziehung zwischen ›Deutschen‹ und ›Juden‹ in der Folgegeneration im Wege gestanden.

4.2 Auftrag, Wandel, Absolution: *Im Labyrinth des Schweigens* (2014)

Der zweite hier zu betrachtende Film fokussiert die Vorgeschichte der Auschwitz-Prozesse und streift den Fall Eichmann nur am Rande. *Im Labyrinth des Schweigens* ist das Spielfilmdebüt Giulio Ricciarellis als Regisseur und Elisabeth Bartels als Drehbuchautorin, von der die Idee zum Film stammt. Das Drehbuch sei »inspiriert durch eine wahre Geschichte und die Erinnerungen des Staatsanwaltes Gerhard Wiese« (Pressematerial[3]) geschrieben worden, womit eine gewisse Authentizität durch Verweis auf die Mitwirkung eines Zeitzeugen betont wird. Die Konstruktion des Films beruht aber auf einer offenen Verbindung fiktiver Ereignisse und Figuren mit zeitgeschichtlichen Fakten und Personen.[4] Dies wird vom Produzenten mit erinnerungskultureller Effizienz begründet, denn »mit einer unterhaltsamen, spannenden Heldenreise« lasse sich besser »wider das Vergessen« der Auschwitz-Prozesse arbeiten als »mit einer brav bebilderten Geschichtsstunde« (Pressematerial).

Die Handlung des Films des Films ist recht komplex: Der Auschwitz-Überlebende Simon Kirsch erkennt den Oberstudienrat Schulze als Mitglied der Waffen-SS in Auschwitz, sein Freund, der Journalist Thomas Gnielka, geht mit ihm zur Staatsanwaltschaft, um Anzeige zu erstatten. Der Oberstaatsanwalt weist die beiden ab. Der junge Staatsanwalt Johann Radmann, der seinen Vater im Krieg verloren hat und davon ausgeht, dass dieser kein Nazi war, geht der Sache aber nach, beginnt sich mit Auschwitz auseinanderzusetzen und freundet sich mit Kirsch und Gnielka an. Er lernt in deren Kreis auch seine erste große Liebe kennen. Radmann und Gnielka finden bei Kirsch eine Liste mit SS-Männern in Auschwitz, die sich als Rechtsgrundlage für die Aufnahme von Ermittlungen eignen. Generalstaatsanwalt Fritz Bauer betraut Radmann mit der Leitung der Ermittlungen. Kirsch erzählt von seinen Zwillingstöchtern, die von Mengele zu Experimenten missbraucht wurden und Auschwitz nicht überlebten. Radmann verspricht ihm, Mengele zu Rechenschaft zu ziehen, kommt auf dessen Spur, scheitert aber beim Versuch, ihn zu verhaften. Kurz darauf erfährt er, dass sein Vater doch ein Nazi-Mitläufer war, bricht aufgrund allgemeiner Überforderung emotional zu-

3 Zit. n. https://filmaffe.de/im-labyrinth-des-schweigens-2014/ (14.06.2024).

4 Zu den historischen Referenzen siehe Albrecht 2022, 472–474: »Neben dem Hessischen Generalstaatsanwalt Fritz Bauer und dem Journalisten Thomas Gnielka von der Frankfurter Rundschau sind es der Mitbegründer des Internationalen Auschwitz-Komitees Hermann Langbein sowie Adolf Eichmann und Josef Mengele, außerdem der Sturmbannführer der Waffen-SS und letzte Kommandant der Konzentrationslager Auschwitz und Mittelbau-Dora Richard Baer wie auch der SS-Hauptsturmführer und Adjutant des Lagerkommandanten Rudolf Höß Robert Mulka.«

sammen und auch seine Beziehung zerbricht. Er kündigt und tritt eine Stelle in einer Wirtschaftskanzlei an, wo er aber auf den Anwalt eines Täters trifft. Nach einer Reise nach Auschwitz sucht er Bauer auf, der die Kündigung zurücknimmt. Radmann und der ihm zur Seite gestellte Kollege, der erst während der Befragung der Zeugen vom Sinn der Ermittlungen überzeugt worden ist, führen die Ermittlungen zu Ende. Der Film endet mit dem Beginn des Auschwitz-Prozesses.

Held und primäre Identifikationsfigur ist in diesem Film der junge Staatsanwalt Radmann, Jahrgang 1930. Er steht im Film allein für die erste Generation, die die NS-Verbrechen aufklären kann, ohne selbst belastet zu sein. In der Exposition des Films wird ein uniformes Unwissen, Verschweigen und Verleugnen von Auschwitz und den NS-Verbrechen in Szene gesetzt. Dies lässt sich etwa an einer emblematischen Szene illustrieren (0:11:30–0:12:38), in der Gnielka Radmann mit dessen Ignoranz gegenüber Auschwitz konfrontiert, der damit ein »Schutzhaftlager« verbindet. Gnielka ist fassungslos und fragt vorbeigehende Personen nach Auschwitz, von denen niemand etwas mit dem Wort verbindet, worauf Gnielka resümiert: »Die größte Menschheitskatastrophe gerät hier einfach in Vergessenheit, wird einfach totgeschwiegen.« Es sei eine Schande, dass ein deutscher Staatsanwalt nicht wisse, was in Auschwitz passiert sei. Daraufhin versucht sich Radmann in der Bibliothek über Auschwitz zu informieren, dort ist aber kein einziges Buch zum Thema verfügbar. Sein Rechtssinn lässt ihn der Sache weiter nachgehen, doch auch Kirsch als Überlebender möchte zunächst die Sache ruhen lassen: »Dieses Land will Zuckerguss, es will die Wahrheit nicht wissen«. (0:27:17)

Radmann gewinnt Kirschs Vertrauen und als er zusammen mit Gnielka Kirschs traumatischer Erzählung zuhört, wie dieser sich schuldig fühlt, weil er seine Zwillingstöchter an Mengele überantwortet hat und selbst überlebt hat, beeindruckt ihn das tief (0:43:50–0:46:50). Radmann verspricht Kirsch, Mengele zu finden und durchläuft in der Folge einen Lern- und Reifeprozess. Auch die Sekretärin Schmittchen wird bei der Protokollierung der Zeugnisse der jüdischen Überlebenden während der Ermittlungen tief affiziert. In einer längeren Sequenz (49:00–50:50) wird gezeigt, wie verschiedene Zeug:innen vernommen werden. Hierbei sind die Aussagen nicht hörbar, sondern es wird mit wechselnden nahen Einstellungen bis hin zu *extreme close-ups* einerseits die Wirkung der Mimik und Gestik der Zeug:innen inszeniert, andererseits die emotionale Betroffenheit von Radmann und Schmittchen (siehe Abbildungen 7 und 8).

Die Bilder werden von extradiegetischer Musik und Gesang begleitet, dabei handelt es sich um das von Geoffrey Shisler vertonte Gebet um Gnade *Rachamana* als »Ausdruck der Trauer wie auch der kulturellen bzw. religiösen Zugehörigkeit

Abbildungen 7 und 8: Inszenierung der emotionalen Affizierung durch die Zeugnisse der Überlenden durch Mimik und Gestik, links Zeuge im Close-up, Gegenschnitt zur Reaktion der protokollierenden Sekretärin Schmittchen (0:50:20).

der Opfer« (Albrecht 2022, 468). Schmittchen, die Radmanns Ansinnen zunächst skeptisch gegenübergestanden hat, identifiziert sich nun ganz mit dem Vorhaben und durchläuft durch die Empathie mit den Opfern, ebenso wie zuvor Radmann und später dessen Kollege, der die Konzentrationslager zu Beginn des Films noch für Siegerpropaganda hält, einen Einstellungswandel. Dieser erkennt nach einem Verhör eine kollektive Verantwortung an: »Wir haben alle nicht nachgedacht, wir hätten einfach nur die Augen aufmachen müssen. – Scheiße.« (01:11:30–01:11:48).

Auch Fritz Bauer wird im Laufe des Films als jüdische Figur zu erkennen gegeben, als er Radmann antisemitische Drohbriefe zeigt. Von ihm wird Radmann als Angehöriger der unbelasteten Generation mit den Ermittlungen beauftragt. Die Besetzung Bauers durch Gert Voss folgt nicht einem Kriterium der physischen Ähnlichkeit. Voss verkörpert Fritz Bauer, ohne zu versuchen, die historische Person etwa im Sprachduktus zu imitieren. Der Generalstaatsanwalt wird von ihm als Vorgesetzter mit Autorität und als Stratege gespielt. Radmann gegenüber wirkt er väterlich, wenn er diesen berät, ihn vor Fehlern warnt und Fehler verzeiht.

Während der Ermittlungen kommt es zum Konflikt zwischen Radmann und Bauer, in dem unterschiedliche Täterkonzeptionen und Vorstellungen vom geplanten Prozess verhandelt werden. Radmann, unter dem Eindruck von Kirschs Erzählung, sieht Mengele als Verkörperung der Monstrosität von Auschwitz, imaginiert diesen in Albträumen (0:53:15–0:54:05) und setzt alles daran, ihn aufzuspüren und zu verhaften. »Den müssen wir kriegen, Dr. Josef Mengele. Der ist es, der ist Auschwitz«, sagt er zu Bauer, der erwidert: »Alle die mitgemacht haben, die nicht nein gesagt haben, die sind Auschwitz.« (0:48:10–0:48:45) Radmann ermittelt Mengeles Telefonnummer in Buenos Aires und erwirkt einen Haftbefehl und bittet überstürzt das BKA um Fahndung, worauf Bauer ihn warnt, er könne niemandem vertrauen, und anweist: »Beschränken Sie sich auf die Ermittlungen gegen die anderen Verdächtigen und überlassen Sie Mengele mir. Verstanden?« (01:01:03–01:01:50) Doch Radmann widersetzt sich dieser Anweisung und versucht Mengele bei einer Familienfeier aufzuspüren, was scheitert. Für seine »Besessenheit von Mengele«

wird er von Bauer heftig kritisiert, diese gefährde die gesamten Ermittlungen. Er erklärt ihm nun seine Aufgabe (siehe Abbildung 9):

> Die Deutschen müssen sehen, was da für Verbrechen begangen wurden. Und zwar nicht nur von Hitler und Himmler, sondern von ganz normalen Menschen. Ganz normale Menschen, die das freiwillig getan haben, weil sie überzeugt waren. Und die stellen wir jetzt vor Gericht. Ein großer Prozess. Das ist der Weg, glauben Sie mir. Und das ist Ihre Aufgabe. (01:06:10–01:08:03)

Abbildung 9: Bauer erklärt Radmann seine »Aufgabe« (01:06:20).

Bauer holt Radmann nun zu einem Treffen mit Mossad-Agenten hinzu, mit denen er an der Ergreifung von Eichmann und Mengele in Argentinien zusammenarbeitet. Radmann fragt diese: »Und Sie bringen uns Mengele?«, worauf ihm erwidert wird: »Wenn es einer macht, dann wir.« Radmann fragt Bauer nach dem Treffen: »Kann man denen trauen?«, woraufhin Bauer erwidert: »Wem kann man schon trauen? Ich bin immer noch im Exil, nur nicht in Schweden. Wenn ich mein Büro verlasse, befinde ich mich im feindlichen Ausland. Ihnen trau' ich.« (01:14:54–01:16:30)

Als Eichmann vom Mossad gefasst und nach Israel entführt wird, erklärt Bauer ihm, dass Bonn entgegen seinem Willen keinen Auslieferungsantrag gestellt habe und Mengele nun in Paraguay sei. Radmann trifft sich nun mit einem Mossad-Agenten, der ihm sagt, dass es nur möglich gewesen sei, entweder Mengele oder Eichmann zu ergreifen, und auch für Bauer habe die Ergreifung Eichmanns Priorität gehabt. Radmann fühlt sich nun von Bauer hintergangen. Nachdem Radmanns letzter verzweifelter Versuch scheitert, Mengele zu verhaften, erfährt er, dass auch sein Vater Parteimitglied war. Als auch noch Gnielka ihm gesteht, selbst in Auschwitz Dienst geleistet zu haben, kommt er an seine emotionalen Grenzen, träumt erneut von Mengele, nun mit dem Gesicht seines Vaters (01:31:29–01:32:10), und begeht Kurzschlusshandlungen. Bei seiner Kündigung wirft er Bauer vor, ihn verheizen zu wollen und erzählt ihm, dass auch sein eigener Vater schuldig gewesen sei, wie alle anderen. Bauer erwidert ihm: »Wenn Sie glauben, dass es darum geht, zu beurteilen, wer hier schuldig, halbschuldig oder unschuldig ist, haben Sie nichts begriffen, Herr Radmann, gar nichts.« (01:39:38–01:41:09)

Zur Besinnung kommt Radmann durch eine Reise nach Auschwitz. Kirsch hat zuvor einen Herzinfarkt erlitten und Radmann und Gnielka gebeten, an seiner Stelle in Auschwitz das Kaddisch für seine Töchter zu beten (siehe Abbildung 10). Radmann hat diese Bitte zunächst ausgeschlagen: »Nein, Simon, ich habe für so etwas keine Zeit, ich muss diesen Prozess führen.« (01:21:01–01:24:33). Nun besucht er Kirsch und bittet ihn, es doch tun zu dürfen. Kirsch stimmt nur unter der Bedingung zu, dass auch Gnielka mitfährt, was als Geste einer Absolution gesehen werden kann. Beim Besuch des ehemaligen Lagers sprechen Radmann und Gnielka erstmals wieder miteinander. Gnielka erklärt das Verschweigen seines Dienstes in Auschwitz mit Scham, Radmann seinen Ausstieg aus den Ermittlungen damit, dass er nicht mehr wisse, was er selbst getan hätte und damit, dass es keine gerechte Bestrafung gebe. Daraufhin sagt der andere: »Es geht nicht um Bestrafung. Es geht um die Opfer. Um ihre Geschichten.« (01:46:40–01:49:35) Radmann geht nach seiner Rückkehr sofort zu Bauer, der seinen Kündigungsbrief ungeöffnet zerreißt und ihn fragt, warum er wieder da sei, worauf Radmann sagt: »Weil die einzige Antwort auf Auschwitz ist, selber das Richtige zu tun.« Zum Prozessbeginn am Ende des Films sagt Bauer zu ihm: »Ich bin stolz auf Sie«.

Abbildung 10: Radmann und Gnielka beten in Auschwitz das Kaddisch für die Töchter Simon Kirschs (1:48:35).

Die Mitglieder des Ermittler-Teams stellen Identifikationsfiguren für die deutsche Gesellschaft dar und nehmen deren Wandlungsprozess vorweg, sie verkörpern die Grundzüge der von Aleida Assmann formulierten Thesen zur Entwicklung der deutschen ›Erinnerungskultur‹: Auf eine Phase des kollektiven Schweigens und Verdrängens folgt eine zunächst übermotivierte und emotional befangene Auseinandersetzung mit der Väter-Generation, wobei durch Empathie mit den Zeugnissen der Überlebenden und Identifikation mit den Opfern Verantwortung erlernt wird. Diese Logik erklärt, warum Radmann und nicht Bauer als Held fungiert. Seinen

Auftrag, das ›Schweigen‹ zu brechen und die ›Wahrheit‹ über Auschwitz ans Licht zu bringen, bezieht er von den ›deutsch-jüdischen‹ Figuren Kirsch und Bauer, die ihm stellvertretend für die Generation der Nachgeborenen versöhnende Absolution erteilen. Dass Radmann als Sohn eines NS-Juristen und Gnielka als ehemaliger SS-Soldat in Auschwitz mit Kippa auf Hebräisch das Gebet für die von Mengele getöteten Zwillingstöchter Kirschs sprechen, lässt sich ebenso wie die von jüdischer Gebetsmusik unterlegte Sequenz der Zeugenbefragung als problematischer Kitsch und kulturelle Aneignung bezeichnen. Plot und Figurenkonstellation konfigurieren eine Läuterungserzählung.

Diese Probleme werden von der Kritik nicht bemerkt und der Film wird für den Schulunterricht und den DaF-Unterricht im Ausland didaktisiert. Das »didaktische Potential des Films« wird darin behauptet, »dass das allmähliche Entstehen eines Bewusstseins für die Verbrechen unter dem nationalsozialistischen Regime anhand der Figur von Johann Radmann exemplarisch aufgezeigt wird« (Arendt 2022, 474–475). Eine Zeithistorikerin bezeichnet es als »Ungeheuerlichkeit«, dass Fritz Bauer »zur väterlichen Nebenrolle degradiert« werde: »Fritz Bauer, der Protagonist des Auschwitz-Prozesses, wird aus seiner eigenen Geschichte geworfen!« (Bierich 2015).

4.3 Heldenkonstruktionen: *Der Staat gegen Fritz Bauer* (2015) und *Die Akte General* (2016)

Dies ist in den beiden nachfolgenden Filmen nicht der Fall, in denen Fritz Bauer klar die Hauptrolle zukommt. Lars Kraumes Kinofilm von 2015, der beim Internationalen Filmfestival 2015 in Locarno Premiere feierte und mit dem deutschen Filmpreis ausgezeichnet wurde, konstruiert schon im Titel einen Gegensatz zwischen dem hessischen Generalstaatsanwalt und dem Staat, dem er dient. *Der Staat gegen Fritz Bauer* setzt mit Bauers Beinahe-Tod ein, der nach der Einnahme von Alkohol und Schlaftabletten fast in der Badewanne ertrinkt. Das BKA und Widersacher in der eigenen Behörde unterstellen Bauer einen Selbstmordversuch, womit in der Exposition Bauers prekäre Situation in der eigenen Behörde illustriert wird. Die eigentliche Handlung setzt in dem Moment ein, als Bauer den Hinweis erhält, dass Adolf Eichmann in Buenos Aires untergetaucht sei. Bauer bemüht sich, diese Information zu verifizieren und sucht nach Möglichkeiten, Eichmann in Deutschland vor Gericht zu stellen. Jedoch ist ihm klar, dass das von ehemaligen Nazis durchsetzte BKA Eichmann warnen würde. Der junge Staatsanwalt Angermann unterstützt Bauer bei seinen Recherchen. Bauer weiht ihn in seine Pläne ein, Informationen an den israelischen Geheimdienst Mossad weiterzugeben, um Eichmann verhaften zu lassen. Angermann trägt die Zusammenarbeit mit dem Mossad erst nach einigem Zögern mit, da sie Landesverrat bedeuten würde. Nachdem Angermann bei einem § 175-Prozess durch einen Hinweis Bauers ein mildes Urteil erwirkt, wird er von einer transsexuellen Sängerin in einen Nachtclub eingeladen, wo er beim zweiten Versuch deren Avancen nachgibt. Dies stellt sich schließlich als Falle heraus. Das BKA beobachtet Bauers Agieren, kann ihm den Kontakt zum Mossad jedoch nicht nachweisen. Angermann wird bei seinem amourösen Abenteuer gefilmt und soll nun erpresst werden, um den Verdacht gegen Bauer zu erhärten. Er zeigt sich jedoch selbst an und schützt so Bauer, der seine Vorbereitungen des Auschwitz-Prozesses umso entschlossener weiterführen will.

Stephan Wagners für die ARD produzierter, 2016 erstausgestrahlter Fernsehfilm *Die Akte General* ist als Politkrimi – auch Adenauer, Erhard und Globke sind im Film auftretende Figuren – und Agententhriller konzipiert. Fokussiert wird auch hier auf den Fall Eichmann und Bauers Zusammenarbeit mit dem Mossad, den Bauer hier gar erst auf die Idee bringt, einen Prozess in Israel in Betracht zu ziehen: »Mit einem Prozess gegen Eichmann [könnte] Israel der Welt zeigen, wie stark es bereits ist« (0:26:44–0:27:01). Bauers Ziel ist in diesem Zusammenhang aber auch, Anklage gegen den Chef des Bundeskanzleramtes, Hans Globke, zu erheben, und er erhofft sich von Eichmann Belastungsmaterial gegen diesen. Bauer betraut den forschen jungen Staatsanwalt Joachim Hell mit dem Fall, der jedoch zugleich für den BND als V-Mann arbeitet und eine Akte über Bauer mit der Aufschrift »GENERAL« führt. Hell vernimmt Eichmann in Jerusalem und beobachtet den Eichmann-Prozess, kommt auf seinen Reisen in Kontakt mit Agenten der Staatssicherheit, die ihm Belastungsmaterial zu Globke anbieten, dafür aber Spitzeldienste aus Frankfurt fordern. Hell lehnt ab und organisiert stattdessen den Diebstahl der Akte aus dem Zimmer eines Stasi-Manns. Auch der BND spricht Hell wieder an und fordert ihn auf, besser zu kooperieren, dieser kündigt die Zusammenarbeit nun aber endgültig auf. Bauer entdeckt unterdessen zufällig Hells Akte über sich, beordert Hell aus Jerusalem zurück, stellt ihn zu Rede und entlässt ihn. Um die Auschwitz-Prozesse nicht zu gefährden, gibt Bauer dem Drängen des hessischen Ministerpräsidenten nach, die Ermittlungen gegen Globke an die Staatsanwaltschaft Bonn abzugeben.

Beide Filme konstruieren Bauer als Helden. Der Regisseur von *Der Staat gegen Fritz Bauer*, Lars Kraume, sagt in einem Interview, die Figur Bauer habe ihn als »archaischen Helden in einer Allein-gegen-alle-Konstellation«, als »zeitlose Heldenfigur«, wie sie sonst nur in der Fiktion vorkomme[5] interessiert. Bauer ist in beiden Filmen Einzelkämpfer gegen die NS-Kontinuitäten in Staat und Gesellschaft und wird dabei nur vom sozialdemokratischen hessischen Ministerpräsidenten prote-

5 Interview mit Lars Kraume, 2016, https://www.vierundzwanzig.de/en/youtube-interview-einbindung/lars-kraume/ (14.06.2024)

giert. Im Gegensatz zu Gert Voss' Spiel in *Im Labyrinth des Schweigens* versuchen beide Filme eine möglichst authentisch wirkende Darstellung Fritz Bauers. Dies ist an Maske und Frisur festzumachen, die Hauptdarsteller Burghart Klaußner und Ulrich Noethen versuchen außerdem, Bauers Rhetorik, Dialekt und Sprachklang nachzuahmen. Dies ist nicht nur als Authentizitätssignal zu sehen, sondern unterstreicht auch, dass es beiden Filmen um eine Würdigung der historischen Person Bauer geht.

Der Held Fritz Bauer wird in den Filmen allerdings auf unterschiedliche Weise charakterisiert. In *Der Staat gegen Fritz Bauer* kämpft er zwar als ›David gegen Goliath‹, wird aber auch als verletzlicher und angegriffener Held inszeniert, indem sein Alter, seine Gesundheitsprobleme, Überbelastung, Angst- und Panikanfälle bei antisemitischen Drohungen und seine Einsamkeit in Szene gesetzt werden. Diese Bauer-Figur gibt auch die eigene Fehlbarkeit zu, indem er Angermann von seinem mangelnden Mut bezüglich des Treuebekenntnisses erzählt. Die Bauer-Figur in *Die Akte General* wirkt dagegen kräftig, vital und viril, nimmt zwar Beruhigungspillen, stellt sich aber aufrecht antisemitischen Anfeindungen und steckt dabei viel weg, auch einen Schlag ins Gesicht (0:49:40–0:49:55).

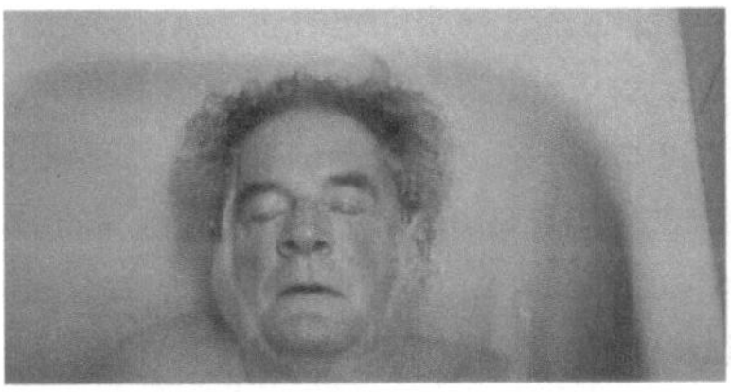

Abbildungen 11 und 12: Inszenierungen ›einsamer‹ Held, der fast in der Badewanne ertrinkt, in *Der Staat gegen Fritz Bauer* (0:02:01) vs. ›vitaler Held‹, der am Strand jungen Männern hinterherschaut, in *Die Akte General* (0:24:07).

In beiden Filmen spielt Bauers Homosexualität eine Rolle, erhält aber eine unterschiedliche Funktion im Plot. Während die Bauer-Figur in *Der Staat gegen Fritz Bauer* sein Sexual- und Privatleben der Sache opfert, ist jene in *Die Akte General* von jungen Männern umgeben, die mit ihm in die Oper gehen und bei ihm zu Hause verkehren. Bauer weiß um das Risiko seiner Erpressbarkeit. Hell sieht einen jungen Mann aus seinem Schlafzimmer durch den Flur laufen, als er Bauer spätabends in seiner Wohnung besucht. Damit hat Hell Bauer nun eigentlich ›in der Hand‹. Die Homosexualität wird hier als Spannungsmoment dramaturgisch genutzt, während sie in *Der Staat gegen Fritz Bauer* das Opfer des Privatlebens für die Sache illustriert.

Beide Bauer-Figuren werden im Verlauf der Filme jeweils zum Vorbild für die an ihrer Seite stehenden jungen Staatsanwälte, die jeweils für die nachrückende Generation der Bundesrepublik stehen. Beide werden hierbei vor Entscheidungssituationen gestellt: Angermann zeigt sich beim Erpressungsversuch des BND aufgrund des § 175 selbst an, sein Selbstopfer in Nachfolge Bauers ermöglicht dessen weitere Arbeit an den Auschwitzprozessen, denn Bauer erklärt am Ende des Films, nachdem in der Szene zuvor Angermann ihn gebeten hat, nicht aufzugeben, seinem Gegenspieler in der eigenen Behörde: »Seien Sie sicher, ich werde meine [Arbeit] tun. Solange ich lebe, hält mich davon niemand mehr ab.« (01:37:39–01:37:50). Im Abspann heißt es: »1963 gelang es Fritz Bauer durch die Auschwitz-Prozesse Deutschland mit seiner Vergangenheit zu konfrontieren.« In *Die Akte General* beendet Hell seine Spitzeltätigkeit für den Verfassungsschutz und ermittelt nun dem Beispiel Bauers folgend mit unkonventionellen Mitteln gegen Globke, indem er der Stasi Belastungsmaterial entwenden lässt. Er folgt Bauers Beispiel allerdings zu spät, was die Anklage von Globke verhindert, nicht aber die Auschwitz-Prozesse.

In *Der Staat gegen Fritz Bauer* wird der hessische Staatsanwalt als einsamer Held in seiner Selbstaufopferung für die Aufarbeitung der Vergangenheit illustriert, Identifikation mit ihm bedeutet Mitleid und Respekt. In *Die Akte General* wird Bauer zum vitalen und glühenden Vorkämpfer für ein ›neues Deutschland‹ stilisiert. Identifikation löst hier Bewunderung aus. Die eigentlichen Identifikationsfiguren für das Publikum sind aber die jungen Staatsanwälte, die sich in Entscheidungssituationen bewähren müssen, um die Mission des Helden nicht zu gefährden. In *Die Akte General* wird diese explizit als eine patriotische formuliert, wenn Bauer gegenüber Hell das Anliegen der Auschwitzprozesse wie folgt darlegt:

> Bauer: Wenn wir mit der Anklage durchkommen, dann sollte dieser Prozesskomplex einen kompletten Querschnitt durch die Maschinerie des Lagers Auschwitz liefern. Und die deutsche Öffentlichkeit wäre gezwungen, endlich einmal hinzuschauen.
>
> Hell: Damit werden Sie sich nicht viele Freunde machen. Man wir Ihnen vorwerfen, dass es Ihnen um Rache geht.
>
> Bauer: Ich kann nichts für mein Herkunft, allerdings geht es natürlich nicht um Rache. Eine Abrechnung mit der Vergangenheit muss es nicht geben, weil das alte Deutschland sie verdient hat. Sondern weil das neue Deutschland sie braucht. Wir müssen aus dieser Katastrophe die Lehre ziehen und wir schauen nach vorn. (0:21:00–0:21:48)

Gegen Ende des Films sagt Bauer zu Hell: »Auch ein homosexueller, jüdischer SPDler kann Patriot sein.« (1:23:40–01:23:43) Die Rezensionen belegen, wie beide Filme trotz unterschiedlicher Heldenkonzeption zu einer erinnerungskulturellen Heroisierung Bauers beitragen. In der *Frankfurter Allgemeinen Zeitung* heißt es: »Lars Kraume [macht] diesen Mann zu einem deutschen Helden. Es wurde Zeit, denn es gibt keinen besseren.« (30. September 2015) Laut *Spiegel-Online* (24. Februar 2016) stellt *Die Akte General* »einen der wenigen ›Helden‹ der Bundesrepublik vor, deren Schattenseiten hier in herrlich kräftigen Farben ausgemalt werden. Es ist ein Held, der an die Zukunft glaubt und verzagten jungen Kollegen rät: ›Feiern Sie den Rechtsstaat‹.«

5 Schluss

In den 2010er-Jahren wird die Vergangenheitsbewältigung und strafrechtliche Verfolgung von NS-Tätern in den Fokus filmischer Geschichtserzählungen gerückt. Fritz Bauer und die Eichmann-Entführung bilden hierfür geeignete Ausgangspunkte. Die Filme fiktionalisieren die historischen Personen und Ereignisse dabei unterschiedlich. Gemeinsam ist ihnen aber, dass sie nicht nur das nationalsozialistische Deutschland und die DDR, sondern nun auch die frühe Bundesrepublik als Gegenbild zum heutigen Deutschland projizieren. Die Filme belegen dabei jedoch keine Zäsur in der filmischen Darstellung des Nationalsozialismus bzw. im Erinnerungsdiskurs, sondern führen unterschiedliche Tendenzen und Problematiken seit Ende der 1990er-Jahre fort.

Dies betrifft in *Eichmanns Ende – Liebe, Verrat, Tod* die vordergründige Abgrenzung von der NS-Verbrechensgeschichte bei hintergründiger Verwischung von Opferkategorien, Reproduktion antisemitischer Stereotypen sowie Projektion von Schuld auf eine fanatische Nazi-Elite und von Ressentiments auf jüdische Überlebende. Die Verfolgung der NS-Verbrechen erscheint hier schon fast als deren Verschwörung zur Sühne, die einer eigentlich möglichen deutsch-jüdischen Versöhnung im Wege steht. *Im Labyrinth des Schweigens* fokussiert den gesellschaftlichen Hintergrund und präfiguriert eine läuternde Wandlung der Gesellschaft der Bundesrepublik, die durch Empathie mit den Zeugnissen der ›jüdischen Überlebenden‹ motiviert wird. Die Aufarbeitung der Vergangenheit wird dabei im Generationenkonflikt entpolitisiert, die Frage deutscher Schuld durch Anerkennung des Lernprozesses jüngerer ›deutscher‹ Identifikationsfiguren durch ›jüdische‹ Überlebende aufgelöst, die erlernte Verantwortung gegenüber der Vergangenheit damit als Identität des heutigen Deutschlands bestätigt. Auch *Der Staat gegen Fritz Bauer* und *Die Akte General* entwickeln ihre Deutungsangebote durch die generationenrepräsentierende Figurenkonstellation Fritz Bauer und junger Staatsanwalt. In beiden Filmen wird Bauer so auf unterschiedliche Weise als Held und als Beispiel für die nachfolgende Generation konstruiert, im einen Fall als einsamer, im anderen als vitaler Held inszeniert. Beide Filme tragen zu einer erinnerungskulturellen Heroisierung Bauers als sich aufopfernder bzw. unbeirrbarer Vorkämpfer für das heutige Deutschland bei.

Fritz Bauer und – wie in der Einleitung angedeutet – auch Hannah Arendt werden in den Filmen aus zeitgenössischer Perspektive als ›deutsch-jüdische‹ Gegenfiguren zu Adolf Eichmann fiktionalisiert, dabei auf ihre Rolle in der Aufarbeitung der Vergangenheit reduziert und ihrer politischen Brisanz beraubt. Als Helden und Gallionsfiguren werden sie in einen Kanon erinnerungskultureller Figuren integriert und bestätigen damit das offizielle Selbstbild des heutigen Deutschlands. Einen ›postnationalkulturellen‹ Erinnerungsdiskurs belegt das gerade nicht, denn der Konnex ›Nation‹ und ›Kultur‹ wird im Konzept ›Erinnerungskultur‹ reaffirmiert und durch die Kanonisierung erinnerungskultureller Helden befördert.

Literatur- und Filmverzeichnis

Filme

Abschied von gestern. Reg. Alexander Kluge. Kairos Film, Independent Film, 1966.

Aimée und Jaguar, Reg. Max Färberböck, Senator Film, 1999.

Hannah Arendt. Reg. Margarethe von Trotta. Heimatfilm, Bayerischer Rundfunk, Westdeutscher Rundfunk, 2012.

Im Labyrinth des Schweigens. Reg. Giulio Ricciarelli. Naked Eye, Claussen+Wöbke+Putz, 2014.

Der Staat gegen Fritz Bauer. Reg. Lars Kraume. Zero 1 Films, Westdeutscher Rundfunk, Terz Film, 2015.

Der Untergang. Reg. Oliver Hirschbiegel. Bernd Eichinger, 2004.

Die Akte General. Reg. Stephan Wagner. UFA Fiction, ARD degeto, 2016.

Die Würde eines jeden Menschen. Erinnern an Fritz Bauer. Reg. David Wittenberg. Westdeutscher Rundfunk, 1995.

Eichmanns Ende. Liebe, Verrat und Tod. Reg. Raymond Ley. doc.station GmbH, 2010.

Fritz Bauer – Generalstaatsanwalt und Nazi-Jäger. Reg. Catherine Bernstein. Arte, 2019.

Napola – Elite für den Führer. Reg. Dennis Gansel. Seven Pictures, 2004.

Rosenstraße. Reg. Margarethe von Trotta. Letterbox, Get Reel, Tele München, 2002.

Schindlers Liste. Reg. Steven Spielberg. Amblin, Universal, 1993.

Sophie Scholl – Die letzten Tage. Reg. Marc Rothemund. Goldkind Film, Both Film, 2005.

Fritz Bauer – Tod auf Raten. Reg. Ilona Zieok, CV Films, 2010.

Unsere Mütter, unsere Väter. Reg. Philipp Kadelbach. TeamWorx, 2013.

Literatur

Arendt, Hannah: *Eichmann in Jerusalem. Ein Bericht von der Banalität des Bösen.* Erw. Taschenbuchausgabe. München, Zürich: Piper, 2006.

Arendt, Christine: »Kampf gegen das Vergessen: Der Film Im Labyrinth des Schweigens im DaF-Unterricht«. Fokus DaF/DaZ. *Gegenwärtige Tendenzen in Forschung und Lehre*. Bd. 2. Hg. Torsten Schaar, Mahasen Altal und Chang Shi Wen. Münster: LIT, 2022. 459–488.

Assmann, Aleida: *Der lange Schatten der Vergangenheit. Erinnerungskultur und Geschichtspolitik.* Bonn: Bundeszentrale für politische Bildung, 2007.

Assmann, Aleida. »Vier Grundtypen von Zeugenschaft«. *Zeugenschaft des Holocaust zwischen Trauma, Tradierung und Ermittlung*. Hg. Michael Elm und Gottfried Kößler. Frankfurt a. M.: Campus, 2007. 33–51.

Assmann, Aleida. »Transformations of Holocaust Memory. Frames of Transmission and Mediation«. *Holocaust Cinema in the Twenty-First Century. Images, Memory, and the Ethics of Representation.* Hg. Gerd Bayer und Oleksandr Kobrynskyy. New York: Columbia University Press, 2015. 22–40.

Berg, Nicolas. »Selbstansprachen der Gegenwart. Die Spielfilme über Fritz Bauer im Kontext seiner Rezeptions- und Wirkungsgeschichte«. *Einsicht. Bulletin des Fritz Bauer Instituts.* 8.16 (2016): 38–47.

Bergold, Björn. *Wie Stories zu History werden. Zur Authentizität von Zeitgeschichte im Spielfilm.* Bielefeld: transcript, 2019.

Berghahn, Daniela. »Post-1990 Screen Memories: How East and West German Cinema Remembers the Third Reich and the Holocaust«. *German Life and Letters* 59.2 (2006): 294–308.

Bierich, Nora. »Zur väterlichen Nebenrolle degradiert. ›Im Labyrinth des Schweigens‹. Ein Film über und ohne Fritz Bauer«. *Zeitgeschichte-online*: März 2015, https://zeitgeschichteonline.de/!lm/zur vaeterlichen-nebenrolledegradiert-im-labyrinth-desschweigens (13.06.2024).

Bittner, Wolfgang. »Fritz Bauer«. *Lexikon Linker Leitfiguren.* Hg. Edmund Jacoby. Frankfurt a. M., Olten, Wien: Büchergilde Gutenberg, 1988. 33.

Bösch, Frank. »Film, NS-Vergangenheit und Geschichtswissenschaft. Von ›Holocaust‹ zu ›Der Untergang‹«. *Vierteljahreshefte für Zeitgeschichte.* 55.1 (2007): 1–32.

Burghardt, Boris. »Wiederentdeckung, Verklärung und Vereinnahmung – Bemerkungen zum Umgang mit Fritz Bauer«. *Journal der Juristischen Zeitgeschichte.* 1 (2017): 15–26.

Ernst, Christian: *Die Weiße Rose – eine deutsche Geschichte? Die öffentliche Erinnerung an den Widerstand in beziehungsgeschichtlicher Perspektive.* Göttingen: V&R unipress, 2018.

Frei, Norbert: »Fritz Bauer oder: Wann wird ein Held zum Helden?«. *Zwischen Stadt, Staat und Nation. Bürgertum in Deutschland*. Hg. Stefan Gerber u. a. 2 Bde., Bd. 1. Göttingen: V&R unipress, 2014. 273–273.

Fröhlich, Claudia: *»Wider die Tabuisierung des Ungehorsams«: Fritz Bauers Widerstandsbegriff und die Aufarbeitung von NS-Verbrechen.* Frankfurt a. M.: Campus Verlag, 2006.

Fürholzer, Katharina. »Konformismus und Kritik in Margarethe von Trottas *Hannah Arendt* (2012)«. *Germanica* 70 (2022): 83–96.

Hilscher, Désiré. *Den Helden geschaffen. Fritz Bauers Rückkehr ins kollektive Gedächtnis.* Göttingen: Wallstein, 2022.

Peitsch, Helmut, Christian Ernst und Jacob Panzner: »Einleitung«. *Nachkriegsliteratur als öffentliche Erinnerung. Deutsche Vergangenheit im europäischen Kontext.* Hg. Helmut Peitsch u. a. Berlin: de Gruyter, 2019. 1–14.

Rauschenberger, Katharina: »›Produktive Störung‹. Zur Gründungsgeschichte des Fritz Bauer Instituts«. *25 Jahre Fritz Bauer Institut. Zur Auseinandersetzung mit den nationalsozialistischen Verbrechen.* Hg. Sybille Steinbacher. Göttingen: Wallstein, 2022. 11–37.

Renz, Werner. »›Wider die Sittenwächter‹. Fritz Bauers Kritik am überkommenen Sexualstrafrecht der 1950er und 1960er Jahre«. *Jahrbuch Sexualitäten* (2017): 70–93.

Renz, Werner. »Anmerkungen zur Entführung Adolf Eichmanns«. *Zeitschrift für Geschichtswissenschaft,* 67.12 (2019): 1031–1043.

Sickenberger, Fabian: »Ist das noch Doku? Eine filmanalytische Betrachtung der DokuDramen Raymond Leys«. *Rundfunk und Geschichte*, 46.3/4 (2020): 9–24.

Schmid, Antonia. *Ikonologie der Volksgemeinschaft. ›Deutsche‹ und das ›Jüdische‹ im Film der Berliner Republik*. Göttingen: Wallstein, 2019.
Schulte Strathaus, Bettina. *Booklet zur DVD Fritz Bauer. Gespräche, Interviews und Reden aus den Fernseharchiven 1961–1968*. Hg. Fritz Bauer Institut. Berlin: Absolut Medien, 2014.
Siebeck, Cornelia: »›In ihrer kulturellen Überlieferung wird eine Gesellschaft sichtbar‹? Eine kritische Auseinandersetzung mit dem Assmann'schen Gedächtnisparadigma«. *Formen und Funktionen sozialen Erinnerns. Sozial- und kulturwissenschaftliche Analysen*. Hg. René Lehmann, Florian Öchsner und Gerd Sebald. Wiesbaden: Springer 2013. 65–90.
Stangneth, Bettina. *Eichmann vor Jerusalem. Das unbehelligte Leben eines Massenmörders*. Zürich, Hamburg: Arche, 2011.
Steinke, Ronen. *Fritz Bauer: oder Auschwitz vor Gericht*. München, Zürich: Piper, 2013.
Thiessen, Jan. »Fritz Bauer – zur schwierigen Rezeption eines Lebenswerks«. *Juristenzeitung* 70.22 (2015): 1069–1080.
Wagner, Hans-Ulrich. Fritz Bauer und das Radio. *Zeithistorische Forschungen/Studies in Contemporary History*. 16.1 (2019): 164–176.
Wojak, Irmtrud. *Fritz Bauer 1903–1968: eine Biografie*. München: C. H. Beck, 2009.

Lena Seauve

Schweigen, Sprechen, Schreiben

Adolf Eichmann, der Jerusalemer Prozess und die deutsche Erinnerungskultur in Stephan Lohses Roman *Johanns Bruder*

Adolf Eichmann tauchte nach Kriegsende mehrere Jahre als Hühnerzüchter im niedersächsischen Altensalzkoth unter. Unter dem Namen Otto Henninger gelang es dem Organisator des Massenmordes an den europäischen Juden, zwischen 1946 und 1950 unerkannt in einem Dorf in der Lüneburger Heide zu leben und zu arbeiten. Dieses angesichts seiner späteren Flucht nach Argentinien größtenteils vernachlässigte Kapitel aus Eichmanns Biografie bildet den historischen Ausgangspunkt von Stephan Lohses 2020 erschienenem Roman *Johanns Bruder*. Die Gegenwart der fiktionalen Romanhandlung, knapp siebzig Jahre nach Eichmanns Flucht, beginnt mit einer rätselhaften Gewalttat in Altensalzkoth: Nachdem der Autist Paul dort siebzehn gestohlene Hühner enthauptet hat, muss sein Bruder Johann ihn aus der nahe gelegenen Psychiatrie abholen und die beiden Männer begeben sich auf eine »seltsame[...] Pilgerreise« (Lohse 2020, 170), einen Roadtrip auf den Spuren von Tätern und Opfern der deutschen und ihrer eigenen Geschichte.

Im Verlauf dieser Reise in die Vergangenheit gewinnen nicht nur die Gründe für Pauls Hühnermord an Kontur. Die von Gewalt und Verlust geprägte Familiengeschichte der ungleichen Brüder wird nach und nach enthüllt, während Erinnerungen an Eichmann, an die Verbrechen der Nationalsozialisten und den Jerusalemer Prozess latent unter der Textoberfläche liegen, um punktuell die Romanhandlung zu unterbrechen und in den Vordergrund zu treten. Diese Latenz verweist nicht nur auf unterdrückte und überdeckte Erinnerungsdiskurse über die historische Figur Adolf Eichmann, sondern auch auf den Umgang im Nachkriegsdeutschland mit den Tätern überhaupt.

Im Hinblick auf die Erinnerung und ethisch-moralische Bewertung vergangener Schuld spielt Lohses Roman unterschiedliche Aufzeichnungs- und Archivierungspraktiken durch. Er verknüpft zudem auf der Ebene der Darstellung das kollektive Gedächtnis und die juristische Aufarbeitung der Verbrechen der Nationalsozialisten mit der individuellen Gewalterfahrung und Traumatisierung seiner fiktionalen Protagonisten. Dieses Erzählverfahren bietet durch die Aktualisierung, Aneignung und Individualisierung der Vergangenheit eine Alternative zu eingespielten Darstellungskonventionen bezüglich der deutschen Geschichte. Darüber hinaus thematisiert der Roman am Beispiel Eichmanns und des Jerusalemer Prozesses Grenzen und Möglichkeiten (rechtsstaatlich oder privat organisierter) Inszenierungen von Gerechtigkeit, von Vergeltung und Wiedergutmachung. Dabei wird indirekt die

Open Access. © 2024 bei den Autorinnen und Autoren, publiziert von De Gruyter. BY-NC-ND Dieses Werk ist lizenziert unter der Creative Commons Namensnennung - Nicht-kommerziell - Keine Bearbeitungen 4.0 International Lizenz.
https://doi.org/10.1515/9783111077345-026

Frage aufgeworfen, welche unterschiedlichen Formen von Verarbeitung, Darstellung oder Verfremdung einer gewaltvollen und traumatischen Vergangenheit überhaupt gerecht werden können.

1 Der Prozess

Der Eichmann-Prozess in Jerusalem war in besonderer Weise geprägt von der alle Gerichtsprozesse bestimmenden Konfrontation zwischen zwei sich gegenüberstehenden Diskursen in einem »Verfahren von Rede und Gegenrede« (Wenzel 2012, 1): den Zeugenaussagen von Überlebenden des Genozids an den europäischen Juden auf der einen und Aussagen von Adolf Eichmann, der Personifikation des reuelosen Schreibtischtäters, auf der anderen Seite. Möglichst genaues Erinnern und Sprechen über vergangene Sachverhalte sind fundamentale Bestandteile jedes Gerichtsprozesses; im Fall des Eichmann-Prozesses und anderer Kriegsverbrecherprozesse wird die nötige Präzision von Aussagen über die Vergangenheit jedoch bereits durch den großen zeitlichen Abstand zwischen den Taten und deren juristischer Aufarbeitung erschwert – die Verbrechen der Nationalsozialisten zwischen 1939 und 1945 und den Prozess in Jerusalem 1961 trennen zwei Jahrzehnte.

Die performative Dimension der Verhandlungen, des Urteils und der Hinrichtung Eichmanns ist mehrfach betont und analysiert worden. Bei dem Gebäude, in dem der Jerusalemer Prozess stattfand, handelt es sich nicht zufällig um ein Theater. Minou Arjomand betont die besondere Bedeutung des Ortes – und gleichermaßen des Prozesses – für die nationale Identität des Staates Israel: »The symbolic importance of the People's House was paramount because it incorporated the Eichmann trial and testimony about the Holocaust into Israeli national identity.« (Arjomand 2018, 22). Hannah Arendt widmet sich in *Eichmann in Jerusalem* ausführlich dem symbolischen Aufbau des Verhandlungsraumes. Sie beschreibt zwei Blickachsen, ein »Gegenüber von Zuschauern und Richtern auf der einen und [die] Konfrontation zwischen Eichmann und den Zeugen, dem Verteidiger und dem Ankläger auf der anderen Seite«. (Wenzel 2012, 1) Dieses konfrontative Gegenüber, räumlich und – wie bereits angesprochen – diskursiv, ist zentraler Bestandteil der Inszenierung des Prozesses und wird in Lohses Roman insbesondere in Form des permanenten (Streit)gesprächs zwischen den beiden Brüdern aufgegriffen. Arendt spricht im Hinblick auf den Jerusalemer Prozess von einem »Schauprozess«, der »sich auf einer Bühne abspielt und vor einem Publikum, so daß der gewaltige Ruf des Gerichtsdieners, der die Sitzung einleitet, wirkt, wie wenn im Theater der Vorhang aufgeht« (Arendt 2011, 71).

Susan Sontag, die nicht selbst als Beobachterin in Jerusalem war, schreibt dem Eichmann-Prozess, analog zu den Analysen Arendts, Funktionen der Tragödie zu: »[T]he truth is that the Eichmann trial did not, and could not have conformed to legal standards only. [...] The function of the trial was rather that of the tragic drama: above and beyond judgment, catharsis.« (Sontag 1966, 125) Sontag liest den Eichmann-Prozess als Kunstwerk und nicht als juristischen Akt. Ihre historische Herleitung des Gerichtsprozesses aus der Tragödie und ihre Rekonstruktion von Analogien lassen sich auch auf Lohses Roman übertragen: Protagonist und Antagonist, Peripetie und Dénouement, Verdammung oder Freispruch am Ende, diese Elemente enthält auch *Johanns Bruder*.

In Lohses Roman richtet Paul eingangs über die Hühner anstelle der (längst verstorbenen) Bewohner von Altensalzkoth, die jahrelang Tür an Tür mit dem Kriegsverbrecher Eichmann zusammengelebt hatten. Die anschließende Reise der Brüder lässt sich als Re-Inszenierung einer Gerichtsverhandlung lesen, in der Paul auch den Dorfbewohnern – wiederum stellvertretend für die bundesrepublikanische Nachkriegsbevölkerung – symbolisch den Prozess macht. Für die Beweisaufnahme braucht er Johann, der ihn auf seiner Reise als Zeuge begleiten muss. Pauls Anklage richtet sich auch gegen sich selbst; er steht für die untätigen Bystander,[1] diejenigen die nicht eingriffen, die weiterlebten, die den Opfern nicht halfen, ohne deswegen selbst zu den Tätern zu gehören.

Im Roman sind dem Prozess in Jerusalem zwei dokumentarisch angelegte Kapitel gewidmet, in denen Originalzitate aus den Prozessprotokollen und -aufzeichnungen verwendet werden. Dies hebt die herausragende Bedeutung des Eichmann-Prozesses sowohl für die Figur Paul als auch für die Konstruktion des Textes hervor. Für diese besondere Rolle lassen sich mehrere Gründe finden: Zeugenschaft, Schuld und (historische) Dokumentation sind strukturelle Elemente des Romans und auch der Beweisführung vor Gericht. Insbesondere der Eichmann-Prozess in Jerusalem hatte in mehrfacher Hinsicht nicht nur den Charakter einer Suche nach der Wahrheit, sondern auch einer performativen Inszenierung der verschiedenen Etappen dieser Suche. Im Zentrum stehen hierbei sowohl Verfahren der Wahrheitsfindung und -dokumentation als auch der Inszenierung von Gerechtigkeit. Diese Elemente – die Suche nach der historischen Wahrheit, die Rekonstruktion und Speicherung von Wissen über die Vergangenheit und das Streben nach einer nachträglichen Herstellung von Gerechtigkeit – strukturieren auch Lohses Roman.

1 Zum Begriff des Bystanders vgl. u. a. Hilberg (1992).

2 Schuld und Nicht-Sprechen – individuell und kollektiv

Johanns Bruder Paul spricht nicht. Sein Mutismus wird, so erklärt es Johann (Lohse 2020, 16), durch den für die Brüder traumatischen Weggang der Mutter ausgelöst, die die Familie verlässt als ihre Söhne noch Kinder sind. Zum Zeitpunkt der Romanhandlung haben sich die Brüder beinahe drei Jahrzehnte nicht gesehen, denn auch Johann, der Jüngere, aus dessen Perspektive weite Teile des Romans durch interne Fokalisierung erzählt sind, verlässt das Elternhaus mit siebzehn – auf der Flucht vor dem Vater, einem evangelikalen Fanatiker, der ihn jahrelang gedemütigt und verprügelt hatte. Die Biografie des homosexuellen Johann, die v. a. anhand einiger längerer Analepsen gegen Ende des Romans summarisch erzählt wird (Lohse 2020, 187–191, 260–268), ist von Gewalterfahrungen, Prostitution und Drogen geprägt. Paul hingegen geht, trotz seines beharrlichen Nicht-Sprechens, als studierter Kartograph einer geregelten Arbeit in einer Universitätsbibliothek nach.

Bereits als 12-Jähriger beschäftigt sich Paul obsessiv mit der historischen Schuld der Deutschen, die er auch als seine eigene ansieht, mit dem Bösen und mit deren Verdrängung:

> Damals hatte er begonnen, alte Männer, selten auch alte Frauen, die er auf der Straße sah [...] zu verdächtigen, während des Dritten Reiches schuldig geworden zu sein. Er wollte herausfinden, ob man ihnen das Böse ansah, ob es einen Unterschied gab zwischen dem Ausdruck auf den Gesichtern der Opfer, die er von Aufnahmen aus den Konzentrationslagern kannte, und dem Ausdruck auf den Gesichtern der Täter, von denen er sich umgeben glaubte. Es dauerte eine Weile, bis er begriff, dass dies nicht der Fall war. Opfer und Täter hatten dasselbe gesehen, sie waren gleichermaßen Zeugen geworden und mussten dieselbe Anstrengung aufbringen, um das Böse, das sich ihnen gezeigt hatte, zu verleugnen. (Lohse 2020, 92)

So problematisch diese These von der Ununterscheidbarkeit von Überlebenden und Tätern und die mit ihr verbundene Verallgemeinerung auch ist, illustriert sie die Überforderung der Nachgeborenen angesichts dessen, was Primo Levi als die »Grauzone« (Levi 2015, 33–69) bezeichnet.[2] Pauls Weltbild basiert – wie das vieler

2 Levi geht es in seinem Text in erster Linie um (retrospektive) kollektive Zuschreibungen in Bezug auf realhistorische Opfer- oder Tätergruppen. Er beschreibt einen »Raum, der die Opfer von den Verfolgern trennt [...]« und konstatiert, dass dieser keineswegs leer sei, sondern »besetzt von infamen oder bewegenden Gestalten« (37). Mittäterschaft und gemeinsame Schuld bilden einen entscheidenden Faktor in der Entstehung und Aufrechterhaltung von Täterschaft, sie verlängern Gewalt, weil es für den (Mit)schuldigen kein Zurück gibt. Levi erwähnt den »Identifizierungs- oder Imitierungsprozess«, der das Verhältnis von Opfer und Täter umkehre, oder – so sollte man besser formulieren – das Opfer auf die Ebene des Täters bringt. Dennoch warnt Levi

Nachgeborener – zunächst auf eben jener manichäischen Trennung in Gut und Böse, die Levi dem NS-Regime und mit ihm allen totalitären Systemen abspricht. Parallel zu seinen Zugehörigkeitsgefühlen zum Tätervolk und der aus ihnen resultierenden historischen Kollektiv-Schuld quält Paul eine persönlich-biographische Schuld, deren Schilderung in seinen eigenen Formulierungen jene frappierende Engführung zwischen NS-Verbrechen und Familiengeschichte verdeutlicht, die seine Denk- und Erinnerungsstrukturen prägt:

> [Johann] ist mein Bruder. [...] Er ist von unserem Vater verprügelt worden, ich nicht. Ich war Zeuge, er war Opfer. Manchmal wünsche ich mir, unser Vater hätte mich auch verprügelt. Dann würde ich mich heute daran erinnern. [...] Ich erinnere mich an Nazis, von denen ich gelesen habe, er erinnert sich an Prügel. (Lohse 2020, 63–64)

Paul unterscheidet zwischen sich selbst als (unbeteiligtem) Zeugen und seinem Bruder Johann, dem Opfer der väterlichen Gewalt. Er knüpft die physische Erfahrung von Gewalt an die Fähigkeit, sie zu bezeugen. So behauptet er, sich an die historischen Täter, über die er gelesen hat, erinnern zu können, nicht jedoch an das Leid der Opfer, das er weder bezeugen noch nachempfinden kann. Paul thematisiert auf diese Weise das Dilemma der Nachgeborenen, deren unerfüllten Wunsch, den Schmerz der Opfer nachempfinden zu können. Pauls obsessive Beschäftigung mit Tätern und Zeugen steht, so legt der Text nahe, in enger Verbindung zu seiner individuellen Erfahrung, zu der Hilflosigkeit, mit der er der Gewalt des Vaters gegen seinen jüngeren Bruder gegenüberstand und mit der Schuld, die er deswegen noch als Erwachsener empfindet. Diese geht so weit, dass er sich selbst in die Position des Opfers wünscht. Einen solchen problematischen »Identifizierungswunsch« kritisieren Ulrike Jureit und Christian Schneider in ihrem kontrovers diskutierten Buch über die deutsche Erinnerungskultur:

> Allerdings hat sich dieses Mitfühlen und Mitleiden zu einem Identifizierungswunsch mit den Opfern entwickelt, und nicht nur individuell, auch gesellschaftlich ist daraus eine Art geliehene Identität erwachsen – ein Identitätswunsch, der die Opfer zwar umarmt, während die Täter und ihre Taten anonymisiert und pauschal verurteilt werden. (Jureit und Schneider 2011, 36)

In der Figur des Paul wird dieser Griff nach einer geliehenen Opferidentität aufgenommen, und zwar in doppelter Hinsicht: kollektiv-historisch und individuell-persönlich. »Du befindest dich«, so Johann, »auf einer seltsamen Pilgerreise, um eine Schuld abzutragen, die du, offenbar ein bisschen größenwahnsinnig gewor-

eindrücklich vor jedem Bestreben, die Mörder »mit ihren Opfern zu vermengen«. Eine solche Lesart der Vergangenheit deute auf »eine kranke Moral, ein ästhetisierendes Getue oder ein unheimliches Anzeichen für Komplizenschaft« (47) hin.

den, auf Dich genommen hast.« (Lohse 2020, 170). Johanns Formulierung vom Größenwahn Pauls hebt die hyperbolische Dimension dieser Schuld-Parallelisierung hervor und lässt sich als Distanznahme des Romans selbst zu diesem Mechanismus lesen. Die von Paul gegenüber Johann subjektiv empfundene Schuld lässt sich als eine Variante des Überlebensschuld-Syndroms, von dem Überlebende des Massenmords betroffen waren, lesen.[3] Allerdings werden die Täter bei Paul keineswegs anonymisiert, sie werden vielmehr aus der Anonymität herausgeholt, mit Namen und konkreten Taten versehen und so der Erinnerung zugänglich gemacht.

Paul fühlt sich missverstanden, wenn er wenig später nachfragt: »Meinst du wirklich, dass ich glaube, eine Schuld abtragen zu können?« (Lohse 2020, 179). Schuld – wobei offen bleibt, ob es sich um eine historische oder persönliche handelt – wird in dieser ökonomischen Metapher als Berg dargestellt, der durch Abtragen verkleinert werden oder ganz zum Verschwinden gebracht werden kann. In diesem Sinne erhält Schuld auch eine quantitative Dimension, die die Möglichkeit einer Teil-Schuld beinhaltet.[4] Ein ganzes Arsenal an unterschiedlichen Erinnerungs-Metaphern durchzieht, so wird im Folgenden gezeigt, den gesamten Roman und strukturiert die Handlung.

3 Schreiben und Sprechen – Erinnerungsmetaphern in *Johanns Bruder*

»Paul ist nicht sprachlos«, erklärt Johann anfangs der Ärztin in der Psychiatrie, »Im Gegenteil.« (Lohse 2020, 17). Er kommuniziert jedoch ausschließlich schriftlich, mithilfe eines Wunderblocks, eines Kinderspielzeugs, dessen beschreibbare

3 Den Begriff prägte u. a. der deutsch-amerikanische Psychoanalytiker William G. Niederland. Zunächst zur Beschreibung der psychischen Folgen von Lagerhaft und Massenvernichtung verwendet, wird der Begriff heute als eine Variante der Posttraumatischen Belastungsstörung auch auf die Überlebenden anderer traumatischer Ereignisse wie Amoklauf oder Terroranschlag angewendet. In Lohses Roman wird dieses Phänomen zudem anhand eines späteren Unfalls des Holocaust-Überlebenden Sieg Maandag thematisiert: »Zum zweiten Mal in seinem Leben überlebt er, als sei das Überleben seine Pflicht.« (Lohse 2020, 213)

4 Eine weitere Dimension der Schuld, die im Roman angesprochen wird, ist Pauls Schuld am Tod der Hühner von Altensalzkoth. Gegen Ende ihrer Reise begegnen die Brüder einer rechtsesoterischen, veganen Tierschützer-Sekte, den »Rückkehrern«, deren Anführer sich während einer ins Groteske kippenden Sonnenwendfeier (Lohse 2020, 289–294) u. a. auf identitäre Ideologien und nordische Mythologie beruft. Paul und Johann helfen bei einer Befreiungs-Aktion in einer Hühnermastfabrik (»Du bist den Hühnern noch was schuldig«, erinnert Johann seinen Bruder (Lohse 2020, 297), in deren Verlauf Paul zwar nicht siebzehn, aber zumindest ein Küken befreit.

Oberfläche sich immer wieder löschen und neu beschreiben lässt. Der wiederbeschreibbare Wunderblock, das Palimpsest, fungiert als Metapher der Erinnerung: Was geschehen ist, ist nicht mehr sichtbar, liegt aber dennoch unlöschbar unter der Oberfläche. Nicht nur Freud hat das Palimpsest als Metapher für Erinnerung und Gedächtnis verwendet.[5] Paul notiert das, was er sagen möchte außerdem auf Papierstücke, wie Einkaufszettel, Eintritts- oder Speisekarten, die ihm im Alltag in die Hände fallen. Darüber hinaus führt er in einer Reihe von Plastiktüten ein umfangreiches Zettelarchiv mit sich: »Alles, was Paul je gedacht hatte befand sich in den Tüten« (Lohse 2020, 41). Aus ihnen kann er sowohl persönliche Erinnerungen hervorholen als auch teils ausführliche Protokolle historischer Ereignisse aus der NS-Zeit, die ihn beschäftigen:

> Schon als Kind hatte Paul wie unter Zwang Geschehnisse *bezeugt*, an denen er nicht beteiligt gewesen war. Er vergrub sich in Büchern, die er in der Bibliothek auslieh, dann schrieb er auf, was sich an jenen Orten, deren geographische Koordinaten er bestimmte, ereignet hatte. [...] Indem er [die Protokolle] in seinem Zettelarchiv bewahrte, wurde das, was sie beschrieben, für ihn wahr. (Lohse 2020, 70, meine Hervorhebung)

Im Roman werden diese historischen Protokolle jeweils in gesonderten Kapiteln, die die Handlung unterbrechen, wiedergegeben.[6] Als Kapitelüberschriften dienen, wie im gesamten Text, die genauen geografischen Koordinaten des Ortes, an dem sich die jeweiligen Ereignisse abspielten.

Johanns Bruder ist kein Roman über einen Autisten oder über Autismus, sondern ein Roman, der sich kritisch mit deutscher Erinnerungskultur auseinandersetzt. Der Text nutzt jedoch Pauls Anderssein, seine Neurodiversität, als poetologisches Prinzip: Seine von neuronormativen Menschen abweichenden Denk- und Erinnerungsstrukturen und Kommunikationswege bestimmen den Text in mehrfacher Hinsicht und erlauben einen neuen Blick auf den Umgang mit der deutschen Vergangenheit. Pauls eher metaphorisch als pathologisch zu verstehende Weigerung zu sprechen, mündlich Zeugnis abzulegen, wie es die Zeugen vor Gericht, u. a. im Eichmann-Prozess, taten, lässt das besondere Verhältnis von kollekti-

---

5 Vgl. u. a. Assmann 2003, Freud 1924.

6 Es handelt sich im Einzelnen um ein Kapitel über Eichmann, seine Festnahme in Argentinien und den Prozess in Jerusalem (49–61), über die Verbrechen in Białystok (311–329) und in Bergen-Belsen (150–163). Es gibt ein Kapitel über die Zeugenaussage Martin Földis im Jerusalemer Prozess (178–179) und über den jüdischen Jungen und Bergen-Belsen Überlebenden Sieg Maandag (211–214). Ein Abschnitt handelt von dem fiktiven SS-Offizier Hanns Bungert (247–248) und ein weiterer gibt eine Befragung Eichmanns durch den Richter Benjamin Halevi (275–276) während des Jerusalemer Prozesses wieder.

vem Gedächtnis und individueller Erinnerung und die mit ihm verbundenen Schwierigkeiten hervortreten.

Aufgrund seiner schriftlichen Form muss der Roman die in ihm vorkommenden Kommunikationsformen zudem explizit benennen, da für die Lesenden nicht unmittelbar deutlich wird, ob ein Gespräch mündlich oder schriftlich stattfindet. Dadurch wird die Aufmerksamkeit der Lesenden auch auf die jeweilige Medialität der kommunizierten Erinnerungen gelenkt. Der Dialog zwischen den beiden Brüdern wird von einer medialen Mischform bestimmt: Johann spricht und liest, während Paul zuhört und schreibt. Indem der Akt der Kommunikation, der Weitergabe von Wissen und Erinnerung, in seiner mühsamen Medialität ausgestellt wird, wird die Selbstverständlichkeit einer reibungslosen Verständigung über Erinnerungen in Frage gestellt. In diesem Sinne ist auch die im Folgenden aufgefächerte Abundanz der Metaphern zu verstehen, mit deren Hilfe Varianten von Erinnerung im Roman in immer neuer Form durchgespielt werden: Der Roman stellt auf diese Weise die Multidimensionalität von Erinnerungsdiskursen zwischen Individuum und Kollektiv, zwischen subjektiver und objektiver Perspektive, aus.

3.1 Orte der Erinnerung

»Kein Ort ist für Dich irgendein Ort« (Lohse 2020, 250), sagt Johann zu seinem Bruder. Die räumliche Organisation von Pauls Vorstellung von der Vergangenheit initiiert und strukturiert die Reise der Brüder: Ihr Weg führt entlang des zweiundfünfzigsten Breitengrades von Ost nach West. Auf einer geraden Linie zwischen Białystok in Polen und Schoorl an der niederländischen Nordseeküste befinden sich nicht nur die Schauplätze von NS-Verbrechen, an die Paul im Verlauf der Handlung erinnern wird, sondern auch der *Nicht-Erinnerungsort* Altensalzkoth. Paul demonstriert seinem Bruder auf diese Weise auch, dass an einigen Orten offizielle Erinnerungsräume geschaffen werden, während an anderen nichts Sichtbares bleibt, um auf die Vergangenheit zu verweisen:

> Die Konzentrationslager in Belsen, Stadt Bergen, Niedersachsen, in Schoorl, Gemeinde Bergen, Nordholland, und in Sachsenhausen, ehemals Landkreis Niederbarnim, heute Oberhavel im Norden Berlins, Verwaltungszentrale des Horrors, lagen nach Pauls Aufzeichnungen annähernd auf demselben Breitengrad. Es war der Breitengrad, auf dem sich Adolf Eichmann in Altensalzkoth, in Haus Nummer vier, den Konsequenzen seines Handelns entzogen hatte. Johann begriff plötzlich, dass Paul eine Wahrheit beschrieb, die ihm seit jeher geläufig war. Zwischen den Orten des Horrors lag eine Spielzeuglandschaft. (Lohse 2020, 255)

Der »Spielzeuglandschaft« sind die Gräuel, die in ihr begangen wurden, nicht sichtbar eingeschrieben. Im Gegenteil verstellt die vermeintliche Harmlosigkeit dieser wie eine Kulisse für Kinderspiele aussehenden Landschaft den Blick auf das vergangene Grauen. Der Roman erzählt auf diese Weise nicht nur die »Geschichte des Holocaust auf einem Breitengrad« (Lohse 2020, 181), wie Johann resümiert, er erzählt auch die Geschichte des bundesrepublikanischen Umgangs mit den Tätern exemplarisch anhand von auf diesem Breitengrad verübten Verbrechen und namentlich erwähnten Tätern.

Im Zuge von Massakern in und um Białystok wurden, so schreibt Paul, 1941 mindestens 2000 meist jüdische Zivilisten durch Angehörige verschiedener deutscher Polizeibataillone ermordet. Die wenigen unter den Tätern, die in den 1960er Jahren für ihre Verbrechen angeklagt werden, werden freigesprochen. Sie alle sind nach dem Krieg weiterhin bei der Polizei beschäftigt, meist in leitenden Positionen. Oberforstmeister Walter Frevert, der in den Wäldern rund um die Stadt, nachdem er diese »judenfrei« gemacht hat, im »deutschen Urwald« Auerochsen auswildern soll, wird wenige Jahre nach Kriegsende unbehelligt Leiter des Forstamtes in Kaltenbronn bei Rastatt. (Lohse 2020, 326). Die KZ-Aufseherin Hilde Michnia, die 1945 einen der Todesmärsche nach Bergen-Belsen begleitet hatte, lebt nach Kriegende unerkannt in der Nähe des ehemaligen Lagers, 2016 wird ein doch noch angestrengtes Verfahren gegen sie schließlich ergebnislos eingestellt (Lohse 2020, 158). In diese Reihe passt für Paul das unerkannte Überleben Eichmanns in Altensalzkoth ebenso wie die Aussagen der Zeitzeugen, die im Nachhinein über dessen Aufenthalt berichten.

Paul, so analysiert sein Bruder, erfahre Zeit »nicht als etwas, das verging, sondern als etwas, das blieb: eine Fläche, die sich auf Flächen legte, Zeitflächen, die sich übereinanderschichten und so Geschichten hervorbrachten« (Lohse 2020, 33). Erinnerungen an Ereignisse, die an einem präzisen Ort nacheinander geschehen, lagern sich sediment-artig übereinander ab. In Bergen-Belsen ist auf diese Weise nichts mehr zu sehen von den Verbrechen, die dort begangen wurden. Paul möchte die offizielle Gedenkstätte nicht besuchen:

> Was willst du dort? Was erwartest du? Glaubst du, die Bäume sehen dort anders aus? Der Himmel? Er wird der gleiche sein. Das Rauschen der Kiefern genauso. Es wird dort genauso riechen wie hier, und das Wetter wird auch nicht anders sein. Und trotzdem ist dieser Ort nicht einfach ein Wald. Er ist weder Gedenkstätte noch Konzentrationslager. Er ist ein Friedhof. Man geht dort auf jedem Quadratmeter über Leichen. Und das ist keine Metapher. (Lohse 2020, 143)

Paul notiert diese Sätze auf seinem Wunderblock, um sie sofort wieder zu löschen und den Block noch zwei weitere Male zu beschreiben, u. a. mit Zahlen und Fakten über die Toten von Bergen-Belsen. Paul sieht die Orte der Erinnerung aus der

Vogelperspektive, mit dem Blick des Kartographen (vgl. Abschnitt 3.2), aber auch, gleichsam mit dem Spaten des Archäologen, unter die Oberfläche schauend, und wissend, was sich dort unsichtbar verbirgt. Aleida Assmann assoziiert unter den von ihr analysierten Metaphern des Gedächtnisses die archäologische Dimension der Tiefe mit dem Prinzip der Unerreichbarkeit: »Mit Tiefe verbindet sich ein räumliches Gedächtnismodell, das Raum nicht mit Speicherkapazität und Ordnung, sondern mit Unzugänglichkeit und Unverfügbarkeit verbindet.« (Assmann 2003, 163). An dieser Stelle zeigt sich eindrücklich, wie sich in Lohses Roman Gedächtnismodelle auf immer mehr räumliche Dimensionen ausdehnen und so verschiedene Aspekte von Gedächtniskultur offenlegen: Das Element der Unverfügbarkeit im hier aufgerufenen archäologischen Modell verweist auf das Ungenügen des Gedächtnisortes Bergen-Belsen, der das Grauen buchstäblich verdeckt, indem er den Besucher*innen verschweigt, dass sie, so formuliert es Paul, über Massengräber wandeln.

3.2 Medien der Erinnerung

Neben Reise und Gedenkort steht eine weitere räumliche Struktur für das Erinnern im Roman: Vom Dorf Altensalzkoth zeichnet Paul eine aufwändige »topographische Karte«, in der die Häuser der Menschen (und Zeitzeugen) eingezeichnet sind, die dort gleichzeitig mit Eichmann lebten. »Zeit ist Landschaft, meine Karten sind Kalender« (Lohse 2020, 33), sagt Paul.

> [Die Karte] bestand aus zwölf mit durchsichtigem Klebeband aneinandergeklebten DIN-A-4-Blättern, die um einzelne, unterschiedlich große, ausklappbare Papierstücke ergänzt waren, und zeigte das Dorf Altensalzkoth, den Ort des Hühnervorfalls. [...] Auf den Acker- und Wiesenflächen, die an das Dorf angrenzten, erkannte Johann winzige Notizen, auf engstem Raum in die Landschaft geritzte Buchstabenreliefs, die mit haardünnen Pfeilen auf einzelne Gebäude des Ortes hinwiesen. (Lohse 2020, 69–70)

Diese Karte veranschaulicht mehrere Dinge gleichzeitig: die räumliche Nähe, in der die Menschen zwischen 1946 und 1950 zu Otto Henninger alias Adolf Eichmann lebten, ohne ihn zu erkennen. Die Karte beinhaltet, in Form der »winzigen Notizen«, die Johann erkennt, jedoch auch die (undatierten) Erinnerungen der Zeitzeugen, die erst nach der Festnahme Eichmanns erfuhren, um wen es sich bei ihrem Nachbarn gehandelt hatte und die diesen Umstand retrospektiv kommentieren oder sich rechtfertigen. Das Dutzend Ergänzungen enthält, mit Verweis auf ihr jeweiliges Wohnhaus und unter Nennung von Vornamen und Nachnamenskürzeln, teils paraphrasierte, teils direkt zitierte Zeugenaussagen der damaligen Einwohner Altensalzkoths, die sich auf Eichmann beziehen.

> Zweitens. Ruth T. Sie versorgt die Männer in der Baracke. Kommt gut mit Eichmann aus. Er drängt sich nicht in den Vordergrund, ist »ein Einzelgänger und der friedlichste von allen«. Am Skatspiel der Kameraden beteiligt er sich nur selten. Doch nach Feierabend spielt er vor der Baracke Geige. »Klassische Volksstücke von Schubert und Beethoven.« Er ist ein hilfsbereiter Kollege, ein Streitschlichter mit großem Gerechtigkeitssinn, dessen Wort in der Gruppe etwas gilt. Im September 1947 heiratet Ruth ihren Freund Eduard, mit dem Eichmann in der Baracke ein Zimmer teilt. Die Hochzeitsfeier findet im Dorfgasthof statt. Entgegen seiner üblichen Gewohnheiten lässt sich Eichmann, den Ruth als »fotoscheu« beschreibt, mit der Hochzeitsgesellschaft ablichten. Auf der Aufnahme blickt er zu Boden. (Lohse 2020, 72)

Die historischen Informationen und Originalzitate aus Zeitzeugeninterviews entstammen unterschiedlichen Quellen, u. a. dem Buch von Bettina Stangneth, welches Lohse am Ende des Romans nennt.[7] Was Paul mithilfe seiner Karte gelingt, ist die visuelle Verdeutlichung der für gewöhnlich verdeckten, permanenten Präsenz der Täter: Sie überlebten ihre Opfer nicht nur zeitlich, sondern blieben – oft unerkannt – auch räumlich anwesend. Die anhaltende Präsenz der Täter an den Orten der Verbrechen und deren abstraktere Anwesenheit in der Erinnerung von (Zeit)Zeugen lässt die Leerstelle, die die Abwesenheit der Opfer hinterlässt, besonders hervortreten. Täter und Mitläufer markieren den Ort des Verbrechens auch räumlich, ihre Anwesenheit erinnert an die Tat.

Eine weitere räumliche Erinnerungs-Metapher ist das Archiv als Speicher traumatischer Erinnerung: Pauls (mobile) Zetteltüten und seine Garage, in der sich eine umfangreiche Sammlung von auf Zetteln festgehaltenen und in Tüten und Kisten sortierten Erinnerungen und Protokollen befindet. Aleida Assmann attestiert dem Archiv als Metapher des künstlichen im Gegensatz zum natürlichen Gedächtnis Organisation und Verfügbarkeit – möglicherweise entspricht Pauls Garage jedoch eher dem Dachboden, den Assmann einführt als Bild für das »Latenzgedächtnis«:

> Es hat den Charakter eines Überrests, eines Speichergedächtnisses, das von keiner Sinngebung beleuchtet, aber durch Vergessen und Verdrängen auch noch nicht völlig entzogen ist. Wie das Gerümpel auf dem Dachboden, das noch präsent ist, aber selten besichtigt wird, verfestigt sich dieses Gedächtnis im Schatten des Bewußtseins. (Assmann 2003, 161)

Gegen Ende der Reise schafft Paul es schließlich, sein Latenzgedächtnis zurückzulassen. »In seiner Garage sperrte Paul die Zeit ein. Nicht ein einziger seiner Sätze würde sich von hier selbstständig machen und zur Handlung werden müssen. [...] Paul [...] verschloss das Garagentor« (Lohse 2020, 253–254). Der kathartische Effekt, der dem Eichmann-Prozess (und anderen Prozessen) u. a. von Susan Sontag

7 Einige Informationen stammen auch aus Pendorf 1961, 133–151, bzw. aus dessen Interviews mit Zeitzeugen für den Stern, die in anderen Publikationen aufgenommen wurden (vgl. auch Stangneth, Anm. 257–259).

zugeschrieben wurde, findet sich auch in Lohses Roman wieder: Die Reise der Brüder endet damit, dass Paul auch die Zetteltüten, die sein Erinnerungsarchiv konstituieren, am Strand von Schoorl, wo sich in der NS-Zeit ein Sammellager für niederländische Juden befand, vergräbt. Er kann, dies wird durch den metaphorischen Akt deutlich, seine Schuld loslassen, er muss die Erinnerung an vergangene Verbrechen nicht länger bei sich tragen.

4 Eichmann in Altensalzkoth und Jerusalem

In der Cafeteria der Gedenkstätte Bergen-Belsen sitzend verfasst Paul, während sein Bruder den Ort besichtigt, einen langen Text über die Verbrechen, die dort begangen wurden, den er Johann im Anschluss zu lesen gibt. Eichmanns Name taucht in diesem Text als Verantwortlicher für »politische Fragen« auf. Zwar ist *Johanns Bruder* kein Roman über Eichmann, dieser ist jedoch im Text omnipräsent, er fungiert als eine Art *pars pro toto* für die Täter. Ähnlich beschreibt auch Susan Sontag Eichmanns Rolle im Prozess:

> It was not Eichmann alone who was on trial. He stood trial in a double role: as both the particular and the generic; both the man, laden with hideous specific guilt, and the cipher, standing for the whole history of anti-Semitism, which climaxed in this unimaginable martyrdom. (Sontag 1966, 125)

Darüber hinaus stellt Eichmanns Leben in Altensalzkoth eine exemplarische Illustration der mutwilligen Verdrängung der NS-Vergangenheit in den Nachkriegsjahren und später der jungen Bundesrepublik dar. Der Text lässt sich Zeit, um den Zusammenhang zwischen Pauls Hühner-Hinrichtung und der historischen Figur Adolf Eichmann etappenweise aufzudecken. Immerhin wird der Ortsname Altensalzkoth als Schauplatz bereits zu Beginn des Romans von Pauls Psychiaterin erwähnt, sodass historisch informierte Lesende einen ersten Hinweis erhalten. »Warum Paul (?)«, fragt Johann, ihn später. »Wegen Adolf Eichmann«, so die lakonische Antwort Pauls, gefolgt von einem »Stapel Notizen aus einer der Zetteltüten«, die er Johann zu lesen gibt (Lohse 2020, 48). Dieser Stapel umfasst ein Protokoll Pauls über Eichmann, insbesondere über dessen Verhaftung in Buenos Aires, seine Beteiligung am Massenmord an den europäischen Juden und über den Prozess in Jerusalem. Dieser Bericht enthält Originalzitate Eichmanns aus dem Prozess und aus den während seiner Zeit in Argentinien aufgezeichneten Sassen-Interviews. Dieser Textabschnitt unterstreicht damit sowohl die entscheidende Rolle, die Eichmann bei der Organisation des Holocaust spielte als auch die Tatsache, dass Eichmann bis zum Schluss keinerlei Reue empfand. Erst in den schon erwähnten Erinnerungen der Einwohner von Altensalzkoth, die Johann in der Chronologie des Romans etwas später zu lesen bekommt, wird Eichmann schließlich als Hühnerzüchter gezeigt und so der Zusammenhang zwischen Pauls Tat und Eichmanns Vergangenheit eindeutig hergestellt.

Schnell wird jedoch deutlich, dass das Blutbad unter den Hühnern von Altensalzkoth eine Inszenierung ist, die in erster Linie für Johann bestimmt ist: Paul erklärt sich weder bei seiner Verhaftung noch später in der Psychiatrie gegenüber anderen Menschen. Johanns Nummer ist die Einzige, die in Pauls Mobiltelefon eingespeichert ist, obgleich sie sich fast drei Jahrzehnte nicht gesehen haben. Johann beginnt zu begreifen, dass das Hühnermassaker Pauls Weg ist, den verlorenen Kontakt wiederherzustellen und seinen Bruder dazu zu bewegen, die von ihm minutiös vorbereitete Reise anzutreten, in deren Verlauf er eine doppelt empfundene Schuld, wenn nicht abtragen, so doch zumindest ab-schreiben, bzw. aus-schreiben möchte.

Zwei Kapitel des Romans enthalten Aufzeichnungen Pauls zum Jerusalemer Prozess. In einem werden die Zeugenaussage des Auschwitz-Überlebenden Martin Földi und Pauls Beobachtungen dazu wiedergegeben. Verweise auf Mimik und Gestik Földis legen nahe, dass Paul hierbei nicht auf ein schriftliches Protokoll, sondern auf die im Internet zugänglichen Videoaufzeichnung vom Prozess zurückgreift. Földi beschreibt während des Eichmann-Prozesses, wie er an der Rampe von seiner Frau und seinen beiden Kindern getrennt wird, seine Tochter trägt einen roten Mantel, den er langsam verschwinden sieht. Földi sieht seine Familie nie wieder. Seine Aussage gilt als Inspiration für die berühmte Szene mit dem Mädchen im roten Mantel in Spielbergs Shoah-Film *Schindlers Liste*. Paul kommentiert den Film an anderer Stelle:

> Hier fasst man [...] das Unvorstellbare während drei Stunden Schwarz-Weiß in einem roten Fleck zusammen, dem Mantel eines kleinen Mädchens, der sich in der Menge verliert. Es ist eine großartige Filmidee, gewiss, aber gab es diesen Fleck wirklich, und die Erinnerung an ihn gehört einem Vater, der in Auschwitz seine Familie verlor. (Lohse 2020, 163)

Paul greift eine einzelne Zeugenaussage auf, die bereits mehrfach re-diskursiviert wurde und so zum festen Bestandteil eines kollektiven, globalen Holocaust-Gedächtnisses geworden ist. Er bezieht sich also einerseits, im Hinblick auf die überlebenden Zeugen des Holocaust, durchaus kritisch auf eine Art Ikonographie der Holocaust-Erinnerungen.[8] Andererseits recherchiert er bezüglich einzelner

8 Gleiches gilt für die Geschichte Sieg Maandags, eines holländischen Jungen, der Bergen-Belsen überlebte und aufgrund eines Fotos im *Time Magazine* weltberühmt wurde. Auch dieses Narrativ greift Paul auf und auch diesem Einzelschicksal kommt eine Rolle in der Erinnerung Pauls zu.

Täter und Taten auch weniger bekannte Ereignisse und Zusammenhänge und nennt konkrete Schuldige, die die deutsche Justiz nie belangt hat.

Ein weiteres Kapitel (Lohse 2020, 275) gibt eine Befragung Eichmanns durch den Richter Benjamin Halevi teils wortwörtlich wieder. In dieser geht es um das Gewissen Eichmanns und indirekt um die Frage der persönlichen Verantwortung, auch wenn der Begriff selbst nicht fällt. Eichmann, dessen Verteidigungsstrategie bekanntermaßen darin bestand, jegliche persönliche Verantwortung von sich zu weisen, argumentiert mit der aus seiner Sicht zeittypischen Erziehung: »Erziehung, also weltanschauliche Erziehung, Drill und diese Sachen.« (Lohse 2020, 276). Indem im Roman neben der Zeugenaussage des Überlebenden Földi auch eine Aussage Eichmanns wiedergegeben wird, bleibt jene Dialektik von Rede und Gegenrede, die den Prozess als Diskursform strukturiert, erhalten.

Eichmann, so wird im Verlauf des Romans deutlich, fungiert nicht nur als herausragende Täterfigur, sondern auch als Exempel für die NS-Täter im Allgemeinen und deren ideologische und moralische Unbelehrbarkeit; sein unentdecktes Untertauchen und Überleben in der niedersächsischen Provinz steht für den Unwillen der Nachkriegsgesellschaft, genauer hinzusehen und sich kritisch mit der eigenen Vergangenheit auseinanderzusetzen. Dass ausgerechnet Eichmann diese Funktion zukommt, ist kein Zufall: Seine Prominenz und die Tatsache, dass seine Haltung – nicht zuletzt durch den Prozess, aber auch aufgrund eigener Aufzeichnungen und Interviews – hervorragend dokumentiert und erforscht ist, prädestinieren ihn für diese Rolle im Roman. Eichmann gilt, auch durch Hannah Arendts Darstellung und Interpretation des Prozesses als Personifikation jener ›Banalität des Bösen‹, die den zum Topos gewordenen deutschen ›Schreibtischtäter‹ charakterisiert.

5 Fazit – der Roman als Ausweg

Die Figur des Autisten Paul ermöglicht in Stephan Lohses Roman einen anderen Blick auf Eichmann, die NS-Verbrechen und den deutschen Umgang mit der eigenen Vergangenheit. Pauls Neurodiversität ist es, die den Raum für einen abweichenden Diskurs über die Erinnerung an Täter und Opfer eröffnet. Die historischen Fakten bleiben die bekannten, doch die Art und Weise, sie darzustellen, unterscheidet sich. Dieses Verfahren ist in Narrativen über die Shoah nicht neu: So brechen beispielsweise Erzählungen aus vermeintlich naiver Perspektive – Imre Kertész *Roman eines Schicksallosen* (1990), oder Roberto Benignis Film *La vita e bella* (1997) – zugleich mit Darstellungs- und Wahrnehmungskonventionen.

Paul zwingt seinen Bruder – und damit die Lesenden – nach den materiellen Spuren von Schuld zu suchen, bzw. deren eigentliche Unsichtbarkeit zu erkennen. Der Mord an den Hühnern von Altensalzkoth ist auch Ausdruck seiner Verzweiflung angesichts von Unsichtbarkeit und Unsagbarkeit, er ist sein Weg, zu sprechen. Nicht-Sichtbarkeit bedeutet für Paul – der in Kategorien der Materialität und des Raumes, der Kartierbarkeit, denkt und handelt – keine Abwesenheit, im Gegenteil. Die Gedenkstätte Bergen-Belsen ist für ihn ein Massengrab, das Wissen um die materielle Anwesenheit der Ermordeten unter der Oberfläche überschattet das Bemühen um immaterielles Gedenken. Das *Wissen*, um das es ihm geht (»Es geht nicht um Trost, sondern um Wissen.«; Lohse 2020, 149 und 309), ist das historische Wissen um die Toten und um die Schuld der Überlebenden. Dieses Wissen hält er in Zahlen und Fakten fest, die er auf Wunderblock und Papier zu sichtbaren Zeichen und für seinen Bruder zu narrativen Zusammenhängen formt. Die Reise der beiden Brüder, die schließlich ganz im Westen, am Nordseestrand, ihr Ende findet, kulminiert in einem Loslassen materieller Formen der Erinnerung: die (kollektiven und individuellen) Erinnerungen sind weitergegeben, Paul kann, nachdem er bereits seine Archiv-Garage verschlossen und hinter sich gelassen hat, nun sein Tütenarchiv im Sand vergraben.

Ein kurzes Zwischenkapitel im Roman (Lohse 2020, 247–248) lässt sich als Verweis auf eine Romangattung lesen, die in den letzten Jahren an Bedeutung gewonnen hat, die »autobiographische Generationenerzählung« (Fulda 2019). Das Kapitel enthält eine biographische Notiz über den (fiktiven) SS-Hauptsturmführer Hanns Bungert, tätig im Konzentrationslager Sachsenhausen, im Roman Vater von Pauls Geschichtslehrer. Die Genealogie, die den Sohn, der in der Hitlerjugend ist, an den Vater bindet, die Sprachlosigkeit der Väter- und Tätergeneration nach dem Krieg und die Hilflosigkeit der Nachgeborenen angesichts dieses Schweigens und der eigenen Schuld sind vielfach Gegenstand autobiographischer und autofiktionaler Texte geworden. Daniel Fulda definiert die »autobiographische Generationenerzählung« als Untergattung des Historischen Romans, in der »Menschen der Gegenwart auf die Suche nach den historischen Erfahrungen älterer Familienangehöriger gehen« (Fulda 2019, 9).

In Pauls Imagination, aber auch in der Struktur des Romans selbst, sind die Verflechtungen zwischen individueller traumatischer Familiengeschichte und der Geschichte der NS-Verbrechen äußerst dicht. Der, wie Johann selbst formuliert, Größenwahn dieser Engführung tritt im Verlauf des Romans immer deutlicher hervor: Obgleich eine individuelle genealogische Linie von den Protagonisten des Romans zu NS-Tätern oder -Opfern nicht gezeichnet wird, betont der Text die tiefe emotionale Verbindung Pauls zur deutschen Vergangenheit und suggeriert darüber hinaus einen Zusammenhang zwischen familiärer Gewalterfahrung und der historischen Gewalt der NS-Täter.

Pauls wortreiches Nicht-Sprechen ist so als Variante der (Täter-)Traumatisierung über Generationen hinweg angelegt: Seine zwanghafte Beschäftigung mit Eichmann, dem Holocaust und der deutschen Erinnerungskultur lässt Paul als Opfer einer individuellen und kollektiven transgenerationalen Traumatisierung erscheinen, in der – unabhängig von der tatsächlichen Biografie des gewalttätigen Vaters, über die der Text nichts sagt – Gewalt, Schuld und Schweigen weitergegeben werden. Der Ausweg aus diesem Nicht-Sprechen-Können, aus dem Erstarren in Schuld und Trauma – dem Überlebensschuld-Syndrom – den der Text andeutet, liegt im Erzählen, im Schreiben, und damit im Roman selbst, der auf sehr unterschiedliche Arten Zeugnis über Opfer, Täter und Bystander ablegt, und damit einen Beitrag zur Diskussion um Erinnerungskultur leistet.

Literaturverzeichnis

Arendt, Hannah. *Eichmann in Jerusalem: Ein Bericht von der Banalität des Bösen*. München: Piper Taschenbuch, 2011.

Arjomand, Minou. *Staged: Show trials, political theater, and the aesthetics of judgment.* New York: Columbia University Press, 2018.

Assmann, Aleida. *Erinnerungsräume: Formen und Wandlungen des kulturellen Gedächtnisses*. München: Beck, 2003.

Freud, Sigmund. »Notiz über den ›Wunderblock‹«. Erstveröffentlichung: *Internationale Zeitschrift für Psychoanalyse*, Bd. 10 (1), 1924, 1–5. — *Gesammelte Werke*, Bd. 13, 387–91.

Fulda, Daniel und Stephan Jaeger. »Einleitung Romanhaftes Geschichtserzählen in einer erlebnisorientierten, enthierarchisierten und hybriden Geschichtskultur.« *Romanhaftes Erzählen von Geschichte: Vergegenwärtigte Vergangenheiten im beginnenden 21. Jahrhundert.* Hg. Daniel Fulda und Stephan Jaeger. Berlin, Boston: De Gruyter 2019. 1–53.

Hilberg, Raul. *Perpetrators victims bystanders: The Jewish catastrophe, 1933–1945*. New York: Harper Perennial, 1993, 1992.

Jureit, Ulrike und Christian Schneider. *Gefühlte Opfer: Illusionen der Vergangenheitsbewältigung.* Stuttgart: Klett-Cotta, 2011.

Levi, Primo. »Grauzone.« *Die Untergegangenen und die Geretteten*. München: dtv, 2015. 33–69.

Lohse, Stephan. *Johanns Bruder*. Stuttgart: Suhrkamp, 2020.

Niederland, William G. *Folgen der Verfolgung: Das Überlebenden-Syndrom; Seelenmord.* Frankfurt am Main: Suhrkamp, 1980.

Pendorf, Robert. *Mörder und Ermordete Eichmann und die Judenpolitik des Dritten Reiches*. Hamburg: Rütten und Loening, 1961.

Sontag, Susan. »Reflections on The Deputy«. *Against Interpretation and other essays*. New York: Farrar, Straus & Giroux, 1966. 124–131.

Stangneth, Bettina. *Eichmann vor Jerusalem: Das unbehelligte Leben eines Massenmörders*. Zürich, Hamburg: Arche, 2011.

Wenzel, Mirjam. »Eichmann, Arendt und das Theater in Jerusalem. Zur Semantik des Theaters in der Rezeption des Eichmann-Prozesses«. *HannahArendt.Net*, *6* (1/2), 2012, 1–13.

Verzeichnis der Autorinnen und Autoren

Ricardo Andrade, M.A., Philosoph und Literaturwissenschaftler, Promovend und CONICET-Stipendiat an Universidad Nacional de Río Negro (Argentinien). Forschungsschwerpunkte: Philosophie der Technologie, Philosophie der Ökologie, Philosophie der Astrobiologie, Germanistik.
Publikationen zum Themenfeld des Bandes:
- »Barbarie, crimen y memoria: El caso Collini de Ferdinand von Schirach o las huellas del nacionalsocialismo en la Alemania contemporánea«. *ExLibris* 11 (2022): 283–300.
- »Historia de una enfermedad: Der Alpdruck de Hans Fallada y la identidad alemana frente a la herencia nacionalsocialista«. *Pandaemonium germanicum* 24.44 (2021): 400–420.

María Eugenia Druetta, Historikerin, Promotionsstipendiatin und Dozentin an der Universidad de Buenos Aires. Forschungsfeld: Holocaust-Repräsentation in Film und Fernsehen.
Publikationen zum Themenfeld des Bandes:
- *Visiones Críticas del Pasado. Hollywood y el cuestionamiento al sistema en las décadas de 1960 y 1970*. Buenos Aires: Imago Mundi, 2018. 47–61.
- »En defensa de la neutralidad: el ejercicio de la diplomacia a través de la censura cinematográfica en Argentina, 1938–1940«. *Secuencias* 52 (2021): 39–56.
- »El film ›The Young Lions‹ y el posicionamiento estadounidense en la construcción de una memoria mediática del Holocausto«. *Revista Desafíos del Desarrollo* 1 (2022): 128–143.

Dr. phil. **Christian Ernst**, Germanist und Romanist, DAAD-Lektor und Gastdozent an der Universidade de São Paulo. Forschungsschwerpunkte: Erinnerungsdiskurse nach 1945, Geschichtsdarstellung in Literatur und Film, Erzähltextanalyse, Literatur- und Mediendidaktik.
Publikationen zum Themenfeld des Bandes:
- *Die weiße Rose – eine deutsche Geschichte? Die öffentliche Erinnerung an den Widerstand in beziehungsgeschichtlicher Perspektive*, Göttingen: v&r unipress, 2018.
- *Deutsche Vergangenheit im europäischen Kontext*. Hg. mit Helmut Peitsch u. a. Berlin: De Gruyter, 2019.
- »Robert Seethalers Roman ›Der Trafikant‹ (2012) im erinnerungskulturellen Kontext – zur Analyse und Interpretation literarischer Geschichtserzählungen und -deutungen«. *Literatur im Unterricht. Texte der Gegenwartsliteratur für die Schule* 20.3 (2019): 205–217.

Dr. phil. habil. **Patrick Eser**, Politikwissenschafter und Romanistik, DAAD-Lektor an der Universidad de Buenos Aires, dort Leiter der Cátedra libre Walter Benjamin, Privatdozent am Institut für Romanistik der Universität Kassel. Forschungsschwerpunkte: Erinnerungskonflikte in Spanien und Lateinamerika in Film und Literatur, Soziale Diskurse und Fiktion (Roman, Literatur), kulturwissenschaftliche Erzählforschung, Literaturen und Kulturen der politischen Rechten.
Publikationen zum Themenfeld des Bandes:
- *Transiciones democráticas y memoria en el mundo hispánico. Miradas transatlánticas: historia, cultura, sociedad*. Hg. mit Ulrich Winter und Angela Schrott, Berlin u. a.: Peter Lang, 2018.
- *Memoria – Postmemoria. Die argentinische Militärdiktatur (1976–1983) im Kontext der Erinnerungskultur*. Hg. mit Jan-Henrik Witthaus, Berlin u. a.: Peter Lang, 2016.
- »Justicia después de la violencia – perspectivas comparadas hacia la ficción audiovisual de los ›años de plomo‹ y la justicia transicional«. *Memoria y narración* 4 (2024): 18–41.

Open Access. © 2024 bei den Autorinnen und Autoren, publiziert von De Gruyter. BY-NC-ND Dieses Werk ist lizenziert unter der Creative Commons Namensnennung - Nicht-kommerziell - Keine Bearbeitungen 4.0 International Lizenz.
https://doi.org/10.1515/9783111077345-027

Prof. Dr. **Helmut Galle**, Germanist, Titularprofessor für Deutsche Literatur an der Universidade de São Paulo. Gastdozent an Universitäten in Aveiro, Recife, Buenos Aires und Bern. Forschungsschwerpunkte: Goethe, Gegenwartsliteratur, Holocaustliteratur, Autobiographie, Fiktionalität, Prosodie und Metrik.
Publikationen zum Themenfeld des Bandes:

- »›Anständig geblieben‹ – sobre a autoimagem nas memórias de perpetradores nazistas«. *Escritas da violência. Bd. 1 O testemunho*. Rio de Janeiro: 7 Letras, 2012. 90–106.
- »Os escritos autobiográficos de Josef Mengele«. *Estudos Avançados* 25 (2011): 269–286.
- »Versuch über die Ökonomie der Schuld. Das radikale Böse in der Darstellung von Holocausttätern: das Beispiel von Peter Schneiders Vati«. *Pandaemonium Germanicum* 21 (2018): 115–133.

Prof. Dr. **Monica Grin**, Titularprofessorin für Zeitgeschichte an der Universidade Federal do Rio de Janeiro, Koordinatorin des Núcleo Interdisciplinar de Estudos Judaicos da UFRJ (NIEJ), Forschungsschwerpunkte: Rassismus seit dem Ende der Sklaverei, Antisemitismus, Holocaust und jüdisches Leben in Brasilien, Multikulturalismus und Geschichte der moralischen Empfindungen.
Publikationen zum Themenfeld des Bandes:

- *»Raça«: Debate Público no Brasil (1997–2007)*. Rio de Janeiro: Mauad X, 2010.
- *Identidades Ambivalentes. Desafios aos Estudos Judaicos*. Mit Michel Gherman. Rio de Janeiro: Ed. 7 Letras, 2016.

Prof. Dr. **Claudia Hilb**, Soziologin und Politikwissenschaftlerin, Professorin für politische Theorie an der Fakultät für Sozialwissenschaften der Universität Buenos Aires und Forscherin bei Conicet (Investigadora Principal). Forschungsschwerpunkte: moderne und kontemporäre politische Theorie, mit besonderem Schwerpunkt auf dem Werk von Hannah Arendt, Leo Strauss und Claude Lefort, sowie theoretisch-politische Reflexion der jüngsten Vergangenheit in Argentinien, insbesondere zum Verhältnis von Gewalt und Politik.
Publikationen zum Themenfeld des Bandes:

- »Justicia, reconciliación, perdón. Cómo fundar una comunidad después del crimen«. *Usos del Pasado*. Buenos Aires: Siglo XXI, 2013.
- »Por eso Sr. Eichmann debe Usted colgar. De *Eichmann en Jerusalén* a los juicios en Argentina. Reflexiones situadas«. *¿Por qué no pasan los 70?*. Buenos Aires: Siglo XXI, 2018.
- »›Crímenes que no se pueden punir ni perdonar‹. Pensar con Hannah Arendt, en el debate sobre el pasado reciente en Argentina«. *¿Por qué no pasan los 70?* Buenos Aires: Siglo XXI, 2018.

Prof. Dr. phil. **Emmanuel Nicolás Kahan**, Forscher beim CONICET und Professor am Historischen Institut der Universidad Nacional de La Plata (Argentinien). Koordinator des *Núcleo de Estudios Judíos* am Instituto de Desarrollo Económico y Social (NEJ-IDES). Forschungsschwerpunkte: Jüdisches Leben in Argentinien, Wahrnehmung des arabisch-israelischen Konflikts in Argentinien sowie Holocaust-Erinnerungskulturen.
Publikationen zum Themenfeld des Bandes:

- *Parte del aire. La recepción del conflicto árabe-israelí en Argentina*. Buenos Aires: Prometeo, 2023.
- »¡Eso no nos representa! Historia, contextos y representación en el Monumento Nacional a la Memoria de las Víctimas del Holocausto Judío en la ciudad de Buenos Aires«. *Revista Historia Crítica* 93 (2024): 101–127.
- »The Jewish Youth in times of political radicalization«. *Dubnow Institute Yearbook* 18 (2022): 417–435.

Dr. phil. **Yuuki Kazaoka**, Germanist, Associate Professor an der Kitasato University. Forschungsschwerpunkte: Ingeborg Bachmann, Nachkriegsliteratur und Lyrik.
Publikationen zum Themenfeld des Bandes:

- »Ingeborg Bachmanns Gedichtfragment »Die ital. Kommunisten«. Zum Verhältnis von Literatur und Ideologie.« *Revolution! Deutschsprachige Kulturen im Umbruch 1918–1968*. Hg. Teresa Cañadas García, Carmen Gómez García und Linda Maeding. Berlin: ESV, 2023. 161–171.
- *Die Funktion der Negation in Ingeborg Bachmanns späten Gedichten*. Wien: Preasens, 2024.

Dr. phil. **Judith Keilbach**, Fernsehhistorikerin und Medienwissenschaftlerin, Associate Professor am Department Media and Culture Studies der Universität Utrecht. Forschungsschwerpunkte: Geschichte und Theorie des Fernsehens, Verhältnis von Historiographie und Medien, Infrastrukturen der Medien, Nachhaltigkeit und Medien.
Publikationen zum Themenfeld des Bandes:

- *Geschichtsbilder und Zeitzeugen. Zur Darstellung des Nationalsozialismus im bundesdeutschen Fernsehen.* Münster: LIT, 2008.
- *Völkermord zur Prime Time.* Hg. mit Béla Rásky und Jana Starek. Wien: new academic press, 2019.
- *Eichmann im Kalten Krieg. Die deutsch-deutsche Berichterstattung über den Eichmann-Prozess.* DVD hg. mit Irmgard Zündorf. Bonn: bpb, 2021.
- Instant TV. The Forgotten History of Video Tape Recording (and the Coverage of the Eichmann Trial). *TMG – Journal for Media History* 27, 1 (2024):1–19.

Dr. **Ignacio Klich**, Historiker, Wissenschaftlicher Koordinator der argentinischen Untersuchungskommission zur Aufklärung von NS-Aktivitäten in Argentinien (*Comisión para el Esclarecimiento de las Actividades del Nazismo en la Argentina*) 1997–1999. Mitarbeiter des CARI (*Consejo Argentino para las Relaciones Internacionales*). Forschungsschwerpunkte: Politische (Diplomatie-) Geschichte Argentiniens und Israels, jüdisch-arabische Beziehungen, jüdische Geschichte Argentiniens, Nationalsozialismus in Argentinien.
Publikationen zum Themenfeld des Bandes:

- *Arab and Jewish Immigrants in Latin America: Images and Realities.* Mit Jeffrey Lesser. New York: Routledge, 2013.
- *Sobre nazis y nazismo en la cultura argentina*. Hg. College Park: Hispamérica, 2002.
- *Argentina y la Europa del nazismo. Sus secuelas*. Hg. mit Cristian Buchrucker. Buenos Aires: S. XXI Iberoamericana, 2009.

Prof. Dr. **Luis S. Krausz**, Judaist, Professor an der Universidade de São Paulo. Forschungsschwerpunkte: Deutsch-jüdische Literatur und Kulturgeschichte, israelische Literatur, jüdische Exilliteratur aus der islamischen Welt. Übersetzer deutschsprachiger und hebräischer Literatur.
Publikationen zum Themenfeld des Bandes:

- *Entre exílio e redenção: aspectos da literatura de imigração judaico-oriental*. São Paulo: Edusp, 2019.
- *Santuários heterodoxos: heresia e subjetividade na literatura judaica da Europa Central*. São Paulo: Edusp, 2017.
- *Passagens: literatura judaico-alemã entre gueto e metrópole*. São Paulo: Edusp, 2012.

Prof. Dr. **Oliver Lubrich**, Literaturwissenschaftler, Professor für Germanistik und Komparatistik an der Universität Bern. Forschungsschwerpunkte: Internationale Zeugnisse aus dem nationalsozialistischen Deutschland, literarischer Antisemitismus, Alexander von Humboldt, Griechische Tragödien.
Publikationen zum Themenfeld des Bandes:
- »Mengele-Phantasien. Der KZ-Arzt als kulturelles Symptom«. *Acta Germanica* 50 (2023): 239–257.
- Mit Nina Peter. »Der Täter als Überlebender: Der KZ-Arzt im Kino«. *Anuari de Filologia* 8 (2018): 181–215.
- »Traumatische Tropen: Der Künstlermythos des Dr. Moreau«. H. G. Wells. *Die Insel des Dr. Moreau*, übersetzt von Felix Paul Greve. Mannheim: Kunstanstifter Verlag 2017. 237–255.

Prof. Dr. **Holger M. Meding**, stellv. Geschäftsführender Direktor des Historischen Instituts der Universität zu Köln. Leitung der Mitteleuropasektion der Untersuchungskommission der argentinischen Regierung zur Aufklärung von NS-Aktivitäten in Argentinien CEANA (Comisión para el Esclarecimiento de las Actividades del Nazismo en la Argentina), 1997–1999. Forschungen zur Bildung von Staat und Nation in Lateinamerika. Recherchen zur Tätigkeit des BND in Lateinamerika im Rahmen der Unabhängigen Historikerkommission zur Erforschung der Geschichte des Bundesnachrichtendienstes (UHK), 2013–2020.
Publikationen zum Themenfeld des Bandes:
- *Flucht vor Nürnberg? Deutsche und österreichische Einwanderung in Argentinien, 1945–1955. Köln u. a.: Böhlau*, 1992.
- *Argentinien und das Dritte Reich. Mediale und reale Präsenz, Ideologietransfer, Folgewirkung*. Hg. mit Georg Ismar. Berlin: Wissenschaftlicher Verlag, 2008.
- »Organisation Gehlen und Bundesnachrichtendienst in Lateinamerika«. *Die Auslandsaufklärung des BND. Operationen, Analysen, Netzwerke*. Hg. Wolfgang Krieger in Verbindung mit Andreas Hilger und Holger M. Meding. Berlin: Links-Verlag. 538–813.

Dr. phil. **Joanna M. Moszczynska**, Lateinamerikanistin, wissenschaftliche Mitarbeiterin in Rahmen einer Walter Benjamin-Stelle am DIMAS: Department für Interdisziplinäre und Multiskalare Regionalstudien an der Universität Regensburg. Forschungsschwerpunkte: Luso-Brasilianische Literatur, Jüdisch-Brasilianische Literatur, Erinnerungskultur in Lateinamerika, Literarische Reportage.
Publikationen zum Themenfeld des Bandes:
- *A memória da Destruição na escrita judaico-brasileira depois de 1985. Por uma literatura pós-Holocausto emergente no Brasil*. Berlin u. a.: Peter Lang, 2022.
- »Jewish Brazilian Post-Holocaust Fiction: The Body as a Source of Polymorphous Memory Discourse in Cíntia Moscovich's Por que sou gorda, mamãe?« *Latin American Jewish Studies* 1,1 (2022): 21–34.
- »Fremde Körper, Migrationsgeschichten und kollektives Trauma im zeitgenössischen lusophonen Roman«. *Transposition, Migration und KörperGrenzen in der Romania*. Hg. Mariana Maia Simoni, Berit Callsen und Jasmin Wrobel. Berlin u. a.: Peter Lang, 2024.

Marcia Ras, Historikerin und assoziierte Forscherin am Museo del Holocausto de Buenos Aires. Doktorandin und Dozentin an der Universidad de Buenos Aires. Forschungsschwerpunkt: Opfer des Holocaust mit argentinischer Staatsangehörigkeit.
Publikationen zum Themenfeld des Bandes:

- »Extranjeros en Varsovia durante la Segunda Guerra Mundial: Pasaportes genuinos y papeles falsos, internamiento, canje y exterminio«. *Historia & Guerra* 7 (2024).
- »Israel Hecht. El destino de un ‹indeseable' argentino en el Tercer Reich«. *Actas II Jornada El Holocausto: miradas y experiencias argentinas. A 80 años del estallido de la Segunda Guerra Mundial*, 2019.
- »Respuestas argentinas al Pogromo de Noviembre«. *JSapiens* 1 (2017).

Dr. phil. **Katharina Rauschenberger**, Historikerin, wissenschaftliche Mitarbeiterin am Fritz Bauer Institut. Forschungsschwerpunkt: Geschichte der Prozesse wegen nationalsozialistischer Gewaltverbrechen im Kontext des Kalten Krieges, Biographie und Wirkungsgeschichte Fritz Bauers, deutsch-jüdische Geschichte im 20. Jahrhundert.
Publikationen zum Themenfeld des Bandes:
- »Friedrich Karl Kaul in Jerusalem and After: Trials in the Anti-fascist Campaigns«. *Investigating, Punishing, Agitating. Nazi Perpetrator Trials in the Eastern Bloc*. Hg. Katharina Rauschenberger, Joachim von Puttkamer und Sybille Steinbacher. Göttingen: Wallstein, 2023. 114–133.
- »Ein Mittel zur Bewältigung des Traumas – Friedrich Karl Kaul als Autor historischer Justizfälle«. *Pitaval im Sozialismus. DDR und VR Polen*. Hg. Sebastian Speth und Melanie Foik. Berlin: Metropol, 2024.
- »Friedrich Karl Kaul. Ein DDR-Anwalt in westdeutschen ›Euthanasie‹-Prozessen. *»Euthanasie« und Holocaust. Kontinuitäten, Kausalitäten, Parallelitäten*. Hg. Jörg Osterloh und Jan-Erik Schulte. Paderborn u. a.: Schöningh, 2021. 385–406.

Werner Renz, M. A., Germanist und Philosoph, vom Gründungsjahr 1995 bis 2016 wissenschaftlicher Mitarbeiter des Fritz Bauer Instituts in Frankfurt am Main. Forschungsschwerpunkte: Geschichte der Frankfurter Auschwitz-Prozesse, die Tätigkeit des hessischen Generalstaatsanwalts Fritz Bauer (1903–1968) und der Jerusalemer Eichmann-Prozess, hierzu Mitarbeit bei der Herausgabe grundlegender Quelleneditionen und -sammlungen.
Publikationen zum Themenfeld des Bandes:
- *Fritz Bauer und das Versagen der Justiz. Nazi-Prozesse und ihre »Tragödie«*. Hamburg: Europäische Verlagsanstalt, 2015.
- *Auschwitz vor Gericht. Fritz Bauers Vermächtnis und seine Missachtung*. Hamburg: Europäische Verlagsanstalt, 2018.
- *ad Hannah Arendt. Eichmann in Jerusalem. Die Kontroverse um den Bericht »von der Banalität des Bösen«*. Hamburg: Europäische Verlagsanstalt, 2021.

Dr. phil. **Hans-Christian Riechers**, Germanist, Forschungsschwerpunkte: Interkulturelle Germanistik, deutsch-jüdische Literaturgeschichte, Wissenschaftsgeschichte, Reiseliteratur.
Publikationen zum Themenfeld des Bandes:
- *Peter Szondi. Eine intellektuelle Biographie*. Frankfurt a. M.: Campus, 2020.
- »Ist der Genotropismus ein Humanismus? Zur Bildsprache von Leopold Szondis ›Schicksalsanalyse‹«. *Heterodoxe Wissenschaft in der Moderne*. Hg. Mathis Lessau, Philipp Redl und Hans-Christian Riechers. Paderborn: Fink, 2021. 119–137.
- »Wahlvaterschaften. Peter Szondi und die Patriarchen«. *LEA – Lingue e Letterature d'Oriente e d'Occidente* 7 (2018): 649–661.

Prof. Dr. **Sabine Schlickers**, Universität Bremen, Professur für iberoromanische Literaturen, Forschungsschwerpunkte: Argentinische Literatur 19.-21. Jahrhundert Narratologie.
Publikationen zum Themenfeld des Bandes:
- De Auschwitz a Argentina: Representaciones del nazismo en literatura y cine (2000–2020), Buenos Aires: Biblos, 2021
- »Das Verstörende erzählen: Der Nationalsozialismus in Literatur und Film Argentiniens«. *Globalisierte Erinnerungskulturen und gegenläufige Gedächtnisse: Darstellungen von Nationalsozialismus, Holocaust und Exil in peripheren Literaturen*. Hg. Marco Bosshard und Iulia-Karin Patrut. Bielefeld: transcript, 2020. 117–143.

Dr. phil. **Lena Seauve**, Romanistin, Germanistin und Kulturwissenschaftlerin, Leiterin des DFG-Projekts »Täterperspektiven« am Lateinamerika-Institut der Freien Universität Berlin. Forschungsschwerpunkte: Spanisch- und französischsprachige Literatur des 18.-21. Jahrhunderts, Literatur der Aufklärung, Shoahliteratur, Narratologie und Rezeptionsästhetik, Gendertheorie, Gewaltdarstellung in Literatur und Film, Emotionsforschung, Täterforschung.
Publikationen zum Themenfeld des Bandes:
- »A la recherche d'un monument – mémoire et oubli dans *Tout sera oublié* de Mathias Énard et Pierre Marquès«. *Mathias Énard et l'érudition du roman*. Hg. Markus Messling, Cornelia Ruhe, Lena Seauve und Vanessa de Senarclens. Leiden, Boston: Rodopi/Brill, 2020. 266–288.
- »Genozid und Pornographie. Zur abstoßenden Funktion von ›Erregungsmomenten‹ in Jonathan Littells *Les Bienveillantes*«. *Erregungsmomente. Funktionen des Erotischen in der Literatur*. Hg. Juliane Blank und Anja Gerigk. Berlin: Ch. A. Bachmann, 2017. 229–247.

Prof. Dr. **Leonardo Senkman**, emeritierter Professor an der Hebrew University Jerusalem, Research Fellow am Institute H.Truman for the Advancement of Peace. Mitglied der israelischen Akademie der Wissenschaften zur Geschichte der Republik Argentinien. Forschungsschwerpunkte: Literaturkritik, Ideengeschichte, Flucht und Exil in/nach Argentinien, Lateinamerikanischer Antisemitismus.
Publikationen zum Themenfeld des Bandes:
- *Argentina, la Segunda Guerra Mundial y los refugiados indeseables, 1933–1945*. Buenos Aires: Grupo Editor Latinoamericano, 1991.
- Mit Saúl Sosnowski. *Fascismo y nazismo en las letras argentinas*. Buenos Aires: Editorial Lumière, 2009.
- Mit Luis Roniger. *América Latina tras bambalinas. Teorías conspirativas, usos y abusos*. Pittsburgh: Latin American Research Commons, 2019.
- Mit Luis Roniger. »Shifting Patterns of Antisemitism in Latin America: Xenophobia, Exclusion, and Inclusion«. *Latin American Research Review* 58.2 (2023): 403–421.

Dr. phil. habil. **Ingrid Simson**, Romanistin, Privatdozentin am Romanischen Seminar der Universität Heidelberg, Mitglied des Internationalen Graduiertenkollegs des Lateinamerika-Instituts der Freien Universität Berlin »Temporalities of Future«. Forschungsschwerpunkte: Beziehung Geschichte und Literatur, Narrativik Lateinamerika 20. Jahrhundert bis heute, Literatur und Kultur Spaniens und Lateinamerikas 16. und 17. Jahrhundert.

Publikationen zum Themenfeld des Bandes:
- *La historiografía en tiempos globales.* Hg. mit Guillermo Zermeño. Berlin: Tranvía, 2020.
- »Schweigen, leugnen, widersprechen: unzuverlässiges Erzählen in der lateinamerikanischen geschichtsbezogenen Narrativik«. *Unzuverlässiges Erzählen in denromanischen Literaturen. Historisierungen, Revisionen, Öffnungen.* Hg. Sarah Burnautzki und Jobst Welge. Berlin: de Gruyter, 2024. 155–173.
- »La representación de la violencia en la novela y el teatromexicanos contemporâneos«. *La violencia en América Latina entre espacios temporales del pasado y del future.* Hg. Carlos Alba Vega, Marianne Braig und Stefan Rinke. Berlin: Tranvía, 2021. 219–247.

Dr. **Perla Sneh**, Psychoanalytikerin, Promotion in Sozialwissenschaften. Vizepräsidentin der *Fundación IWO – Instituto judío de investigación* in Buenos Aires. Lehrt jüdische und jüdisch-amerikanische Studien im Rahmen des Doktoratsstudiums »Kulturelle Vielfalt« sowie in der Diplomatur Jiddische Sprache und Kultur an der Universidad Nacional de Tres de Febrero, Senior Researcher am dortigen Zentrum für Völkermordstudien. Forschungsschwerpunkte: Sprache und Vernichtung, Jiddisch als Sprache des Widerstands während der nationalsozialistischen Vernichtung; Situation jüdischer Kinder unter der Nazi-Herrschaft.
Publikationen zum Themenfeld des Bandes:
- *Palabras para decirlo. Lenguaje y exterminio.* 2. Aufl. Universidad Nacional de Rosario, 2023.
- *Buenos Aires Idish.* Buenos Aires: Gobierno de la Ciudad de Buenos Aires, 2006.
- *Lengua vespertina* (Roman). Buenos Aires: Grupo Editor Latinoamericano, 2019.

Prof. Dr. **Ulrich Winter**, Germanist und Romanist, Professur für spanische und französische Literaturwissenschaft an der Philipps Universität Marburg. Forschungsschwerpunkte: kulturelle Erinnerung und Aufarbeitung politischer Gewalt in Spanien und Lateinamerika;Kulturtheorie und Komparatistik.
Publikationen zum Themenfeld des Bandes:
- *Transiciones democráticas y memoria en el mundo hispánico.Miradas transatlánticas: historia, cultura, sociedad.* Hg. mit Patrick Eser und Angela Schrott. Frankfurt und New York: Peter Lang, 2018.
- »Memoria histórica e imaginación jurídica: Políticas estéticas de la memoria, desde la justicia poéticaal forensic turn.« *Memoria y narración* 1 (2018): 184–197.
- »Percepciones de la guerra civil española en la literatura alemana de los años 70.« *Literatura y memoria. Narrativa de la Guerra Civil.* Hg. José María Pozuelo Yvancos. Murcia: Universidad de Murcia, 2022.

Personenregister

Open Access. © 2024 bei den Autorinnen und Autoren, publiziert von De Gruyter. BY-NC-ND Dieses Werk ist lizenziert unter der Creative Commons Namensnennung - Nicht-kommerziell - Keine Bearbeitungen 4.0 International Lizenz.

https://doi.org/10.1515/9783111077345-028

www.ingramcontent.com/pod-product-compliance
Lightning Source LLC
LaVergne TN
LVHW092149300926
849161LV00002B/223